제3판

행정법 총론

VERWALTUNGSRECHT

최봉석 저

三原社

머리말

"해 아래 새것은 없다!" 성경 전도서의 경어(敬語)이기도 하지만, 최근 마크 저커버그(Mark Elliot Zuckerberg)의 일침으로 자주 회자되고 있는 말이다. 그는 고다르(Jean-Luc Godard)의 말을 인용하며, "중요한 것은 어디서 취했는가의 문제가 아니라, 그것으로 무엇을 만들어낼 것인가의 문제다!"라고 강조한 바 있다.

요즘의 행정법 영역을 보면 새로운 것이 참 많아진 것 같다. 학술적으로는 소위 보장국가(Gewährleistunsstaat)론의 소개(저자의 은사이신 김남진 대한민국학술원 회원)와 학자들의 강조 그리고 국가 행정의 새로운 패러다임으로 거론되는 신제어모델(Neues Steurungsmodel)이나 국가(공공부문)와 국민(시장 등)간의 협력적 법치주의(Kooperativer Rechtsstaat)가 그 대표적인 것으로 보인다. 하지만 과연 이것들이 새로운 것인가? 근본적인 물음으로부터 재접근해볼 필요도 있는 것 같다. 우리 행정법학계를 달구고 있는 이들 이론들은 실상 1990년대 이후 독일에서 주로 진행되어온 "독일법의 유럽법화" 더 본질적으로는 "독일법의 미국법화"에 관한 논의를 배경으로 한다. Voßkuhle와 Hoffmann-Riem으로 대표되는 독일의 신진 행정법학자들은 소위 구조주의적 독일행정법의 한계에 일침을 가하면서 기능론적 행정법, 관계론적 행정법의 적극적인 수용을 주장하였다. 그러나 이들의 주장 중 많은 내용은 이미 미국법에서 안정화되어 있던 거버넌스(Governance)나 민관협력, 공동행정 등 "절차적 및 실체적 정당성의 확보"라는 궁극의 목표를 위해 조직과 수단을 다양하게 개방할 수 있다는 기능적국가론에서 차용한 것이라 해도 과언이 아닐 것이다. 학자들이 이러한 행정법신사고의 결론으로 주장하고 있는 대표적 내용 또한 행정절차법의 (실체법에 대한 부종성을 넘어선) 독자적인 법영역성과 가치기준의 인정이나 국가를 벗어난 민간의 자율적 규제(규율)체계의 인정 등이 발견되고 있다. 그러나 이러한 새롭다는(?) 내용은 우리법 내에서 행정법학의 부지(不知) 가운데 상당부분 이미 도입되어 있다고 할 수 있는데, 대표적으로 상사법과 정보통신법 영역에서 규제기준으로 적용되고 있는 민간사업자들의 자율규제 규율인 가이드라인(Guideline) 등이 국회의 법률과 행정입법을 대체하고 있다는 점이다.

그럼에도 불구하고 국가와 행정에 대한 독일의 새로운 인식론은 2010년부터 2016년까지 진행된 독일 기본법(헌법)개혁에 그대로 수용되었고, 독일 기본법상 국가와 행정의 역할은 그 이전의 것보다 과히 혁명적인 변화를 맞이하게 되었다는 점은 개헌을 앞둔 2018년 오늘 우리 공법학이 주목해야할 바라 할 것이다. 독일 공법이 주목한 "행정법의 신사고"는 결코 새로운 것이 아니라, 그들이 그동안 모르거나 잊고 있었던 미국법의 법리를 수용한 것이었다. 그리고 독일은 그에 관한 인식을 바탕으로 헌법을 개혁하는 것으로 공법영역의 혁신을 진행하고 있다. 고다르(Jean-Luc Godard)의 일침을 철저하게 반영한 것이라 해도 과언이 아닌 것 같다.

우리나라 행정법학자들은 독일 공법학의 이러한 변화를 알고 있고 또한 자세히 소개하고도 있다. 심지어는 독일의 반성과 개혁까지도 자세히 소개하고 있다. 그러나 소개만 할뿐 변화는 없는 것만 같다. 독일의 변화와 개혁을 공감하고 알리고 있지만 정작 어떤 변화도 없다면 이는 학문적 교조주의에 다름 아닌 것임을 자각해야 할 것이다. 이제는 독일 행정법교과서가 아니라 미국행정법의 책장을 뒤지는 노력이 있어야 한다. 이제야말로 독일인의 눈에 투영된 미국법, 독일에 유용한 미국법 말고 우리에게 필요한 미국법, 영미법, 적법절차론, 기능적 법치주의론에 대한 연구가 진해되어야 할 시점인 것이다. 새삼 "행정법학자는 대법원의 뒷문이 아니라 종합청사의 정문을 지키고 있어야 한다!"라는 고목촌 김도창 선생님의 일침이 웅변처럼 울려온다. 전도서의 저자인 "지혜의 왕" 솔로몬이 설파했듯이 "해아래 새로운 것은 없다!" 고다르와 저커버그의 말처럼 아는 것의 정체성보다는 그것으로 무엇을 할 것인가 하는 점에 주목하여야 한다.

행정법총론은 행정법학의 전 영역에 적용되는 기본법리에 해당한다고 할 수 있다. 행정법의 개별영역에 가히 공통적으로 적용될 수 있는 법리, 즉 "귀납적(歸納的)공분"이라 할 수 있다. 그렇다보니 결코 새로운 내용이 아니다. 하지만 이것은 공공의 영역에 새롭게 등장하는 수많은 상황과 관계에 적용될 수 있는 연역적(演繹的)기준이 될 수 있음을 명심하여야 한다. 드론, 모바일유틸리티, 가상화폐 등 여론과 민심의 주목을 받고 있는 현안문제들의 해법 또한 행정법총론의 법리에서 출발할 수 있다고 감히 단언할 수 있다. 그러나 행정법총론은 그 적용대상들의 법적 정체성을 밝히고 공법적 권리의무관계의 내용을 밝히는 도입부분에 위치하고 있다. 그것이 사법이든 행정이든 다른 어떤 공적 작용영역이든, 행정법 적용의 현장은 언제나 행정법총론에 의해 개시되게 된다. 행정법총론을 시작으로 본격적인 공공부분의 개입과 문제의 해결이 연계되는 것이다.

행정법총론의 독자들이 바로 이런 해결, 즉 "무엇을 만들어 낼 것인가?"하는 물음에 답하는 주체들이 되길 소망해본다. 행정법 학자들 또한 그동안의 한계를, (독일인도 원하지 않는) 독일의 한계를 뛰어넘어주길 기대해본다. 2018년 봄, 대한민국은 세계에서 일곱 번째로 "30-50클럽(1인당 국민소득 3만 달러이상, 인구 5천만 명 이상 국가)"에 구성원이 된다. 대한민국의 행정과 행정법도 이런 위상을 갖게 되길 소망해본다.

4년 만에 이 책을 다시 출간하는 데에는 많은 이들의 도움이 있었다. 그동안 적지 않은 변모를 거쳐 온 법령과 판례를 정리해주고 교정을 함께해준 조진우박사(도로교통연구원), 구지선박사(녹색기술센터), 황예슬조교(동국대학교 대학원 박사과정수료) 그리고 정선균박사(동국대학교 비교법문화연구원)와 편집과 출간에 최선을 다해준 삼원사의 임직원분들께도 각별한 감사를 드린다. 더불어 언제나 사랑과 응원을 보내준 아내와 가족들에게 마음 다해 고마움을 전하고자 한다.

2018년 2월
목멱서재에서,
최 봉 석

CONTENTS

제1편 행정법관계

제1장 행정 ... 3

제1절 | 개 설 ... 3
- I. 행정의 관념 ... 3
- II. 형식적 의미의 행정 ... 3
- III. 실질적 의미의 행정 ... 4

제2절 | 행정의 종류와 분류 ... 6
- I. 주체에 의한 분류 ... 6
- II. 임무 또는 목적에 의한 분류 ... 6
- III. 법적 효과에 의한 분류 ... 7
- IV. 법적 기속에 따른 분류 ... 8

제2장 행정법 ... 9

제1절 | 행정법의 성립과 유형 ... 9
- I. 행정법의 성립의 전제 ... 9
- II. 행정법의 발전과 행정제도 ... 10

제2절 | 행정법의 의의 ... 10
- I. 개설 ... 10
- II. 행정법의 개념 ... 10

제3절 | 행정법의 특수성 ... 11
- I. 규정 내용상의 특수성 ... 11
- II. 규정 형식상의 특수성 ... 12
- III. 규정 성질상의 특수성 ... 13

제4절 | 행정법의 기본원리 ... 13
- I. 법치국가의 원리 ... 13
- II. 민주국가의 원리 ... 18
- III. 사회국가의 원리 ... 18

제5절 | 행정법의 일반원칙 ··· 19

    Ⅰ. 개설 ·· 19

    Ⅱ. 비례의 원칙 ·· 19

    Ⅲ. 신뢰보호의 원칙 ·· 21

    Ⅳ. 평등의 원칙 ·· 27

    Ⅴ. 신의성실 및 권리남용금지의 원칙 ·· 27

    Ⅵ. 부당결부금지의 원칙 ·· 28

제6절 | 행정법의 법원 ··· 29

    Ⅰ. 개설 ·· 29

    Ⅱ. 행정법의 성문법원 ·· 30

    Ⅲ. 행정법의 불문법원 ·· 31

제3장 　행정상의 법률관계　　　　　　　　　　　　　34

제1절 | 공법과 사법 ··· 34

    Ⅰ. 개설 ·· 34

    Ⅱ. 공법과 사법의 구별 ·· 34

    Ⅲ. 구체적 문제의 해결 ·· 36

제2절 | 행정상 법률관계의 종류 ·· 38

    Ⅰ. 행정조직법적 관계 ·· 38

    Ⅱ. 행정작용법적 관계 ·· 39

제3절 | 행정법관계의 당사자 ·· 40

    Ⅰ. 개설 ·· 40

    Ⅱ. 행정주체 ·· 40

    Ⅲ. 행정객체 ·· 43

제4절 | 공권과 공의무 ··· 43

    Ⅰ. 공권의 개념 ·· 43

    Ⅱ. 공권의 특성 ·· 43

    Ⅲ. 공권의 성립요건과 확대화 경향 ·· 44

CONTENTS

    Ⅳ. 개인적 공권과 기본권 ··· 46

    Ⅴ. 기타 개인적 공권 ··· 47

제5절 | 특별권력신분관계   51

    Ⅰ. 전통적 특별권력관계이론 ··· 51

    Ⅱ. 특별행정법관계의 성립, 종류 ··· 54

    Ⅲ. 특별행정법관계와 법치주의 ··· 55

제6절 | 행정과 통치행위   56

    Ⅰ. 개설 ·· 56

    Ⅱ. 통치행위론의 이론적 근거 ··· 57

제2편 행정행위

제1장   행정행위의 의의와 처분성   63

제1절 | 행정작용의 분류   63

    Ⅰ. 행정행위의 개념성립의 기초 ··· 63

    Ⅱ. 행정행위의 개념정립의 실익 ··· 64

제2절 | 행정행위의 개념   64

    Ⅰ. 학문적 의미의 행정행위의 개념 ·· 64

    Ⅱ. 행정쟁송법상 처분의 개념 ··· 64

    Ⅲ. 학문적 의미의 행정행위와 쟁송법상의 처분개념 ··························· 65

제3절 | 행정행위의 개념적 요소   68

    Ⅰ. 행정청 ·· 68

    Ⅱ. 구체적 사실 ·· 68

    Ⅲ. 규율 ·· 68

    Ⅳ. 대외적인 행위 ··· 71

    Ⅴ. 공권력의 발동으로 행하는 일방적 공법행위 ································· 72

제2장   행정행위의 특수성   72

제1절 | 법적합성 ··· 72

제2절 | 공정력 ··· 72
    Ⅰ. 이론적 근거 ·· 72
    Ⅱ. 실정법적 근거 ··· 73
제3절 | 존속력 ··· 73
제4절 | 강제력 ··· 73
제5절 | 구제제도의 특수성 ·· 74

제3장 행정행위의 종류   74

제1절 | 법률행위적 행정행위와 준법률행위적 행정행위 ···························· 74
제2절 | 기속행위와 재량행위 ·· 75
    Ⅰ. 개설 ·· 75
    Ⅱ. 개념 ·· 75
    Ⅲ. 기속행위와 재량행위의 구별 ··· 76
    Ⅳ. 재량의 한계 ··· 79
    Ⅴ. 재량통제 ··· 82
    Ⅵ. 불확정법개념과 판단여지 ··· 82
    Ⅶ. 판례 ··· 86
제3절 | 수익적·부담적 행정행위 ··· 88
    Ⅰ. 수익적 행정행위와 부담적 행정행위 ·· 88
    Ⅱ. 복효적 행정행위 ·· 88
제4절 | 대인적·대물적 행정행위 ··· 91
    Ⅰ. 대인적 행정행위 ·· 91
    Ⅱ. 대물적 행정행위 ·· 91
    Ⅲ. 혼합적 행정행위 ·· 92
제5절 | 행정행위의 다양성 ·· 92
    Ⅰ. 행정상의 확약 ·· 92
    Ⅱ. 교시 ··· 95
    Ⅲ. 사전결정 ··· 96

CONTENTS

    Ⅳ. 부분허가 ·········· 97
    Ⅴ. 잠정적 행정행위 ·········· 98

제4장 행정행위의 내용　　　　　　　　　　　　　　　101

제1절 | 명령적 행위 ·········· 101
    Ⅰ. 하명 ·········· 102
    Ⅱ. 허가 ·········· 103
    Ⅲ. 면제 ·········· 110

제2절 | 형성적 행위 ·········· 110
    Ⅰ. 특허 ·········· 110
    Ⅱ. 인가 ·········· 112
    Ⅲ. 대리 ·········· 115
    Ⅳ. 신고 ·········· 115

제3절 | 확인적 행위 ·········· 116

제4절 | 기타의 행정행위유형 ·········· 116
    Ⅰ. 공증 ·········· 116
    Ⅱ. 통지 ·········· 118
    Ⅲ. 수리 ·········· 118

제5장 행정행위의 부관　　　　　　　　　　　　　　　119

제1절 | 개설 ·········· 119
    Ⅰ. 행정행위의 부관의 개념 ·········· 119
    Ⅱ. 행정행위의 부관의 기능 ·········· 120

제2절 | 부관의 종류 ·········· 120
    Ⅰ. 조건 ·········· 120
    Ⅱ. 기한 ·········· 121
    Ⅲ. 철회권의 유보 ·········· 121
    Ⅳ. 부담 ·········· 121
    Ⅴ. 기부채납 ·········· 122

Ⅵ. 행정행위의 사후변경유보·부담유보 ·· 124

　　Ⅶ. 법률효과의 일부배제 ·· 124

제3절 | 부관의 가능성과 한계 ··· 124

　　Ⅰ. 부관의 가능성 ·· 124

　　Ⅱ. 사후부관의 가능성 ·· 126

　　Ⅲ. 부관의 한계 ·· 126

제4절 | 부관의 흠과 행정쟁송 ··· 127

　　Ⅰ. 흠 있는 부관의 효력 ·· 127

　　Ⅱ. 무효인 부관이 붙은 행정행위의 효력 ······································ 128

　　Ⅲ. 흠 있는 부관에 대한 행정쟁송 ·· 128

제6장　행정행위의 성립 및 효력발생요건　　132

제1절 | 행정행위의 성립요건과 적법요건 ··· 132

　　Ⅰ. 주체에 관한 요건 ·· 132

　　Ⅱ. 절차에 관한 요건 ·· 132

　　Ⅲ. 형식에 관한 요건 ·· 132

　　Ⅳ. 내용에 관한 요건 ·· 132

제2절 | 행정행위의 효력발생요건 ·· 133

　　Ⅰ. 송달 ·· 133

　　Ⅱ. 공고 또는 고시 ·· 134

제7장　행정행위의 효력 및 구속력　　135

제1절 | 개설 ·· 135

제2절 | 행정행위의 구속력 ·· 135

　　Ⅰ. 내용적 구속력 ·· 135

　　Ⅱ. 공정력 ·· 135

　　Ⅲ. 구성요건적 효력 ·· 138

　　Ⅳ. 존속력 ·· 141

　　Ⅴ. 집행력 ·· 145

CONTENTS

제8장 행정행위의 흠 146

제1절 | 개설 146
제2절 | 행정행위의 흠의 유형 146
   Ⅰ. 무효원인인 흠 146
   Ⅱ. 취소원인인 흠 146
   Ⅲ. 무효나 취소의 원인이 되지 않는 흠 146
   Ⅳ. 행정행위의 부존재 147
   Ⅴ. 행정행위의 부존재와 무효의 구별실익 147

제3절 | 행정행위의 무효와 취소의 구별 148
   Ⅰ. 무효·취소의 의의 148
   Ⅱ. 구별의 실익 148
   Ⅲ. 구별에 관한 학설 150

제4절 | 행정행위의 흠의 구체적 유형 152
   Ⅰ. 주체에 관한 흠 152
   Ⅱ. 내용에 관한 흠 154
   Ⅲ. 절차에 관한 흠 156
   Ⅳ. 형식에 관한 흠 158

제5절 | 흠 있는 행정행위의 치유와 전환 159
   Ⅰ. 개설 159
   Ⅱ. 흠 있는 행정행위의 치유 159
   Ⅲ. 흠 있는 행정행위의 전환 161

제6절 | 행정행위의 흠의 승계 163
   Ⅰ. 개념 163
   Ⅱ. 논의의 의미 163
   Ⅲ. 흠의 승계에 관한 학설과 판례 163

제9장 행정행위의 취소 169

제1절 | 직권취소의 의의 169

제2절 I 직권취소의 취소권자와 취소권의 근거 ·· 169
    I. 처분청 ··· 169
    II. 감독청 ·· 169

제3절 I 취소사유 ·· 170

제4절 I 취소권의 제한 ··· 170
    I. 부담적 행정행위의 취소 ·· 171
    II. 수익적 행정행위의 취소 ··· 171

제5절 I 취소의 절차 ·· 172

제6절 I 취소의 효과 ·· 172

제7절 I 취소의 취소 ·· 173
    I. 학설 ·· 173
    II. 판례 ··· 174

제10장   행정행위의 철회   175

제1절 I 철회의 의의 ·· 175
    I. 의의 ·· 175
    II. 취소와의 구별 ··· 175

제2절 I 철회권자 ·· 175

제3절 I 법적근거 ·· 175

제4절 I 철회사유 ·· 176

제5절 I 철회권의 제한 ··· 177

제6절 I 철회의 절차와 효과 ··· 177

제7절 I 복수허가의 일부철회 가능성 ·· 178

제11장   행정행위의 실효   179

제1절 I 실효의 의의 ·· 179

제2절 I 실효의 사유 ·· 179
    I. 행정행위의 대상의 소멸 ·· 179
    II. 해제조건의 성취, 종기의 도래 ·· 179

CONTENTS

  Ⅲ. 목적의 달성 ·· 180
 제3절 | 실효의 효과 ··· 180
 제4절 | 권리구제수단 ··· 180

제3편 행정작용의 확대

제1장　행정계획　　　　　　　　　　　　　　　　　　　　　　183
 제1절 | 행정계획의 의의 ··· 183
 제2절 | 행정계획의 종류 ··· 184
  Ⅰ. 대상에 의한 분류 ·· 184
  Ⅱ. 대상지역에 의한 분류 ·· 184
  Ⅲ. 계획기간에 의한 분류 ·· 184
  Ⅳ. 책정수준에 의한 분류 ·· 184
  Ⅴ. 구체화의 정도에 의한 분류 ·· 184
  Ⅵ. 대상범위에 따른 분류 ·· 184
  Ⅶ. 구속력에 의한 분류 ·· 185
 제3절 | 행정계획의 법적 성질 ·· 185
  Ⅰ. 개념 ··· 185
  Ⅱ. 학설 ··· 186
  Ⅲ. 판례 ··· 186
  Ⅳ. 소결 ··· 186
 제4절 | 행정계획의 적법 요건 ·· 187
  Ⅰ. 주체 및 절차 ··· 187
  Ⅱ. 내용에 관한 요건 ·· 188
  Ⅲ. 형식과 고시 ··· 188
  Ⅳ. 효력발생 ·· 188
 제5절 | 계획재량과 형량명령 ··· 189
  Ⅰ. 통상적인 행정재량과 계획재량의 구별 ······································· 189

Ⅱ. 형량명령 ··· 191

제6절 | 행정계획과 권리보호··192
　　Ⅰ. 행정쟁송 ·· 192
　　Ⅱ. 행정상 손실보상 ··· 192

제7절 | 계획보장청구권··193
　　Ⅰ. 계획존속청구권 ·· 194
　　Ⅱ. 계획실행청구권 ·· 194
　　Ⅲ. 손실보상청구권 ·· 194
　　Ⅳ. 경과조치청구권 ·· 194
　　Ⅴ. 계획변경청구권 ·· 195

제2장　공법상 계약　　　　　　　　　　　　　　　　　　　196

제1절 | 공법계약의 위치···196
　　Ⅰ. 공법계약의 유용성 ··· 196
　　Ⅱ. 공법계약의 가능성과 자유성 ·· 196

제2절 | 공법계약의 의의···196

제3절 | 다른 행위형식과의 구별··197
　　Ⅰ. 공법계약의 특성 ··· 197
　　Ⅱ. 행정계약과의 구별 ··· 197
　　Ⅲ. 행정행위와의 구별 ··· 198
　　Ⅳ. 공법상 합동행위와의 구별 ·· 198

제4절 | 공법계약의 특수성··199
　　Ⅰ. 실체법적 특수성 ··· 199
　　Ⅱ. 절차법적 특수성 ··· 199

제3장　행정상 사실행위　　　　　　　　　　　　　　　　　　201

제1절 | 집합개념으로서의 사실행위···201
　　Ⅰ. 개념 ·· 201
　　Ⅱ. 종류 ·· 201

CONTENTS

  Ⅲ. 적법성의 요건 ··· 203
  Ⅳ. 권리구제 ··· 204
제2절 | 행정상 사실행위의 범주 ··· **204**
제3절 | 비공식적 행정작용 ··· **205**
  Ⅰ. 비공식적 행정작용 일반론 ··· 205
  Ⅱ. 공법상의 경고·권고·정보제공 ··· 208
  Ⅲ. 비공식적 행정작용으로서의 협상 ··· 209
제4절 | 행정지도 ·· **211**
  Ⅰ. 의의 ··· 211
  Ⅱ. 다른 행정작용 형식과의 구별 ·· 211
  Ⅲ. 행정지도의 존재 이유 및 문제점 ··· 212
  Ⅳ. 행정지도의 종류 ·· 212
  Ⅴ. 행정지도의 실효성확보 ·· 214
  Ⅵ. 행정지도의 법적 근거와 한계 ·· 214
  Ⅶ. 행정지도와 행정구제 ··· 215

제4장 행정의 자동화작용   217

제1절 | 행정의 자동화작용의 의의 ·· **217**
  Ⅰ. 의의 ··· 217
  Ⅱ. 문제점 ··· 217
제2절 | 행정자동결정의 법적 성질 ··· **217**
  Ⅰ. 논의의 필요성 ·· 217
  Ⅱ. 행정행위설 ··· 218
제3절 | 행정자동결정과 행정절차 ··· **218**
제4절 | 행정자동결정의 흠과 권리구제 ·· **219**
  Ⅰ. 행정자동결정의 흠 ··· 219
  Ⅱ. 위법한 행정자동결정과 권리구제 ··· 219

제5절 | 전자행정행위 ·· 220
   Ⅰ. 의의 ···220
   Ⅱ. 절차와 효과 ···220

제4편 행정입법

제1장 　법규명령　　　　　　　　　　　　　　　　　　　　　　225

제1절 | 법규명령의 개념 ·· 225
제2절 | 법규명령의 종류 ·· 226
   Ⅰ. 효력 및 내용에 따른 분류 ···226
   Ⅱ. 권한의 소재에 따른 분류 ···227
   Ⅲ. 관련문제 ···228

제3절 | 법규명령의 적법요건 ··· 229
   Ⅰ. 주체 ···229
   Ⅱ. 절차 ···229
   Ⅲ. 형식 ···230
   Ⅳ. 근거 및 내용 ···230
   Ⅴ. 공포 ···230
   Ⅵ. 효력발생 ···231

제4절 | 법규명령의 근거와 한계 ·· 231
   Ⅰ. 위임명령의 근거와 한계 ···231
   Ⅱ. 집행명령의 근거와 한계 ···235

제5절 | 법규명령의 흠과 그 효력 ·· 235
제6절 | 법규명령의 소멸 ·· 235
   Ⅰ. 폐지 ···235
   Ⅱ. 종기의 도래, 해제조건의 성취 ···236
   Ⅲ. 근거법령의 소멸 ···236

제7절 | 법규명령의 통제 ·· 236
   Ⅰ. 서설 ···236

CONTENTS

　　Ⅱ. 국회에 의한 통제 ··· 237
　　Ⅲ. 행정적 통제 ·· 237
　　Ⅳ. 사법적 통제 ·· 238

제2장　행정규칙　　　　　　　　　　　　　　　　　　　　　241

제1절 | 행정규칙의 의의 ··· 241
제2절 | 행정규칙의 적법요건 ·· 241
　　Ⅰ. 주체 ·· 241
　　Ⅱ. 내용 ·· 241
　　Ⅲ. 절차 ·· 241
　　Ⅳ. 형식 ·· 241
　　Ⅴ. 공포 ·· 242
제3절 | 행정규칙의 유형 ·· 242
　　Ⅰ. 내용에 따른 분류 ·· 242
　　Ⅱ. 형식에 따른 분류 ·· 243
제4절 | 행정규칙의 성질 ·· 245
　　Ⅰ. 법률유보원칙 ··· 245
　　Ⅱ. 규율의 대상, 범위 ·· 245
　　Ⅲ. 재판규범성 ··· 245
　　Ⅳ. 행정규칙 위반의 효과 ·· 246
　　Ⅴ. 행정규칙의 법규성의 문제 ·· 246
　　Ⅵ. 규범구체화행정규칙에 관한 법리 ······································ 248
　　Ⅶ. 우리나라에서 규범구체화행정규칙의 인정여부 ················ 249
제5절 | 행정규칙형식의 법규명령·법규명령형식의 행정규칙 ·········· 250
　　Ⅰ. 행정규칙형식의 법규명령 ·· 250
　　Ⅱ. 법규명령 형식의 행정규칙 ·· 251
　　Ⅲ. 고시의 법적 성질 ·· 255

제5편 행정절차와 행정공개

제1장　행정절차　261

제1절 ｜ 행정절차의 개념 ··· 261
  Ⅰ. 광의의 행정절차 ··· 261
  Ⅱ. 협의의 행정절차 ··· 261
  Ⅲ. 최협의의 행정절차 ·· 261

제2절 ｜ 우리나라의 「행정절차법」 ·· 262

제3절 ｜ 행정절차의 이념과 기능 ·· 262
  Ⅰ. 민주주의의 실현 ··· 262
  Ⅱ. 법치주의의 관철 ··· 262
  Ⅲ. 행정의 능률화 ·· 263
  Ⅳ. 재판적 통제의 보완 ·· 263

제4절 ｜ 행정절차의 기본적 요소 ·· 263
  Ⅰ. 사전통지 ··· 263
  Ⅱ. 청문 ··· 263
  Ⅲ. 문서열람·정보공개 ··· 264
  Ⅳ. 결정 및 결정이유의 제시 ·· 264
  Ⅴ. 처분기준의 설정·공표 ·· 264

제5절 ｜ 행정절차의 헌법적 근거 ·· 264
  Ⅰ. 학설 ··· 265
  Ⅱ. 판례의 경향 ··· 265
  Ⅲ. 소결 ··· 268

제6절 ｜ 현행 「행정절차법」의 내용 ··· 268
  Ⅰ. 「행정절차법」의 구조 및 특징 ·· 268
  Ⅱ. 통칙적 규정 ··· 269
  Ⅲ. 처분절차 ··· 274
  Ⅳ. 신고 ··· 286

CONTENTS

    Ⅴ. 행정상 입법예고 · 287
    Ⅵ. 행정예고 · 289
    Ⅶ. 행정지도 · 290

제7절 | 행정절차의 흠 · 291
    Ⅰ. 절차에 흠 있는 행정처분의 효력 · 291
    Ⅱ. 행정절차 흠의 치유가능성 · 293

제2장 행정공개   297

제1절 | 개설 · 297

제2절 | 정보공개 · 297
    Ⅰ. 정보공개·문서열람권의 보장의 필요성 · 297
    Ⅱ. 정보공개·문서열람권의 근거 · 297
    Ⅲ. 「공공기관의 정보공개에 관한 법률」의 내용 · 301

제3장 행정조사   315

제1절 | 개설 · 315

제2절 | 행정조사의 의의 · 315
    Ⅰ. 개념 · 315
    Ⅱ. 즉시강제와의 구별 · 315

제3절 | 행정조사의 종류 · 316
    Ⅰ. 대인적 조사 · 316
    Ⅱ. 대물적 조사 · 317
    Ⅲ. 대가택 조사 · 317

제4절 | 행정조사의 법적 문제 · 317
    Ⅰ. 법률유보와의 관계 · 317
    Ⅱ. 절차적 요건 · 318
    Ⅲ. 위법한 조사의 문제 · 318
    Ⅳ. 행정조사의 수단의 문제 · 319

제5절 | 행정조사에 대한 권리구제 ·················· 320
   Ⅰ. 적법한 행정조사에 대한 권리구제 ·················· 320
   Ⅱ. 위법한 행정조사에 대한 권리구제 ·················· 320

제6편 행정강제와 행정벌

제1장 행정상의 강제집행   323

제1절 | 행정상 강제집행의 의의 및 특색 ·················· 323
   Ⅰ. 의의 ·················· 323
   Ⅱ. 특색 ·················· 323

제2절 | 행정상 강제집행의 근거 ·················· 324
   Ⅰ. 이론상 근거 ·················· 324
   Ⅱ. 실체법적 근거 ·················· 324

제3절 | 행정상 강제집행의 수단 ·················· 324
   Ⅰ. 대집행 ·················· 325
   Ⅱ. 이행강제금 ·················· 329
   Ⅲ. 직접강제 ·················· 330
   Ⅳ. 행정상 강제징수 ·················· 331

제2장 행정상의 즉시강제   334

제1절 | 행정상 즉시강제의 의미와 근거 ·················· 334
   Ⅰ. 행정상 즉시강제의 의의 ·················· 334
   Ⅱ. 행정상 즉시강제의 근거 ·················· 334

제2절 | 행정상의 즉시강제의 종류 ·················· 335
   Ⅰ. 대인적 강제 ·················· 335
   Ⅱ. 대물적 강제 ·················· 335
   Ⅲ. 대가택 강제 ·················· 336

제3절 | 행정상 즉시강제의 한계 ·················· 337
   Ⅰ. 실체법적 한계 ·················· 337

CONTENTS

    Ⅱ. 절차법적 한계 ··· 337

  제4절 | 행정상 즉시강제에 대한 권리구제 ····························· 339

    Ⅰ. 적법한 행정상의 즉시강제에 대한 구제 ······················· 339

    Ⅱ. 위법한 행정상의 즉시강제에 대한 구제 ······················· 339

제3장 행정벌   341

  제1절 | 행정벌의 의의 및 성질 ··· 341

    Ⅰ. 의의 ··· 341

    Ⅱ. 행정벌의 성질 ·· 341

  제2절 | 행정벌의 근거 및 종류 ··· 342

    Ⅰ. 행정벌의 근거 ·· 342

    Ⅱ. 종류 ··· 342

  제3절 | 과벌절차 ··· 344

    Ⅰ. 행정형벌의 과벌절차 ·· 344

    Ⅱ. 행정질서벌의 과벌절차 ··· 345

제4장 행정의 실효성 확보를 위한 그 밖의 수단   347

    Ⅰ. 가산금·가산세 ·· 347

    Ⅱ. 과징금 ··· 347

    Ⅲ. 공급거부 ·· 348

    Ⅳ. 인·허가의 제한 ··· 349

    Ⅴ. 공표 ··· 350

제7편 행정상 손해보전

제1장 행정상 손해배상   355

  제1절 | 개 설 ··· 355

    Ⅰ. 손해배상의 의의 및 손실보상과의 관계 ······················ 355

    Ⅱ. 우리나라의 행정상 손해배상제도 ······························· 356

제2절 | 공무원의 직무상 불법행위로 인한 배상책임 ······················· **361**
   Ⅰ. 배상책임의 요건 ··· 361
   Ⅱ. 배상의 범위 ··· 374
   Ⅲ. 배상책임 ··· 376
   Ⅳ. 공무원의 배상책임과 구상 ··· 379
   Ⅴ. 양도 등의 금지 ·· 383
   Ⅵ. 배상청구권의 소멸시효 ·· 383

제3절 | 공공시설 등의 하자로 인한 손해배상 ··································· **383**
   Ⅰ. 개설 ··· 383
   Ⅱ. 배상책임의 요건 ··· 383
   Ⅲ. 배상책임자 ·· 387

제4절 | 행정상 손해배상의 청구절차 ··· **388**
   Ⅰ. 행정절차에 의한 배상청구 ··· 388
   Ⅱ. 사법절차에 의한 배상청구 ··· 390

제2장 행정상 손실보상　　　　　　　　　　　　　　　　　　　391

제1절 | 개설 ·· **391**
   Ⅰ. 행정상 손실보상의 의의 ·· 391
   Ⅱ. 행정상 손실보상의 근거와 변천 ·· 392
   Ⅲ. 공용침해조항의 법적 효력과 청구권의 성질 ······························· 394

제2절 | 손실보상의 요건 ·· **403**
   Ⅰ. 개설 ··· 403
   Ⅱ. 구체적 요건 ··· 403
   Ⅲ. 손실보상의 대상 ··· 410
   Ⅳ. 손실보상의 기준과 내용 ··· 411
   Ⅴ. 손실보상에 대한 불복 ·· 413

제3절 | 손해전보를 위한 그 밖의 제도 ··· **414**
   Ⅰ. 개설 ··· 414

CONTENTS

    Ⅱ. 수용유사 및 수용적 침해에 대한 보상 ·· 414

    Ⅲ. 비재산적 법익침해에 대한 보상 ··· 418

    Ⅳ. 행정상의 결과제거청구 ··· 419

    Ⅴ. 행정법상의 채권관계 ·· 421

제8편 행정쟁송과 행정심판

제1장 행정쟁송 총설　　　　　　　　　　　　　　　429

    Ⅰ. 행정쟁송의 개요 ·· 429

    Ⅱ. 행정쟁송의 종류 ·· 430

제2장 행정심판　　　　　　　　　　　　　　　　432

제1절 | 행정심판의 개관 ·· 432

    Ⅰ. 행정심판의 의의 ·· 432

    Ⅱ. 행정심판의 대상 ·· 436

제2절 | 행정심판의 종류 ·· 437

    Ⅰ. 취소심판 ·· 437

    Ⅱ. 무효등확인심판 ·· 438

    Ⅲ. 의무이행심판 ·· 439

    Ⅳ. 특별행정심판 신설 등을 위한 협의 의무화 ·································· 439

제3절 행정심판의 당사자·관계인 ·· 440

    Ⅰ. 행정심판의 당사자 ··· 440

    Ⅱ. 행정심판의 관계인 ··· 442

제4절 행정심판기관 ·· 443

    Ⅰ. 개설 ·· 443

    Ⅱ. 행정심판위원회 ·· 443

    Ⅲ. 행정심판위원회의 구성 ··· 447

제5절 | 행정심판의 청구 ·· 449

    Ⅰ. 행정심판청구의 방식 ·· 449

Ⅱ. 심판청구기간 ·· 451
  Ⅲ. 심판청구의 변경 취하 ··· 453
  Ⅳ. 행정심판청구의 효과 ··· 455

제6절 | 행정심판의 심리 ·· 458
  Ⅰ. 개설 ·· 458
  Ⅱ. 심리의 내용과 범위 ··· 458
  Ⅲ. 심리의 절차 ··· 460

제7절 | 행정심판의 재결 ·· 463
  Ⅰ. 재결의 의의 ··· 463
  Ⅱ. 재결의 절차와 형식 ··· 463
  Ⅲ. 재결의 종류 ··· 464
  Ⅳ. 재결의 효력 ··· 467
  Ⅴ. 위원회의 직접처분과 간접강제 ··· 470
  Ⅵ. 재결에 대한 불복 ··· 471

제8절 | 행정심판의 조정 ·· 472
제9절 | 행정심판의 불복고지 ·· 473
  Ⅰ. 개설 ·· 473
  Ⅱ. 불복고지의 종류 ··· 473
  Ⅲ. 고지의무 위반의 효과 ··· 475

제9편 행정소송

제1장 개설   479
  Ⅰ. 행정소송의 의의 ··· 479
  Ⅱ. 행정소송의 기능 ··· 480
  Ⅲ. 우리나라 행정소송제도의 연혁 ··· 481
  Ⅳ. 행정소송의 특수성 ··· 482
  Ⅴ. 행정소송의 한계 ··· 483

CONTENTS

    Ⅵ. 행정소송의 종류··488

제2장 항고소송   491
    Ⅰ. 취소소송···491
    Ⅱ. 취소소송의 제기··517
    Ⅲ. 소의 변경···525
    Ⅳ. 소제기의 효과···528
    Ⅴ. 취소소송과 가구제···528
    Ⅵ. 취소소송의 심리···535
    Ⅶ. 취소소송의 판결···543
    Ⅷ. 판결에 의하지 않는 취소소송의 종료···552
    Ⅸ. 상고 및 제3자의 재심청구··553
    Ⅹ. 소송비용··554

제3장 무효등확인소송   555
    Ⅰ. 의의 및 성질··555
    Ⅱ. 소송요건···556
    Ⅲ. 소제기의 효과··558
    Ⅳ. 소송의 심리···558
    Ⅴ. 소송의 종료···560

제4장 부작위위법확인소송   562
    Ⅰ. 개요··562
    Ⅱ. 적용법규···562
    Ⅲ. 부작위위법확인소송의 제기요건··563
    Ⅳ. 소송의 심리···566
    Ⅴ. 소송의 종료···568

제5장 당사자소송   570
    Ⅰ. 개설··570

Ⅱ. 당사자소송의 종류 ···572
　　Ⅲ. 소송요건 및 절차 ···575
　　Ⅳ. 소송의 종료 ···578

제6장　새로운 유형의 행정소송　　　　　　　　　　　581
　　Ⅰ. 의무이행소송 ···581
　　Ⅱ. 예방적 부작위청구소송 ···585

제7장　객관소송　　　　　　　　　　　　　　　　　589
　　Ⅰ. 객관소송의 의의 ···589
　　Ⅱ. 민중소송 ···589
　　Ⅲ. 기관소송 ···593
　　Ⅳ. 감독처분에 대한 소송 ···596

제8장　행정구제수단으로서의 헌법소원　　　　　　598
　　Ⅰ. 개설 ···598
　　Ⅱ. 헌법소원 ···598
　　Ⅲ. 행정소송과 헌법소원의 관계 ···599

제9장　대체적 분쟁해결수단　　　　　　　　　　　601
　　Ⅰ. 개설 ···601
　　Ⅱ. 대체적 분쟁해결제도의 종류 ···602
　　Ⅲ. 행정법 영역에서의 대체적 분쟁해결수단 ···603

찾아보기　　　　　　　　　　　　　　　　　　　605

제1편

행정법 관계

| 제1장 행정

| 제2장 행정법

| 제3장 행정상의 법률관계

제1편 행정법관계

제1장 행정

제1절 | 개 설

Ⅰ. 행정의 관념

행정의 관념은 권력분립주의에 따라 국가작용이 입법, 사법, 행정으로 구분되어 행해지게 된 근대국가의 탄생과 함께 성립하였다.

Ⅱ. 형식적 의미의 행정

제도적인 입장에서 현실적인 국가기관의 권한을 기준으로 파악한다. 즉, 행정기관(행정부)의 권한에 속하는 국가작용이면, 성질상 입법(행정입법)이거나 사법(행정심판)이거나 가리지 않고 모두 행정이라고 보게 된다. 결국 형식적 의미에서 행정은 "공권력의 실행(Verwaltung)"이라 할 수 있다.

Ⅲ. 실질적 의미의 행정

1. 학설

(1) 적극설

적극적인 표지에 의하여 행정을 정의하고자 하는 견해이다. 무엇을 기준으로 하여 적극적으로 행정을 정의하느냐에 따라 목적설과 결과실현설로 구분된다.

1) 목적설

"행정은 국가목적을 실현하는 작용이다.", "행정은 공익을 실현하는 작용이다." 식의 행정에 대한 설명이 이에 해당한다.

오토 마이어(Otto Mayer)는 행정을 "국가가 법질서 상에서 그의 목적을 달성하기 위한 사법(私法) 이외의 작용"이라고 정의하였다.

2) 결과실현설(양태설)

국가목적 또는 공익의 사실상의 실현이라는 현실적인 결과의 실현관계에 중점을 두어 설명하는 견해이다. 행정에 대해 Fleiner는 "공익상 필요한 결과를 실현할 목적으로 하는 기술적·정신적·법률적 사무의 전체"라고 정의하였고, 다나카지로(田中二郞)는 "법 아래서 법의 규제를 받으면서 현실적·구체적으로 국가목적의 적극적 실현을 향하여 행하여지는 전체로서 통일성을 가진 형성적 국가활동"이라고 정의하였다.

(2) 소극설

행정을 적극적으로 정의하기를 단념하는 학설을 총칭한다. 그 중에서도, 국가작용 가운데 입법과 사법을 제외한 나머지를 행정으로 보는 입장을 '공제설'이라고 칭한다. 그러나 입법과 사법을 제외하고 남은 국가작용 중에는 행정에 속하지 않고 통치작용(통치행위)에 속하는 것이 있다(예컨대, 정치적 결정에 관련된 작용)는 비판이 있다. 이러한 이유로 최근에는 행정이란 입법, 사법, 그리고 통치작용을 제외하고 남은 국가작용이라고 정의하는 견해도 있다. 그러나 소극설은 행정의 구체적인 내용이나 특질을 적극적으로 밝히지 못하는 점에서 문제가 있다.

(3) 기관양태설

입법·행정·사법의 각 작용간의 성질상의 차이는 별무한 것이며 그 구별기준은 작용을 담당하고 있는 기관의 조직형태에서 찾아야 한다는 견해이다. Kelsen 등에 의한 "행정은 상하복종관계에 있는 기관에 의한 법집행작용인데 대하여, 사법은 상호 독립하고 병렬관계에 있는 기관에 의한 법집행작용이다."라는 식의 설명이 이에 해당한다.

(4) 소결

위의 여러 학설은 행정의 특징 중 일면을 명시할 뿐, 다른 국가작용으로부터 행정을 구별할 수 있는 명확한 기준을 제시하지는 못하고 있다. 일찍이 Forsthoff가 "행정은 정의할 수 없고 단지 묘사할 수 있는데 그친다."라고 하여 행정을 정의하는 것의 어려움을 지적한 바 있다. 오늘날 행정이 너무나 방대하고 다양하기 때문에 행정의 개념을 정의하기보다는 행정의 특징적 요소 내지 징표를 살펴보는 것이 행정의 뜻을 이해하는데 도움이 되리라고 생각한다.

2. 행정의 징표

- ▶ 행정은 사회형성작용(Sozialgestaltung)이다.
- ▶ 행정은 공익을 실현하는 작용이다.
- ▶ 행정은 적극적, 미래지향적 형성활동이다.
- ▶ 행정이 위에서 지적한 바와 같이 광범위한 활동자유(Handlungsfreiheit)를 가지고 있지만, 행정은 무엇보다도 법규에 의한 기속을 받고 있음은 주지의 사실이다.
- ▶ 행정은 개별적 사안을 규율하거나 일정한 목적을 실현하기 위하여 구체적 처분을 행한다.

제2절 | 행정의 종류와 분류

Ⅰ. 주체에 의한 분류

행정은 그 행사주체에 따라 국가행정, 자치행정, 그 밖의 공공단체에 의한 행정과 위임행정으로 분류된다.

Ⅱ. 임무 또는 목적에 의한 분류

1. 질서행정

공공의 안녕, 질서를 유지하기 위한 행정을 질서행정(Ordungsverwaltung)이라고 한다. 여기에는 직접 사회공공의 안녕과 질서유지를 위한 명령, 강제작용인 경찰작용뿐만 아니라, 예컨대, 보건, 위생, 영업과 같은 특수행정 분야에서의 질서유지작용이 포함된다.

2. 급부행정

행정주체가 사회공공의 복리증진을 위하여 적극적으로 사회구성원의 생활여건의 보장, 향상을 추구하는 행정을 급부행정(Leistungsverwaltung)이라고 한다. 생활무능력자의 생활보호, 도로·공원 등 공공시설의 관리, 수도·가스의 공급(공기업행정), 학교·도서관의 설치·관리(영조물 행정), 장학금 지급·융자(조세행정) 등이 이에 해당한다.

3. 유도행정

행정주체가 국민의 경제적, 사회적, 지역적 생활을 일정한 방향으로 이끌고 촉진시키는 활동을 유도행정(Lenkungsverwaltung)이라고 한다. 정부에 의한 경제개발, 지역개발, 국토정비 등을 위한 활동이 그 일례이다. 유도행정을 위한 중요한 수단으로는 각종의 계획(Plan), 자금조성(Subvention) 등이 있다.

4. 공과행정

행정주체가 조세, 분담금(개발분담금, 도로부담금 등)을 부과·징수하여 행정을 위해 필요한 자금을 조달하는 활동을 공조 또는 공과행정(Abgabenverwaltung)이라고 한다.

5. 조달행정

행정을 위해 필요한 인적·물적 수단을 확보하여 관리하는 활동을 조달행정(Bedarfsverwaltung)이라고 한다.

Ⅲ. 법적 효과에 의한 분류

1. 부담적 행정

개인의 권리를 침해하거나, 자유, 재산권을 제한하며, 혹은 의무, 부담을 과하는 행정을 부담적 행정 또는 침해행정(Eingriffsverwaltung)이라고 한다. 예를 들면, 도로교통의 제한, 영업금지, 공용수용, 세금의 부과 등이 있다. 부담적 행정에는 법률우위의 원칙과 법률유보의 원칙이 적용된다.

2. 수익적 행정

개인에게 금전이나 편익을 제공하거나, 혹은 이미 과해진 의무나 부담을 해제하여 주는 행정을 수익적 행정 또는 급부행정(Leinstungsverwaltung)이라고 한다. 예를 들면, 무능력자의 생활보호를 위한 금전의 지급, 장학금의 지급, 자금조성, 공공시설의 설치·관리, 허가, 특허, 인가 등이 있다.

3. 양자의 교착

부담적 행정과 수익적 행정은 서로 대립하여 독자적인 영역을 형성하는 것이 아니며 양자가 복합적으로 교착되어 행해지는 경우가 많다. 그 예로, 금전이나 편익의 제공이 일정한 의무 또는 부담과 결합된 경우(일정한 성적의 유지가 장학금 계속 지급의 조건인 경우), 하나의 처분이 수급자 자신에게 편익의 제공과 침해의 효과를 동시에 제공하는 경우(수도의 공급과 이용강제), 수급자에게는 이익이나 제3자(경쟁자)에게는 불이익이 되는 경우(자금조성), 하나의 목적을 위하여 양자의 수단을 동시에 사용하는 경우(환경보호를 위하여 재정적 지원을 해주면서 건축제한을 하는 경우 또는 보조금을 주면서 무허가건물의 철거를 명하는 경우)가 있다.

또한 같은 목적의 달성을 위해 병립적으로 사용되는 경우(환경보호를 위하여 환경에 유해한 물품의 생산에 세제상의 불이익을 주거나 혹은 환경오염을 유발시키지 않는 물품생산을 위해 자금지원을 하는 경우)도 있다.

IV. 법적 기속에 따른 분류

1. 기속적 행정

일정한 조건이 충족되는 경우에는 반드시 일정한 행정활동을 하여야 하는 경우가 이에 해당한다. 예를 들어, 일정한 소득이 있는 자에 대해 법이 정한 세금을 반드시 부과해야 하는 경우이다.

2. 재량적 행정

법이 어떤 행정활동을 할 수도 하지 않을 수도 있는 자유(결정재량) 또는 여러 종류의 활동(대상) 중에 어느 것이나 선택할 수 있는 자유(선택재량)를 부여하고 있는 경우가 이에 해당한다.

3. 법률로부터 자유로운 행정

법률로부터 자유로운 행정이란 기속적 행정이나 재량적 행정과 같이 개별적인 수권규정에 근거해서 하는 경우가 아닌 것을 말한다. 법률로부터 자유로운 행정도 법률우위의 원칙, 평등의 원칙 등을 위반할 수 없다는 점에서 법에서 완전히 자유로운 것은 아니라는 점에 유의하여야 한다.

제 2 장 행정법

제1절 | 행정법의 성립과 유형

Ⅰ. 행정법의 성립의 전제

행정의 관념은 근대의 법치국가에서 권력분립제도와 관련하여 성립된 역사적 산물이다.

1. 법치국가사상의 대두와 확립

"국가의 작용은 국민의 대표기관인 의회가 제정한 법률에 기속되지 않으면 안 된다."고 하는 법치국가사상의 발달은 근대 행정법의 성립을 위한 불가결의 전제조건이다. 법치국가의 성립과 함께 권력분립제도가 확립되었고 행정은 의회에서 제정한 법률에 구속되어야 한다는 '법률에 의한 행정'의 원리가 성립되었다. 따라서 행정은 법률에 종속되고 법률의 근거에 의해서만 활동할 수 있게 됨으로써 행정을 규율하는 법의 정립과 체계화가 불가피하게 되었고, 그 결과 행정법이 성립하게 되었다.

2. 행정제도의 발달

행정제도란 행정권에 대하여 사법권에 의한 제약으로부터 독립된 지위를 보장하는 제도를 말하며, 이는 행정에 특수하고 고유한 법의 형성과 행정재판제도의 존재를 그 요소로 하고 있다.

이러한 행정제도의 발전에 따라 행정권에만 적용되는 법체계로서 행정법이 성립하게 되었으며, 행정권의 작용에 대하여 사법법원의 관할권을 배제하고 특별법원인 행정법원의 관할 하에 두는 행정재판제도가 발전하게 되었다.

Ⅱ. 행정법의 발전과 행정제도

그러나 위에서 말한 행정제도를 가지는 것이 여전히 오늘날에 있어서 행정법 성립의 불가결한 전제조건이라고 할 수 있는가에 대하여는 의문이다.

영·미와 같은 국가에서는 전통적으로 보통법(common law)의 지배를 받아 위에서 말한 행정제도를 가지지 않았다. 이들 국가는 정부도 사인과 같이 일반법원의 재판을 받는다는 의미에서 사법국가(Justizstaat)로 지칭된다. 영·미에서는 확실히 20세기 초까지는 행정법의 존재가 일반적으로 승인되지 않았으나, 현재에 이르러서는 영·미에 새로운 형태의 행정법이 존재하고 있음을 부정하기 어렵다.

제2절 | 행정법의 의의

Ⅰ. 개설

행정법은 일반적으로 "행정의 조직, 작용 및 구제에 관한 국내공법"이라고 정의되고 있다. 보다 구체적으로 행정법이란 "공권력의 행사에 관한 법(Verwaltungsrecht ; Administrative Law)"으로서 행정주체의 조직, 권한 및 기관 상호관계에 관한 규율 및 행정주체 상호간 또는 행정주체와 사인간의 공법상의 법률관계에 관한 규율을 총칭한다고 볼 수 있다.

Ⅱ. 행정법의 개념

행정법은 "행정권의 조직과 작용 및 구제"에 관한 법으로서 행정에 관한 "공법", 특히 "국내공법"을 지칭한다. 행정에 관한 법의 전부가 아니라 "행정에 고유한 법(Verwaltung eigentliches Rechts)", 즉 공법만이 행정법에 해당한다.

행정상의 법률관계에는, ① 행정주체가 사인에 대해 명령, 강제하며 일방적으로 법률관계를 설정, 변경하는 경우(권력관계), ② 사회형성활동의 일환으로서 공공시설을 설치·역무·물질·에너지 등을 국민에게 급부, 공급하는 경우(관리관계), ③ 행정주체가 사인과 대등한 입장에서 물자의 구입, 판매 등 경제활동을 하는 경우(사경제적 활동관계, 국고적 활동관계) 등이 있는데, 이 중 권력관계와 관리관계를 규율하는 법을 공법이라 말할 수 있다.

제3절 ㅣ 행정법의 특수성

Ⅰ. 규정 내용상의 특수성

1. 행정주체의 우월성

행정법은 행정권의 발동을 엄격히 기속하며 그의 자의적 행사를 금지하는 한편, 법률 스스로 행정권의 발동에 우월한 효력을 인정함으로써 사인 상호간의 행위와는 다른 법적 취급을 하고 있다.

(1) 행정주체의 지배권의 승인

행정법은 국가, 공공단체 등의 행정주체에 대해 일방적으로 명령, 강제하여 법률관계를 형성·변경하는 힘을 인정하고, 대등한 개인 사이의 행위와는 다른 법적 취급을 한다. 이와 같은 행정주체의 우월성을 특히 행정의 지배권이라 부른다.

(2) 행정행위의 공정력의 승인

행정주체의 지배권의 발동이 법률에 근거를 두고 법률이 정한 바에 따라야 함은 말할 것도 없지만, 가령 그것이 법률에 위반할 경우에도 그 위반이 중대·명백하지 않는 한 권한 있는 기관에 의해 취소될 때까지는 구속력을 가진다. 이를 행정행위의 공정력(또는 예선적 효력)이라 부르기도 한다.

(3) 행정권의 자력강제권의 승인

행정법은 행정권이 스스로의 힘에 의해 상대방의 의무의 이행을 강제하며(행정상의 강제집행), 또는 행정상 필요한 상태를 실현할 수 있는(즉시강제) 권능을 부여하고 있다. 사법관계에 있어서는 그의 의무의 이행을 사법권의 작용으로써 하도록 하고 있는 것과 비교해 볼 때 행정상의 행정주체의 우월성이 인정된다.

2. 행정법의 공익우선성

행정주체는 그의 목적 실현을 위해 사인과 대등한 입장에 서서 비권력적 방법으로 행위 하는 경우가 있는데, 그러한 경우에도 행정법은 공공복리의 실현, 즉 공익목적의 달성을 위해 일반사법과는 다른 특별한 취급을 하는 경우가 있다(행정재산의 임대의 경우 등). 이것은 사익을 무시하는 의미에서가 아니라 사익과의 조화를 기하면서 전체로서 공익목적을 달성하기 위한 것이다. 다만 공익이 사익에 대해 절대적으로 우선하지는 않으며, 행정이 추구하는 공익과 그로 인해 침해되는 사익은 이익형량을 통해 조정하여야 한다.

Ⅱ. 규정 형식상의 특수성

1. 행정법의 성문성

행정법은 성문법주의가 원칙이며, 이는 장래의 예측을 가능케 하고, 법적 생활의 안정을 기하기 위함이다.

2. 행정법의 형식의 다양성

행정법의 법원은 헌법이나 법률 외에도 다양하다. 법률에 의한 행정의 원리에 따르면 행정은 법률에 의하여야 하지만, 법률 외에도 위임명령, 집행명령, 지방자치단체의 조례 및 규칙, 훈령, 예규 등의 형식에 의하기도 한다.

Ⅲ. 규정 성질상의 특수성

1. 행정법의 획일·강행성

행정작용은 행정의 보편성과 일반성을 전제로 하므로 일정한 형식을 갖추도록 하고 있으며, 행정청은 행정상의 의무불이행 등에 대해 자력으로 그 실효성을 담보할 수 있는 강행가능성을 갖는다.

2. 행정법의 기술성

행정법은 법원칙이나 실정법규 외에도 일정한 행정의 메커니즘이나 절차 및 각종 서식과 집행기준 등을 통해 그 집행이 이루어지기 때문에, 일반 사법관계와는 다른 행정기술적 특성을 갖는다.

제4절 | 행정법의 기본원리

Ⅰ. 법치국가의 원리

1. 의의

법치국가의 원리라 함은 국가작용, 그 중에서도 행정이 헌법과 법률에 근거하여 행해지며, 행정을 통해 불이익을 입은 자가 구제받기 위한 제도가 정비되어 있어야 함을 의미한다. 법치국가는 국가권력이 법적인 통제의 대상이 아니며 법적으로 제한을 받지 않고 군주의 자의에 의하여 행사되었던 절대적 권력국가에 대한 반대개념으로 당시에는 국가작용에 대한 법적 통제와 시민의 권리를 보호할 필요성이 대두되었다. 「헌법」상 권력분립에 관한 규정(제40조, 제66조 제4항, 제101조), 기본권보장(제10조 이하), 사법심사에 관한 규정(제107조 등) 등이 근거가 된다.

2. 행정의 법률적합성의 원칙

행정의 법률적합성의 원칙은 2가지 요소를 내포하고 있는데, 법률우위의 원칙(Vorrang des Gesetzes)과 법률유보의 원칙(Vorbehalt des Gesetzes)이 그것이다.

(1) 법률우위의 원칙

행정의 법률에의 구속성을 의미한다. 다시 말하면 행정은 어떠한 경우에도 법률에 위반되는 조치를 취해서는 안 된다. "법률의 우위"라고 하는 경우에 있어서의 "법률"은 「헌법」과 (국회에서 법률제정의 절차에 따라 만들어진) 형식적 의미의 법률뿐만 아니라, 법규명령, 관습법, 판례법 등을 포함한 그 밖의 모든 법규범을 의미한다. 그러나 행정규칙은 이에 포함되지 않으며, 행정규칙의 구속성은 법률의 우위로부터 도출되지 않는다. 또한 법률우위의 원칙은 제한 없이 행정의 모든 영역에 적용된다. 이 원칙에 의해 행정은 적합한 행위를 할 의무를 지게 되며, 그 의무를 위반한 경우에는 그에 대한 책임을 지게 되는데, 구체적으로 어떠한 법적 효과가 발생하는가는 행위의 형식에 따라 상이하게 나타난다. 행정행위는 그 위법이 중대하고도 명백할 경우 무효이고, 그렇지 않은 경우에는 취소할 수 있는 행정행위가 된다. 그 밖에도 법률우위의 원칙은 행정청에게 기속력 있는 법률을 사실상 집행할 것을 요구한다. 예를 들면, 납세의무는 의무자의 의사를 고려하지 않고 법률이 정한 요건에 해당하는 모든 사람에게 부과되는 것으로, 과세관청이 자의적으로 또는 납세자와 합의 내지 계약에 의하여 납세의무를 감면하는 것은 허용되지 않는다.

(2) 법률유보의 원칙

1) 개설

행정이 법률의 수권에 의하여 행해져야 함을 의미한다. 법률우위의 원칙이 소극적으로 행정작용이 현존하는 법률에 위반해서는 안 됨을 요구하는 데 반하여, 법률유보의 원칙은 적극적으로 행정작용을 위하여 법률의 근거를 요구한다. 법률유보의 원칙은 의회민주주의원리, 법치국가원리, 기본권 조항에서 도출될 수 있다. "법률의 유보"라고 하는 경우 여기에서의 "법률"은 국회에서 법률 제정의 절차에 따라 만들어진 형식적 의미의 법률을 말한다. 따라서 국회의 의결을 거치지 않은 명령이나 불문법원으로서의 관습법이나 판례법은 이에 포함되지 않는다.

2) 법률유보원칙의 적용영역에 관한 학설

법률우위의 원칙은 행정의 모든 영역에 적용된다. 이에 반하여 법률유보원칙의 적용영역에 관하여는 견해가 나누어져 있다.

① **침해유보설**

침해유보설이란 개인의 자유나 권리를 침해, 제한하는 경우에는 반드시 법률의 수권이 있어야 한다는 이론이다. 이와 같은 내용의 침해유보설은 그 이론이 생성된 당시, 즉 19세기 후반 입헌주의의 발흥시기에 있어서의 기본권관과 밀접한 관계가 있다. 당시의 기본권은 이른바 자유권적 기본권이 전부였다고 볼 수 있으며, 따라서 기본권은 국가권력에 의한 개인의 생활영역 침해에 대한 방어권 또는 침해배제청구권(Abwehranspruch)으로서의 의의를 가지고 있었다.

이러한 침해유보설은 의회민주주의가 발달하고, 급부행정이 행정영역에서 차지하는 비중이 점차 증가되어 가며, 모든 국가활동에 「헌법」의 효력이 미치는 현대와 같은 민주적·법치국가적 체제 하에서는 낡은 이론으로 극복되어야 한다는 데 이론(異論)이 없다.

② **전부유보설**

직접 시민에게 향해진 행정작용 전부에 대하여 법률의 유보를 요구하는 학설이다. 민주국가에서는 주권이 국민에게 있고 국민은 그들의 대표기관인 의회에 권력을 위임하고 있으므로 국가의 다른 기관(행정, 사법 등)은 의회가 제정한 법률의 수권이 있어야 비로소 활동할 수 있음을 이론적 근거로 삼는다.

하지만 이러한 견해는 헌법원리 가운데 국민주권주의, 의회민주주의만을 강조하고, 그에 못지않게 중요한 권력분립주의를 망각하고 있다. 또한 탄력적이고 신속한 행정활동을 저해하고 행정부를 단순히 입법부의 도구로 전락시킬 우려가 있다는 등의 비판을 받고 있다.

③ 사회적 유보설

오늘날에 있어서 자유란 '국가에 의한 침해의 부존재(Abwesenheit staatlicher Eingriffe)'뿐만 아니라 '국가적 급부에의 지분 또는 참여(Teilhabe an der staatlichen Leistung)'를 의미한다. 따라서 법률의 유보는 침해유보를 넘어서 급부행정의 전 영역에 확대되지 않으면 안 된다는 것이다. 변화된 생존조건 하에서 시민에게 적극적, 사회적 지위(status positivus socialis)를 확보해 주려는 노력은 정당하며, 헌법상 사회국가원칙 또는 사회적 기본권의 보장을 감안할 때 이는 헌법적으로도 요구되는 것이라 할 것이다.

그러나 법률유보의 범위를 급부행정영역에까지 확대한다고 해서 이러한 목표가 효과적으로 달성되는 것은 아니라는 비판이 있다. 또한 아직 법률이 제정되어 있지 않은 경우에 행정권이 조직법, 예산 등에만 근거하여 급부적 활동을 수행할 수 있음을 인정해야 할 현실적 필요성이 있으므로 급부행정의 영역에서 법률유보를 언제나 필수적인 것으로 요구하는 것은 문제가 있다.

④ 중요사항유보설(본질사항유보설 또는 본질성설)

1976년 독일의 연방헌법재판소의 판결에서 유래한 이론이다. 학생의 퇴학과 관련된 사건에 있어서 연방헌법재판소는 시민과 국가와의 관계(일반권력관계)에 있어서든, 학생과 학교와의 관계(영조물이용관계)에 있어서든 중요사항은 입법기관이 스스로 결정해야 한다며 "기본권의 실현과 관련하여(im Bereich der Grundrechtsausübung) 중요한 결정은 의회가 스스로 내려야 한다."라고 판시하였다. 즉, 중요사항유보설은 시민에게 직접적으로 관련되는 기본적인 문제에 대한 모든 결정은 법률의 형식으로 행해져야 한다는 의회유보설을 포함하며, 중요하지 않은 사항에 대한 결정권은 행정권이 스스로 행사할 수 있음을 의미한다.

중요사항유보설에 의하면 문제된 활동이 기본권의 실현을 위하여 중요한 것인지(wesentlich für die Verwirklichung des Grundrechts) 여부가 판단기준이 된다. 이 이론에 대하여는 본질적인 것과 비본질적인 것의 구분이 불명확하다는 비판이 있다.

[판례]

① "오늘날 법률유보원칙은 단순히 행정작용이 법률에 근거를 두기만 하면 충분한 것이 아니라, 국가공동체와 그 구성원에게 기본적이고도 중요한 의미를 갖는 영역, 특히 국민의 기본권실현과 관련된 영역에 있어서는 국민의 대표자인 입법자가 그 본질적 사항에 대해서 스스로 결정하여야 한다는 요구까지 내포하고 있다(의회유보원칙). 그런데 텔레비전방송수신료는 대다수 국민의 재산권 보장의 측면이나 한국방송공사에게 보장된 방송자유의 측면에서 국민의 기본권실현에 관련된 영역에 속하고, 수신료금액의 결정은 납부의무자의 범위 등과 함께 수신료에 관한 본질적인 중요한 사항이므로 국회가 스스로 행하여야 하는 사항에 속하는 것임에도 불구하고「한국방송공사법」제36조 제1항에서 국회의 결정이나 관여를 배제한 채 한국방송공사로 하여금 수신료금액을 결정해서 문화관광부장관의 승인을 얻도록 한 것은 법률유보원칙에 위반된다." (헌법재판소 1999. 5. 27. 98헌바70결정)

② "토지등소유자가 도시환경정비사업을 시행하는 경우 사업시행인가 신청시 필요한 토지등소유자의 동의는 개발사업의 주체 및 정비구역 내 토지등소유자를 상대로 수용권을 행사하고 각종 행정처분을 발할 수 있는 행정주체로서의 지위를 가지는 사업시행자를 지정하는 문제로서 그 동의요건을 정하는 것은 국민의 권리와 의무의 형성에 관한 기본적이고 본질적인 사항이므로 국회가 스스로 행하여야 하는 사항에 속하는 것임에도 불구하고 사업시행인가 신청에 필요한 동의정족수를 토지등소유자가 자치적으로 정하여 운영하는 규약에 정하도록 한 것은 법률유보원칙에 위반된다." (헌법재판소 2011. 8. 30. 2009헌바128, 148(병합))

3) 소결

어느 견해나 침해행정의 경우에 법률의 근거를 필요로 한다는 점에 대해서는 의견이 일치하고 있다. 우리의 학설은 이들 견해 중에 어느 한 입장을 취하는 것을 피하고, 개별적인 행정작용의 성질에 따라 법률유보원칙의 적용여부를 검토한다.

즉 침해행정영역은「헌법」제37조 제2항의 해석상 당연히 법률유보를 필요로 하며 그 강도도 다른 행정분야보다 강하게 요구되어 일반국민이 침해를 사전에 충분히 예견하고 대비할 수 있도록 침해의 목적·내용·범위 등이 명확히 설정되어야 한다.

그 밖에 행정내부영역은 「헌법」 제96조의 행정조직법정주의에 따라 법률의 근거를 요하며, 오늘날 급부의 거부는 자유와 재산의 침해보다 관련 대상자에게 보다 심각한 영향을 줄 수 있다는 점을 고려할 때 급부행정영역에도 법률의 근거를 필요하다. 다만 이들 영역은 침해행정영역보다 그 강도가 완화된다.

Ⅱ. 민주국가의 원리

우리 「헌법」은 제1조에서 "① 대한민국은 민주공화국이다. ② 대한민국의 주권은 국민에게 있고, 모든 국가 권력은 국민으로부터 나온다."라고 규정함으로써 민주주의가 국가 또는 행정의 기본원리이며 과제임을 명시하고 있다.

Ⅲ. 사회국가의 원리

사회국가란 자유주의 내지 시장경제원리로 인해 파생된 모순의 폐단을 수정하여, 나아가서는 모든 사람이 인간다운 생활을 할 수 있는 경제적·사회적 정의를 적극적으로 실현함을 지향하는 국가체제를 의미한다.

구체적으로는 「헌법」 제34조(사회보장)에서 사회보장, 사회복지, 여성의 복지·권익향상, 노인·청소년의 복지향상, 장애자·생활보호대상자의 보호, 재해예방·위험보호를 규정하고 있다. 또한 「헌법」 제119조 제2항(경제질서의 기본원칙, 경제의 규제·조정)에서는 균형있는 경제성장·안정, 적정한 소득분배, 시장지배·경제력남용 방지, 경제민주화를 위한 규제·조정을 규정하고 있다.

제5절 | 행정법의 일반원칙

Ⅰ. 개설

행정법의 모든 분야에서 적용되고 지배되는 일반적 원리이다. 행정법의 불문법원의 하나로서 설명되는 것이 일반적이나, 이러한 법원칙은 대부분 「헌법」 및 「헌법」을 지배하는 기본원리에서 유래하는 것이다. 비례의 원칙(과잉금지의 원칙), 신뢰보호의 원칙, 평등의 원칙, 신의성실 및 권리남용금지의 원칙, 부당결부금지의 원칙 등이 있다.

Ⅱ. 비례의 원칙

1. 의의 및 성질

행정주체가 구체적인 목적을 실현함에 있어서 그 목적과 수단 사이에 합리적인 비례관계가 유지되어야 한다는 원칙을 말한다. 이는 헌법상 법치국가원리에서 파생된 원칙의 하나이므로 헌법차원의 법원칙으로서의 성질과 효력을 가진다. 판례도 "어떤 행정목적을 달성하기 위한 수단은 그 목적달성에 유효·적절하고 또한 가능한 한 최소침해를 가져오는 것이어야 하며 아울러 그 수단의 도입으로 인한 침해가 의도하는 공익을 능가하여서는 아니 된다는 헌법상의 원칙(대법원 1997. 9. 26. 선고 96누10096판결)"이라고 한다.

2. 근거

당초 독일에 있어서는 경찰법상의 판례법으로 발전되었던 것이다. 현행 「경찰관직무집행법」 제1조 제2항에서는 경찰권 발동은 필요최소범위에 한하며 그 남용을 금지하고 있다. 비례의 원칙은 (명문규정이 없더라도) 법치국가원리의 파생원칙의 하나로서 보는 것이 일반적인데, 법치국가원리에서 도출할 필요 없이 바로 기본권의 본질에서 나오는 법원칙으로 볼 수 있다. 이에 대해 「헌법」 제37조 제2항에서는 기본권제한의 근거와 방식 및 한계를 정하고 있다.

3. 비례원칙의 적용영역

비례의 원칙(또는 과잉금지의 원칙)은 개인의 주관적 권리에 대한 제한이 문제되는 한 원칙적으로 모든 국가권력(입법자, 행정청)을 기속한다. 비례의 원칙은 처음에 경찰권의 한계를 설정해 주는 법원칙으로서의 성질을 띠고 있었으나, 지금은 모든 행정분야 및 모든 행정권 행사에 적용되는 원칙이다. 특히 이 원칙은 재량권 행사의 한계, 부관의 한계, 취소·철회의 제한, 사정판결, 경찰권 발동의 한계, 급부행정의 한계 등의 영역에서 활용되고 있을 뿐 아니라, 공용침해의 요건의 하나로서의 "공공필요"의 요건 충족여부를 가늠해주는 원칙으로서도 활용되고 있다.

4. 내용

이러한 (넓은 의미의) 비례의 원칙은 다시 적합성의 원칙, 필요성의 원칙, 좁은 의미의 비례원칙으로 세분된다.

(1) 적합성의 원칙

행정기관이 취한 조치 또는 수단이 그가 의도하는 목적을 달성하는 데에 적합해야 함을 의미한다. 어떤 조치의 적합성 여부가 불확실한 경우에는 이미 알려져 있는 수단 또는 이론에 근거하여 그 적합성 여부를 심사하였다면 이를 충족한 것으로 볼 수 있다.

(2) 필요성의 원칙

행정조치는 설정된 목적을 실현하기 위하여 필요한 한도 이상으로 행해져서는 안 된다는 것이다. 일정한 목적을 달성할 수 있는 수단이 여러 가지인 경우, 행정기관은 그 중에서 관련당사자에게 가장 적은 부담을 주는 수단을 선택해야 한다는 의미에서 최소침해의 원칙(Grundsatz der geringsten eingriffs)이라고도 한다.

(3) 상당성의 원칙(좁은 의미의 비례원칙)

상당성의 원칙(Grundsatz der Angemessenheit)은 어떤 행정조치가 설정된 목적실현을 위하여 필요한 경우라 할지라도 그 행정조치를 취함에 따른 불이익이 그 것에 의해 초래되는 이익보다 큰 경우에는 당해 행정조치를 취해서는 안 된다는 것이다. 판례는 "제재적 행정처분이 재량권의 범위를 일탈하였거나 남용하였는지 여부는 처분사유로 된 위반행위의 내용과 그 위반의 정도, 당해 처분에 의하여 달성하려는 공익상의 필요와 개인이 입게 될 불이익 및 이에 따르는 제반 사정 등을 객관적으로 심리하여 공익침해의 정도와 그 처분으로 인하여 개인이 입게 될 불이익을 비교교량하여 판단하여야 한다(대법원 2006. 4. 14. 선고 2004두3854판결)." 라고 하면서 상당성의 원칙을 재량권행사의 적법성 기준으로 보고 있다.

5. 위반의 효과

(1) 위법성

이 원칙에 위반한 행정작용은 위법하다. 판례는 "공무원이 훈령에 위반하여 요정 출입을 하였다는 사유만으로 한 파면 처분은 비례원칙 위반으로서 재량권의 범위를 넘은 위법한 처분이다(대법원 1967. 5. 2. 선고 67누24판결)."라고 판시하였다.

(2) 권리구제

이 원칙에 위반된 행정작용에 의하여 법률상의 이익(권리)을 침해받은 자는 행정쟁송, 행정상의 손해배상(국가배상)의 청구 등의 방법을 통해 권리구제를 받을 수 있다.

Ⅲ. 신뢰보호의 원칙

1. 의의

국민이 행정기관의 어떤 결정(명시적 언동, 묵시적 언동을 포함)의 정당성 또는 존속성에 대하여 신뢰한 경우 그 신뢰가 보호받을 가치가 있는 한, 그 신뢰를 보호해 주어야 함을 말한다.

2. 근거

(1) 이론적 근거

신뢰보호의 근거에 대해서 신의성실의 원칙 또는 금반언(Estoppel)의 법리에서 구하는 견해, 법치국가원리의 한 요소인 법적 안정성에서 구하는 견해, 기본권 또는 사회국가원리에서 찾는 견해 또는 여러 관점을 중첩적으로 적용하여 도출하는 견해 등이 있다.

1) 신의칙설

신의성실의 원칙은 법의 일반원리로서 공법에도 적용되므로, 행정기관은 성실하게 적법한 행정작용을 하여야 할 의무를 지며, 국민은 그것을 적법한 것으로 신뢰하게 되는 바, 사후에 당해 행정작용의 위법을 이유로 그 효력을 부인하는 것은 상대방의 신뢰를 저버린 것으로 신의성실의 원칙에 반한다는 견해이다.

> **<독일의 연방행정법원의 미망인판결(Witwen-Urteil)>**
>
> 독일의 동서독분단 직후에 동Berlin에 거주하고 있었던 분단 전 독일국가공무원의 미망인은 서베를린의 독일후생청(Bundessozialsicherheitsamt)에 편지를 보내 그가 서독으로 주거를 옮기는 경우에 연금수령이 가능한지를 질의하였다. 이에 후생청의 담당관은 가능하다는 답신을 하였고 미망인은 이를 믿고 동독을 탈출하여 서독으로 귀순한 후 후생청에 연금을 신청하였다. 그러나 독일연방후생청은 미망인이 연금을 신청하기 얼마 전에 관련법령이 개정되어 연금신청권은 실효되었으며 따라서 연금을 지급할 수 없게 되었다며 그 지급을 거부하였다. 이에 미망인은 독일연방행정법원(BVerwG)에 연금지급을 신청하는 소송을 제기하였고 법원은 신의칙에 입각한 신뢰보호원칙을 근거로 그 청구를 인용하였다(BVerwGE 9, 251ff.).

2) 법적 안정성설

신뢰보호의 근거를 법치국가원리, 그 중에서 법적 안정성의 원칙에서 찾는 견해로서 현재의 통설이다. 이는 개인은 국가작용이 법에 따라 그가 예측한대로 집행되고 존속될 것을 기대하며 이로부터 국가에 의하여 보호되어야 하는 신뢰보호의 요건이 조성된다고 한다.

(2) 실정법적 근거

1) 「행정절차법」 제4조 제2항

행정청은 법령 등의 해석 또는 행정관청의 관행 등이 일반적으로 국민들에게 받아들여진 때에는 공익 또는 제3자의 정당한 이익을 현저히 해할 우려가 있는 경우를 제외하고는 새로운 해석 또는 관행에 의하여 소급하여 불리하게 처리하여서는 안 된다.

2) 「국세기본법」 제18조 제3항

세법의 해석이나 국세행정의 관행이 일반적으로 납세자에게 받아들여진 후에는 그 해석이나 관행에 의한 행위 또는 계산은 정당한 것으로 보며, 새로운 해석이나 관행에 의하여 소급하여 과세되지 아니한다.

3. 요건

(1) 행정기관의 선행조치

신뢰의 대상이 되는 행정기관의 선행조치가 존재하여야 한다. 선행조치에는 법령, 규칙, 합의, 확언, 행정조치를 비롯한 국가의 모든 행정작용이 해당되며, 반드시 명시적, 적극적 언동들에 국한되지는 않는다. 하지만 구체적인 행정권의 행사와 무관하게 단순히 법령의 해석에 대한 질의에 회신하는 등 일반적·추상적 견해표명은 신뢰보호원칙의 적용대상에서 제외된다.

[판례]

> "행정청의 공적 견해표명이 있었는지의 여부를 판단하는 데 있어 반드시 행정조직상의 형식적인 권한분장에 구애될 것은 아니고 담당자의 조직상의 지위와 임무, 당해 언동을 하게 된 구체적인 경위 및 그에 대한 상대방의 신뢰가능성에 비추어 실질에 의하여 판단하여야 한다." (대법원 1997. 9. 12. 선고 96누18380판결)

(2) 신뢰의 보호가치성

선행조치의 정당성 또는 존속성에 대한 관계인의 신뢰가 보호받을 가치가 있어야 한다. 행정행위의 하자가 수익자의 책임에 기인할 때, 즉 수익자의 사기, 강박, 증뢰 등 부정한 방법으로 수익적 행정행위가 발해졌거나, 수익자의 불완전한 또는 잘못된 신고에 의하여 행정행위 등이 발해진 경우, 수익자가 행정행위 등의 위법성을 알았거나 중대한 과실로 알지 못한 경우에는 그 행정행위 등에 대한 신뢰는 보호받을 가치가 없는 것이 된다.

(3) 관계자의 신뢰에 기인한 처리

신뢰보호는 행정기관의 조치를 신뢰하여 그 상대방이 일정한 조치를 한 경우에만 인정되며, 행정기관의 선행조치와 그 상대방에 의한 조치 사이에 인과관계가 있어야 한다. 즉, 상대방은 행정기관의 선행조치의 정당성, 존속성을 믿음으로 말미암아 일정한 조치를 한 경우이어야 한다.

(4) 권익 침해

행정기관이 선행조치에 반하는 행정작용을 하면, 선행조치를 신뢰한 관계자의 권익이 침해되어야 한다. 이 경우 선행조치 또는 행정기관의 조치와 권익의 침해 사이에 인과관계가 있어야 한다.

[판례]

"일반적으로 행정상의 법률관계에 있어서 행정청의 행위에 대하여 신뢰보호의 원칙이 적용되기 위해서는, ① 행정청이 개인에 대하여 신뢰의 대상이 되는 공적인 견해표명을 하여야 하고, ② 행정청의 견해표명이 정당하다고 신뢰한데 대하여 그 개인에게 귀책사유가 없어야 하며, ③ 그 개인이 그 견해표명을 신뢰하고 이에 어떠한 행위를 하였어야 하고, ④ 행정청이 위 견해표명에 반하는 처분을 함으로써 그 견해표명을 신뢰한 개인의 이익이 침해되는 결과가 초래되어야 하며, 어떠한 행정처분이 이러한 요건을 충족할 때에는, 공익 또는 제3자의 정당한 이익을 현저히 해할 우려가 있는 경우가 아닌 한, 신뢰보호의 원칙에 반하는 행위로서 위법하게 된다." (대법원 1998. 5. 8. 선고 98두4061판결)

4. 한계

어떠한 행정처분이 신뢰보호의 요건을 충족하여도 그 행정처분을 취소하는 것이 공익 또는 제3자의 정당한 이익을 현저히 해할 우려가 있는 경우에는 신뢰보호원칙에 반한다고 볼 수 없다.

5. 신뢰보호의 적용례

(1) 수익적 행정행위의 취소

행정법상 신뢰보호원칙은 원래 흠 있는 수익적 행정행위의 취소의 문제에서 출발하였다.

[판례]

> "행정처분에 하자가 있음을 이유로 처분청이 이를 취소하는 경우에도 그 처분이 국민에게 권리나 이익을 부여하는 수익적 처분인 때에는 그 처분을 취소하여야 할 공익상의 필요와 그 취소로 인하여 당사자가 입게 될 불이익을 비교교량한 후 공익상의 필요가 당사자가 입을 불이익을 정당화할 만큼 강한 경우에 한하여 취소할 수 있는 것이지만, 그 처분의 하자가 당사자의 사실은폐나 기타 사위의 방법에 의한 신청행위에 기인한 것이라면 당사자는 그 처분에 의한 이익이 위법하게 취득되었음을 알아 그 취소가능성도 예상하고 있었다고 할 것이므로, 그 자신이 위 처분에 관한 신뢰이익을 원용할 수 없음은 물론 행정청이 이를 고려하지 아니하였다고 하여도 재량권의 남용이 되지 아니한다." (대법원 1996. 10. 25. 선고 95누14190판결)

(2) 수익적 행정행위의 철회

관계자의 신뢰를 보호하기 위하여 수익적 행정행위의 철회는 제한을 받는다. 철회의 경우에는 신뢰보호원칙과 법률적합성원칙이 충돌하지 않기 때문에 수익적 행정행위의 취소의 경우보다 동 원칙이 더욱 강조되어야 할 것이다.

독일 행정절차법 제49조는 수익적 행정행위의 경우 ① 철회권의 유보, ② 부담의 불이행, ③ 새로운 사실의 발생, ④ 법령의 개정, ⑤ 긴급한 공익상의 필요 등의 경우에 한하여 철회를 허용하고 있다. 한편 같은 조 제5항은 ③부터 ⑤까지의 경우에 있어서, 수익자가 행정행위의 존속을 신뢰함으로써 재산상의 불이익을 받게 되면 그 신뢰가 보호받을 가치가 있는 한 행정청은 그에 대하여 보상하도록 규정하고 있다. ①과 ②의 경우를 배제하는 것은 그 경우에는 수익자가 사후의 철회가능성을 이미 알고 있었거나 철회사유가 그에게 귀책되기 때문이다.

부담적 행정행위의 폐지는 국민의 불이익을 제거하는 것이라 하여 그와 관련하여 특별한 논의가 행해지지 않는다. 그러나 당초의 부담적 행정행위를 폐기하고, 동일한 법적 근거에서 가중된 부담적 행정행위를 새로이 대신 발하는 경우에는 사정이 다르다 할 것이다. 부담적 행정행위란 본래 부담적 효과를 발하지만 그것이 상대방의 의무나 권리제한의 범위를 한정하는 한도에 있어서는 일종의 수익적 효과도 발한다고 할 수 있으므로, 이처럼 부담적 행정행위를 불이익하게 변경하는 경우에는 수익적 행정행위의 폐지와 관련한 신뢰보호원칙이 적용된다 할 것이다.

(3) 확약

행정청이 장차 상대방에게 일정한 작위 또는 부작위를 행할 것을 확약한 경우에는, 신뢰보호의 원칙에 따라 행정청은 그에 구속된다고 보아야 한다. 따라서 행정청이 확약에 반하는 처분을 한 경우 신뢰보호원칙의 위반을 주장할 수 있다.

(4) 실권

신뢰보호의 요건은 행정기관이 장기간 권리를 행사하지 않고 방치했을 때에도 충족될 수 있다. 예컨대 과세관청이 조세를 부과할 수 있음에도 부작위로 일관하고 있고 그에 따라 납세의무자가 조세의 납부를 요구받지 않을 것이라고 믿고 일정한 재정적 조치를 한 경우에 과세관청은 더 이상 조세를 부과·징수할 수 없게 된다.

(5) 불법에 있어서의 평등대우

위법한 행정선례를 신뢰해 온 자가 신뢰보호를 이유로 장래에도 그 선례를 고수해 줄 것을 요구할 수 있느냐의 문제가 제기될 수 있다. 이 경우에 동일한 사정에 있는 제3자에게 위법한 행정작용의 청구권을 인정한다면 행정의 법률적합성의 원칙은 공허하게 되고, 위법한 상태가 장래에 향하여 계속 지속하게 된다는 불합리한 결과가 발생한다. 다만 경우에 따라 제3자에게 손해배상청구권이 발생할 수는 있을 것이다.

(6) 계획보장

도시계획, 국토계획, 경제계획 등의 행정계획을 신뢰하고 자본 등을 투자하였으나, 이후 당해 계획이 폐지·변경된 경우에 개인의 신뢰보호라는 관점에서, 이른바 계획보장청구권을 인정할 것인가의 문제가 있다. 공공복리 등의 명분으로 인하여 계획보장청구권 및 그에 포함된 계획존속청구권, 계획집행청구권은 일반적으로 부정된다. 그러나 국민의 신뢰보호 또한 법치국가의 계획에 있어서 포기할 수 없는 구성요소이므로, 계획의 존속에 대한 신뢰는 보호해야 할 것이다.

Ⅳ. 평등의 원칙

행정작용을 함에 있어서 특별한 합리적 사유가 존재하지 않는 한 상대방인 국민을 공평하게 처우해야 한다는 것을 말한다. 동 원칙은 헌법차원의 법원칙이므로, 이에 위반된 국가작용은 위헌·위법한 것이 된다.

Ⅴ. 신의성실 및 권리남용금지의 원칙

사법의 영역에서 발전된 것이나 공법의 영역에서도 적용되는 원칙이다. 「국세기본법」 제15조는 "납세자가 그 의무를 이행할 때에는 신의에 따라 성실하게 하여야 한다. 세무공무원이 직무를 수행할 때에도 또한 같다."라고 규정하여 이 원칙을 명문화하고 있다.

신의성실의 원칙이 인정되는 이상 동 원칙과 표리관계에 있는 권리남용금지의 원칙은 당연히 인정된다고 볼 수 있다(「민법」 제2조 제1항 및 제2항 참조). 「행정절차법」제4조 제1항은 "행정청은 직무를 수행함에 있어서 신의에 따라 성실히 하여야 한다."라고 규정하고 있다.

Ⅵ. 부당결부금지의 원칙

행정기관이 고권적 조치를 취함에 있어서 그것과 실체적인 관련이 없는 반대급부를 결부시켜서는 안 된다는 원칙을 말한다. 이 원칙은 행정목적을 달성하기 위한 수단이 다양해짐에 따라 그 수단의 선택이나 급부에 일정한 한계를 설정하려는 의도에서 구성된 이론이라 할 수 있다. 부당결부금지의 원칙은 행정행위의 부관, 공법상 계약, 행정의 실효성확보를 위한 새로운 제수단과 관련된다. 행정상 부당결부의 예로는 구「건축법」제9조 제2항에서 건축법상의 의무를 강제하기 위해 수도공급을 중단할 수 있도록 한 경우,「국세징수법」제7조에서 행정법규 위반에 대하여 관허사업을 제한(거부)할 수 있도록 한 경우, 인·허가의 조건으로 합리적 개연성이 없는 기부채납을 요구하는 경우를 들 수 있다.

[판례]

"지방자치단체장이 사업자에게 주택사업계획승인을 하면서 그 주택사업과는 아무런 관련이 없는 토지를 기부채납하도록 하는 부관을 주택사업계획승인에 붙인 경우, 그 부관은 부당결부금지의 원칙에 위반되어 위법하다." (대법원 1997. 3. 11. 선고 96다49650판결)

제6절 | 행정법의 법원

Ⅰ. 개설

1. 법원의 개념

법원(法源)이란 법의 존재형식 또는 법의 인식근거를 의미한다. 행정법은 형식적 법률, 법규명령, 조례, 관습법, 행정법의 일반원리(조리), 판례법 등과 같은 다양한 법형식들로서 존재하는 것이다.

다른 한편, 그 자체로서는 관념적인데 불과한 법을 인식하기 위하여 일정한 매개물이 필요한데, 위에서 본 다양한 법형식들이 그러한 인식을 위한 매개체로서 등장하는 것이다.

2. 법원과 법규범, 법규

법원의 개념을 법규범(Rechtsnorm) 또는 법규(Rechtssatz) 등의 개념과 구별하는 것은 용이하지 않다. 이 문제는 특히 행정규칙의 법규성(법원성)에 관한 논쟁과 관련이 있다.

광의의 법규란 고권적·일반·추상적 규정에 해당한다. 이러한 의미에서 법규는 국가와 시민의 관계는 물론 국가내부의 영역에도 존재한다.

법원과 법규범의 개념은 외부법, 즉 국가와 시민 간의 관계에 관한 법에 관계한다. 따라서 협의의 법규는 시민 또는 기타의 법적 주체의 권리와 의무를 발생, 변경, 소멸시키는 일반·추상적인 규정이라 할 수 있다. 일반적으로 일체의 법규, 즉 행정규칙 등 내부법을 포함하는 광의의 법원과 일반적 구속력이 있는 법규범, 즉 외부법만을 의미하는 협의의 법원으로 구분할 수 있다. 일반적인 법규(성)의 개념은 협의의 법원개념을 택하고 있다.

Ⅱ. 행정법의 성문법원

1. 「헌법」

「헌법」은 국가의 기본적이고 최고규범성을 갖는 법이기 때문에 행정법에 관하여도 최고의 법원이 된다.

2. 법률

법률은 행정법의 가장 일반적인 법원이라 할 수 있다. 여기서 법률이란 형식적 의미의 법률, 즉 국회가 입법절차에 따라 법률로서 제정한 것을 말한다. 법률이 상호 충돌할 때에는 신법우선의 원칙, 특별법우선의 원칙 등에 의해서 해결하여야 한다. 양자가 경합하는 경우에는 새로운 일반규정이 이전의 특별규정에 우선한다. 그밖에 일반적, 추상적 법률은 그를 집행하기 위해 제정된 법률에 우선한다.

이 경우 '효력우위(Geltungsvorrang)'와 '적용우위(Anwendungsvorrang)'를 구별하여야 한다. 「헌법」과 법률의 관계에 있어서 「헌법」이 법률에 대하여 효력우위를 가지나, 적용우위를 가지는 것은 아니다. 행정기관은 법률에 관계된 규정이 있는 경우, 「헌법」을 직접 적용해서는 안 된다. 관계되는 규정이 없거나 불충분할 때에만 행정기관은 「헌법」을 직접 적용하거나 또는 유추적용 할 수 있다.

3. 조약 및 국제법규

「헌법」 제6조 제1항은 「헌법」에 의하여 체결·공포된 조약과 일반적으로 승인된 국제법규에 대하여 국내법과의 효력상의 동위성을 인정하고 있으므로, 그 한도 내에서 이들도 행정법의 법원이 될 수 있다. 이 경우에도 일반적인 '존중효'를 넘어선 집행규범으로서의 구체적 규범력은 그 내용이 국내법으로 규범화됨에 따르는 것이 일반적이다.

4. 명령

(1) 법규명령

행정권이 일반적 구속력 있는 법규명령을 제정할 수 있다는 것은 일견 입법권은 의회에 있다는 권력분립의 원칙에 위배되는 듯 보인다. 그러나 행정권은 자기 고유의 권한으로 법규범의 효력을 가지는 명령을 제정하는 것이 아니라, 의회의 수권에 의해서만 입법활동을 할 수 있으므로 권력분립원칙에 반하는 것은 아니라 하겠다. 다만 권력분립의 원칙에 따라 의회는 중요한 사항에 대하여 직접 규율하고, 수권의 범위와 목적 하에 세부적인 규정만을 행정권의 명령에 위임해야 한다.

(2) 행정규칙

전통적 견해에 따르면 행정규칙은 외부에 대한 효력, 즉 대(對)국민적 구속력을 갖지 않는다는 이유에서 법원성도 부인된다.

5. 자치법규

자치법규란 지방자치단체가 자치입법권에 의하여 법령의 범위 안에서 제정하는 자치에 관한 법규로서(「헌법」 제117조 제1항), 지방의회가 제정하는 조례와 지방자치단체의 장이 제정하는 규칙이 있다. 일반적으로 조례는 의회입법으로서 대외적인 규범력(법규성)을 가지나, 규칙은 지방행정기구의 내부규율에 해당하므로 행정규칙의 경우처럼 법규성이 부인된다.

Ⅲ. 행정법의 불문법원

행정법의 불문법원으로는 행정관습법과 판례법, 그리고 조리 내지 법의 일반원칙을 들 수 있다.

1. 행정관습법

(1) 행정관습법의 의의

　행정관습법이란 행정에 관해 오랜 기간에 걸쳐 동일한 관행이 반복되고, 이러한 관행이 일반국민의 법적 확신을 얻어 법규범으로서의 구속력을 가진 것으로 승인된 것을 말한다.

(2) 행정관습법의 성립요건

　행정관습법은 ① 장기적, 일관적인 관행이 존재하고, ② 국민일반의 법적 확신이 있어야 한다. 그밖에 국가에 의한 승인이 필요한가에 대하여 학설의 대립이 있으나 지배적인 견해는 사실상의 관행의 성립과 법적 확신만으로 행정관습법이 성립된다고 본다.

(3) 행정관습법의 현대적 의의

　과거와 달리 행정관습법은 많은 수의 성문법이 존재하는 오늘날 그 중요성을 점점 잃어가고 있다. 급속히 변화하며, 개개인의 의견이 다양한 다원적 사회에서는 장기적 관행이나 일반인의 법적 확신과 같은 행정관습법 성립을 위한 요건이 충족되기 어렵다.

2. 판례법

　행정사건에 대한 법원의 판결은 직접적으로는 당해 사건의 분쟁을 해결함을 목적으로 하는 것이지만, 판결에 나타난 법의 해석, 운용의 기준은 동종의 다른 사건에 있어서 하나의 지침이 될 수 있다. 이에 판례가 행정법의 법원이 될 수 있는지가 문제되는데, 성문법주의를 취하는 우리나라에서는 상급법원의 판결은 당해 사건 이외에는 하급법원을 법적으로 구속하는 효력이 인정되지 않으므로 판례의 법원성은 인정되기 곤란할 것이다. 그러나 판례의 법원성을 그 사실상의 구속력의 측면에서 완전히 부인할 수는 없다. 왜냐하면 대법원의 판례는 일반·추상적인 법규범의 구체화로서 심급제에 의해 하급심에 대해 사실상 구속력을 발휘하기 때문이다. 또한 헌법재판소의 위헌결정은 적어도 위헌으로 결정된 법률이나 법률조항에 관해서는 법원이 된다는데 의문이 없다. 이것은 사법적 결정이기는 하지만 법률의 효력을 일반적으로 박탈하는 법형성적 의미를 갖기 때문이다.

3. 법의 일반원칙-조리

행정법에서 거론되고 있는 조리(條理) 내지 법의 일반원칙은 학설·판례 등을 통해 발전된 것이기는 하나 그의 연원은 대부분 헌법 및 헌법을 지배하는 기본원리에서 유래하는 것으로 볼 수 있다. 그러한 의미에서 그들 법원칙은 대부분 헌법차원의 원칙으로서의 의의를 가진다고 말할 수 있다. 따라서 조리 내지 법의 일반원칙을 위반하는 국가적 행위(입법작용, 행정작용, 판결)는 일단 위헌·위법으로 볼 수 있다. 행정법상의 조리, 즉 행정법의 일반원칙은 다른 법분야에서의 조리와는 그 법적 지위와 비중에서 차이를 가진다고 할 수 있다. 행정법의 일반원칙, 즉 비례성의원칙, 신뢰보호의 원칙, 부당결부의 원칙 등은 성문법규와 그 적용의 선후 없이 병렬적 내지 동등한 지위에 있는 법원(法源)으로서 위법성판단의 기준이 된다.

제3장 행정상의 법률관계

행정상의 법률관계란 행정과 관련된 당사자 간의 권리의무관계를 의미한다. 이는 행정상의 사법관계와 행정상의 공법관계로 나누어진다.

제1절 | 공법과 사법

Ⅰ. 개설

행정법은 '공법'이라 하여 사법과 구별된다. 공법으로서의 행정법의 출현은 국가와 사회의 이원화를 전제로 하여 국가(행정권)의 지위를 특별히 보장하고자 하는 정치적 이데올로기의 산물이었다.

그러나 그와 같은 의도는 오늘날의 민주사회에서는 용인될 수 없는 까닭에 행정에 관한 법률관계가 사인 상호간의 법률관계와는 그 성질을 달리한다는 법기술적 이유에서 공법의 존립근거를 찾지 않으면 안 된다.

Ⅱ. 공법과 사법의 구별

1. 구별의 필요성

공법과 사법은 선험적, 법 본질적으로 구별되는 것이 아니나, 현행 실정법은 그 구별을 전제로 하고 있으며 구체적 법률관계에 적용할 법규나 법원칙을 결정하기 위하여 양자의 구별은 필요하다.

행정에 관한 법률관계는 사인 상호간의 법률관계와는 그 성질을 달리한다. 사법은 사적자치의 관념을 출발점으로 하여 사인 상호간의 이익충돌을 조정하는 것을 임무로 하고 있다. 그에 비하여 공법, 특히 행정법은 공권력주체로서의 국가를 대상으로 하고, 국가권한의 설정·제한을 주 임무로 한다.

2. 구별의 기준

(1) 주체설

주체설에서는 법률관계의 주체에 그 기준을 두어, 국가 또는 공공단체 등 행정주체를 일방당사자로 하는 법률관계를 규율하는 법이 공법이고, 사인 상호간의 법률관계를 규율하는 법이 사법이라고 한다.

그러나 행정주체도 예컨대, 관수물품의 구매에 있어서나 또는 사법형식의 급부행정의 전개에 있어서와 같이 사인과 동일한 지위에서 사법의 규율을 받는 경우도 있으므로 이 견해는 우리의 현행 법질서와는 일치될 수 없다.

(2) 종속설

이 견해는 당사자간의 관계를 기준으로 하여 상하관계에 관한 법을 공법, 대등관계에 관한 법을 사법이라고 한다.

그러나 사법에 있어서도 친자관계에서처럼 상하관계가 있을 수 있고, 공법에서도 행정계약과 같이 대등관계가 있다는 점에 이 견해의 맹점이 있다. 이 견해는 행정이 위험방지영역, 즉 침해행정에 한정되던 시대에는 그 타당성이 인정될 수 있었으나, 급부행정이 증대되고 있는 오늘날의 행정법관계를 설명하기에는 부족한 점이 있다.

(3) 이익설

이익설은 개별법규가 지향하는 이익을 구별기준으로 하여 공법은 공익에 봉사하는 법이며, 사법은 사익에 봉사하는 법이라고 한다. 그러나 이 견해는 사법도 공익에 봉사하는 경우가 있고, 많은 공법법규가 공익뿐만 아니라 사익도 보호하고 있다는 점을 간과하고 있다.

> "로마 공화국의 복지에 관한 모든 법은 공법이고, 개개인의 복지를 추구하는 법은 사법이다(publicum ius est, quod ad statum rei Romanae spectat, privatum, quod ad singulorum utilitatem, Ulpain)."

(4) 귀속설

귀속설(신주체설)은 권리의무의 귀속주체를 기준으로 하여 공법과 사법을 구별한다. 국가 또는 그 밖의 공권력의 담당자를 권리·의무의 귀속주체로 하여 공권력의 행사에 적용되는 법을 공법이라 하고, 모든 사람에게 권리·의무가 귀속되며 국가를 포함한 모든 사람에게 적용되는 법을 사법이라 한다.

(5) 복수기준설

위의 어느 학설도 완벽한 기준이 될 수 없다는 것을 이유로 어느 하나의 기준에 의해서가 아니라 복수의 기준을 통해 공법과 사법을 구별해야 한다는 것이다.

(6) 소결

복수기준설은 법리구성상 문제가 없는 것이 아니나, 위 학설은 어느 것도 완벽한 기준을 제시하지 못하고 단지 일단의 구별기준만을 제시할 뿐이므로, 구체적인 경우 명확한 문제해결을 위해서는 위 학설을 종합적으로 고려할 필요가 있다. 이러한 관점에서, 우선 종속설과 귀속설의 결합(국가 또는 공권력의 담당자가 일방의 당사자로서 참가하고 있고 강제력을 가지고 활동하는가)에 의하여 문제를 해결하고, 그 기준에 의하여 해결되지 않는 경우 보충적으로 이익설(공익의 실현을 목적으로 하는가)을 적용하는 것이 타당하다고 하겠다.

Ⅲ. 구체적 문제의 해결

위의 구별이론이 가치를 가지는 것은 관계법규의 성격이 공법적인가 사법적인가를 판단할 때가 아니라 구체적인 법률관계가 어떤 법률관계에 속하고, 따라서 어떠한 법규 또는 법원칙이 적용되는가를 결정하는데 있다. 공법과 사법의 구별은 현실적으로 성질결정의 문제(Qualifikations-problem)가 아니라 귀속의 문제(Zuordnungs-problem)인 것이다.

1. 사실행위

(1) 공무원의 사실행위

공무원의 사실행위, 즉 운전연습이나 군용차량의 대민지원을 위한 운행 등이 「국가배상법」 제2조 상의 공법행위(직무행위)에 해당될 수 있을 것인지의 여부가 문제된다. 이 경우 문제된 사실행위(차량운전 등)가 국방, 치안, 소방 등 뚜렷한 공적 목적을 위한 것인지 아닌지에 의해 결정되어야 할 것으로 본다.

(2) 명예훼손 등

타인의 명예나 신용을 훼손하는 내용의 공무원 발언의 취소를 구하고자 하는 경우이다. 타인의 명예나 신용을 훼손하는 내용의 발언이 공무원에 의해 사석에서 행해진 경우 등에는 사법상의 청구권을 통해 해결될 수 있다.

2. 공법계약

과거에는 공법계약이 허용되는지의 여부에 대한 논의가 있었으나, 현재에는 공법계약이 어느 범위에서 가능한 것인지의 문제가 제기되고 있다. 그러나 공법계약에 공법과 사법을 구별하는 기준에 대한 학설들을 적용하기엔 무리가 있다. 따라서 계약을 통해 취해지는 업무의 목적 및 계약의 전체적 성격에 비추어 공법계약인지 여부를 결정할 수밖에 없다고 생각된다.

3. 공물 및 영조물의 이용

공물의 사용관계는 일반적으로 행정주체와의 관계에서 인정되는 공법관계이다. 공물 등의 이용관계가 공법적으로 설정되더라도 그 이후의 사후처리 또는 설정된 법률관계의 실현을 사법적으로 해결하는 것은 가능하다.

영조물이용관계의 법적 성질은 이용관계 전체의 귀속에 따라 결정된다. 1차적으로 이용규칙(영조물규칙)에 의하여 밝혀질 수 있다. 이는 이용규칙으로 성질에 따라 자치법규의 형식인가 또는 일반적 영업규칙(보통거래약관)의 형식인가, 이용관계 종료를 철회에 의하는가 또는 해제에 의하는가, 이용의 대가로서 공법상의 수수료를 지불하는가 또는 단순한 사법상의 이용료를 지불하는가, 법적 분쟁에 대하여 행정쟁송의 길이 열려있는가 또는 민사소송에 의하는가에 따라 구분된다.

[판례]

"공유재산의 관리청이 행정재산의 사용·수익에 대한 허가는 순전히 사경제주체로서 행하는 사법상의 행위가 아니라 관리청이 공권력을 가진 우월적 지위에서 행하는 행정처분으로서 특정인에게 행정재산을 사용할 수 있는 권리를 설정하여 주는 강학상 특허에 해당한다." (대법원 1998. 2. 27. 선고 97누1105판결)

제2절 | 행정상 법률관계의 종류

행정상의 법률관계는 특별권력관계와 대비하여 일반권력관계로 명명되는데, 넓은 의미로는 행정조직법관계와 행정작용법 관계를 포함하며, 좁은 의미로는 행정작용법 관계만을 의미한다.

Ⅰ. 행정조직법적 관계

1. 행정조직 내부관계

- ▶ 상급청과 하급청과의 관계 : 권한의 위임, 지휘, 감독
- ▶ 대등행정청간의 관계 : 행정청간의 협의, 사무의 위탁 등
- ▶ 기관위임사무에 관한 주무부장관과 지방자치단체의 장과의 관계.
- ▶ 권리의무관계가 아니라 권한행사의 관계이다.

2. 행정주체 상호간의 관계

▶ 국가와 지방자치단체의 관계 : 감독관계, 보조금·교부금의 교부 등 급부관계
▶ 지방자치단체 상호간의 관계 : 협의, 사무위탁, 조합의 설립 등

Ⅱ. 행정작용법적 관계

1. 개설

행정주체와 그 상대방인 국민 사이의 법률관계를 의미한다.

2. 공법관계

(1) 권력관계

국가 등 행정주체가 개인에 대해 일방적으로 명령, 강제하며 또는 일방적으로 법률관계를 형성, 변경, 소멸시키는 등 행정주체에게 개인에게는 인정되지 않는 우월적 지위가 인정되는 법률관계이다. 전통적인 질서행정분야(규제행정분야)가 이에 해당한다. 그 예로 인·허가, 그의 취소·철회, 과세처분, 토지수용 등을 들 수 있다. 이는 공법관계로서 공법규정 및 공법원리가 적용되며, 그에 대한 분쟁은 항고소송(「행정소송법」 제3조 제1호)사항이다.

(2) 관리관계

행정주체가 공권력의 주체로서가 아니라 사업 또는 재산의 관리주체로서 개인과 맺는 법률관계를 의미한다. 이는 공공복리를 증진시키기 위해 행하는 급부행정의 영역이다. 그 예로 공물의 관리, 영조물, 공기업의 경영, 회계 등을 들 수 있다.
관리관계는 비권력관계로서 사법관계와 같으나, 그 목적, 효과가 공공성을 가짐으로써 대등 당사자 사이의 관계가 수정·보완되는 점에서 차이가 있다. 그 작용의 공공성으로 인하여 특별한 경우가 아닌 한, 에 대한 다툼은 당사자소송(「행정소송법」 제3조 제2호)에 의하게 된다.

3. 사법관계

사법관계(국고관계)는 행정주체가 사인과 대등한 지위에서 경제적 활동을 하는 법률관계로서 행정주체가 사법형식에 의해 공행정을 수행함에 있어서 국민과 맺는 법률관계를 지칭한다. 그 예로 국가나 지방자치단체가 사인과 물품매매계약, 건물임대차계약, 공사도급계약 등을 체결하거나 국·공유 잡종재산을 매각하는 법률관계를 들 수 있다. 행정주체의 행위는 사법상의 행위로서 사법에 의한 규율을 받고, 그에 대한 법률상 분쟁은 민사소송의 대상이 된다.

제3절 | 행정법관계의 당사자

Ⅰ. 개설

법률관계에 있어서의 당사자란 보통 권리, 의무의 주체를 말한다. 행정법관계(공법관계)에서 국가나 공공단체는 사인인 상대방보다 우월한 입장에 서게 되므로 전자를 행정주체라 하며, 후자를 행정객체라고 한다.

Ⅱ. 행정주체

1. 의의

행정법관계에 있어서 행정권을 행사하고, 그 법적 효과가 궁극적으로 귀속되는 당사자를 행정주체 또는 행정권의 주체라고 한다. 국가, 공공단체가 행정주체가 됨이 보통이나, 예외적으로 행정권한을 위임받는 사인도 그 범위 내에서 행정주체가 된다. 행정주체는 행정권을 행사하는 지위에 있으므로 상대방보다 우월한 지위에 서는 것이 보통이다. 다만 국고관계의 경우에는 행정주체도 상대방과 동등한 입장에서 사법관계의 당사자가 된다.

2. 종류

(1) 국가

국가의 행정주체로서의 지위는 국가에 원시적으로 존재하는 지배권으로부터 나오는 것이다. 이런 의미에서 국가는 고유의 행정주체(Originaler Verwaltungstraeger)라 할 수 있다.

(2) 지방자치단체

지방자치단체의 지배권은 국가로부터 부여된 것이라는 점에서 국가와 구별된다.

(3) 공공조합

공공조합(공법상의 사단법인)은 특수한 사업을 수행하기 위하여 일정한 자격을 가진 사람(조합원)에 의해 구성된 공법상의 사단법인을 말한다. 공공조합은 한정된 특수한 사업을 수행함을 목적으로 한다는 점에서 일반적인 공공사무를 처리하는 지방자치단체와 구별된다. 그 예로 농업·수산업·축산업협동조합, 농지개량조합, 국민건강보험공단, 대한상공회의소, 대한변호사회 등을 들 수 있다.

(4) 영조물

영조물은 행정주체에 의하여 특정한 공적 목적에 계속적으로 봉사하도록 정해진 인적, 물적 수단의 종합체이다. 보통 물적 시설만을 의미하는 공공시설과는 구별할 필요가 있다. 영조물법인의 예로 한국방송공사, 서울대학교병원, 적십자병원, 한국과학기술원, 한국기술검정공단 등이 있다.

(5) 공재단

공재단(공법상의 재단)은 재단설립에 의해 출연된 재산(기금, 물건)을 관리하기 위해 설립된 공공단체이다. 그 예로 한국연구재단, 한국정신문화연구원 등을 들 수 있다.

(6) 공무수탁사인

사인이 자신의 이름으로 공행정사무를 처리하는 권한을 부여받는 경우가 있는데, 이를 공무수탁사인(Beliehene)이라 한다. 공무수탁사인은 일정한 범위에서 자기의 이름으로 독자적으로 공권력을 행사할 수 있으며 그 범위 내에서 행정주체의 지위를 가진다. 그 예로 사인이 기업자 또는 공공사업의 시행자로서 토지수용권 등 공권력을 행사하는 경우, 상선의 선장이 경찰사무 및 호적사무를 집행하는 경우 등을 들 수 있다. 공무수탁사인의 행정주체성은 권리능력의 주체로서 자기책임 하에 공권력을 행사하는지에 달려 있으므로, 사법상 계약에 의하여 단순히 경영위탁을 받은 사인이나 행정의 보조자, 제한된 공법상 근무관계에 있는 자는 공무수탁사인으로 볼 수 없다.

공무수탁사인은 「행정소송법」 제2조 제2항이 규정하고 있는 행정청에 해당하므로, 공무수탁사인의 위법한 임무수행과 관련하여 권리를 침해받은 사인은 행정심판이나 행정소송을 제기할 수 있다. 「국가배상법」의 개정으로 공무수탁사인도 「국가배상법」상의 공무원에 해당하므로(「국가배상법」 제2조 제1항) 공무수탁사인의 위법한 행위로 손해가 발생시킨 경우, 국가 또는 지방자치단체는 국가배상책임을 부담하게 된다.

3. 행정청

행정청은 행정에 관한 의사를 결정하여 표시하는 국가 또는 지방자치단체의 기관 기타 법령 또는 자치법규에 의하여 행정권한을 가지고 있거나 위임 또는 위탁받은 공공단체나 그 기관 또는 사인을 의미한다(「행정절차법」 제2조 제1호). 행정청은 공행정주체로서 행정작용의 집행자이며 행정쟁송의 피고(피청구인)로서의 법적 지위를 갖는 행정법에서 가장 중요한 행정기관으로, 장관과 특별행정기관의 장, 지방자치단체의 장 등을 예로 들 수 있다.

Ⅲ. 행정객체

행정주체에 의한 공권력행사의 상대방을 행정객체라고 한다. 자연인과 사법인이 행정객체가 됨이 보통이나, 납세의무에 대해서는 공법인이 행정객체가 되는 경우도 있다. 공법인은 사인과의 관계에서는 행정주체가 되지만 다른 행정주체와의 관계에서는 행정객체가 될 수 있다.

제4절 | 공권과 공의무

사법관계에 있어서는 사적자치의 원칙이 인정되어 권리·의무의 발생, 변경, 소멸이 원칙적으로 사인의 자유로운 의사에 의해 결정되지만, 공법관계 특히 권력관계에 있어서는 권리·의무의 발생, 변경, 소멸이 대부분 법률이 정한 바에 따라 행정주체의 일방적인 행위에 의해 이루어진다.

Ⅰ. 공권의 개념

공권(公權)이란 공법관계에 있어서 직접 자기의 이익을 위하여 일정한 작위·부작위, 급부·수인을 요구할 수 있는 법률상의 힘을 말한다.

국가적 공권이란 국가, 공공단체 또는 국가로부터 공권력을 부여받는 자가 개인 또는 단체에 대하여 가지는 권리이다. 개인적 공권은 개인 또는 단체가 국가, 그 밖의 행정주체에 대하여 가지는 권리이다. 개인적 공권은 「행정소송법」 제12조에서 규정하고 있는 법률상 이익과 동일한 개념으로 볼 수 있는지가 문제된다.

Ⅱ. 공권의 특성

1. 개인의 권리주체성의 인정

공권은 행정법관계에 있어서 개인을 권리주체로 인정하는 것이며, 국가와 대등한 지위에서 국가에 대하여 자기에 관련된 법률의 준수를 요구할 수 있게 한다.

2. 쟁송을 통한 구제

개인적 공권의 실제적 의의는 위법한 행정작용에 의하여 자기의 권리를 침해받은 자는 쟁송을 통하여 구제를 받을 수 있도록 한다는 데 있다.

Ⅲ. 공권의 성립요건과 확대화 경향

1. 공권성립 3요소

(1) 강행법규의 존재

행정주체에게 일정한 작위의무를 부과하는 강행규정(Zwingender Rechtssatz)이 존재하여야 하고, 이 강행규정이 국가 또는 그 밖의 행정주체에게 행위의무를 부과하여야 한다. 과거에는 행정주체의 행위가 기속행위인 경우에만 인정되었지만, 오늘날에는 재량행위에서도 공권이 성립될 수 있다. 기속행위의 경우 행정청은 특정 행위를 할 의무가 있지만, 재량행위의 경우에는 하자 없는 재량행사를 하여야 할 의무가 있다.

(2) 사익보호성

행정법규가 단순히 공익의 실현이라는 목적 이외에 사적 이익의 보호를 목적으로 하여야 한다. 어떤 법규가 전적으로 공익의 보호만을 목적으로 하고 있을 뿐 사익의 보호를 의도하고 있지 않다면, 그로 인하여 개인이 이익을 받는다 하더라도 그것은 공권이 아니라 단순한 반사적 이익(사실상의 이익)에 지나지 않는다.

(3) 청구권능의 부여성

개인이 받는 이익을 행정주체에 대해서 궁극적으로 소송을 통하여 관철시킬 수 있는 법적인 힘이 부여되어 있어야 한다.

2. 성립요소의 축소

제2차 세계대전 이후 사법보편주의의 안정화와 관련 이론 및 실정법의 발전 결과 독일의 뷜러(Bühler)로부터 주장된 공권성립의 '3요소론'에서 세 번째 요소의 의미는 점차 약화되었다. 결국 공권의 성립에는 나머지 두 요소만으로써 충분한 것으로 간주하는 경향이 있다.

이에 독일기본법(GG) 제19조 제4항은 "누구든지 공권력에 의하여 자기의 권리를 침해받은 자에게는 제소의 길이 열려져 있다."고 규정하고 있다.

우리 「헌법」에서도 국민의 재판청구권을 기본권의 하나로 규정하고 있고, 「행정소송법」도 행정소송사항에 관해 개괄주의를 취하고 있음에 비추어 독일과 같이 제3요소가 독자적인 의의를 가지지 않는다고 생각된다.

3. 공권의 확대화 경향

현대 복지국가에 있어서는 국민의 권리구제의 범위를 확대시키기 위한 노력이 경주되고 있으며, 이에 따라 종래 단순한 반사적 이익에 지나지 않는다고 보았던 것이 공권으로 인정되는 경우가 점차 증가하고 있다. 이는 공권의 성립요소가 개인에서 유리하게 해석되거나 이론을 구성하는 것을 통해 이루어지고 있다고 할 수 있다.

(1) 법적 의무의 존재

행정주체의 행위가 재량행위인 경우에도 "재량권의 영으로의 수축이론"을 통하여 기속행위로 전환시킴으로써 공권의 성립을 인정할 수 있다.

(2) 사익 보호성

처분의 상대방이 아닌 제3자에게 개인적 공권이 성립될 수 있는지에 대해 경쟁자소송, 경원자소송, 이웃소송(인인소송)이 문제된다. 또한 가능한 한 관계법규가 공익보호와 아울러 사적 이익의 보호도 목적으로 하고 있는 것으로 해석하려는 노력이 행해지고 있다. 예로 공물인 도로의 일반사용이 권리로 인정되기는 어렵지만 합리적인 이유 없이 도로의 사용이 배제될 경우, 사인에게는 그 배제의 제거를 구할 수 있는 권리가 있다.

[판례]

"「도시계획법」과 「건축법」의 규정취지에 비추어 볼 때 이 법률들이 주거지역에서의 일정한 건축을 금지하고 또는 제한하고 있는 것은 「도시계획법」과 「건축법」이 추구하는 공공복리의 증진을 도모하고자 하는데 그 목적이 있는 동시에 한편으로는 주거지역 내에 거주하는 사람의 안녕과 생활환경을 보호하고자 하는데도 그 목적이 있는 것으로 해석된다. 그러므로 주거지역 내에 거주하는 사람이 받는 위와 같은 보호이익은 단순한 반사적 이익이나 사실상의 이익이 아니라 바로 법률에 의하여 보호되는 이익이라고 할 것이다." (대법원 1975. 5. 13. 선고 73누96·97판결)

Ⅳ. 개인적 공권과 기본권

개인의 권리를 인정하는 개별법규범이 존재하지 않는 경우라도, 행정작용으로 인하여 침해되는 개인의 법익이 중대하다고 인정되는 한 직접 헌법상의 기본권조항을 근거로 적극적 공권(청구권)이 성립될 수 있을 것이다. 자유권적 기본권이나 평등권, 재산권은 주관적 공권으로서 구체적인 내용을 갖고 있는 경우 법률에 의해 구체화되지 않더라도 직접 개인적 공권이 성립될 수 있다. 그러나 청구권적 기본권의 경우에는 독자적인 공권성이 부정된다.

[판례]

"국세청장의 지정행위의 근거규범인 이 사건 조항들이 단지 공익만을 추구할 뿐 청구인 개인의 이익을 보호하려는 것이 아니라는 이유로 청구인에게 취소소송을 제기할 법률상 이익을 부정한다고 하더라도, 국세청장의 지정행위는 행정청이 병마개 제조업자들 사이에 특혜에 따른 차별을 통하여 사경제 주체간의 경쟁조건에 영향을 미치고 이로써 기업의 경쟁의 자유를 제한하는 것임이 명백한 경우에는 국세청장의 지정행위로 말미암아 기업의 경쟁의 자유를 제한받게 된 자들은 적어도 보충적으로 기본권에 의한 보호가 필요하다. 따라서 일반법규에서 경쟁자를 보호하는 규정을 별도로 두고 있지 않은 경우에도 기본권인 경쟁의 자유가 바로 행정청의 지정행위의 취소를 구할 법률상의 이익이 된다 할 것이다." (헌법재판소 1998. 4. 30. 97헌마141결정)

V. 기타 개인적 공권

1. 무하자재량행사청구권

(1) 의의

법을 적용·집행하는 행정청에게 재량이 인정되어 있는 경우에도 행정청은 하자 없는 재량행사에 대한 법적 의무를 진다. 다시 말해서 행정청은 재량행사에 있어서 재량권의 한계를 넘거나 법이 재량권을 부여한 목적에 위배되는 행위(남용)를 해서는 아니 된다.

우리 「행정소송법」 제27조가 "행정청의 재량에 속하는 처분이라도 재량권의 한계를 넘거나 그 남용이 있는 때에는 법원은 이를 취소할 수 있다."고 규정하고 있는 것은 이를 입법적으로 승인한 것이라 하겠다. 어떤 법규정이 행정청에게 재량권을 부여하고 있을 경우, 행정청은 재량의 범위 내에서 선택의 자유를 갖지만 동시에 하자 없는 재량행사의 법적 의무를 지는 것이라 할 수 있다. 이러한 객관적인 법적 의무에 대응하여 개인은 행정청에 대하여 하자 없는 재량행사를 요구할 권리를 갖는다고 할 수 있는데, 이것이 무하자재량행사청구권(Anspruch auf fehlerfreie Ermessensausübung)의 법리인 것이다. 그러나 무하자재량행사청구권은 그 법리의 기초를 제공한 독일의 경우에도 일반적 청구권(Anspruch)으로 인정되고 있지는 못하며 행정청의 재량권행사에 요구되는 절차적 요청으로 받아들여지고 있다. 따라서 독립적인 실체적 청구권이기보다는 재량의 위법의 기초가 되는 '간접적 청구여지(mittelbare Anspruchnahme ; in Anspruchnahme)'로 이해되고 있다.

(2) 인정 여부

무하자재량행사청구권의 개념을 부정하는 견해와 개념을 인정하는 견해가 있으며, 후자는 다시 독자성 긍정설과 독자성 부정설로 구분된다. 판례는 무하자재량행사청구권을 인지하고는 있으나 이를 실체적 권리, 즉 청구권으로 인정하는 데에는 소극적인 입장을 견지하고 있다.

[판례]

"(검사의 임용에 있어서) 임용권자가 임용여부에 관하여 어떠한 내용의 응답을 할 것인지는 임용권자의 자유재량에 속하므로 일단 임용거부라는 응답을 한 이상 설사 그 응답내용이 부당하다고 하여도 사법심사의 대상으로 삼을 수 없는 것이 원칙이나, 다만 자유재량에 속하는 행위일지라도 재량권의 한계를 넘거나 남용이 있을 때에는 위법한 처분으로서 항고소송의 대상이 되는 것이므로(「행정소송법」 제27조). 적어도 이러한 재량권의 한계일탈이나 남용이 없는 위법하지 않은 응답을 할 의무가 임용권자에게 있고, 이에 대응하여 원고로서도 재량권의 한계일탈이나 남용이 없는 적법한 응답을 요구할 권리가 있다고 할 것이며, 원고를 이러한 응답 신청에 기하여 재량권 남용의 위법한 거부처분에 대하여는 항고소송으로서 그 취소를 구할 수 있다고 보아야 한다." (대법원 1991. 2. 12. 선고 90누5825판결)

2. 행정개입청구권

(1) 의의

행정개입청구권은 법규상 행정청에게 일정한 공권력 발동권이 부여되어 있는 경우(수권규정), 행정청은 공권력발동에 대한 재량을 갖는 것이지만, 그 재량권은 하자 없이 행사되어야 하는 것이고, 사안의 상황에 따라 재량권이 영으로 수축되었다고 볼 수 있는 경우에는 행정청의 개입에 대해 이해관계를 갖는 개인에게 공권력의 발동 내지 행정규제를 요구할 권리가 인정된다는 것이다.

통설에 의하면 행정개입청구권은 '무하자재량행사청구권'과 '재량권수축의 법리'가 적용된 결과 인정된 개인의 주권적 공권이라고 한다.

(2) 독일의 띠톱판결

행정개입청구권에 대한 기본 판례인 독일연방행정법원의 이른바 "띠톱판결"(Band-säge-Urteil)에서 문제된 것은 주거지역에 설치된 석탄제조 및 하역업소가 사용하는 띠톱에서 나오는 먼지와 소음으로 인해 피해를 입고 있던 인근 주민이 관할 건축청에 대하여 건축경찰상의 금지 처분을 취해 줄 것을 청구한 지령소송(Bescheidungs-klage) 사안이었다. 원고는 피고의 영업은 주거지역에서 허용될 수 없으며 그로 인한 먼지와 소음은 수인가능한도를 넘는 것이라고 주장하였다.

이 사건의 제2심(항소심)판결이었던 Berlin고등행정법원은 이 업소의 건축법위반을 판단하지 않고 건축법위반의 경우에도 원고에게는 행정청의 특정한 행위를 요구할 청구권이 없다는 이유로 의무이행소송을 인용한 제1심(원심) 판결을 파기하였다. 이러한 사정 때문에 이 사건에 관한 연방행정법원 판결(상고심)은 경찰 및 질서행정법상의 행정개입청구권에 관한 '시원적 사건(leading case)'으로 인정되고 있다.

(3) 띠톱판결의 의미

독일연방행정법원의 띠톱판결은 그때까지의 판례와 학설이 예컨대 경찰의 개입에서 생겨나오는 개인의 혜택은 경찰의 개입을 수권하는 규범들이 오로지 공익을 위해 정립된 것이기 때문에, 단순한 사실상의 수익으로서 객관적 법의 반사에 불과하다고 보았던 것과 달리 경찰의 개입을 수권한 규정은 공익뿐만 아니라 개인의 이익도 아울러 보호하고 있는 것으로 보았다는데 그 의의가 있다. 이러한 점에서 띠톱판결은 우리의 연탄공장사건(연탄공장으로부터 날아드는 분진과 소음 등으로 피해를 보고 있는 주민들이 수차에 걸친 침해제거의 청구에도 불구하고 피해가 계속되자 당해 연탄공장의 설치허가의 취소를 청구한 사건)에 관한 대법원 판례(대법원 1975. 5. 13. 선고 73누96·97판결)와 마찬가지로 법규범의 사익보호성을 확대한 판례로 평가될 수 있을 것이다.

(4) 행정개입청구권의 본질과 적용

경찰의 개입을 수권한 규정에서 행정청에게 재량권을 부여하고 있는 경우에도 사안에 따라 그 재량은 영으로 수축(축소)될 수 있는 것이고, 그러한 경우(재량수축의 경우)에 행정청은 개입할 의무가 있는 것이다. 또한 수권 규정이 개인의 이익도 보호하고 있다면, 이해관계인은 행정청의 개입하여야 할 의무의 위반(위법)

으로 인한 자기의 권리(위 사례의 경우 먼지와 소음에 의한 건강권 내지 주거의 안녕에 대한 권리)의 침해를 쟁송(이해관계인의 개입청구에 대해 거부처분을 한 경우: 거부처분의 취소심판·의무이행심판·취소소송, 부작위에 대하여는 의무이행심판·부작위위법확인소송)을 통해 다툴 수 있는 것이다. 즉, 행정개입청구권은 무하자재량행사청구권과 재량축소의 법리가 결합하여 재량규정에 입각한 행정청의 행정개입권한이 실질적으로 행정개입의 의무로 전환된다는 법리에 기초한 것으로 행정청의 개입의무를 전제로 상대방의 행정개입청구를 실체적 권리로 인정한 것이라 할 수 있다. 따라서 행정개입청구권의 침해를 이유로 한 소송에서 원고는 행정개입청구권 자체의 침해를 다투는 것이 아니라 행정청의 개입의무에 위반으로 인한 실체적 권리의 침해를 다투게 되는 것이다. 이러한 점에서 독일 띠톱판결의 입장과 우리 연탄공장사건에서의 허가처분의 취소와 법리 구성은 유사한 것으로 평가될 수 있다.

[판례]

> "국민의 신청에 대하여 한 행정청의 거부행위가 취소소송의 대상이 되기 위하여는 국민이 그 신청에 따른 행정행위를 하여 줄 것을 요구할 수 있는 법규상 또는 조리상의 권리가 있어야 하는 것인데, 지방자치단체장이 공장시설을 신축하는 회사에 대하여 사업승인 내지 건축허가 당시 부가하였던 조건에 따른 이행을 하고 이를 증명하는 서류를 제출할 때까지 신축공사를 중지하라는 공사중지명령에 있어서는 그 명령의 내용 자체로 또는 그 성질상으로 명령 이후에 그 원인사유가 해소되는 경우에는 잠정적으로 내린 당해 공사중지명령의 해제를 요구할 수 있는 권리를 위 명령의 상대방에게 인정하고 있다고 할 것이므로, 위 회사에게는 조리상으로 그 해제를 요구할 수 있는 권리가 인정된다고 할 것이다." (대법원 1997. 12. 26. 선고 96누17745 판결; 대법원 2007. 5. 11. 선고 2007두1811판결)

또한 행정청에게 행정개입의 의무가 발생하였음에도 불구하고 당해 행정청이 의무를 해태하여 사인에게 손해가 발생한 경우에는 그 행정청을 상대로 손해의 배상을 청구할 수 있음은 물론이다. 행정개입청구권은 경찰이 「경찰관직무집행법」 제5조에서 규정하고 있는 위험발생방지조치에 관한 재량권 행사의 경우에도 인정될 수 있는 바, 경찰법에서의 경찰개입청구권은 행정개입청구권과 그 본질을 같이 하는 것이라 할 수 있다.

제5절 ｜ 특별권력신분관계

Ⅰ. 전통적 특별권력관계이론

1. 의의

종래의 행정법이론에 있어서는 행정법관계 중 권력관계를 일반권력관계와 특별권력관계로 구분하였다.

(1) 일반권력관계

일반권력관계(allgemeines Gewaltverhältnis)는 국민이 국가 또는 지방자치단체의 일반통치권에 복종하는 지위에서 성립되는 법률관계이며, 법치주의의 전면적인 적용을 받는다고 보았다.

(2) 특별권력관계

특별권력관계(besonderes Gewaltverhältnis)는 특별한 법률원인에 의해 성립되며, 일정한 행정목적 달성에 필요한 범위 내에서 일방이 상대방을 포괄적으로 지배하고 상대방은 이에 복종함을 내용으로 하는 관계로서, 일반권력관계에 적용되는 법치주의가 배제된다고 하였다. 국가와 공무원의 관계, 영조물과 그 이용자와의 관계 등을 예로 들 수 있다.

2. 이론의 전개

(1) 이론의 기초

입헌주의가 발달함에 따라 군주가 의회 및 그의 의사인 법률에 의한 통제와 기속을 받게 됨에 따라 그 반대급부로서 군주에 대하여 법률로부터 자유로운 영역을 확보해 주는 데 이바지 한 것이 특별권력관계이론이다.

이 이론이 생성될 당시의 법의 개념에 대해 라반트(P. Laband), 옐리네크(G. Jellinek) 등은 법이란 인격주체 상호간의 의사의 범위를 정해주는 것으로 국가 역시 법인체로서 하나의 인격주체이므로 국가와 다른 인격주체 간에는 법이 적용되지만, 국가내부에는 법이 침투할 수 없다고 보았다.

(2) 이론의 내용

특별권력관계 내에서는 법률유보의 원칙이 적용되지 않는다. 헌법에 보장되어 있는 기본권도 통용되지 않는다. 특별권력관계 내의 사항은 원칙적으로 사법심사의 대상이 되지 않는다.

3. 특별권력관계의 인정여부에 대한 학설

(1) 긍정설

일반권력관계와 특별권력관계는 그 성립원인이나 지배권의 성질 등에 있어서 본질적인 차이가 있다. 특별권력관계에는 법치주의가 적용되지 않는다는 견해이다.

(2) 제한적 긍정설

두 권력관계의 본질적인 차이를 부정하면서도, 특별권력관계에서는 특별한 행정목적을 위하여 필요한 범위 내에서 법치주의가 완화되어 적용될 수 있음을 긍정한다. 울레(Ule)는 이를 기본관계(Grundverhaltnis)와 경영관계(Betriebsverhältnis)로 구별하였다. 기본관계는 특별권력관계의 발생, 변경, 종료 등과 같은 개인의 법적 주체로서의 지위에 영향을 미치는 법관계이며, 기본관계에서의 행위는 사법심사의 대상이 된다. 경영관계는 특별권력관계의 목적을 실현하는 데 필요한 기타의 관계이며, 경영관계에서의 행위는 사법심사의 대상이 되지 않는다.

(3) 부정설

1) 일반적·형식적 부정설
모든 공권력의 행사에는 법률의 근거를 요하며, 특별권력관계에 있어서도 법치주의가 전면적으로 적용된다는 견해이다.

2) 개별적·실질적 부정설
종래 특별권력관계로 보아온 법률관계의 내용을 개별적으로 검토하여 관리관계 또는 일반적인 권력관계로 분해하여 귀속시킴이 타당하다는 견해이다.

종래 특별권력관계로 보던 국·공립학교와 학생과의 관계, 국·공립도서관과 이용자의 관계 등은 사법상의 법률관계와 본질적인 차이가 없으나, 직접으로 공익 목적을 위한 것이라는 점에서 일반 사법상의 것과 다른 특수한 규율이 필요하므로, 이를 비권력관계(관리관계)로 파악하는 것이 합리적이라고 본다.

반면, 수형자의 교도소수용관계, 특허기업에 대한 특별감독관계 등과 같이 권력적 요소가 강한 관계는 일반적인 권력관계로 보자는 견해이다.

(4) 소결
특별권력관계도 법률이 지배하는 관계인 점에서는 이른바 일반권력관계와 다르지 않다. 그러나 일반권력관계와는 목적과 기능을 달리하는 부분사회가 존재하며, 다른 특수한 법적 규율을 받는 특별권력관계가 존재함도 부인할 수 없다. 특별권력(신분)관계에 있어서는 특별권력의 주체가 그 부분사회의 목적, 기능을 성취하는 한도 내에서 어느 정도 포괄적인 재량권을 가지는 반면, 구성원 역시 일반 시민이 가지지 않는 권리·의무 등을 가지는 특수성을 가진다. 즉 구성원의 인권보장과 부분사회의 특수한 기능이 실천적 조화를 기할 수 있게 할 필요가 있다는 것이다.

Ⅱ. 특별행정법관계의 성립, 종류

1. 특별행정법관계의 성립

특별행정법관계는 모든 국민과의 관계에서 당연히 성립하는 일반행정법관계와는 달리 공법상 특별한 법률원인이 있는 경우에만 성립한다.

(1) 법률의 규정

수형자의 교도소 수감, 법정전염병환자의 강제입원, 공공조합에의 강제가입 등 직접 법률의 규정에 의해서 성립되는 경우이다.

(2) 상대방의 동의

공무원관계의 설정, 국·공립학교에의 입학, 국·공립도서관의 이용관계의 설정 등과 같이 상대방의 동의가 자유로운 의사에 의한 것과 학령아동의 초등학교 취학과 같이 그 동의가 법률에 의해 강제되는 경우가 있다.

2. 특별행정법관계의 종류

(1) 공법상의 근무관계

국가와 국가공무원, 지방자치단체와 당해 공무원의 근무관계, 군복무관계 등이 있다.

(2) 공법상의 영조물이용관계

학생의 국·공립학교에의 재학관계, 전염병환자의 국·공립병원에의 재원관계, 수형자의 교도소 재소관계 등이 있다.

(3) 공법상의 특별감독관계

공공조합, 특허기업자 또는 국가로부터 행정사무의 위임을 받은 자(공무수탁사인이라고도 함) 등이 있다.

(4) 공법상의 사단관계

공공조합(예 : 농지개량조합, 산림조합 등)과 그 조합원의 관계 등이 있다.

Ⅲ. 특별행정법관계와 법치주의

1. 법률유보의 원칙

특별행정법관계에서도 법률유보원칙은 적용되어야 하며, 따라서 그 구성원의 권리를 제한하거나 의무를 부과하려는 경우에는 법령의 근거가 있어야 한다.

2. 기본권의 제한

「헌법」상의 기본권조항이 적용된다. 특별행정법관계에서 그 구성원의 기본권을 제한하는 경우에는 법률에 근거가 있어야 한다. 이 경우에도 구성원의 기본권 제한은 목적달성을 위하여 필요하다고 인정되는 최소한도에서만 허용되고, 그 본질적 내용의 침해금지원칙이 준수되어야 한다.

3. 사법심사의 범위

특별행정법관계에서의 행위에 관한 사법심사의 가능성에 관해서 특별권력관계의 개념을 부정하는 견해는 일반행정법관계와 동일하게 사법심사가 가능하다고 보며, 이 개념을 제한적으로 긍정하는 입장은 일정한 한계를 설정하려고 한다. 즉 특별행정법관계의 존재목적을 달성하기 위하여 필요한 내부적 질서유지와 관련되는 행위(예컨대, 공무원에 대한 직무명령, 학생에 대한 수업이나 시험실시행위 등)에 대해서는 사법심사가 제한된다고 본다. 물론, 이러한 제한적 긍정설의 견해에 따르더라도 당해 행위가 처분성을 갖는 경우에 사법심사의 대상이 된다는 점에는 이론이 없으며, 그 행위의 성질이 재량행위로 인정될 때에는 사법심사가 제한된 범위에서만 가능하게 될 것이다.

[판례]

"학생에 대한 징계권의 발동이나 징계의 양정이 징계권자의 교육적 재량에 맡겨져 있다 할지라도 법원이 심리한 결과 그 징계처분에 위법사유가 있다고 판단되는 경우에는 이를 취소할 수 있는 것이고, 징계처분이 교육적 재량행위라는 이유만으로는 사법심사의 대상에서 당연히 제외되는 것은 아니다." (대법원 1991. 11. 22. 선고 91누2114판결)

제6절 | 행정과 통치행위

I. 개설

1. 통치행위의 개념

통치행위는 일반적으로 국가 최고 기관의 정치적, 국가 지도적 행위를 가리킨다고 이해되고 있다. 이러한 통치행위는 법적 효과를 수반하는 것(법적 통치행위)과 아무런 법적효과를 발생하지 않는 것(사실적 통치행위)으로 구별된다. 통치행위가 행정법상 문제가 되는 것은 법적 효과를 수반하여 법률적 판단이 가능함에도 불구하고 고도의 정치성을 가지므로 인해 사법적 심사의 대상에서 제외되는 국가행위가 있는가를 가려내는데 있다.

2. 통치행위론의 제도적 전제

통치행위론이 현실의 문제로서 논의되기 위해서는 그 전제로서 공권력행사에 대한 사법적 통제, 즉 행정소송에 있어서 개괄주의 및 공권력발동에 대한 국가배상책임이 제도적 전제로서 인정되고 있어야만 통치행위이론에 대하여 논의할 실익이 있다.

Ⅱ. 통치행위론의 이론적 근거

1. 통치행위론 긍정설

(1) 사법자제설

통치행위가 법적 문제를 내포하고 있음에도 불구하고 사법심사의 대상이 되지 않는 이유는 법원이 정치문제에 말려들기를 꺼려하여 스스로 그에 관한 판단을 사양하는데서 기인한다고 하는 견해이다. 헌법재판소에서도 "일반사병의 이라크 파견결정에 대해 그 성격상 국방 및 외교에 관련된 고도의 정치적 결단을 요하는 문제로서, 헌법과 법률이 정한 절차를 지켜 이루어진 것임이 명백하므로, 대통령과 국회의 판단은 존중되어야 하고 헌법재판소가 사법적 기준만으로 이를 심판하는 것은 자제되어야 한다(헌법재판소 2004. 4. 29. 2003헌마814결정)."고 하였다.

하지만 법률상 심의할 수 있음에도 불구하고 법원이 스스로 심사하지 않는 것은 심사권의 포기를 의미하는 것으로「헌법」의 규정(개괄적 사법심사를 인정한「헌법」제107조 제2항)에 위배된다. 또한 고의적인 심사포기 내지 기피는 그 자체가 한쪽의 입장을 옹호하는 것이 된다.

(2) 재량행위설(합목적성설)

통치행위는 국가 최고 기관의 정치적 재량에 의해 결정되는 것이며, 따라서 그 권한의 행사에 있어서는 타당성 또는 합목적성 여부의 문제만이 발생할 뿐 위법성의 문제는 발생하지 않으므로 사법심사의 대상이 되지 않는다는 견해이다.

그러나 재량행위설은 재량행위라 할지라도 그것이 남용·유월되어 행사된 경우에는 위법한 것으로서 사법심사의 대상이 되는데 대하여, 통치행위는 남용·유월을 묻지 않고 사법심사의 대상에서 제외되는 행위라는 점에서 비판을 받고 있다.

(3) 내재적 한계설(권력분립설)

법원의 사법심사권에는 권력분립의 견지에서 나오는 일정한 내재적 한계가 존재하는 바, 고도의 정치성을 띠는 통치행위는 이러한 사법심사권의 한계를 넘어서는 것이라는 견해이다. 다시 말하면 정치적으로 중요한 의미를 가지는 행위의 당부는 정치적으로 책임을 지지 않는 법원에 의한 소송절차를 통해 해결할 문제가 아니고, 정부, 의회 등에 의해 정치적으로 해결되거나 혹은 국민에 의해 민주적으로 통제되어야 한다는 입장이다.

2. 통치행위론 부정설

순수한 정치문제가 아니고, 그 속에 법률문제가 결부되어 있는 경우에는 그 법률문제에 대한 법원의 심사, 판단이 부인될 수 없다고 하며, 이를 부인하게 되면 개괄적인 사법심사를 인정하고 있는 「헌법」(제107조 제2항)에 위반되는 것일 뿐만 아니라 국민의 기본적 인권의 보장에도 철저하지 못하다는 비난을 면할 수 없다고 본다. 그러므로 사법부의 권한포기와 같은 통치행위의 이론은 부인되어야 한다는 입장이다.

3. 소결

법치주의가 지배하고, 행정소송에서 개괄주의가 인정되는 이상, 법적 통치행위와 사실적 통치행위를 구별함이 없이 고도의 정치성을 띤 행위라는 이유만으로 사법심사의 대상에서 제외하는 통치행위의 이론에는 찬동할 수 없다.

통치행위에 의하여 개인의 권리가 침해되는 경우가 있음은 충분히 생각해볼 수 있다. 예컨대, 무역 내지 물품교역에 대한, 외국과의 협정의 내용이 개별기업에 영향을 미치는 경우, 의회에서의 국무위원의 답변이 개인의 명예를 훼손하는 내용을 포함하고 있는 경우에 법원은 통치행위에 의한 개인의 권리침해 여부를 판단할 수 있어야 한다. 따라서 중요한 것은 법원이 어떠한 범위 내에서 통치행위에 대한 심사를 할 수 있는가 하는 문제인 것이다.

「헌법」에서 명문으로 법원에 제소할 수 없음을 규정(국회의원의 징계, 제명처분: 「헌법」제64조 제4항)하고 있는 경우를 제외하고, 법률문제가 포함되어 있는 경우 그 법률문제에 관한 한 원칙적으로 법원의 심사, 판단이 행하여져야 한다. 실정법에 엄격한 요건이 규정되어 있는 경우 그 요건의 구비여부는 법원의 심사 대상이 되어야 한다. 또한 고도의 정치성을 띤 행위라고 하더라도 헌법상의 제 원칙, 즉 국민주권의 원리, 비례의 원칙(또는 과잉금지의 원칙) 등에 위배되어서는 안 됨은 자명하다. 다만 고도의 정치성을 띤 행위의 경우 결정기관에 정치적 형성의 자유가 인정되며, 그 범위 내에서 그에 대한 사법심사가 제한될 뿐인 것이다. 이러한 경우에도 그 행위가 기본권의 본질적 내용에 대한 침해에 해당하는 경우에는 결정기관의 재량의 여지는 축소되고 그에 대한 법원의 사법심사는 인정되어야 한다.

[판례]

"대통령의 긴급재정명령은 국가긴급권의 일종으로서 고도의 정치적 결단에 의하여 발동되는 행위이고 그 결단을 존중하여야 할 필요성이 있는 행위라는 의미에서 이른바 통치행위에 속한다고 할 수 있으나, 통치행위를 비롯하여 모든 국가작용은 국민의 기본권적 가치를 실현하기 위한 수단이라는 한계를 반드시 지켜야 하는 것이고, 헌법재판소는「헌법」의 수호와 국민의 기본권 보장을 사명으로 하는 국가기관이므로 비록 고도의 정치적 결단에 의하여 행해지는 국가작용이라 할지라도 그것이 국민의 기본권 침해와 직접 관련되는 경우에는 당연히 헌법재판소의 심판대상이 된다. 긴급재정경제명령은 정상적인 재정운영. 경제운용이 불가능한 중대한 재정, 경제상의 위기가 현실적으로 발생하여 긴급한 조치가 필요함에도 국회의 폐회 등으로 국회가 현실적으로 집회될 수 없고 국회의 집회를 기다려서는 그 목적을 달할 수 없는 경우에 이를 사후적으로 수습함으로써 기존질서를 유지, 회복하기 위하여 위기의 직접적 원인의 제거에 필수불가결한 최소의 한도 내에서「헌법」이 정한 절차에 따라 행사되어야 한다." (헌법재판소 1996. 2. 29. 93헌마186결정)

[판례]

"이 사건 국군파견결정은 그 성격상 국방 및 외교에 관련된 고도의 정치적 결단을 요하는 문제로서, 「헌법」과 법률이 정한 절차를 지켜 이루어진 것임이 명백하므로, 대통령과 국회의 판단은 존중되어야 하고 헌법재판소가 사법적 기준만으로 이를 심판하는 것은 자제되어야 한다." (헌법재판소 2004. 4. 29. 2003헌마814결정)

[판례]

"서훈취소는 서훈수여의 경우와는 달리 이미 발생된 서훈대상자 등의 권리 등에 영향을 미치는 행위로서 관련 당사자에게 미치는 불이익의 내용과 정도 등을 고려하면 사법심사의 필요성이 크다. 따라서 기본권의 보장 및 법치주의의 이념에 비추어 보면, 비록 서훈취소가 대통령이 국가원수로서 행하는 행위라고 하더라도 법원이 사법심사를 자제하여야 할 고도의 정치성을 띤 행위라고 볼 수는 없다." (대법원 2015. 4. 23. 선고 2012두26920 판결).

제 2 편
행정행위

| **제1장** 행정행위의 의의와 처분성

| **제2장** 행정행위의 특수성

| **제3장** 행정행위의 종류

| **제4장** 행정행위의 내용

| **제5장** 행정행위의 부관

| **제6장** 행정행위의 성립 및 효력발생요건

| **제7장** 행정행위의 효력 및 구속력

| **제8장** 행정행위의 흠

| **제9장** 행정행위의 취소

| **제10장** 행정행위의 철회

| **제11장** 행정행위의 실효

제2편 행정행위

제1장 행정행위의 의의와 처분성

제1절 | 행정작용의 분류

◎ 공법적 행위
 ● 법적 행위
  ● 행정외부관계
   • 일반적·추상적 규율 : 법규명령, 조례
   • 구체적 규율
    - 일방적 행위 : 행정행위, 기타 법률상의 의사표시
    - 쌍방적 행위 : 행정계약
  ● 행정내부관계
   • 일반적·추상적 규율 : 행정규칙
   • 구체적 규율 : 개별적 지시
 ● 사실행위
◎ 사법적 행위

Ⅰ. 행정행위의 개념성립의 기초

행정행위의 개념성립에 있어서 '기초행정행위'의 개념은 행정재판제도를 가지는 프랑스, 독일 등에서 형성되었다. 이처럼 행정행위의 개념이 행정재판제도를 가지는 국가에서 성립·발달한 이유는 그들 국가에서는 행정주체의 모든 행정작용이 행정재판의 대상이 되는 것이 아니라 행정작용 중에서 특수한 법적 규율을 받고, 그 때문에 다른 행정작용과 구별되는 법적 성질(법적합성·공정성·존속성·자력집행성 등)을 가지는 행위, 즉 행정행위만이 그 대상이 된 데에 연유한다.

Ⅱ. 행정행위의 개념정립의 실익

행정심판이나 항고소송은 행정작용 중에서 일정한 행위(처분)에 대하여서만 제기할 수 있다. 학문적 의미의 행정행위가 행정심판이나 항고소송의 대상이 된다는 것은 명백하다.

행정행위에는 다른 행정작용에서는 볼 수 없는 공정력, 구성요건적 효력, 존속력, 자력집행력 등의 여러 효력이 인정되고 있다.

제2절 | 행정행위의 개념

Ⅰ. 학문적 의미의 행정행위의 개념

행정행위는 실정법상의 용어가 아니라 학문상의 용어이며, 실제로는 허가, 인가, 면허, 특허, 확인, 면제 등의 용어가 사용된다. 행정행위란 행정청이 구체적 사실을 규율하기 위하여 대외적으로 공권력의 발동으로 행하는 일반적 공법행위이다.

Ⅱ. 행정쟁송법상 처분의 개념

「행정소송법」은 처분 등에 대하여 제2조 제1항 제1호에서 "'처분 등'이라 함은 행정청이 행하는 구체적 사실에 관한 법집행으로서의 공권력의 행사 또는 그 거부와 그밖에 이에 준하는 행정작용 및 행정심판에 대한 재결을 말한다."고 정의하고 있다.

Ⅲ. 학문적 의미의 행정행위와 쟁송법상의 처분개념

1. 학설의 대립

「행정소송법」상의 '처분'의 개념이 학문적 의미의 '행정행위' 개념과 어떻게 다른지에 대해서는 학설이 대립한다. 일원설은 학문적 의미의 행정행위 개념과 쟁송법상의 처분 개념을 같은 것으로 보면서 그 처분과 다른 행정작용과의 구별의 징표를 철저히 탐구하려는 견해이다. 이원설은 학문적 의미의 행정행위 개념과 쟁송법상의 처분 개념을 다른 것으로 보고 후자의 내포를 확대하려고 노력하는 견해이다.

2. 일원설의 입장에서 이원설에 대한 비판

이원설은 처분이라는 하나의 개념 속에 서로 이질적인 행정작용들이 단순히 당사자의 권리보호라는 이름 하에 포함되는 문제점이 있고, 취소쟁송과 행정행위의 공정력과의 관계를 통일적으로 설명하지 못하게 되는 문제점이 있다.

이원설에 따르면 취소소송은 종전의 전통적인 실체법상의 행정행위 이외의 행정작용에 대해서도 다른 적당한 구제수단이 없는 경우에 이를 해결하기 위한 제도로서 탄력적으로 운영될 필요가 있다고 한다. 현재의 취소소송은 위법한 행정과정으로부터 국민의 지위를 보호하는 포괄적인 행정구제제도로서 기능한다고 고찰되어야 한다고 본다. 따라서 이러한 주장에 의하면 취소소송은 현실적으로 행정활동의 적부를 다투는 모든 분쟁의 해결사로서 기능하게 되는 결과를 초래하게 된다. 결국 일원설에서는 이러한 무리한 주장을 하기보다는 행정소송유형을 행정작용의 유형에 상응하여 다양하게 마련하는 것이 체계적인 방법이라고 주장한다.

3. 소결

이원설은 취소소송의 대상인 처분의 개념을 확대하여 종래의 전통적인 행정행위에 포함되지 못하는 행정작용도 행정소송을 통한 권리구제의 길이 열리게 되어, 이를 기초로 한 별도의 처분개념을 인정하고자 하는 것이다.

오늘날과 같이 행정의 행위형식이 권력적인 행위뿐만 아니라 비권력적인 행위 등 다양하게 나타나고 있고, 행정행위 이외의 행정기관의 행위에 의해서도 국민에게 중대한 영향을 미치는 경우가 적지 않은 상황에서는, 국민의 권익을 보호하기 위하여 전통적인 행정행위개념으로부터 벗어나서 소송법적으로 특유한 도구개념이 취소소송에서 필요하다. 행정소송유형이 다양하게 규정되어 있지 못한 현실에서 국민의 권리구제를 위해 실정법의 해석을 통하여 권리구제의 확대가 가능한 경우에는, 이러한 해석의 방법을 통하여 기존의 소송유형을 탄력적으로 운영하는 것이 바람직할 것이다. 특히 「행정심판법」 및 「행정소송법」상의 처분개념이 이러한 권리보호를 위하여 도입한 개념이라는 점은 이를 뒷받침한다.

4. 판례

판례의 입장이 일관되어 있지는 않다. 하지만 쟁송법상의 처분개념, 즉 이원설의 입장에 있는 것으로 볼 수 있는 판례로 "행정소송의 대상이 되는 행정처분에 해당하는지의 여부는 그 행위의 성질, 효과 이외에 행정소송제도의 목적이나 사법권에 의한 국민의 권익보호의 가능도 충분히 고려하여 합목적적으로 판단하여야 할 것이다(대법원 1991. 8. 13. 선고 90누9414판결)."라는 것과 "행정청의 어떤 행위를 행정처분으로 볼 것이냐의 문제는 추상적, 일반적으로 결정할 수 없고 구체적인 경우 행정처분은 행정청이 공권력의 주체로서 행하는 구체적 사실에 관한 법집행으로서 국민의 권리의무에 직접 영향을 미치는 행위라는 점을 고려하고 행정처분이 그 주체, 내용, 형식, 절차에 있어서 어느 정도 성립 내지 효력요건을 충족하느냐에 따라 개별적으로 결정하여야 할 것이며, 행정청의 어떤 행위가 법적 근거도 없이 객관적으로 국민에게 불이익을 주는 행정처분과 같은 외형을 갖추고 있고 그 행위의 상대방이 이를 행정처분으로 인식할 정도라면 그로 인하여 파생되는 국민의 불이익 내지 불안감을 제거시켜 주기 위한 구제수단이 필요한 점으로 볼 때 행정청의 행위로 인하여 그 상대방이 입는 불이익 내지 불안이 있는지 여부도 그 당시에 있어서의 법치행정의 원리와 국민의 권리의식 수준 등은 물론 행위에 관련한 당해 행정청의 태도도 고려하여 판단하여야 한다(대법원 1992. 1. 17. 선고 91누1714판결, 동지판례 : 대법원 1993. 12. 10. 선고 92누12619판결)."라는 판례가 존재한다.

현행 「행정소송법」의 처분개념은 '행정청이 행하는 구체적 사실에 관한 법집행으로서 공권력의 행사 또는 그 거부'와 '그 밖에 이에 준하는 행정작용'으로 나누어볼 수 있다. 여기서 '행정청이 행하는 구체적 사실에 관한 법집행으로서 공권력의 행사'의 개념과 실체적 행정행위의 개념과의 비교가 문제된다. 실체적 행정행위란 '행정청이 구체적 사실을 규율하기 위하여 대외적으로 공권력의 발동으로 행하는 일방적 공법행위'를 말한다. 양자가 동일한 것인지의 여부는 「행정소송법」상 '공권력의 행사'에 특히 권력적 사실행위가 포함되는지가 문제된다.

「행정소송법」상의 처분개념에서 적어도 '법적 행위 또는 규율'이라는 요소가 나타나고 있지 않은 이상 해석론적으로 권력적 사실행위를 '공권력의 행사'에 해당하는 것으로 볼 수 있다.

이와 같이 '행정청이 행하는 구체적 사실에 관한 법집행으로서 공권력의 행사'에 권력적 사실행위가 포함된다고 해석하여 그 처분성을 인정한다면, 적어도 그 한도에서는 「행정소송법」상 처분개념이 실체적 행정행위개념보다는 넓은 것이라는 결과가 된다. 여기서 권력적 사실행위란 '행정청의 일방적 의사결정에 기한, 특정의 행정목적을 위해 국민의 신체, 재산 등에 실력을 가하여 행정상 필요한 상태를 실현하고자 하는 권력적 행위'라고 정의할 수 있다. 예를 들면 전염병환자의 강제격리, 송환대상자의 강제출국조치(강제 격리), 토지출입국조사, 대집행의 실행 등이 있다.

제3절 | 행정행위의 개념적 요소

Ⅰ. 행정청

행정행위는 '행정청'의 행위이다. 행정청은 일반적으로 '지방자치단체, 국가 등 행정주체의 의사를 결정, 표시할 수 있는 권한을 가진 행정기관'을 말한다. 「행정절차법」 제2조 제1호에서는 행정청을 "행정에 관한 의사를 결정하여 표시하는 국가 또는 지방자치단체의 기관 그 밖에 법령 또는 자치법규에 의하여 행정권한을 가지고 있거나 위임 또는 위탁받은 공공단체나 그 기관 또는 사인"이라고 정의하고 있다.

Ⅱ. 구체적 사실

행정행위는 행정청이 법 아래에서 '구체적 사실'을 규율하기 위한 행위이다. 이러한 점에서 행정청이 일반적 규율이나 추상적 규율을 행하는 법제정작용 내지는 그의 산물로서의 명령(법규명령, 행정규칙 등)은 행정행위가 아니다.

Ⅲ. 규율

행정행위는 규율로서의 성격을 가진다. 여기서 '규율'이란 법적 효과를 발생시키는 구속력 있는 처분과 의사표시를 의미한다. 따라서 행정행위는 권리·의무를 발생·변경·소멸시키거나 확정하는 법률효과를 가진다. 물적 행정행위를 인정하는 경우 물건의 법적 상태를 규율하는 것도 행정행위에 포함된다.

1. 규율의 특징

(1) 규율의 일반성과 개별성

규율의 일반성과 개별성은 규율의 수범자의 특정성 여부에 따른 기준이다. 개별적 규율은 수범자가 성명으로 표시될 수 있도록 완전히 특정화 되어 있거나 최소한도까지 수적으로 특정화되어야 한다. 즉 개별적 규율은 특정한 수범자를 대상으로 하는 규율이다. 반면에 일반적 규율은 규율의 발급시에 수범자가 수적으로 불특정하거나 또는 규율의 표현 형식상 수범자의 범주가 계속 확대될 수 있는 가능성이 있기 때문에, 어떤 특정한 개인이 규율의 수범자인지를 확인할 수 없는 경우에 인정된다. 즉 일반적 규율은 불특정한 다수의 사람을 수범자로 하는 규율이다.

(2) 규율의 구체성과 추상성

규율의 구체성과 추상성은 규율대상이 되고 있는 사안의 특정성여부에 따른 기준이다. 구체적인 규율이란 시간이나 장소나 사람 및 기타의 여건 등이 확정되어져서 단지 일회적으로 발생된 사안을 대상으로 하는 규율이다(예 : 특정한 장소에서 발생한 교통법규위반행위). 즉, 구체적 규율은 특정한 사안을 대상으로 하는 규율이다. 반면에 추상적인 규율은 규율대상이 되고 있는 사안이 과연 앞으로 발생한 것인지 또는 얼마나 자주 발생할 것인지가 불확실한 규율을 의미한다. 즉 추상적 규율은 불특정한 사안을 대상으로 하는 규율이다.

2. 규율의 종류

(1) 일반적 규율

규율의 인적범위가 불특정한 다수인에게 개방된 규율을 지칭한다.

(2) 개별적 규율

특정한 또는 특정할 수 있는 인적 범위에 대한 규율을 지칭한다.

(3) 추상적 규율

불특정 다수의 경우를 대상으로 한 규율을 지칭하는데, 불확정한 다수의 사안에 반복적으로 작용한다는 특징을 갖는다.

(4) 구체적 규율

시간적·공간적으로 특정한 사안에 적용되는 규율이다.

3. 행정법상 규율의 종류

일반성과 개별성, 그리고 추상성과 구체성의 개념을 위에서 설명한 것처럼 이해한다면, 법규명령은 일반적·추상적 규율에 해당하고 행정행위는 개별적·구체적 규율을 의미한다. 그러나 현실적으로 볼 때에 행정청의 일방적이고 고권적인 규율은 이와 같은 일반적·추상적 규율, 개별적·구체적 규율만이 있는 것은 아니며, 그 외에도 이들의 혼합된 형태로서 개별적·추상적 규율과 일반적·구체적 규율이 존재할 수 있는 것이다.

4. 개별·추상적 규율

개별·추상적 규율은 특정 범위의 사람을 장래를 향하여 계속적으로 규율하기 위하여 일정한 조치를 취하는 경우를 지칭한다. 예를 들면 행정청이 어느 공장주에게 공장으로부터 뿜어 나오는 수증기로 인해 도로에 빙판이 생길 때마다 그것을 제거하라는 명령을 발하는 것이다. 여기서 하명의 수범자는 특정인이지만, 빙판의 제거라는 규율내용은 장래의 불확정한 생활관계이다. 처분적 법규 등으로 대표되는 이러한 규율은 행정행위의 일종이다. 이러한 개별적·추상적 규율의 법적 성격은 학설에서 논쟁의 대상이 되어왔다. 이러한 규율을 보다 엄격하게 고찰한다면, 실제로는 개별적·추상적인 규율이 아니라, 하나의 구체적인 행위의무를 부과하는 개별적·구체적인 규율에 해당한다는 것이 다수의 학설의 견해이다. 이러한 규율은 단지 지속적인 효력을 갖고 추가적인 상황의 발생 시에만 구체화 된다는 점에서 여타의 개별적·구체적인 규율과 구별된다. 이러한 규율은 특정인에게 타인의 평온을 침해하지 않기 위하여 밤 10시가 넘어서는 악기를 연주하지 말라는 명령과 마찬가지로 개별적·구체적인 규율로서 행정행위에 해당된다고 한다.

5. 일반처분

　일반처분이란 행정청이 구체적 규율로서 다수의 인적 규율 대상에 발하는 고권적 조치로 정의된다. 독일 행정절차법은 일반처분을 "일반적인 특성에 따라 정하여 지거나 또는 특정 가능한 인적 범위를 대상으로 하거나 또는 어떤 사물의 공법적인 특성 또는 그의 일반인에 의한 이용에 관련된 행정행위를 말한다."고 규정하고 있다. 이러한 일반적·구체적 규율은 전통적으로 독일의 문헌에서는 일반처분이라고 불려왔으며, 현행 독일 행정절차법 제35조 후단에서 규정되어 행정행위의 일종으로서 이해하고 있다. 독일 행정절차법은 불특정한 다수의 수범자의 개념을 보다 제한시키기 위하여, "일반적인 징표에 의하여 특정화가 된 또는 특정화가 가능한 사람군"이라는 표현을 사용하고 있다. 여기서 특정화 및 특정화가 가능한 사람군이란 구체적인 사안과 관련하여 시간적으로 공간적으로 특정화되거나 특정화가 가능한 사람군으로 이해되고 있다. 즉, 일반처분의 특성은 수범자의 다수성이다. 과거에 일반처분을 하나의 행정행위가 아니라 다수의 수범자에게 발하여 지는 복수의 행정행위로 보는 견해도 있었으나 독일 행정절차법상 일반처분이 규정된 오늘날에는 일반처분을 하나의 총체적 행정행위로 파악하고 있다. 이 경우 각각의 일반처분의 이해관계인은 독자적으로 취소소송 등으로 다툴 수 있고, 위법성이 인정되어 소송당사자가 승소하여도 그에 대하여만 일반처분의 효력을 상실하고, 나머지에 대하여는 그 효력이 그대로 유지된다. 오늘날 일반처분에 해당하는 예로는, 도로통행금지라든가 도로의 공용개시 및 공용폐지 또는 민방위경보, 교통표지판이나 교통신호 등이 있을 것이다

Ⅳ. 대외적인 행위

　행정행위는 행정조직 내부에서의 행위가 아니라 외부적 관계, 즉 대국민적 관계에서 상대방인 개인에 대해 권리·의무의 변동을 가져오는 행위이다.

V. 공권력의 발동으로 행하는 일방적 공법행위

행정행위는 행정청이 공권력의 행사 내지 우월한 일방적 의사의 발동으로 행하는 공법행위만을 의미한다. 여기서 공법상의 행위라는 것은 사법상의 법률행위를 제외한다는 의미이다. 또한 행정행위는 상대방과의 의사합치를 통해서만 성립하는 공법상의 계약과 달리 행정주체의 일방적(einseitig) 행위이다.

제2장 행정행위의 특수성

제1절 | 법적합성

행정행위의 내용이 법에 적합하여야 한다는 의미의 '법률우위의 원칙'은 민사상의 법률행위에도 역시 타당한 합법성의 요청이다. 그러나 '법률유보의 원칙'은 행정행위의 권력적 단독행위로서의 성질에 대응하여 수권의 문제를 발생시킨다는 점에서 민사상의 법률행위와는 구별되는 행정행위의 특수성에 해당한다.

제2절 | 공정력

행정행위의 흠이 있다고 하더라도 그것이 중대·명백하지 않는 한, 권한 있는 기관에 의해 취소되기까지는 유효한 행위로 통용되며, 따라서 흠이 있는 행정행위의 효력을 부인하기 위해서는 상대방이 행정쟁송을 제기하여야 한다.

I. 이론적 근거

처음에는 "국가기관에 의해 발해진 행위는 유효성이 추정된다."라고 하여 행정행위를 발하는 국가기관의 권위에서 찾았다. 그러나 공정력의 근거는 법적 안정성 내지 신뢰보호에서 찾아야 한다.

Ⅱ. 실정법적 근거

독일행정절차법 제43조 제2항에서 "행정행위는 취소, 철회 또는 다른 방법으로 폐지되지 않는 한 효력을 갖는다."라고 규정하고 있다. 그러나 우리나라의 경우 공정력을 명시적으로 인정하는 실정법상의 규정은 없다. 다만 행정행위의 직권취소를 규정하고 있는 개별법적 규정들이나 취소심판, 취소소송 및 그 제기기간을 한정하고 있는「행정심판법」,「행정소송법」및 기타 단행규정들은 이러한 공정력의 승인을 전제로 하고 있는 실정법적 규정들이라고 할 수 있다.

제3절 | 존속력

행정행위는 그것이 무효인 경우를 제외하고는 일정한 기간(쟁송기간)을 경과하거나 심급을 다 거친 경우에는 행정행위의 효력을 더 이상 다툴 수 없게 된다. 이를 '불가쟁력'이라 한다. 또한 일정한 행정행위에 대하여는 이를 발한 행정청 자신도 이를 임의로 취소·변경할 수 없는 구속력을 받게 되는데 이를 '불가변력'이라 한다. 불가쟁력과 불가변력을 합하여 '존속력' 또는 '확정력'이라 한다.

제4절 | 강제력

행정행위는 그를 발한 기관 스스로 집행할 수 있다. 행정청은 행정행위에 의하여 부과된 의무를 상대방이 이행하지 않는 때에는 자력으로 강제이행시키거나, 행정법상 제재를 가할 수 있다.

제5절 | 구제제도의 특수성

위법·부당한 행정행위로 인해 권리·이익을 침해받은 자는 「행정심판법」, 「행정소송법」이 정하는 바에 따라 구제받을 수 있는 특수한 구제제도(행정쟁송절차의 특수성)가 마련되어 있다. 또한 적법한 공권력의 행사(수용 등)를 통해 재산권을 침해받은 자에게는 손실보상제도(「헌법」 제23조 제3항, 「공익사업을 위한 토지 등의 취득 및 보상에 관한 법률」 등)가, 위법한 행정활동을 통해 손해를 받은 자에게는 국가배상제도(「헌법」 제29조, 「국가배상법」 등)가 마련되어 있어 국민의 권리구제에 이바지하고 있다.

제3장 행정행위의 종류

제1절 | 법률행위적 행정행위와 준법률행위적 행정행위

종래에는 행정행위의 종류를 법률행위적 행정행위와 준법률행위적 행정행위로 구분하는 이원적 구분법이 일반화되어 왔다. 법률행위적 행정행위는 행정청의 의사표시를 구성요소로 하고 그 표시된 의사의 내용에 따라 법적 효과를 발생한다. 반면에 준법률행위적 행정행위는 의사표시 이외의 정신작용(판단·인식·관념 등)의 표시를 요소로 하고 그 법적 효과는 행위자의 의사여하를 불문하고 전적으로 법이 정한 바에 따라 결정된다. 법률행위는 권리 또는 의무를 발생·변경·소멸시키는 행위로서 의사표시를 효력요건으로 한다. 따라서 법률행위적 행정행위는 권리 혹은 의무의 발생·변경·소멸의 의사표시를 지칭하는 것으로 특허, 허가, 인가, 하명 등의 전형적 행적작용이 이에 해당한다. 반면에 준법률행위적 행정행위는 법률행위가 아닌 기타의 행정행위로서 일반적으로 의사표시가 아닌 하나의 법적 인지작용을 의미하는 바, 확인, 공증, 수리 등의 행정작용이 이에 속한다. 그러나 행정작용의 신축성과 다변화에 따라 법률행위적 행정행위와 준법률행위적 행정행위 간의 구별의 표지(부관의 부착가능성을 법률행위적 행정행위에 대해서만 인정하는 점 등)가 점차 희석화되어(준법률행위적 행정행위인 공증에 해당하는 여권발급에 있어 부관인 기한이 부여되는 점 등) 더 이상 양자를 엄격히 구별할 실익은 크지 않은 것으로 보여진다.

제2절 | 기속행위와 재량행위

Ⅰ. 개설

법의 적용은 사안의 조사·확정, 법률상의 행위요건의 해석, 구체적 사안과 법률상의 요건이 일치하는가에 대한 판단(포섭 : Subsumtion), 법적 효과의 확정이라는 네 가지 과정을 통해서 행하여진다.

행정주체에 의한 법적용은 법원에 의하여 통제를 받는다. 즉 법원은 행정이 법에 적합하게 행해졌는지를 사후에 심사한다. 그러나 행정의 법률기속성은 행정청에 재량권 또는 불확정법개념의 사용에 의한 판단여지를 줌으로써 완화될 수 있다. 법률기속성의 완화는 법원에 의한 사후통제의 완화를 의미한다.

Ⅱ. 개념

1. 기속행위의 개념

기속행위란 법률상의 요건이 충족되면 그 효과로서 행정청이 반드시 법이 정한 행정행위를 행하도록 되어 있는 경우를 말한다.

2. 재량행위의 개념

재량행위란 행정법규가 행정청에 법적 효과를 스스로 결정할 수 있는 권한을 위임한 경우를 말한다. 즉 법규가 허용한 처분을 행할 수도, 안할 수도 있는 경우(결정재량 : Entschließungsermessen) 및 다수의 허용된 처분 중 어떠한 것을 선택해도 괜찮은 경우(선택재량 : Auswahlermessen)를 말한다.

Ⅲ. 기속행위와 재량행위의 구별

1. 구별의 필요성

(1) 행정소송과의 관계

「행정소송법」제27조는 "행정청의 재량에 속하는 처분이라도 재량권의 한계를 넘거나 그 남용이 있는 때에는 법원은 이를 취소할 수 있다."고 규정하고 있다. 양자의 구별필요성은 행정소송의 대상성에 있는 것이 아니라, 단지 행정청이 일정한 행정행위를 위해 그에게 부여된 재량권의 내적·외적 한계를 넘지 않는 한, 설령 그 재량행사가 타당하지 못한 경우에도 위법의 문제가 발생하지 않는다는 법적 효과상의 차이에 있는 것이다.

(2) 공권의 성립과의 관계

기속행위로부터는 바로 그 행위를 하여야 할 행정청의 의무가 도출되지만, 재량행위의 경우에는 재량의 한계를 벗어나지 않도록 재량권을 행사해야 할 의무가 있는 것이다. 이러한 의무에 위반되고 관계 규정이 사익도 보호하고 있다면 이해관계인은 권리구제를 청구할 수 있다. 따라서 양자는 행정청의 의무의 내용 내지 정도에 있어서 차이가 있는 것이지, 공권의 성립과 직접적인 관련은 없다.

(3) 부관과의 관계

우리나라의 다수설은 재량행위에만 부관을 붙일 수 있다고 하며, 이 점에서 또한 기속행위와 재량행위의 구별의 필요성을 인정한다. 그러나 재량행위라고 해서 언제나 부관을 붙일 수 있고 기속행위라고 해서 절대로 부관을 붙일 수 없는 것은 아니다. 부관의 가능성은 입법의 목적, 취지, 내용 등을 고려하여 정하게 되며, 재량행위의 여부와 직결되었다고 보기 어렵다.

2. 구별기준에 관한 학설

(1) 요건재량설

이 학설은 행정청의 재량이 행정행위에 대한 법률요건인 사실의 인정에 대한 판단에 존재한다고 한다. 따라서 행정행위에 관한 법이 행정행위의 요건에 대하여 아무런 규정을 두지 않거나(공백규정), 오직 행정행위의 종국목적, 즉 공익개념만을 나타내고 있는 경우에는(종국목적) 재량행위에 속하는 것이나, 법이 행정행위의 종국목적 외에 중간목적을 규정하고 있는 경우에는 기속행위에 속한다는 것이다. 그러나 이 견해에 대하여는 행정행위의 종국목적과 중간목적의 구분자체가 불분명하고, 법률문제인 요건인정을 재량문제로 오인하고 있다는 등 비판이 가해지고 있다.

(2) 효과재량설

이 학설은 재량을 어떠한 법률효과를 발생시킬 것인가의 선택으로 보는 견해이며, 그 실질에 있어서는 성질설이다. 즉 법에 특별한 규정이 있는 경우를 제외하고는 행정행위의 성질, 즉 수익적 행위인가 부담적 행위인가에 따라 재량행위 여부를 결정할 수 있다고 하는 학설이다. 그러나 수익적 행위인가 부담적 행위인가는 재량행위 여부를 구별하는 데에는 직접적인 관계가 없다는 비판이 가해지고 있다. 더욱이 급부행정적용의 영역에서 수익적 행정행위도 그 요건이 일의적으로 규정되어 기속행위로 되는 예가 증가되고 있으며, 반대로 부담적 행정행위의 영역에서도 재량이 인정되는 예가 적지 않다는 점이 제기되고 있다.

3. 판례

판례는 "행정행위가 그 재량성의 유무 및 범위와 관련하여 이른바 기속행위 내지 기속재량행위와 재량행위 내지 자유재량행위로 구분된다고 할 때, 그 구분은 당해 행위의 근거가 된 법규의 체재·형식과 그 문언, 당해 행위가 속하는 행정 분야의 주된 목적과 특성, 당해 행위 자체의 개별적 성질과 유형 등을 모두 고려하여 판단하여야 한다(대법원 2001. 2. 9. 선고 98두17593판결)."고 판시하였다.

4. 소결

기속행위와 재량행위의 구별의 기준은 일차적으로 관계법규정의 해석의 문제이다. 우선 법 규정의 문언상 "할 수 있다."라는 가능규정으로 표현되어 있는 경우에는 일단 형식적으로는 재량권을 부여하는 것으로 이해할 수 있다. 반면에 "하여야 한다.", "할 수 없다.", "하여서는 안 된다." 또는 "한다."라고 규정되어 있을 때에는 일단 기속행위인 것으로 볼 수 있다. 「도로교통법」 제93조 제1항 제10호는 "운전 중 고의 또는 과실로 교통사고를 일으킨 때"에는 "운전면허를 취소하거나 1년 이내의 범위에서 그 운전면허의 효력을 정지시킬 수 있다."라고 규정하고 있는데 대하여, 제7호는 "허위 또는 부정한 수단으로 운전면허를 받는 경우" 등에는 "그 운전면허를 취소하여야 한다."라고 규정하고 있음이 그 예라 할 수 있다.

그러나 법규정의 문언상의 표현은 일응 추정을 가능케 하는 단서일 뿐, 절대적인 기준이라고는 할 수 없다. 법령이 가능규정의 형식을 취하면서도 실질적으로는 이를 합리적인 정당화 사유에 의하여 뒷받침될 때에만 수권한다는 취지로 해석되는 경우에는 기속규정으로 보아야 할 경우가 충분히 있을 수 있다.

대통령령인 구 사무관리규정 제33조 제2항은 "공문서를 보존하고 있는 행정기관은 행정기관이 아닌 자가 문서의 열람 또는 복사를 요청하는 때에는 비밀 또는 대외비로 분류된 문서이거나 특별한 사유가 있는 경우를 제외하고는 이를 허가할 수 있다"라고 규정하고 있다. 그러나 이에 대해 "할 수 있다."라는 문언형식을 취했을 지라도 이것은 규정의 취지상 재량권을 부여한 것이 아니라 오히려 기속규정으로 보아야 한다는 것이 대법원의 확립된 판례이다.

[판례]

"사무관리규정 제33조 제2항에 의한 행정기관의 정보공개 허가여부는 기물에 관한 사항 등 특별한 사유가 없는 한 반드시 정보공개청구에 응하여야 하는 기속행위로서 행정기관에 대하여 정보공개에 대한 재량권을 부여하고 있다고 해석할 수 없는 것이다."
(대법원 1989. 10. 24. 선고 88누9312판결)

관계법규정의 표현방식이 행정주체에게 어느 정도로 구속력을 미치는지가 불명확한 경우, 예를 들어 당사자로 하여금 당해 행위의 적법요건으로서 일정한 허가가 필요하다는 내용만을 두고 행정주체에 대한 행위방식에 대해서는 규정하지 않은 경우가 존재한다(예:「식품위생법」제37조 제1항,「건축법」제11조 제1항,「공중위생관리법」제6조 제1항 등). 이러한 경우에는 당해 행정행위의 당사자와의 관계에 대한 관점이 중요한 기준으로 작용하게 된다.

즉, 당해 행정행위의 발령이 당사자의 기본권 실현, 다시 말해, 원래 당사자에게 허용되어 있던 가능성을 다시 회복시켜주는 기본권 회복의 의미를 갖는 경우는 기속행위이고, 당해 행정행위를 통하여 비로소 당사자에게 새로운 권리가 설정되는 의미를 갖는 경우는 재량행위가 된다.

IV. 재량의 한계

1. 재량하자의 유형

(1) 재량의 유월

재량권의 유월(Ermessensüberschreitung)은 행정청이 재량규범에서 규정하고 있는 범위 밖에 있는 법효과를 선택하는 재량범위의 일탈에 해당하는 경우로서 월권(越權)의 법리에 따라 위법한 재량권행사가 된다.

(2) 재량의 남용

재량권의 남용(Ermessensmiβbrauch)은 행정청이 재량을 수권한 법률상의 목적, 평등원칙, 비례원칙 등 법원칙에 위배하여 행사하는 경우를 말한다. 사실의 오인에 기인한 재량행사도 재량의 남용에 해당된다. 재량권의 남용 여부는 처분사유로 된 위반행위의 내용과 당해 처분행위에 의하여 달성하려는 공익목적 및 이에 따르는 모든 사정을 객관적으로 심리하여 공익침해의 정도와 그 처분으로 인하여 개인이 입게 될 불이익을 비교교량하여 판단하여야 한다(대법원 2001. 7. 27. 선고 99두9490판결).

[판례]

① "공무원인 피징계자에게 징계사유가 있어 징계처분을 하는 경우 어떠한 처분을 할 것인가 하는 것은 징계권자의 재량에 맡겨진 것이기는 하나, 징계권자가 징계권의 행사로서 한 징계처분이 사회통념상 현저하게 타당성을 잃은 경우에는 징계권자에게 맡겨진 재량권을 남용한 것으로 위법하다 할 것인바, 20여 년 동안 성실하게 근무하여 온 경찰공무원이 공정한 업무처리가 아니었더라면 곤란한 지경에 처할 뻔 하였는데 그 곤경을 벗어나게 하여 주어 고맙다고 느끼고 있던 사람의 동생이 사후에 찾아와 임의로 두고 간 돈 30만 원이 든 봉투를 소지하는 피동적 형태로 금품을 수수하였고 그 후 이를 돌려주었는데도 곧바로 그 직무에서 배제하는 해임처분이라는 중한 징계에 나아간 것은 사회통념상 현저하게 타당성을 잃었다고 하지 아니할 수 없다." (대법원 1991. 7. 23. 선고 90누8954판결)

② " 징계사유에 해당하는 행위가 있더라도, 징계권자가 그에 대하여 징계처분을 할 것인지, 징계처분을 하면 어떠한 종류의 징계를 할 것인지는 징계권자의 재량에 맡겨져 있다고 할 것이나, 그 재량권의 행사가 징계권을 부여한 목적에 반하거나, 징계사유로 삼은 비행의 정도에 비하여 균형을 잃은 과중한 징계처분을 선택함으로써 비례의 원칙에 위반하거나 또는 합리적인 사유 없이 같은 정도의 비행에 대하여 일반적으로 적용하여 온 기준과 어긋나게 공평을 잃은 징계처분을 선택함으로써 평등의 원칙에 위반한 경우에는, 그 징계처분은 재량권의 한계를 벗어난 것으로서 위법하고, 징계처분에 있어 재량권의 행사가 비례의 원칙을 위반하였는지 여부는, 징계사유로 인정된 비행의 내용과 정도, 그 경위 내지 동기, 그 비행이 당해 행정조직 및 국민에게 끼치는 영향의 정도,

> 행위자의 직위 및 수행직무의 내용, 평소의 소행과 직무성적, 징계처분으로 인한 불이익의 정도 등 여러 사정을 건전한 사회통념에 따라 종합적으로 판단하여 결정하여야 한다." (대법원 2001. 8. 24. 선고 2000두7704판결)

(3) 재량의 흠결

재량의 흠결(Ermessensunterschreitung od.-nichtgebrauch)은 행정청이 재량행위를 기속행위로 오인하여 재량, 즉 복수 행위 간의 형량을 전혀 하지 않고 기속행위로 발령하거나 이익형량을 불충분하게 한 경우(불행사 또는 해태)를 지칭한다.

[판례]

> "행정행위를 함에 있어 이익형량을 전혀 하지 아니하거나 이익형량의 고려대상에 마땅히 포함시켜야 할 사항을 누락한 경우 또는 이익형량을 하였으나 정당성·객관성이 결여된 경우에는 그 행정행위는 재량권을 일탈·남용한 위법한 처분이라고 할 수밖에 없다." (대법원 2005. 9. 15. 선고 2005두3257판결)

2. 재량축소

넓은 의미의 "재량의 영으로의 수축(Ermessensschrumpfung auf Null)"에는 규율의 목적이나 다른 법규정(특히 헌법)과의 관계에서 성립하는 경우와 구체적인 사건에서 특별한 사정에 직면하여 성립하는 경우(좁은 의미의 재량의 영으로의 수축)가 있다. 전자는 기본권 및 기타 헌법규정에 의하여 성립하며, 다른 법규에 의하여 이미 결정이 필연적으로 정해져 있기 때문에 비록 외관상으로는 재량이지만 더 이상 재량이 문제되지 않고 결과적으로는 기속결정과 다름없다. 후자는 중요한 법익에 대한 현저한 위험이 존재하는 경우, 즉 생명 또는 건강에 대한 위험, 중요한 물건에 대한 직접적인 위험이 있는 경우에 결정재량이 축소된다.

V. 재량통제

법원에 의한 통제는 행정청의 재량결정에 대하여 재량하자가 있는지에 대해서만 심사할 수 있고, 스스로의 결정에 의하여 행정청의 결정을 대치할 수는 없는 것이다.

VI. 불확정법개념과 판단여지

1. 재량과 불확정법개념

(1) 인정대상

법에 의해 인정된 재량은 행위의 효과 면에서 인정된다. 따라서 행위 또는 효과재량(Handlungsermessen, Rechsfolgeermessen)이라고 할 수 있으며, 불확정개념(unbestimmte Rechtsbegriffe)과 판단되어지는 행위의 요건 면에서 인정된다.

(2) 인정 예

"할 수 있다."라는 법규정상의 표현이 재량을 부여하는 전형적인 형식인데, "공익", "중대한 사유", "현저한 곤란", "공공의 필요" 등은 불확정법개념의 예에 해당한다. 불확정법개념의 예로 「국가공무원법」 제29조 제1항에서 정하고 있는 "시보기간 중 '근무성적을 고려하여' 정규공무원으로 임용한다."를 들 수 있다.

(3) 재량과의 차이

법이 행정청에게 재량을 부여한 경우에는 복수의 결정 간에 선택의 가능성이 있게 되는데, 불확정법개념이 사용된 경우에는 원칙적으로 오직 하나의 결정만이 가능하게 된다는데 양자의 차이점이 있다.

(4) 결합규정

법률요건의 면에서는 불확정개념을 사용하고, 법률효과의 면에서는 재량을 수권하고 있는 법규정을 결합규정(연결규정, 혼합규정)이라 한다. 이러한 규정의 경우 원칙적으로 불확정법개념 및 재량에 관한 개별적 논의는 결합규정의 요건, 효과에 제각기 적용해야 한다. 그러나 한 쪽이 다른 한 쪽에 영향을 미칠 수 있다.

불확정법개념을 적용할 때 재량행사시 적용되는 모든 관점이 고려되었다면 재량을 행사할 것이 더 이상 남아 있지 않게 된다. 즉, 재량소멸(Ermessensschwundung)이 생기게 된다. 그 결과 법률요건이 충족되면 허용된 결정을 하여야 한다. 예로 「행정대집행법」 제2조에는 "불이행을 방치함이 심히 공익을 해할 것으로 인정될 때에는"이라는 요건이 충족되면 재량이 소멸한다.

[판례]

> "사무관리규정 제33조 제2항에 의한 행정기관의 정보공개 허가여부는 기밀에 관한 사항 등 특별한 사유가 없는 한 반드시 정보공개청구에 응하여야 하는 기속행위로서 행정기관에 대하여 정보공개에 대한 재량권을 부여하고 있다고 해석할 수 없는 것이다."
> (대법원 1989. 10. 24. 선고 88누9312판결)

법률요건 면에서 나타난 불확정법개념이 재량행사의 범위와 방향을 나타내는 것이어서 불확정법개념이 재량에 흡수되어 버리는 경우가 있다. 이러한 양자의 상호접근경향은 불확정법개념과 효과재량의 구별에 있어서 불확정법개념이 존재하면 이로부터 구조적으로 보아 재량여지에 상당하는 결정여지가 있다고 하여 양자를 포괄하는 통일적 재량개념을 주장하거나, 양자를 구별하면서도 그 결과 면에서 상호접근을 인정하는 입장이 있다.

2. 판단여지설

(1) 학설의 내용

전후 독일의 바호프(Bachof)와 울레(Ule)등에 의하여 주장된 불확정법개념의 적용에 대한 제한된 사법심사가능성을 주장하는 견해이다.

바호프(Bachof)의 판단여지설은 행정법규가 행정행위의 요건에 대하여 불확정법개념으로 규정하고 있는 경우 행정청에 판단여지(Beurteilungsspielraum), 즉 행정청의 독자적이고, 따라서 법원에 의한 사후통제를 받지 않는 판단 결정의 영역이 있음을 인정하는 이론이다.

울레(Ule)의 타당성설은 다수의 결정이 가능한 경우에 있어서 행정청에 의하여 내려진 결정이 '타당성의 근거가 있는(vertretbar)' 범위 내의 것이면 이를 적법한 것으로 간주하여야 한다는 견해이다. 울레(Ule)는 "구성요건의 심사에 있어서 행정법원은 의심스러운 경우에는 행정청의 견해가 확정된 사실관계에 비추어 볼 때 타당성(Vertretbarkeit)을 지녔다고 판단될 수 있다면 그의 견해를 따라야 한다. 일정한 사실 관계의 평가에 있어서 상이한 결론에 도달될 수 있다면, 이러한 평가는 모두 불확정법개념의 범위 내의 것이고 또한 적법한 것이다. 따라서 이와 같이 다수의 결정이 가능한 경우에 행정법원은 행정청의 판단 대신에 자기의 가치판단을 대치해서는 안 된다."고 한다.

볼프(Wolff)의 평가특권설은 행정청이 평가특권(Einschätzugs-prärogative)을 가지고 있다는 견해로 불확정개념이 특히 장래의 발전과 관련하여 법원에 의한 검증이 불가능하고 따라서 심사될 수 없는 평가(Einschätzug)를 요구하는 경우, 법원은 이러한 행정청의 평가를 기초로 삼지 않으면 안 된다는 견해이다.

(2) 판단여지의 인정범위

독일의 행정법상 판단여지가 인정된 경우로는 시험성적의 평가, 학교교육분야에서의 시험과 유사한 평가결정, 공무원관계에 있어서 공무원에 대한 근무평정, 전문적인 독립행정위원회에 의한 가치평가적 결정, 행정정책적 성격을 띤 요인들에 관한 결정(공무원인사를 위한 인력수급계획의 결정), 미래예측결정, 환경법 및 경제법분야에서의 위험평가 등 지극히 제한된 범위로 한정된다. 따라서 법문의 규정이 불확정법개념을 사용하고 있음으로 인해 곧바로 행정청의 판단여지, 즉 입법자의 행정청에 대한 판단수권이 인정되는 것은 아니며 전문적·기술적 영역이나 합의제 의결 등 법원의 판결과의 대체가능성 내지 법원의 존중과 인정이 가능한 영역에서 제한적으로 사법심사에 대응한 판단여지가 인정되는 것으로 이해하여야 한다. 판단여지의 인정여부가 재판상 본안판단의 영역이지 본안전판단의 영역이 아니라는 점은 이와 같은 판단여지의 인정범위가 제한적임을 반증하는 것이다.

(3) 판단여지설에 대한 비판적 견해

1) 규범적 수권이론

전면적 사법심사가 불가능하다는 의미에서 판단여지란 오히려 당해법률이 행정청에게 종국적인 결정권을 수권한 경우에 그 한도 내에서만 인정될 수 있다는 주장이다.

2) 재량과의 구별의 상대화

종래의 요건재량이론에 의거하여 불확정법개념의 사용은 행정청에게 재량에 관한 일반적 법리에 의한 재량의 여지를 인정한 것으로 보아야 한다는 견해가 있다. 불확정법개념이 존재하는 경우 행정청에 일정한 한도에서 법원의 심사권이 제한되는 결정의 여지를 인정함으로서 구조적으로 재량과 비슷한 점이 있다. 양자 모두 행정청의 결정여지를 인정하고 사법심사를 제한하고 있다는 점에서 기능적으로 같은 효과가 있다.

3) 판단여지의 존재 부정설

행정청에 의한 불확정개념의 해석·적용은 원칙적으로 법원에 의하여 전면적인 사후심사를 받을 수 있고 받아야 한다. 예외적으로 특별한 결정상황 또는 특별한 사안에 관련되어 사후심사가 사실상 불가능한 경우에만 법원에 의한 심사가 제한될 수 있는 것이다.

Ⅶ. 판례

대법원은 지원자가 모집정원에 미달한 경우에도 입학사정기준에 미달하는 자의 입학을 거부할 수 있는지 여부에 관하여 다음과 같이 판시하고 있다.

> "학생의 입학을 전형함에 있어 대학은 법령과 학칙에 정한 범위 내에서 대학의 목적이 그 대학의 특수사정을 고려하여 자유로이 수학능력의 기준을 결정할 수 있고 입학 지원자가 모집정원에 미달한 경우라도 대학이 정한 입학사정기준에 미달하는 자에 대하여는 입학을 거부할 수 있다." (대법원 1982. 7. 27. 선고 81누398판결)

이 판결을 법원이 판단여지를 인정한 사례로 받아들이는 견해도 있으나, 대법원은 "피고 대학의 법정계열 입학에 있어 총점의 60퍼센트인 291.42점을 하한선으로 하여 수학능력의 기준으로 삼은 것이 법령이나 학칙에 위배된다고 볼 자료가 없으니 그 수학능력에 미달하는 점수를 득한 원고들을 불합격으로 한다는 피고의 처분이 재량권의 범위를 일탈한 것으로 볼 수 없다."고 하여 피고의 결정내용에 대해 실질적 심리를 행하고 있을 뿐만 아니라, 위법성 판단의 기준을 재량법리에 따르고 있다.

대법원은 검사임용 거부취소사건(①), 공인중개사시험 불합격처분취소사건(②)과 수능 반올림 점수사건(③)에서도 유사한 입장을 취하고 있다.

[판례]

> ① "공무원의 임용을 위한 면접전형에 있어서 임용신청자의 능력이나 적격성 등에 관한 판단을 면접위원의 고도의 교양과 학식, 경험에 기초한 자체적 판단에 의존하는 것으로서 오로지 면접위원의 자유재량에 속하고 그와 같은 판단이 현저하게 재량권을 일탈 내지 남용한 것이 아니라면 이를 위법하다고 할 수 없다." (대법원 1997. 11. 28. 선고 97누11911판결)

② "출제문제 중 A형 33번 문제는 객관식 5지선택형으로서 '부동산 중개계약의 설명으로 틀린 것은? ① 비전형계약이다. ② 쌍무계약이다. ③ 임의적 계약이다. ④ 유상계약이다. ⑤ 혼합계약이다.'를 출제, 피고는 ②문항을 정답으로 채점했고, 원고들은 ③문항으로 표기했는데 부동산 중개계약은 넓은 의미에서 쌍무계약에 속하는 것이어서 ②문항은 정답이 아니며 결국 위 문제는 정답이 없어 답을 ③문항으로 표기한 것을 오답임을 전제로 원고들을 불합격처분한 것은 위법하다." (대법원 2006. 12. 22. 선고 2006두12883판결)

③ "법령에 의하여 국가가 그 시행 및 관리를 담당하는 대학수학능력시험은 물론 각 대학별 입학전형에 있어서, 출제 및 배점, 정답의 결정, 채점이나 면접의 방식, 점수의 구체적인 산정 방법 및 기준, 합격자의 선정 등은 원칙적으로 시험 시행자의 고유한 정책 판단 또는 전형절차 주관자의 자율적 판단에 맡겨진 것으로서 폭넓은 재량에 속하는 사항이며, 다만, 그 방법이나 기준이 헌법이나 법률을 위반하거나 지나치게 합리성이 결여되고 객관적 정당성을 상실한 경우 또는 시험이나 입학전형의 목적, 관계 법령 등의 취지에 비추어 현저하게 불합리하거나 부당하여 재량권을 일탈 내지 남용하였다고 판단되는 경우에 한하여 이를 위법하다고 볼 것이다." (대법원 2007. 12. 13. 선고 2005다66770판결)

요컨대, 판단여지는 사법부가 행정청의 전문적 판단을 존중하여 이를 전제로 사법심사를 진행함으로써 행정청의 판단이 종국적으로 판결의 내용을 구성하는 것을 의미한다. 따라서 법원이 행정청의 전문적 판단과 동일한 내용의 판단을 하였다고 하여도 그 판단이 행정청의 판단과는 별도로 법원의 실질적인 심리와 변론을 통해 도출된 것이라면 판단여지를 인정한 것이라 볼 수 없다. 판단여지(Urteilu-ngsspielraum)의 본질은 불확정한 법개념 영역에 대해 '행정청이 행한 판단의 판결화(Urteilung)의 기능공간(Spielraum)'라 할 수 있기 때문이다.

제3절 | 수익적·부담적 행정행위

I. 수익적 행정행위와 부담적 행정행위

상대방에 대한 권리·이익을 부여하거나 혹은 권리의 제한을 철폐하는 등 유리한 효과를 발생시키는 행정행위를 수익적 행정행위 또는 수익처분이라고 한다. 이에 반해 권리를 제한하고 의무를 과하는 등 상대방에게 불리한 효과를 발생시키는 행정행위를 부담적 행정행위 또는 불이익처분이라고 한다. 전자의 예로 허가, 특허, 면제, 인가, 부담적 행정행위의 철회 등이 있고, 후자의 예로 하명, 금지, 탈권행위, 수익적 행정행위의 철회 등이 있다.

II. 복효적 행정행위

1. 의의

"복효적 행정행위(Verwaltungsakt mit Doppelwirkung)"란 하나의 행위가 수익과 침익(부담)이라고 하는 복수의 효과를 발생하는 행정행위를 말하는 것으로 "이중효과적 행정행위"라고도 한다. 효과 발생을 기준으로 복수의 효과가 동일인에게 발생하는 경우는 "혼합효행정행위(Verwaltungsakt mit Mischwirkung)", 1인에게는 이익을 타인에게는 불이익이라고 하는 상반된 효과를 발생하는 경우는 "제3자효 행정행위(Verwaltungsakt mit Drittwirkung)"라고 한다.

2. 제3자효 행정행위의 절차법적 문제

(1) 제3자에 대한 통지

현행 「행정절차법」은 제21조에서 행정청은 당사자에게 의무를 과하거나 권익을 제한하는 처분을 하는 경우에는 일정한 사항을 '당사자 등'에게 통지하여야 한다고 하면서, 같은 법 제2조 제4호에서는 '당사자 등'이라 함은 행정청의 처분에 대하여 직접 그 상대가 되는 당사자와 행정청이 직권 또는 신청에 의하여 행정절차에 참여하게 한 이해관계인이라고 정의하고 있다. 따라서 행정청의 직권 또는 신청에 의하여 행정절차에 참여하게 되지 않는 한 모든 이해관계 있는 제3자에게 행정처분이 통지되는 것은 아니다.

(2) 제3자의 행정절차참가

제3자효 행정행위에서는 모든 이해관계인의 행정절차에의 참가가 중요한 의미를 갖는다. 현행 「행정절차법」 제21조(처분의 사전 통지), 제22조(의견청취), 제27조(의견제출), 제31조(처분의 진행), 제34조 제2항(청문조서의 열람·확인), 제37조(문서의 열람) 등이 있다.

3. 제3자효 행정행위의 취소와 철회

(1) 제3자효 행정행위의 취소

불이익의 제거요청과 수익자의 신뢰보호를 비교형량하여 구체적으로 결정한다.

(2) 제3자효 행정행위의 철회

당해 행정행위의 존속이 제3자에게 불이익이 되는 경우, 당해 행정행위의 존속이 제3자에게 이익이 되는 경우가 있다.

4. 제3자효 행정행위의 쟁송법적 문제

(1) 청구인적격과 원고적격의 문제

제3자가 청구인적격 또는 원고적격의 지위를 갖기 위해서는 관련법규에 의해서 보호되는 이익의 법문에 제3자의 이익이 포함될 수 있어야 한다.

(2) 쟁송기간

처분의 직접 상대방이 아닌 제3자가 행정쟁송을 제기하는 경우에 쟁송제기기간이 적용되어야 하는지가 문제되나, 신의성실의 원칙에 비추어 제3자가 처분이 있는 것을 알 수 있었던 날로부터 기산하여야 한다.

(3) 행정심판 및 행정소송에의 참가

행정심판이나 행정소송의 결과에 대하여 이해관계 있는 제3자는 당해 행정심판 및 행정소송에 참가할 수 있다(「행정심판법」 제20조, 「행정소송법」 제16조).

(4) 집행정지

제3자는 자신의 법률상의 이익이 관련되는 경우에는 취소심판이나 취소소송을 제기하면서, 임시적인 권리구제의 필요가 있다고 인정될 때에는 집행정지를 신청할 수 있다(「행정심판법」 제30조 제2항, 「행정소송법」 제23조 제2항).

(5) 판결의 효력

처분 등의 취소, 무효 등 확인 및 부작위의 위법을 확인하는 확정판결은 이러한 제3자에 대해서도 효력을 미친다(「행정소송법」 제29조 제1항, 제38조 제1항, 제2항).

(6) 재심청구

처분 등을 취소하는 판결에 의하여 권리나 이익의 침해를 받은 제3자는 자기에게 책임 없는 사유로 인하여 소송에 참가하지 못함으로써 판결의 결과에 영향을 미칠 공격 또는 방어 방법을 제출하지 못한 때에는 이를 이유로 재심을 청구할 수 있다 (「행정소송법」 제31조 제1항).

제4절 | 대인적·대물적 행정행위

Ⅰ. 대인적 행정행위

대인적 행정행위는 행위의 상대방의 주관적 사정에 착안하여 행해지는 행정행위로 그 효과는 일신전속적인 것이므로 제3자에게 승계되지 않는다(예. 자동차운전면허).

Ⅱ. 대물적 행정행위

1. 개념

대물적 행정행위는 행위의 상대방의 주관적 사정을 고려하지 않고 행위의 대상인 물건이나 시설의 객관적인 사정에 착안하여 행해지는 행정행위를 말한다(예. 건축허가).

2. 행위의 효과의 승계

대물적 행정행위 중 수익적 행정행위의 경우 그 효과가 승계된다는 것이 일반적인 견해이다. 다만 침익적 행정행위의 경우 그 효과가 제3자에게 승계되는지 여부에 대해 승계인이 선의·무과실인 경우에는 명문의 규정이 없는 한 그 효과가 승계되지 않는다는 견해와 동일한 행정처분을 반복하는 번거로움을 피하기 위해 그 효과의 승계를 인정하는 견해가 있다.

3. 효과의 귀속

대물적 행정행위는 물건의 소유자등 관계인에게 귀속하는 것이므로 처분의 상대방이 잘못된 경우에도 대물적 행정행위의 효과는 물건의 관계인에게 발생한다. 결국 대물적 행정행위는 물건을 대상으로 한 행정행위이지만 그 수범자는 물건이 아닌 사람(人)이 된다. 이러한 점을 들어 대물적 행정행위를 독자적인 행정행위의 유형이기보다는 일반처분에 포섭되는 것으로 이해하는 견해도 있다.

Ⅲ. 혼합적 행정행위

혼합적 행정행위는 행위의 상대방의 주관적 사정과 함께 행위의 대상인 물건이나 시설의 객관적 사정에 착안하여 행해지는 행정행위를 말한다(예. 유흥주점 영업허가). 혼합적 행정행위의 이전은 명문의 규정이 있는 경우에 한하여 인정되며 통상 행정청의 승인 또는 허가를 받도록 규정하고 있다.

제5절 | 행정행위의 다양성

Ⅰ. 행정상의 확약

1. 개념

행정청이 국민에 대하여 장차 일정한 행정행위를 하겠다든가 또는 하지 않겠다는 약속의 의사표시이다.

확약은 약속의 대상을 행정행위에 한정하지 않는 확언(Zusage)의 일종이다. 일정한 행정행위의 발급 또는 불발급에 대한 확언만을 확약(Zusicherung)이라 하고, 확언은 그 외에도 예컨대 사실행위(물건의 지급, 지역개발 등), 행정계획의 실시·존속보장, 입법행위 등에 대한 약속도 포함하는 넓은 개념이다.

2. 확약의 법적 성질

확약을 행정행위의 일종으로 보는 견해가 다수설이라고 할 수 있으나, 확약이 종국적 규율로서의 성질을 갖지 않는다는 점에서 독자적인 행위형식으로 보는 견해도 있다.

[판례]

"어업권면허에 선행하는 우선순위결정은 행정청이 우선권자로 결정된 자의 신청이 있으면 어업권면허처분을 하겠다는 것을 약속하는 행위로서 강학상 확약에 불과하고 행정처분은 아니므로, 우선순위결정에 공정력이나 불가쟁력과 같은 효력은 인정되지 아니하며, 따라서 우선순위결정이 잘못되었다는 이유로 종전의 어업권면허처분이 취소되면 행정청은 종전의 우선순위결정을 무시하고 다시 우선순위를 결정한 다음 새로운 우선순위결정에 기하여 새로운 어업권면허를 할 수 있다." (대법원 1995. 1. 20. 선고 94누6529판결)

3. 확약의 허용성과 한계

(1) 허용근거

행정은 원칙적으로 행정행위의 선택의 자유를 가지므로, 명문의 규정이 없는 경우에도 법령이 행정처분을 할 수 있는 권한을 부여하고 있는 경우에 특별한 예외의 경우를 제외하고는 행정처분에 대한 권한에 확약의 권한도 포함하고 있다고 볼 수 있다. 또한 당사자에게는 확약에 의해 행정처분에 대한 법적 불안정이 제거됨으로써 예견가능성이 보장되고, 확약에 근거하여 안정적으로 본래의 행정처분을 얻기 위한 일정한 준비행위를 할 수 있게 된다는 긍정적인 측면이 인정된다.

(2) 허용의 한계

재량행위에 관하여 확약을 할 수 있는 것에 대하여는 이론이 없다. 기속행위인 경우에도 확약을 통하여 법치행정의 원칙이 침해되지 않는 한, 즉 당해 행정행위의 법적 요건의 충족이 보장되는 한 확약에 의해 당사자가 후의 본 처분에 대비할 수 있게 되는 이해관계를 중시하여 그를 인정할 수 있다고 볼 것이다.

4. 확약의 요건

(1) 일반적 요건

정당한 권한을 가진 행정청이 자신의 권한의 범위 안에서, 그 내용은 법령에 위반되어서는 안 된다.

(2) 절차

본 처분을 행하기 위하여 일정한 행정절차가 요구되는 경우에는 확약을 위해서도 그 절차가 이행되어야 한다.

(3) 형식

명문규정이 없는 경우에는 특정한 형식을 요구하지 않는다고 보아야 할 것이다.

5. 확약의 효과

행정청은 상대방에 대하여 확약한 대로의 행정행위를 해야 할 의무를 부담한다. 이러한 구속력은 신뢰보호의 원칙에서 도출될 수 있다.

(1) 구속력의 상실

확약의 기초가 되었던 사실적 상황이나 법적 상황이 변경된 경우에는 확약의 구속력은 상실될 수 있다. 1987년 행정절차법안 제25조 제4항은 "행정청은 불가항력 기타 사유로 확약의 내용을 이행할 수 없을 정도로 사실상태 또는 법률상태가 변경된 경우를 제외하고는 그 확약에 기속된다."라고 규정하고 있었다. 독일행정절차법 제35조 제3항은 "확약의 전제가 되었던 사실 및 법적 상황이 변경되어 행정청이 사후에 발생한 사실을 알았더라면 확약을 하지 않았으리라고 인정될 경우 또는 법적 이유에서 확약을 할 수 없었으리라고 인정될 경우에는 그 행정청은 더 이상 자기가 행한 확약에 구속되지 아니한다."라고 규정하고 있다.

(2) 확약의 취소와 철회

행정청이 자신의 확약에 반해 다른 행정행위를 발한 경우 새로운 행정행위가 사정변경 등으로 정당화 된다면 종전의 확약은 새로운 행정행위에 의하여 효력을 상실하여 철회나 취소된 것으로 보게 된다.

[판례]

> "자동차운송사업양도양수계약에 기한 양도양수인가신청에 대하여 피고 시장이 내인가를 한 후 위 내인가에 기한 본인가신청이 있었으나 자동차운송사업 양도양수인가신청서가 합의에 의한 정당한 신청서라고 할 수 없다는 이유로 위 내인가를 취소한 경우, 위 내인가의 법적 성질이 행정행위의 일종으로 볼 수 있든 아니든 그것이 행정청의 상대방에 대한 의사표시임이 분명하고, 피고가 위 내인가를 취소함으로써 다시 본인가에 대하여 따로 이 인가 여부의 처분을 한다는 사정이 보이지 않는다면 위 내인가취소를 인가신청을 거부하는 처분으로 보아야 할 것이다." (대법원 1991. 6. 28. 선고 90누4402판결)

Ⅱ. 교시

1. 교시의 의의

교시(Auskunft)란 행정청이 사실적 상태 또는 법률적 관계에 대한 정보를 제공하는 통지행위를 말한다. 확약과는 달리 행정청의 자기구속의 의사가 없는 행정상의 사실행위로서 교시에 의해서는 개인의 법적 지위가 영향을 받거나 변화를 일으키지 않는다.

2. 확언과 교시의 구별

확언은 의사표시(Willenserklärung)의 성질, 교시는 지식의 표시(Wissenserklärung)로서의 성질을 가지고 있다. 확언은 구속력이 있는데 비하여, 교시에는 구속력이 없다.

Ⅲ. 사전결정

1. 개념

사전결정(Vorbescheid)이란 건축허가 또는 시설허가와 관련하여 허가를 받기 위하여 갖추어야 할 여러 요건 중 하나 또는 일부에 대하여 우선적으로 내리는 결정을 말한다. 사전결정(예비결정)은 전체로서의 행정행위의 완성도에 있어서 시간적 선후성을 그 특징적 요소로 하고 있는 바, 전체로서의 행정행위의 영역적 내지 범주의 부분성에 기초한 부분허가(부분인허)와 구별된다. 또한 사전결정은 종국적인 결정의 일부요건에 대한 완결적 결정이라는 점에서 종국적인 결정에 대한 약속인 확약과 구별된다. 이러한 사전결정은 별도의 법적 근거가 없어도 최종적인 행정행위에 법적 근거가 있으면 가능하다.

2. 법적성질

사전결정은 확약과는 달리 허가요건의 일부에 대해 미리 결정하는 독립된 행정행위로 확인적 행정행위에 해당하며, 기속행위인 재량행위인지 여부는 최종 행정행위의 효력이 사전결정에 미치는지 여부에 따라 판단한다.

[판례]

"구 「주택건설촉진법」(1999. 2. 8. 법률 제5914호로 삭제) 제33조 제1항의 규정에 의한 주택건설사업계획의 승인은 상대방에게 권리나 이익을 부여하는 효과를 수반하는 이른바 수익적 행정처분으로서 행정처분의 요건에 관하여 일의적으로 규정되어 있지 아니한 이상 행정청의 재량행위에 속하고, 그 전 단계인 같은 법 제32조의4 제1항의 규정에 의한 주택건설사업계획의 사전결정이 있다 하여 달리 볼 것은 아니다." (대법원 1999. 5. 25. 선고 99두1052판결)

3. 법적효과

사전결정은 부분허가와는 달리 어떤 행위를 할 수 있음을 허용하는 것은 아니다. 그리고 종국처분과의 관계에 대해서 사전결정이 있은 후 종국처분이 내려진 경우 사전결정에 대한 소의 이익여부에 대해 사전결정은 종국처분에 흡수되어 소의 이익이 없다는 견해와 사전결정은 종국처분과 독립하여 존재하므로 소의 이익이 긍정된다는 견해가 있다.

[판례]

> "원자로 및 관계 시설의 부지사전승인처분은 그 자체로서 건설부지를 확정하고 사전공사를 허용하는 법률효과를 지닌 독립한 행정처분이기는 하지만, 건설허가 전에 신청자의 편의를 위하여 미리 그 건설허가의 일부 요건을 심사하여 행하는 사전적 부분 건설허가처분의 성격을 갖고 있는 것이어서 나중에 건설허가처분이 있게 되면 그 건설허가처분에 흡수되어 독립된 존재가치를 상실함으로써 그 건설허가처분만이 쟁송의 대상이 되는 것이므로, 부지사전승인처분의 취소를 구하는 소는 소의 이익을 잃게 되고, 따라서 부지사전승인처분의 위법성은 나중에 내려진 건설허가처분의 취소를 구하는 소송에서 이를 다투면 된다." (대법원 1998. 9. 4. 선고 97누19588판결)

IV. 부분허가

1. 개념

사전결정이 개별적 요건에 관한 결정인 것과 달리 부분허가(Teilgenehmigung)는 시설 또는 건물의 일부에 한정되지만 갖춰야 할 요건의 전부에 대한 최종결정을 말한다. 부분허가는 비교적 장기간의 시간을 요하고 영향력이 큰 시설물(예컨대 원자력 발전소, 공항 등) 건설에 있어서 단계적으로 시설의 일부에 대하여 허가를 주는 경우에 활용된다. 사전결정이나 부분허가는 본 처분에 대한 예비적 확정을 의미하는 확약과는 구별된다.

2. 법적성질과 효력

부분허가는 제한된 범위 내에서 어떤 행위를 할 수 있도록 허용하는 내용의 종국적 행정행위로 후속 행정행위에 일정한 구속력을 미친다.

V. 잠정적 행정행위

1. 개념

잠정적 행정행위(vorläufiger Verwaltungsakt) 내지 가행정행위(假行政行爲)란 종국적 행정행위가 있기까지, 즉 행정행위의 법적 효과 내지 구속력이 최종적으로 결정되기까지 잠정적으로 행정행위의 구속력을 가지는 행정의 행위형식을 말한다.

2. 목적 및 특성

잠정적인 결정을 통해 행정상의 법률관계를 조속히 안정화시키는 동시에 당해 법률관계의 내용을 확인할 수 있는 시간상 및 실무상의 필요영역을 확보할 수 있다. 이로 인하여 실질적이고 구체적인 행정검토를 통한 종국결정을 가능하게 함으로써 행정행위의 폐지(철회 내지 취소)를 제약할 수 있게 된다. 더불어 행정상 신뢰보호(Vertrauensschutz)의 원칙으로 인한 취소와 철회의 제한을 배제할 수 있게 하는 행정의 행위형식으로서 행정의 능률화를 제고하는 의미를 가진다.

3. 잠정적 행정행위의 요건

잠정적 행정행위는 '종국적인 결정으로서의 행정행위'의 존재를 전제로 하는 임시적 행정행위라 할 수 있으므로 무엇보다 후속되는 종국결정인 행정행위의 전제를 주된 요건으로 한다. 따라서 특별한 예외가 인정되지 않는 한 원칙적으로 종국결정인 행정행위에 요구되는 형식적·절차적 요건을 갖추어야 한다.

또한 잠정적 행정행위는 원칙적으로 행정행위의 대상이 되는 사안의 긴급성 내지 생존배려적 요청이라는 상황이 전제가 되어야 한다. 그리고 그 존속기간 역시 종국적 행정행위가 발령되기까지의 기간 동안 수명자의 법적 지위가 불안전한 상태이므로 그 존속기간은 필요한 최소한으로 한정되어야 할 것이다.

4. 잠정적 행정행위의 허용성과 한계

(1) 허용성과 법률유보의 필요성 여부

잠정적 행정행위를 통한 법률관계의 조속한 안정과 잠정적 행정행위 없는 종국적인 행정행위의 발령권한이 행정청에게 임의로(재량으로) 맡겨지게 되어 많은 법적 분쟁이 불가피하게 된다. 따라서 원칙적으로 잠정적 행정행위의 허용성 여부에 관해서는 법률상의 근거가 필요하다고 할 것이다.

그러나 잠정적 행정행위의 특성을 그 결정의 "잠정성(Vorläufigkeit)"에서 발견하는 경우에는 법적 문제에 대하여 행정청 스스로가 해결할 수 있는 여지를 가졌다고 할 것이기 때문에 잠정적 행정행위가 반드시 법률의 근거를 요한다고 할 수 없으며 오히려 법률유보의 원칙의 적용은 제한된다고 할 수 있게 된다.

따라서 잠정적 행정행위의 경우에는 기존의 전형적 행정행위에 대해 적용되는 각종의 위법사유에 대한 면밀한 재검토가 필요하다.

(2) 권력분립적 한계

잠정적 행정행위는 행정부에 속하는 행정청의 행정행위이다. 따라서 이를 처분으로 보는 경우 "구체적 사실에 관한 법집행"으로서의 범주 내부에 위치하여야 한다. 따라서 행정청이 자신의 권한 내지 행정부의 범주를 벗어나는 법률의 제정 내지 개정을 전제로 잠정적 행정행위를 발령하는 것은 인정되지 않는다.

[판례]

"구 독점규제 및 공정거래에 관한 법률(2013. 7. 16. 법률 제11937호로 개정되기 전의 것, 이하 '공정거래법'이라고 한다) 제22조의2에서 정한 자진신고자나 조사협조자에 대하여 과징금 부과처분(이하 '선행처분'이라고 한다)을 한 뒤, 공정거래법 시행령 제35조 제3항에 따라 그 자진신고자 등에 대한 사건을 분리하여 자진신고 등을 이유로 다시 과징금 감면처분(이하 '후행처분'이라고 한다)을 하였다면, 그 후행처분은 자진신고 감면까지 포함하여 자진신고자가 실제로 납부하여야 할 최종적인 과징금액을 결정한 종국적 처분이고, 선행처분은 이러한 종국적 처분을 예정한 일종의 잠정적 처분으로서 후행처분에 흡수되어 소멸한다. 따라서 위와 같은 경우에 선행처분의 취소를 구하는 소는 이미 효력을 잃은 처분의 취소를 구하는 것으로서 부적법하다." (대법원 2015. 2. 12. 선고 2013두6169 판결)

제4장 행정행위의 내용

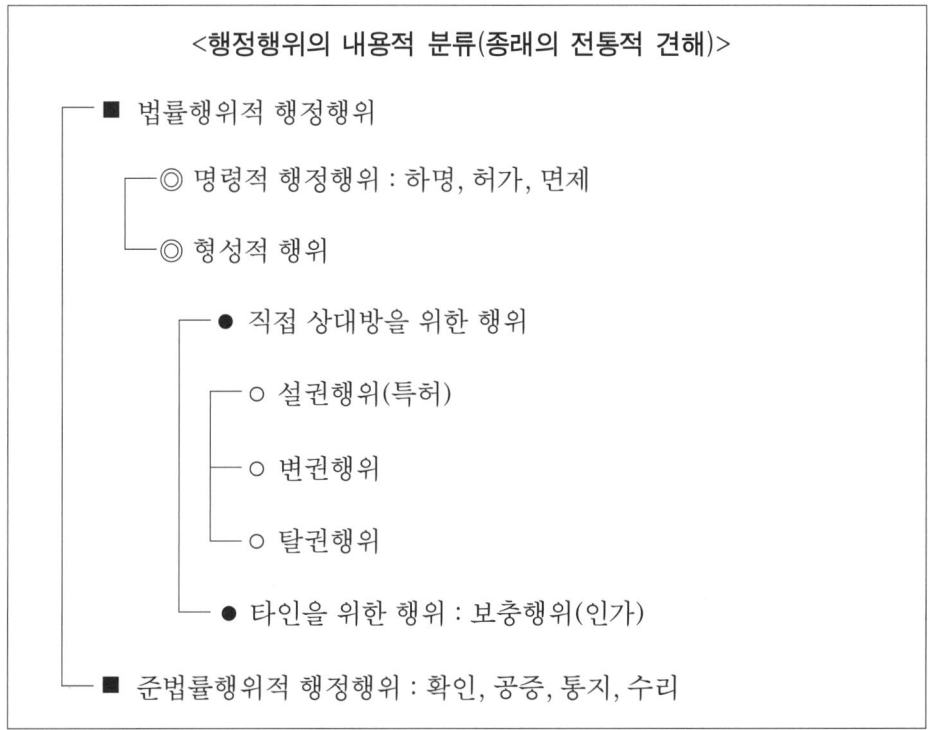

행정행위의 내용이 무엇인가에 따라 명령적 행위와 형성적 행위, 확인적 행위, 그리고 기타의 행위로 구분된다.

제1절 | 명령적 행위

국민에 대하여 일정한 작위·부작위, 급부·수인 등의 의무를 명하거나 혹은 이들 의무를 면제하는 행정행위이다.

Ⅰ. 하명

1. 하명의 개념

국가가 개인에 대하여 작위·부작위, 급부·수인 등의 의무를 명하는 행위이다.

2. 하명의 성질

하명은 부담적 행정행위로서, 법령의 근거가 있어야 하는 기속행위의 성질을 가짐이 보통이다.

3. 하명의 형식

하명은 법령에 의거한 행정행위로써 행하여지는 것이 보통이나, 법령 자체에 의하여 곧 하명의 효과가 발생하는 경우도 있다. 전자를 하명처분, 후자를 법규명령이라고도 하는데, 하명처분만이 행정행위로서의 성질을 가진다. 이는 특별한 규정이 없는 한 불요식행위에 속한다. 그러나 하명은 개인에게 일정한 의무를 과하는 것을 내용으로 하는 것이기 때문에 그 내용의 명확성이 요구되는 결과 법령에 의해 일정한 형식이 요구되는 경우(「국세징수법」 제9조, 「지방세법」 제25조 제1항)가 많다.

4. 하명의 종류

과해지는 의무의 내용에 따라 작위하명·부작위하명·수인하명·급부하명 등으로, 달성하려는 목적에 따라 조직하명·경찰하명·재정하명·군정하명 등으로, 대상에 따라 대인하명·대물하명·혼합하명 등으로 구분할 수 있다.

5. 하명의 대상과 상대방

하명은 주로 사실상의 행위(건물철거 등)에 대해서 행해지나 법률상의 행위(영업행위 등)에 대해서 행해지는 경우도 있다. 또한 하명은 특정인에 대해서 뿐만 아니라 불특정다수인에 대해 행해지는 경우가 있다.

6. 하명의 효과

하명은 상대방에게 일정한 공법상의 의무를 발생시킨다. 작위하명에 의해서는 일정한 행위를 적극적으로 하여야 할 의무, 부작위 하명(금지)에 의해서는 일정한 행위를 하지 않을 의무, 급부하명에 의해서는 금전적 가치 있는 것을 제공할 의무, 수인하명에 의해서는 행정청에 의한 실력행사를 감수하고 이에 저항하지 않을 의무가 발생한다. 대인적 하명의 효과는 상대방에게, 대물적 하명의 효과는 대상이 된 물건의 이전과 함께 양수인에게 승계됨이 보통이다.

7. 하명위반의 효과

행정상의 강제집행, 행정상의 제재를 할 수 있다. 하지만 하명위반의 법률행위의 효력 자체는 부인되지 않음이 보통이다.

8. 위법한 하명에 대한 구제

위법한 하명에 의하여 법률상 이익을 침해당한 자는 행정쟁송에 의하여 그 취소·변경을 구할 수 있으며, 그로 인한 손해에 대해서는 국가배상을 청구할 수 있다.

Ⅱ. 허가

1. 허가의 개념

허가는 법령에 의한 일반적 상대적 금지를 특정한 경우에 해제하여 적법하게 행위를 할 수 있게 하는 행정행위를 말한다. 이는 원칙적으로 기본권적 자유에 속하는 행위를 위험방지 등 공익적 사유로 예방적으로 금지하였다가 법적 제한(요건충족) 하에 해제하는 것으로서, '예방적 금지의 해제'를 의미한다. 예로 영업허가, 건축허가 등을 들 수 있다. 일반적·상대적 금지의 취지는 입법자가 일정한 행위(예컨대, 건축행위)를 금하는 것은 그것이 일반적으로 금지되어야 하기 때문이 아니라 개개의 구체적인 경우에 있어 사전에 관계법규정(건축법 등)의 위반여부가 허가관청에 의해 심사되어야 할 필요가 있기 때문이다. 그 심사결과가 긍정적으로 나오면 그 허가신청은 적법한 것이 되며, 허가 관청은 (건축)허가를 내주지 않으면 안 된다. 건축주는 타인의 권리를 침해하지 않는 한 자기의 토지 위에 자유로이 건축할 자유가 있지만, 질서유지 또는 공공복리를 이유로 일반적 제한을 받을 수 있다. 그러나 이러한 건축의 자유에 대한 제한은 절대적 금지가 아니라 상대적 금지, 즉 허가유보부 금지(Verbot mit Erlaubnisvorbehalt)인 것이며, 허가관청은 건축주가 법이 정한 허가 요건을 충족할 경우 건축의 자유를 회복시켜야만 한다.

2. 허가의 성질

(1) 명령적 행위인가 형성적 행위인가

종래 허가는 상대방에게 금지를 해제하여 자연적 자유를 회복시켜주는 행위이므로 명령적 행위에 속하며, 이 점에서 형성적 행위인 특허, 인가와 구별된다고 하는 것이 통설이었다. 그러나 근래에 허가는 단순한 자연적 자유의 회복에 그치는 것이 아니라 제한을 해제하여 적법한 권리행사를 가능하게 하여주는 행위이므로 형성적(설권적) 행위의 성질을 가지며, 이러한 점에서 허가와 특허의 구분은 상대화 되어가고 있다.

(2) 기속행위인가 재량행위인가

허가는 특별히 권리를 설정해주는 행위가 아니라 공익을 위해 제한되었던 자유를 회복시켜주는 것이다. 원칙적으로 허가관청은 허가요건이 충족되는 한 반드시 허가를 내주어야 할 기속을 받는다.

[판례]

① "「식품위생법」상 대중음식점영업허가는 성질상 일반적 금지에 대한 해제에 불과하므로 허가권자는 허가신청이 법에서 정한 요건을 구비한 뒤에는 허가하여야 하고 관계법규에서 정하는 제한사유 이외의 사유를 들어 허가신청을 거부할 수 없다." (대법원 1993. 5. 27. 선고 93누2216판결)

② "「국토의 계획 및 이용에 관한 법률」에 의하여 지정된 도시지역 안에서 토지의 형질변경행위를 수반하는 건축허가의 경우 같은 법 제56조 제1항 제2호의 규정에 비추어 그 금지요건이 불확정개념으로 규정되어 있어 그 금지요건에 해당하는지 여부를 판단함에 있어서 행정청에게 재량권이 부여되어 있다고 할 것이므로, 같은 법에 의하여 지정된 도시지역 안에서 토지의 형질변경행위를 수반하는 건축허가는 결국 재량행위에 속한다." (대법원 2005. 7. 14. 선고 2004두6181판결)

③ "건축허가권자는 건축허가신청이 건축법 등 관계 법규에서 정하는 어떠한 제한에 배치되지 않는 이상 당연히 같은 법조에서 정하는 건축허가를 하여야 하고, 중대한 공익상의 필요가 없음에도 불구하고, 요건을 갖춘 자에 대한 허가를 관계 법령에서 정하는 제한사유 이외의 사유를 들어 거부할 수는 없다." (대법원 2006. 11. 9. 선고 2006두1227판결, 동지판례 : 대법원 2009. 9. 24. 선고 2009두8946판결)

3. 허가의 종류

허가에는 능력, 지식 등 주관적 요소를 심사대상으로 하는 대인적 허가(예 : 운전면허)와 물건 등 객관적 사정을 대상으로 하는 대물적 허가(예 : 건축허가), 물적 요소와 인적요소가 결합된 상태를 대상으로 하는 혼합적 허가(예 : 전당포영업허가)가 있다.

4. 허가의 요건

(1) 허가와 출원

상대방의 출원이 허가의 필요요건인지에 대해 학설의 대립이 있다.

1) 긍정설

출원이 허가의 필요요건이므로 출원 없는 허가는 무효이며, 또한 수정허가도 인정되지 않는다.

2) 부정설

특별한 규정이 없는 한 출원이 허가의 필요요건은 아니며, 따라서 출원 없는 허가나 출원과 다른 내용의 허가도 당연 무효가 되는 것은 아니다.

3) 소결

허가는 자유권의 회복을 의미하므로 원칙적으로 허가의 출원 없는 허가도 불법적인 것으로 확정할 수는 없을 것이다. 그러나 허가출원이 없는 허가나 수정허가는 그의 효력이 일정기간 법적 부동상태에 있다가 상대방의 동의가 있음으로써 그 효력이 완성된다고 할 수 있다.

(2) 허가의 형식

처분의 형식으로 원칙적으로 불요식행위이다. 다만 법령은 허가의 유무 및 내용을 객관적으로 명백히 하기 위하여 면허증, 면허감찰 등의 교부, 일정한 공부에의 등록 등의 형식을 취하도록 하고 있는 경우도 있다.

5. 허가의 효과

(1) 금지의 해제

허가는 자유권의 행사에 대해 일반적·형식적 금지(예방적 금지)를 법적으로 설정해두고 자유권의 실행을 통해 유발될 수 있는 위험요소의 제거(허가요건의 충족)를 확인하여 그 금지를 해제하는 명령적 행위이다. 따라서 허가는 일반적 자유권의 회복일 뿐, 배타적, 독점적 권리 또는 능력을 설정하는 것이 아니다.

(2) 지역적 효과

당해 허가행정청의 관할 구역 내에서만 효과를 발생한다. 그러나 법률의 규정이 있거나 허가의 성질상 관할 구역에 국한시킬 것이 아닌 경우(예 : 운전면허)에는 관할구역 외에까지 그 효과가 미치게 된다.

(3) 허가효과의 승계

대인적 허가(예: 운전면허)의 승계는 불가능하다. 대물적 허가는 그의 승계가 가능한 것이 일반적이다. 혼합허가의 경우는 인적 요소의 변경에 관해서는 새로운 허가를 요하고 물적 요소의 변경에 관해서는 신고를 요하는 등 제한이 따르는 것이 일반적이다.

[판례]

> "「석유사업법」 제12조 제3항, 제9조 제1항, 제12조 제4항 등을 종합하면 석유판매업(주유소)허가는 소위 대물적 허가의 성질을 갖는 것이어서 그 사업의 양도도 가능하고 이 경우 양수인은 양도인의 지위를 승계하게 됨에 따라 양도인의 위 허가에 따른 권리의무가 양수인에게 이전되는 것이므로 만약 양도인에게 그 허가를 취소할 위법사유가 있다면 허가관청은 이를 이유로 양수인에게 응분의 제재조치를 취할 수 있다 할 것이고, 양수인이 그 양수 후 허가관청으로부터 석유판매업허가를 다시 받았다 하더라도 이는 석유판매업의 양수를 전제로 한 것이어서 이로써 양도인의 지위승계가 부정되는 것은 아니므로 양도인의 귀책사유는 양수인에게 그 효력이 미친다." (대법원 1986. 7. 22. 선고 86누203판결)

(4) 무허가 행위의 효과

허가를 받아 행하여야 할 행위를 허가 없이 행한 경우 행정상의 강제집행이나 행정벌의 대상은 되지만, 행위자체의 법률적 효력은 부인되지 않는 것이 일반적이다. 이는 허가대상 행위가 본질적으로 자유권의 범주에 속하는 것이라는 점에 기초하기 때문이다.

6. 허가신청 후 처분전의 법령개정과 허가기준

허가신청 후 처분 전에 법령이 개정된 경우 허가여부의 결정을 신청시의 법령을 기준으로 할 것인지 아니면 처분시의 법령을 기준으로 할 것인지 문제되는데, 이에 대해서는 이는 부진정 소급효의 문제로 법률적합성이 우선시된다고 보아 처분시의 법령에 의해야 한다는 견해, 비교형량을 통해 결정해야 한다는 견해가 대립한다. 판례는 원칙적으로 처분시의 법령 및 허가기준에 의해야 한다는 입장이다.

[판례]

"행정행위는 처분 당시에 시행 중인 법령 및 허가기준에 의하여 하는 것이 원칙이고, 인, 허가신청 후 처분 전에 관계 법령이 개정 시행된 경우 신법령 부칙에서 신법령 시행 전에 이미 허가신청이 있는 때에는 종전의 규정에 의한다는 취지의 경과규정을 두지 아니한 이상 당연히 허가신청 당시의 법령에 의하여 허가 여부를 판단하여야 하는 것은 아니며, 소관 행정청이 허가신청을 수리하고도 정당한 이유 없이 처리를 늦추어 그 사이에 법령 및 허가기준이 변경된 것이 아닌 한 새로운 법령 및 허가기준에 따라서 한 불허가처분이 위법하다고 할 수 없다." (대법원 1992. 12. 8. 선고 92누13812판결)

7. 예외적 승인

예외적 승인이란 사회적으로 바람직하지 않은 일정 행위를 법령상 원칙적으로 금지하고 예외적인 경우에 이러한 금지를 해제하여 당해 행위를 적법하게 할 수 있게 해주는 행위를 말한다. 따라서 본래 자유로운 행위를 잠정적으로 금지하고 법령상의 요건을 갖춘 경우에 그 금지를 해제하는 허가와는 다르다. 예외적 승인은 원칙적으로 재량행위이며, 법적 또는 사회적으로 금지대상에 해당하는 행위를 공익상의 목적 등으로 예외적으로 적법하게 하는 것으로서 복권·복표업(로또)에 대한 허가나 경마·경륜·경정·카지노 등의 영업에 대한 허가가 이에 해당한다. 따라서 예외적 승인의 확대는 헌법과 법치국가적 요청에 대한 침해가 될 수 있는 만큼, 엄격한 사회적 합의와 공익적 기여가 확인되는 범주로 한정되어야 한다.

[판례]

"구 도시계획법 제21조와 같은법 시행령 제20조 및 같은법 시행규칙 제7조, 제8조 등의 규정을 종합해 보면, 개발제한구역 내에서는 구역지정의 목적상 건축물의 건축 및 공작물의 설치 등 개발행위가 원칙적으로 금지되고, 다만 구체적인 경우에 이러한 구역지정의 목적에 위배되지 아니할 경우 예외적으로 허가에 의하여 그러한 행위를 할 수 있게 되어 있음이 그 규정의 체제와 문언상 분명하고, 이러한 예외적인 개발행위의 허가는 상대방에게 수익적인 것이 틀림이 없으므로 그 법률적 성질은 재량행위 내지 자유재량행위에 속하는 것이고, 이러한 재량행위에 있어서는 관계 법령에 명시적인 금지규정이 없는 한 행정목적을 달성하기 위하여 조건이나 기한, 부담 등의 부관을 붙일 수 있고, 그 부관의 내용이 이행 가능하고 비례의 원칙 및 평등의 원칙에 적합하며 행정처분의 본질적 효력을 저해하지 아니하는 이상 위법하다고 할 수 없다." (대법원 2004. 3. 25. 선고 2003두12837 판결)

[판례]

"학교보건법 제6조 제1항 단서의 규정에 의하여 시·도교육위원회교육감 또는 교육감이 지정하는 자가 학교환경위생정화구역 안에서의 금지행위 및 시설의 해제신청에 대하여 그 행위 및 시설이 학습과 학교보건에 나쁜 영향을 주지 않는 것인지의 여부를 결정하여 그 금지행위 및 시설을 해제하거나 계속하여 금지(해제거부)하는 조치는 시·도교육위원회교육감 또는 교육감이 지정하는 자의 재량행위에 속하는 것으로서, 그것이 재량권을 일탈·남용하여 위법하다고 하기 위하여는 그 행위 및 시설의 종류나 규모, 학교에서의 거리와 위치는 물론이고, 학교의 종류와 학생수, 학교주변의 환경, 그리고 위 행위 및 시설이 주변의 다른 행위나 시설 등과 합하여 학습과 학교보건위생 등에 미칠 영향 등의 사정과 그 행위나 시설이 금지됨으로 인하여 상대방이 입게 될 재산권 침해를 비롯한 불이익 등의 사정 등 여러 가지 사항들을 합리적으로 비교·교량하여 신중하게 판단하여야 한다." (대법원 1996. 10. 29. 선고 96누8253 판결)

Ⅲ. 면제

특정한 경우에 한하여 작위·급부 등의 의무를 해제해 주는 행위이다. 면제는 의무해제라는 점에서 면제는 허가와 같으나, 허가의 경우 부작위(금지)의무의 해제인데 반하여 면제는 작위의무의 해제라는 점에서 다르다. 면제는 허가와 성질이 같은 행위이므로, 허가에 대한 설명은 면제에도 거의 그대로 적용될 수 있다.

제2절 | 형성적 행위

형성적 행위란 국민에 대하여 새로운 권리나 능력 등의 법적 지위를 설정·변경·박탈하는 행위를 말한다. 직접 상대방을 위해 권리 등을 설정하며(설권행위 또는 특허) 또는 변경·박탈하는 행위이다. 또한 타인의 법률행위의 효력을 완성시켜주는 행위(보충행위 또는 인가)이다. 제3자를 대신하여 일정한 행위를 하고 그 효과를 그에게 귀속시키는 행위(대리) 등이 이에 해당한다.

Ⅰ. 특허

1. 특허의 개념

특허란 특정인을 위해 새로운 법률상의 힘을 부여하는 것이다. 권리(공물사용권과 같은 공권, 혹은 광업권과 같은 사권), 권리능력(법인의 설립), 포괄적 법률관계(귀화의 허가)를 설정하는 행위이다. 특허는 자연계의 일반질서나 사물의 속성 등 일반적인 상태의 변경을 내용으로 하는 것을 특징으로 하는 바, 온천개발허가, 공공관리수면의 매립허가, 광물채굴허가, 도로점용허가 등이 이에 해당한다.

2. 특허의 성질

형성적·수익적 행정행위이다. 특허를 할 것인지의 여부는 행정청의 재량에 맡겨짐이 보통이다. 다만 법률이 일정한 요건을 갖춘 경우에 특허를 하도록 규정하고 있는 경우에는 기속행위에 속함은 물론이다.

[판례]

① "여객자동차운수사업법에 따른 개인택시운송사업 면허는 특정인에게 권리나 이익을 부여하는 재량행위이다" (대법원 2002. 1. 22. 선고 2001두8414판결)

② "귀화허가의 근거 규정의 형식과 문언, 귀화허가의 내용과 특성 등을 고려하여 보면, 법무부장관은 귀화신청인이 법률이 정하는 귀화요건을 갖추었다고 하더라도 귀화를 허가할 것인지 여부에 관하여 재량권을 가진다." (대법원 2010. 7. 15. 선고 2009두19069판결)

3. 특허와 출원

상대방의 출원을 필요요건으로 한다는 것이 다수설의 입장이다. 다만 공법인의 설립의 경우와 같이 성질상 상대방의 출원을 기다릴 여지가 없는 경우에는 출원을 필요로 하지 않는다는 견해가 있으나, 공법인의 설립은 법률에 의한 특허(법규특허)로서 행정행위로서의 특허와 구별되어야 할 것이다.

4. 특허의 형식

처분의 형식으로 행하여지는 것이 원칙이다. 법령에 의하여 행해지는 경우(법규특허)는 행정행위의 일종으로서의 특허는 아니므로 여기서 제외된다.

5. 특허의 효과

제3자에게 대항할 수 있는 새로운 법률상의 힘을 부여한다. 특허에 의해 설정되는 권리는 공권이 대부분이지만, 사권인 경우(광업권, 어업권)도 있다. 특허에 대해서는 행정청에게 재량권이 인정됨이 보통이며, 특허를 요하는 행위를 특허

없이 행한 경우는 무효가 된다는 점에서 허가와 구별된다. 특허의 효과는 일신전속적이므로 타인에게 이전할 수 없으나, 대물적 특허의 효과는 특허의 전제가 된 물건이나 권리와 함께 이전이 허용되는 것이 보통이다.

[판례]

"「공유수면매립법」제20조 제1항 및 같은 법 시행령 제29조 제1항 등 관계법령의 규정내용과 공유수면매립의 성질 등에 비추어 볼 때, 공유수면매립의 면허로 인한 권리의무의 양도·양수에 있어서의 면허관청의 인가는 효력요건으로서, 위 각 규정은 강행규정이라고 할 것인 바, 위 면허의 공동명의자 사이의 면허로 인한 권리의무양도약정은 면허관청의 인가를 받지 않은 이상 법률상 아무런 효력도 발생할 수 없다." (대법원 1991. 6. 25. 선고 90누5184판결)

6. 허가와의 구별

특허는 상대방에게 법률상의 힘으로 설정하여 주는 형성적 행위인 점에서, 자연적 자유를 회복시켜주는 행위인 허가와 기본적으로 구별된다. 그 밖에 특허는 상대방의 출원을 필요조건으로 하는 점, 특허는 특정인에 대해서만 부여되는 점, 허가의 효과는 언제나 공법적인 것에 반하여 특허의 효과는 공법적인 것과 사법적인 것이 있는 점 등에서 허가와 구별된다.

Ⅱ. 인가

1. 개념

인가(Genehmigung)란 행정청이 타자의 법률행위를 동의로서 보충하여 그 행위의 효력을 완성시켜주는 행정행위를 말한다. 예컨대, 여객자동차운송사업의 인가(「여객자동차 운수사업법」제4조), 공공조합의 설립인가, 사립대학의 설립인가(「고등교육법」제4조 제2항), 학교법인임원에 대한 감독청의 취임승인처분(「사립학교법」제20조의2 제1항) 등이 있다.

[판례]

"공익법인의 기본재산의 처분에 관한 공익법인의 설립·운영에 관한 법률 제11조 제3항의 규정은 강행규정으로서 이에 위반하여 주무관청의 허가를 받지 않고 기본재산을 처분하는 것은 무효라 할 것인데, 위 처분허가에 부관을 붙인 경우 그 처분허가의 법률적 성질이 형성적 행정행위로서의 인가에 해당한다고 하여 조건으로서의 부관의 부과가 허용되지 아니한다고 볼 수는 없다" (대법원 2005. 9. 28. 선고 2004다50044판결)

2. 인가의 대상

인가의 대상이 되는 제3자의 행위는 반드시 법률행위이어야 한다. 법률행위라면 공법상의 행위인지 사법상의 행위인지 여부를 가리지 않는다.

3. 인가와 출원

당사자의 신청에 대해 행정청은 인가신청에 대하여 소극적으로 인가를 할 것인지의 여부에 관하여만 결정할 수 있으며, 적극적으로 출원의 내용과 다른 인가(수정인가)를 행하지 못한다.

4. 인가의 형식

구체적인 처분의 형식으로 행해지며 법령이 직접 인가를 발할 수 없다. 인가는 일반적으로 서면에 의해 행해지지만 반드시 문서의 형식에 의해야만 하는 것은 아니다.

5. 인가의 효과

제3자의 법률적 행위의 효과가 완성된다. 인가의 효과는 당해 법률행위에 대한 관계에 한하여 발생하며, 타인에게 이전되지 아니하는 것이 원칙이다.

6. 무인가행위의 효과

요인가행위를 인가받지 않고 한 행위는 무효이나, 강제집행 또는 처벌의 문제를 일으키지 않는 것이 보통이다.

7. 인가의 기본행위

인가의 대상이 되는 기본행위가 불성립 또는 무효인 경우에는 인가가 있더라도 유효로 되지 않으며, 인가의 대상이 된 기본행위에 취소원인이 있는 경우에는 인가가 있은 후에도 이 기본행위를 취소할 수 있다. 유효한 기본행위를 대상으로 유효하게 성립된 인가라 할지라도 후에 그 기본행위가 취소되거나 실효되게 되면 인가는 그 존립의 바탕을 잃게 되어 실효한다.

인가는 기본행위의 효력을 완성시켜주는 보충행위이므로 기본행위에 하자가 있는 경우에는 그 기본행위의 하자를 다투어야 하며 기본행위의 하자를 이유로 인가처분의 취소 또는 무효확인을 구할 수 없다.

[판례]

가. 「도시재개발법」제41조에 의한 행정청의 인가는 주택개량재개발조합의 관리처분계획에 대한 법률상의 효력을 완성시키는 보충행위로서 그 기본이 되는 관리처분계획에 하자가 있을 때에는 그에 대한 인가가 있었다 하여도 기본행위인 관리처분계획이 유효한 것으로 될 수 없다.
나. 기본행위인 관리처분계획이 적법유효하고 보충행위인 인가처분 자체에만 하자가 있다면 그 인가처분의 무효나 취소를 주장할 수 있지만, 인가처분에 하자가 없다면 기본행위에 하자가 있다 하더라도 따로 그 기본행위의 하자를 다투는 것은 별론으로 하고 기본행위의 무효를 내세워 바로 그에 대한 행정청의 인가처분의 취소 또는 무효확인을 소구할 법률상의 이익이 있다고 할 수 없다." (대법원 1994. 10. 14. 선고 93누22753판결)

[판례]

"조합이 사업시행계획을 재건축결의에서 결정된 내용과 달리 작성한 경우 이러한 하자는 기본행위인 사업시행계획 작성행위의 하자이고, 이에 대한 보충행위인 행정청의 인가처분이 그 근거 조항인 위 법 제28조의 적법요건을 갖추고 있는 이상은 그 인가처분 자체에 하자가 있는 것이라 할 수 없다." (대법원 2008. 1. 10. 선고 2007두16691판결)

8. 허가와의 구별

첫째, 인가는 상대방의 법률적 행위를 보충하여 그 법률적 효과를 완성시켜주는 행위로서 형성적 행위의 일종인데 대하여, 허가는 상대방에게 자연적 자유를 회복시켜주는 행위로서 명령적 행위의 일종이다.

둘째, 인가는 법률행위만을 대상으로 하는데 대하여, 허가의 대상은 사실행위와 법률행위가 포함된다.

셋째, 요인가행위를 인가 없이 행한 때에는 원칙적으로 무효이지만 강제집행이나 처벌의 대상은 되지 않는 것이 보통인데 대하여, 요허가행위를 허가 없이 행한 때에는 강제집행 또는 처벌의 대상은 되지만 그 행위 자체의 효력은 부인되지 않는 것이 보통이다.

Ⅲ. 대리

제3자가 해야 할 일을 행정청이 대신하여 행함으로서 제3자가 행한 것과 같은 법적 효과를 일으키는 행정행위이다. 감독적 견지에서 행해지는 노동조합 등에 관한 정관작성, 국세의 강제징수를 위한 압류재산의 공매처분, 그리고 당사자 간의 협의가 이루어지지 않는 경우의 재정 등을 예로 들 수 있다.

Ⅳ. 신고

신고는 행정청에 대해 일정한 사항을 통지하는 행위로, 당해 통지가 의무로 되어 있는 경우를 의미한다. 이때 법령상 행정청에게 수리의 의무가 있을 경우 신고라는 타인의 행위를 유효한 것으로 받아들이는 것을 수리라고 한다. '수리를 요하는 신고'에서 수리는 독립적인 행정행위라고 볼 수 있으므로, 수리의 거부는 행정쟁송의 대상이 될 수 있다. 일반적인 신고는 '자기완결적 신고'로서 수리를 요하지 않으며 신고 자체로서 효력을 발생하는 자기완결적인 일방적 단독행위라는 특징을 갖는다.

제3절 | 확인적 행위

상대방의 권리나 법적 중요성을 띤 속성의 유무나 적부를 판단하여 확인하는 행위이다. 예를 들면 공직선거의 당선인결정, 국가시험합격자결정, 여권발급, 도로구역설정, 발명특허(특허권·실용신안권·상표권·의장권 등의 산업재산권인정), 교과서 검인정, 금전지급청구권확인, 소득금액결정, 행정심판재결 등이 있다.

확인적 행위는 기존의 권리나 사실의 존재나 적부를 확인하는데 그치는 것이지만 이를 구속적으로 확인한다는 점에서는 법적 규율로서의 성질을 가지며, 따라서 행정행위이다.

제4절 | 기타의 행정행위유형

I. 공증

1. 개념

각종 등기, 등록, 증명서의 발급 등 특정한 사실 또는 법률관계의 존재를 공적으로 증명하는 행위를 말한다. 공증행위는 효과의사나 어떠한 사항에 대한 확정적 판단의 표시가 아니라, 단지 일정한 사실이나 법률관계에 관한 인식의 표시일 뿐이다.

2. 형식

원칙적으로 문서에 의해야 할 뿐만 아니라 보통 일정한 형식이 요구된다.

3. 효과

공증된 사항에 대해 공적 증거력을 부여한다. 그러나 반증이 있게 되면 누구든지 공증의 취소를 기다림 없이 그것을 전복시킬 수 있기 때문에(공정력의 부인), 그의 행정행위성에 대해 의문이 제기될 수 있다.

4. 처분성

공증의 처분성 여부에 대해 공증은 준법률적 행정행위이므로 처분성이 인정된다는 견해와 공증은 반증으로 번복될 수 있어 공정력이 없으므로 처분성이 인정되지 않는다는 견해가 있다. 판례는 공증을 통하여 개인의 실체적 권리관계에 영향을 주는 경우에는 처분성을 인정하고 그렇지 않은 경우에는 처분성을 부정하는 입장을 취하고 있다.

[판례]

〈원칙〉 "멸실된 지적공부를 복구하거나 지적공부에 기재된 일정한 사항을 변경하는 행위는 행정사무집행의 편의와 사실증명의 자료로 삼기 위한 것으로 이로 인하여 당해 토지에 대한 실체상의 권리관계에 어떤 변동을 가져오는 것이 아니고, 특단의 사정이 없는 한 토지의 소재, 지번, 지목 및 경계가 지적공부의 기재에 의하여 확정된다 하여 토지 소유권의 범위가 지적공부의 기재 만에 의하여 증명되는 것도 아니므로, 소관청이 지적공부의 복구신청을 거부하거나 그 등재사항에 대한 변경신청을 거부한 것을 가리켜 항고소송의 대상이 되는 행정처분이라고 할 수 없다." (대법원 1991. 12. 24. 선고 91누8357판결, 동지판례 : 대법원 1991. 10. 22. 선고 90누9896판결 등)

〈예외〉 "토지소유자가 「지적법」 제17조 제1항, 같은 법 시행규칙 제20조 제1항 제1호의 규정에 의하여 1필지의 일부가 소유자가 다르게 되었음을 이유로 토지분할을 신청하는 경우, 1필지의 토지를 수필로 분할하여 등기하려면 반드시 같은 법이 정하는 바에 따라 분할절차를 밟아 지적공부에 각 필지마다 등록되어야 하고 이러한 절차를 거치지 아니하는 한 1개의 토지로서 등기의 목적이 될 수 없기 때문에 만약 이러한 토지분할신청을 거부한다면 토지소유자는 자기소유 부분을 등기부에 표창할 수 없고 처분도 할 수 없게 된다는 점을 고려할 때, 지적 소관청의 위와 같은 토지분할신청에 대한 거부행위는 국민의 권리관계에 영향을 미친다고 할 것이므로 항고소송의 대상이 되는 처분으로 보아야 한다." (대법원 1993. 3. 23. 선고 91누8968판결)

Ⅱ. 통지

특정인 또는 불특정 다수인에 대해 특정한 사항을 알리는 행위이다. 예로 토지수용에 있어서의 사업인정의 고시를 들 수 있다. 이미 성립한 행정행위의 효력발생요건으로서의 통지 또는 고지는 그 자체로서 독립한 행정행위가 아닌 점에서 여기서 말하는 통지와는 구별된다.

Ⅲ. 수리

개인의 행정청에 대한 행위를 유효한 행위로서 수령하는 행위이다. 예로 사직원의 수리를 들 수 있다. 수리는 행정청이 개인의 행위를 유효한 것으로서 수령하는 인식표시행위인 점에서 단순한 도달이나 접수와 다르다. 일반적으로 수리에는 행정청의 포괄적인 판단작용이 포함되는 것으로 이해되고 있다. 수리의 효과는 법령이 정한 바에 따라 다른데, 수리에 의해 사법상의 효과가 발생(예: 혼인신고의 수리)하기도 하며, 행정청에게 결정, 재정 등을 행할 의무를 발생(이의신청, 행정심판 등의 수리)시키기도 한다.

특히 신고에 대한 수리, 즉 '수리를 요하는 신고'에 대한 수리의 경우 수리에 관한 행정청의 권한은 기속행위나 재량행위에 관한 권한보다 포괄적인 것이라 할 수 있다. 따라서 소위 규제개혁 등의 정책에 따라 이루어지는 인·허가(특허, 허가, 인가의 통칭)제의 신고제로의 전환은 경우에 따라서는 규제완화가 아닌 규제강화의 결과를 초래할 수도 있다.

제5장 행정행위의 부관

제1절 | 개설

Ⅰ. 행정행위의 부관의 개념

행정행위의 효과를 제한 또는 보충하기 위한 부가적 규율을 말한다. 이러한 행정행위의 부관은 행정청 스스로의 의사로 붙이는 것을 의미한다는 점에서 직접 법규의 규정에 의해 행정행위의 효과를 제한·보충하는 법정부관과 구별된다.

행정행위의 부관은 건축허가나 영업허가를 발급하면서 허가관청이 일정한 조건이나 의무를 부가하는 경우를 예로 들 수 있다.

[판례]

> "고시에 정한 허가기준에 따라 보존음료수 제조업의 허가에 붙여진 전량수출 또는 주한외국인에 대한 판매에 한한다는 내용의 조건은 이른바 법정부관으로서 행정청의 의사에 기하여 붙여지는 본래의 의미에서의 행정행위의 부관은 아니므로, 이와 같은 법정부관에 대하여는 행정행위에 부관을 붙일 수 있는 한계에 관한 일반적인 원칙이 적용되지는 않는다." (대법원 1994. 3. 8. 선고 92누1728 판결)

다수설은 행정행위의 부관을 "행정작용의 효과를 제한하기 위하여 주된 의사표시에 부가된 종된 의사표시"라고 정의한다. 다수설이 의사표시라는 계기를 부관의 개념규정 차원에서 중시하고 있는 이유는 법률행위적 행정행위와 준법률행위적 행정행위를 구별하고 후자에는 부관을 붙일 수 없다는 입장을 취하고 있다는 데서 찾을 수 있다. 그러나 이에 대해 공증에 해당하는 여권의 발급의 경우와 같이 준법률행위적 행정행위에 대해서도 부관을 붙일 수 있는 경우에, 부관은 행정행위의 '주된 규율'에 부과된 '부대적 규율'로서 이해함이 마땅하다는 비판이 가해지고 있다. 행정행위가 포함하고 있는 규율은 부가적 규율, 곧 부관에 의해 보충되거나 제한될 수 있다.

II. 행정행위의 부관의 기능

영업허가나 건축허가의 발급과 관련하여 중요한 역할을 수행한다. 부관은 허가를 아무런 제한 없이 발급하는 데 지장을 주는 법적·사실적 장애를 제거하기 위한 목적으로 이용되고 있다. 즉 행정청이 완전한 허가를 주기에는 다소 문제가 있는 경우에도 허가신청을 단순히 거부할 것이 아니라, 일정한 의무이행을 조건으로 하여 허가를 발급하는 것이 더욱 법 목적에 합당한 결과가 될 수 있기 때문이다. 이를 통해 탄력성 있는 행정이 가능하고 국민의 이해관계에 부응할 수 있다.

제2절 | 부관의 종류

부관에는 조건, 기한, 철회권의 유보, 부담 및 사후부담의 유보(행정행위의 사후변경의 유보, 부담유보)가 있다.

I. 조건

조건이란 행정행위의 효과발생 또는 소멸을 장래의 불확실한 사실에 의존시키는 것을 말한다. 효력의 발생여부에 관한 조건인 정지조건과 효력의 소멸에 관한 조건인 해제조건이 있다. 조건에 있어서 장래발생사실의 불확실성은 그 사실의 발생 시기 뿐만 아니라 발생여부에 관해서도 존재할 수 있다.

Ⅱ. 기한

행정행위의 규율을 일정한 시점에 발생 또는 종료시키거나 그 규율을 일정한 기간에 국한하는 경우이다. 예컨대 몇 년 몇 일부터 허가한다거나 몇 년 몇 일까지, 또는 몇 년 몇 일부터 몇 년 몇 일까지 허가하는 경우를 말한다.

Ⅲ. 철회권의 유보

철회권의 유보는 행정청이 일정한 경우에 행정행위를 철회하여 그 효력을 소멸시킬 수 있는 권한을 유보하는 부관을 의미한다. 철회권의 유보는 수명자에게 사후적인 철회가능성을 예고하며 이로써 보호가치 있는 신뢰의 발생을 차단하는 효과가 있다.

[판례]

"행정청이 종교단체에 대하여 기본재산전환인가를 함에 있어 인가조건을 부가하고 그 불이행시 인가를 취소할 수 있도록 한 경우, 인가조건의 의미는 철회권을 유보한 것이다" (대법원 2003. 5. 30. 선고 2003다6422판결)

Ⅳ. 부담

부담이란 수익적 행정행위에 작위·부작위, 수인 등의 의무를 결부시키는 부관을 말한다. 영업허가를 부여하면서 일정한 시설의무를 부과하거나 요식업 허가시 각종의 행위제한을 가하는 형태로 행해지는 것이 보통이다. 부담은 조건이나 기한과는 달리 행정행위의 일부분이 아니라 추가적으로 부과된 의무부담이므로 독립된 행정행위이다.

<부담과 정지조건 구별의 예>

갑은 「식품위생법」 제23조 제1항에 의하여 영업허가를 신청하였다.
이에 대하여 다음과 같은 조건이 붙은 허가를 받았다. "갑은 이웃에 대한 소음 공해를 방지하기 위하여 소음방지시설을 설치하여야 한다."

① 정지조건부 행정행위는 일정한 사실의 성취가 있어야 비로소 효력이 발생하게 되는 데 대하여 부담부 행정행위는 처음부터 효력을 발생한다.
② 부담은 그 자체가 행정행위의 성질을 가짐으로서 독립하여 강제집행 및 행정소송의 대상이 될 수 있다.

- 정지조건으로 볼 경우 갑은 그 시설의 설치 시 까지 적법하게 영업을 할 수 없다.
- 부담으로 볼 경우 갑은 처음부터 영업을 적법하게 할 수 있게 된다.

[판례]

"행정청이 건축변경허가시 '대지내 침범된 인근 건축물의 담장 부분을 철거하고 대지경계에 담장을 설치하라'는 내용의 부관을 붙인 것에 대하여 위 부관의 성격을 판단함에 있어서는 위 부관의 필요성, 부관 부과 시 행정청인 피고의 의사나 위와 같은 내용의 부관 불이행시 행정청이 취하여 온 행정관행 등이 어떠한 것인지 등을 더 심리하여야 한다." (대법원 2000. 2. 11. 선고 98누7527판결)

V. 기부채납

기부채납은 개발허가와 같은 수익적 행정행위를 얻는 것을 이유로 사인이 그의 재산권을 행정청에 무상으로 귀속시키는 행위이다. 기부채납은 공공시설에 대한 수요에 비해 부족한 재정부담을 해소하기 위한 수단으로 많이 이용되고 있다.

기부채납은 「국토의 계획 및 이용에 관한 법률」 제78조, 「국유재산법」 제13조, 「공유재산 및 물품관리법」 제7조, 「도시 및 주거환경정비법」 제51조 등 개별법률에서 규정하고 있다.

판례는 부담의 형식 뿐 아니라 계약의 형식으로의 기부채납도 허용하고 있는데 그 형식에 상관없이 부당결부금지원칙과 비례원칙이 적용된다고 할 것이며 「도시 및 주거환경정비법」 제51조 제1항에서는 "해당 정비사업과 직접적으로 관련이 없거나 과도한 정비기반시설의 기부채납을 요구하여서는 아니 된다"고 하여 이를 명문화하고 있다.

[판례]

"기부채납은 기부자가 그의 소유재산을 지방자치단체의 공유재산으로 증여하는 의사표시를 하고 지방자치단체는 이를 승낙하는 채납의 의사표시를 함으로써 성립하는 증여계약이고, 증여계약의 주된 내용은 기부자가 그의 소유재산에 대하여 가지고 있는 소유권 즉 사용·수익권 및 처분권을 무상으로 지방자치단체에게 양도하는 것이므로, 증여계약이 해제된다면 특별한 사정이 없는 한 기부자는 그의 소유재산에 처분권뿐만 아니라 사용·수익권까지 포함한 완전한 소유권을 회복한다." (대법원 1996. 11. 8. 선고 96다20581 판결)

"행정행위의 부관은 부담인 경우를 제외하고는 독립하여 행정소송의 대상이 될 수 없는바, 기부채납받은 행정재산에 대한 사용·수익허가에서 공유재산의 관리청이 정한 사용·수익허가의 기간은 그 허가의 효력을 제한하기 위한 행정행위의 부관으로서 이러한 사용·수익허가의 기간에 대해서는 독립하여 행정소송을 제기할 수 없다." (대법원 2001. 6. 15. 선고 99두509 판결)

"수익적 행정처분에 있어서는 법령에 특별한 근거규정이 없다고 하더라도 그 부관으로서 부담을 붙일 수 있고, 그와 같은 부담은 행정청이 행정처분을 하면서 일방적으로 부가할 수도 있지만 부담을 부가하기 이전에 상대방과 협의하여 부담의 내용을 협약의 형식으로 미리 정한 다음 행정처분을 하면서 이를 부가할 수도 있다." (대법원 2009. 2. 12. 선고 2005다65500 판결)

VI. 행정행위의 사후변경유보 · 부담유보

행정행위의 사후변경의 유보란 행정청이 행정행위를 발하면서 사후에 부관을 부가할 수 있는 또는 이미 부가된 부관의 내용을 변경할 수 있는 권한을 유보하는 것이다.

VII. 법률효과의 일부배제

법률이 행정행위에 부여하는 효과의 일부를 배제하는 부관으로 법률에 근거가 있는 경우에 한하여 붙일 수 있다. 예로 택시의 영업허가를 부여하면서 격일제 운행을 부관으로 정하는 것을 들 수 있다.

[판례]

> "행정행위의 부관은 부담의 경우를 제외하고는 독립하여 행정소송의 대상이 될 수 없는 것인바, 행정청이 한 공유수면매립준공인가 중 매립지 일부에 대하여 한 국가귀속처분은 매립준공인가를 함에 있어서 매립의 면허를 받은자의 매립지에 대한 소유권취득을 규정한 공유수면매립법 제14조의 효과 일부를 배제하는 부관을 붙인 것이므로 이러한 행정행위의 부관에 대하여는 독립하여 행정소송의 대상으로 삼을 수 없다." (대법원 1991. 12. 13. 선고 90누8503 판결)

제3절 | 부관의 가능성과 한계

I. 부관의 가능성

부관에 대한 일반법이 없으므로 개별 법령에서 부관에 관해서 규정하고 있다. 예로 「식품위생법」 제22조 제3항, 「공중위생법」 제4조 제4항 등을 들 수 있다. 그러나 부관을 부가할 수 있는 행정행위에 대해서는 논란이 있다.

1. 종래의 통설

부관은 법률행위적 행정행위 중에서도 재량행위에만 붙일 수 있고, 준법률행위적 행정행위(확인, 공증, 통지, 수리)와 기속행위에는 부관을 붙일 수 없다고 한다.

(1) 준법률행위적 행정행위

부관은 행정청의 주된 의사표시를 요소로 하지 않는 준법률행위적 행정행위에는 붙일 수 없다.

(2) 기속행위

기속행위의 경우 행정청은 법규에 엄격히 기속되어 그것을 기계적으로 집행하는데 그치므로, 행정청이 법규가 정한 효과를 임의로 제한할 수 없다.

[판례]

> "건축허가를 하면서 일정 토지를 기부채납하도록 하는 내용의 허가조건은 부관을 붙일 수 없는 기속행위 내지 기속적 재량행위인 건축허가에 붙인 부담이거나 또는 법령상 아무런 근거가 없는 부관이어서 무효이다." (대법원 1995. 6. 13. 선고 94다56883판결)

2. 비판적 견해

법률행위를 법률행위적 행정행위와 준법률행위적 행정행위로 구분하는 것에 대한 의문을 제기한다. 확인, 공증에는 기한(특히 종기)이 붙여지는 경우가 많다. 예컨대 공증의 성질을 갖는 여권에 유효기간을 붙일 수 있다. 기속행위에 대하여도 장래에 있어서의 법률요건의 충족을 확보할 필요가 있는 경우에는 부관을 붙일 수 있다. 어떤 행정행위에 부관을 붙일 수 있는지는 개별적 행정행위의 성질, 목적과 부관의 형태를 아울러 검토하여 결정하여야 할 것이다.

Ⅱ. 사후부관의 가능성

사후부관이라 함은 행정행위를 한 후에 발하는 부관을 말한다. 사후부관의 가능성에 대해서 부관은 부대적 규율이므로 사후부관은 부관의 부종성에 반함을 이유로 이를 부정하는 견해, 부담의 경우에는 가능하다는 견해, 사후부관의 가능성이 유보된 경우 및 상대방의 동의가 있는 경우에는 가능하다는 견해가 있다.

판례는 법률에 명문의 규정이 있거나 그 변경이 미리 유보되어 있는 경우 또는 상대방의 동의가 있는 경우 이외에도, 사정변경으로 인하여 당초에 부담을 부가한 목적을 달성할 수 없게 된 경우에도 그 목적달성에 필요한 범위 내에서 예외적으로 허용될 수 있다는 입장을 취하고 있다.

[판례]

> "행정처분에 이미 부담이 부가되어 있는 상태에서 그 의무의 범위 또는 내용 등을 변경하는 부관의 사후변경은, 법률에 명문의 규정이 있거나 그 변경이 미리 유보되어 있는 경우 또는 상대방의 동의가 있는 경우에 한하여 허용되는 것이 원칙이지만, 사정변경으로 인하여 당초에 부담을 부가한 목적을 달성할 수 없게 된 경우에도 그 목적달성에 필요한 범위 내에서 예외적으로 허용된다." (대법원 1997. 5. 30. 선고 97누2627 판결)

Ⅲ. 부관의 한계

1. 법령상의 한계

부관은 법령의 내용에 반할 수 없다. 부관, 특히 부담은 근거법령 내지 주된 행정행위가 추구하고자 하는 목적에 반해서는 안 되고, 또한 목적에 무관하게 발해져서도 안 된다.

2. 인과관계

주된 행정행위의 목적에 부합하고 주된 행정행위와 사항적인 통일성이 있어야 한다. 즉, 주된 행정행위와 부관 사이에 직접적인 인과관계가 있어야 한다. 또한 행정청은 주된 행정행위의 발령권한 뿐만 아니라 부관의 발령권한도 가지고 있어야 하며, 부관의 내용이 주된 행정행위의 수권목적을 달성하는 것과 직접적 관련성이 있어야 한다.

3. 행정법의 일반원칙

부관은 행정법의 일반원칙인 비례의 원칙(과잉금지의 원칙), 평등의 원칙, 명확성의 원칙 등에 반할 수 없다. 여기서의 비례의 원칙이란 부관의 부과에 의하여 달성하려는 행정목적과 수단과의 비례관계를 말하며, 평등의 원칙에 반하는 경우란 행정기관이 동일하거나 유사한 다른 경우에 비하여 특정인에게 더 불이익한 의무를 부담으로 부과한 경우를 말하고, 명확성의 원칙에 반하는 경우란 불명확한 내용의 부관이 부과된 것을 말한다.

제4절 | 부관의 흠과 행정쟁송

I. 흠 있는 부관의 효력

부관에 흠이 있는 경우, 그 부관의 효력에 관한 문제로서 그 흠이 하자가 중대하고 명백한 경우에는 무효이지만 그 밖의 하자의 경우에는 취소할 수 있는 단순위법이다. 무효사유를 예로 들면 불가능한 부관(정지조건의 내용이 객관적으로 발생할 수 없는 사건을 규정한 경우), 실현 불가능한 부담(불가능성은 의무가 부과된 상대방을 기준으로 판단), 주된 행정행위와 내적 관련성이 명백하게 인정될 수 없는 부담이 부과된 경우이다.

Ⅱ. 무효인 부관이 붙은 행정행위의 효력

부관 없는 단순한 행정행위인 경우와 전부무효인 경우로 나눌 수 있다. 판례는 "무효인 부관이 본체인 행정행위의 중요요소 또는 본질적 요소를 이루는 때에 한하여 본체인 행정행위를 무효로 만든다(대법원 1985. 7. 9. 선고 84누604판결)."고 본다.

Ⅲ. 흠 있는 부관에 대한 행정쟁송

위법한 부관으로 자기의 법률상 이익을 침해당한 자는 행정쟁송을 제기할 수 있다. 부관만을 독립하여 다툴 수 있는가, 부관을 포함하여 전체로서 부관부행정행위를 다투어야 하는가에 관하여 견해가 대립한다.

1. 학설

① 통설적 견해

부관 중 부담은 그 자체로서 특정한 의무를 명하는 행정행위로서의 성질을 가지므로 주된 행정행위와 분리하여 부담만을 독립적으로 다툴 수 있다고 보는 것이 학설과 판례의 경향이다. 그 밖의 부관(조건, 기한, 철회권의 유보)의 경우는 그 자체로서 독자적인 행정행위성을 갖지 못하고 주된 행정행위의 한 부분으로서의 성격을 갖는 부관이므로 전체로서의 부관부 행정행위를 다투어야 한다.

② 중요요소성을 기준으로 구분하는 입장

부담은 독립하여 취소소송의 대상이 되고 그 밖의 부관은 부관만을 따로 떼어 독립적인 쟁송의 대상으로 삼을 수 없다는 견해이다. 따라서 부관의 위법을 이유로 당해 행정행위 전체를 대상으로 하는 쟁송을 제기하여야 한다.

부관이 주된 행정행위의 중요요소인 경우에는 부관부 행정행위 전체의 취소를 구하는 소송을 제기하고, 부관이 주된 행정행위의 중요요소가 아닌 경우에는 부관부 행정행위 전체를 소송의 대상으로 하여 그 중 부관 부분만의 취소를 구하는 소송(일부취소소송)을 제기하여야 한다고 한다.

③ 기속행위·재량행위에 따라 구별하는 입장

부관에 대한 독립쟁송가능성의 문제는 부관 그 자체만을 직접 취소소송의 대상으로 할 수 있는지, 즉 진정일부취소소송이 허용되는 지의 문제로 보고 부담만이 처분성이 인정되는 것이므로 부담에 대해서만 독립적 취소소송이 인정된다고 하는 견해이다. 이에 의하면 그 밖의 부관의 경우에는 그 독자적 처분성의 결여로 인하여 당해 소송은 각하된다. 다만 부관을 포함한 당해 행정행위 전체에 대한 취소소송 형식을 취하면서도 내용적으로는 그 중에서 부관만의 취소를 구하는 소송, 즉 부진정일부취소소송을 허용한다고 한다. 부관의 독립취소가능성은 어떠한 부관이 주된 행정행위와는 독립하여 취소될 수 있는가 라는 본안에 있어서의 취소소송의 이유유무의 문제이기 때문이다.

이에 의하면 주된 행정행위가 기속행위(재량권이 영으로 수축된 경우를 포함)인 경우에는 부관은 모두 독립적으로 취소될 수 있다. 재량행위에 위법한 부관이 부과된 경우에는 부관(부담이건 그 밖의 부관이건 모두 포함)만의 독립적인 취소는 원칙적으로 인정되지 않게 된다.

④ 분리가능성을 기준으로 구별하는 입장

부관만을 독립하여 다툴 수 있는가의 여부는 당해 부관이 주된 행정행위와 분리하여 독자적으로 다툴 수 있는 정도의 분리 가능성을 가지고 있는가 여부에 달려 있다고 보는 견해이다. 이에 의하면 독립한 처분성이 인정되는 부담일지라도 주된 행정행위와 분리하여 독자적으로 다툴 수 있는 분리가능성이 없는 경우 독립쟁송가능성이 부인된다. 따라서 이러한 검토가 행해진 다음 단계에서 비로소 취소쟁송의 대상으로서의 처분성이 문제된다.

이 견해에 의하면 부관만을 분리하여 독자적으로 소송을 통하여 다툴 수 있다고 하더라도 처분성이 있는 부관만이 독자적인 취소쟁송의 대상이 되며, 처분성이 인정되지 않는 부관은 부관이 붙은 전체 행정행위를 대상으로 하는 취소쟁송을 제기하여 부관만의 취소를 요구하는 이른바 부진정일부취소쟁송을 제기하여야 한다.

⑤ **복합적 기준을 적용하는 입장**

이 견해에 따르면 모든 위법한 부관은 일응 독립하여 취소소송의 대상이 될 수 있다. 또한 위법한 부관에 대한 취소소송의 형태는 부관이 붙은 행정행위 전체를 대상으로 하여 소를 제기하여 부관만의 취소를 구하는 부진정일부취소소송의 형태를 취해야 한다고 한다. 이에 의하면 부관만의 독립취소가능성에 대해서는 주된 행정행위가 기속행위인가 재량행위인가에 따라 구분하는데, 기속행위의 경우에는 부관의 종류여하를 불문하고 부관만의 취소를 인정한다. 또한 재량행위의 경우에는 부관만을 취소하여 주된 행정행위를 유지시키는 것은 결국 행정청에게 부관 없는 주된 행정행위만을 선택하도록 강요하는 것이므로 허용될 수 없다고 한다. 그리고 부관이 행정행위를 함에 있어서 중요한 요소인 경우에는 부관의 취소는 행정행위 전체를 무효로 되게 하므로 부관만의 취소를 구하는 것은 허용되지 않는다고 한다.

⑥ **모든 경우에 가능하다는 입장**

소의 이익이 있는 한 부담이든 조건이든 가리지 않고 모든 부관에 대하여 행정쟁송을 제기하는 것이 가능하다는 견해이다.

2. 판례

대법원은 원칙적으로 부관은 독립하여 행정쟁송의 대상이 되지 않으며 다만 부담만은 예외적으로 독립하여 행정쟁송의 대상이 될 수 있다는 입장을 취하고 있다. 판례는 행정행위의 부관은 부담인 경우를 제외하고는 독립하여 행정소송의 대상이 될 수 없는바, 기부채납 받은 행정재산에 대한 사용·수익허가에서 공유재산의 관리청이 정한 사용·수익허가의 기간은 그 허가의 효력을 제한하기 위한 행정행위의 부관으로서 이러한 사용·수익허가의 기간에 대해서는 독립하여 행정소송을 제기할 수 없다(대법원 2001. 6. 15. 선고 99두509판결)."라고 판시하고 있다.

3. 소결

(1) 부관의 독립쟁송가능성

당사자가 부관을 주된 행정행위와 독립하여 취소소송으로 다툴 수 있는가의 문제로서, 부관이 독립적으로 취소소송의 대상이 되는가라는 취소소송의 허용성, 즉 본안 전의 문제이다. 진정일부취소소송은 행정행위의 일부만을 취소소송의 대상으로 하고, 부진정일부취소소송은 행정행위의 전체에 대한 취소소송을 제기하면서 내용적으로는 그 중에서 불복부분만의 취소를 청구하는 것이다.

처분성이 긍정되는 부담의 경우 부담만의 취소를 구하는 소송(진정일부취소소송)을 제기할 수 있다. 처분성이 인정되지 않는 부관의 경우에는 당해 부관이 부과된 전체 행정행위를 대상으로 소송을 제기하고, 그 중에서 부관만의 취소를 구하는 형태(부진정일부취소소송)를 취해야 할 것이다.

(2) 부관의 독립취소가능성

법원이 소송의 심리를 통하여 부관만을 별도로 취소시킬 수 있는가의 문제로서 취소소송의 이유유무, 즉 본안의 문제이다.

행정청이 부관 없이는 주된 행정행위를 발하지 않았을 것이라고 인정되는 경우와 부관의 취소에 의하여 주된 행정행위까지 위법하게 만드는 정도로 부관이 중요한 경우의 분리가능성이 문제되는데, 주된 행정행위와 부관이 일체적 재량결정을 이루는 경우에는 분리가능성이 없다고 보아야 할 것이다.

법원은 부관만의 취소를 다투는 경우에 부관이 주된 행정행위와 분리될 수 있는 경우에 한해서 부관의 취소판결을 내릴 수 있는 것이다.

제6장 행정행위의 성립 및 효력발생요건

제1절 | 행정행위의 성립요건과 적법요건

Ⅰ. 주체에 관한 요건

행정청은 그에 부여된 권한의 범위 내에서만 행정행위를 발할 수 있다.

Ⅱ. 절차에 관한 요건

행정행위에 관하여 일정한 절차가 요구되고 있는 경우에는 그에 관한 절차를 거치지 않으면 안 된다.

Ⅲ. 형식에 관한 요건

행정행위는 일반적으로 불요식 행위이다. 행정행위의 존재를 명확히 하는 동시에 이해관계인으로 하여금 그 내용을 알기 쉽게 하기 위하여 일정한 형식을 요구하는 경우도 있다. 법이 문서로 할 것 또는 서명, 날인 등 형식을 갖출 것(「행정절차법」 제24조)을 요구하고 있는 경우에는 그러한 형식을 갖추어야만 적법한 행위가 된다.

Ⅳ. 내용에 관한 요건

행정행위는 그 내용에 있어서 적법, 타당, 사실상, 법률상 실현가능하고 객관적으로 명확해야 한다.

1. 행정행위의 법률적합성

행정행위는 그의 내용이 법에 적합하지 않으면 안 된다.

2. 행정행위의 헌법적합성

기본권에 관련되는 행정행위는 법률에 근거하여야 함은 물론 그 근거법규가 「헌법」의 기본권규정에 합치될 것까지 강조되고 있다.

3. 행정행위내용의 실현가능성과 확정성

행정행위는 사실상·법률상 실현가능하고, 그의 내용이 명확히 확정될 수 있어야만 적법, 유효한 것이 된다.

제2절 | 행정행위의 효력발생요건

행정행위는 성립요건을 갖춤으로서 유효하게 성립하여, 대외적으로 표시됨으로서 효력을 발생한다(「행정절차법」 제14조, 제15조). 특히 상대방이 있는 행정행위는 송달을 통하여 상대방이 알 수 있는 상태에 도달함으로서 효력을 발생하며, 송달이 불가능한 경우에는 공고 등을 통하여 효력이 발생한다.

I. 송달

송달에는 우편송달, 교부송달, 정보통신망 이용에 의한 송달이 있다(「행정절차법」 제14조 제1항). 우편에 의한 송달은 송달받는 자에게 도달됨으로써 그 효력을 발생하며(「행정절차법」 제15조 제1항), 교부에 의한 송달은 수령확인서를 받고 문서를 교부함으로써 행하며 교부시 도달된 것으로 본다(「행정절차법」 제14조 제2항). 정보통신망을 이용한 송달은 송달받을 자가 동의한 경우에만 가능한데(「행정절차법」 제14조 제3항). 정보통신망을 이용하여 전자문서로 송달하는 경우에는 송달받을 자가 지정한 컴퓨터 등에 입력된 때에 도달된 것으로 본다(「행정절차법」 제15조 제2항).

Ⅱ. 공고 또는 고시

1. 행정절차법상의 공고 또는 고시

행정처분을 송달받을 자의 주소 등을 통상의 방법으로 확인할 수 없는 경우 또는 송달이 불가능한 경우에는 송달받을 자가 알기 쉽도록 관보 등에 공고하고 인터넷에도 공고하여야 한다(「행정절차법」 제14조 제4항). 이 경우에는 다른 법령에 특별한 규정이 있는 경우를 제외하고는 공고일로부터 14일이 경과한 때 그 효력이 발생한다(「행정절차법」 제15조 제3항).

2. 개별법상의 공고 또는 고시

일반처분의 경우에는 통상적인 송달방식에 의한 통지가 어렵기 때문에 공고 또는 고시의 방식에 의한 통지수단을 사용하고 있다. 이 경우에 공고 또는 고시의 효력발생일은 관련법령에서 규정한 바에 따르며, 만약 공고 또는 고시의 효력발생일에 대하여 관련법령에 명시적인 규정이 없는 경우에는 판례는 구 사무관리규정(현 「행정효율과 협업 촉진에 관한 규정」 제6조 제3항)을 적용하여 당해 공고 또는 고시가 있은 후 5일이 경과한 날 처분의 효력이 발생한다고 보고 있다.

[판례]

> "통상 고시 또는 공고에 의하여 행정처분을 하는 경우에는 그 처분의 상대방이 불특정 다수인이고, 그 처분의 효력이 불특정 다수인에게 일률적으로 똑같이 적용됨으로 인하여 고시일 또는 공고일에 그 행정처분이 있음을 알았던 것으로 의제하여 행정심판 청구기간을 기산하는 것이므로, 관리처분계획에 이해관계를 갖는 자는 고시가 있었다는 사실을 현실적으로 알았는지 여부에 관계없이 고시가 효력을 발생하는 날인 고시가 있은 후 5일이 경과한 날에 관리처분계획인가 처분이 있음을 알았다고 보아야 하고, 따라서 관리처분계획인가 처분에 대한 행정심판은 그 날로부터 60일 이내에 제기하여야 한다." (대법원 1995. 8. 22. 선고 94누5694 전원합의체 판결)

제7장 행정행위의 효력 및 구속력

제1절 | 개설

행정행위가 그의 성립 및 유효요건을 다 갖춘 경우에는 행정행위로서의 효력(Wirksamkeit)을 발생하며, 그렇게 성립된 유효한 행정행위는 그의 내용 또는 대상에 따라 상이한 구속력(Verbindlichkeit)을 발생한다.

제2절 | 행정행위의 구속력

Ⅰ. 내용적 구속력

행정행위가 그 내용에 따라 관계행정청 및 상대방과 관계인에 대하여 일정한 법률적 효과를 발생하는 힘을 내용적 구속력이라 한다. 예컨대, 조세부과처분이 행해지면 상대방에게 급부의무가 발생하는 것이 그에 해당한다.

Ⅱ. 공정력

1. 의의

종래의 통설적 견해는 행정행위의 공정력이란 "비록 행정행위에 하자(흠)가 있을지라도 중대하고 명백하여 당연무효인 경우를 제외하고는 권한 있는 기관에 의하여 취소될 때까지는 일응 적법 또는 유효한 것으로 보아 누구든지(상대방은 물론 국가기관도 포함) 그 효력을 부인하지 못하는 힘"을 의미한다고 한다.

[판례]

"행정처분이 아무리 위법하다고 하여도 그 하자가 중대하고 명백하여 당연무효라고 보아야 할 사유가 있는 경우를 제외하고는 아무도 그 하자를 이유로 무단히 그 효과를 부정하지 못하는 것으로, 이러한 행정행위의 공정력은 판결의 기판력과 같은 효력은 아니지만 그 공정력의 객관적 범위에 속하는 행정행위의 하자가 취소사유에 불과한 때에는 그 처분이 취소되지 않는 한 처분의 효력을 부정하여 그로 인한 이득을 법률상 원인 없는 이득이라고 말할 수 없는 것이다." (대법원 1994. 11. 11. 선고 94다28000판결)

2. 공정력과 구성요건적 효력의 구별

행정행위의 직접 상대방 또는 이해관계인에 대한 구속력과 제3자 국가기관(처분청 이외의 행정기관 및 처분의 취소소송 수소법원 이외의 법원)에 대한 구속력은 그의 근거와 내용을 달리하므로 각각 분리하여 파악하여야 한다.

공정력은 현행법이 행정행위(처분)에 대한 취소쟁송제도 등을 취하고 있는 것에 근거하고, 구성요건적 효력은 국가기관은 각기 권한과 관할을 달리하므로 서로 다른 기관의 권한 행사를 존중해야 한다는 것에 근거한다.

공정력은 행정행위의 상대방이나 이해관계인에 대한 구속력을 가지고, 구성요건적 효력은 국가기관(처분청과 소송의 수소법원은 제외)에 대한 구속력을 가진다.

3. 근거

(1) 이론적 근거

1) 자기확인설

행정청이 그의 권한 내에서 한 행정행위는 그 유효성도 확인된 것이므로, 당해 행정청이 그 스스로의 확인을 유지하는 한 상대방 등을 구속하는 힘을 갖는다는 오토마이어(Otto Mayer)의 견해이다.

2) 국가권위설

포르스트호프(Forsthoff)는 행정행위는 행정청이 우월적 지위에서 행하는 것이므로 그 효력은 국가적 권위에서 도출된다. 이에 "국가기관에 의해 발해진 행위는 유효성이 추정된다."고 한다.

3) 예선적 효력설

프랑스에서 통용되고 있는 행정의 "예선적 특권이론"에서 찾는 견해이다. 예선적 특권이론이란 행정행위에 대하여 법원의 적법·위법의 판정이 있기 전에 미리 예선적으로 행정청에게 자신의 행정결정에 대한 정당한 통용력을 인정하는 것이다.

4) 법적안정성설

공정력의 근거를 행정목적의 신속한 결정, 행정법관계의 안정성유지, 상대방의 신뢰보호 등과 같은 정책적 고려에서 구하는 견해(행정정책설)로서 오늘날 다수설의 입장이다.

(2) 실정법적 근거

우리나라의 경우 독일과는 달리 공정력을 명시적으로 인정하는 실정법상의 규정은 없다. 일반적으로 행정행위의 직권취소를 규정하고 있는 개별법적 규정들이나 취소심판, 취소소송 및 그 제기기간을 한정하고 있는 「행정심판법」, 「행정소송법」 및 기타 단행법규정들은 이러한 공정력의 승인을 전제로 하고 있는 실정법적 규정으로 소개되고 있다. 그러나 제소기간의 제한이나 직권취소의 가능성에 관한 규정만으로 공정력의 실정법적 근거가 충족될 수는 없을 것이며, 쟁송법규들이 공정력승인을 전제한다는 해석론 또한 명확한 법규상의 근거는 되지 못한다고 할 수 있다. 이에 더하여 공정력은 전통적 이론과 같은 적법성의 추정이 아닌 사실상의 통용력에 불과하므로 이를 행정행위의 전형적 구속력으로 인정하기 어렵다는 비판이 제기되고 있다. 특히 독일과 달리 행정소송의 제기에 따라 집행정지가 인정되지 않는 우리의 행정소송법 체계(「행정소송법」 제23조 제1항 참조)에서는 공정력의 유용성은 크지 않은 것으로 지적되고 있다.

4. 무효인 행정행위와 공정력

공정력은 이론상 무효인 행정행위에는 인정되지 않는다.

5. 공정력과 입증책임

공정력은 행정행위가 실체적으로 적법하다고 추정하는 것이 아니라, 유효성의 통용력으로 파악해야 하므로 공정력은 입증책임의 소재와 아무런 관련이 없는 것이다.

6. 공정력과 선결문제

선결문제는 행정행위의 공정력과 관계되는 것이 아니라, 구성요건적 효력과 관계되는 것이다.

Ⅲ. 구성요건적 효력

1. 의의

유효한 행정행위가 존재하는 이상 모든 국가기관은 그의 존재를 존중하며, 스스로의 판단의 기초 내지는 구성요건(Tatbestand)으로 삼아야 하는 구속력이다.

2. 근거

권한과 관할을 달리하는 국가기관이 상호 타 기관의 권한을 존중하며 침해해서는 안 된다.

3. 선결문제

민사, 형사 사건에 있어서 어떤 행정행위의 위법여부 및 효력유무가 그 사건에 있어서의 선결문제가 되는 경우에, 당해 법원이 그 행정행위의 위법여부 및 효력유무를 스스로 심사할 수 있는가의 문제이다. 결국 선결문제심사권의 인정은 구성요건적 효력의 제한을 의미하는 것이기에, 이것의 인정 여부는 권력분립적 한계나 재판관할과 소송 및 법원의 종류를 고려하여야 하는 과제를 부여하고 있다.

(1) 민사사건과 선결문제

1) 국가배상소송의 경우

예를 들어 행정청의 철거명령으로 인해 집을 철거당한 사람이 그 철거명령의 위법을 이유로 국가배상을 청구한 경우에, 관할 법원은 그 철거명령의 위법성을 스스로 심사할 수 있느냐의 문제이다.

① **부정설**

행정행위가 당연무효가 아닌 한, 민사소송에 있어서 법원은 그 위법성 여부를 심리·판단할 수 없다고 한다. 그 근거로는 첫째, 행정행위는 공정력이 있기 때문에 권한 있는 기관에 의하여 취소될 때까지는 어떠한 국가기관도 그 효력에 구속되어야 하는 점, 둘째, 현행법은 취소소송의 배타적 관할제도를 취하고 있기 때문에 민사법원은 행정행위에 대한 취소권이 없다는 점, 셋째, 취소소송절차에 민사소송과 다른 특수성이 존재한다는 점, 넷째, 현행「행정소송법」은 "처분 등의 효력 유무 또는 존재 여부"가 민사소송의 선결문제로 되는 경우에 대해서만 규정하고 있다는 점(제11조 제1항) 등을 들고 있다.

② **긍정설**

민사소송에 있어서 법원은 선결문제로 행정행위의 위법성을 판단할 수 있다고 하는 견해이다. 공정력은 절차적 효력에 불과하므로 그 행위를 실질적으로 적법한 것으로 만드는 것은 아니며, 행정행위의 효력을 부정(취소)하지 않는 한도에서 그 행위의 위법성을 판단하는 것은 무방하다.

③ **판례**

판례는 "국가배상소송에서 수소법원이 선결문제로서 행정행위의 위법성여부에 대한 심사를 할 수 있다."고 판시하였다.

2) 부당이득반환청구소송의 경우

행정행위가 당연무효가 아닌 한 민사법원이 행정행위의 효력까지 부인할 수 없다.

3) 결어

첫째, 행정행위의 공정력의 본질은 행정행위가 적법하다는 것을 추정하는 것은 아니다. 둘째, 프랑스에 있어서와 같이 선결문제를 전담하는 법원이 없는 이상, 선결문제는 본래의 수소법원이 직접 심리할 수밖에 없는 일이며, 이는 구성요건적 효력에 모순되는 것은 아니다. 왜냐하면 민사법원이 선결문제에 대한 심리를 통해 문제된 행정행위의 효력을 소멸시키는 것은 아니기 때문이다. 셋째, 「행정소송법」 제11조 제1항은 판례, 학설상으로 의견의 일치를 본 부분만을 명기하고, 그 밖의 부분은 판례, 학설의 발전에 맡긴 것으로 해석할 일이다. 이와 같이 볼 때, 민사법원은 행정행위의 효력을 부인하지 않는 한도에서 선결문제가 된 행정행위의 위법성을 심사할 수 있다고 보는 것이 타당할 것이다.

(2) 형사사건

긍정설이 타당하다. 대법원 역시 「온천법」 제15조에 의거한 처분청의 하명의 적법성 여부가 형사재판의 선결문제가 된 사건에서 이것을 긍정한 바 있다. 다른 한편, 행정행위에 위법의 흠이 있더라도 그것이 무효에 이르지 않는 한, 형사법원은 그 행정행위의 존재를 부인할 수 없음도 확립된 판례라 할 수 있다.

[판례]

① 위법한 과세처분을 이유로 한 부당이득반환청구
"행정처분이 당연무효인지의 여부가 선결문제인 경우 당해 법원은 이를 심사할 수 있다. 그 결과 당연무효라고 인정될 경우 법원은 이를 전제로 판단할 수 있다. 그러나 하자가 단순한 취소사유에 그칠 때에는 법원은 행정처분의 효력을 부인할 수 없다. 따라서 권한 있는 기관에 의하여 취소된 이후에 비로소 부당이득반환청구소송의 본안심리가 가능하게 된다." (대법원 1973. 7. 10. 선고 70다1493판결)

② 철거명령의 위법을 이유로 한 국가배상을 청구
"행정처분이 취소되지 않았더라도 그 행정처분이 위법임을 이유로 배상을 청구할 수 있다. 법원은 국가배상청구사건에서 행정행위의 위법성을 선결문제로 판단할 수 있다." (대법원 1972. 4. 28. 선고 72다337판결)

> ③ 「온천법」에 의한 처분청의 하명의 위법성에 관한 형사재판의 선결문제 심사
> "… 본 사건에서 행정행위가 적법하다." (대법원 1986. 1. 28. 선고 85도2489판결)
>
> ④ 운전면허, 수입면허에 흠이 있는 경우 무면허 운전 또는 무면허수입죄의 성립여부
> "운전면허, 수입면허가 위법이기는 하나 당연무효가 아니라 취소될 수 있음에 불과하기 때문에 권한 있는 기관에 의해 취소되지 않는 한 그 효력이 있는 것이라 할 것이므로 무면허 운전, 무면허수입죄가 성립하지 않는다." (대법원 1982. 6. 8. 선고 80도2646판결)

Ⅳ. 존속력

1. 존속력의 의의

행정행위가 일단 행해지면 그에 의거하여 많은 법률관계가 형성되게 된다. 따라서 되도록 일단 정해진 행정행위를 존속시키는 것이 여러모로 바람직하다고 할 것인 바, 이러한 요청을 제도화한 것이 행정행위의 불가쟁력 및 불가변력이며, 그들을 합쳐서 존속력(Bestandkraf)이라고 부른다.

2. 소송법상의 확정력과의 구별

소송법은 형식적 확정력과 실질적 확정력을 구분한다. 형식적 확정력이란 판결에 대하여 상고를 통하여 그의 효력을 더 이상 다툴 수 없는 것이고, 실질적 확정력이란 소송물에 대한 법원의 판단에 당사자 및 법원이 구속된다는 것이다(기판력).

소송법상의 확정력은 법적 분쟁에 대한 구속력 있고 종국적인 해결이라는 소송의 본질로부터 당연히 인정된다. 행정행위의 존속력은 소송법상의 확정력(Rechtskraft)의 개념에 상응하여 도출된 개념이다. 그러나 행정행위와 판결의 이질성을 인정한다면 양자는 적어도 부분적으로는 그 출발점을 달리하는 것이다.

3. 행정행위의 형식적 존속력

(1) 의의 및 내용

행정행위에 대한 쟁송제기기간이 경과하거나 쟁송수단을 다 거친 경우에는 상대방 또는 이해관계인은 더 이상 행정행위의 효력을 다툴 수 없게 된다. 이러한 구속력을 불가쟁력(Unanfectbakeit) 또는 형식적 존속력이라 한다. 불가쟁력은 행정행위의 상대방이나 이해관계인에 대한 구속력이며, 처분행정청이나 그 밖의 국가기관을 구속하지는 않는다. 무효인 행정행위는 쟁송기간의 제한을 받지 않으므로(「행정심판법」제27조 제7항, 「행정소송법」제20조, 제38조) 불가쟁력이 발생하지 않는다.

[판례]

"일반적으로 행정처분이나 행정심판 재결이 불복기간의 경과로 확정될 경우 그 확정력은, 처분으로 법률상 이익을 침해받은 자가 당해 처분이나 재결의 효력을 더 이상 다툴 수 없다는 의미일 뿐, 더 나아가 판결과 같은 기판력이 인정되는 것은 아니어서 그 처분의 기초가 된 사실관계나 법률적 판단이 확정되고 당사자들이나 법원이 이에 기속되어 모순되는 주장이나 판단을 할 수 없게 되는 것은 아니다" (대법원 2008. 7. 24. 선고 2006두20808판결)

(2) 불가쟁적 행정행위의 재심사

1) 문제의 의의

확정된 판결에 대해서는 재심의 기회가 법에 의하여 부여되어 있음에도 불구하고(「민사소송법」제451조, 「형사소송법」제420조), 확정된 행정행위에 대해서는 그러한 길이 봉쇄되어 있다면 너무나 불합리하다고 하지 않을 수 없다. 불가쟁적 행정행위의 재심사는 확정된 판결의 재심에 준하는 제도이다.

2) 재심의 사유

재심의 사유로 당해 행정행위의 기초가 된 사실 또는 법상태가 사후에 관계자에게 유리하게 변경된 경우, 관계자에게 유리한 새로운 증거가 존재하는 경우, 확정판결에 대한 재심사유가 발생한 경우가 있다.

3) 행정행위의 폐지와 재심사와의 관계

행정행위의 폐지는 행정행위가 불가쟁적으로 되기 이전에도 할 수 있는 점에서, 오로지 불가쟁적 행위에 대해서만 행해지는 재심사와 구별된다. 행정행위의 폐지는 직권으로 행해지므로 직권주의가 지배하는데 대하여, 재심사는 상대방의 신청에 의해서만 행해지며 따라서 처분권주의가 지배한다. 사유, 절차 등에 있어서 차이가 있다.

4. 실질적 존속력

(1) 의의

행정행위를 행한 처분청이나 감독청이라도 행정행위의 하자 또는 새로운 사정의 발생 등을 이유로 직권으로 자유로이 그것을 취소, 철회할 수 없는 효력을 불가변력 또는 실질적 존속력이라고 한다. 행정행위의 구속력 또는 기속력(Bindugs-wirkung)과 취소, 철회의 제한과 관련이 있다.

1) 구속력

행정행위는 상대방 및 이해관계인뿐만 아니라 그를 발한 행정청에게도 구속력이 있다. 행정행위는 일방적으로 발해지지만 쌍방적인 효력이 있는 것이다. 유효하게 성립한 행정행위에 인정되는 구속력은 행정행위가 대외적으로 표시됨으로서 발생한다.

2) 취소·철회의 제한

행정행위는 그 자체가 존재하는 한 구속력이 있는 것이다. 행정청은 자신의 행정행위에 구속되지만, 일정한 조건하에 직권으로 행정행위를 취소·철회할 수 있다. 다만, 행정청에 의한 행정행위의 취소·철회는 제한적으로만 허용된다.

(2) 불가변력이 인정되는 행정행위

불가변력은 모든 행정행위에 공통된 효력이 아니라, 특별한 경우에만(특정한 행정행위) 인정된다. 확인적 성질을 가지는 행정행위란 행정심판의 재결과 같이 일정한 쟁송절차를 거쳐 행해지는 확인판단적·준사법적 행정행위이다. 법령상 특별한 규정이 있는 경우란 법률이 일정한 행위에 대하여 소송법적 확정력을 인정하고 있다. 예컨대,「토지수용법」상의 토지수용재결,「국가배상법」상의 배상심의회의 결정 등이 있다. 그 밖에 취소·철회가 제한되는 행정행위이다.

[판례]

> "동일 사항에 관하여 특별한 사유 없이 이를 번복하고 다시 종전의 처분을 되풀이할 수는 없는 것이므로, 과세처분에 관한 이의신청절차에서 과세관청이 이의신청 사유가 옳다고 인정하여 과세처분을 직권으로 취소한 이상 그 후 특별한 사유 없이 이를 번복하고 종전 처분을 되풀이하는 것은 허용되지 않는다." (대법원 2010. 9. 30. 선고 2009두1020판결)

5. 불가쟁력과 불가변력과의 관계

불가쟁력은 행정행위의 상대방 및 이해관계인에 대한 구속력을 갖지만 불가변력은 주로 처분청 등 행정기관에 대한 구속력을 갖는다. 그러나 불가쟁력이 생긴 행위가 당연히 불가변력을 발생시키는 것은 아니다. 따라서 불가쟁력이 발생한 행정행위도 불가변력에 관계되지 않는 한 권한 있는 기관이 취소, 변경하는 것은 가능하다. 그러나 불가변력이 있는 행위가 당연히 불가쟁력을 가지는 것은 아니다. 그러므로 불가변력이 있는 행정행위도 쟁송제기기간이 경과하기 전에는 그 상대방이나 이해관계인은 쟁송을 제기하여 그 효력을 다툴 수 있다.

V. 집행력

1. 의의

행정행위에 의해 부과된 행정상 의무를 상대방이 이행하지 않는 경우에 행정청이 스스로의 강제력을 발동하여 그 의무를 실현시키는 힘이다.

2. 근거

행정행위의 집행력은 행정행위에 당연히 내재하는 속성인지, 아니면 별도의 법적 근거를 요하는지가 문제된다. 행정행위의 집행력은 행정목적의 신속한 달성을 위하여 특별법에 의해 인정되는 것이라고 본다.

제8장 행정행위의 흠

제1절 | 개설

행정행위의 흠이란 행정행위가 성립하였으나 적법요건을 갖추지 못한 것이다.

제2절 | 행정행위의 흠의 유형

Ⅰ. 무효원인인 흠

처음부터 아무런 효력을 발생하지 않는다. 무효의 확인을 구하는 행정심판이나 행정소송은 물론 무효를 전제로 하는 민사소송을 제기할 수 있다.

Ⅱ. 취소원인인 흠

행정행위를 위법으로 만드는 경우와 단순히 부당에 그치게 하는 경우이다. 위법으로 되는 경우는 직권에 의한 취소, 행정심판 및 행정소송의 대상이 된다. 부당한 경우는 행정소송을 제기할 수 없으며, 다만 직권에 의한 취소 또는 행정심판의 대상이 됨에 지나지 않는다.

Ⅲ. 무효나 취소의 원인이 되지 않는 흠

명백한 오기나 오산 기타 이에 준하는 행정행위의 표면상의 오류에 대하여는, 명문의 규정이 없더라도 행정청은 언제나 이것의 정정을 요구할 수 있다.

Ⅳ. 행정행위의 부존재

행정청의 행위가 사실로서 존재하지 않는 경우, 즉 행정행위라고 볼 수 있는 외형상의 존재 자체가 없는 경우이다. 예로 행정청이 아닌 것이 명백한 사인의 행위, 행정권의 발동으로 볼 수 없는 행위, 행정기관 내에서 내부적 의사결정이 있었을 뿐 아직 외부에 표시되지 않은 경우, 취소·철회·실효 등으로 소멸한 경우 등을 들 수 있다.

Ⅴ. 행정행위의 부존재와 무효의 구별실익

1. 부정설

행정행위가 무효인 경우에 법률상으로는 행정행위로서의 효력이 전혀 발생하지 않으므로 그 법적 효력의 면에서는 부존재의 경우와 같고, 현행 「행정심판법」 제5조 제2호와 「행정소송법」 제4조 제2호는 무효등확인심판과 무효등확인소송을 명시함으로서, 행정행위의 효력 유무나 존재 여부의 확인을 구하는 것을 모두 항고쟁송으로 인정하고 있는 점 등을 볼 때 구별할 실익이 없다.

2. 긍정설

전자는 행정행위로서의 외형을 가지고 있는 점에서 외형조차 존재하지 않는 후자와 다른 점, 현행법 아래서도 무효확인소송과 부존재확인소송은 그 소송형태를 달리하는 점 등을 보면 구별할 실익이 있다.

제3절 | 행정행위의 무효와 취소의 구별

Ⅰ. 무효·취소의 의의

행정행위의 무효란 행정행위로서의 외형은 갖추고 있으나 행정행위로서의 효력이 전혀 없는 경우이다. 취소할 수 있는 행정행위란 행정행위에 흠이 있음에도 불구하고, 권한 있는 기관이 그것을 취소함으로서 비로소 행정행위로서의 효력을 상실하게 되는 행정행위이다.

Ⅱ. 구별의 실익

1. 내용적 효력

무효인 행정행위는 처음부터 행정행위로서의 아무런 효력을 발생하지 않는데 반하여, 취소할 수 있는 행정행위는 권한 있는 기관에 의하여 취소될 때까지는 효력을 발생한다.

2. 구속력

(1) 공정력, 구성요건적 효력

공정력과 구성요건적 효력은 취소할 수 있는 행정행위에 대해서만 인정한다. 공정력은 무효인 행정행위의 경우 공정력이 인정될 수 없는데 이는 무효인 행정행위의 경우 행정쟁송을 통해 무효의 확인을 구할 수 있으며, 공정력이란 하자가 중대하고 명백하여 당연무효인 경우를 제외하고는 권한 있는 기관에 의하여 취소될 때까지는 일응 적법 또는 유효한 것으로 추정되는 구속력을 의미하기 때문이다. 또한 구성요건적 효력은 유효한 행정행위만이 가지는 구속력이므로 무효인 행정행위에는 인정되지 않는다.

(2) 불가쟁력

무효인 행정행위는 다른 행정행위로 전환되지 않는 한 언제까지나 무효이므로 쟁송제기기간의 제한을 받지 않는다. 이에 대하여 취소할 수 있는 행정행위는 쟁송제기기간이 경과하면 불가쟁력이 발생하게 되므로 취소소송의 길이 막혀버린다.

(3) 흠의 치유

취소할 수 있는 행정행위만이 요건의 사후보완을 통해 치유될 수 있으며 무효인 행정행위에는 이것이 인정될 수 없다는 것이 지배적인 견해이며 타당하다.

(4) 흠 있는 행정행위의 전환

다수설은 무효인 행정행위에 대해서만 다른 행정행위로서의 전환을 인정하고, 취소할 수 있는 행정행위에 대해서는 그것을 부인한다. 그러나 전환을 반드시 무효인 행정행위에 국한시킬 필요는 없다고 생각한다.

(5) 선행 행정행위의 흠의 승계

일정한 행정목적을 실현하기 위하여 둘 이상의 행정행위가 연속적으로 행해진 경우, 선행 행정행위에 무효사유인 흠이 있다면 그 흠은 후행 행정행위에 언제나 승계되는데 반하여, 그것이 취소사유인 때에는 선행 행정행위가 불가쟁력을 발생하는 경우, 선행 행정행위의 흠은 원칙적으로 후행 행정행위에 승계되지 않는다.

(6) 쟁송형태

취소할 수 있는 행정행위는 취소심판 또는 취소소송을 무효인 행정행위는 무효확인심판 또는 무효확인소송을 제기 할 수 있다. 다만 무효인 행정행위에 대하여 '무효선언을 구하는 의미에서의 취소소송'이 판례상 인정된다.

(7) 사정판결 및 사정재결

다수설과 판례는 처분이 무효인 경우에는 존치시킬 유효한 처분이 없으며, 무효등확인쟁송에 대하여 취소소송의 사정판결(재결)규정(「행정심판법」제44조,「행정소송법」제28조)을 준용하고 있지 않다는 것(「행정심판법」제44조 제3항,「행정소송법」제38조 제1항)을 논거로 무효인 행정행위에 대해서는 사정판결(재결)이 인정되지 않는다고 한다.

(8) 선결문제

민사사건 및 형사사건을 재판함에 있어 행정행위의 위법여부 및 효력유무가 본안사건의 전제가 되고 있는 경우, 행정행위가 무효인 때에만 본안사건의 관할법원이 무효인 것을 스스로 판단하여 본안사건을 재판할 수 있으며, 취소할 수 있는 행정행위인 경우에는 그의 위법성에 대해 심사할 수 없다는 견해가 있다. 그러나 취소할 수 있는 경우에도 본안사건의 관할 법원이 그의 위법성에 대해 심판할 수 있다고 보는 것이 타당하다.

Ⅲ. 구별에 관한 학설

1. 중대명백설

흠 자체의 성질에 따라 흠이 중대하고 명백한 경우는 무효인 행정행위이고, 그 밖의 경우는 취소할 수 있는 행정행위이다. 판례는 "행정처분이 당연무효라고 하기 위해서는 처분에 위법사유가 있다는 것만으로는 부족하고, 그 하자가 법규의 중요한 부분을 위반한 중대한 것으로서 객관적(외형상)으로 명백한 것이어야 하며, 하자의 중대·명백 여부를 판별함에 있어서는 법규의 목적, 의미, 기능 등을 목적론적으로 고찰함과 동시에 구체적 사안 자체의 특수성에 관하여도 합리적으로 고찰함을 요한다(대법원 1996. 1. 26. 선고 95다7451판결)."라고 판시하였다. 전통적으로 무효의 인정여부에 대해서는 중대명백설에 따라 행정행위의 흠이 중대성과 명백성이 함께 고려되어 왔으나, 중대성과 명백성 중에도 어느 것이 무효

판단의 실질적 기준이 되는가에 관해서는 의견의 대립이 있어왔다. 일반적인 입장은 흠의 중대성이 인정되고 그 중대한 흠이 명백해야하는 것으로 이해되고 있지만, 중대성의 여부는 불확정한 기준이므로 명백성의 여부로부터 무효판단을 하여야 한다는 입장 또한 제기되어 있다.

(1) 흠의 중대성

행정행위의 발령근거가 된 법규가 중대한 것이 아니라 당해 행정행위의 흠이 중대하다는 의미이다. 흠의 중대성이란 어디까지나 법규위반의 심각성을 의미하므로 이를 판단하기 위해서는 위반된 행정법규의 종류, 목적, 성질, 기능 등과 함께 그 위반의 정도도 아울러 고려해야 하는 것이다.

(2) 흠의 명백성

흠의 존재가 외관상 객관적으로 명백하다는 것을 의미한다. 따라서 이것은 흠의 존재가 통상적인 주의력과 이해력을 갖춘 일반인의 판단에 따를 때 누구의 의심도 허용하지 않을 만큼 객관적으로 확실한가에 의해 결정된다.

2. 판례

판례는 "사실관계의 자료를 정확히 조사하여야 비로소 그 하자 유무가 밝혀질 수 있는 경우라면 이러한 하자는 외관상 명백하다고 할 수 없다(대법원 1984. 9. 25. 선고 84누286판결)."라고 판시하였다. 또 "징계처분 후 징계사유에 대한 형사사건으로 1심에서 유죄판결이 선고되었으나 그 후 항소심에서 무죄판결이 선고되고 이 판결이 대법원에서 확정되었다면 그 징계처분이 근거 없는 사실을 징계사유로 삼은 것이 되어 위법하다고는 할 수 있으나 그 하자가 객관적으로 명백하다고는 할 수 없으므로 징계처분이 당연무효가 되는 것은 아니다(대법원 1994. 1. 11. 선고 93누14752판결)."라고 판시하였다. 또한 "그 법률관계나 사실관계에 대하여 그 법률의 규정을 적용할 수 없다는 법리가 명백히 밝혀지지 아니하여 그 해석에 다툼의 여지가 있는 때에는 행정관청이 이를 잘못 해석하여 행정처분을 하였더라도 이는 그 처분 요건사실을 오인한 것에 불과하여 그 하자가 명백하다고 할 수 없는 것이고, 또한 행정처분의 대상이 되는 법률관계나 사실관계가 전혀 없는 사람에게 행정처분을 한 때에는 그 하자가 중대하고도 명백하다 할 것이나, 행정처분의 대상이 되지 아니하는 어떤 법률관계나 사실관계에 대하여 이를 처분의 대상이 되는 것으로 오인할 만한 객관적인 사정이 있는 경우로서 그것이 처분대상이 되는지의 여부가 그 사실관계를 정확히 조사하여야 비로소 밝혀질 수 있는 때에는 비록 이를 오인한 하자가 중대하다고 할지라도 외관상 명백하다고 할 수는 없다(대법원 2004. 10. 15. 선고 2002다68485판결, 동지판례 : 대법원 2012. 8. 23. 선고 2010두13463판결)."고 판시하였다.

제4절 | 행정행위의 흠의 구체적 유형

Ⅰ. 주체에 관한 흠

행정행위는 정당한 권한을 가진 자에 의하여, 그 권한에 속하는 사항에 관하여 정상적인 의사에 기하여 행해져야 한다.

1. 정당한 권한을 가진 행정기관 구성원이 아닌 자의 행위

공무원이 아닌 것이 명백한 사인이 공무원자격을 사칭하여 한 행위는 부존재에 해당한다.

(1) 행정기관구성원 자격에 결함이 있는 자의 행위

결격사유로 인해 공무원으로서의 선임행위가 무효 또는 취소된 자가 공무원으로서 행한 행위, 또는 면직, 임기 만료 후에 공무원으로서 행한 행위는 원칙적으로 무효이다. 다만 상대방에 대한 신뢰보호나 행정법 관계의 안정을 위하여 이른바 '사실상의 공무원(de facto Beamten)이론'에 따라 유효한 것으로 보아야 할 경우도 있을 것이다.

(2) 대리권이 없는 자의 행위

행정기관의 대리권이 없는 자가 행한 행위는 원칙적으로 무효이다. 다만 행위자가 대리권이 있는 것으로 상대방이 믿을 만한 상당한 이유가 있는 경우 표현대리가 성립할 수 있다.

(3) 적법하게 구성되지 않은 합의기관의 행위

적법한 소집이 없었거나, 정족수 미달, 결격자가 참여한 경우처럼 구성에 중대한 흠이 있는 합의기관의 행위는 원칙적으로 무효이다.

[판례]

> "입지선정위원회는 폐기물처리시설의 입지를 선정하는 의결기관이고, … 주민대표나 주민대표 추천에 의한 전문가의 참여 없이 의결이 이루어지는 등 입지선정위원회의 구성방법이나 절차가 위법한 경우에는 그 하자 있는 입지선정위원회의 의결에 터잡아 이루어진 폐기물처리시설 입지결정처분도 위법하게 된다." (대법원 2007. 4. 12. 선고 2006두20150판결)

2. 권한 외의 행위

행정기관의 권한에는 사항적, 지역적, 대인적 한계가 있으며, 이러한 권한에 속하지 않는 사항에 관한 행위, 즉 무권한행위는 원칙적으로 무효이다.

(1) 사항적 무권한의 예

재무부장관(현 기획재정부장관)에 의한 국내법인의 관리인 임면행위(대법원 1969. 1. 21. 선고 64누54판결)와 시장의 위임 없이 이루어진 동장의 유기장영업허가(대법원 1976. 2. 24. 선고 76누1판결)가 있다.

(2) 대인적 무권한의 예

조합원이 아닌 자에 대한 토지개량조합비 부과처분(대법원 1965. 2. 9. 선고 64누112판결)을 들 수 있다.

(3) 재물적 무권한의 예

세무서장의 귀속임야매각처분(대법원 1970. 4. 28. 선고 70다262판결)을 들 수 있다.

3. 행정기관의 의사에 결함이 있는 행위

기관구성원이 전혀 의사무능력(심신상실 중)인 상태에서 행한 행위나 물리적 강제(저항이 불가능한 상태)에 의한 행위는 무효이다. 행위무능력자(예 : 미성년자)의 행위는 신뢰보호의 견지에서 그 효력에 영향이 없다는 것이 통설이며, 착오로 인한 행위는 착오를 독립한 취소원인으로 보지 아니하는 것이 통설의 입장이다. 그러나 이에 대하여는 착오로 인한 행위 역시 사기 등에 의한 것과 마찬가지로 독립된 무효 또는 취소의 원인으로 보는 견해(의사설)와 대립되고 있다. 사기, 강박, 증수뢰에 의한 행위는 취소할 수 있는 행위가 될 뿐이라는 것이 다수설이다.

Ⅱ. 내용에 관한 흠

행정행위는 그 내용이 실현 가능하고 명확한 것이어야 하며, 법과 공익에 적합한 것이어야 한다. 내용이 사실상 또는 법률상 실현 불능이거나 불명확한 행위는 무효이며, 단순한 위법행위는 취소의 대상이 된다.

1. 내용이 실현 불능인 행위

내용이 실현 불능인 행위는 무효이다.

(1) 사실상 불능

기술적, 물리적으로 또는 사회통념상 실현 불능한 경우이다.

(2) 법률상 불능

법적 근거가 없거나 법령상 용인되지 않는 행위를 말한다. 법률상 불능은 다시 상대방, 물건, 법률관계의 불능으로 나누어진다.

1) 상대방에 대한 불능

사자에 대한 행위, 비영업자에 대한 사업소득세 부과처분 등을 예로 들 수 있다.

2) 물건에 대한 불능

"체납자가 아닌 제3자의 소유물건을 대상으로 한 압류처분은 그 하자가 객관적으로 명백한 것인지의 여부와는 관계없이 그 처분의 내용이 법률상 실현될 수 없는 것이어서 당연무효라고 하지 않을 수 없다."(대법원 1993. 4. 27. 선고 92누12117 판결)고 하였다.

3) 법률관계에 대한 불능

판매되지 않은 물품에 대한 물품세 부과처분을 예로 들 수 있다.

2. 내용이 불명확한 행위

내용이 불명확한 행위, 즉 사회통념상 행위의 내용을 인식할 수 없을 정도로 불명확, 불특정한 행위는 당연히 무효이다. 판례는 목적물의 불특정으로 인한 무효(대법원 1961. 3. 13. 선고 4292행상92판결), 범위가 불확정한 계고처분의 무효(대법원 1979. 8. 21. 선고 79누1판결), 목적물이 특정되지 않은 건물철거계고처분의 무효(대법원 1977. 7. 26. 선고 74누267판결) 등을 판시하고 있다.

3. 내용이 선량한 풍속에 반하는 행위

선량한 풍속이라는 개념은 불명확한 개념으로서 이에 반하는 행위를 바로 무효로 보는 것은 법적 안정성의 요청, 규범내용의 명확성의 요청, 개인의 권리보호 측면에서 문제가 있다. 또한 선량한 풍속은 시대의 변화에 따라, 시대의 도덕관념, 윤리성, 일반인의 인식 등에 의하여 그에 반하는지에 대한 판단이 영향을 받는 것이므로, 바로 무효의 효과를 인정하기 보다는 법원의 판단에 맡겨 그 시대의 사회상을 반영할 수 있게 하는 것이 옳을 것이다. 따라서 취소의 사유로 보는 것이 타당하다.

Ⅲ. 절차에 관한 흠

절차위반의 효과는 각각의 절차가 갖는 중요도 및 흠의 정도에 따라 개별적으로 판단할 문제이나, 그 절차하자의 중대성, 명백성이 인정될 경우에는 무효사유가 될 것이다.

1. 법률상 필요한 상대방의 신청 또는 동의를 결한 행위

협력을 요하는 행정행위에 있어서 상대방의 협력, 예컨대 출원이나 신청(예: 공업권허가, 귀하허가) 또는 상대방의 동의(예: 공무원 임명)가 없이 행해진 행정행위는 무효이다. 특히, 인가의 경우는 동의가 필요조건이므로 동의가 결여된 경우 무효이지만 허가의 경우에는 학설이 대립한다.

2. 필요한 공고 또는 통지를 결한 행위

통지 없이 행한 토지수용의 재결, 독촉절차를 거치지 않은 조세체납처분과 같이 이해관계인들이 자기이익보호를 위한 의견제출기회를 주지 않고 행한 행위는 무효이다. 공고나 통지 자체를 결여한 것이 아니라 그 절차에 단순한 흠이 있는 경우에는 당연무효가 아니라 취소할 수 있는 처분이라고 보아야 할 것이다.

3. 다른 기관의 필요적 협력을 결한 행위

법령상 다른 기관의 의결, 인가, 협의 등의 협력이 요구되는 경우, 이를 받지 않고 행한 행정행위는 원칙적으로 무효이다.

[판례]

[1] 환경영향평가를 거쳐야 할 대상사업에 대하여 환경영향평가를 거치지 아니하였음에도 불구하고 승인 등 처분이 이루어진다면, … 이러한 행정처분의 하자는 법규의 중요한 부분을 위반한 중대한 것이고 객관적으로도 명백한 것이라고 하지 않을 수 없어, 이와 같은 행정처분은 당연무효이다.
[2] 국방·군사시설 사업에 관한 법률 및 구 산림법(2002. 12. 30. 법률 제6841호로 개정되기 전의 것)에서 보전임지를 다른 용도로 이용하기 위한 사업에 대하여 승인 등 처분을 하기 전에 미리 산림청장과 협의를 하라고 규정한 의미는 그의 자문을 구하라는 것이지 그 의견을 따라 처분을 하라는 의미는 아니라 할 것이므로, 이러한 협의를 거치지 아니하였다고 하더라도 이는 당해 승인처분을 취소할 수 있는 원인이 되는 하자 정도에 불과하고 그 승인처분이 당연무효가 되는 하자에 해당하는 것은 아니라고 봄이 상당하다. (대법원 2006. 6. 30. 선고 2005두14363판결)

4. 이해관계인의 참여 또는 협의를 결한 행위

이해관계인의 이익의 보호 또는 조정을 목적으로 한 이해관계인의 참여 또는 협의 등을 결한 행정행위는 원칙적으로 무효이다. 예컨대 사전에 토지소유자 또는 관계인과 협의를 거치지 않고 행한 토지수용위원회의 재결이 그에 해당한다.

5. 필요한 청문 또는 의견진술의 기회를 주지 않는 행위

행정행위를 행함에 있어서 법에 규정된 소정의 청문이나 의견진술의 기회를 주지 않은 경우 그 행위는 원칙적으로 무효이다. 판례의 입장은 일관되어 있지 않으나, 취소사유로 판시한 경우가 많다.

[판례]

> "행정청이 침해적 행정처분을 함에 즈음하여 청문을 실시하지 않아도 되는 예외적인 경우에 해당하지 않는 한 반드시 청문을 실시하여야 하고, 그 절차를 결여한 처분은 위법한 처분으로서 취소사유에 해당한다." (대법원 2004. 7. 8. 선고 2002두8350판결)

Ⅳ. 형식에 관한 흠

1. 문서에 의하지 아니한 행위

재결서에 의하지 않은 행정심판의 재결, 독촉장에 의하지 않은 납세독촉 등과 같이 소정의 문서형식을 갖추지 않은 행위는 무효이다(대법원 1970. 3. 24. 선고 69누724판결).

2. 서명 또는 날인을 결한 행위

법률이 행정행위가 권한 있는 기관에 의한 것임을 확실히 하기 위하여 서명, 날인을 요구하는 경우 이를 결여하면 무효사유가 된다.

3. 이유제시를 결한 행위

법률상 이유의 제시, 근거의 제시 등의 요구되어 있는 경우(「행정절차법」제23조 등), 그것을 결한 행정행위는 원칙적으로 무효이다. 그러나 취소할 수 있다고 본 판례(대법원 1994. 3. 25. 선고 93누19542판결)도 있다.

제5절 | 흠 있는 행정행위의 치유와 전환

Ⅰ. 개설

행정행위에 흠이 있더라도 이를 유지시키거나 다른 행위로 전환하는 것이 법적 생활의 안정, 신뢰보호에 적합한 결과일 수도 있다. 이러한 견지에서 행정법에 있어서도 흠 있는 행정행위의 치유(Heilung)와 전환(Umdeutung)을 각각 학설과 판례를 통해 인정하고 있다.

[판례]

"하자있는 행정행위의 치유나 전환은 행정행위의 성질이나 법치주의의 관점에서 볼때 원칙으로 허용될 수 없는 것이지만, 행정행위의 무용한 반복을 피하고 당사자의 법적안정성을 위해 이를 허용하는 때에도 국민의 권리와 이익을 침해하지 않는 범위에서 구체적 사정에 따라 합목적적으로 인정해야 할 것이다." (대법원 1983. 7. 26. 선고 82누420판결)

Ⅱ. 흠 있는 행정행위의 치유

1. 개념

흠 있는 행정행위의 치유란 성립 당시에 적법 요건상 흠이 있는 행정행위라고 하더라도 그 흠의 원인이 되었던 법적 요건을 사후에 보완하거나, 그 흠이 취소원인이 될 만한 가치를 상실하게 됨으로써 행위의 효력을 유지하도록 하는 것이다. 흠의 치유는 신뢰보호·법적 안정성·공공복리·행정행위의 불필요한 반복의 가능성을 원천적으로 회피하는 데 그 취지가 있다.

2. 무효인 행정행위의 치유 가능성

종래의 통설과 판례는 행정행위의 흠의 치유는 취소사유에 한하여 인정되는 것으로 보았다. 그러나 무효와 취소의 상대화를 전제로 무효에도 치유를 인정하는 견해도 있다.

무효인 행정행위의 치유를 인정하는 것은 법적 생활의 안정을 해칠 수 있으며, 무효인 행정행위는 처음부터 당연히 어떠한 효력도 발생하지 않는 것이므로 본래의 행정행위로서는 효력을 발생할 수 없기 때문에 그의 치유는 인정될 수 없다.

> [판례]
>
> ① "징계처분이 중대하고 명백한 흠 때문에 당연무효의 것이라면 징계처분을 받은 자가 이를 용인하였다 하여 그 흠이 치유되는 것은 아니다." (대법원 1989. 12. 12. 선고 88누8869판결)
>
> ② "면허의 취소처분에는 그 근거가 되는 법령이나 취소권 유보의 부관 등을 명시하여야 함은 물론 처분을 받은 자가 어떠한 위반사실에 대하여 당해 처분이 있었는지를 알 수 있을 정도로 사실을 적시할 것을 요하며, 이와 같은 취소처분의 근거와 위반사실의 적시를 빠뜨린 하자는 피처분자가 처분당시 그 취지를 알고 있었다거나 그 후 알게 되었다 하여도 치유될 수 없다." (대법원 1990. 9. 11. 선고 90누1786판결).

3. 치유의 사유

치유의 사유로는 일반적으로 ① 흠결된 요건의 사후보완(예: 허가나 등록요건의 사후충족, 요식행위의 형식보완 등), ② 장기간 방치로 인한 법률관계의 확정(흠 있는 행정행위의 내용실현), ③ 취소를 불허하는 공익상 요구의 발생(흠 있는 토지수용에 의한 댐건설), ④ 사실상 공무원, 표현대리 등을 예로 들 수 있다. 그러나 ②와 ③은 행정행위의 취소의 제한사유이고, ④의 경우 역시 하자의 치유문제라기 보다는 신뢰보호의 견지에서 인정되는 예외적 법적 효과로서 논의될 성질의 문제이다. 따라서 ①만이 엄밀한 의미의 치유의 사유에 해당한다.

4. 효과

행정행위의 흠의 치유를 통해 치유된 행정행위는 본래 행정행위의 성립시점으로 소급하여 그 효력을 유지하게 된다.

5. 치유의 가능시기

하자의 보완으로 인한 하자의 치유가 어느 시점까지 가능한지에 대해 견해가 대립되고 있는데, 이에 대해서는 행정쟁송제기 전까지 가능하다는 견해, 행정소송 제기 전까지 가능하다는 견해, 처분에 대한 불복여부결정 및 불복신청에 편의를 줄 수 있는 상당기간 내에 가능하다는 견해가 있다. 판례는 불복 여부의 결정 및 불복신청에 편의를 줄 수 있는 상당한 기간 내에 하여야 한다고 하여 행정쟁송 제기 전까지 가능하다는 견해의 입장으로 보인다.

[판례]

"과세처분시 세액의 산출근거 등이 누락된 경우에는 늦어도 과세처분에 대한 불복 여부의 결정 및 불복신청에 편의를 줄 수 있는 상당한 기간 내에 보정행위를 하여야 그 하자가 치유된다." (대법원 1993. 7. 13. 선고 92누13981판결)

Ⅲ. 흠 있는 행정행위의 전환

1. 개념

통설은 행정행위가 원래의 행정행위로서는 무효이지만 이를 다른 행정행위로 보면 그 요건충족을 인정할 수 있다면 그것에 다른 행정행위로서의 효력을 인정하는 것으로 정의한다. 그러나 최근 반드시 무효인 행정행위에 대해서만 전환을 인정할 것은 아니라는 반론이 제기되고 있으므로, 이를 '흠 있는 행정행위를 다른 행정행위로 유지시키는 것을 말한다.'라고 정의하는 것이 타당하다. 예로 사자에 대한 광업권허가나 조세부과를 그 상속인에 대한 것으로 처리하는 것을 들 수 있다.

2. 전환의 허용여부

일반적으로 다음과 같은 경우에는 흠 있는 행정행위의 전환이 인정되지 않는다.

① 전환이 행정청의 의도에 명확히 반하는 경우
② 관계인에게 당초 의도된 행정행위 보다 더 불이익으로 되는 경우
③ 흠 있는 행정행위의 취소가 허용되지 않는 경우
④ 기속행위의 재량행위로서 전환은 금지된다.

3. 전환의 요건

흠 있는 행정행위에 대해 전환이 인정되기 위해서는 다음과 같은 일정한 요건이 갖추어져야 한다.
① 흠 있는 행정행위와 전환될 행정행위 양자 사이에 요건 목적 효과에 있어서 실질적 공통성이 인정될 것
② 전환될 행정행위의 성립 효력요건을 갖추고 있을 것
③ 흠 있는 행정행위를 한 행정청의 의도에 반하는 것이 아니할 것
④ 당사자가 그 전환을 의욕할 것
⑤ 제3자의 이익을 침해하지 아니할 것

4. 전환의 법적 성질

흠 있는 행정행위의 전환은 그 자체가 독립적인 행정행위의 성질을 갖는다. 관계자는 행정쟁송의 방법을 통하여 그 전환을 다툴 수 있다. 이 경우 법원은 주체가 될 수 없고 처분청과 행정심판위원회만이 주체가 된다.

5. 전환의 효과

전환으로 인해 생긴 새로운 행정행위는 종전의 행정행위의 발령 당시에 소급해서 효력을 발생한다.

제6절 | 행정행위의 흠의 승계

Ⅰ. 개념

행정행위의 흠의 승계 문제는 둘 이상의 행정행위가 연속적으로 행해지는 경우에 선행 행정행위의 흠이 후행 행정행위에 승계되는가, 즉 선행 행정행위의 흠을 이유로 후행 행정행위를 다툴 수 있는가 하는 것이 그 대상이 된다.

<흠의 승계를 위한 기본적 전제>
① 선행 행정행위에는 흠이 존재하나 후행 행정행위에는 흠이 존재하지 않는다.
② 선행 행정행위의 흠은 무효사유가 아닌 취소사유에 해당한다.
③ 선행 행정행위의 흠을 당사자가 쟁송제기기간 내에 다투지 않아 불가쟁력이 발생한 경우이다.

Ⅱ. 논의의 의미

불가쟁력이 발생한 행정행위를 후에 다시 다툴 수 있다고 한다면, 불가쟁력을 인정한 법제도의 취지(법적 안정성과 행정의 능률적 수행)가 몰각될 수 있다. 그러나 선행행위의 위법성을 이유로 후행행위를 다툴 수 있도록 하는 것이 당사자의 권리보호나 개별적인 경우에 있어서 실질적 정의 또는 구체적 타당성을 확보할 수 있는 경우가 있다. 결국 양자의 조화가 문제이다.

Ⅲ. 흠의 승계에 관한 학설과 판례

1. 전통적 견해

선행행위와 후행행위가 결합하여 하나의 효과를 완성하는 것인 경우 선행행위의 흠이 후행행위에 승계된다.

〈예〉 조세체납처분에 있어서의 독촉·압류·매각의 각 행위사이, 대집행에 있어서의 계고·대집행영장에 의한 통지·대집행실행·비용징수의 각 행위사이, 국토교통부장관의 사업인정과 토지수용위원회의 재결

선행행위와 후행행위가 서로 독립하여 별개의 효과를 발생하는 것인 경우, 선행행위가 당연무효이지 않는 한 그 흠이 후행행위에 승계되지 않는다.
〈예〉 과세처분과 체납처분, 직위해제처분과 면직처분, 도시계획결정과 수용재결처분, 건물철거명령과 대집행행위

2. 구속력이론

(1) 학설의 내용

동일한 법적 효과를 추구하는 행정작용이 여러 단계를 거쳐서 행해지는 경우에는 선행 행정행위는 그에 따르는 후행 행정행위에 대하여 판결의 기판력에 준하는 (또는 이와 유사한) 구속력("선행 행정행위의 후행 행정행위에 대한 구속력"이나 "규준력" 또는 "기결력"으로 지칭)이 인정되며, 이러한 구속력이 미치는 범위에서는 후행 행정행위에 대하여 선행 행정행위의 효과와는 다른 주장을 할 수 없다고 한다. 즉, 선행행위의 위법성을 이유로 후행행위의 취소를 청구할 수 없게 된다. 그러나 이때의 선행 행정행위의 구속력(Bestandkraft)은 후행 행정행위와의 일정한 관련성을 필요로 하며, 이에 따라서 일정한 한계 하에서만 구속력을 인정할 수 있다.

(2) 구속력과 흠 승계의 요건

선행 행정행위와 후행 행정행위 사이에 구속력이 발생하기 위해서는 다음과 같은 요건 또는 한계가 충족되어야 한다. 선행 행정행위의 후행 행정행위에 대한 구속력이 발생하면 흠의 승계는 원칙적으로 부인된다.

1) 사물적 요건(한계)

양 행정행위가 동일한 목적을 추구하여 그 법적 효과가 일치되어야 하며(이 주장에 따르면 과세처분과 체납처분, 건물의 철거명령과 대집행의 계고 사이에는 규율대상 내지 규율효과에 있어서 일치성이 있다고 한다. 이에 반하여 공무원의 직위해제와 직위면직처분 사이에는 규율대상의 일치성이 희박하다고 한다.

2) 대인적 요건(한계)

선후의 양 행정행위의 수범자가 일치되어야 한다.

3) 시간적 요건(한계)

선행 행정행위의 사실상태 및 법적 상태가 동일하게 유지되는 한도 내에서만 선행 행정행위의 후행 행정행위에 대한 구속력이 미친다.

4) 추가적 요건 - "예측가능성과 수인가능성"

선행 행정행위와 후행 행정행위 사이에 흠의 승계가 인정되기 위해서는 일정한 조건이 충족되어야 하는데, 이를 추가적 요건이라 한다. 선행 및 후행 행정행위의 수범자가 선행행정행위의 구속력을 미리 예측할 수 있고, 수인할 수 있는 경우일 것을 필요로 한다. 이러한 추가적 요건, 즉 예측가능성과 수인가능성이 전통적 견해와 구속력설을 구별하는 실질적 기준이라 할 수 있다.

(3) 흠의 승계를 위한 전통적 견해의 요건과 구속력설의 요건의 차이

전통적 견해는 선행 행정행위와 후행 행정행위 간의 법률효과의 동일성이 인정되는 경우, 즉 이를 인정할 수 있는 요건(적극적 요건)이 갖추어진 경우에 흠의 승계가 인정된다는 입장이다. 이에 비해 구속력설은 구속력의 발생요건(사물적·대인적·시간적 요건)이 갖추어지면 선행행정행위의 후행행정행위에 대한 구속력으로 인해 흠의 승계는 원칙적으로 이루어지지 않음에도 불구하고 예측가능성과 수인가능성이라는 추가적 요건이 충족되는 경우에는 구속력이 배제되어 흠의 승계가 이루어진다고 한다.

3. 판 례

(1) 흠의 승계를 인정한 판례

- ▶ 안경사 합격취소처분과 면허취소처분의 관계(대법원 1993. 2. 9. 선고 92누4567판결)
- ▶ 행정대집행에 있어서 위법한 계고처분과 대집행비용의 납부처분 사이(대법원 1993. 11. 9. 선고 93누14271판결)
- ▶ 대집행 계고처분과 대집행영장발부통보처분사이(대법원 1996. 2. 9. 선고 95누12507판결)
- ▶ 표준공시지가결정과 수용재결결정사이(대법원 2008. 8. 21. 선고 2007두13845판결)

(2) 흠의 승계를 인정하지 않은 판례

- ▶ 선행 과세처분과 후행 체납처분사이(대법원 1961. 10. 26. 선고 4292행상73판결)
- ▶ 선행 직위해제처분과 후행 직권면직처분사이(대법원 1971. 9. 29. 선고 71누96판결)
- ▶ 표준공시지가와 토지초과이득세부과처분 사이(대법원 1997. 9. 26. 선고 96누7649판결)
- ▶ 토지구획정리사업 시행인가처분과 환지청산금부과처분 사이(대법원 2004. 10. 14. 선고 2002두424판결)

(3) 구속력설에 따른 판례

[대법원 1994. 1. 25. 선고 93누8542판결]

① "두개 이상의 행정처분이 연속적으로 행하여지는 경우 선행처분과 후행처분이 서로 결합하여 1개의 법률효과를 완성한 때에는 선행처분에 하자가 있으면 그 하자는 후행처분에 승계되므로 선행처분에 불가쟁력이 생겨 그 효력을 다툴 수 없게 된 경우에도 선행처분의 하자를 이유로 후행처분의 효력을 다툴 수 있는 반면 선행처분과 후행처분이 서로 독립하여 별개의 법률효과를 목적으로 한 때에는 선행처분에 불가쟁력이 생겨 그 효력을 다툴 수 없게 된 경우에는 선행처분의 하자가 중대하고 명백하여 당연 무효인 경우를 제외하고는 선행처분의 하자를 이유로 후행처분의 효력을 다툴 수 없는 것이 원칙이다. 그러나 선행처분의 불가쟁력이나 구속력이 그로 인하여 불이익을 입게 된 자에게 수인한도를 넘는 가혹함을 가져오며, 그 결과가 당사자에게 예측가능한 것이 아닌 경우에는 국민의 재판받을 권리를 보장하고 있는 헌법의 이념에 비추어 선행처분의 후행처분에 대한 구속력은 인정될 수 없다."

② "개별공시지가결정은 이를 기초로 한 과세처분 등과는 별개 독립된 처분으로서 서로 독립하여 별개의 법률효과를 목적으로 하는 것이나. 개별공시지가는 이를 토지소유자나 이해관계인에게 개별적으로 고지하도록 되어 있는 것이 아니어서 토지소유자 등이 개별공시지가결정 내용을 알고 있었다고 전제하기도 곤란할 뿐만 아니라 결정된 개별공시지가가 지신에게 유리하게 작용될 것이지 또는 불이익하게 작용될 것인지 여부를 쉽사리 예견할 수 있는 것도 아니며, 더욱이 비로소 권리구제의 길을 찾은 것이 우리 국민의 권리의식임을 감안하여 볼 때 토지소유자 등으로 하여금 결정된 개별공시지가를 기초로 하여 장차 과세처분 등이 부과된 경우 정해진 시정절차를 통하여 이를 시정하도록 요구하는 것은 부당하게 높은 주의의무를 지우는 것이라고 아니할 수 없고, 위법한 개별공시지가결정에 대하여 그 정해진 시정절차를 통하여 이를 시정하도록 요구하는 것은 부당하게 높은 주의의무를 지우는 것이라고 아니할 수 없고, 위법한 개별공시지가결정에 대하여 그 정해진 시정절차를 통하여 시정하도록 요구하지 아니하였다는 이유로 위법한 개별공시지가를 기초로 한 과세처분 등 후행 행정처분에서 개별공시지가의 위법을 주장할 수 없도록 하는 것은 수인한도를 넘는 불이익을 강요하는 것으로서 국민의 재산권과 재판받을 권리를 보장한 「헌법」의 이념에도 부합하는 것이 아니라고 할 것이므로, 개별공시지가결정에 위법이 있는 경우에는 그 자체를 행정소송의 대상이 되는 행정처분으로 보아 그 위법을 다툴 수 있음은 물론 이를 기초로 한 과세처분 등 행정처분의 취소를 구하는 행정소송에서도 선행처분인 개별공시지가결정의 위법을 독립된 위법 사유로 주장할 수 있다고 해석함이 타당하다."

[대법원 2008. 8. 21. 선고 2007두13845판결]

"표준지공시지가결정은 이를 기초로 한 수용재결 등과는 별개의 독립된 처분으로서 서로 독립하여 별개의 법률효과를 목적으로 하지만, 표준지공시지가는 이를 인근 토지의 소유자나 기타 이해관계인에게 개별적으로 고지하도록 되어 있는 것이 아니어서 인근 토지의 소유자 등이 표준지공시지가결정 내용을 알고 있었다고 전제하기가 곤란할 뿐만 아니라, 결정된 표준지공시지가가 공시될 당시 보상금 산정의 기준이 되는 표준지의 인근 토지를 함께 공시하는 것이 아니어서 인근 토지 소유자는 보상금 산정의 기준이 되는 표준지가 어느 토지인지를 알 수 없으므로, 인근 토지 소유자가 표준지의 공시지가가 확정되기 전에 이를 다투는 것은 불가능하다. 더욱이 장차 어떠한 수용재결 등 구체적인 불이익이 현실적으로 나타나게 되었을 경우에 비로소 권리구제의 길을 찾는 것이 우리 국민의 권리의식임을 감안하여 볼 때, 인근 토지소유자 등으로 하여금 결정된 표준지공시지가를 기초로 하여 장차 토지보상 등이 이루어질 것에 대비하여 항상 토지의 가격을 주시하고 표준지공시지가결정이 잘못된 경우 정해진 시정절차를 통하여 이를 시정하도록 요구하는 것은 부당하게 높은 주의의무를 지우는 것이고, 위법한 표준지공시지가결정에 대하여 그 정해진 시정절차를 통하여 시정하도록 요구하지 않았다는 이유로 위법한 표준지공시지가를 기초로 한 수용재결 등 후행 행정처분에서 표준지공시지가결정의 위법을 주장할 수 없도록 하는 것은 수인한도를 넘는 불이익을 강요하는 것으로서 국민의 재산권과 재판받을 권리를 보장한 헌법의 이념에도 부합하는 것이 아니다. 따라서 표준지공시지가결정이 위법한 경우에는 그 자체를 행정소송의 대상이 되는 행정처분으로 보아 그 위법 여부를 다툴 수 있음은 물론, 수용보상금의 증액을 구하는 소송에서도 선행처분으로서 그 수용대상 토지 가격 산정의 기초가 된 비교표준지공시지가결정의 위법을 독립한 사유로 주장할 수 있다."

제9장 행정행위의 취소

행정행위의 폐지(Aufhebung)란 행정청 또는 법원의 특별한 결정에 의하여 행정행위의 유효성(Rechgswirksamkeit)을 제거하는 것이다. 행정행위의 유효성을 제거하는 방법으로 직권취소, 쟁송취소 및 철회가 있다.

제1절 | 직권취소의 의의

행정행위의 직권취소란 유효한 행정행위를 그 행위에 위법 또는 부당한 흠이 있음을 이유로 직권으로 효력을 소멸시키는 것을 말한다.
▶ 최협의 취소 : 직권취소
▶ 협의의 취소 : 직권취소와 쟁송취소
▶ 광의의 취소 : 협의의 취소에 무효선언과 철회를 포함한다.

제2절 | 직권취소의 취소권자와 취소권의 근거

Ⅰ. 처분청

처분청이 행정행위를 할 수 있는 권한 중에는 취소권이 포함된다(통설, 대법원 2002. 5. 28. 선고 2001두9653판결). 따라서 별도로 취소에 대한 법적 근거를 요하지 않는다.

Ⅱ. 감독청

법령상 명문의 규정이 있는 경우는 「정부조직법」 제11조, 제16조, 「지방자치법」제169조 등이 있다. 그 이외의 경우에 감독청이 하위행정청의 행위를 취소할 수 있는 권한이 있는지에 대해 학설이 대립한다.

1. 소극설

법령상 처분청에 대해 취소를 명할 수 있을 뿐, 스스로 취소할 수 없다.

2. 적극설

감독의 목적달성을 위해서는 감독청은 당연히 취소권을 갖는다.

3. 소결

상급감독관청의 감독권이라 하여도 스스로 하급관청의 처분권한을 직접 행사할 수 있는 권한까지 포함되는 것은 아니다. 마찬가지로 처분의 취소권 역시 그 감독권에 포함되는 것은 아니라고 할 것이다.

제3절 | 취소사유

일반적으로 직권취소의 경우 단순 위법한 행정행위뿐만 아니라 부당한 행정행위까지도 직권취소의 대상이 된다.

제4절 | 취소권의 제한

행정행위의 직권취소는 행정의 적법성을 확보하기 위한 행정의 자기통제라 할 수 있다. 그러나 이러한 직권취소가 이미 형성되어 있는 법적 안정성을 해치거나 관계인의 신뢰보호를 훼손하는 경우에는 직권취소는 오히려 또 다른 위법을 초래할 수 있다. 따라서 직권취소는 일정한 경우 제한되며, 행정청은 대상 행정행위와 관계된 제반 이익을 형량하여 당해 행정행위를 취소함으로써 얻는 가치가 취소하지 않음으로써 얻게 될 가치보다 큰 경우에 한하여 직권취소권이 인정된다고 할 수 있다.

Ⅰ. 부담적 행정행위의 취소

위법한 행정행위의 제거를 요구하는 행정의 적법성원칙과 기존의 행정행위의 유지를 요구하는 법적 안정성의 원칙이 대립한다. 행정행위의 취소가 상대방의 이익으로 작용한다.

Ⅱ. 수익적 행정행위의 취소

1. 취소권의 제한

적법한 상태의 회복을 요구하는, 따라서 위법한 행정행위의 취소를 요구하는 행정의 적법성원칙과 수익적 행정행위로 이익을 받은 자가 행정행위의 존속에 대해 가지는 신뢰보호의 요구, 즉 위법한 행정행위의 유지를 요구하는 신뢰보호의 원칙이 서로 대립한다.

2. 신뢰보호원칙의 적용기준

(1) 신뢰보호의 요건

일반적인 신뢰보호의 요건으로는 ① 행정기관의 선행조치, ② 신뢰의 보호가치성, ③ 관계자의 신뢰에 기인한 처리, ④ 권익침해가 있다.

(2) 신뢰의 보호가치

신뢰보호의 원칙이 보장되기 위해서는 당사자의 신뢰가 보호가치가 있는 것이어야 한다. 그러나 ① 수익자가 부정한 수단으로 행정행위를 발급받았거나, ② 그가 위법성을 알았어야 했을 때, 또는 ③ 그 위법성이 자기의 책임영역에 속할 경우에는 신뢰의 보호가치가 부정된다.

[판례]

"행정처분에 하자가 있음을 이유로 처분청이 이를 취소하는 경우에 그 처분이 국민에게 권리나 이익을 부여하는 이른바 수익적 행정행위인 때에는 그 처분을 취소하여야 할 공익상 필요와 그 취소로 인하여 당사자가 입게 될 불이익을 비교 교량한 후 공익상 필요가 당사자가 입을 불이익을 정당화할 만큼 강한 경우에 한하여 이를 취소할 수 있으나, 그 처분의 하자가 당사자의 사실은폐나 기타 사위의 방법에 의한 신청행위에 기인한 것이라면 당사자는 그 처분에 의한 이익이 위법하게 취득되었음을 알아 그 취소가능성도 예상하고 있었으므로 그 자신이 위 처분에 관한 신뢰이익을 원용할 수 없음은 물론 행정청이 이를 고려하지 아니하였다고 하여도 재량권이 남용이 되지 아니하고, 당사자의 사실은폐나 기타 사위의 방법에 의한 신청행위가 제3자를 통하여 소극적으로 이루어졌다고 하여 이를 달리 볼 것도 아니고 또한 사후에 새로이 위 처분에 필요한 자격요건을 갖추었다고 하여 자격미달자에 대한 행정처분의 하자가 치유된다고 볼 수도 없다." (대법원 1995. 7. 28. 선고 95누4926판결, 동지판례 : 대법원 1995. 1. 20. 선고 94누6529판결 ; 대법원 1994. 8. 23. 선고 94누4882판결 ; 대법원 1994. 3. 22. 선고 93누18969판결)

제5절 | 취소의 절차

특별한 규정이 없는 한 특별한 절차를 요하지 않는 것이 원칙이나, 인·허가 등과 같은 수익적 행정행위의 취소에 있어서는 법령이 상대방의 이익을 보호하고 취소의 공정성·신중성을 확보하기 위하여 청문 등의 절차를 규정하고 있는 경우(「하천법」 제91조 등)가 적지 않다.

제6절 | 취소의 효과

취소의 효과는 소급하는 것이 원칙이다. 그러나 구체적인 경우 이익형량에 의하여 소급효를 제한한다. 취소의 원인이 당사자에게 있지 않고, 이미 완결된 법률관계 또는 법률사실을 제거하지 않으면 취소의 목적을 달성할 수 없는 경우가 아니라면, 법적 안정성 내지 신뢰보호의 관점에서 장래에 향해서만 발생한다. 다만 쟁송취소의 경우에는 취소의 효과가 언제나 소급하여 발생한다.

[판례]

> "피고인이 행정청으로부터 자동차 운전면허취소처분을 받았으나 나중에 그 행정처분 자체가 행정쟁송절차에 의하여 취소되었다면, 위 운전면허취소처분은 그 처분 시에 소급하여 효력을 잃게 되고 피고인은 위 운전면허취소처분에 복종할 의무가 원래부터 없었음이 후에 확정되었다고 봄이 타당할 것이고, 행정행위에 공정력의 효력이 인정된다고 하여 행정소송에 의하여 적법하게 취소된 운전면허취소처분이 단지 장래에 향하여서만 효력을 잃게 된다고 볼 수는 없다." (대법원 1999. 2. 5. 선고 98도4239판결).

제7절 | 취소의 취소

직권취소 역시 행정행위인 한, 그 흠의 법적 효과에 관해서는 일반원리가 타당하다. 그런데 직권취소에 취소사유인 흠이 있는 경우 이를 다시 직권으로 취소할 수 있는지에 대하여는 견해의 대립이 있다.

Ⅰ. 학설

1. 소극설

법령에 명문의 규정이 없는 한, 취소에 의하여 이미 소멸한 행정행위의 효력을 다시 소생시킬 수는 없으므로 취소처분을 취소하여 원 처분을 소생시키려면 원처분과 같은 내용의 행위를 다시 행할 수밖에 없다.

2. 적극설

직권취소 역시 행정행위의 일종이므로 그에 하자가 있으면 행정행위의 취소에 관한 일반원칙에 따라 취소할 수 있다(통설).

3. 절충설

부담적 행정행위의 경우 취소의 취소에 의해 행정행위의 효력을 다시 소생시킬 수 없으나, 수익적 행정행위는 이해관계 있는 제3자가 개입되기 전이라면 취소의 취소를 인정할 수 있다.

Ⅱ. 판례

판례의 태도는 일정하지 않으나 문헌에서는 대체로 판례의 입장을 취소처분의 재취소를 인정하고 있는 것으로 본다.

[판례]

① "「국세기본법」제26조 제1호는 부과의 취소를 국세납부의무 소멸사유의 하나로 들고 있으나, 그 부과의 취소에 하자가 있은 경우의 부과의 취소의 취소에 대하여는 법률이 명문으로 그 취소요건이나 그에 대한 불복절차에 대하여 따로 규정을 둔 바도 없으므로, 설사 부과의 취소에 위법사유가 있다고 하더라도 당연무효가 아닌 한 일단 유효하게 성립하여 부과처분을 확정적으로 상실시키는 것이므로, 과세관청은 부과의 취소를 다시 취소함으로써 원 부과처분을 소생시킬 수는 없고 납세의무자에게 종전의 과세대상에 대한 납부의무를 지우려면 다시 법률에서 정한 부과절차에 쫓아 동일한 내용의 새로운 처분을 하는 수밖에 없다." (대법원 1995. 3. 1. 선고 94누7027판결, 동지 판례 : 대법원 1979. 5. 8. 선고 77누61판결)

② "집합건물인 사실을 은폐하고 구분소유자의 승낙서류를 첨부하지 아니한 채 옥외광고물표시 허가를 받았다가, 뒤에 행정청으로부터 그 승낙서류의 보완을 지시받고도 제대로 보완하지 아니하여 허가를 취소당하였다면, 수익적 처분의 취소에 관한 재량권 남용이 있다고 할 수 없다." (대법원 1996. 10. 25. 선고 95누14190판결)

제10장 행정행위의 철회

제1절 | 철회의 의의

Ⅰ. 의의

흠 없이 성립한 행정행위에 대해 그의 효력을 존속시킬 수 없는 새로운 사정이 발생하였음을 이유로 그의 효력을 소멸시키는 독립한 행정행위이다.

Ⅱ. 취소와의 구별

취소는 행정행위 성립 당시의 흠의 시정에, 철회는 행정행위가 적법·유효하게 성립한 후 새로이 변화한 사정에의 적합에 1차적 목적을 두고 있다.

제2절 | 철회권자

처분청만이 할 수 있으며, 감독청은 법률에 근거가 있는 경우에 한하여 철회권을 가진다.

제3절 | 법적근거

부담적 행정행위의 철회와 수익적 행정행위의 철회의 법적 근거와 관련하여 판례는 "행정행위를 한 처분청은 비록 그 처분 당시에 별다른 하자가 없었고, 또 그 처분 후에 이를 취소할 별도의 법적 근거가 없다 하더라도 원래의 처분을 존속시킬 필요가 없게 된 사정변경이 생겼거나 또는 중대한 공익상의 필요가 발생하는 경우에는 그 효력을 상실케 하는 별개의 행정행위로 이를 취소할 수 있다(대법원

1995. 5. 26. 선고 94누8266판결, 동지판례 : 대법원 1989. 4. 11. 선고 88누4782 판결 ; 대법원 1992. 1. 17. 선고 91누3130판결 ; 대법원 1995. 2. 28. 선고 94누7713판결)."라고 판시하였다.

제4절 ǀ 철회사유

철회가 인정될 수 있는 경우에 해당하는 철회사유로 다음과 같은 사유가 예시될 수 있다.

① 법률이 철회의 권한을 수권하고 있는 경우
② 행정행위를 발함에 있어서 철회권을 유보한 경우
③ 행정행위에 부관으로서 부담이 붙여져 있음에도 불구하고 수익자가 부담을 전혀 또는 정해진 기한 내에 이행하지 않은 경우
④ 사후에 발생한 사실을 이유로 행정청이 당해 행정행위를 발하지 않을 권한이 있으며 또한 철회를 하지 않으면 공익을 해칠 우려가 있는 경우
⑤ 법규정의 변경으로 행정청이 당해 행정행위를 발하지 않을 권한이 있으며, 당사자가 행정행위의 수익을 아직 취하지 않았으며 철회를 하지 않으면 공익을 해칠 우려가 있는 경우
⑥ 공공복리에 대한 중대한 장해를 예방 또는 제거하기 위하여 필요한 경우

[판례]

"구 농림수산부장관은 매립공사의 준공인가 전에 공유수면의 상황 변경 등 예상하지 못한 사정변경으로 인하여 공익상 특히 필요한 경우에는 같은 법에 의한 면허 또는 인가를 취소·변경할 수 있는바, 여기에서 사정변경이라 함은 공유수면매립면허처분을 할 당시에 고려하였거나 고려하였어야 할 제반 사정들에 대하여 각각 사정변경이 있고, 그러한 사정변경으로 인하여 그 처분을 유지하는 것이 현저히 공익에 반하는 경우라고 보아야 할 것이며, 위와 같은 사정변경이 생겼다는 점에 관하여는 그와 같은 사정변경을 주장하는 자에게 그 입증책임이 있다" (대법원 2006. 3. 16. 선고 2006두330 전원합의체 판결)

제5절 | 철회권의 제한

사실 또는 법상태의 변화에 의하여 적법하였던 행정행위가 더 이상 현행법에 일치하지 않게 된 경우에 있어서, 철회는 법적안정성 및 신뢰보호원칙과 법률적 합성의 원칙 사이에 이익형량이 행해져야 한다. 신뢰보호의 원칙은 수익적 행정행위의 철회의 경우 그의 취소의 경우보다 더 강력한 적용을 받게 된다. 다만, 신뢰보호원칙은 행정청의 언동·조치 등에 대한 신뢰가 보호할 만한 것인 때 이러한 신뢰에 기한 사인의 조치는 보호되어야 한다는 법리인데, 상대방의 의무위반 또는 법령위반사유에 기하여 행정행위의 철회가 행해진 경우에는 이 원칙이 적용될 여지가 없다. 비례원칙은 특히 부담의 불이행을 이유로 철회를 하는 경우에 적용된다.

[판례]

"그 면허정지처분이 효력을 발생함으로써 그 처분의 존속에 대한 신뢰가 이미 형성되었다 할 것이고 또한 그와 같은 처분의 존속이 현저히 공익에 반한다고는 보이지 아니하므로, 동일한 사유에 관하여 보다 무거운 면허취소처분을 하기 위하여 이미 행하여진 가벼운 면허정지처분을 취소하는 것은 선행처분에 대한 당사자의 신뢰 및 법적 안정성을 크게 저해하는 것이 되어 허용될 수 없다 할 것이다." (대법원 2000. 2. 25. 선고 99두10520판결)

제6절 | 철회의 절차와 효과

철회의 절차로 법령에 의해 정해진 일반적인 절차는 없으며 철회와 관련하여 청문절차가 개별법(「공중위생관리법」 제12조 등)에 규정되어 있는 경우도 있다. 철회는 장래에 향하여 효과를 미치는 것이 원칙이다.

제7절 | 복수허가의 일부철회 가능성

하나의 행정처분이라도 가분성이 있거나 그 처분대상의 일부가 특정될 수 있다면 그 일부만의 철회도 가능하고 그 일부의 철회는 당해 철회부분에 관하여 효력이 생긴다.

[판례]

① "제1종 보통, 대형 및 특수 면허를 가지고 있는 자가 레이카크레인을 음주운전한 행위는 제1종 특수면허의 취소사유에 해당될 뿐 제1종 보통 및 대형면허의 취소사유는 아니다." (대법원 1995. 11. 16. 선고 95누8850판결)

② "제1종 보통면허로 운전할 수 있는 차량을 음주운전한 경우에 이와 관련된 면허인 제1종 대형면허와 원동기장치자전거면허까지 취소할 수 있는 것으로 보아야한다." (대법원 1994. 11. 25. 선고 94누9672판결, 동지판례 : 대법원 2005. 3. 11. 선고 2004두12452판결)

③ "제1종 대형, 제1종 보통 자동차운전면허를 가지고 있는 갑이 배기량 400cc의 오토바이를 절취하였다는 이유로 지방경찰청장이 도로교통법 제93조 제1항 제12호에 따라 갑의 제1종 대형, 제1종 보통 자동차운전면허를 모두 취소한 사안에서, 도로교통법 제93조 제1항 제12호, 도로교통법 시행규칙 제91조 제1항 [별표 28] 규정에 따르면 그 취소 사유가 훔치거나 빼앗은 해당 자동차 등을 운전할 수 있는 특정 면허에 관한 것이며, 제2종 소형면허 이외의 다른 운전면허를 가지고는 위 오토바이를 운전할 수 없어 취소 사유가 다른 면허와 공통된 것도 아니므로, 갑이 위 오토바이를 훔친 것은 제1종 대형면허나 보통면허와는 아무런 관련이 없어 위 오토바이를 훔쳤다는 사유만으로 제1종 대형면허나 보통면허를 취소할 수 없다" (대법원 2012. 5. 24. 선고 2012두1891판결)

제11장 행정행위의 실효

제1절 | 실효의 의의

아무런 하자 없이 적법하게 성립한 행정행위가 일정한 사실의 발생에 의하여 당연히 그 효력이 소멸되는 것을 말한다.
① 적법하게 성립, 하자와 무관
② 실효사유가 발생한 때로부터 장래에 향하여 효력이 소멸
③ 일정한 사실의 발생에 의하여 당연히 효력이 소멸

제2절 | 실효의 사유

Ⅰ. 행정행위의 대상의 소멸

행정행위의 대상인 사람이 사망하거나 물건의 소멸 등으로 당해 행정행위의 효력은 당연히 소멸된다.

[판례]

> "유기장의 영업허가는 유기시설이 모두 철거되어 허가를 받은 영업상의 기능을 더 이상 수행할 수 없게 된 경우에 당초의 영업허가는 허가의 대상이 멸실된 경우와 마찬가지로 그 효력이 당연히 소멸되는 것이다." (대법원 1990. 7. 13. 선고 90누2284판결, 동지판례 : 대법원 1974. 2. 26. 선고 73누171판결)

Ⅱ. 해제조건의 성취, 종기의 도래

해제조건이 붙은 행정행위는 그 조건인 사실이 발생함으로써, 종기가 붙은 행정행위는 종기가 도래함으로써 그 효력이 당연히 소멸된다.

Ⅲ. 목적의 달성

행정행위는 그 목적이 달성됨으로써 효력이 소멸된다.

제3절 | 실효의 효과

행정청의 특별한 의사표시를 기다릴 것 없이 그때부터 장래에 향하여 당연히 효력이 소멸된다.

제4절 | 권리구제수단

행정행위의 실효가 다투어지는 경우에는 무효등확인소송의 일유형인 행정행위 효력존재확인소송을 제기하여 다툴 수 있으며, 공법상 당사자소송에서 행정행위의 실효여부가 그 전제문제로서 다투어질 수 있다.

제 3 편

행정작용의 확대

제1장 행정계획

제2장 공법상 계약

제3장 행정상 사실행위

제4장 행정의 자동화작용

제3편 행정작용의 확대

제1장 행정계획

제1절 | 행정계획의 의의

서로 관련되는 수단을 통합·조정함으로써 일정한 목표를 실현하는 것을 내용으로 하는 행정의 행위형식이다.

[판례]

"행정계획이라 함은 행정에 관한 전문적·기술적 판단을 기초로 하여 도시의 건설·정비·개량 등과 같은 특정한 행정목표를 달성하기 위하여 서로 관련되는 행정수단을 종합·조정함으로써 장래의 일정한 시점에 있어서 일정한 질서를 실현하기 위한 활동기준으로 설정된 것으로서, 「도시계획법」 등 관계 법령에는 추상적인 행정목표와 절차만이 규정되어 있을 뿐 행정계획의 내용에 대하여는 별다른 규정을 두고 있지 아니하므로 행정주체는 구체적인 행정계획을 입안·결정함에 있어서 비교적 광범위한 형성의 자유를 가진다고 할 것이지만, 행정주체가 가지는 이와 같은 형성의 자유는 무제한적인 것이 아니라 그 행정계획에 관련되는 자들의 이익을 공익과 사익 사이에서는 물론이고 공익 상호간과 사익 상호간에도 정당하게 비교교량하여야 한다는 제한이 있는 것이고, 따라서 행정주체가 행정계획을 입안·결정함에 있어서 이익형량을 전혀 행하지 아니하거나 이익형량의 고려 대상에 마땅히 포함시켜야 할 사항을 누락한 경우 또는 이익형량을 하였으나 정당성·객관성이 결여된 경우에는 그 행정계획결정은 재량권을 일탈·남용한 것으로서 위법하다." (대법원 1996. 11. 29. 선고 96누8567판결)

제2절 | 행정계획의 종류

Ⅰ. 대상에 의한 분류

경제계획·사회계획·재정계획·국토계획·방재(防災)계획 등이 있다.

Ⅱ. 대상지역에 의한 분류

전국계획·수도권계획·특정지역계획·도계획·시군계획 등이 있다.

Ⅲ. 계획기간에 의한 분류

장기계획·중기계획·단기계획·연도계획 등이 있다. 일반적으로 장기계획은 50년, 중기계획은 20년, 단기계획은 10년, 연도계획은 1년 단위의 계획이다.

Ⅳ. 책정수준에 의한 분류

다른 계획의 기준이 되는지 여부에 따른 구별로 상위계획·하위계획 등이 있다(예 : 국토이용계획과 도시기본계획의 관계).

Ⅴ. 구체화의 정도에 의한 분류

기본계획과 이를 개별적으로 시행하기 위한 세부계획인 집행계획이 있다.

Ⅵ. 대상범위에 따른 분류

종합계획은 전체계획과 부분계획으로 구분된다. 전자의 예로는 국토건설종합계획, 도시기본계획 등이 있고 후자는 도시계획으로서의 도로 등 특정시설의 설치계획 등이 있다.

Ⅶ. 구속력에 의한 분류

1. 명령적 계획

명령적 계획(imperative Pläne)은 대외적(대국민)이든 대내적(행정조직 내부)이든 일정한 구속력을 가지는 일체의 행정계획을 지칭한다.

2. 유도적 계획

유도적 계획(influnzierende Pläne)은 직접적으로는 구속력 또는 권리·의무를 발생시키지는 않으나, 보조금·장려금의 지급, 아파트입주권의 부여와 같은 보조적 수단을 통해서 계획의 수범자를 일정한 방향으로 유도하는 계획이다.

3. 정보계획적·지침적 계획

정보계획적·지침적 계획(informative oder indikative Pläne)은 구체적인 목표나 구속력을 가짐이 없이(대법원 2002. 10. 11. 선고 200두8226판결) 장래의 경제·사회 발전의 추세 내지 전망 등을 담은 각종의 경제계획·개발계획이다.

제3절 | 행정계획의 법적 성질

Ⅰ. 개념

당사자의 소송상 권리구제와 관련하여 그 법적 성질을 파악하는 것이 필요하다. 행정계획에는 여러 형식이 존재할 수 있으므로 개별적인 경우에 따라 검토되어야 한다. 여기에는 법령, 자치법규, 일반처분, 행정규칙, 비구속적 지침의 형식이 있을 수 있다.

우리나라의 경우에는 특히 도시계획의 법적 성질에 대하여 여러 견해가 주장되고 있다.

Ⅱ. 학설

도시계획의 법적 성질에 관해서는 그 추상적 규율성에 기초하여 비전형적 입법행위에 해당하는 것으로 보는 입장과 행정소송의 가능성 등 권리구제에 주목하면서 이를 행정행위로 보는 견해 및 하나의 독자적인 행정작용으로 보는 입장이 있으며, 도시계획은 그 내용에 따라 법규명령적인 것도 있고 행정행위인 것도 있으므로 그 법적 성질을 개별적으로 검토하여야 한다는 견해가 있다.

Ⅲ. 판례

> "「도시계획법」제12조 소정의 도시계획결정이 고시되면 도시계획구역안의 토지나 건물 소유자의 토지형질변경, 건축물의 신축, 개축 또는 증축 등 권리행사가 일정한 제한을 받게 되는 바, 이런 점에서 볼 때 고시된 도시계획결정은 특정 개인의 권리 내지 법률상의 이익을 개별적이고 구체적으로 규제하는 효과를 가져 오게 하는 행정청의 처분이라 할 것이고, 이는 행정소송의 대상이 되는 것이라 할 것이다." (대법원 1982. 3. 9. 선고 80누105판결, 동지판례 : 대법원 1986. 8. 19. 선고 86누256판결)

Ⅳ. 소결

도시계획결정은 그 효과로서 구「도시계획법」상의 지역 및 구역 안에서는 일정한 행위가 금지 또는 제한되고(「국토의 계획 및 이용에 관한 법률」제64조), 도시계획사업의 실시에 지장이 없는 경우에 한하여 가설건축물을 건축할 수 있는 것 이외에는 건축이 제한되는 효과를 발생하게 된다(「건축법」제20조). 따라서 처분으로서의 성질이 인정되어야 한다.

제4절 | 행정계획의 적법 요건

Ⅰ. 주체 및 절차

권한을 가진 기관이 법정의 절차를 거쳐 수립한다.

1. 관계기관간의 협의·조정

전국적 규모의 행정계획은 관계기관의 협의·조정을 거쳐 정함이 보통이다.

2. 합의제기관의 심의

행정계획을 확정함에 있어서 사전에 합의제기관의 심의를 거치는 것이 보통이다.

3. 서류의 공람·이해관계인의 청문

명령적 계획을 확정함에 있어서는 이해관계인, 주민 등에게 서류를 공람시키고 의견을 듣는 등 참여의 기회를 넓히고 있는 것이 일반적 경향이다.

4. 계획의 영향평가

사업계획을 수립·시행함에 앞서 그것이 주위의 환경 등에 끼칠 영향을 평가하는 제도가 도입되고 있다. 예로 환경영향평가(「환경영향평가법」), 교통영향평가(「도시교통정비촉진법」) 등이 있다.

5. 지방자치단체의 참여

지방자치단체 및 그의 주민에게 영향을 미치는 행정계획은 지방자치단체 스스로가 결정하여야 한다. 그러나 현재 지방자치단체의 계획확정권(계획고권)은 충분히 인정되지 않고 있다. 시 또는 군은 도시계획의 입안, 의견제출 등의 권한만 가지고 결정권은 국토교통부장관에게 부여되어 있는 것이 그 예이다.

6. 행정예고

「행정절차법」은 일정한 행정계획의 예고에 관하여 특별히 규정하고 있다(같은 법 제46조).

Ⅱ. 내용에 관한 요건

그 내용이 적법, 공익에 적합해야 하고 적어도 명령적 계획(협의)에 법률상의 수권이 필요하다.

Ⅲ. 형식과 고시

1. 법률, 법규명령, 조례 등의 형식

「법령 등 공포에 관한 법률」이 정한 형식으로 대외적으로 공포하여야 한다.

2. 그 밖의 형식

개별법이 정한 형식에 의하여 고시되어야 한다.

Ⅳ. 효력발생

법령의 형식을 취한 계획은 원칙적으로 공포한 날로부터 20일이 경과함으로써 효력이 발생하고 기타의 형식을 취하여 고시되는 행정계획은 법에 특별한 규정이 없는 한 고시와 동시에 효력이 발생한다.

제5절 | 계획재량과 형량명령

[판례]

> "행정계획이라 함은 행정에 관한 전문적·기술적 판단을 기초로 하여 도시의 건설·정비·개량 등과 같은 특정한 행정목표를 달성하기 위하여 서로 관련되는 행정수단을 종합·조정함으로써 장래의 일정한 시점에 있어서 일정한 질서를 실현하기 위한 활동기준으로 설정된 것으로서, 관계 법령에는 추상적인 행정목표와 절차만이 규정되어 있을 뿐 행정계획의 내용에 관하여는 별다른 규정을 두고 있지 아니하므로 행정주체는 구체적인 행정계획을 입안·결정함에 있어서 비교적 광범위한 형성의 자유를 가지는 것이지만, 행정주체가 가지는 이와 같은 형성의 자유는 무제한적인 것이 아니라 그 행정계획에 관련되는 자들의 이익을 공익과 사익 사이에서는 물론이고 공익 상호간과 사익 상호간에도 정당하게 비교교량하여야 한다는 제한이 있으므로, 행정주체가 행정계획을 입안·결정함에 있어서 이익형량을 전혀 행하지 아니하거나 이익형량의 고려 대상에 마땅히 포함시켜야 할 사항을 누락한 경우 또는 이익형량을 하였으나 정당성과 객관성이 결여된 경우에는 그 행정계획결정은 형량에 하자가 있어 위법하게 된다." (대법원 2007. 4. 12. 선고 2005두1893판결)

Ⅰ. 통상적인 행정재량과 계획재량의 구별

1. 통상적인 재량행위

법이 정한 요건이 충족된 경우에 그 법이 정한 효과를 발생하는데 있어서 그 효과의 발생여부가 행정청의 의사에 맡겨져 있는 경우를 의미한다.

2. 계획에 관한 규정과 계획재량

행정계획에 관한 규정은 대체로 그 요건에 해당하는 부분을 목적규정으로 정하고 있으며 그 목적달성을 위한 수단의 선택, 시간적 순서 등에 있어 그 계획청에게 광범위한 형성의 자유, 즉 계획재량을 인정하고 있다. 계획재량(Planungs-ermessen)은 행정계획을 수립하는 행청정의 계획수립권한으로서, 확정된 계획(Plan)과

계획의 과정(Planung), 즉 기획을 분리하는 입장에서는 이를 '기획재량'이라 명명하기도 한다.

(1) 통상의 재량행위

「구성요건-법적 효과」구도에 따른 결정이다. "조건프로그램(Konditional-programm)" 또는 "가언명제의 정식(Wenn-Dann-Schema)"이다.

(2) 계획결정

행정계획은 법이 정한 목적을 달성하기 위하여 주어진 권한의 범위 내에서 방안이 수립되고 일정한 정치적·사회적 평가가 이루어지는 방식을 거쳐 결정될 것이다. 이러한 결정의 체계 내지 정식을 "목적프로그램(Zweck-programm)" 또는 "목적·수단정식(Zweck-Mittel-Schema)"이라고 한다. 행정계획의 수립에 관해 행정청에게 인정된 재량의 범위는 통상적인 재량행위보다 더 광범위한 재량권이 인정됨이 보통이다. 따라서 통상의 재량행위보다 계획결정에 대한 법원의 통제의 범위가 좁다고 하겠다. 행정청의 계획재량 행사에 따라 이루어진 행정계획 또는 계획결정의 적법성 여부는 일반적으로 형량명령의 준수 여부를 기준으로 하여 판단된다.

[판례]

"행정주체가 구체적인 행정계획을 입안·결정할 때에 가지는 비교적 광범위한 형성의 자유는 무제한적인 것이 아니라 행정계획에 관련되는 자들의 이익을 공익과 사익 사이에서는 물론이고 공익 상호 간과 사익 상호 간에도 정당하게 비교교량 하여야 한다는 제한이 있는 것이므로, 행정주체가 행정계획을 입안·결정하면서 이익형량을 전혀 행하지 않거나 이익형량의 고려 대상에 마땅히 포함시켜야 할 사항을 빠뜨린 경우 또는 이익형량을 하였으나 정당성과 객관성이 결여된 경우에는 행정계획결정은 형량에 하자가 있어 위법하게 된다. 이러한 법리는 행정주체가 구 국토의 계획 및 이용에 관한 법률(2009. 2. 6. 법률 제9442호로 개정되기 전의 것) 제26조에 의한 주민의 도시관리계획 입안 제안을 받아들여 도시관리계획결정을 할 것인지를 결정할 때에도 마찬가지이고, 나아가 도시계획시설구역 내 토지 등을 소유하고 있는 주민이 장기간 집행되지 아니한 도시계획

> 시설의 결정권자에게 도시계획시설의 변경을 신청하고, 결정권자가 이러한 신청을 받아들여 도시계획시설을 변경할 것인지를 결정하는 경우에도 동일하게 적용된다" (대법원 2012. 1. 12. 선고 2010두5806 판결)

Ⅱ. 형량명령

1. 형량명령의 의의와 기능

① 계획과 관련된 공익과 사익 상호간, 공익 상호간 및 사익 상호간에 정당한 형량이 행해질 것을 내용으로 한다.
② 계획결정에 있어서 비례의 원칙을 고려한 것이다.
③ 법치국가원칙에서 그 뿌리를 찾을 수 있다.
④ 형량명령은 계획상 형성의 자유를 제한하는 이론으로서 행정청뿐만 아니라 법원의 심사를 위하여 중요한 의미가 있다.
⑤ 형량하자이론은 행정청이 적정한 형량을 할 수 있도록 행위기준을 제시한다. 형량에 있어서 흠의 발생을 방지하는 기능을 한다.
⑥ 형량하자이론은 형량의 적법성 심사 및 심사정도에 관한 기준을 제공한다.

2. 형량명령의 내용

사법적 심사는 계획청이 형량에 있어서 중요한 관점들을 법적으로 사실적으로 적합하게 확정하였는지 여부와 이와 같이 적합하게 조사된 형량요소들을 기초로 하여 위에 제시된 평가의 한계를 준수하였는지 여부에 한정된다.

(1) 형량의 단계

계획재량의 재량권행사에 해당하는 형량은 '① 형량의 실시 ② 형량요소의 조사와 편입 ③ 이익의 평가와 조정'의 세 단계로 구분될 수 있으며 그 단계별 내용은 다음과 같이 정리될 수 있다.

첫째로, 형량 자체가 행해져야 한다.
둘째로, 형량에는 구체적 상황에 따라 그에 포함되어야 할 이익이 모두 포함되어야 한다.
셋째로, 관련된 공익·사익의 가치를 잘못 파악하거나 또는 관련 이익의 조정이 개개 이익의 객관적 가치와 비례관계에 있어야 한다.

(2) 형량하자

형량상의 하자에 해당하는 형량의 오류는 형량 자체를 행하지 않은 형량의 해태 내지 형량의 불행사에 해당하는 '형량결여(Abwaegungsausfall)'와 형량의 범위를 초월하는 등 형량상 형량권한행사상의 결함을 의미하는 '형량결함(Abwaegugungsdefizit)' 및 형량상 비례의 원칙위반으로 이해될 수 있는 '평가과오(Fehlereinschaetzung)'와 '형량불비례(Abwaegungsdisproportionalitaet)'로 구분될 수 있다.

제6절 | 행정계획과 권리보호

Ⅰ. 행정쟁송

행정쟁송의 대상이 되는 구속적 행정계획으로서 국민의 종전의 권리상태에 직접적인 변동을 가져오는 행정계획(예컨대 도시계획)은 처분성이 인정된다. 형량명령의 위반 여부는 행정계획에 대한 사법심사에 있어서 특히 중요한 의미가 있다.

Ⅱ. 행정상 손실보상

적법한 행정계획의 시행으로 인해 국민의 재산권이 제한되는 경우, 이로 인해 발생한 재산상의 손실에 대해서는 법률이 정한 바에 따라 손실보상을 청구할 수 있다. 이와 관련한 예로 개발제한구역의 지정으로 인한 손실보상의 문제를 예로 들 수 있다. 구「도시계획법」제21조에 의한 개발제한구역(Green Belt)의 지정은 경우에 따라서는 개인의 재산권에 대한 특별한 희생을 입힐 수도 있음에도 불구하고 보상규정을 두고 있지 않았다.

보상규정을 결(缺)한 공용침해(공용제약) 규정에 따라 발생된 특별희생에 대한 손실보상의 근거법리로서 종래 다음과 같은 견해가 주장되어 왔다.

① 위헌무효설

손실보상에 관한 규정이 없는 법률은「헌법」제23조 제3항 위반으로 위헌, 무효이므로 손실보상이 아닌 손해배상청구만이 가능하다는 견해이다.

② 수용유사적침해론/유추적용설

독일에서 인정되는 '수용유사침해이론'에 의하여 손실보상을 인정하여야 한다는 견해이다. 현행법으로는「헌법」제23조 제1항과 제11조를 직접적인 근거규정으로 하고「헌법」제23조 제3항과 각 개별법상의 보상규정을 유추적용하여 인정할 수 있다고 한다.

③ 직접효력(근거)설

개별법에서 손실보상규정을 두고 있지 않은 때에는「헌법」제23조 제3항을 직접적인 근거로 하여 손실보상을 청구할 수 있다는 견해이다.

이에 대해 헌법재판소는 개발제한구역의 지정 및 관리에 관한 구 도시계획법상의 행정계획을 합헌으로 결정하면서도 이로 인해 파생된 재산상의 손실에 대해 보상규정을 두지 않은 것에 대해 헌법불합치 결정을 내린 바 있다.

제7절 | 계획보장청구권

행정계획은 미래의 일정상황의 실현을 목적으로 하고 예측적 요소를 포함한다. 하자는 없으나 상황이 변화하고 처음부터 자료 등의 잘못된 평가에 기초한 경우 사후에 계획변경이 필요하다. 관계인이 계획을 신뢰하여 자본투자 등의 처분 행위를 하게 되면 계획의 계속성에 이해관계를 갖게 되는 문제가 생긴다. 계획의 변경·폐지 또는 부준수에 있어 계획의 주체와 수범자 사이에 위험을 분담시키는 문제가 발생한다. 따라서 계획의 변경·폐지로 인한 권익침해에 대해 적절한 구제방법의 강구가 필요하다.

계획보장청구권은 국가적 계획의 준수 및 지속성 보장에 대한 개인의 실체법상의 권리이다. 일반적인 계획의 존속(Planfortbestand), 계획실행 또는 계획의 변경시의 경과조치의 규율 및 적응을 위한 보호조치 등을 목적으로 한다. 그러나 계획보장청구권은 그 인정의 필요성에도 불구하고 현행 실정법규와 판례에 수용되지 못하고 있는 상황이므로 이를 청구권 내지 실체법상의 권리 내지 주관적 공권으로 인정할 수는 없는 것이 현실이다.

Ⅰ. 계획존속청구권

계획이 행정행위로 발령되는 경우 행정계획의 실효는 행정행위의 철회의 법리가 적용된다.

Ⅱ. 계획실행청구권

행정기관의 행정계획 집행의무가 당사자의 사익보호도 그 보호목적으로 하는 경우에만 예외적으로 인정된다.

Ⅲ. 손실보상청구권

존속청구권, 실행청구권, 경과조치청구권 등이 일반적으로 인정되지 않으므로 현실적으로 계획보장청구권의 주된 논의의 대상은 손실보상청구권이다.

Ⅳ. 경과조치청구권

계획의 유지 및 집행의 과정에서 계획이전과 계획집행의 과도적 단계에서 계획과 관련한 이해관계인 및 제3자의 권익을 보호하기 위하여 일정한 경과조치가 필요한 경우가 있는 바, 계획보장청구권은 이러한 제반 경과조치의 청구권한을 그 내용에 포함하고 있다.

V. 계획변경청구권

계획을 더 이상 유지할 수 없는 법률상·사실상의 상황에서 계획의 변경을 구할 수 있는 권리이다.

[판례]

"구 국토이용관리법(2002. 2. 4. 법률 제6655호 국토의계획및이용에관한법률 부칙 제2조로 폐지)상 주민이 국토이용계획의 변경에 대하여 신청을 할 수 있다는 규정이 없을 뿐만 아니라, 국토건설종합계획의 효율적인 추진과 국토이용질서를 확립하기 위한 국토이용계획은 장기성, 종합성이 요구되는 행정계획이어서 원칙적으로는 그 계획이 일단 확정된 후에 어떤 사정의 변동이 있다고 하여 그러한 사유만으로는 지역주민이나 일반 이해관계인에게 일일이 그 계획의 변경을 신청할 권리를 인정하여 줄 수는 없을 것이지만, 장래 일정한 기간 내에 관계 법령이 규정하는 시설 등을 갖추어 일정한 행정처분을 구하는 신청을 할 수 있는 법률상 지위에 있는 자의 국토이용계획변경신청을 거부하는 것이 실질적으로 당해 행정처분 자체를 거부하는 결과가 되는 경우에는 예외적으로 그 신청인에게 국토이용계획변경을 신청할 권리가 인정된다고 봄이 상당하므로, 이러한 신청에 대한 거부행위는 항고소송의 대상이 되는 행정처분에 해당한다." (대법원 2003. 9. 23. 선고 2001두10936판결)

"도시계획구역 내 토지 등을 소유하고 있는 주민으로서는 입안권자에게 도시계획입안을 요구할 수 있는 법규상 또는 조리상의 신청권이 있다고 할 것이고, 이러한 신청에 대한 거부행위는 항고소송의 대상이 되는 행정처분에 해당한다." (대법원 2004. 4. 28. 선고 2003두1806 판결)

제2장 공법상 계약

제1절 | 공법계약의 위치

Ⅰ. 공법계약의 유용성

현대국가에 있어서 계약을 통한 행정목적의 수행에 있어서 필요성 및 유용성이 있다. 공법계약의 장점으로 다음의 네 가지를 들 수 있다.
① 개별적·구체적 사정에 따라 탄력적으로 운용된다.
② 사실관계·법률관계가 명확하지 않을 때에 해결을 용이하게 하여 준다.
③ 법의 흠결을 메워준다.
④ 법률지식이 없는 자에게도 교섭을 통하여 문제를 이해시킬 수 있다.

Ⅱ. 공법계약의 가능성과 자유성

법률유보의 원칙에 따라 행정행위에 갈음하는 공법계약을 법률의 수권 없이 체결할 수 있는가? 재량행위인 경우에는 그에 갈음하는 공법계약을 인정한다. 그러나 법률이 특히 행정행위에 의할 것을 명시하고 있지 않는 한 행정청은 법률의 집행에 있어서 행정행위를 수단으로 할 것인가는 논란이 있다. 다만, 계약을 수단으로 할 것인가는 법의 강제를 받는 것이 아니다.

제2절 | 공법계약의 의의

공법상 계약은 공법적 효과의 발생을 목적으로 하는 복수의 당사자 사이의 반대방향의 의사의 합치에 의하여 성립되는 공법행위로 공법적 효과의 발생을 목적으로 한다. 하지만 이러한 공법상 계약의 정의에서는 공법계약의 '당사자'의 특성이 무시되고 있다. 예컨대 사인 간에 공법적 효과의 발생을 목적으로 하는 계약을 체결하더라도 이것이 공법계약이 될 수 없는 것이다. 따라서 공법상 계약을 '행정주체 상호간, 또는 행정주체와 사인 간에 공법적 효과의 발생을 내용으로 하는 계약'으로 정의하는 것이 타당할 것이다.

제3절 | 다른 행위형식과의 구별

Ⅰ. 공법계약의 특성

공법계약은 계약당사자의 일방 또는 쌍방이 행정주체가 되는 계약이다. 또한 공법계약은 공법적 효과(공법상의 권리와 의무의 발생·변경·소멸)의 발생을 내용으로 하는 계약이다.

<　공법계약과 사법계약의 구분　>

① 적용법규 및 법원리의 발견과 적용 - 공법과 사법
② 보상 - 국가배상·손실보상과 민사불법행위배상
③ 쟁송제도 - 당사자소송과 민사소송

Ⅱ. 행정계약과의 구별

행정계약은 행정상의 공법계약과 사법계약을 포함한다. 최근에는 행정소송대상의 확대에 관한 논의와 함께 공법계약과 사법계약을 구분하지 않고 이들을 모두 행정계약이라는 개념적 범주에 포섭하고자 하는 견해가 증가하고 있다. 그러나 공법계약과 사법계약은 적용법리와 법규 및 관련 소송과 손해보전 등에 있어 차이를 가지는 바, 공법계약은 사법계약과 구분되고 있다.

Ⅲ. 행정행위와의 구별

1. 일반적 차이

행정법상의 개별적·구체적 규율행위인 점에서 공통된다. 그러나 행정행위는 행정청이 일방적으로 발하는데 대하여 공법계약은 양당사자간의 합의에 의하여 성립한다는 점에서 차이가 있다.

2. '동의에 의한 행정행위'와의 구별

상대방의 신청·동의 등에 의거하여 발해지는 행정행위는 공무원의 임명·영업허가 등 상대방의 의사표시를 행위의 요소로 한다. 공법계약에 있어서는 상대방의 의사표시가 그의 존재요건이고 행정행위에 있어서는 단순히 적법요건 또는 효력요건이다. 행정행위에 있어서는 상대방의 의사표시는 본인이 원하지 않는 행정행위가 발해지는 것을 방지하는 것을 목적으로 하고 계약에 있어서는 그것이 계약의 내용 형성에 참가하는 의의를 가지는 점에서 근본적으로 차이가 있다.

Ⅳ. 공법상 합동행위와의 구별

공법계약은 당사자 간의 반대방향의 의사합치에 의하여 성립되는 공법행위인 것에 비해 공법상 합동행위는 동일방향의 의사합치에 의하여 성립되는 공법행위라는 점에서 구별된다. 또한 그 효과도 공법계약은 반대의미를 지니지만 공법상 합동행위는 그 법률효과도 같다.

제4절 | 공법계약의 특수성

Ⅰ. 실체법적 특수성

1. 법적합성

공법계약은 법에 위배되지 않는 범위 내에서 체결되어야 한다.

2. 계약의 절차·형식

행정청의 확인이나 이해관계자의 동의를 요하는 경우에는 원칙적으로는 문서에 의할 것이 요구된다.

3. 계약의 하자

공법계약에 흠이 있는 경우는 유효 아니면 무효 중 하나에 해당한다. 따라서 "취소할 수 있는 공법계약"이란 있을 수 없다.

4. 사정변경

사정변경이 생기면 당사자는 1차적으로 계약내용의 수정을 위해 노력해야 한다. 그것이 불가능한 경우 및 기대가능성이 없는 경우에 계약의 해지가 인정된다.

Ⅱ. 절차법적 특수성

1. 계약의 강제 절차

공법계약에 의한 의무를 계약당사자가 이행하지 않는 경우 당사자는 법원의 힘을 빌려 강제집행 할 수 밖에 없다.

2. 쟁송절차

공법계약의 효력, 의무이행에 관련된 분쟁은 일반적으로 당사자소송으로 해결한다. 계약의 내용이 행정주체가 행정행위를 발급하는 것일 때에는 의무이행심판 또는 부작위위법확인소송에 의한다.

[판례]

"지방자치단체와 채용계약에 의하여 채용된 계약직공무원이 그 계약기간 만료 이전에 채용계약 해지 등의 불이익을 받은 후 그 계약기간이 만료된 때에는 그 채용계약 해지의 의사표시가 무효라고 하더라도, 지방공무원법이나 지방계약직공무원규정 등에서 계약기간이 만료되는 계약직공무원에 대한 재계약의무를 부여하는 근거 규정이 없으므로 계약기간의 만료로 당연히 계약직공무원의 신분을 상실하고 계약직공무원의 신분을 회복할 수 없는 것이므로, 그 해지의사표시의 무효확인청구는 과거의 법률관계의 확인청구에 지나지 않는다 할 것이고, 한편 과거의 법률관계라 할지라도 현재의 권리 또는 법률상 지위에 영향을 미치고 있고 현재의 권리 또는 법률상 지위에 대한 위험이나 불안을 제거하기 위하여 그 법률관계에 관한 확인판결을 받는 것이 유효 적절한 수단이라고 인정될 때에는 그 법률관계의 확인소송은 즉시확정의 이익이 있다고 보아야 할 것이나, 계약직공무원에 대한 채용계약이 해지된 경우에는 공무원 등으로 임용되는데에 있어서 법령상의 아무런 제약사유가 되지 않을 뿐만 아니라, 계약기간 만료 전에 채용계약이 해지된 전력이 있는 사람이 공무원 등으로 임용되는데에 있어서 그러한 전력이 없는 사람보다 사실상 불이익한 장애사유로 작용한다고 하더라도 그것만으로는 법률상의 이익이 침해되었다고 볼 수는 없으므로 그 무효확인을 구할 이익이 없다(대법원 2002. 11. 26. 선고 2002두1496판결 등 참조). 또한, 이 사건과 같이 이미 채용기간이 만료되어 소송 결과에 의해 법률상 그 직위가 회복되지 않는 이상 채용계약 해지의 의사표시의 무효확인만으로는 당해 소송에서 추구하는 권리구제의 기능이 있다고 할 수 없고, 침해된 급료지급청구권이나 사실상의 명예를 회복하는 수단은 바로 급료의 지급을 구하거나 명예훼손을 전제로 한 손해배상을 구하는 등의 이행청구소송으로 직접적인 권리구제방법이 있는 이상 무효확인소송은 적절한 권리구제수단이라 할 수 없어 확인소송의 또 다른 소송요건을 구비하지 못하고 있다 할 것이며, 위와 같이 직접적인 권리구제의 방법이 있는 이상 무효확인 소송을 허용하지 않는다고 해서 당사자의 권리구제를 봉쇄하는 것도 아니다." (대법원 2008. 6. 12. 선고 2006두16328판결)

제3장 행정상 사실행위

제1절 | 집합개념으로서의 사실행위

Ⅰ. 개념

 행정상의 사실행위는 사실상의 효과를 발생시킬 것을 직접 목적으로 하는 행정의 행위형식으로 직접 법적 효과를 발생시킬 것을 목적으로 하는 행정행위로서 공법계약과 같은 법적 행위와 구별된다. 사실행위는 극히 다양하고 이질적인 내용을 지닌 행위유형을 총칭하는 집합개념이다.

Ⅱ. 종류

 행정상 사실행위는 권력적·비권력적 사실행위, 집행적·독립적 사실행위, 정신작용적·물리적 사실행위, 공법적·사법적 사실행위 등으로 분류할 수 있다. 권력적·비권력적 사실행위는 쟁송법상 처분개념에 포함되는 것과 관련하여 논의되고 있다.

1. 비권력적 사실행위

 비권력적 사실행위란 명령적·강제적인 공권력 행사와 직접 관련성이 없는 사실행위를 말한다. 예를 들면 행정지도, 축사, 표창 등이다. 이는 법적효과 발생을 의도하는 행위가 아니므로 행정쟁송의 대상이 되지는 않는다. 하지만 사실행위가 위법하게 사인의 권리를 침해한 경우에는 그 사인은 결과제거청구권 또는 손해배상청구권을 가질 수 있다.

2. 권력적 사실행위

　권력적 사실행위란 공권력의 행사로서 일방적으로 명령·강제하는 성질을 갖는 사실행위를 말한다. 권력적 사실행위는 법적 행위가 아닌 사실행위라는 특성과 물리적 강제력을 가진다는 권력성을 내용적 요소로 한다. 따라서 권력적 사실행위는 법리상 법치행정의 원리, 특히 법률유보의 원칙에 위반되어 원칙적으로는 위법하다고 할 수 있다. 결국 권력적 사실행위는 원칙적으로 허용되지 않는다고 할 수 있다. 그러나 비록 물리적 강제력을 갖는 사실행위라 하여도 비록 법적 근거는 없지만 법적 근거를 가지는 선후 행위와의 관계 또는 법률요건과 법률효과와의 관계 등에서 합리적인 인과관계에 의할 때 그 행위의 간접적인 법적 근거가 인정될 수 있을 때에는 적법한 행위로 인정될 수 있다.

　행정청의 일방적 의사결정에 기하여 특정의 행정목적을 위해 국민의 신체, 재산 등에 실력을 가하여 행정상 필요한 상태를 실현하고자 하는 권력적 사실행위로는 전염병환자의 강제격리, 전염병환자의 강제격리, 위법한 관세물품의 영치행위, 송환대상자의 강제출국조치 등을 예로 들 수 있다. 그리고 이러한 권력적 사실행위에 대해서는 법정책적 고려에 따라 그에 대한 직접적인 법적 근거의 입법화가 자제 또는 제한되었다고 보는 견해(전염병환자의 강제격리 방법의 입법불비, 불법체류자에 대한 강제송환의 방식 및 방법에 대한 입법불비, 대집행의 실행방법에 대한 입법불비 등은 행정의 자율성 또는 이해관계인과의 관계 등을 고려한 의도적 입법자제에 의해 권력적 사실행위로 되었다는 입장)가 있다. 이렇게 볼 때, 비록 물리적 강제력을 가진 사실행위라 하여도 이를 언제나 권력적 사실행위로 인정할 수 있는 것은 아니며, 권력적 사실행위의 범위는 제한적으로 한정되는 것으로 볼 수 있다.

　권력적 사실행위의 인정 필요성은 이에 대한 행정소송을 가능하게 하기 위함에 있다고 할 수 있다. 권력적 사실행위에 대해서는 행정쟁송의 대상이 된다는 견해가 일반적이다. 흔히 권력적 사실행위는 순수사실행위인 요소와 법적행위의 요소가 결합되어 일어난다. 예를 들면 건물철거행위라는 순수사실행위와 강제건물철거시에 상대방이 수인하여 할 의무와 수인하명은 법적행위의 요소이다. 따라서 이러한 법적행위의 요소가 있는 권력적 사실행위의 경우에는 행정쟁송이 가능하다. 그러나 권력적 사실행위의 경우 실제로 단기간에 종료되는 것이 일반적이므로 종료 이후에는 권리보호의 필요가 없게 되어 제소되면 각하판결을 받게 된다. 그리고 경찰의 미행행위 등과 같은 수인의무를 수반하지 아니하는 사실행위의 경우에는 행정쟁송의 대상이 되는 권력적 사실행위에 해당하지 않는다.

판례는 권력적 사실행위로 보이는 단수조치를 처분에 해당하는 것으로 보았고(대법원 1985. 12. 24. 선고 84누598 판결), 교도관 참여대상자 지정 및 참여행위를 계속적 성격이 인정되는 권력적 사실행위로 보고 취소소송의 대상에 해당한다고 판시하였다(대법원 2014. 2. 13. 선고 2013두20899 판결). 헌법재판소에서도 "수형자의 서신을 교도소장이 검열하는 행위는 이른바 권력적 사실행위로서 행정심판이나 행정소송의 대상이 되는 행정처분으로 볼 수 있다."고 하여 권력적 사실행위의 처분성을 명시적으로 인정하였다.

[판례]

"법 제6조의 청원제도는 서신검열행위를 대상으로 그 효력을 다툴 수 있는 권리구제절차가 아니므로 헌법재판소법 제68조 제1항 단서의 "다른 법률에 구제절차가 있는 경우"에 해당한다고 볼 수 없다. 그리고 위 서신검열행위는 이른바 권력적 사실행위로서 행정심판이나 행정소송의 대상이 되는 행정처분으로 볼 수 있으나, 위 검열행위가 이미 완료되어 행정심판이나 행정소송을 제기하더라도 소의 이익이 부정될 수밖에 없으므로 헌법소원심판을 청구하는 외에 다른 효과적인 구제방법이 있다고 보기 어렵기 때문에 보충성의 원칙에 대한 예외에 해당한다고 보는 것이 상당하다." (헌법재판소 1999. 8. 27. 96헌마398결정)

Ⅲ. 적법성의 요건

① 행정상 사실행위는 그 대부분이 법률로부터 자유로운 영역에서 행해지므로 사실상 법적구속을 받지 않거나 법적 구속이 대폭 완화되는 경우가 많다.
② 행정처분의 결과를 사실상 집행하는 경우(대집행의 실행 : 집행적 사실행위로서 그 집행대상인 행정행위 등의 법적 근거가 문제된다) 별도의 수권이 요구되지 않는다.

③ 행정상 사실행위를 위해서도 조직법상의 근거는 필요하다. 사실행위라 하더라도 행정청의 권한 범위 내에서만 행해질 수 있으며 만일 권한 없는 행정청이 행하거나 개인의 재산권을 침해하면 위법이다.
④ 법률유보의 원칙에 따라 쓰레기하치장의 설치, 전염병환자의 강제격리, 토지출입조사, 불량식품검사를 위한 수거 등과 같은 권력적 사실행위에는 법률의 근거가 필요하다.

Ⅳ. 권리구제

위법한 사실행위의 법적 효과로서 공법상 결과제거청구권의 문제와 손해배상의 문제가 발생한다. 위법한 사실행위로 인해 위법한 상태가 야기된 경우 행정청은 위법한 상태를 제거하고 적법한 상태로 회복할 의무를 부담하며, 사인은 원상회복을 위한 결과제거청구권을 갖는다. 경찰이 위법하게 압수해 간 물건을 돌려받을 수 있는 소유자의 반환청구권이나 명예훼손적 행정청의 견해표명을 철회하라고 요구할 수 있는 권리가 발생하며, 취소소송(권력적 사실행위의 경우)이나 공법상 당사자소송에 의하여 행사될 수 있다. 또한 행정상 사실행위로 인하여 손해를 입은 경우에는 손해배상청구권이 발생할 수 있다. 행정상 사실행위로 인한 특별희생의 경우 관계법령에 따라 손실보상청구권이 발생할 수도 있다.

제2절 ｜ 행정상 사실행위의 범주

적극행정의 상당부분은 행정행위·공법상 계약 등 전형적인 형식의 행정형식 외에 행정지도와 경고·권고·정보제공·상담·협상 등 이른바 비공식적 행정작용에 의하여 수행되고 있다. 그 때 그 때 상황에 맞는 임기응변, 탄력적 대응이 요구되는 행정 분야에서의 행정행위나 공법상 계약 등과 같은 전형적 행위형식 대신에 권고·지시·조정·협의·협상 등과 같은 비전형적 행위 형식들이 채용되는 경우가 증대되고 있는 것은 불가피한 일이다.

제3절 | 비공식적 행정작용

Ⅰ. 비공식적 행정작용 일반론

1. 의의

① 전통적인 질서행정상의 행위형식으로 즉, 명령적·형성적 행위 이외에 행정목적을 위하여 향도적이거나 동기부여적인 조정수단이 빈번히 활용되고 있는 것이 현실이다. 행정은 일정한 작위·부작위 의무를 부과함이 없이 상대방의 의사형성에 영향을 줌으로써 상대방이 행정주체의 기대에 부응하는 행동을 하도록 유도하려는 의도를 가지고 있는 것이다. 즉, 행정기관은 일정한 행위를 할 것을 명하지는 않으나 그를 원하고 있음을 명백히 하거나, 또는 반대로 일정한 행위를 원하지 않음을 표시하여 그것이 행하여지지 않도록 영향을 미치기는 하지만 직접적으로 그 행위를 금지하지는 않는다.

② 권위주의적인 국가에서 민주적·협동적인 국가로 넘어간 현대국가에 있어서 전통적인 명령·강제의 수단은 더 이상 새로운 행정과제를 수행하는데 적절하지 않음으로 인해 새로운 행위유형이 자주 활용되게 된 것이다.

③ 즉, 행정기관은 명령하는 대신에 협상·약속·설득·유인·충동·장려·광고·품질보증·호소·위협·경고·권고·조언·조정 등의 수단을 사용하는 것이다.

④ 종래에는 법적으로 규율되지 않고 구속력이 없는 비공식적 활동을 단순 고권작용(Schlichtes Hoheitshandeln) 또는 행정상의 사실행위라는 집합적 카테고리에 넣어 고찰한다.

⑤ 비공식적 활동을 세분화하여 법적으로 체계화하고 평가하는 것이 현대 행정법학의 과제이다.

⑥ 비공식적 행정작용은 행정청의 일방적인 비공식적 행정작용(예 : 경고, 권고, 정보제공 등)과 행정청과 개인의 협력에 의한 비공식적 행정작용(예 : 협상, 타협, 합의, 사전조정 등)으로 나눌 수 있다.

⑦ 협의로는 행정청과 상대방의 협의에 의한 비공식적 행정작용(신청·동의에 의한 행정행위는 제외)만을 의미한다.

2. 종류

(1) 공식적 행정작용

법적으로 규율된 절차를 거치고 법적 효과의 발생을 가져오는 행정결정이다.

(2) 비공식적 행정작용

행정주체가 행정과제를 수행하는데 있어서 법적으로 규율된 절차적 활동과 법적 효과를 가져오는 결정 대신에 법적으로 규율되지 않은 활동을 하는 것을 말한다.

3. 필요성

① 고전적인 질서행정상의 수단, 즉 명령·금지 등은 규범의 집행 및 그에 대한 통제가 어렵고 상대방의 자발적인 참여를 저해한다.
② 명령·금지에 의한 의무의 확정은 오히려 최적 상태의 실현을 불가능하게 할 수 있고 금지의 경우에 금지의 한계에 도달하지 않는 행위는 아무 문제가 없는 것으로 받아들여지고(금지되지 않은 것은 모두 허용된다), 명령의 경우에 요구된 것을 넘는 행위는 전혀 고려되지 않는다(요구된 것이 충족되었다).

4. 긍정적 기능

① 개인의 자유로운 의사결정을 유도함으로써 행정목적의 달성을 쉽게 하고, 행정심판이나 소송의 제기와 같은 법적 분쟁을 회피하거나 또는 감소시키는 긍정적인 측면이 있다.
② 법령의 해석, 적용에 있어서의 불확실성을 제거하기 위하여 유용하게 활용될 수 있다.

③ 구체적인 경우에 있어서 상황에 적합한 탄력적 수단으로서 활용될 수 있다.
④ 행정기관과 개인의 협의에 의한 비공식적 행정작용은 행정과 개인에게 경제적인 측면에서 이익이 될 뿐만 아니라, 절차진행의 신속, 직무수행의 간편화를 가져온다.

5. 허용성

비공식적 행정작용을 선택하는 행정청의 의도가 단지 법적 규율로부터 벗어나기 위함이라고 한다면 이는 법치국가원리에 모순되는 것이다. 비공식적 행정작용은 그의 불확정성으로 인하여 예측하기가 어렵게 되고 쉽게 변경할 수 있기 때문에 법적 안정성을 해치게 된다.

6. 행정작용의 법률에의 기속범위

① 법률규정이 목적과 그의 달성을 위한 수단을 강제적으로 규정한 경우에는 행정청은 그에 엄격히 기속된다.
② 목적을 달성하기 위한 수단을 확정하고 있지 않은 경우에는 행정청에게는 수단의 선택에 있어서 재량이 부여 된다.
③ 법률규정이 행정청에게 권한만을 부여하고 있는 경우 행정청에게는 독자적으로 법률목적을 구체화하고 실현시킬 가능성이 있다.
④ 행정청은 상황에 적합한 법 발견을 위한 권한이 있는 것이므로 탄력적인 행정활동은 허용될 뿐만 아니라 법률목적을 실현하기 위하여 요구된다.

II. 공법상의 경고·권고·정보제공

1. 유형과 특징

> - 구체적 권고 : 특정인 또는 특정의 상품에 대한 권고이다.
> - 일반적 권고 : 생산자, 제작자를 특정함이 없이 일정 종류의 상품 전체에 대하여 권고하는 경우이다.
> - 경고와 구체적 권고 : 법률유보원칙이 적용된다.
> - 일반적 권고 및 정보제공 : 법률유보원칙으로부터 제외될 수 있다.

(1) 행정기관의 경고·권고

경고 및 권고는 환경 및 건강보호의 분야에서 국민을 행정기관이 바라는 방향으로 유도하려는 목적으로 자주 활용된다. 행정기관은 국민에게 일정한 행위를 할 것을 명령하지 않고 단지 간접적으로 요구하거나 또는 권하는 것이다. 예컨대 행정청이 특정상품을 환경 또는 몸에 해롭다고 일반 국민에게 알리거나 환경친화적 상품의 사용을 권하는 경우이다.

행정기관의 경고·권고는 관계된 상품의 시장형성에 상당한 영향을 미치는 것이 보통이다. 행정기관의 경고·권고는 법적인 구속력이 없다는 점에서 명령·금지 등의 침해적 행위와 구별되지만, 사실상으로는 같은 효과를 가지거나 경우에 따라서는 더 큰 사실상의 효과를 나타낼 수 있기 때문에 법치행정의 원리와 관련하여 법률유보원칙의 적용여부, 그의 허용성 및 한계가 문제된다.

(2) 정보제공

행정기관이 단순히 특정한 목적물에 관하여 지식·정보를 제공하고 그것을 어떻게 받아들이는가는 전적으로 국민 각자에게 맡겨져 있는 행정작용으로 예컨대 행정기관이 어떤 물건의 성분을 분석·발표하는 것이다.

2. 기본권 관련성

행정기관의 홍보작용에 의해 관계자의 '기본권 제한'은 직접 초래되는 것이 아니라 제3자(상품의 고객 등)의 행위(상품의 불매 등)를 매개로 하여 간접적으로 발생한다.

제3자의 행위를 매개로 하여 발생하는 '간접적·사실적 제한' 까지도 헌법상 기본권에 대한 "제한(침해)"으로 볼 수 있는가? 과거 기본권제한은 국가적 권력이 궁극적으로, 직접적으로 또한 법정 행위의 형식으로 행해질 때에만 인정되었으나 오늘날에는 간접적·사실적 제한을 초래하는 경우에도 그의 제한에 법률유보원칙이 적용되고 재판을 통한 구제의 길이 열려야 한다.

Ⅲ. 비공식적 행정작용으로서의 협상

1. 행정영역에 있어서 협상에 의한 문제해결방식의 도입

① 공법의 영역은 전통적으로 "결정의 일방성"으로 특징 지워지고 있다. 즉, 행정기관은 쌍방의 합의에 의한 계약에 의해서 갈등을 해소하는 것이 아니라 특별한 형식을 갖추거나 특별한 법적 절차에 의한 일방적인 결정, 예컨대 명령, 강제, 허가, 구속적 계획의 확정 또는 법규의 제정에 의하여 문제를 해결한다.
② 법률은 불명확하게 규율하는 경우가 많으므로 개별적인 경우에 해석될 필요가 있다.
③ 법률에 의하여 명문으로 행정청에게 재량이 부여된다.
④ 법률이 단지 목적만을 규정하고 그 목적의 실현을 위한 수단은 구체적 상황에 따라 다른 관점을 비교형량하여 선택하도록 되어 있는 경우가 있다.
⑤ 행정청에게는 구성요건적 측면에서 결정의 여지, 절차의 형성 내지 법률의 집행에 있어서 재량이 부여 된다.
⑥ 행정청에게는 부여된 재량권에서 협상에 의한 문제해결방식의 정당성의 근거를 찾을 수 있다.

⑦ 현대행정과제의 복합성, 전문성, 이해관계의 다양성으로 인해 행정목적의 효과적 달성을 위해서는 구체적 상황에 적합한 수단의 탄력적 활용이 불가피하다.
⑧ 현대국가가 권위주의적 국가에서 민주적·협동적인 국가로 이전하면서 더 이상 명령·강제의 수단만으로는 행정목적을 달성할 수 없고 행정청과 개인의 협동·합의에 의한 문제해결이 절실하게 요구된다.

2. 개념과 유형

(1) 협상

행정청과 개인 사이에 대화에 의하여 양자의 장래의 행위에 대한 합의를 하는 것이다. 법적으로 구속력 있는 장래의 행위에 대한 약속이 행하여지는 경우에는 계약(또는 확언)으로 해석하여야 한다. 따라서 협상은 법적인 구속력이 없는 단순한 장래의 활동에 대한 의도의 표시에 한정되어야 한다.

(2) 규범집행적 협상

형식과 법적 구속력이 없으며 행정결정의 내용이 법적으로 규율된 절차에서 논의되는 것이 아니라, 사전의 또는 법적 절차와 병행하여 진행되는 비공식 절차에서 결정되는 것이다. 행정청과 개별기업 내지 경제단체 사이의 규범대체적인 협상은 대개 협상이 결렬된 경우 예정된 엄격한 법률 또는 법규명령의 제정을 피하기 위하여 행하여진다. 예를 들면 제품의 생산에 환경오염을 유발하는 물질의 사용을 줄이겠다는 협약, 환경에 친화적인 제품을 생산하겠다는 협약이 이에 해당한다.

제4절 | 행정지도

Ⅰ. 의의

일반적으로 행정주체가 일정한 행정목적의 달성을 위하여 상대방의 임의적 협력을 기대하여 행하는 비권력적 사실행위라고 정의한다.

「행정절차법」은 행정기관이 그 소관사무의 범위 안에서 일정한 행정목적을 실현하기 위하여 특정인에게 일정한 행위를 하거나 하지 아니하도록 지도·권고·조언 등을 하는 행정작용이라고 정의내리고 있다(같은 법 제2조 제3호).

행정지도의 사실상 구속력을 고려할 때 행정지도에 대한 법적통제를 통하여 법치국가원칙이 형식화·공동화 되는 것을 방지하는 것이 관건문제로 등장한다.

Ⅱ. 다른 행정작용 형식과의 구별

1. 행정행위와의 구별

행정지도는 법적 행위가 아니라 사실행위라는 점에서 직접 일정한 법적 효과의 발생을 목적으로 하는 행정행위와 구별된다.

2. 권력적 행위와의 구별

행정강제와는 달리 행정지도는 비권력적 행위라는 점에서 법적 구속력 또는 강제력을 갖지 않는 행정행위라는 점에서 구별된다.

3. 단순사실행위와의 구별

행정지도는 상대방의 임의적 협력을 요청하는 행위라는 점에서 같은 비강제적 사실행위라도 상대방의 협력을 필요로 하지 않고 행정기관 스스로의 활동에 의해 완성되는 도로공사의 실행, 통계작성 등과 같은 단순사실행위와도 구별된다.

Ⅲ. 행정지도의 존재 이유 및 문제점

1. 행정지도의 존재 이유

행정지도는 행정의 기능 확대에 부응하여 법령을 보완하는 기능을 수행한다.

① 행정의 대상이나 수요가 계속적으로 확대·다양화 되고 변화됨에 따라 모든 행정분야에 걸쳐 필요한 법령을 완비하는 것은 입법기술상 현실적으로 불가능하다.
② 입법이 불비 되었거나 행정환경이 변화된 경우 행정기관은 그 때 그 때 공익상 필요한 조치를 취해야 하는데 행정지도는 이를 위하여 매우 유용한 행위형식이다.

2. 행정지도의 절차

① 행정지도시에는 행정지도의 내용 및 책임 소재의 명확성을 기하기 위하여 행정지도의 취지·내용 및 담당 공무원의 신분을 밝혀야 한다.(「행정절차법」 제49조)
② 행정지도는 구두로도 가능하지만 당사자가 문서교부를 신청한 경우에는 이에 응하여야 한다(같은 법 제49조).
③ 행정지도 상대방은 행정지도에 대해 의견제출권을 갖는다(같은 법 제50조).
④ 행정지도의 공통적 내용이 되는 사항은 공표하여야 한다(같은 법 제51조).

Ⅳ. 행정지도의 종류

1. 법령의 근거에 따른 분류

(1) 법령의 직접적 근거에 의한 행정지도

행정지도는 반드시 법령의 근거를 필요로 하는 것은 아니지만, 「중소기업기본법」 제6조에서의 중소기업의 경영합리화지도와 같이 법령에 직접 규정을 두고 있는 경우이다.

(2) 법령의 간접적 근거에 의한 행정지도

법령이 행정지도에 관하여 직접 규정을 두지는 않았으나 당해 사항에 관하여 행정행위를 발할 수 있는 권한을 수권하고 있는 경우 그러한 처분권을 배경으로 하여 일차적으로 행정지도가 행해지는 경우이다.

(3) 전혀 법령의 근거 없는 행정지도

법령에 직접 또는 간접의 근거 없이 행정주체가 그 소관 사무에 관하여 일반적 권한에 의거하여 행정지도를 하는 경우이다.

2. 기능에 의한 분류

(1) 규제적 행정지도

일정한 행정목적의 달성이나 공익에 장애가 될 일정한 행위를 예방·억제 하기 위한 행정지도이다. 자연환경보호를 위한 오물투기방지를 위한 지도, 물가상승의 억제를 위한 행정지도 등이 있다.

(2) 조정적 행정지도

이해대립이나 과당경쟁을 조정하기 위한 행정지도이다. 합리화 업종의 지정(구「공업발전법」제4조), 특정중소기업의 계열화 지도(구「중소기업계열화촉진법」제4조), 특정상품 수출업자·수출량의 지정, 노사 간의 쟁의지도 등을 예로 들 수 있다.

(3) 조성적 행정지도

생활지도, 장학지도, 직업지도 또는 기술지도 등 일정한 질서의 형성을 촉진하기 위하여 관계자에게 기술·지식을 제공하거나 조언을 하는 행정지도이다.

V. 행정지도의 실효성확보

행정지도가 비권력적인 것이라 하여 전혀 사실상의 구속력을 결여하는 것은 아니며, 행정지도는 사실상 상대방에게 거역하기 곤란한 심각한 영향력을 갖는 경우가 많다.

1. 억제적 조치

일정한 행정지도에 따르지 않을 경우 경고나 공표 등과 같은 간접적 제재를 가함으로서 실효성을 확보하는 방법이다. 예를 들면 연말연시 체불임금을 해소하기 위한 행정지도, 부동산투기억제를 위한 행정지도 등이 있다. 이에 따르지 않으면 체불임금업체나 부동산투기자의 명단을 공표한다든지 세무조사를 실시하는 등 상대방에게 사실상 불이익을 주게 된다.

2. 장려적 조치

정부가 권장하는 종자를 심으면 금융지원이나 우선수매 등과 같은 인센티브를 준다든지 중소기업계열화촉진을 위한 지도를 하고 그에 따르는 모범업체를 시범기업체로 선정하여 필요한 지원을 하는 등 행정지도에 순응하는 상대방에게 일정한 이익이나 혜택을 제공하는 방법이다. 그 밖에도 행정지도에 따르는 자에게 보조금·저리융자·원자재구입의 알선·기술지도·관급공사나 구매에 있어 우선발주 등 각종 편의를 제공하는 경우이다.

VI. 행정지도의 법적 근거와 한계

1. 행정지도의 법적 근거

행정지도를 하기 위하여 법령상의 일반적 권한(「행정절차법」 제2조 제3호) 외에 개별·구체적인 법률의 근거까지 요구된다고 보지 않는 것이 타당하다. 그러나 행정지도 중에서도 억제적 조치가 결부된 경우는 법률의 근거를 요한다(침해유보)고 보아야 할 것이다.

2. 행정지도의 원칙

「행정절차법」 제48조에서는 과잉금지의 원칙(비례성의 원칙), 임의성의 원칙(상대방의 의사에 부당하게 반할 수 없음), 불이익조치 금지의 원칙에 대해 규정하고 있다.

3. 행정지도의 법적 한계

① 법규에 위반할 수 없고, ② 특히 조직법상의 목적·임무·소관사무·권한의 범위를 넘을 수 없다는 제한을 받으며, ③ 그 밖에 비례의 원칙, 평등의 원칙, 신뢰보호의 원칙 등 행정법 일반원칙에 의하여 구속을 받는다.

Ⅶ. 행정지도와 행정구제

1. 행정쟁송에 의한 구제

행정지도는 원칙적으로 행정쟁송의 대상이 되지 않는다. 다만, 행정지도에 불응하였다는 이유로 일정한 불이익처분이 가해진 경우나 경고 등 행정지도를 전제로 하여 처분이 행해진 경우에는 그에 대한 쟁송이 가능하다.

[판례]

"교육인적자원부장관의 대학총장들에 대한 이 사건 학칙시정요구는 고등교육법 제6조 제2항, 동법시행령 제4조 제3항에 따른 것으로서 그 법적 성격은 대학총장의 임의적인 협력을 통하여 사실상의 효과를 발생시키는 행정지도의 일종이지만, 그에 따르지 않을 경우 일정한 불이익조치를 예정하고 있어 사실상 상대방에게 그에 따를 의무를 부과하는 것과 다를 바 없으므로 단순한 행정지도로서의 한계를 넘어 규제적·구속적 성격을 상당히 강하게 갖는 것으로서 헌법소원의 대상이 되는 공권력의 행사라고 볼 수 있다." (헌법재판소 2003. 6. 26. 2002헌마337, 2003헌마7·8(병합))

2. 행정상 손해전보에 의한 구제

'공무원의 직무집행'(「국가배상법」 제2조 제1항)에 행정지도도 포함된다고 할 수 있으므로 그 한도 내에서는 국가배상의 성립을 부정할 수 없다(통설·판례 : 대법원 1998. 7. 10. 선고 96다38971판결). 그러나 행정지도는 상대방의 임의적 동의 내지 협력을 전제로 하여 행해지는 것이므로 '동의는 불법행위의 성립을 조각한다.'는 법언에 따라 손해배상청구권의 성립을 인정하기 곤란한 경우가 대부분일 것이다. 한편 적법한 행정지도로 인하여 발생한 특별한 희생·손실에 대하여는 법령에 특별한 규정이 없는 한 손실보상청구권이 성립되지 않는다.

[판례]

"재무부장관이 대통령의 지시에 따라 정해진 정부의 방침을 행정지도라는 방법으로 금융기관에 전달함에 있어 실제에 있어서는 통상의 행정지도의 방법과는 달리 사실상 지시하는 방법으로 행한 경우에 그것은 「헌법」상의 법치주의 원리, 시장경제의 원리에 반하게 된다." (대법원 1999. 7. 23. 선고 96다21706판결)

제4장 행정의 자동화작용

제1절 | 행정의 자동화작용의 의의

Ⅰ. 의의

행정의 자동화란 행정과정에서 컴퓨터 등 전자데이터장비를 투입하여 행정업무를 자동화하여 수행하는 것이다. 예를 들어 주민등록이나 통계 등 행정정보와 기록의 보존, 교통신호나 교통관리시스템의 구축·운용, 대량행정에 있어 행정결정의 산출(조세부과결정, 연금 등 교부금 지급결정, 학생의 학교배정, 주차장 등 공공시설의 사용료 결정 등)이 있다.

Ⅱ. 문제점

법률유보원칙의 적용문제, 자동기계결정의 법적 특성과 법적 형식에 관한 문제, 행정절차와 관련된 문제, 정보수집으로부터 개인의 보호문제, 수집된 정보의 남용으로부터 개인의 보호 문제 등이 있다.

제2절 | 행정자동결정의 법적 성질

Ⅰ. 논의의 필요성

행정자동결정의 법적 성질은 행위형식 중 어느 것에 해당하느냐에 따라 그의 법적 효과, 그에 대응한 행정구제수단 등을 달리한다.

Ⅱ. 행정행위설

　행정자동결정은 '자동결정'이라고 하지만 원칙적으로 인간의 조력 없이는 행해질 수 없다. 행정기관이 컴퓨터 프로그램에 관하여 주도적 권한을 가지고 있다면 이러한 행정자동절차의 산물인 행정자동결정은 행정청에 귀속될 수 있다고 보아야 할 것이다. 자동처리시설이 일정한 역할을 수행하지만 이때에도 공무원은 개별적 행정작용에 관한 프로그램과 구체적인 자료를 통해서 조종하고 결정하는 역할을 하는 한편, 이러한 절차를 통하여 결정된 내용을 행정처분으로 통지함으로써 구속력을 발생시키는 역할을 수행하기 때문이다.

　따라서 행정과정의 최종단계로서의 행정자동결정은 대부분 행정행위로서의 성질을 가진다고 말할 수 있다. 자동적으로 결정되는 행정결정 역시 외부에 표시되어야 행정행위로서 성립하고, 당사자에게 통지됨으로써 효력을 발생하게 된다.

제3절 ┃ 행정자동결정과 행정절차

　행정자동결정은 자동화된 기술적 절차에 의하여 행해지고 대량사무처리를 위한 것이라는 점에서 행정청이 개인을 상대로 개별적으로 행해지는 보통의 행정행위와는 다른 특성을 가지며 그 한도 내에서 그 성립 및 효력발생요건에 관하여 특별한 규율을 요한다.

① 행정청의 서명·날인이 때때로 생략될 수 있다.
② 자동기계를 통해서 행정행위가 표시되는 만큼 그 내용표시를 위하여 특별한 부호가 사용되는 것을 용인해야 할 것이다.
③ 이유제시에 관해서도 어느 정도의 예외를 인정하지 않을 수 없을 것이다.
④ 행정자동결정에 있어서는 청문에 관해서도 특칙을 정하지 않을 수 없을 것이다.

제4절 | 행정자동결정의 흠과 권리구제

Ⅰ. 행정자동결정의 흠

행정자동결정의 흠의 문제도 통상적인 행정행위의 흠에 관한 일반원칙에 따라 결정하면 된다. 따라서 중대하고 명백한 흠을 지닌 행정자동결정은 무효가 되며, 흠이 그 정도에 이르지 않을 때에는 취소의 대상이 된다. 그러나 행정자동결정에 쉽게 판별할 수 있는 오기(誤記)·오산(誤算) 및 이에 준하는 명백한 오류가 있는 때에는 행정청은 특별한 절차 없이 언제든지 그것을 정정할 수 있다고 볼 것이다.

Ⅱ. 위법한 행정자동결정과 권리구제

- 위법한 행정자동결정에 의해 손해가 발생한 경우 행정상 손해배상책임의 일반적 원칙에 의해 손해배상 청구가 가능하다.
- 행정자동결정과정의 프로그램을 작성하는 관계공무원의 유책이 위법한 행위에 기인한 경우 「국가배상법」 제2조에 의한 배상책임이 발생한다.
- 자동처리시설의 이상으로 인하여 발생한 경우 「국가배상법」 제5조에 의한 배상책임이 발생한다.
- 통행인의 교통신호기의 조작실수 등에 의하여 야기된 교통사고로 인하여 발생한 손해에 있어서는 국가배상을 인정하기 어려운 문제가 발생하는데 이에 대해 위험책임의 법리, 위험책임의 법리의 입법화, 수용유사적 침해이론에 의해 해결하려는 견해 등이 주장되고 있다.

제5절 | 전자행정행위

Ⅰ. 의의

"전자정부"는 정보기술을 활용하여 행정기관의 사무를 전자화함으로써 행정기관 상호간 또는 국민에 대한 행정업무를 효율적으로 수행하는 정부로, 전자문서에 의한 행정행위를 전자행정행위로 정의할 수 있다. 전자행정행위는 2002년 말 「행정절차법」의 개정으로 도입되었으며, 2007년 7월 1일 제정된 「전자정부 구현을 위한 행정업무 등의 전자화촉진에 관한 법률」은 「전자정부법」으로 개정되어 현재에 이르고 있다. 이 법에 따라 행정기관은 정보통신망을 통해 업무를 수행함과 동시에 행정서비스를 제공하여 민원인이 업무를 처리하는데 부담하는 시간과 노력이 최소화되도록 하고, 보유하고 있는 행정정보를 적극적으로 공개해야 한다. 그러나 전자정부의 특성상 개인정보의 보호에 취약할 수 있으며, 이를 이용한 위조나 변조 등 정보관리상의 위험 및 국가 등의 정보 독점에 따른 역기능 등의 문제점이 제기되고 있다.

Ⅱ. 절차와 효과

1. 처분의 신청

행정청에 처분을 구하는 신청은 문서로 하여야 하지만, 다른 법령 등에 특별한 규정이 있는 경우와 행정청이 미리 다른 방법을 정하여 공시한 경우에는 그러하지 아니하다(「행정절차법」 제17조 제1항). 같은 법 제1항에 따라 처분을 신청할 때 전자문서로 하는 경우에는 행정청의 컴퓨터 등에 입력된 때에 신청한 것으로 본다(같은 법 제17조 제2항).

2. 송달의 효력 발생

송달은 다른 법령 등에 특별한 규정이 있는 경우를 제외하고는 해당 문서가 송달받을 자에게 도달됨으로써 그 효력이 발생한다(같은 법 제15조 제1항). 같은 법 제14조 제3항에 따라 정보통신망을 이용하여 전자문서로 송달하는 경우에는 송달받을 자가 지정한 컴퓨터 등에 입력된 때에 도달된 것으로 본다(같은 법 제15조 제2항).

3. 청문의 통지

청문을 계속할 경우에는 행정청은 당사자등에게 다음 청문의 일시 및 장소를 서면으로 통지하여야 하며, 당사자등이 동의하는 경우에는 전자문서로 통지할 수 있다(「행정절차법」 제31조 제5항).

제 4 편
행정입법

제1장 법규명령

제2장 행정규칙

제4편 행정입법

제1장 법규명령

제1절 | 법규명령의 개념

법규명령은 행정권이 정립하는 일반적·추상적인 규정으로서 법규범적 효력, 즉 대외적 구속력을 갖는다. 다시 말해 행정권이 행하는 법정립작용으로서 행정입법이라 할 수 있다. 행정기능의 확대와 행정의 전문성·기술성 및 행정현실에의 탄력적 대응의 필요성 등의 사정으로 행정입법은 불가피하다.

「헌법」제75조(대통령은 법률에서 구체적으로 범위를 정하여 위임받은 사항과 법률을 집행하기 위하여 필요한 사항에 관하여 대통령령을 발할 수 있다), 「헌법」제95조(국무총리 또는 행정각부의 장은 소관 사무에 관하여 법률이나 대통령령의 위임 또는 직권으로 총리령 또는 부령을 발할 수 있다), 「헌법」제114조 제6항(중앙선거관리위원회는 법령의 범위 안에서 선거관리·국민투표관리 또는 정당사무에 관한 규칙을 제정할 수 있으며, 법률에 저촉되지 아니하는 범위 안에서 내부규율에 관한 규칙을 제정할 수 있다)에서 법적인 근거를 찾을 수 있다.

행정입법에는 법규명령 뿐만 아니라 행정규칙이 포함되고, 외부적 효력을 가지는지의 여부에 따라 양자를 구분하는 것이 일반적 견해이다. 그러나 행정규칙은 법률의 근거 없이도 집행권의 고유권한으로 발령될 수 있는 것이므로 행정규칙을 행정상 '입법'의 일종으로 보는 것은 타당하지 않다.

법규명령은 헌법·법률·국제법규 등의 행정법의 다른 성문법원과 그 제정권자·수권의 근거 등에서 구별된다. 또 일반적·추상적 법규범이라는 점에서 원칙적으로 개별적·구체적 규율의 성격을 갖는 행정행위와 구별된다. 마지막으로 대외적 효력을 갖는 규범이라는 점에서 원칙적으로 행정기관 내부에서만 효력을 갖는 행정규칙과 구별된다.

제2절 | 법규명령의 종류

Ⅰ. 효력 및 내용에 따른 분류

1. 헌법 또는 법률의 대위명령

헌법적 효력을 가지는 명령을 헌법대위명령, 법률의 효력을 가지는 명령을 법률대위명령이라고 하며, 이들은 국가 비상시에 한하여 예외적으로 인정된다. 현행 「헌법」은 제76조에서 법률대위명령만을 인정하고 있다.

2. 법률종속명령

법률보다 하위의 효력을 가지는 명령으로 긴급명령을 제외한 대통령령·총리령·부령 등이 있다. 이는 그 내용에 따라 집행명령과 위임명령으로 나뉜다.

(1) 위임명령

법률 또는 상위명령에 의하여 위임된 사항에 관하여 발하는 명령이다. 위임한 범위 내에서는 새로운 입법사항(허가요건으로서의 시설 기준 등)에 관해서도 규율할 수 있다.

(2) 집행명령

법률 또는 상위명령의 규정의 범위 내에서 그 시행에 관한 세부적·기술적 사항(허가신청서의 서식 등)을 규율하기 위하여 발하는 명령이다. 상위법령의 명시적 수권이 없는 경우에도 발할 수 있는 것으로 보고 있으나, 새로운 입법사항에 관해서는 규율할 수 없다.

Ⅱ. 권한의 소재에 따른 분류

법규명령은 그 발령권자에 따라 대통령령·총리령·부령·중앙선거관리위원회의 중앙선거관리위원회규칙 등으로 분류될 수 있다.

1. 대통령령

대통령이 법률에서 구체적으로 범위를 정하여 위임받은 사항이나 법률을 시행하기 위하여 필요한 사항에 관하여 발하는 명령이다(「헌법」제75조 참조).

2. 총리령·부령

국무총리가 법률이나 대통령령의 위임(위임명령) 또는 직권으로 발하는 명령(집행명령)이 총리령이며, 행정각부의 장관이 법률이나 대통령령의 위임(위임명령) 또는 직권으로 발하는 명령(집행명령)이 부령이다.

3. 중앙선거관리위원회규칙

중앙선거관리위원회는 법령의 범위 안에서 선거관리, 국민투표관리 또는 정당사무에 관한 규칙을 제정할 수 있다(「헌법」제114조 제6항).

Ⅲ. 관련문제

1. 총리령과 부령의 효력상의 우열관계

① 「헌법」 제86조 제2항을 근거로 총리령이 부령보다 실질적으로 우월한 효력을 가진다는 설과 ② 「헌법」상 양자 간의 효력상의 차이에 관하여 아무런 규정이 없고, 총리령은 국무총리가 행정각부의 장과 동일한 지위에서 그 소관 사무에 관하여 발하는 것이므로 부령과 동등한 효력을 가진다는 설이 대립한다.

국무총리는 「헌법」상 행정각부를 통할하는 지위를 가지므로, 총리령과 부령이 내용상으로 저촉되는 경우에는 총리령이 우월하다고 보아야 할 것이다.

2. 감사원규칙

「감사원법」 제52조에서는 "감사원은 감사에 관한 절차, 감사원의 내부규율과 감사사무처리에 관하여 필요한 규칙을 제정할 수 있다."고 규정하고 있다. 이에 따라 제정된 감사원규칙의 법적 성질이 법규명령인지 아니면 행정규칙인지 학설이 대립된다.

(1) 법규명령설

「헌법」이 인정하고 있는 행정입법의 형식을 반드시 제한적으로 볼 필요가 없으며, 법률이 위임한 범위 내의 사항을 정하는 것은 국회입법의 원칙에 어긋나지 않는다.

(2) 행정규칙설

「헌법」상 국회입법의 원칙에 대한 예외로서의 행정입법은 「헌법」 스스로 명문으로 인정한 경우에 한하여 허용되며, 법률은 입법형식 자체를 창설하지 못한다고 할 것이므로, 「헌법」에 근거가 없는 감사원규칙은 행정규칙의 성질을 갖는다.

3. 법률에 근거 없는 명령

법률에 근거 없는 대통령령으로 구「사법시험령」과 구「사무관리규정」을 예로 들 수 있다. 이러한 대통령령은 「헌법」이 예상하지 않는 것이기 때문에 위헌이라는 견해가 있다. 또한, 구「사법시험령」은 법률유보원칙에 위배되는 것으로 위헌의 우려가 있으나, 구「사무관리규정」은 그 내용이 국민에게 수익적인 것이기 때문에 법률유보원칙의 적용 밖에 있는 것으로 보아도 무방하다는 견해도 있다.

제3절 | 법규명령의 적법요건

Ⅰ. 주체

대통령·국무총리·행정각부의 장 등 정당한 권한을 가진 기관이 이를 제정하여야 한다.

Ⅱ. 절차

1. 대통령령

법제처의 심사를 거쳐 국무회의의 심의를 받는다.

2. 총리령·부령

법제처의 심사를 거친다.

3. 입법예고

「행정절차법」제41조부터 제45조까지에 따른다.

4. 「행정절차법」상의 절차

국민의 권리·의무 또는 일상생활과 밀접한 관련이 있는 법령 등을 제정·개정 또는 폐지하고자 할 때에는 당해 입법안을 마련한 행정청은 이를 예고하여야 한다(「행정절차법」 제41조 제1항).

Ⅲ. 형식

조문의 형식으로 번호를 붙여서 공포한다.

1. 대통령령

국무회의의 심의를 거친 뜻을 기재하고, 대통령이 서명한 후 대통령인을 하고 일자명기를 한 후 국무총리와 관계 국무위원이 부서한다.

2. 총리령과 부령

일자를 명기한 후 국무총리 또는 관할 국무위원이 서명하고 날인한다.

Ⅳ. 근거 및 내용

법률유보원칙과 법률우위원칙이 적용된다. 따라서 법규명령은 수권의 범위 내에서 제정되어야 하고, 상위법령에 저촉되어서는 안 되며, 그 내용은 가능하고 명백하여야 한다. 또한 수권의 내용·목적 및 범위가 명확해야 한다.

Ⅴ. 공포

그 내용을 관보에 게재하는 등 외부에 표시한다.

VI. 효력발생

특별한 규정이 없는 한 공포한 날로부터 20일 경과로 효력이 발생한다. 그러나 국민의 권리제한 또는 의무부과와 직접 관련되는 법규명령은 특별한 사유가 있는 경우를 제외하고는 공포일로부터 30일이 경과한 날부터 시행한다.

제4절 | 법규명령의 근거와 한계

I. 위임명령의 근거와 한계

1. 법률유보와 포괄적 위임의 금지

위임명령은 법률의 개별적·명시적 수권이 있는 경우에만 발할 수 있다(법률유보). 이는 단순히 수권 법률이 존재한다는 것만으로는 부족하고, 그 법률이 구체적으로 그 법규명령의 제정에 관하여 내용·목적 그리고 적용범위·기준 등을 명확히 규정하고 제한하여 수권하여야 함을 의미한다. 즉, 포괄적 위임을 금지하고 있는 것이다(포괄적 위임의 금지원칙).

<포괄적 위임의 예>

▶ 「식품위생법」 제36조 제1항 : 「식품위생법」에 관한 시설기준을 포괄적으로 보건복지가족부령에 위임(「공중위생관리법」 제3조 제1항 참조).

▶ 「식품위생법」 제37조 제1항 : 영업허가의 요건을 대통령령에게 포괄적으로 위임

[판례]

① "위임입법에 규정될 내용의 대강에 대한 예측가능성의 유무는 당해 특정조항 내지는 특정 부분만을 가지고 판단할 것이 아니라 관련 법조항 전체를 유기적, 체계적으로 종합적으로 판단하여야 하며 각 대상법률의 성질에 따라 구체적·개별적으로 검토하여야 할 것인바, 구「지방세법」제138조 제1항 본문의 취지를 감안하면, 같은 조 제1항 단서는 인구와 경제력의 집중효과가 없거나 아주 적은 업종에 종사하는 법인 또는 그 성질상 대도시 내에 있지 않으면 그 기능을 발휘할 수 없거나 효과적인 활동을 할 수 없는 업종에 종사하는 법인 또는 그 성질상 대도시 내에 있어야 할 것에 대한 공익적 요구가 현저히 큰 업종에 종사하는 법인 중에서 대통령령이 정하는 업종에 종사하는 법인에 대하여는 굳이 높은 세율의 등록세를 부과하지 아니하도록 하는 취지를 규정한 것이라고 이해될 수 있으므로, 위 단서는 대통령령에 위임되는 업종에 대하여 누구라도 그 종류와 범위의 대강을 예측할 수 있어 이를 가리켜 포괄위임입법금지의 원칙이나 조세법률주의에 반한다고 할 수 없다." (헌법재판소 1996. 3. 28. 94헌바42결정)

② "조례가 규정하고 있는 사항이 그 근거 법령 등에 비추어 볼 때 자치사무나 단체위임사무에 관한 것이라면 이는 자치조례로서「지방자치법」제15조가 규정하고 있는 '법령의 범위 안' 이라는 사항적 한계가 적용될 뿐, 위임조례와 같이 국가법에 적용되는 일반적인 위임입법의 한계가 적용될 여지는 없다." (대법원 2000. 11. 24. 선고 2000추29판결)

③ "법률이 공법적 단체 등의 정관에 자치법적 사항을 위임한 경우에는 헌법 제75조가 정하는 포괄적인 위임입법의 금지는 원칙적으로 적용되지 않는다고 봄이 상당하고, 그렇다 하더라도 그 사항이 국민의 권리·의무에 관련되는 것일 경우에는 적어도 국민의 권리·의무에 관한 기본적이고 본질적인 사항은 국회가 정하여야 한다" (대법원 2007. 10. 12. 선고 2006두14476판결)

2. 전속적 법률사항

위임명령은 법률이 구체적으로 범위를 정하여 위임한 사항 이외의 입법사항에 관하여 새로이 규정하는 것은 허용되지 않는다. 특히「헌법」이 명문으로 '법률로써' 정하도록 규정한 사항은 법규명령으로 정할 수 없다. 그러나 이러한 전속적 입법사항이 전적으로 법률로 규율되어야 하는 것은 아니고 그 본질적 내용을 법률로 정하여야 함을 의미한다. 따라서 그 세부적 사항에 관하여 구체적으로 범위를 정하여 행정입법에 위임하는 것은 허용된다.

3. 처벌규정의 위임

처벌규정을 행정입법에 위임하는 것이 허용되는가의 문제이다. 구성요건부분과 처벌규정을 구분하여 전자에 관해서는 처벌대상인 행위가 어떠한 것이라고 예측할 수 있을 정도로 구성요건의 구체적 기준을 정하고 그 범위 내에서 세부적 사항을 정하도록 하는 것, 후자의 경우에는 형벌의 종류 및 그 최고·최저한도를 정하고 그 범위 내에서 구체적인 사항을 위임하는 것은 허용된다고 보는 것이 판례와 통설의 입장이다.

[판례]

"1. 범죄와 형벌에 관한 사항에 있어서도 위임입법의 근거와 한계에 관한「헌법」제75조는 적용되는 것이고, 다만 법률에 의한 처벌법규의 위임은,「헌법」이 특히 인권을 최대한 보장하기 위하여 죄형법정주의와 적법절차를 규정하고, 법률에 의한 처벌을 강조하고 있는 기본권보장 우위사상에 비추어 바람직하지 못한 일이므로, 그 요건과 범위가 보다 엄격하게 제한적으로 적용되어야 하는바, 따라서 처벌법규의 위임을 하기 위하여는 첫째, 특히 긴급한 필요가 있거나 미리 법률로써 자세히 정할 수 없는 부득이한 사정이 있는 경우에 한정되어야 하며, 둘째, 이러한 경우에도 법률에서 범죄의 구성요건은 처벌대상행위가 어떠한 것일 것이라고 예측할 수 있을 정도로 구체적으로 정하고, 셋째, 형벌의 종류 및 그 상한과 폭을 명백히 규정하여야 하되, 위임입법의 위와 같은 예측가능성의 유무를 판단함에 있어서는 당해 특정 조항 하나만을 가지고 판단할 것이 아니고 관련 법조항 전체를 유기적·체계적으로 종합하여 판단하여야 한다.
2.「건축법」은 건축물의 용도제한에 관하여 그 내용을 아무런 구체적인 기준이나 범위를 정함이 없이 이를 하위법령인 대통령령이나 조례에 백지위임하고 있고, 건축물의 용도변경행위에 관하여도「건축법」제14조는 이를 대통령령이 정하는 바에 따른다고만 규정하고 있을 뿐이며, 건축물의 용도제한에 관한 사항도 모두 하위법령에 백지위임되어

> 있어서 일반인의 입장에서 보면 「건축법」 제14조만으로는 실제로 하위법령인 대통령령의 규정내용을 미리 예측하여 자신의 용도변경행위가 건축으로 보아 허가를 받아야 하는 용도변경행위인지 여부를 도저히 알 수가 없다. 따라서 「건축법」 제78조 제1항 중 제14조의 규정에 의하여 허가 없이 한 대통령령이 정하는 용도변경행위를 건축으로 보아 처벌하는 것은 이에 관련된 법조항 전체를 유기적·체계적으로 종합판단하더라도 그 위임내용을 예측할 수 없는 경우로서 그 구체적인 내용을 하위법령인 대통령령에 백지위임하고 있는 것이므로, 이와 같은 위임입법은 범죄의 구성요건 규정을 위임한 부분에 관한 한 죄형법정주의를 규정한 「헌법」 제12조 제1항 후문 및 제13조 제1항 전단과 위임입법의 한계를 규정한 「헌법」 제75조에 위반된다." (헌법재판소 1997. 5. 29. 94헌바22결정)

4. 재위임의 문제

법률에 의하여 위임된 사항의 전부 또는 일부를 다시 위임하는 것(재위임)이 허용되는가 하는 문제이다. 법률에서 위임받은 사항을 전혀 규정하지 않고 재위임(再委任)하는 것은 수권법률 그 자체의 내용을 권한 없이 변경하는 결과를 가져오므로 허용되지 않고, 위임받은 사항에 관하여 대강을 정하고 세부적인 사항을 하위법령에 재위임하는 것은 가능하다고 보는 것이 일반적인 견해이다.

[판례]

> "법률에서 위임받은 사항을 전혀 규정하지 않고 모두 재위임하는 것은 '위임받은 권한을 그대로 다시 위임할 수 없다'는 복위임금지의 법리에 반할 뿐 아니라 수권법의 내용변경을 초래하는 것이 되고, 대통령령 이외의 법규명령의 제정·개정절차가 대통령령에 비하여 보다 용이한 점을 고려할 때 하위의 법규명령에 대한 재위임의 경우에도 대통령령에의 위임에 가하여지는 헌법상의 제한이 마땅히 적용되어야 할 것이다. 따라서 법률에서 위임받은 사항을 전혀 규정하지 아니하고 그대로 하위의 법규명령에 재위임하는 것은 허용되지 않으며 위임받은 사항에 관하여 대강(大綱)을 정하고 그 중의 특정사항을 범위를 정하여 하위의 법규명령에 다시 위임하는 경우에만 재위임이 허용된다." (헌법재판소 2002. 10. 31. 2001헌라1결정)

Ⅱ. 집행명령의 근거와 한계

집행명령은 새로운 입법사항을 규율하는 것이 아니므로 법률의 명시적 수권이 없어도 발령될 수 있다. 다만, 집행명령은 법률 또는 상위명령을 집행하기 위해 필요한 사항만을 규정할 수 있다. 따라서 새로이 입법사항을 규정하는 집행명령은 위법한 명령이 된다.

제5절 | 법규명령의 흠과 그 효력

행정행위에 있어서와 같이 '흠의 정도'에 따라 그 효력을 구분하는 견해가 있다. 즉, 법규명령의 흠이 중대하고 명백한 경우 그 명령은 무효이고, 그 흠이 중대·명백한 정도에 이르지 않은 경우에는 취소할 수 있는 명령이라는 것이다.

그러나 법규명령에 흠이 있는 경우에는 무효이며, 무효와 유효의 중간단계인 '취소할 수 있는 명령'과 같은 것은 존재하지 않는다고 보아야 할 것이다. 현행 「행정소송법」이 명령에 대한 취소소송을 인정하고 있지 않기 때문이다.

다만, 비록 명령의 형식으로 발하여졌으나 그것이 처분의 성질을 가지는 처분적 명령인 때에는 예외적으로 취소쟁송의 대상이 될 수 있다.

제6절 | 법규명령의 소멸

Ⅰ. 폐지

법규명령의 효력을 장래에 향하여 소멸시키려는 행정권의 의사표시이다. 폐지는 그 대상인 명령과 동일한 형식의 법규명령 또는 상위의 법령에서 이를 규정한다. 폐지의 의사표시는 당해 법규명령과 내용상 충돌되는 상위법령을 제정하는 경우처럼 묵시적으로도 행해질 수 있다.

Ⅱ. 종기의 도래, 해제조건의 성취

시행기간이나 해제조건이 붙은 법규명령은 각각 종기의 도래, 해제조건의 성취에 의하여 소멸된다.

Ⅲ. 근거법령의 소멸

법규명령은 상위 또는 동위의 법령에 근거하여 발하여지는 것이므로, 특별한 규정이 없는 한 근거법령이 소멸된 경우에는 법규명령도 소멸한다.

[판례]

"상위법령의 시행에 필요한 세부적 사항을 정하기 위하여 행정관청이 일반적 직권에 의하여 제정하는 이른바 집행명령은 근거법령인 상위법령이 폐지되면 특별한 규정이 없는 이상 실효된다 할 것이나, 상위법령이 개정됨에 그친 경우에는 개정법령과 성질상 모순, 저촉되지 아니하고 개정된 상위법령의 시행에 필요한 사항을 규정하고 있는 이상 그 집행명령은 상위법령의 개정에도 불구하고 당연히 실효되지 아니하고 개정법령의 시행을 위한 집행명령이 제정, 발효될 때까지는 여전히 그 효력을 유지하는 것이라고 할 것이다." (대법원 1989. 9. 12. 선고 88누6962판결).

제7절 | 법규명령의 통제

Ⅰ. 서설

국민의 권익보호라는 관점에서 법규명령의 남용금지 및 그에 대한 효과적인 통제가 중요한 문제로 등장하고 있다.

Ⅱ. 국회에 의한 통제

1. 직접적 통제

법규명령의 성립·발효에 대한 동의 또는 승인권이나, 일단 유효하게 성립한 법규명령의 효력을 소멸시키는 권한을 의회에 유보하는 방법에 의한 통제이다. 우리나라에서는 행정입법에 대한 동의 또는 승인권의 유보 제도가 인정되고 있지 않다. 다만, 대통령의 긴급명령 및 긴급재정·경제명령에 대한 국회의 승인을 얻지 못한 경우 그 명령은 그때부터 효력을 상실한다(「헌법」제76조 제3항, 제4항).

2. 간접적 통제

국회가 행정부에 대하여 가지는 국정감사권의 행사에 의하여 간접적으로 법규명령의 적법·타당성을 확보하는 것이다. 현행 「헌법」상 국정감사·조사(제61조), 국무총리 등에 대한 질문(제62조), 국무총리 또는 국무위원의 해임건의(제63조) 및 대통령에 대한 탄핵소추(제65조) 등이 규정되어 있다. 국회는 입법권의 행사를 통하여 법규명령의 제정에 관한 수권을 제한·철회하거나 법규명령과 내용상 저촉되는 법률을 제정할 수 있다.

Ⅲ. 행정적 통제

1. 상급행정청의 감독권에 의한 통제

상급행정청은 하급행정청에 대한 감독권에 기하여 하급행정청에 대하여 행정입법권의 행사의 기준과 방향을 지시할 수 있고, 위법한 법규명령의 폐지를 명할 수 있다. 그러나 상급행정청이라도 하급행정청의 법규명령을 스스로 개정 또는 폐지할 수 없다. 다만, 상위법령에 의해 하위명령을 배제할 수 있을 뿐이다.

2. 기타

국무회의에 상정될 법령안과 총리령안 및 부령안은 법제처의 심사를 받는다(「정부조직법」 제20조).

심판청구를 심리·의결함에 있어서 상위법령이 위반하는 등 불합리한 법규명령·행정규칙에 대해 관계 행정기관에게 개정·폐지 등 적절한 시정조치를 요청할 수 있고, 요청을 받은 관계 행정기관은 정당한 사유가 없는 한 이에 따라야 한다(「행정심판법」 제59조).

IV. 사법적 통제

1. 일반법원에 의한 통제

(1) 간접적 통제

「헌법」 제107조 제2항은 "명령·규칙…이 헌법이나 법률에 위반되는 여부가 재판의 전제가 된 경우에는 대법원은 이를 최종적으로 심사할 권한을 가진다."고 정함으로써 구체적 규범통제제도를 취하고 있다. 따라서 구체적인 사건에 있어서 법규명령의 위헌·위법성이 재판의 전제가 되는 경우에 한하여 그 사건의 심판을 위한 선결문제로서 법규명령의 위법여부가 다루어질 수 있다.

(2) 직접적 통제(항고소송)

법규명령은 일반적·추상적 규범이므로 독립하여 법규명령의 효력을 항고소송 등에 의해 다투는 것은 허용되지 않는다. 다만, 명령 중 처분적 성질을 갖는 명령(처분적 명령)은 항고소송의 대상이 된다는 것이 일반적 견해이다.

[판례]

"어떠한 고시가 일반적·추상적 성격을 가질 때에는 법규명령 또는 행정규칙에 해당할 것이지만, 다른 집행행위의 매개 없이 그 자체로서 직접 국민의 구체적인 권리의무나 법률관계를 규율하는 성격을 가질 때에는 행정처분에 해당한다고 할 것이다. 특정 약제의 상한금액의 변동은 곧바로 국민건강보험가입자 또는 국민건강보험공단이 지급하여야 하거나 요양기관이 상환받을 수 있는 약제비용을 변동시킬 수 있다는 점 등에 비추어 보면, 이 사건 고시는 다른 집행행위의 매개 없이 그 자체로서 국민건강보험가입자, 국민건강보험공단, 요양기관 등의 법률관계를 직접 규율하는 성격을 가진다고 할 것이므로, 항고소송의 대상이 되는 행정처분에 해당한다." (대법원 2006. 9. 22. 선고 2005두2506판결)

2. 헌법재판소에 의한 통제

법규명령의 위헌성 여부에 대한 헌법소원이 제기된 경우에 헌법재판소가 그에 대한 심판권을 가지는지가 문제된다.

(1) 소극설

「헌법」 제111조 제1항과 제107조 제2항은 법률에 대한 위헌심판권은 헌법재판소에 부여하고, 명령·규칙에 대한 위헌·위법심판권은 법원에 부여하고 대법원이 최종적으로 이를 심사할 권한을 갖도록 규정하고 있으므로, 법규명령에 대하여 헌법소원을 인정하는 것은 이와 같은 헌법상의 관할권의 배분에 위반된다.

(2) 적극설

「헌법」 제107조 제2항은 명령·규칙의 위헌여부가 재판에서 선결문제가 된 경우를 규정한 것이고, 명령·규칙에 대한 헌법소원은 「헌법」 제107조 제2항과 무관한 것이다. 따라서 별도의 집행행위 없이 직접 국민의 기본권을 침해하는 법규명령에 대하여는 헌법소원이 인정될 수 있다.

(3) 헌법재판소 판례

1. 「헌법」 제107조 제2항이 규정한 명령·규칙에 대한 대법원의 최종심사권이란 구체적인 소송사건에서 명령·규칙의 위헌여부가 재판의 전제가 되었을 경우 법률의 경우와는 달리 헌법재판소에 제청할 것 없이 대법원이 최종적으로 심사할 수 있다는 의미이며, 명령·규칙 그 자체에 의하여 직접 기본권이 침해되었음을 이유로 하여 헌법소원심판을 청구하는 것은 위 헌법규정과는 아무런 상관이 없는 문제이다. 따라서 입법부·행정부·사법부에서 제정한 규칙이 별도의 집행행위를 기다리지 않고 직접 기본권을 침해하는 것일 때에는 모두 헌법소원심판의 대상이 될 수 있는 것이다.

2. 이 사건에서 심판청구의 대상으로 하는 것은 법원행정처장의 법무사시험 불실시 즉, 공권력의 불행사가 아니라 법원행정처장으로 하여금 그 재량에 따라 법무사시험을 실시하지 아니해도 괜찮다고 규정한 「법무사법 시행규칙」 제3조 제1항이다. 법령자체에 의한 직접적인 기본권침해 여부가 문제되었을 경우 그 법령의 효력을 직접 다투는 것을 소송물로 하여 일반 법원에 구제를 구할 수 있는 절차는 존재하지 아니하므로 이 사건에서는 다른 구제절차를 거칠 것 없이 바로 헌법소원심판을 청구할 수 있는 것이다. (헌법재판소 1990. 10. 15. 89헌마178결정).

제2장 행정규칙

제1절 | 행정규칙의 의의

상급행정청 또는 상급자가 하급행정청 또는 하급자에 대하여 행정조직 내부에서 행정조직의 운영, 행정사무의 처리를 규율하기 위하여 발하는 일반적·추상적 규정이다.

제2절 | 행정규칙의 적법요건

I. 주체

정당한 권한을 가진 행정기관이 권한의 범위 내에서 발하여야 한다.

II. 내용

내용은 적법·타당·가능·명백하여야 한다.

III. 절차

대통령령, 훈령 및 국무총리훈령은 법제처의 심사를 거쳐야 하고 각 부·처·청의 장의 훈령은 법제처의 사전 또는 사후의 통제절차가 필요하다.

IV. 형식

구술에 의한 발령도 가능하지만 일반적·추상적 규율로서의 기능을 발휘하기 위해서는 조문형식의 문서로 작성됨이 바람직하다.

V. 공포

법규명령과 달리 공포(고시)에 있어 법률(「법령 등 공포에 관한 법률」)의 적용을 받지 않는다.

제3절 | 행정규칙의 유형

I. 내용에 따른 분류

1. 조직규칙

행정기관의 설치, 내부적인 권한 분배 등에 관한 행정규칙(직제, 위임전결규정 등)이 이에 해당된다. 중앙행정기관 및 보조기관 설치·조직과 직무범위를 법률과 대통령령으로 정하도록 하고 있는 결과(「헌법」 제96조, 「정부조직법」 제2조), 조직규칙에 의한 규율범위는 한정되어 있다.

2. 근무규칙

상급기관이 하급기관 및 그의 구성원의 근무에 관해 규율하는 행정규칙이다.

3. 행정통제규칙

행정기관을 그 행위 면에서 통제·지도하는 규칙이다. 행정청에게 재량권이 인정되어 있는 경우에 재량권 행사의 기준을 정하는 '재량준칙', 판단여지가 인정되어 있는 경우에 법령의 해석상의 통일을 기하기 위한 '해석준칙' 등이 있다.

4. 영조물규칙

학교·병원·도서관 등의 공공의 영조물의 이용규칙이다.

5. 기타

(1) 규범구체화 규칙

규범구체화행정규칙(normkonkreitisierende Verwaltungsvorschriften)은 상위규범(법률·법규명령 등)을 구체화하는 내용의 행정규칙이다.

(2) 간소화규칙

간소화규칙(Vereinfachungsanweisungen)은 대량적 행정행위(과세처분 등)를 발하는 경우의 지침을 정해주는 것이다.

(3) 법률대위규칙

법률대위규칙(gesetzvertrertende Verwaltungsvorschriften)은 관계법령이 정해져 있지 않거나 불충분한 영역(특히 급부행정분야)에 있어서 관계법령이 정해지기까지 행정통제규칙의 기능을 발휘하는 것이다.

Ⅱ. 형식에 따른 분류

사무관리규정 제7조 제3호와 사무관리규정 시행규칙 제3조 제2호에 의한 분류이다. 그 밖에 「국회법」 제98조의2는 훈령, 예규, 고시를 행정규칙에 해당하는 예로서 열거하고 있다.

1. 훈령

상급기관이 하급기관에 대해 장기간에 걸쳐 권한행사를 일반적으로 지휘·감독하기 위하여 발하는 명령이다.

[판례]

"훈령이란 행정조직내부에 있어서 그 권한의 행사를 지휘감독하기 위하여 발하는 행정명령으로서 훈령, 예규, 통첩, 지시, 고시, 각서 등 그 사용명칭 여하를 불문하고 공법상의 법률관계내부에서 준거할 준칙 등을 정하는데 그치고 대외적으로는 아무런 구속력도 가지는 것이 아니다." (대법원 1983. 6. 14. 선고 83누54판결)

2. 지시

상급기관이 직권 또는 하급기관의 문의에 의해 하급기관에 개별적, 구체적으로 발하는 명령이다. 그러나 일반적·추상적 규율이 아니므로 행정규칙에 해당하지 않는다고 보아야 한다.

3. 예규

법규문서 이외의 문서로서 행정사무의 통일을 기하기 위하여 반복적 행정사무의 기준을 제시하는 일종의 사무처리규정이다.

4. 일일명령

당직·출장·시간 외 근무·휴가 등 일일업무에 관한 명령이다. 다만 그의 내용이 일반·추상성을 가지지 않을 때에는 행정규칙에 해당하지 않으며, 단순한 직무명령으로 보아야 할 것이다.

제4절 | 행정규칙의 성질

Ⅰ. 법률유보원칙

행정규칙은 행정기관이 하급기관에 대한 지휘·감독권, 특별신분관계의 관리권·규율권에 근거하여 제정하는 것이므로 법률의 수권이 불필요하다.

Ⅱ. 규율의 대상, 범위

행정조직 및 특별신분관계 내에서 그의 기관 또는 구성원을 직접적인 규율대상으로 함이 원칙이다. 그러나 국민과의 관계에서 행정규칙을 집행하는 결과 일반국민에게 간접적으로 효과가 미치는 경우가 있다.

Ⅲ. 재판규범성

행정규칙은 일반적으로 대외적 효력을 가지지 않는 행정기관의 내부규율로서의 특성을 가지므로 그 법규성이 인정되지 않으므로 재판규범성 역시 부정된다.

[판례]

> "비관리청 항만공사 시행허가는 특정인에게 권리를 설정하는 행위로서 항만법과 그 시행령에 허가기준에 관한 규정이 없으므로 허가 여부는 행정청의 재량에 속하고, 그 허가를 위한 심사기준을 정하여 놓은 '비관리청 항만공사 시행허가 등에 관한 업무처리요령'(해운항만청 고시 제1996-19호)은 재량권행사의 기준인 행정청 내부의 사무처리준칙에 불과하여 허가처분의 적법 여부는 결국 재량권의 남용 여부의 판단에 달려 있다." (대법원 1998. 9. 8. 선고 98두6272판결)

IV. 행정규칙 위반의 효과

법규명령을 위반하는 행정작용은 위법이 되는데 비하여, 행정규칙을 위반한 행정처분은 위법이 되지 않는다. 다만, 평등원칙 위반, 신뢰보호원칙의 위반 등으로 간접적으로 위법이 되는 경우가 있다.

[관련판례]

> 가. 국민의권익보호를위한행정절차에관한훈령(1989. 11. 17. 국무총리훈령 제235호)은 상급행정기관이 하급행정기관에 대하여 발하는 일반적인 행정명령으로서 행정기관 내부에서만 구속력이 있을 뿐 대외적인 구속력을 가지는 것이 아니다.
> 나. 청문을 포함한 당사자의 의견청취절차 없이 어떤 행정처분을 한 경우에도 관계법령에서 당사자의 의견청취절차를 시행하도록 규정하지 않고 있는 경우에는 그 행정처분이 위법하게 되는 것은 아니라 할 것인바, 문화재보호법과 대구직할시문화재보호조례에 의하면 시지정문화재는 시장이 문화재위원회의 자문을 받아 지정한다고만 규정되어 있을 뿐 그 지정에 있어서 문화재의 소유자나 기타 이해관계인의 신청이 필요하다는 규정이나 소유자 기타 이해관계인의 의견을 들어야 한다는 행정절차의 규정은 없고, 비록 국민의권익보호를위한행정절차에관한훈령에 따라 1990. 3. 1.부터 시행된 행정절차운영지침에 의하면 행정청이 공권력을 행사하여 국민의 구체적인 권리 또는 의무에 직접적인 변동을 초래하게 하는 행정처분을 하고자 할 때에는 미리 당사자에게 행정처분을 하고자 하는 원인이 되는 사실을 통지하여 그에 대한 의견을 청취한 다음 이유를 명시하여 행정처분을 하여야 한다고 규정되어 있으나 이는 대외적 구속력을 가지는 것이 아니므로, 시장이 건조물 소유자의 신청이 없는 상태에서 소유자의 의견을 듣지 아니하고 건조물을 문화재로 지정하였다고 하여 위법한 것이라고 할 수 없다. (대법원 1994. 8. 9. 선고 94누3414판결)

V. 행정규칙의 법규성의 문제

행정규칙의 법규(범)성 문제는 그 대외적 효력의 유무, 즉 대국민적 효력의 여부를 핵심으로 한다.

1. 행정규칙의 법규성 부정설

행정규칙이 시민에 대해 미치는 효과는 직접적이며 법적인 효과로서의 구속력으로 나타나는 것이 아니라, 원래의 수범자인 행정기관이 행정규칙을 적용함으로서 관계를 갖게 되는 사실상의 효과이거나 평등원칙을 매개로 하는 간접적인 효력에 불과하다. 따라서 행정규칙은 외부적 효력을 갖는 법규(범)개념에 포함될 수 없고, 그의 법규(범)성은 부정되어야 하는 것이다.

2. 법규성 인정설

행정규칙 중에서 일정한 유형의 경우에 한정하여 법규(범)성(외부효)을 인정하려는 견해이다. 재량준칙은 그 적용을 통해 생성되는 행정관행에 대해 「헌법」상의 평등원칙에 의거하여 행정기관 스스로 시민에 대한 관계에서 자기구속을 받게 되는 효과가 인정된다. 규범구체화 행정규칙을 인정하여 이에 한정하여 그 법규(범)성을 인정하려는 견해도 여기에 해당한다.

3. 소결

행정규칙 중 재량준칙은 그 수범자가 행정기관이므로 시민에게는 직접적인 효력을 미칠 수 없다. 대내적인 성격의 행정규칙은 평등원칙에 의해서도 외부법으로 바뀐다고 볼 수 없다. 당사자인 시민이 주장하는 당해 행정처분의 위법성은 행정규칙에 위반하였기 때문이 아니라 평등원칙에 위반하였다는 사실에 근거하는 것이다.

그 밖에 규범구체화 행정규칙에 대해서는 이러한 유형의 행정규칙을 우리나라에서 인정할 수 있는가에 의문이 있다. 독일의 규범구체화행정규칙은 명백한 법적수권이 있고 또한 법적 절차를 통해서 제정된 것인데, 이러한 의미의 행정규칙이 우리나라에는 존재하지 않기 때문이다. 결국 행정규칙에 대해서는 직접적인 법적 외부효를 인정할 수 없다.

VI. 규범구체화행정규칙에 관한 법리

일반적으로 행정규칙은 행정작용의 내부적인 조정에 관하여 규율하기 때문에 단지 간접적으로, 즉 평등의 원칙에 따라 행정실무의 동등한 적용을 요구함으로서 외부적 효력을 발휘할 수 있음에 그친다. 행정규칙은 단지 그에 상응한 행정실무가 존재한다는 사실을 나타냄에 불과한 것이고 행정법원이 그에 구속되는 것은 아니다.

환경법과 기술법의 영역에서 행정부는 어떤 기관보다도 전문지식을 보유하고 있다. 이에 따라 독일연방행정법원은 1978년 뵈르데(Voerde) 판결을 통해 연방폐기물관리법(BImSchG) 제48조를 근거로 한 일반 행정규칙은 자연과학적 전문지식을 내용으로 하기 때문에 '선취된 감정인의 평가서(antizipiertes Sachverstandigengutachten)'로서 법원의 심사를 위하여도 중요한 의미를 가지는 것이라고 하면서 이의 법규성을 인정하였다. 또한 뤼네부르그 고등행정법원(OVG Lüneburg) 역시 1985년 부쉬하우스(Buschhaus)판결에서 연방폐기물관리법(BImSchG) 제48조를 근거로 제정된 행정규칙은 명백한 법적수권이 있고 또한 법적절차를 통해 제정된 것이므로 법원이 판단함에 있어서 이를 기초로 하여야 하는 구속력을 갖는다고 판시하였다. 나아가 1985년 12월 19일 독일연방행정법원의 뷜(Whyl) 판결은 '배출공기 또는 지표수를 통한 방사능 누출에 있어서 방사선 피폭에 대한 일반적인 산정기준(Allgemeine Berechnungsgrundlage für Strahlenexposition bei radioaktiven Ableitungen mit der Abluft oder im Oberflachengewasser)'은 '규범구체화적인 지침(normkonkretisierende Richitlinie)'으로서 행정법원을 구속한다고 판시하였다. 이 판결은 규범구체화행정규칙에 대해 '규범해석적 행정규칙(norminterpretierende Verwaltungsvorschrften)'과는 달리 규범에 설정된 한계 내에서 행정법원을 구속하는 법규성을 인정하였다.

그러나 규범구체화행정규칙의 법원에 대한 구속력은 새로운 인식에 의하여 행정규칙의 근거가 된 자연과학적 지식이 시대에 뒤진 것임이 증명되거나 또는 행정규칙의 제정 당시 규율될 수 없었거나, 규율되지 않아서 비전형적인 사안에는 그 한계를 가진다.

Ⅶ. 우리나라에서 규범구체화행정규칙의 인정여부

규범구체화행정규칙의 인정여부에 관한 견해는 판례의 해석을 둘러싸고 전개되어 왔다.

[판례]

> "법령이 일정한 행정기관에 대하여 법령의 내용을 구체적으로 보충할 권한을 위임하고 이에 따라 행정기관이 행정규칙의 형식으로 그 법령의 내용이 될 사항을 규정하였다면 위 행정규칙은 법령의 내용과 결합하여 법규로서의 효력을 가진다 할 것이므로 소득세법시행령이 국세청장에게 일정한 범위의 거래를 지정할 수 있는 권한을 부여하고 이에 따라 국세청장이 훈령으로서 재산제세사무처리규정을 제정한 것인 만큼 이 규정은 과세의 법령상 근거가 된다." (대법원 1988. 3. 22. 선고 87누654판결, 동지판례 : 대법원 1987. 9. 29. 선고 86누484판결 ; 대법원 1994. 4. 26. 선고 93누21668판결)

이 판례를 규범구체화행정규칙을 인정한 판례로 보는 견해가 있다. 그러나 시행령의 위임에 따라 행정규칙의 형식으로 제정된 국세청장의 훈령에 법규명령의 효력을 인정하는 것이 타당한가는 의문이다. 우선 규범구체화행정규칙은 행정기관이 갖는 과학기술적 전문지식 등의 사정을 고려하여 인정되는 것이므로 이를 행정규칙형식의 법규명령을 가능하게 하는 일반적 경향으로 확대하는 것은 인정될 수 없다. 원칙적으로 법령의 내용이 될 사항(위 판례에서는 과세의 근거)은 법규범의 효력을 갖는 법률 또는 법규명령에 의하여 규율하여야 하고, 행정규칙의 형식으로 해서는 안 된다.

제5절 | 행정규칙형식의 법규명령·법규명령형식의 행정규칙

Ⅰ. 행정규칙형식의 법규명령

행정규칙의 형식을 취했지만 법규명령으로서의 규율내용을 가진 행정입법에 대해 법규명령의 위상과 효력을 인정할 수 있는지가 문제된다.

1. 판례

① "「주세법」 제8조 제1항, 제10조 제10호 및 같은 법 시행령 제14조의 규정내용에 비추어 보면, 주류도매업의 면허신청서에 3개의 주류제조자와의 거래약정서 각 2부씩을 첨부하도록 정한 주류도매면허제도개선업무처리지침(국세청 소비 비록 22644-1831)은 행정규칙의 형식을 취하고 있지만, 국세청장이 시행령 제14조의 위임에 따라서 그 규정의 내용이 될 사항을 구체적으로 정하고 있는 것으로 그 위임의 한계를 벗어나지 않는 한 시행령 제14조와 결합하여 대외적으로 구속력이 있는 법규명령으로서의 효력을 갖는다." (대법원 1994. 4. 26. 선고 93누21668판결)

② "법령이 일정한 행정기관에 대하여 법령의 내용을 구체적으로 보충규정할 권한을 위임하고 이에 따라 행정기관이 행정규칙의 형식으로 그 법령의 내용이 될 사항을 규정하였다면 위 행정규칙은 법규의 내용과 결합하여 법규로서의 효력을 가진다 할 것이므로 「소득세법 시행령」이 국세청장에게 일정한 범위의 거래를 지정할 수 있는 권한을 부여하고 이에 따라 국세청장이 훈령으로서 재산제세사무처리규정을 제정한 것인만큼 이 규정은 과세의 법령상 근거가 된다." (대법원 1988. 3. 22. 선고 87누654판결)

③ "법령의 규정이 특정 행정기관에 그 법령 내용의 구체적 사항을 정할 수 있는 권한을 부여하면서 그 권한 행사의 절차나 방법을 특정하고 있지 않아 수임행정기관이 행정규칙인 고시의 형식으로 그 법령의 내용이 될 사항을 구체적으로 정하고 있는 경우, 그 고시가 당해 법령의 위임 한계를 벗어나지 않는 한, 그와 결합하여 대외적으로 구속력이 있는 법규명령으로서 효력을 가진다." (대법원 2008. 4. 10. 선고 2007두4841판결)

2. 긍정설

행정입법의 내용이 실질적으로 상위 법령을 보충하는 경우에는 근거법령과 결합하여 시민에 대한 대외적 효력을 갖게 되는 것이므로 그 내용을 중시하여 법규명령으로 보는 것이 타당하다는 견해이다. 또한 행정규칙의 형식으로 제정되었으나 내용적으로 법률의 보충적 성질을 가지는 것은 법률 또는 상위명령의 구체적인 위임에 기하여 제정되는 것이므로, 그 실질적 내용에 따라 법규명령으로 보아야 한다고 한다.

3. 부정설

「헌법」이 허용하고 있는 위임입법 형식 이외의 새로운 법형식을 인정하는 것은 「헌법」상의 권력분립의 원칙에 위배되는 견해이다. 또한 법규명령 사항이 행정규칙에서 규정되면 그것이 법규로서 인정될 것인지가 문제되나 원칙적으로 부인하는 것이 타당하다는 견해도 있다.

4. 소결

시행령의 위임에 따라 행정규칙의 형식으로 제정된 국세청장의 훈령에 법규명령의 효력을 인정하는 것이 타당한가는 의문이다.

대외적 구속력을 가지는 내용은 최소한 법규명령의 형식을 취해야 할 것이다. 만약 국민생활을 고권적 일방적으로 규율하는 실질적 의미의 법규명령을 행정규칙의 형식으로 발하는 것은 국민의 권익보호를 위하여 보다 엄격한 절차와 형식에 의하도록 하고 있는 「헌법」의 취지에 반하는 것이다. 따라서 대외적 구속력을 갖는, 즉 규범적 내용을 행정규칙의 형식으로 규정하는 것은 원칙적으로 위헌·무효로 보아야 할 것이다.

Ⅱ. 법규명령 형식의 행정규칙

행정규칙으로 정해질 내용을 법규명령의 형식으로 발한 경우, 그 법적 성질을 법규명령으로 할 것인가 행정규칙으로 할 것인가가 문제된다.

1. 적극설

그 형식을 중시하여 법규명령으로 본다. 법규명령은 그 내용이 설령 국민의 자유·재산에 관계없는 사항이라도 법규의 형식으로 규정된 이상 일반 국민을 구속하게 된다는 점을 근거로 한다.

2. 소극설

그 실질적 내용을 중시하여 행정규칙으로 본다. 행정입법의 실질 내용이 명백히 행정사무의 처리준칙으로서 행정기관 내부에서만 효력을 갖는 것일 때에는 당해 행정입법이 형식을 법규명령으로 하고 있다고 하더라도 행정규칙으로서의 성질은 변하지 않는다.

3. 절충설

(1) 진정한 행정규칙으로서의 법규명령(법률의 근거 없는 법규명령)

법률의 수권 없이 (법률의 위임 없이) 행정규칙적 내용을 법규명령의 형식으로 규율하는 경우로, 예를 들어, 구 사무관리규정(대통령령 제3390호), 구 민원사무처리규정(대통령령 제10869호)이 이에 해당한다.

이러한 대통령령은 법률의 수권 없이 제정된 것이므로 법규명령의 형식을 취하고 있다고 하더라도 법규명령의 효력을 인정할 수 없다. 즉, 직접 국민의 권리·의무를 창설할 수는 없으며, 재판규범이 될 수 없다. 따라서 행정규칙으로 보아야 할 것이다.

(2) 부진정한 행정규칙으로서의 법규명령(위임명령에 의한 재량준칙)

행정규칙적 내용을 법규명령의 형식으로 정한 경우이나 법규명령제정에 법률의 근거가 있는 경우, 이는 법규명령으로 보아야 할 것이다.

법규명령이라 하여 항상 대외적 구속력을 가지는 규범적 내용만을 규율해야 하는 것은 아니고, 법규명령에는 행정규칙적 내용이 포함될 수 있는 것이다. 즉, 법규명령의 수범자는 규율내용에 따라 다를 수 있다. 그러나 법규명령으로서의 적법성을 갖추고 있는 한 그에 위반한 처분은 위법이 되고 그러한 법규명령은 재판규범으로서 법원을 구속한다.

4. 수권여부기준설

상위법에서 법규명령의 형식에 의한 기준설정의 근거를 부여하고 있는가를 기준으로, 상위법령의 수권이 있는 경우 그 처분기준은 법규명령으로 보아야 하고, 상위법령의 수권 없이 제정된 처분기준은 행정규칙으로 보아야 한다는 견해이다.

5. 판례

(1) 대통령령의 형식으로 제정된 경우

① "당해 처분의 기준이 된 「주택건설촉진법 시행령」 제10조의3 제1항 [별표 1]은 「주택건설촉진법」 제7조 제2항의 위임규정에 터잡은 규정형식상 대통령령이므로 그 성질이 부령인 시행규칙이나 또는 지방자치단체의 규칙과 같이 통상적으로 행정조직 내부에 있어서의 행정명령에 지나지 않는 것이 아니라 대외적으로 국민이나 법원을 구속하는 힘이 있는 법규명령에 해당한다." (대법원 1997. 12. 26. 선고 97누15418판결)

② "구「청소년보호법」(1999. 2. 5. 법률 제5817호로 개정되기 전의 것) 제49조 제1항, 제2항에 따른 같은 법 시행령(1999. 6. 30. 대통령령 제16461호로 개정되기 전의 것) 제40조 [별표 6]의 위반행위의종별에따른과징금처분기준은 법규명령이기는 하나 모법의 위임규정의 내용과 취지 및 헌법상의 과잉금지의 원칙과 평등의 원칙 등에 비추어 같은 유형의 위반행위라 하더라도 그 규모나 기간·사회적 비난 정도·위반행위로 인하여 다른 법률에 의하여 처벌받은 다른 사정·행위자의 개인적 사정 및 위반행위로 얻은 불법이익의 규모 등 여러 요소를 종합적으로 고려하여 사안에 따라 적정한 과징금의 액수를 정하여야 할 것이므로 그 수액은 정액이 아니라 최고한도액이다." (대법원 2001. 3. 9. 선고 99두5207판결)

(2) 부령의 형식으로 제정된 경우

① "「자동차운수사업법」 제31조 등의 규정에 의한 사업면허의 취소 등의 처분에 관한 규칙(1982.7.31 교통부령 제724호)은 부령의 형식으로 되어 있으나 그 규정의 성질과 내용이 자동차운수사업면허의 취소처분 등에 관한 사무처리기준과 처분절차 등 행정청 내의 사무처리준칙을 규정한 것에 불과한 것이므로 이는 교통부장관이 관계 행정기관 및 직원에 대하여 그 직무권한 행사의 지침을 정하여 주기 위하여 발한 행정조직 내부에 있어서의 행정명령의 성질을 가지는 것이라 할 것이다." (대법원 1984. 2. 28. 선고 83누551판결)

② "「공중위생법」 제23조 제1항은 처분권자에게 영업자가 법에 위반하는 종류와 정도의 경중에 따라 제반사정을 참작하여 위 법에 규정된 것 중 적절한 종류를 선택하여 합리적인 범위 내의 행정처분을 할 수 있는 재량권을 부여한 것이고, 이를 시행하기 위하여 동 제4항에 의하여 마련된 「공중위생법 시행규칙」 제41조 별표 7에서 위 행정처분의 기준을 정하고 있더라도 위 시행규칙은 형식은 부령으로 되어 있으나 그 성질은 행정기관 내부의 사무처리준칙을 규정한 것에 불과한 것으로서 보건사회부장관이 관계 행정기관 및 직원에 대하여 그 직무권한 행사의 지침을 정하여 주기 위하여 발한 행정명령의 성질을 가지는 것이지, 위 법 제23조 제1항에 의하여 보장된 재량권을 기속하거나 대외적으로 국민을 기속하는 것은 아니다." (대법원 1991. 3. 8. 선고 90누6545판결)

③ "「식품위생법 시행규칙」 제53조에서 별표 15로 같은 법 제58조에 따른 행정처분의 기준을 정하였다 하더라도, 이는 형식은 부령으로 되어 있으나 성질은 행정기관 내부의 사무처리준칙을 규정한 것에 불과한 것으로서 보건사회부장관이 관계행정기관 및 직원에 대하여 직무권한행사의 지침을 정하여 주기 위하여 발한 행정명령의 성질을 가지는 것이지 같은 법 제58조 제1항의 규정에 의하여 보장된 재량권을 기속하는 것이라고 할 수 없고, 대외적으로 국민이나 법원을 기속하는 힘이 있는 것은 아니다." (대법원 1993. 6. 29. 선고 93누5635판결)

④ "제재적 행정처분의 기준이 부령의 형식으로 규정되어 있더라도 그것은 행정청 내부의 사무처리준칙을 정한 것에 지나지 아니하여 대외적으로 국민이나 법원을 기속하는 효력이 없고, 당해 처분의 적법 여부는 위 처분기준만이 아니라 관계 법령의 규정 내용과 취지에 따라 판단되어야 하므로, 위 처분기준에 적합하다 하여 곧바로 당해 처분이 적법한 것이라고 할 수는 없지만, 위 처분기준이 그 자체로 헌법 또는 법률에 합치되지 아니

하거나 위 처분기준에 따른 제재적 행정처분이 그 처분사유가 된 위반행위의 내용 및 관계 법령의 규정 내용과 취지에 비추어 현저히 부당하다고 인정할만한 합리적인 이유가 없는 한 섣불리 그 처분이 재량권의 범위를 일탈하였거나 재량권을 남용한 것이라고 판단해서는 안 된다." (대법원 2007. 9. 20. 선고 2007두6946판결)

⑤ "다수의견은, 제재적 행정처분의 기준을 정한 부령인 시행규칙의 법적 성질에 대하여는 구체적인 논급을 하지 않은 채, 시행규칙에서 선행처분을 받은 것을 가중사유나 전제요건으로 하여 장래 후행처분을 하도록 규정하고 있는 경우, 선행처분의 상대방이 그 처분의 존재로 인하여 장래에 받을 불이익은 구체적이고 현실적이라는 이유로, 선행처분에서 정한 제재기간이 경과한 후에도 그 처분의 취소를 구할 법률상 이익이 있다고 보고 있는바, 다수의견이 위와 같은 경우 선행처분의 취소를 구할 법률상 이익을 긍정하는 결론에는 찬성하지만, 그 이유에 있어서는 부령인 제재적 처분기준의 법규성을 인정하는 이론적 기초 위에서 그 법률상 이익을 긍정하는 것이 법리적으로는 더욱 합당하다고 생각한다. 상위법령의 위임에 따라 제재적 처분기준을 정한 부령인 시행규칙은 헌법 제95조에서 규정하고 있는 위임명령에 해당하고, 그 내용도 실질적으로 국민의 권리의무에 직접 영향을 미치는 사항에 관한 것이므로, 단순히 행정기관 내부의 사무처리준칙에 지나지 않는 것이 아니라 대외적으로 국민이나 법원을 구속하는 법규명령에 해당한다고 보아야 한다." (대법원 2006. 6. 22. 선고 2003두1684판결, 전원합의체 판결 중 별개의견)

Ⅲ. 고시의 법적 성질

고시는 공고문서의 종류로서 행정기관이 법령이 정하는 바에 따라 일정한 사항을 일반에게 알리기 위한 문서를 말한다(행정업무의 효율적 운영에 관한 규정 4조). 훈령이나 예규가 조문의 형식에 의하여 작성되는 것과 달리 고시는 일반에 대한 알림 그 자체일 뿐, 특정한 형식을 요구하는 것은 아니다. 따라서 고시는 고시되는 내용에 따라 그 성질을 판단하여야 한다.

[판례]

"고시 또는 공고의 법적 성질은 일률적으로 판단될 것이 아니라 고시에 담겨진 내용에 따라 구체적인 경우마다 달리 결정된다고 보아야 한다. 즉, 고시가 일반·추상적 성격을 가질 때는 법규명령 또는 행정규칙에 해당하지만, 고시가 구체적인 규율의 성격을 갖는다면 행정처분에 해당한다. 이 사건 국세청고시는 특정 사업자를 납세병마개 제조자로 지정하였다는 행정처분의 내용을 모든 병마개 제조자에게 알리는 통지수단에 불과하므로, 청구인의 이 사건 국세청고시에 대한 헌법소원심판청구는 고시 그 자체가 아니라 고시의 실질적 내용을 이루는 국세청장의 위 납세병마개 제조자 지정처분에 대한 것으로 해석함이 타당하다." (헌법재판소 1998. 4. 30. 97헌마141결정)

1. 일반·추상적 고시

고시가 행정사무의 처리기준이 되는 일반·추상적 규범의 성질을 갖는 경우 행정규칙에 해당한다. 다만, 고시가 법령의 수권에 의해 법령을 보충하는 세부적 사항을 정하는 경우(「행정규제기본법」 제4조 제2항)에는 수권법령과 결합하여 대외적 구속력 있는 법규명령으로서의 효력을 갖는다.

① 「물가안정에 관한 법률」 제2조에 근거한 최고가격 고시
   : 정부는 국민 생활과 국민경제의 안정을 위하여 필요하다고 인정할 때에는 특히 긴요한 물품의 가격 물품의 가격, 부동산 등의 임대료 또는 용역의 대가의 최고가액(이하 '최고가격'이라 한다)을 지정할 수 있다. 정부는 최고가격을 지정하거나 폐지한 때에는 지체 없이 이를 고시하여야 한다.
② 구 「부당이득세법」 제1조 제2항에 의한 국세청장의 기준가격고시
③ 「독점규제 및 공정거래에 관한 법률」 제4조에 근거한 시장지배적 사업자의 지정·고시 및 제3조의2에 의한 금지되는 남용행위의 유형 및 기준의 고시
④ 「식품위생법」 제4조에 의한 영업허가 등의 제한대상인 영업 또는 품목의 지정·고시

[판례]

"식품제조영업허가기준이라는 고시는 공익상의 이유로 허가를 할 수 없는 영업의 종류를 지정할 권한을 부여한 구「식품위생법」제23조의3 제4호에 따라 보건사회부장관이 발한 것으로서, 실질적으로 법의 규정내용을 보충하는 기능을 지니면서 그것과 결합하여 대외적으로 구속력이 있는 법규명령의 성질을 가진 것이다." (대법원 1994. 3. 8. 선고 92누1728판결)

2. 처분적 고시

처분적 고시, 즉 고시가 일반적·구체적 성질을 가질 때에는 행정행위로서 '일반처분'에 해당한다.

[판례]

"보건복지부고시인 약제급여·비급여목록 및 급여상한금액표(보건복지부고시 제2002-46호로 개정된 것)는 다른 집행행위의 매개 없이 그 자체로서 국민건강보험가입자, 국민건강보험공단, 요양기관 등의 법률관계를 직접 규율하는 성격을 가지므로 항고소송의 대상이 되는 행정처분에 해당한다." (대법원 2006. 9. 22. 선고 2005두2506 판결)

제 5 편

행정절차와 행정공개

제1장 행정절차

제2장 행정공개

제3장 행정조사

제5편 행정절차와 행정공개

제1장 행정절차

제1절 | 행정절차의 개념

Ⅰ. 광의의 행정절차

광의의 행정절차란 행정의사의 결정과 집행에 관련된 일체의 과정을 의미한다. 구체적으로는 행정의 준비절차로서의 행정조사, 행정조사를 통해 확보된 정보·자료에 입각한 행정결정과 그 행정결정의 실효성을 확보하기 위한 수단으로서의 행정강제 및 행정벌 등이 모두 포함된다.

Ⅱ. 협의의 행정절차

협의의 행정절차란 각종의 행정작용(행정입법·행정계획·행정처분·행정계약·행정지도 등)에 관한 사전절차를 의미한다. 일반적으로 행정절차는 좁은 의미의 행정절차로 이해되고 있으며, 1996년 말에 공포된 우리나라의 「행정절차법」은 이에 가까운 입법례라 할 수 있다.

Ⅲ. 최협의의 행정절차

최협의의 행정절차란 행정처분의 사전절차만을 의미한다.

제2절 | 우리나라의 「행정절차법」

우리나라에서는 행정절차의 필요성이 인식됨에 따라 개별법에 청문절차가 도입되었다. 청문 조항은 현재 그 수가 증가일로에 있으며, 그 규모도 주민의 의견청취 등으로 확대되고 있다.

1987년에는 정부에 의한 행정절차법안이 입법예고 되었다. 그러나 정부 내 부처 간의 이견 등이 원인이 되어 법률로 완성되지 못하였으며, 그 내용의 일부(행정처분에 대한 청문절차)만이 '행정절차운영지침'(국무총리훈령 제235호)의 이름으로 시행되었고, 행정절차에 해당하는 중요부분을 구「행정규제 및 민원사무기본법」으로 정하여 시행하였다.

이후 1996년 12월에 「행정절차법」이 제정·공포되어 1997년 12월부터 시행되었고 수차의 개정을 거쳐 현재에 이르고 있다.

제3절 | 행정절차의 이념과 기능

Ⅰ. 민주주의의 실현

"행정에의 참가를 통한 행정의 민주화"가 청문 등의 행정절차의 궁극적 이념이다. 국민의 행정에의 참가를 통한 행정의 민주화의 요청은 민주주의의 실현을 위한 불가결한 요소이기 때문이다. 이를 통해 국가작용의 정당성과 통합에 기여하게 된다.

Ⅱ. 법치주의의 관철

행정절차의 법제화가 행정의 투명성·예측가능성을 부여하고, 행정권 발동의 남용을 방지하는 역할을 한다고 할 때, 그것은 법치주의의 이념을 실현하는 것이다.

Ⅲ. 행정의 능률화

행정을 예고하고 이해관계인의 의견을 반영한 행정을 함에 따라 행정에 대한 국민의 수용과 협력을 증대시킬 수 있으며, 행정의 능률화에 기여할 수 있다. 그러나 사전절차를 지나치게 복잡할 경우, 이것이 행정의 능률을 저하시키는 요인으로 작용할 수 있음도 부인할 수 없다.

Ⅳ. 재판적 통제의 보완

법원을 통한 사후구제에는 많은 시간과 노력, 경비가 소요되며, 사후적 구제가 인정되는 경우에도 권익침해가 없었던 상태로 돌아가기에는 한계가 있다. 따라서 행정절차는 행정기관으로 하여금 이해관계인의 의견을 고려하여 신중한 행정을 행하게 함으로써 국민의 권익침해를 방지하는 사전적 권리구제제도로 볼 수 있다.

제4절 | 행정절차의 기본적 요소

Ⅰ. 사전통지

행정절차를 개시하기 위해서는 우선 이해관계인에게 행정청이 하고자 하는 행정작용의 내용과 청문의 일시·장소 등을 미리 알릴 필요가 있다. 「행정절차법」은 처분의 사전통지(같은 법 제21조 제1항) 및 송달의 방법(같은 법 제14조)에 관하여 규정하고 있다.

Ⅱ. 청문

넓은 의미의 청문은 이해관계인에게 자기의 의견을 진술하며 스스로를 방어할 수 있는 기회를 제공하는 것이다. 여기에는 의견제시, 협의의 청문, 공청회 등이 포함된다.

Ⅲ. 문서열람·정보공개

청문절차와 관련하여 관계인의 문서열람, 정보공개에 관한 절차로서 독립적인 의의를 가지는 행정절차이다. 이에 대하여는「행정절차법」제37조 및「공공기관의 정보공개에 관한 법률」에서 규정하고 있다.

Ⅳ. 결정 및 결정이유의 제시

행정절차의 최종적 단계로서의 결정에는 결정의 근거와 이유를 명시할 것이 요구된다. 이는 ① 설명·설득기능, ② 권리보호기능, ③ 통제기능 등을 한다.「행정절차법」에서도 행정청이 처분을 하는 때에는 원칙적으로 당사자에게 그 근거와 이유를 제시하도록 규정하고 있다(같은 법 제23조).

Ⅴ. 처분기준의 설정·공표

행정청이 처분을 함에 있어서 따라야 할 기준을 정하여 이를 사전에 공표하는 것이다. 특히 불이익처분의 기준을 미리 정하여 공표하는 것을 말한다(같은 법 제20조). 당사자에게 예측가능성을 부여하고, 행정결정의 자의·독단을 방지하는데 의의가 있다.

제5절 ┃ 행정절차의 헌법적 근거

행정절차가「헌법」과의 관계에서 조명받는 것은 소위 'due prosess of law'라는「헌법」상의 적정절차주의 내지 적법절차주의의 직접적인 적용을 받을 수 있는가에 관한 논의를 배경으로 한다. 행정절차에 대한 헌법적 논의는 주로 "행정절차의 법적 근거를 직접「헌법」에서 구할 수 있는가?", "청문의 기회를 주지 않은 불이익처분, 이유제시를 하지 않은 행정처분을「헌법」을 근거로 하여 위법으로 판정할 수 있는가?"를 과제로 한다.

Ⅰ. 학설

「헌법」 제12조 제1항 후단은 "모든 국민은 … 법률과 적법한 절차에 의하지 아니하고는 처벌·보안처분 또는 강제노역을 받지 아니한다."라고 규정하고 있다. '적법절차조항이 형사사법 절차에만 적용되는가?' 또는 '질서벌·집행벌 등 신체의 자유를 제한하는 행정벌에도 적용되는가?' 내지 '더 나아가 널리 국민의 자유·권리를 제한하는 행정처분에도 적용되는가?'가 문제로 대두될 수 있다.

현대 행정국가에서는 행정권에 의한 기본권의 침해가능성이 증대되고 있으므로 행정절차에 대해서도 「헌법」 제12조의 적법절차원리가 적용되어야 한다. 비록 「헌법」 제12조의 규정이 직접적으로는 형사사법권의 발동에 관한 조항이지만, 그 취지는 행정절차에도 유추적용 될 수 있다.

Ⅱ. 판례의 경향

1. 헌법재판소 판례

헌법재판소는 「헌법」 제12조상의 적법절차조항을 행정절차에 대한 직접적인 구속력 있는 헌법적 근거로 보는 입장이다.

[판례]

① "「헌법」 제12조 제3항 본문은 동조 제1항과 함께 적법절차원리의 일반 조항에 해당하는 것으로서, 형사절차상의 영역에 한정되지 않고 입법, 행정 등 국가의 모든 공권력의 작용에는 절차상의 적법성뿐만 아니라 법률의 구체적 내용도 합리성과 정당성을 갖춘 실체적인 적법성이 있어야한다는 적법절차의 원칙을 「헌법」의 기본원리로 명시하고 있는 것이다." (헌법재판소 1992. 12. 24. 92헌가8결정)

② "법무부장관의 일방적 명령에 의하여 변호사 업무를 정지시키는 것은 당해 변호사가 자기에게 유리한 사실을 진술하거나 필요한 증거를 제출할 수 있는 청문의 기회가 보장되지 아니하여 적법절차를 존중하지 아니한 것이 된다." (헌법재판소 1990. 11. 19. 90헌가48결정)

2. 대법원 판례

(1) 청문절차 관련 판례

청문절차에 관한 대법원의 판례는 청문절차의 위반을 이유로 본처분을 위법으로 판시한 경우와 청문절차의 위반에도 불구하고 본 처분을 적법한 것으로 판시한 경우가 혼재된 경향을 나타내고 있다.

[판례]

① "건축사사무소의 등록취소 및 폐쇄처분에 관한 규정(1979. 9. 6. 건설부훈령 제447호) 제1조에는 이 규정은 「건축사법」 제28조 및 동시행령 제30조의 규정에 의한 건축사사무소의 등록취소 및 폐쇄처분에 따른 세부기준을 정함을 목적으로 한다. 제9조에는 건축사사무소의 등록을 취소하고자 할 때에는 미리 당해 건축사에 대하여 청문을 하거나 필요한 경우에 참고인의 의견을 들어야 한다. 다만, 정당한 사유 없이 청문에 응하지 아니하는 경우에는 그러하지 아니한다고 규정하고 있는 바, 이와 같이 관계행정청이 건축사무소의 등록취소처분을 함에 있어 당해 건축사들을 사전에 청문하도록 한 법제도의 취지는 위 행정처분으로 인하여 건축사사무소의 기존권리가 부당하게 침해 받지 아니하도록 등록취소사유에 대하여 당해 건축사에게 변명과 유리한 자료를 제출한 기회를 부여하여 위법사유의 시정가능성을 감안하고 처분의 신중성과 적정성을 기하려함에 있다 할 것이므로 관계 행정청이 위와 같은 처분을 하려면 반드시 사전에 청문절차를 거쳐야 하고 설사 위 같은 법 제28조 소정의 사유가 분명히 존재하는 경우라 하더라도 당해 건축사가 정당한 이유 없이 청문에 응하지 아니한 경우가 아닌 한 청문절차를 거치지 아니하고 한 건축사사무소 등록취소처분은 청문절차를 거치지 아니한 위법한 처분이다." (대법원 1984. 9. 11. 선고 82누166판결)

② "청문을 포함한 당사자의 의견청취절차 없이 어떤 행정처분을 한 경우에도 관계법령에서 당사자의 의견청취절차를 시행하도록 규정하지 않고 있는 경우에는 그 행정처분이 위법하게 되는 것이 아니라 할 것인바, 「문화재보호법」과 대구직할시문화재보호조례에 의하면 시지정문화재는 시장이 문화재위원회의 자문을 받아 지정한다고만 규정되어 있을 뿐, 그 지정에 있어서 문화재의 소유자나 기타 이해관계인의 신청이 필요하다는 규정이나 소유자 기타 이해관계인의 의견을 들어야 한다는 행정절차의 규정은 없고, 비록 국민의 권리보호를 위한 행정절차에 관한 훈령에 따라 1990.31.부터 시행

된 행정절차운영지침에 의하면 행정청이 공권력을 행사하여 국민의 구체적인 권리 또는 의무에 직접적인 변동을 초래하게 하는 행정처분을 하고자 할 때에는 미리 당사자에게 행정처분을 하고자 하는 원인이 되는 사실을 통지하여 그에 대한 의견을 청취한 다음 이유를 명시하여 행정처분을 하여야 한다고 규정되어 있으나 이는 대외적 구속력을 가지는 것이 아니므로, 시장이 건조물 소유자의 신청이 없는 상태에서 소유자의 의견을 듣지 아니하고 건조물을 문화재로 지정하였다고 하여 위법한 것이라고 할 수 없다." (대법원 1994. 8. 9. 선고 94누3414판결)

③ "행정청이 당사자와 사이에 도시계획사업의 시행과 관련한 협약을 체결하면서 관계 법령 및 「행정절차법」에 규정된 청문의 실시 등 의견청취절차를 배제하는 조항을 두었다고 하더라도, 국민의 행정참여를 도모함으로써 행정의 공정성·투명성 및 신뢰성을 확보하고 국민의 권익을 보호한다는 「행정절차법」의 목적 및 청문제도의 취지 등에 비추어 볼 때, 위와 같은 협약의 체결로 청문의 실시에 관한 규정의 적용을 배제할 수 있다고 볼 만한 법령상의 규정이 없는 한, 이러한 협약이 체결되었다고 하여 청문의 실시에 관한 규정의 적용이 배제된다거나 청문을 실시하지 않아도 되는 예외적인 경우에 해당한다고 할 수 없다." (대법원 2004. 7. 8. 선고 2002두8350판결)

(2) 이유제시 관련 판례

불이익처분에 대한 이유제시에 관해서는 대법원은 이를 필요적 절차로 이해하여 이유제시의 위반은 본처분을 위법하게 하는 것으로 판시하고 있다. 물론 과거의 판례에서 이유제시의 위반에도 불구하고 본처분의 효력에 영향을 미치지 않는 것으로 판시한 예가 없지 않으나 최근에는 이에 대해 엄격한 입장을 유지하고 있을 뿐만 아니라 이유제시의 해태는 흠의 치유대상이 되지 않는 것으로 판시하고 있다.

[판례]

① "허가의 취소처분에는 그 근거가 되는 법령과 처분을 받은 자가 어떠한 위반사실에 대하여 당해 처분이 있었는지를 알 수 있을 정도의 위 법령에 해당하는 사실의 적시를 요한다고 할 것이다." (대법원 1984. 7. 10. 선고 82누551판결)

② "면허의 취소처분에는 그 근거가 되는 법령이나 취소권 유보의 부관 등을 명시하여야 함은 물론 처분을 받은 자가 어떠한 취반사실에 대하여 당해 처분이 있었는지를 알 수 있을 정도로 사실을 적시할 것을 요하며, 이와 같은 취소처분의 근거 외 위반사실의 적시를 빠뜨린 하자는 피처분자가 처분당시 그 취지를 알고 있었다거나 그 후 알게 되었다 하여도 치유될 수 없다고 할 것이다." (대법원 1990. 9. 11. 선고 90누1786판결)

Ⅲ. 소결

불이익처분에 대한 사전절차, 그 중에서도 청문절차와 이유 제시는 행정절차의 핵심을 이루는 내용이다. 이는 사전적 권리구제의 기능을 담당한다. 청문 등 행정절차는 「헌법」에 뿌리를 두고 있는 것이다. 그 헌법적 근거는 제12조의 적법절차조항 및 헌법상의 민주국가원리·법치국가원리 등이다. 다만, 「행정절차법」에서 이를 구체화하는 명문규정(청문: 제22조, 이유제시: 제23조)을 두고 있으므로 법적 근거에 대한 논의의 실익은 반감된다.

제6절 | 현행 「행정절차법」의 내용

Ⅰ. 「행정절차법」의 구조 및 특징

「행정절차법」은 행정절차에 관한 일반법으로 총칙 이외에 처분절차, 신고절차, 행정입법절차, 행정예고절차 및 보칙 등 총 8장 56개조로 구성되어 있다. 우리의 「행정절차법」은 행정행위나 공법계약에 관한 실체법적 규정을 포함하고 있는 독일의 행정절차법과는 달리 원칙적으로 절차규정만으로 구성되어 있다. 「행정절차법」의 규율범위는 사전절차에 한정되어 있는데, 처분절차, 신고절차, 행정입법절차, 행정예고절차 및 행정지도절차에 한정하여 규정되어 있다. 따라서 행정계획절차나 행정조사절차 등은 그 규율대상에서 제외된다.

Ⅱ. 통칙적 규정

1. 목적

이 법은 행정절차에 관한 공통적인 사항을 규정하여 국민의 행정참여를 도모함으로써 행정의 공정성, 투명성 및 신뢰성을 확보하고 국민의 권익을 보호함을 목적으로 한다(「행정절차법」제1조).

(1) 공정성

행정결정이 행정기관의 자의나 독단에 의하지 않고, 정확한 정보자료에 기하여 행하여지는 것을 의미한다.

(2) 투명성

행정청이 행하는 행정작용은 그 내용이 구체적이고 명확하여야 하며, 행정작용의 근거가 되는 법령 등의 내용이 명확하지 아니한 경우 상대방은 당해 행정청에 대하여 그 해석을 요청할 수 있다. 이 경우 당해 행정청은 특별한 사유가 없는 한 이에 응하여야 한다(같은 법 제5조).

(3) 신뢰성

행정청은 법령 등의 해석 또는 행정청의 관행이 일반적으로 국민들에게 받아들여진 때에는 공익 또는 제3자의 정당한 이익을 현저히 해할 우려가 있는 경우를 제외하고는 새로운 해석 또는 관행에 의하여 소급하여 불리하게 처리하여서는 아니된다(같은 법 제4조 제2항).

2. 적용범위 및 적용제외사항

(1) 적용범위

처분, 신고, 행정상 입법예고, 행정예고 및 행정지도의 절차에 관하여 다른 법률에 특별한 규정이 있는 경우를 제외하고는 「행정절차법」이 정하는 바에 의한다(같은 법 제3조 제1항). 즉, 「행정절차법」이 행정절차에 관한 일반법이라 하더라도 모든 행정작용에 적용되는 것은 아니다.

(2) 적용제외사항

다음 각 호의 어느 하나에 해당하는 사항에 대하여는 「행정절차법」을 적용하지 아니한다(같은 법 제3조 제2항).
1. 국회 또는 지방의회의 의결을 거치거나 동의 또는 승인을 얻어 행하는 사항
2. 법원 또는 군사법원의 재판에 의하거나 그 집행으로 행하는 사항
3. 헌법재판소의 심판을 거쳐 행하는 사항
4. 각급 선거관리위원회의 의결을 거쳐 행하는 사항
5. 감사원이 감사위원회의의 결정을 거쳐 행하는 사항
6. 형사·행형 및 보안처분 관계법령에 의하여 행하는 사항
7. 국가안전보장·국방·외교 또는 통일에 관한 사항 중 행정절차를 거칠 경우 국가의 중대한 이익을 현저히 해할 우려가 있는 사항
8. 심사청구·해양안전심판·조세심판·특허심판·행정심판 기타 불복절차에 의한 사항
9. 「병역법」에 의한 징집·소집, 외국인의 출입국·난민인정·귀화, 공무원 인사관계 법령에 의한 징계 기타 처분 또는 이해조정을 목적으로 법령에 의한 알선·조정·중재·재정 기타 처분등 당해 행정작용의 성질상 행정절차를 거치기 곤란하거나 불필요하다고 인정되는 사항과 행정절차에 준하는 절차를 거친 사항으로서 대통령령으로 정하는 사항

[판례]

"「국가공무원법」제75조 및 제76조 제1항에서 공무원에 대하여 직위해제를 할 때에는 그 처분권자 또는 처분제청권자는 처분사유를 적은 설명서를 교부하도록 하고, 처분사유 설명서를 받은 공무원이 그 처분에 불복할 때에는 그 설명서를 받은 날부터 30일 이내에 소청심사청구를 할 수 있도록 함으로써 임용권자가 직위해제처분을 행함에 있어서 구체적이고도 명확한 사실의 적시가 요구되는 처분사유 설명서를 반드시 교부하도록 하여 해당 공무원에게 방어의 준비 및 불복의 기회를 보장하고 임용권자의 판단에 신중함과 합리성을 담보하게 하고 있고, 직위해제처분을 받은 공무원은 사후적으로 소청이나 행정소송을 통하여 충분한 의견진술 및 자료제출의 기회를 보장하고 있다. 그렇다면「국가공무원법」상 직위해제처분은「행정절차법」제3조 제2항 제9호, 동법 시행령 제2조 제3호에 의하여 당해 행정작용의 성질상 행정절차를 거치기 곤란하거나 불필요하다고 인정되는 사항 또는 행정절차에 준하는 절차를 거친 사항에 해당하므로, 처분의 사전통지 및 의견청취 등에 관한「행정절차법」의 규정이 별도로 적용되지 아니한다고 봄이 상당하다." (대법원 2014. 5. 16. 선고 2012두26180판결)

(3) 문제점

「행정절차법」에 적용제외사항을 두고 있는 것은「행정절차법」의 일반법적 성격을 약화시킨다는 견해와「행정절차법」제3조 제2항 제9호에서 대통령령으로「행정절차법」의 규정을 적용 배제할 수 있게 한 것은 위헌이라는 견해가 있다.

3. 행정청의 관할 및 행정청간의 협조·행정응원

(1) 행정청의 관할

행정청이 그 관할에 속하지 아니하는 사안을 접수하였거나 이송 받은 경우와 행정청이 접수 또는 이송 받은 후 관할이 변경된 경우에는 지체 없이 이를 관할행정청에 이송하여야 하고 그 사실을 신청인에게 통지하여야 한다(같은 법 제6조 제1항). 행정청의 관할이 분명하지 아니하는 경우에는 당해 행정청을 공통으로 감독하는 상급행정청이 그 관할을 결정하며, 공통으로 감독하는 상급행정청이 없는 경우에는 각 상급행정청의 협의로 그 관할을 결정한다(같은 법 제6조 제2항).

(2) 행정청간의 협조·행정응원

1) 행정청간의 협조

행정청은 행정의 원활한 수행을 위하여 서로 협조하여야 한다(같은 법 제7조).

2) 행정응원

독자적인 직무수행이 어려운 경우, 다른 행정청에 소속되어 있는 전문기관의 협조가 필요한 경우, 다른 행정청이 관리하고 있는 행정자료가 직무수행을 위하여 필요한 경우, 다른 행정청의 응원을 받아 처리하는 것이 보다 능률적이고 경제적인 경우 '당해 직무를 직접 응원할 수 있는' 다른 행정청에 행정응원을 요청할 수 있다(같은 법 제8조 제1항).

그러나 행정응원을 요청받은 행정청은 다른 행정청이 보다 능률적이거나 경제적으로 응원할 수 있는 명백한 이유가 있는 경우와 행정응원으로 인하여 고유의 직무수행이 현저히 지장 받을 것으로 인정되는 명백한 이유가 있는 경우에는 이를 거부할 수 있다고 규정하고 있다. 이 경우에는 그 사유를 응원요청한 행정청에 통지하여야 한다.

행정응원을 위하여 파견된 직원은 다른 법령 등에 특별한 규정이 있는 경우를 제외하고는 응원을 요청한 행정청의 지휘·감독을 받는다. 행정응원에 소요되는 비용은 응원을 요청한 행정청이 부담하며, 그 부담금액 및 부담방법은 응원을 요청한 행정청과 응원을 행하는 행정청이 협의하여 결정한다.

4. 송달

(1) 송달의 방법

행정청의 송달은 우편·교부 또는 정보통신망 이용 등의 방법에 의하되 송달받을 자의 주소·거소·영업소·사무소 또는 전자우편주소로 한다. 다만, 송달받을 자가 동의하는 경우에는 그를 만나는 장소에서 송달할 수 있다(같은 법 제14조 제1항). 교부에 의한 송달은 수령확인서를 받고 문서를 교부함으로써 행하며, 송달하는 장소에서 송달받을 자를 만나지 못한 때에는 그 사무원·피용자(被傭者) 또는 동거자로서 사리를 분별할 지능이 있는 자에게 이를 교부할 수 있다. 정보통신망을 이용한 송달은 송달받을 자가 동의하는 경우에 한한다. 이 경우 송달받을 자는 송달받을 전자우편주소 등을 지정하여야 한다.

송달받을 자의 주소 등을 통상의 방법으로 확인할 수 없는 경우와 송달이 불가능한 경우에는 송달받을 자가 알기 쉽도록 관보·공보·게시판·일간신문중 하나 이상에 공고하고 인터넷에도 공고하여야 한다. 행정청은 송달하는 문서의 명칭, 송달받는 자의 성명 또는 명칭, 발송방법 및 발송연월일을 확인할 수 있는 기록을 보존하여야 한다.

(2) 송달의 효력발생

송달은 다른 법령 등에 특별한 규정이 있는 경우를 제외하고는 송달받을 자에게 도달됨으로써 그 효력이 발생한다. 정보통신망을 이용하여 전자문서로 송달하는 경우에는 송달받을 자가 지정한 컴퓨터 등에 입력된 때에 도달된 것으로 본다(같은 법 제15조).

같은 법 제14조 제4항의 경우와 같이 공고한 경우에는 다른 법령 등에 특별한 규정이 있는 경우를 제외하고는 공고일 부터 14일이 경과한 때에 그 효력이 발생한다. 다만, 긴급히 시행하여야 할 특별한 사유가 있어 효력발생시기를 달리 정하여 공고한 경우에는 그에 의한다.

(3) 기간 및 기한의 특례

천재지변 기타 당사자 등의 책임 없는 사유로 기간 및 기한을 지킬 수 없는 경우에는 그 사유가 끝나는 날까지 기간의 진행이 정지된다(같은 법 제16조 제1항). 외국에 거주 또는 체류하는 자에 대한 기간 및 기한은 행정청이 그 우편이나 통신에 소요되는 일수를 감안하여 정하여야 한다(같은 법 제16조 제2항).

Ⅲ. 처분절차

행정절차의 중심을 이루는 것으로서,「행정절차법」은 통칙, 의견제출 및 청문, 공청회의 3개절 21개조에 걸쳐 이에 관하여 규정하고 있다.

1. 처분절차의 공통원칙·공통사항

(1) 직권주의

절차의 진행은 행정청에 맡겨져 있고(직권진행주의), 결정상 필요한 사실을 행정청 스스로가 이를 조사·수집할 수 있다(직권탐지주의). 다만 신청에 의한 처분에 있어서는 절차의 개시를 신청인의 발의에 의하고, 처분내용도 신청의 범위에 한정되도록 하고 있다.

(2) 서면심리주의

「행정절차법」은 불이익처분에 있어서의 청문절차에 대하여만 구두심리주의를 채택하고 있다.

(3) 처분의 방식-문서주의

행정청이 처분을 하는 때에는 다른 법령 등에 특별한 규정이 있는 경우를 제외하고는 문서로 하여야 하며(같은 법 제24조), 전자문서로 하는 경우에는 당사자등의 동의가 있어야 한다. 다만, 신속을 요하거나 사안이 경미한 경우에는 구술 기타 방법으로 할 수 있으며 이 경우 당사자의 요청이 있는 때에는 지체 없이 처분에 관한 문서를 주어야 한다. 처분을 하는 문서에는 그 처분행정청 및 담당자의 소속·성명과 연락처(전화번호·모사전송번호·전자우편주소등을 말한다)를 기재하여야 한다.

[판례]

"「행정절차법」제24조는, 행정청이 처분을 하는 때에는 다른 법령 등에 특별한 규정이 있는 경우를 제외하고는 문서로 하여야 하고 전자문서로 하는 경우에는 당사자 등의 동의가 있어야 하며, 다만 신속을 요하거나 사안이 경미한 경우에는 구술 기타 방법으로 할 수 있다고 규정하고 있는데, 이는 행정의 공정성·투명성 및 신뢰성을 확보하고 국민의 권익을 보호하기 위한 것이므로 위 규정을 위반하여 행하여진 행정청의 처분은 하자가 중대하고 명백하여 원칙적으로 무효이다. 집합건물 중 일부 구분건물의 소유자인 피고인이 관할 소방서장으로부터 소방시설 불량사항에 관한 시정보완명령을 받고도 따르지 아니하였다는 내용으로 기소된 사안에서, 담당 소방공무원이 행정처분인 위 명령을 구술로 고지한 것은「행정절차법」제24조를 위반한 것으로 하자가 중대하고 명백하여 당연 무효이다." (대법원 2011. 11. 10. 선고 2011도11109판결)

(4) 처분기준의 설정·공표

행정청의 자의적인 권한 행사를 방지하고 처분에 대한 상대방의 예측가능성을 부여하기 위하여 행정청의 처분기준의 설명·공표의무를 규정하고 있다(같은 법 제20조).

1) 공표의무

행정청은 필요한 처분기준을 당해 처분의 성질에 비추어 될 수 있는 한 구체적으로 정하여 공표하여야 한다. 처분기준을 변경하는 경우에도 또한 같다. 그러나 처분기준을 공표하는 것이 당해 처분의 성질상 현저히 곤란하거나 공공의 안전 또는 복리를 현저히 해하는 것으로 인정될만한 상당한 이유가 있는 경우에는 이를 공표하지 아니할 수 있다.

2) 설명의무

당사자등은 공표된 처분기준이 불명확한 경우 당해 행정청에 대하여 그 해석 또는 설명을 요청할 수 있다. 이 경우 당해 행정청은 특별한 사정이 없는 한 이에 응하여야 한다.

(5) 처분의 이유제시

행정청은 처분을 하는 때에는 ① 신청내용을 모두 그대로 인정하는 처분인 경우, ② 단순·반복적인 처분 또는 경미한 처분으로서 당사자가 그 이유를 명백히 알 수 있는 경우, ③ 긴급을 요하는 경우를 제외하고는 당사자에게 그 근거와 이유를 제시하여야 한다. 그러나 ②와 ③의 처분의 경우에는 처분 후 당사자가 요청하는 경우에 그 근거와 이유를 제시하여야 한다(같은 법 제23조).

이는 처분의 신중성·공정성을 보장하는 한편 상대방이 처분에 대하여 행정쟁송을 제기하고자 할 때 제시된 이유에 기초하여 처분을 다툴 수 있게 함으로써 쟁송준비에 편의를 제공하는 기능을 한다.

[판례]

① 적극적 처분의 경우
"면허의 취소처분에는 그 근거가 되는 법령이나 취소권 유보의 부관 등을 명시하여야 함은 물론 처분을 받은 자가 어떠한 위반사실에 대하여 당해 처분이 있었는지를 알 수 있을 정도로 사실을 적시할 것을 요하며, 이와 같은 취소처분의 근거와 위반사실의 적시를 빠뜨린 하자는 피처분자가 처분 당시 그 취지를 알고 있었다거나 그 후 알게 되었다 하여도 치유될 수 없다고 할 것인바, 세무서장인 피고가 주류도매업자인 원고에 대하여 한 이 사건 일반주류도매업면허취소통지에 "상기 주류도매장은 무면허 주류판매업자에게 주류를 판매하여 「주세법」 제11조 및 「주세법 사무처리규정」 제26조에 의거 지정조건위반으로 주류판매면허를 취소합니다"라고만 되어 있어서 원고의 영업기간과 거래상대방 등에 비추어 원고가 어떠한 거래행위로 인하여 이 사건 처분을 받았는지 알 수 없게 되어 있다면 이 사건 면허취소처분은 위법하다." (대법원 1990. 9. 11. 선고 90누1786판결)

② 소극적 처분의 경우
"「행정절차법」 제23조 제1항은 행정청은 처분을 하는 때에는 당사자에게 그 근거와 이유를 제시하여야 한다고 규정하고 있는바, 일반적으로 당사자가 근거규정 등을 명시하여 신청하는 인·허가 등을 거부하는 처분을 함에 있어 당사자가 그 근거를 알 수 있을 정도로 상당한 이유를 제시한 경우에는 당해 처분의 근거 및 이유를 구체적 조항 및 내용까지 명시하지 않았더라도 그로 말미암아 그 처분이 위법한 것이 된다고 할 수 없다." (대법원 2007. 5. 10. 선고 2005두13315 판결).

(6) 처분내용의 정정

행정청은 처분에 오기·기타 이에 준하는 명백한 잘못이 있는 때에는 직권 또는 신청에 의하여 지체 없이 정정하고 이를 당사자에게 통지하여야 한다(같은 법 제25조).

(7) 행정심판사항의 고지

행정청이 처분을 하는 때에는 당사자에게 그 처분에 관하여 행정심판 및 행정소송을 제기할 수 있는지 여부, 기타 불복을 할 수 있는지 여부, 청구절차 및 청구기간 기타 필요한 사항을 알려야 한다(같은 법 제26조).

2. 신청에 의한 처분의 절차

(1) 적용대상

「행정절차법」이 행정청의 신청에 대한 접수보류·접수거부의 금지·신청에 대한 행정청의 처리기간의 설정·공표의무, 거부처분에 대한 이유제시의무 등을 규정하고 있는 것을 볼 때, 신청에 의한 처분절차가 적용되는 것은 당해 처분에 대하여 사인의 신청권이 있는 경우에 한정된다.

(2) 처분의 신청

행정청에 대하여 처분을 구하는 신청은 문서로 하여야 한다(같은 법 제17조). 다만, 다른 법령 등에 특별한 규정이 있는 경우와 행정청이 미리 다른 방법을 정하여 공시한 경우에는 그러하지 아니하다. 처분을 신청함에 있어 전자문서로 하는 경우에는 행정청의 컴퓨터 등에 입력된 때에 신청한 것으로 본다.

(3) 행정청의 절차상의 의무

1) 처리기간의 설정·공표 의무

행정청은 신청인의 편의를 위하여 처분의 처리기간을 종류별로 미리 정하여 공표하여야 한다. 부득이한 사유로 처리기간 내에 처리하기 곤란한 경우에는 당해 처분의 처리기간의 범위 내에서 1회에 한하여 그 기간을 연장할 수 있다. 처리기간을 연장하는 때에는 처리기간의 연장사유와 처리예정기한을 지체 없이 신청인에게 통지하여야 한다. 행정청이 정당한 처리기간 내에 처리하지 아니한 때에는 신청인은 당해 행정청 또는 그 감독행정청에 대하여 신속한 처리를 요청할 수 있다(같은 법 제19조).

2) 신청의 접수 및 처리의무

행정청은 신청에 필요한 구비서류·접수기관·처리기간 기타 필요한 사항을 게시(인터넷 등을 통한 게시를 포함한다)하거나 이에 대한 편람을 비치하여 누구나 열람할 수 있도록 하여야 한다. 행정청은 신청이 있는 때에는 다른 법령 등에 특별한 규정이 있는 경우를 제외하고는 그 접수를 보류 또는 거부하거나 부당하게 되돌려 보내서는 아니 되며, 신청을 접수한 경우에는 신청인에게 접수증을 주어야 한다. 다만, 대통령령이 정하는 경우에는 접수증을 주지 아니할 수 있다. 행정청은 신청에 구비서류의 미비 등 흠이 있는 경우에는 보완에 필요한 상당한 기간을 정하여 지체 없이 신청인에게 보완을 요구하여야 한다(같은 법 제17조 제3항, 제4항, 제5항).

3) 공관사무 등의 신속처리

행정청은 다수의 행정청이 관여하는 처분을 구하는 신청을 접수한 경우에는 관계행정청과의 신속한 협조를 통하여 당해 처분이 지연되지 아니하도록 하여야 한다(같은 법 제18조).

4) 공청회

행정청이 처분을 함에 있어서 다른 법령 등에서 공청회를 개최하도록 규정하고 있는 경우, 당해 처분의 영향이 광범위하여 널리 의견을 수렴할 필요가 있다고 행정청이 인정하는 경우에 공청회를 개최한다(같은 법 제22조 제2항).

3. 불이익처분의 절차

「행정절차법」은 불이익처분의 절차로서 처분의 사전통지(같은 법 제21조), 의견제출기회의 부여(같은 법 제22조 제3항)를 규정하고 있다. 그러나 처분기준의 설정·공표, 처분의 이유제시, 처분방식, 처분의 정정 및 고지에 관한 규정은 행정처분에 관한 공통절차이므로 불이익처분에도 적용된다.

(1) 불이익처분의 개념

사전통지 및 의견제출기회 부여의 대상이 되는 불이익처분이란 당사자에게 의무를 과하거나 권익을 제한하는 처분을 말한다.

'신청에 대한 거부처분'이 사전통지 등의 대상이 되는 불이익처분에 해당하는가와 관련하여, ① 신청을 한 것만으로는 아직 당사자에게 권익이 부여되지 아니하였으므로 그 신청을 거부하여도 권익을 제한하는 처분에 해당한다고 볼 수 없다는 견해와 ② 원칙적으로 불이익처분에 해당하지 않지만, 갱신허가거부처분 등의 경우에는 권익을 제한하는 처분에 해당한다고 보아야 한다는 견해 등이 있다. 판례는 거부처분은 권익을 제한하는 처분에 해당하지 않는다고 하여, 거부처분은 사전통지의 대상이 되지 않는다고 한다.

[판례]

"신청에 따른 처분이 이루어지지 아니한 경우에는 아직 당사자에게 권익이 부과되지 아니하였으므로 특별한 사정이 없는 한 신청에 대한 거부처분이라고 하더라도 직접 당사자의 권익을 제한하는 것은 아니어서 신청에 대한 거부처분을 여기에서 말하는 '당사자의 권익을 제한하는 처분'에 해당한다고 할 수 없는 것이어서 처분의 사전통지대상이 된다고 할 수 없다." (대법원 2003. 11. 28. 선고 2003두674판결)

(2) 처분의 사전통지

행정청은 당사자에게 의무를 과하거나 권익을 제한하는 처분을 하는 경우에는 미리 처분의 제목, 당사자의 성명 또는 명칭과 주소, 처분하고자 하는 원인이 되는 사실과 처분의 내용 및 법적 근거 등에 대하여 의견을 제출할 수 있다는 뜻과 의견을 제출하지 아니하는 경우의 처리방법, 의견제출기관의 명칭과 주소, 의견제출기한, 기타 필요한 사항을 당사자등에게 통지하여야 한다(같은 법 제21조 제1항).

다만, ① 공공의 안전 또는 복리를 위하여 긴급히 처분을 할 필요가 있는 경우, ② 법령 등에서 요구된 자격이 없거나 없어지게 되면 반드시 일정한 처분을 하여야 하는 경우에 그 자격이 없거나 없어지게 된 사실이 법원의 재판 등에 의하여 객관적으로 증명된 때, ③ 당해 처분의 성질상 의견청취가 현저히 곤란하거나 명백히 불필요하다고 인정될 만한 상당한 이유가 있는 경우에는 통지를 아니할 수 있다(같은 법 제21조 제4항).

사전통지는 의견청취절차의 전치절차이므로, 사전통지의무가 면제되는 경우에는 의견청취의무도 면제된다(같은 법 제22조 제4항).

(3) 의견청취절차

1) 개설

의견청취절차(같은 법 제22조)는 행정청으로 하여금 적정한 처분을 내릴 수 있게 하고, 이해관계인의 권익을 보호하는 기능을 한다. 의견청취절차에는 의견제출절차, 청문, 공청회가 있다.

2) 청문

'청문'이라 함은 행정청이 어떠한 처분을 하기에 앞서 당사자등의 의견을 직접 듣고 증거를 조사하는 절차를 말한다(같은 법 제2조 제5호). 행정청이 처분을 할 때 다른 법령 등에서 청문을 실시하도록 규정하고 있는 경우나 행정청이 필요하다고 인정하는 경우에는 청문을 실시한다. 청문에 관한 규정이 없거나 행정청이 청문이 필요하다고 인정하지 않는 경우에도 인허가 등의 취소, 신분·자격의 박탈, 법인이나 조합 등의 설립허가를 취소하는 경우에 당사자등이 청문신청이 있는 경우에는 청문을 실시한다(같은 법 제22조 제1항).

① 청문절차의 개시 - 청문의 사전통지

행정청은 청문을 실시하고자 하는 경우에 청문이 시작되는 날부터 10일전까지 처분의 제목, 당사자의 성명 또는 명칭과 주소, 처분하고자 하는 원인이 되는 사실과 처분의 내용 및 법적 근거에 대하여 의견을 제출할 수 있다는 뜻과 의견을 제출하지 아니하는 경우의 처리방법, 의견제출기관의 명칭과 주소, 의견제출기한, 기타 필요한 사항을 당사자등에게 통지하여야 한다. 이 경우 필요한 사항은 청문주재자의 소속·직위 및 성명, 청문의 일시 및 장소, 청문에 응하지 아니하는 경우의 처리방법 등 청문에 필요한 사항으로 갈음한다(같은 법 제21조 제2항).

② 청문주재자

청문은 행정청이 소속직원 또는 대통령령이 정하는 자격을 가진 자중에서 선정하는 자가 주재하되, 행정청은 청문주재자의 선정이 공정하게 이루어지도록 노력하여야 한다. 청문주재자는 독립하여 공정하게 직무를 수행하며, 그 직무수행상의 이유로 본인의 의사에 반하여 신분상 어떠한 불이익도 받지 아니한다. 선정된 청문주재자는 형법 기타 다른 법률에 의한 벌칙의 적용에 있어서 공무원으로 본다(같은 법 제28조).

③ 문서의 열람

당사자등은 청문의 통지가 있는 날부터 청문이 끝날 때까지 행정청에 대하여 당해 사안의 조사결과에 관한 문서 기타 당해 처분과 관련되는 문서의 열람 또는 복사를 요청할 수 있다. 이 경우 행정청은 다른 법령에 의하여 공개가 제한되는 경우를 제외하고는 이를 거부할 수 없다. 행정청은 이러한 열람 또는 복사의 요청에 응하는 경우 그 일시 및 장소를 지정할 수 있다. 행정청은 다른 법령에 의하여 열람 또는 복사의 요청을 거부하는 경우에는 그 이유를 소명하여야 한다(같은 법 제37조 제1항, 제2항, 제3항).

④ 청문의 진행

청문은 당사자의 공개신청이 있거나 청문주재자가 필요하다고 인정하는 경우 이를 공개할 수 있다. 다만, 공익 또는 제3자의 정당한 이익을 현저히 해할 우려가 있는 경우에는 공개하여서는 아니 된다(같은 법 제30조).

청문주재자가 청문을 시작할 때에는 먼저 예정된 처분의 내용, 그 원인이 되는 사실 및 법적 근거 등을 설명하여야 한다. 당사자등은 의견을 진술하고 증거를 제출할 수 있으며, 참고인·감정인등에 대하여 질문할 수 있다. 당사자등이 의견서를 제출한 경우에는 그 내용을 출석하여 진술한 것으로 본다(같은 법 제31조 제1항, 제2항, 제3항).

⑤ 증거조사 – 직권조사주의

청문주재자는 신청 또는 직권에 의하여 필요한 조사를 할 수 있으며, 당사자등이 주장하지 아니한 사실에 대하여도 조사할 수 있다. 증거조사는 문서·장부·물건 등 증거자료의 수집, 참고인·감정인등에 대한 질문, 검증 또는 감정·평가, 기타 필요한 조사에 해당하는 방법에 의한다. 청문주재자는 필요하다고 인정하는 때에는 관계행정청에 대하여 필요한 문서의 제출 또는 의견의 진술을 요구할 수 있다. 이 경우 관계행정청은 직무수행상 특별한 지장이 없는 한 이에 응하여야 한다(같은 법 제33조 제1항, 제2항, 제3항).

⑥ 청문의 종결

청문주재자는 당해 사안에 대하여 당사자등의 의견진술·증거조사가 충분히 이루어졌다고 인정되는 경우에는 청문을 마칠 수 있다. 청문주재자는 당사자등의 전부 또는 일부가 정당한 사유 없이 청문기일에 출석하지 아니하거나 제31조 제3항의 규정에 의한 의견서를 제출하지 아니한 경우에는 이들에게 다시 의견진술 및 증거제출의 기회를 주지 아니하고 청문을 마칠 수 있다(같은 법 제35조 제1항, 제2항).

청문주재자는 당사자등의 전부 또는 일부가 정당한 사유로 인하여 청문기일에 출석하지 못하거나 제31조 제3항의 규정에 의한 의견서를 제출하지 못한 경우에는 상당한 기간을 정하여 이들에게 의견진술 및 증거제출을 요구하여야 하며, 당해 기간이 경과한 때에 청문을 마칠 수 있다(같은 법 제35조 제3항). 청문주재자는 청문을 마친 때에는 청문조서, 청문주재자의 의견서, 그 밖의 관계서류 등을 행정청에 지체 없이 제출하여야 한다(같은 법 제35조 제4항).

⑦ 청문의 재개

행정청은 청문을 마친 후 처분을 하기까지 새로운 사정이 발견되어 청문을 재개할 필요가 있다고 인정하는 때에는 제35조 제4항의 규정에 의하여 제출받은 청문조서 등을 되돌려 보내고 청문의 재개를 명할 수 있다. 이 경우 제31조 제5항의 규정을 준용한다(같은 법 제36조).

⑧ 청문조서

청문주재자는 제목, 청문주재자의 소속·성명 등 인적사항, 당사자등의 주소·

성명 또는 명칭 및 출석여부, 청문의 일시 및 장소, 당사자등의 진술의 요지 및 제출된 증거, 청문의 공개여부 및 공개 또는 제30조 단서의 규정에 의하여 비공개한 이유, 증거조사를 한 경우에는 그 요지 및 첨부된 증거, 기타 필요한 사항이 기재된 청문조서를 작성하여야 한다. 당사자등은 청문조서의 기재내용을 열람·확인할 수 있으며, 이의가 있을 때에는 그 정정을 요구할 수 있다(같은 법 제34조 제1항, 제2항).

⑨ 청문 결과의 처분에의 반영

행정청은 처분을 함에 있어서 제35조 제4항의 규정에 의하여 제출받은 청문조서, 청문주재자의 의견서, 그 밖의 관계서류 등을 충분히 검토하고 상당한 이유가 있다고 인정하는 경우에는 청문결과를 반영하여야 한다(같은 법 제35조의2).

3) 공청회

① 공청회의 의의 및 개최

'공청회'라 함은 행정청이 공개적인 토론을 통하여 어떠한 행정작용에 대하여 당사자등, 전문지식과 경험을 가진 자 기타 일반인으로부터 의견을 널리 수렴하는 절차를 말한다. 행정청이 처분을 함에 있어서 다른 법령 등에서 공청회를 개최하도록 규정하고 있는 경우, 당해 처분의 영향이 광범위하여 널리 의견을 수렴할 필요가 있다고 행정청이 인정하는 경우에 공청회를 개최한다(같은 법 제2조 제6호, 제22조 제2항).

[판례]

> "묘지공원과 화장장의 후보지를 선정하는 과정에서 서울특별시, 비영리법인, 일반 기업 등이 공동발족한 협의체인 추모공원건립추진협의회가 후보지 주민들의 의견을 청취하기 위하여 그 명의로 개최한 공청회는 행정청이 도시계획시설결정을 하면서 개최한 공청회가 아니므로, 위 공청회의 개최에 관하여 「행정절차법」에서 정한 절차를 준수하여야 하는 것은 아니다." (대법원 2007. 4. 12. 선고 2005두1893판결)

② 공청회의 통지·공고

행정청은 공청회를 개최하려는 경우에는 공청회 개최 14일 전까지 제목, 일시 및 장소, 주요 내용, 발표자에 관한 사항, 발표신청 방법 및 신청기한, 정보통신망을 통한 의견제출, 그 밖에 공청회 개최에 관하여 필요한 사항을 당사자 등에게 통지하고, 관보·공보·인터넷 홈페이지 또는 일간신문 등에 공고하는 등의 방법으로 널리 알려야 한다(같은 법 제38조 제1항).

③ 전자공청회

행정청은 공청회와 병행하여서만 정보통신망을 이용한 공청회(이하 "전자공청회"라 한다)를 실시할 수 있다. 전자공청회를 실시하는 경우 의견제출 및 토론 참여가 가능하도록 적절한 전자적 처리능력을 갖춘 정보통신망을 구축·운영하여야 하고, 누구든지 정보통신망을 이용하여 의견을 제출하거나 제출된 의견 등에 대한 토론에 참여할 수 있다. 그 밖에 전자공청회의 실시방법 및 절차에 관하여 필요한 사항은 대통령령으로 정한다(같은 법 제38조의2).

④ 공청회의 주재자 및 발표자의 선정

공청회의 주재자는 당해 공청회의 사안과 관련된 분야에 전문적 지식이 있거나 그 분야에서 종사한 경험이 있는 자 중에서 행정청이 지명 또는 위촉하는 자로 한다. 공청회의 발표자는 발표를 신청한 자 중에서 행정청이 선정한다. 다만, 발표신청자가 없거나 공청회의 공정성 확보를 위하여 필요하다고 인정하는 경우에는 당해 공청회의 사안과 관련된 당사자등, 당해 공청회의 사안과 관련된 분야에 전문적 지식이 있는 자, 당해 공청회의 사안과 관련된 분야에서 종사한 경험이 있는 자 중에서 지명 또는 위촉할 수 있다.

행정청은 공청회의 주재자 및 발표자를 지명 또는 위촉하거나 선정함에 있어서 공정성이 확보될 수 있도록 하여야 한다. 공청회의 주재자·발표자 그 밖의 자료를 제출한 전문가 등에 대하여는 예산의 범위 안에서 수당·여비 그 밖에 필요한 경비를 지급할 수 있다(같은 법 제38조의3).

⑤ 공청회의 진행

공청회의 주재자는 공청회를 공정하게 진행하여야 하며, 공청회의 원활한 진행을 위하여 발표내용을 제한할 수 있고, 질서유지를 위하여 발언중지, 퇴장명령 등 행정안전부장관이 정하는 필요한 조치를 할 수 있다. 발표자는 공청회의 내용과 직접 관련된 사항에 한하여 발표하여야 한다. 공청회의 주재자는 발표자의 발표가 끝난 후에는 발표자 상호 간에 질의 및 답변을 할 수 있도록 하여야 하며, 방청인에 대하여도 의견을 제시할 기회를 주어야 한다(같은 법 제39조 제1항, 제2항, 제3항).

⑥ 공청회의 결과의 처분에의 반영

행정청은 처분을 함에 있어서 공청회·전자공청회 및 정보통신망 등을 통하여 제시된 사실 및 의견이 상당한 이유가 있다고 인정하는 경우에는 이를 반영하여야 한다(같은 법 제39조의2).

4) 의견제출절차

'의견제출'이라 함은 행정청이 어떠한 행정작용을 하기에 앞서 당사자등이 의견을 제시하는 절차로서 청문이나 공청회에 해당하지 아니하는 절차를 말한다(같은 법 제2조 제7호). 여기서 '당사자등'이라 함은 행정청의 처분에 대하여 직접 그 상대가 되는 당사자와 행정청이 직권 또는 신청에 의하여 행정절차에 참여하게 한 이해관계인을 말한다(같은 법 제2조 제4호).

행정청이 당사자에게 의무를 과하거나 권익을 제한하는 처분을 함에 있어서 청문이나 공청회를 실시하지 않는 경우에는 의무적으로 의견제출의 기회를 주어야 한다(같은 법 제22조 제3항). 당사자등은 처분 전에 그 처분의 관할행정청에 서면·구술로 또는 정보통신망을 이용하여 의견제출을 할 수 있다. 이 경우 그 주장을 입증하기 위한 증거자료 등을 첨부할 수 있다. 당사자등이 정당한 이유 없이 의견제출기한 내에 의견제출을 하지 아니한 경우에는 의견이 없는 것으로 본다(같은 법 제27조 제1항, 제2항, 제4항).

5) 의견청취절차의 면제사유

제22조 제1항 내지 제3항의 규정에도 불구하고 제21조 제4항 각 호의 어느 하나에 해당하는 경우와 당사자가 의견진술의 기회를 포기한다는 뜻을 명백히 표시한 경우에는 의견청취를 아니할 수 있다(같은 법 제22조 제4항).

[판례]

① "「행정절차법」제21조 제4항 제3호는 침해적 행정처분을 할 경우 청문을 실시하지 않을 수 있는 사유로서 "당해 처분의 성질상 의견청취가 현저히 곤란하거나 명백히 불필요하다고 인정될 만한 상당한 이유가 있는 경우"를 규정하고 있으나, 여기에서 말하는 '의견청취가 현저히 곤란하거나 명백히 불필요하다고 인정될 만한 상당한 이유가 있는지 여부'는 당해 행정처분의 성질에 비추어 판단하여야 하는 것이지, 청문통지서의 반송 여부, 청문통지의 방법 등에 의하여 판단할 것은 아니며, 또한 행정처분의 상대방이 통지된 청문일시에 불출석하였다는 이유만으로 행정청이 관계 법령상 그 실시가 요구되는 청문을 실시하지 아니한 채 침해적 행정처분을 할 수는 없을 것이므로, 행정처분의 상대방에 대한 청문통지서가 반송되었다거나, 행정처분의 상대방이 청문일시에 불출석하였다는 이유로 청문을 실시하지 아니하고 한 침해적 행정처분은 위법하다."
(대법원 2001. 4. 13. 선고 2000두3337판결)

② "행정청이 당사자와 사이에 도시계획사업의 시행과 관련한 협약을 체결하면서 관계 법령 및 「행정절차법」에 규정된 청문의 실시 등 의견청취절차를 배제하는 조항을 두었다고 하더라도, 국민의 행정참여를 도모함으로써 행정의 공정성·투명성 및 신뢰성을 확보하고 국민의 권익을 보호한다는 「행정절차법」의 목적 및 청문제도의 취지 등에 비추어 볼 때, 위와 같은 협약의 체결로 청문의 실시에 관한 규정의 적용을 배제할 수 있다고 볼 만한 법령상의 규정이 없는 한, 이러한 협약이 체결되었다고 하여 청문의 실시에 관한 규정의 적용이 배제된다거나 청문을 실시하지 않아도 되는 예외적인 경우에 해당한다고 할 수 없다." (대법원 2004. 7. 8. 선고 2002두8350판결)

Ⅳ. 신고

1. 개설

법령 등에서 행정청에 대하여 일정한 사항을 통지함으로써 의무가 끝나는 신고를 규정하고 있는 경우 신고를 관장하는 행정청은 신고에 필요한 구비서류와 접수기관 기타 법령 등에 의한 신고에 필요한 사항을 게시(인터넷 등을 통한 게시를 포함한다)하거나 이에 대한 편람을 비치하여 누구나 열람할 수 있도록 하여야 한다(같은 법 제40조 제1항).

「행정절차법」의 규율대상이 되는 신고는 자기완결적 신고이다. 그러나 같은 법 제40조 제3항과 제4항은 수리를 요하는 신고에도 준용된다고 보아야 한다.

2. 신고의 효과

신고가 신고서의 기재사항에 흠이 없을 것, 필요한 구비서류가 첨부되어 있을 것, 기타 법령 등에 규정된 형식상의 요건에 적합할 것 등의 요건을 갖춘 경우에는 신고서가 접수기관에 도달된 때에 신고의 의무가 이행된 것으로 본다(같은 법 제40조 제2항).

V. 행정상 입법예고

1. 적용범위

입법을 하고자 할 때에는 당해 입법안을 마련한 행정청은 이를 예고하여야 한다. 다만, 입법내용이 국민의 권리·의무 또는 일상생활과 관련이 없는 경우, 입법이 긴급을 요하는 경우, 상위 법령 등의 단순한 집행을 위한 경우, 예고함이 공익에 현저히 불리한 영향을 미치는 경우, 입법내용의 성질 그 밖의 사유로 예고의 필요가 없거나 곤란하다고 판단되는 경우에는 예고를 하지 아니할 수 있다(같은 법 제41조 제1항, 제3항).

법제처장은 입법예고를 하지 아니한 법령안의 심사요청을 받은 경우에 입법예고를 함이 적당하다고 판단될 때에는 당해 행정청에 대하여 입법예고를 권고하거나 직접 예고할 수 있다. 이러한 입법예고의 기준·절차 등에 관하여 필요한 사항은 대통령령으로 정한다(같은 법 제41조 제4항).

2. 예고방법

행정청은 입법안의 취지, 주요내용 또는 전문을 관보·공보나 인터넷·신문·방송 등의 방법으로 널리 공고하여야 한다. 입법예고를 하는 경우에 대통령령을 국회 소관 상임위원회에 제출하여야 하고, 입법안과 관련이 있다고 인정되는 중앙행정기관, 지방자치단체 그 밖의 단체 등이 예고사항을 알 수 있도록 예고사항의 통지, 그 밖의 방법 등으로 알려야 한다. 예고된 입법안에 대하여 전자공청회 등을 통하여 널리 의견을 수렴할 수 있다. 이 경우 제38조의2 제2항부터 제4항까지의 규정을 준용한다(같은 법 제42조 제1항, 제2항).

행정청은 예고된 입법안의 전문에 대하여 열람 또는 복사의 요청이 있는 때에는 특별한 사유가 없는 한 이에 응하여야 하고, 이에 의한 복사에 따른 비용을 요청한 자에게 부담시킬 수 있다(같은 법 제42조 제3항).

3. 예고기간

입법예고기간은 예고할 때 정하되, 특별한 사정이 없는 한 20일 이상으로 한다(같은 법 제43조).

4. 의견제출 및 처리

누구든지 예고된 입법안에 대하여 그 의견을 제출할 수 있다. 행정청은 의견접수기관·의견제출기간 기타 필요한 사항을 당해 입법안을 예고할 때 함께 공고하여야 하고, 당해 입법안에 대한 의견이 제출된 경우 특별한 사유가 없는 한 이를 존중하여 처리하여야 한다. 의견을 제출한 자에게 그 제출된 의견의 처리결과를 통지하여야 하고, 제출된 의견의 처리방법 및 결과통지에 관하여는 대통령령으로 정한다(같은 법 제44조).

5. 공청회

행정청은 입법안에 관하여 공청회를 개최할 수 있는데, 공청회에 관하여는 제38조, 제38조의2, 제38조의3, 제39조 및 제39조의2의 규정을 준용한다(같은 법 제45조).

VI. 행정예고

1. 개설

행정에 대한 예측가능성의 확보하고, 국민의 행정에의 참여와 행정시책에 대한 이해를 도모하기 위한 제도이다.

2. 행정예고의 적용범위

행정청은 국민생활에 매우 큰 영향을 주는 사항, 많은 국민의 이해가 상충되는 사항, 많은 국민에게 불편이나 부담을 주는 사항, 기타 널리 국민의 의견수렴이 필요한 사항에 대한 정책·제도 및 계획을 수립·시행하거나 변경하고자 하는 때에는 이를 예고하여야 한다. 다만, 예고로 인하여 공공의 안전 또는 복리를 현저히 해할 우려가 있거나 기타 예고하기 곤란한 특별한 사유가 있는 경우에는 예고하지 아니할 수 있고, 입법을 포함하는 행정예고의 경우에는 입법예고로 이를 갈음할 수 있다(같은 법 제46조 제1항, 제2항).

3. 예고의 방법, 의견제출 및 처리, 공청회

행정예고는 관보·공보, 신문 등에의 공고의 방법을 취한다. 예고된 사항에 대하여 누구나 의견을 제출할 수 있다. 행정청은 제출된 의견을 존중하여 처리하고, 또한 그 처리결과를 의견제출자에게 통고하여야 한다(같은 법 제47조).

4. 예고기간

행정예고기간은 예고내용의 성격 등을 고려하여 정하되, 특별한 사정이 없는 한 20일 이상으로 한다(같은 법 제46조 제3항).

Ⅶ. 행정지도

1. 개설

'행정지도'라 함은 행정기관이 그 소관사무의 범위 안에서 일정한 행정목적을 실현하기 위하여 특정인에게 일정한 행위를 하거나 하지 아니하도록 지도·권고·조언 등을 하는 행정작용을 말한다(같은 법 제2조 제3호).

행정지도는 다양한 행정수요에 신속하게 대응하고, 행정운영의 탄력성을 확보하며, 국민과의 협조에 의하여 행정목적을 달성하기 위한 제도이다. 그러나 행정지도가 사실상 강제력을 가지는 경우에도 법적 근거 없이 발하여 질 수 있고, 행정지도는 국민의 임의적 협력을 전제로 하는 비권력작용이므로 행정쟁송이나 국가배상청구가 인정되기 어렵다는 점에서 국민의 권익을 침해할 위험이 있다.

2. 행정지도의 원칙

(1) 과잉금지원칙 및 임의성의 원칙

행정지도는 그 목적달성에 필요한 최소한도에 그쳐야 하며, 행정지도의 상대방의 의사에 반하여 부당하게 강요하여서는 아니 된다(같은 법 제48조 제1항).

(2) 불이익조치금지원칙

행정기관은 행정지도의 상대방이 행정지도에 따르지 아니하였다는 것을 이유로 불이익한 조치를 하여서는 아니 된다(같은 법 제48조 제2항).

(3) 공개 및 문서주의 원칙

책임소재나 내용의 명확성을 위해 행정지도를 행하는 자는 그 상대방에게 행정지도의 취지·내용 및 신분을 밝혀야 한다(같은 법 제49조 제1항). 구술로 행정지도가 행해진 경우 상대방이 전기한 사항을 기재한 문서의 교부를 요구하는 때에는 행정지도를 행하는 자는 직무수행에 특별한 지장이 없는 한 이를 교부하여야 한다(같은 법 제49조 제2항).

(4) 의견제출

행정지도의 상대방은 당해 행정지도의 방식·내용 등에 관하여 행정기관에 의견제출을 할 수 있다(같은 법 제50조).

(5) 다수인을 대상으로 하는 행정지도

행정기관이 같은 행정목적을 실현하기 위하여 많은 상대방에게 행정지도를 하고자 하는 때에는 특별한 사정이 없는 한 행정지도에 공통적인 내용이 되는 사항을 공표하여야 한다(같은 법 제51조).

제7절 | 행정절차의 흠

Ⅰ. 절차에 흠 있는 행정처분의 효력

행정절차상 흠에 관한 문제는 주로 '법이 정한 청문, 이유제시 등 절차에 흠이 있는 행정처분의 효력은 어떻게 되는가?'에 관한 것이다.

1. 개별법에 규정이 있는 경우

법이 청문을 결한 불이익처분의 무효를 명시하고 있는 경우로 「국가공무원법」 제13조 제2항, 「지방공무원법」 제18조 제2항 등이 있다.

2. 개별법에 규정이 없는 경우

행정행위의 흠의 일반론에 따라 행정절차상의 흠의 정도가 중대·명백한 경우, 당해 행정처분은 무효이다. 그러나 흠이 그 정도에 이르지 아니한 경우는 단지 취소할 수 있는 것에 불과하다.

그러나 당해 행정처분은 절차상 흠에도 불구하고 실체법적으로는 적법한 것일 수 있기 때문에 절차상의 흠이 독자적인 위법사유가 되는가의 문제가 제기된다. 즉, 행정처분이 실체법상 적법함에도 불구하고 절차상의 흠만을 이유로 당해 행정의 위법성을 인정할 수 있는가의 문제이다.

(1) 소극설

절차상의 흠만을 이유로 하여서는 당해 행정처분을 위법하다고 할 수 없다는 견해이다. 이 견해는 ① 행정처분의 절차규정은 실체법적으로 적정한 행정결정을 확보하기 위한 수단이라는 점, ② 단지 절차상의 흠만을 이유로 당해 행위를 취소하는 것은 행정경제 또는 소송경제에 반한다는 점을 논거로 한다.

(2) 적극설

행정처분에 절차상의 흠이 있다는 사실만으로 당해 행정처분의 위법성을 인정할 수 있다는 견해이다.

이 견해는 ① 적정한 결정은 적정한 절차에 따라서만 행하여질 수 있다는 점, ② 적법한 절차를 거쳐 다시 처분을 하는 경우 반드시 동일한 결정에 도달하게 된다는 것은 아니라는 점, ③ 소극설을 취하는 경우에는 절차적 규제의 담보수단이 없어지게 된다는 점을 논거로 한다.

다만, 「행정소송법」 제30조 제3항은 "신청에 따른 처분이 절차의 위법을 이유로 취소되는 경우"를 별도로 규정하고 있는 점을 살필 때, 행정절차의 흠을 독립된 위법사유로 하지 않는 견해는 그 설득력이 취약한 것으로 살펴진다.

3. 판례의 경향

우리의 판례는 대체로 적극설의 입장을 취하고 있는 것으로 볼 수 있다.

[판례]

① "같은 법 제49조 제3항, 제52조 제1항이 정하고 있는 절차적 요건을 갖추지 못한 공정거래위원회의 시정조치 또는 과징금납부명령은 설령 실체법적 사유를 갖추고 있다고 하더라도 위법하여 취소를 면할 수 없다." (대법원 2001. 5. 8. 선고 2000두10212판결)

② "면허의 취소처분에는 그 근거가 되는 법령이나 취소권 유보의 부관 등을 명시하여야 함은 물론 처분을 받은 자가 어떠한 위반사실에 대하여 당해 처분이 있었는지를 알 수 있을 정도로 사실을 적시할 것을 요하며 이와 같은 취소처분의 근거의 위반사실의 적시를 빠뜨린 하자는 피처분자가 처분 당시 그 취지를 알고 있었다거나 그 후 알게 되었다 하여도 치유될 수 없다고 할 것이다. 왜냐하면 면허 등의 취소처분에 그 결정이유를 명시토록 하는 취지는 행정청의 자의적 결정을 배제하고 이해관계인으로 하여 행정구제절차에 적절히 대처할 수 있게 하기 위한 때문이다." (대법원 1990. 9. 11. 선고 90누1786판결, 동지판례 : 대법원 1984. 7. 10. 선고 82주551판결 ; 대법원 1987. 5. 26. 선고 86누788판결)

Ⅱ. 행정절차 흠의 치유가능성

행정절차의 흠이 무효사유에 해당하지 않는 경우, 즉 행정기관이 법령이 요구하는 행정절차를 빠뜨리고 이행하지 않은 경우에 사후에 이러한 절차 행위를 이행함으로써 절차에 관한 흠의 치유를 인정할 수 있는가의 문제이다. 일반적으로 흠의 치유는 추완과 보완으로 구별되는데, 사후추완은 절차적 요건을 사후에 충족하는 것으로서 행정심판의 단계에서도 가능하나 소송의 단계에서는 할 수 없다. 반면에 사후보완은 절차적 요건을 사후에 보충·정정하는 것으로서 소송의 단계에서도 가능하다.

1. 학설

(1) 부정하는 견해

행정절차의 독자적 의미를 강조한다. 흠의 치유를 인정하게 되면 당해 절차가 가지는 절차법적 의의가 정당하게 평가되지 못하게 된다는 점을 근거로 한다.

(2) 인정하는 견해

절차의 흠은 사후추완(Nachholung) 또는 사후보완(Nachschiebung)의 방법으로 치유될 수 있다고 한다.

2. 판례

(1) 흠의 치유를 인정한 판례

[판례]

① "행정행위가 이루어진 당초에 그 행정행위의 위법사유가 되는 하자가 사후의 추완행위 또는 어떤 사정에 의하여 보완되었을 경우에는 행정행위의 무용한 반복을 피하고 당사자의 법적 생활안정을 기한다는 입장에서는 이 하자는 치유되고 당초의 위법한 행정행위가 적법 유효한 행정행위로 전환될 수 있다고 할 것이나, 행정행위의 성질이나 법치주의의 관점에서 볼 때 하자있는 행정행위의 치유는 원칙적으로 허용될 수 없는 것일 뿐만 아니라, 이를 허용하는 경우에도 국민의 권리와 이익을 침해하지 않는 범위에서 구체적 사정에 따라 합목적적으로 가려야 한다고 할 것이다. …「법인세법」등이 과세처분에 과세표준과 세액의 계산명세서 등을 첨부하여 고지하도록 규정한 취지는 단순한 세무행정상의 편의에 기한 훈시규정이 아니라「헌법」과「국세기본법」이 규정하는 조세법률주의의 원칙에 따라 처분청으로 하여금 자의를 배제하고 신중하고도 합리적인 처분을 행하게 함으로써 조세행정의 공정성을 기함과 동시에 납세의무자에게 부과처분의 내용을 상세히 알려서 불복여부의 결정 및 그 불복신청에 편의를 주려는 취지에서 나온 것이라고 해석되어 이와 같은 여러 규정은 강행규정으로서 납세고지서에 그와 같은 기재가 누락되면 그 과세처분 자체가 위법하게 되고 하자있는 처분으로서 취소

대상이 되는 것이므로(대법원 1982. 3. 23. 선고 81누139판결) 과세관서의 이 사건의 경우와 같은 추완행위(행정소송의 계속 중에 과세처분의 각 과세표준, 세율, 세액의 산출근거를 기재한 납세고지서를 다시 원고에게 송달)는 그것이 세액을 확정고지 하는 일련의 절차로서 무용한 부과처분의 반복을 피한다는 뜻에서는 일단 이에 의하여 이 하자는 치유될 수 있다고 할 것이나, 위 설시와 같이 과세처분에 과세표준과 세액의 계산명세서 등을 첨부하여 고지하도록 한 것은 납세의무자에게 부과처분의 내용을 상세히 알려서 불복여부의 결정 및 그 불복신청에 편의를 줄 수 있는 상당한 기간 내에 하여야 한다고 할 것인바 원심이 이와 같은 취지에서 피고의 원심 확정사실과 같은 뒤늦은 납세고지서의 송달로서는 이 과세처분의 하자가 치유되었다고 보기 어렵다고 판시한 조치는 정당하여 아무 위법이 없다." (대법원 1983. 7. 26. 선고 82누420판결)

② "행정청이 「식품위생법」상의 청문절차를 이행함에 있어 소정의 청문서 도달기간을 지키지 아니하였다면 이는 청문의 절차적 요건을 준수하지 아니한 것이므로 이를 바탕으로 한 행청처분은 일단 위법하다고 보아야 할 것이지만 이러한 청문제도의 취지는 처분으로 말미암아 받게 될 영업자에게 미리 변명과 유리한 자료를 제출할 기회를 부여함으로써 부당한 권리침해를 예방하려는 데에 있는 것임을 고려하여 볼 때, 가령 행정청에 청문서 도달기간을 다소 어겼다 하더라도 영업자가 이에 대하여 이의하지 아니한 채 스스로 청문일에 출석하여 그 의결을 진술하고 변명하는 등 방어의 기회를 충분히 가졌다면 청문서 도달기간을 준수하지 아니한 하자는 치유되었다고 봄이 상당하다." (대법원 1992. 10. 23. 선고 92누2844판결)

(2) 흠의 치유를 부정한 판례

[판례]

① "「국세징수법」 제9조 제1항에 의하면, 세무서장(또는 시장, 군수)이 국세를 징수하고자 할 때에는 납세자에게 과세연도, 세목, 세액 및 산출근거, 납부기한과 납부장소를 명시한 고지서를 발부하여야 한다고 규정하고 있는바, 위 규정은 단순한 세무행정상의 편의를 위한 훈시규정이 아니라 「헌법」과 「국세기본법」이 정한 조세법률주의의 원칙에 따라 과세당국의 자의를 배제하고 신중하고 합리적인 처분을 하게 함으로써 조세행정의 공정을 기함과 아울러 납세자에게 부과처분의 내용을 자세히 알리고 이에 대한

불복여부의 결정과 불복신청에 편의를 주고자 하려는데 그 근본취지가 있으므로, 위 규정은 강행규정으로 보아야 하고 따라서 납세고지서에 세액산출근거 등 기재사항이 누락되었다면 이는 적법한 부과결정의 고지라고 볼 수 없고 그 부과처분자체가 위법한 것이 되어 취소의 대상이 된다 할 것이고(당원 1987. 5. 12. 선고 85누56판결 ; 1983. 7. 26. 선고 82누420판결 ; 1982. 3. 23. 선고 81누139판결), 판시와 같이 납세고지서에 세액산출근거를 전혀 명기하지 아니하였다면 설사 과세관청이 사전에 원고의 직원을 불러 과세의 근거와 세액산출근거 등을 사실상 알려준 바 있다 하더라도 이로서 그 하자가 치유될 수는 없다 할 것이다(당원 1985. 1. 29. 선고 84누111판결). 또 기록(을 제7 내지 제13호증)에 의하면, 피고가 이 사건 소송계속 중인 1982. 6. 22. 이 사건 납세고지서의 세액산출근거를 밝히는 보정통지를 한 흔적을 찾아볼 수 있으나 이것을 종전에 위법한 부과처분을 스스로 취소하고 새로운 부과처분을 한 것으로 볼 수 없는 이상 이미 항고소송이 계속 중인 단계에서 위와 같은 보정통지를 하였다 하여 그 위법성이 이로써 치유된다 할 수도 없는 것이다." (대법원 1988. 2. 9. 선고 83누404판결)

② "처분청의 신중한 판단과 부과의 합리성을 담보하여 그 자의를 억제한다는 보장적 기능의 면에서 볼 때 과세표준과 세액의 계산명세서는 그 부과처분 자체에 첨부하여 고지되어야 할 것이고, 사후에 다른 방법으로 상대방 납세의무자에 설명되었다 하더라도 그 불비의 하자는 치유될 성질의 것이 아니라고 할 것이다." (대법원 1983. 10. 25. 선고 83누115판결)

③ "허가의 취소처분에는 그 근거가 되는 법령과 처분을 받은 자가 어떠한 위반사실에 대하여 당해 처분이 있었는지를 알 수 있을 정도의 위 법령에 해당하는 사실의 적시를 요한다고 할 것이고 이러한 사실의 적시를 흠결한 하자는 그 처분 후 적시되어도 이에 의하여 치유될 수는 없다." (대법원 1984. 7. 10. 선고 82누551판결)

3. 소결

행정절차상 흠의 치유를 인정할 것인가는 행정의 능률적 수행과 이해관계인의 권리보호라는 절차규정의 기능을 조화시킬 수 있는 방법으로 해결해야 한다. 따라서 행정절차의 영역에서 흠의 치유는 이해관계인의 권리보호라는 절차규정의 기능과 모순되지 않는 한, 행정작용의 능률적 수행이라는 관점에서 인정할 수 있다.

제2장 행정공개

제1절 | 개설

행정의 민주화가 달성되기 위해서는 무엇보다도 행정과정이 공개적으로 이루어지고, 행정기관이 보유하고 있는 정보·자료에 대한 국민의 접근이 보장됨으로써 국정에 대한 국민의 참여와 국정운영의 투명성이 확보되어야 한다.

제2절 | 정보공개

Ⅰ. 정보공개·문서열람권의 보장의 필요성

행정의 민주화를 달성하고, 개인의 권익을 보장하기 위해서는 개인에게 행정기관이 보유하고 있는 정보·자료에 대한 접근이 보장되지 않으면 안 된다.

Ⅱ. 정보공개·문서열람권의 근거

1. 「헌법」상의 알 권리

행정의 정보공개, 국민의 문서열람권의 근거를 「헌법」상의 '알 권리'에서 찾으려는 것이 헌법학계의 일반적 경향이다. 국민의 '알 권리' 내지 액세스(access)권의 구체적 근거와 관련하여서는 ① 인간의 존엄과 가치 및 행복추구권에 관한 「헌법」 제10조에서 찾는 견해, ② 언론(표현)의 자유에 관한 「헌법」 제21조에서 찾는 견해, ③ 「헌법」 제21조 제1항(표현의 자유), 제1조(국민주권의 원리), 제10조(인간의 존엄과 가치 및 행복추구권), 제34조 제1항(인간다운 생활을 할 권리) 등에서 찾는 견해가 있다.

헌법재판소는 국민의 '알 권리'에 관한 헌법상 명문의 규정이 없음에도 불구하고 「헌법」상 국민의 기본권에 관한 제 규정의 취지 및 보장내용에 근거하여 알 권리를 국민의 기본권이라고 판시한 바 있다.

[판례]

① '알 권리'는 민주국가에 있어서 국정의 공개와도 밀접한 관련이 있는데 우리 「헌법」에 보면 입법의 공개(제50조 제1항), 재판의 공개(제109조)에는 명문규정을 두고 행정의 공개에 관하여서는 명문규정을 두고 있지 않으나, '알 권리'의 생성기반을 살펴볼 때 이 권리의 핵심을 정부가 보유하고 있는 「헌법」 전문과 제1조 및 제4조의 해석상 당연한 것이라고 봐야 할 것이다. '알 권리'의 법적 성질을 위와 같이 해석한다고 하더라도 「헌법」 규정만으로 이를 실현할 수 있는가. 구체적인 법률의 제정이 없이는 불가능한 것인가에 대하여서는 다시 견해가 갈릴 수 있지만, 본건 서류에 대한 열람·복사 민원의 처리는 법률의 제정이 없더라도 불가능한 것이 아니라 할 것이고, 또 비록 공문서 공개의 원칙보다는 공문서의 관리·통제에 중점을 두고 만들어진 규정이기는 하지만 「정부공문서 규정」 제36조 제2항이 미흡하나마 공문서의 공개를 규정하고 있는 터이므로 이 규정을 근거로 해서 국민의 알 권리를 곧바로 실현시키는 것이 가능하다고 보아야 할 것이다.

이러한 관점에서 청구인의 자기에게 정당한 이해관계가 있는 보유 정보의 개시 요구에 대하여 행정청이 아무런 검토 없이 불응하였다면 이는 청구인이 갖는 「헌법」 제21조에 규정된 언론·출판의 자유 또는 표현의 자유의 한 내용인 국민주권을 실현하는 핵심이 되는 기본권이라는 점에서 국민주권주의(제1조), 각 개인의 지식의 연마·인격의 도야에는 가급적 많은 정보에 접할 수 있어야 한다는 의미에서 인간으로서의 존엄과 가치(제10조) 및 인간다운 생활을 할 권리(제34조 제1항)와 관련이 있다 할 것이다." (헌법재판소 1989. 6. 4. 88헌마22결정).

② "국민의 '알권리', 즉 정보에의 접근·수집·처리의 자유는 자유권적 성질과 청구권적 성질을 공유하는 것으로서 헌법 제21조에 의하여 직접 보장되는 권리이다." (대법원 2009. 12. 10. 선고 2009두12785판결)

2. 개별법

1996년 제정·공포된 「행정절차법」에 따르면 '당사자 등은 청문의 통지가 있는 날로부터 청문이 끝날 때까지 행정청에 대하여 당해 사안의 조사결과에 관한 문서 기타 당해 처분과 관련되는 문서의 열람 또는 복사를 요청할 수 있다. 이 경우 행정청은 다른 법령에 의하여 공개가 제한되는 경우를 제외하고는 이를 거부 할 수 없다(같은 법 제37조 제1항).'고 규정하여 청문절차와 관련하여 관계인의 문서 열람 및 정보공개청구권을 보장하고 있다. 이 밖에도 개별 법률에서 정보공개 내지 문서열람에 관해 규정하고 있는 예가 다수 발견된다.

- ▶ 국토교통부장관이나 시·도지사는 도시·군관리계획을 결정하면 대통령령으로 정하는 바에 따라 그 결정을 고시하고, 국토교통부장관이나 도지사는 관계 서류를 관계 특별시장·광역시장·특별자치시장·특별자치도지사·시장 또는 군수에게 송부하여 일반이 열람할 수 있도록 하여야 하며, 특별시장·광역시장·특별자치시장·특별자치도지사는 관계 서류를 일반이 열람할 수 있도록 하여야 한다(「국토의 계획과 이용에 관한 법률」 제30조 제6항).

- ▶ 제49조에 따른 중앙토지수용위원회 또는 지방토지수용위원회는 제28조제1항에 따라 재결신청서를 접수하였을 때에는 대통령령으로 정하는 바에 따라 지체 없이 이를 공고하고, 공고한 날부터 14일 이상 관계 서류의 사본을 일반인이 열람할 수 있도록 하여야 한다(「공익사업을 위한 토지 등의 취득 및 보상에 관한 법률」 제31조 제1항).

3. 구 사무관리규정

구 사무관리규정 제33조 제2항은 "행정기관은 행정기관이 아닌 자가 당해 행정기관에서 보존하고 있는 문서의 열람 또는 복사를 요청하는 때에는 특별한 사유가 있는 경우를 제외하고는 이를 허가할 수 있다."고 규정하고 있다.

[판례]

① "일반적으로 국민은 국가기관에 대하여 기밀에 관한 사항 등 특별한 경우 이외에는 보관하고 있는 문서의 열람 및 복사를 청구할 수 있고,「정부공문서규정」제36조 제2항(구「사무관리규정」제33조 제2항)의 규정도 행정기관으로 하여금 일반국민의 문서 열람 및 복사신청에 대하여 기밀 등의 특별한 사유가 없는 한 이에 응하도록 하고 있으므로 그 신청을 거부한 것은 위법하다." (대법원 1989. 10. 24. 선고 88누9312판결)

② "공문서 공개의 원칙보다는 공문서의 관리·통제에 중점을 두고 만들어진 규정이기는 하지만「정부공문서규정」제36조 제2항이 미흡하나마 공문서의 공개를 규정하고 있는 터이므로 이 규정을 근거로 해서 국민의 알 권리를 곧바로 실현시키는 것이 가능하다고 보아야 할 것이다." (헌법재판소 1989. 9. 4. 88헌마22결정)

4. 지방자치단체의 조례

청주시행정정보공개조례는 모법의 근거 없이 제정된 정보공개조례로서 법령의 범위를 일탈하여 위법한 것이라는 이유로「지방자치법」제172조에 의거 대법원에 제소되었다. 이에 대하여 대법원은 청주시행정정보공개조례안이 적법하다고 판단하였다.

[판례]

"지방자치단체는 그 내용이 주민의 권리의 제한 또는 의무의 부과에 관한 사항이거나 벌칙에 관한 사항이 아닌 한 법률의 위임이 없더라도 조례를 제정할 수 있다 할 것인데 청주시의회에서 의결한 청주시행정정보공개조례안은 행정에 대한 주민의 알 권리의 실현을 그 근본내용으로 하면서도 이로 인한 개인의 권익침해 가능성을 배제하고 있으므로 이를 들어 주민의 권리를 제한하거나 의무를 부과하는 조례라고는 단정할 수 없고 따라서 그 제정에 있어서 반드시 법률의 개별적 위임이 따로 필요한 것은 아니다." (대법원 1992. 6. 23. 선고 92추17판결)

5. 「정보공개법」

정보공개와 관련한 국내의 최초입법은 1994년 3월에 제정된 행정정보공개운영지침(국무총리훈령 제288조)이라 할 수 있다. 그러나 국회에서 제정된 법률로서는 1996년 12월 제정·공포된 「공공기관의 정보공개에 관한 법률」이 정보공개법의 효시라 할 수 있으며 현재에 이르기까지 공공기관의 정보공개에 관한 기본법 및 집행법으로서의 지위와 역할을 담당하고 있다.

Ⅲ. 「공공기관의 정보공개에 관한 법률」의 내용

1. 목적 및 적용범위

(1) 목적

이 법은 공공기관이 보유·관리하는 정보에 대한 국민의 공개청구 및 공공기관의 공개의무에 관하여 필요한 사항을 정함으로써 국민의 알권리를 보장하고 국정에 대한 국민의 참여와 국정운영의 투명성을 확보함을 목적으로 한다(「공공기관의 정보공개에 관한 법률」 제1조).

정보의 공개란 공공기관이 이 법의 규정에 의하여 정보를 열람하게 하거나 그 사본·복제물을 교부하는 것 또는 「전자정부법」 제2조 제10호의 규정에 의한 정보통신망을 통하여 정보를 제공하는 것 등을 말한다(같은 법 제2조 제2호).

(2) 적용범위

같은 법 제4조 제1항은 "정보의 공개에 관하여는 다른 법률에 특별한 규정이 있는 경우를 제외하고는 이 법이 정하는 바에 의한다."고 규정함으로써 이 법이 공공기관이 보유·관리하는 정보의 공개에 관한 일반법임을 명시하고 있다.

지방자치단체는 그 소관 사무에 관하여 법령의 범위 안에서 정보공개에 관한 조례를 정할 수 있고, 국가안전보장에 관련되는 정보 및 보안업무를 관장하는 기관에서 국가안전보장과 관련된 정보 분석을 목적으로 수집하거나 작성된 정보에 대하여는 이 법을 적용하지 아니한다. 다만, 같은 법 제8조 제1항의 규정에 의한 정보목록의 작성·비치 및 공개에 대하여는 그러하지 아니한다(같은 법 제4조 제2항, 제3항).

[판례]

> " '정보공개에 관하여 다른 법률에 특별한 규정이 있는 경우'에 해당한다고 하여서 정보공개법의 적용을 배제하기 위해서는, 그 특별한 규정이 '법률'이어야 하고, 나아가 그 내용이 정보공개의 대상 및 범위, 정보공개의 절차, 비공개대상정보 등에 관하여 정보공개법과 달리 규정하고 있는 것이어야 할 것이다." (대법원 2007. 6. 1. 선고 2007두2555판결)

2. 공개대상정보 및 그 적용예외 사항

(1) 공개대상정보

정보공개법의 적용대상으로서의 정보는 공공기관이 보유·관리하는 정보이다. "정보"라 함은 공공기관이 직무상 작성 또는 취득하여 관리하고 있는 전자문서를 포함한 문서·도면·사진·필름·테이프·슬라이드 및 그 밖에 이에 준하는 매체 등에 기록된 사항을 말하고, "공공기관"이라 함은 국가기관, 지방자치단체, 「공공기관의 운영에 관한 법률」의 규정에 의한 공공기관과 그 밖에 대통령령이 정하는 기관을 말한다.

[판례]

> ① "「공공기관의 정보공개에 관한 법률」상 공개청구의 대상이 되는 정보란 공공기관이 직무상 작성 또는 취득하여 현재 보유·관리하고 있는 문서에 한정되는 것이기는 하나, 그 문서가 반드시 원본일 필요는 없다." (대법원 2006. 5. 25. 선고 2006두3049판결)
>
> ② "공공기관의 정보공개에 관한 법률(이하 '정보공개법'이라 한다)에서 말하는 공개대상 정보는 정보 그 자체가 아닌 정보공개법 제2조 제1호에서 예시하고 있는 매체 등에 기록된 사항을 의미하고, 공개대상 정보는 원칙적으로 공개를 청구하는 자가 정보

> 공개법 제10조 제1항 제2호에 따라 작성한 정보공개청구서의 기재내용에 의하여 특정되며, 만일 공개청구자가 특정한 바와 같은 정보를 공공기관이 보유·관리하고 있지 않은 경우라면 특별한 사정이 없는 한 해당 정보에 대한 공개거부처분에 대하여는 취소를 구할 법률상 이익이 없다. 이와 관련하여 공개청구자는 그가 공개를 구하는 정보를 공공기관이 보유·관리하고 있을 상당한 개연성이 있다는 점에 대하여 입증할 책임이 있으나, 공개를 구하는 정보를 공공기관이 한때 보유·관리하였으나 후에 그 정보가 담긴 문서들이 폐기되어 존재하지 않게 된 것이라면 그 정보를 더 이상 보유·관리하고 있지 않다는 점에 대한 증명책임은 공공기관에 있다." (대법원 2013. 1. 24. 선고 2010두18918판결)

(2) 비공개대상정보

정보공개법은 비공개대상정보를 규정하여 일정한 정보는 정보공개의 대상에서 제외시키고 있다. 이에 대하여 비공개대상정보의 범위가 지나치게 넓어 실질적으로 국민의 알권리와 정보접근권을 침해하고 있다는 비판이 제기되고 있다.

비공개대상정보는 다음과 같다.
① 다른 법률 또는 법률이 위임한 명령(국회규칙·대법원규칙·헌법재판소규칙·중앙선거관리위원회규칙·대통령령 및 조례에 한한다)에 의하여 비밀 또는 비공개 사항으로 규정된 정보
② 국가안전보장·국방·통일·외교관계 등에 관한 사항으로서 공개될 경우 국가의 중대한 이익을 현저히 해할 우려가 있다고 인정되는 정보
③ 공개될 경우 국민의 생명·신체 및 재산의 보호에 현저한 지장을 초래할 우려가 있다고 인정되는 정보
④ 진행 중인 재판에 관련된 정보와 범죄의 예방, 수사, 공소의 제기 및 유지, 형의 집행, 교정, 보안처분에 관한 사항으로서 공개될 경우 그 직무수행을 현저히 곤란하게 하거나 형사피고인의 공정한 재판을 받을 권리를 침해한다고 인정할 만한 상당한 이유가 있는 정보

⑤ 감사·감독·검사·시험·규제·입찰계약·기술개발·인사관리·의사결정 과정 또는 내부검토과정에 있는 사항 등으로서 공개될 경우 업무의 공정한 수행이나 연구·개발에 현저한 지장을 초래한다고 인정할 만한 상당한 이유가 있는 정보
⑥ 당해 정보에 포함되어 있는 이름·주민등록번호 등 개인에 관한 사항으로서 공개될 경우 개인의 사생활의 비밀 또는 자유를 침해할 우려가 있다고 인정되는 정보
⑦ 법인·단체 또는 개인(이하 "법인등"이라 한다)의 경영·영업상 비밀에 관한 사항으로서 공개될 경우 법인등의 정당한 이익을 현저히 해할 우려가 있다고 인정되는 정보
⑧ 공개될 경우 부동산 투기·매점매석 등으로 특정인에게 이익 또는 불이익을 줄 우려가 있다고 인정되는 정보에 해당하는 정보

다만, ⑥의 경우에서 ⓐ 법령이 정하는 바에 따라 열람할 수 있는 정보, ⓑ 공공기관이 공표를 목적으로 작성하거나 취득한 정보로서 개인의 사생활의 비밀과 자유를 부당하게 침해하지 않는 정보, ⓒ 공공기관이 작성하거나 취득한 정보로서 공개하는 것이 공익 또는 개인의 권리구제를 위하여 필요하다고 인정되는 정보, ⓓ 직무를 수행한 공무원의 성명·직위, ⓔ 공개하는 것이 공익을 위하여 필요한 경우로써 법령에 의하여 국가 또는 지방자치단체가 업무의 일부를 위탁 또는 위촉한 개인의 성명·직업에 관한 개인 정보는 제외한다.

⑦의 경우에도 ⓐ 사업활동에 의하여 발생하는 위해로부터 사람의 생명·신체 또는 건강을 보호하기 위하여 공개할 필요가 있는 정보, ⓑ 위법·부당한 사업활동으로부터 국민의 재산 또는 생활을 보호하기 위하여 공개할 필요가 있는 정보의 경우는 제외한다.

공공기관은 위의 비공개대상에 해당하는 정보가 기간의 경과 등으로 인하여 비공개의 필요성이 없어진 경우에는 당해 정보를 공개대상으로 하여야 한다. 공공기관은 위의 범위 안에서 당해 공공기관의 업무의 성격을 고려하여 비공개대상정

보의 범위에 관한 세부기준을 수립하고 이를 공개하여야 한다(같은 법 제9조).

비공개대상정보에 해당하는 경우, 공공기관은 당해 정보의 공개로 달성될 수 있는 공익 및 사익과 비공개에 의하여 보호되는 공익 및 사익을 비교형량하여 그 공개여부를 결정한다.

[판례]

① "「공공기관의 정보공개에 관한 법률」 제7조 제1항 제6호 단서 (다)목 소정의 '공개하는 것이 공익을 위하여 필요하다고 인정되는 정보'에 해당하는지 여부는 비공개에 의하여 보호되는 개인의 사생활 보호 등의 이익과 공개에 의하여 보호되는 국민의 알권리의 보장과 국정에 대한 국민의 참여 및 국정운영의 투명성 확보 등의 공익을 비교·교량하여 구체적 사안에 따라 개별적으로 판단하여야 한다." (대법원 2003. 12. 12. 선고 2003두8050판결)

② "여기에서 규정하고 있는 '공개될 경우 업무의 공정한 수행에 현저한 지장을 초래한다고 인정할 만한 상당한 이유가 있는 경우'란 공개될 경우 업무의 공정한 수행이 객관적으로 현저하게 지장을 받을 것이라는 고도의 개연성이 존재하는 경우를 의미한다." (대법원 2010. 2. 25. 선고 2007두9877판결)

3. 정보공개청구권자

모든 국민은 정보의 공개를 청구할 권리를 가진다. 외국인의 정보공개청구에 관하여는 대통령령으로 정한다(같은 법 제5조). '모든 국민'에는 자연인, 법인, 법인격 없는 단체가 포함된다.

[판례]

"여기에서 말하는 국민에는 자연인은 물론 법인, 권리능력 없는 사단·재단도 포함되고, 법인, 권리능력 없는 사단·재단 등의 경우에는 설립목적을 불문한다." (대법원 2003. 12. 12. 선고 2003두8050판결)

4. 정보공개청구 방법 및 공공기관의 결정

(1) 정보공개의 청구 방법

정보의 공개를 청구하는 청구인은 당해 정보를 보유하거나 관리하고 있는 공공기관에 대하여 청구인의 이름·주민등록번호·주소 및 연락처, 공개를 청구하는 정보의 내용 및 공개방법 등을 기재한 정보공개청구서를 제출하거나 구술로써 정보의 공개를 청구할 수 있다. 구술로써 정보의 공개를 청구하는 때에는 담당 공무원 또는 담당 임·직원의 면전에서 진술하여야 하고, 담당공무원등은 정보공개청구 조서를 작성하고 이에 청구인과 함께 기명날인하여야 한다(같은 법 제10조).

[판례]

> "「공공기관의 정보공개에 관한 법률」 제10조 제1항 제2호는 정보의 공개를 청구하는 자는 정보공개청구서에 '공개를 청구하는 정보의 내용' 등을 기재할 것을 규정하고 있는 바, 청구대상정보를 기재함에 있어서는 사회일반인의 관점에서 청구대상정보의 내용과 범위를 확정할 수 있을 정도로 특정함을 요한다." (대법원 2007. 6. 1. 선고 2007두2555판결)

(2) 공공기관의 정보공개여부 결정

정보공개의 청구가 있는 때에는 청구를 받은 날부터 10일 이내에 공개여부를 결정하여야 한다. 부득이한 사유로 규정된 기간 이내에 공개여부를 결정할 수 없는 때에는 그 기간의 만료일 다음 날부터 기산하여 10일 이내의 범위에서 공개여부 결정기간을 연장할 수 있다. 이 경우 공공기관은 연장된 사실과 연장사유를 청구인에게 지체 없이 문서로 통지하여야 한다.

공개 청구된 공개대상정보의 전부 또는 일부가 제3자와 관련이 있다고 인정되는 때에는 그 사실을 제3자에게 지체 없이 통지하여야 하며, 필요한 경우에는 그의 의견을 청취할 수 있다. 그러나 다른 공공기관이 보유·관리하는 정보의 공개청구를 받은 때에는 지체없이 이를 소관기관으로 이송하여야 하며, 이송을 한 공공기관은 지체없이 소관기관 및 이송사유 등을 명시하여 청구인에게 문서로 통지하여야 한다(같은 법 제11조).

(3) 정보공개심의회

국가기관, 지방자치단체 및 「공공기관의 운영에 관한 법률」 제5조에 따른 공기업은 제11조의 규정에 의한 정보공개여부 등을 심의하기 위하여 정보공개심의회를 설치·운영한다. 심의회는 위원장 1인을 포함하여 5인 내지 7인의 위원으로 구성한다. 심의회의 위원장을 제외한 위원은 소속공무원, 임·직원 또는 외부전문가로 지명 또는 위촉하되, 그 중 2분의 1은 당해 국가기관 등의 업무 또는 정보공개의 업무에 관한 지식을 가진 외부전문가로 위촉하여야 한다. 다만, 제9조 제1항 제2호 및 제4호에 해당하는 업무를 주로 하는 국가기관은 당해 국가기관의 장이 외부전문가의 위촉비율을 별도로 정하되, 최소한 1인 이상은 위촉하여야 한다. 심의회의 위원장은 위원과 같은 자격을 가진 자 중에서 국가기관 등의 장이 지명 또는 위촉한다. 제23조 제4항 및 제5항의 규정은 심의회의 위원에 대하여 이를 준용한다. 심의회의 운영 및 기능 등에 관하여 필요한 사항은 국회규칙·대법원규칙·헌법재판소규칙·중앙선거관리위원회규칙 및 대통령령으로 정한다(같은 법 제12조).

5. 정보공개결정의 통지, 부분공개 및 즉시공개

(1) 공개결정의 통지 및 공개방법

1) 통지

정보의 공개를 결정한 때에는 공개일시·공개장소 등을 명시하여 청구인에게 통지하여야 한다(같은 법 제13조 제1항).

2) 공개의 방법

공개대상정보의 양이 과다하여 정상적인 업무수행에 현저한 지장을 초래할 우려가 있는 경우에는 정보의 사본·복제물을 일정 기간별로 나누어 교부하거나 열람과 병행하여 교부할 수 있다. 정보를 공개함에 있어 당해 정보의 원본이 오손 또는 파손될 우려가 있거나 그 밖에 상당한 이유가 있다고 인정될 때에는 당해 정보의 사본·복제물을 공개할 수 있다(같은 법 제13조 제2항, 제3항).

정보의 비공개결정을 한 때에는 그 사실을 청구인에게 지체 없이 문서로 통지하여야 한다. 이 경우 비공개이유, 불복방법 및 불복절차를 구체적으로 명시하여야 한다(같은 법 제13조 제4항).

[판례]

> "만일 이를 거부하는 경우라 할지라도 대상이 된 정보의 내용을 구체적으로 확인·검토하여 어느 부분이 어떠한 법익 또는 기본권과 충돌되어 같은 법 제7조 제1항 몇 호에서 정하고 있는 비공개사유에 해당하는지를 주장·입증하여야만 할 것이며, 그에 이르지 아니한 채 개괄적인 사유만을 들어 공개를 거부하는 것은 허용되지 아니한다." (대법원 2003. 12. 11. 선고 2001두8827판결)

3) 정보의 전자적 공개

전자적 형태로 보유·관리하는 정보에 대하여 청구인이 전자적 형태로 공개하여 줄 것을 요청하는 경우에는 당해 정보의 성질상 현저히 곤란한 경우를 제외하고는 청구인의 요청에 응하여야 한다. 전자적 형태로 보유·관리하지 아니하는 정보에 대하여 청구인이 전자적 형태로 공개하여 줄 것을 요청한 경우에는 정상적인 업무수행에 현저한 지장을 초래하거나 당해 정보의 성질이 훼손될 우려가 없는 한 그 정보를 전자적 형태로 변환하여 공개할 수 있다. 정보의 전자적 형태의 공개 등에 관하여 필요한 사항은 국회규칙·대법원규칙·헌법재판소규칙·중앙선거관리위원회규칙 및 대통령령으로 정한다(같은 법 제15조).

(2) 부분공개

공개청구한 정보가 비공개대상정보에 해당하는 부분과 공개가 가능한 부분이 혼합되어 있는 경우로서 공개청구의 취지에 어긋나지 아니하는 범위 안에서 두

부분을 분리할 수 있는 때에는 비공개대상정보에 해당하는 부분을 제외하고 공개하여야 한다(같은 법 제14조).

[판례]

① "법원이 행정기관의 정보공개거부처분의 위법 여부를 심리한 결과 공개를 거부한 정보에 비공개대상 정보에 해당하는 부분과 공개가 가능한 부분이 혼합되어 있고 공개청구의 취지에 어긋나지 아니하는 범위 안에서 두 부분을 분리할 수 있음을 인정할 수 있을 때에는 청구취지의 변경이 없더라도 공개가 가능한 정보에 관한 부분만의 일부취소를 명할 수 있다 할 것이고, 공개청구의 취지에 어긋나지 아니하는 범위 안에서 비공개대상 정보에 해당하는 부분과 공개가 가능한 부분을 분리할 수 있다고 함은, 이 두 부분이 물리적으로 분리가능한 경우를 의미하는 것이 아니고 당해 정보의 공개방법 및 절차에 비추어 당해 정보에서 비공개대상 정보에 관련된 기술 등을 제외 내지 삭제하고 그 나머지 정보만을 공개하는 것이 가능하고 나머지 부분의 정보만으로도 공개의 가치가 있는 경우를 의미한다고 해석하여야 한다." (대법원 2004. 12. 9. 선고 2003두12707판결)

② "법원이 행정청의 정보공개거부처분의 위법 여부를 심리한 결과 공개를 거부한 정보에 비공개대상정보에 해당하는 부분과 공개가 가능한 부분이 혼합되어 있고 공개청구의 취지에 어긋나지 아니하는 범위 안에서 두 부분을 분리할 수 있음을 인정할 수 있을 때에는, 위 정보 중 공개가 가능한 부분을 특정하고 판결의 주문에 행정청의 위 거부처분 중 공개가 가능한 정보에 관한 부분만을 취소한다고 표시하여야 한다." (대법원 2003. 3. 11. 선고 2001두6425판결)

(3) 즉시공개

① 법령 등에 의하여 공개를 목적으로 작성된 정보, ② 일반국민에게 알리기 위하여 작성된 각종 홍보자료, 공개하기로 결정된 정보로서 공개에 오랜 시간이 걸리지 아니하는 정보, ③ 그 밖에 공공기관의 장이 정하는 정보로서 즉시 또는 구술처리가 가능한 정보에 대하여는 제11조의 규정에 의한 절차를 거치지 아니하고 공개하여야 한다(같은 법 제16조).

(4) 청구인의 비용부담

정보의 공개 및 우송 등에 소요되는 비용은 실비의 범위 안에서 청구인의 부담으로 한다. 공개를 청구하는 정보의 사용목적이 공공복리의 유지·증진을 위하여 필요하다고 인정되는 경우에는 비용을 감면할 수 있다. 비용 및 징수 등에 관하여 필요한 사항은 국회규칙·대법원규칙·헌법재판소규칙·중앙선거관리위원회규칙 및 대통령령으로 정한다(같은 법 제17조).

(5) 불복구제절차

정보공개청구에 대한 공공기관의 결정과 관련하여 제기되는 쟁송형태로는 ① 공공기관의 비공개결정에 불복하여 청구인이 제기하는 것, ② 공공기관의 공개결정으로 인하여 제3자가 자신의 권리·이익이 침해되었음을 이유로 제기하는 것이 있다.

1) 공공기관의 비공개결정에 대한 청구인의 불복절차

정보공개법은 행정정보의 비공개결정에 대해 정보공개청구인이 취할 수 있는 불복절차로 이의신청, 행정심판 및 행정소송의 세 가지를 규정하고 있다.

① 이의신청

청구인이 정보공개와 관련한 공공기관의 비공개 결정 또는 부분 공개 결정에 대하여 불복이 있거나 정보공개 청구 후 20일이 경과하도록 정보공개 결정이 없는 때에는 공공기관으로부터 정보공개 여부의 결정 통지를 받은 날 또는 정보공개 청구 후 20일이 경과한 날부터 30일 이내에 해당 공공기관에 문서로 이의신청을 할 수 있다(같은 법 제18조 제1항).

이의신청을 받은 날부터 7일 이내에 그 이의신청에 대하여 결정하고 그 결과를 청구인에게 지체 없이 문서로 통지하여야 한다. 다만, 부득이한 사유로 정해진 기간이내에 결정할 수 없는 때에는 그 기간의 만료일 다음 날부터 기산하여 7일 이내의 범위에서 연장할 수 있으며, 연장사유를 청구인에게 통지하여야 한다(같은 법 제18조 제2항).

이의신청을 각하 또는 기각하는 결정을 한 때에는 청구인에게 행정심판 또는 행정소송을 제기할 수 있다는 취지를 결과통지와 함께 통지하여야 한다(같은 법 제18조 제3항).

② **행정심판**

청구인이 정보공개와 관련한 공공기관의 결정에 대하여 불복이 있거나 정보공개 청구 후 20일이 경과하도록 정보공개 결정이 없는 때에는 「행정심판법」에서 정하는 바에 따라 행정심판을 청구할 수 있다. 이 경우 국가기관 및 지방자치단체 외의 공공기관의 결정에 대한 감독행정기관은 관계 중앙행정기관의 장 또는 지방자치단체의 장으로 한다(같은 법 제19조 제1항).

청구인은 제18조의 규정에 의한 이의신청절차를 거치지 아니하고 행정심판을 청구할 수 있다(같은 법 제19조 제2항).

행정심판위원회의 위원 중 정보공개여부결정에 관한 행정심판에 관여하는 위원은 재직 중은 물론 퇴직 후에도 그 직무상 알게 된 비밀을 누설하여서는 아니된다. 위원은 「형법」 그 밖의 법률의 벌칙적용에 있어서 이를 공무원으로 본다(같은 법 제19조 제3항).

③ **행정소송**

청구인이 정보공개와 관련한 공공기관의 결정에 대하여 불복이 있거나 정보공개 청구 후 20일이 경과하도록 정보공개 결정이 없는 때에는 「행정소송법」에서 정하는 바에 따라 행정소송을 제기할 수 있다(같은 법 제20조 제1항).

재판장은 필요하다고 인정되는 때에는 당사자를 참여시키지 아니하고 제출된 공개청구정보를 비공개로 열람·심사할 수 있다. 행정소송의 대상이 제9조 제1항 제2호의 규정에 의한 정보 중 국가안전보장·국방 또는 외교에 관한 정보의 비공개 또는 부분공개 결정처분인 경우에 공공기관이 그 정보에 대한 비밀지정의 절차, 비밀의 등급·종류 및 성질과 이를 비밀로 취급하게 된 실질적인 이유 및 공개를 하지 아니하는 사유 등을 입증하는 때에는 당해 정보를 제출하지 아니하게 할 수 있다(같은 법 제20조 제2항, 제3항).

2) 공공기관의 정보공개결정에 대한 제3자의 불복절차

같은 법 제11조 제3항의 규정에 의하여 공개청구 된 사실을 통지받은 제3자는 통지받은 날부터 3일 이내에 당해 공공기관에 대하여 자신과 관련된 정보를 공개하지 아니할 것을 요청할 수 있다(같은 법 제21조 제1항).

비공개요청에도 불구하고 공공기관이 공개결정을 하는 때에는 공개결정이유와 공개실시일을 명시하여 지체 없이 문서로 통지하여야 하며, 제3자는 당해 공공기관에 문서로 이의신청을 하거나 행정심판 또는 행정소송을 제기할 수 있다. 이 경우 이의신청은 통지를 받은 날부터 7일 이내에 하여야 한다. 이 경우 공공기관은 공개결정일과 공개실시일의 사이에 최소한 30일의 간격을 두어야 한다(같은 법 제21조 제2항, 제3항).

(6) 정보공개위원회

1) 위원회의 설치

① 정보공개에 관한 정책의 수립 및 제도개선에 관한 사항, ② 정보공개에 관한 기준수립에 관한 사항, ③ 제24조 제2항 및 제3항의 규정에 의한 공공기관의 정보공개운영실태 평가 및 그 결과처리에 관한 사항, ④ 그 밖에 정보공개에 관하여 대통령령이 정하는 사항을 심의·조정하기 위하여 행정안전부장관 소속하에 정보공개위원회를 둔다(같은 법 제22조).

2) 위원회의 구성

위원회는 위원장과 부위원장 각 1인을 포함한 9인의 위원으로 구성한다. 위원회의 위원은 ① 대통령령으로 정하는 관계부처의 차관급 또는 고위공무원단에 속하는 일반직공무원, ② 정보공개에 관하여 학식과 경험이 풍부한 자로서 행정안전부장관이 위촉하는 자, ③ 시민단체(「비영리민간단체지원법」 제2조의 규정에 의한 비영리민간단체를 말한다)에서 추천한 자로서 행정안전부장관이 위촉하는 자가 된다. 이 경우 위원장을 포함한 5인은 공무원이 아닌 자로 위촉하여야 한다. 위원장·부위원장 및 위원의 임기(공무원인 위원은 제외)는 2년으로 하되, 연임할 수 있다.

위원장·부위원장 및 위원은 정보공개업무와 관련하여 알게 된 정보를 누설하거나 그 정보를 이용하여 본인 또는 타인에게 이익 또는 불이익을 주는 행위를 하여서는 아니 된다. 위원장·부위원장 및 위원 중 공무원이 아닌 자는 형법 그 밖의 법률에 의한 벌칙적용에 있어서 이를 공무원으로 본다. 위원회의 구성 및 의결절차 등 위원회 운영에 관하여 필요한 사항은 대통령령으로 정한다(같은 법 제23조).

(7) 기타 보완제도

정보공개법은 정보공개제도의 효율적 시행과 운영을 담보하기 위한 제반 조치에 관해 규정하고 있다.

1) 제도총괄 등

행정안전부장관은 이 법에 의한 정보공개제도의 정책수립 및 제도개선사항 등에 관한 기획·총괄업무를 관장한다. 행정안전부장관은 위원회가 정보공개제도의 효율적 운영을 위하여 필요하다고 요청하는 경우에는 공공기관(국회·법원·헌법재판소 및 중앙선거관리위원회를 제외한다)에 대하여 정보공개제도의 운영실태를 평가할 수 있다. 행정안전부장관은 제2항의 규정에 의한 평가를 실시한 경우에는 그 결과를 위원회를 거쳐 국무회의에 보고한 후 이를 공개하여야 하며, 위원회가 개선이 필요하다고 권고한 사항에 대하여는 해당 공공기관에 시정요구 등의 조치를 취하여야 한다(같은 법 제24조). 행정안전부장관은 정보공개에 관하여 필요할 경우에 공공기관(국회·법원·헌법재판소 및 중앙선거관리위원회는 제외한다)의 장에게 정보공개 처리 실태의 개선을 권고할 수 있다. 이 경우 권고를 받은 공공기관은 이를 이행하기 위하여 성실하게 노력하여야 하며, 그 조치 결과를 행정안전부장관에게 알려야 한다. 국회·법원·헌법재판소·중앙선거관리위원회·중앙행정기관 및 지방자치단체는 그 소속 기관 및 소관 공공기관에 대하여 정보공개에 관한 의견을 제시하거나 지도·점검을 할 수 있다(같은 법 제24조).

2) 일반적 정보제공의 노력의무

공공기관은 정보의 공개를 청구하는 국민의 권리가 존중될 수 있도록 이 법을 운영하고 소관 관계 법령을 정비하여야 한다. 공공기관은 정보의 적절한 보존과 신속한 검색이 이루어지도록 정보관리체계를 정비하고, 정보공개 업무를 주관하는 부서 및 담당하는 인력을 적정하게 두어야 하며, 정보통신망을 활용한 정보공개시스템 등을 구축하도록 노력하여야 한다(같은 법 제6조). 공공기관은 ① 국민생활에 매우 큰 영향을 미치는 정책에 관한 정보, ② 국가의 시책으로 시행하는 공사(工事) 등 대규모의 예산이 투입되는 사업에 관한 정보, ③ 예산집행의 내용과 사업평가 결과 등 행정감시를 위하여 필요한 정보, ④ 그 밖에 공공기관의 장이 정하는 정보에 대하여는 공개의 구체적 범위, 공개의 주기·시기 및 방법 등을 미리 정하여 공표하고, 이에 따라 정기적으로 공개하여야 한다. 다만, 제9조 제1항 각 호의 어느 하나에 해당하는 정보는 그러하지 아니하다.

공공기관은 제1항에 규정된 사항 외에도 국민이 알아야 할 필요가 있는 정보를 국민에게 공개하도록 적극적으로 노력하여야 한다(같은 법 제7조).

3) 정보목록의 작성·비치 등

당해 기관이 보유·관리하는 정보에 대하여 국민이 쉽게 알 수 있도록 정보목록을 작성·비치하고, 그 목록을 정보통신망을 활용한 정보공개시스템 등을 통하여 공개하여야 한다. 다만, 정보목록 중 제9조 제1항의 규정에 의하여 공개하지 아니할 수 있는 정보가 포함되어 있는 경우에는 당해 부분을 비치 및 공개하지 아니할 수 있다.

정보의 공개에 관한 사무를 신속하고 원활하게 수행하기 위하여 정보공개장소를 확보하고 공개에 필요한 시설을 갖추어야 한다(같은 법 제8조).

4) 자료의 제출요구

국회사무총장·법원행정처장·헌법재판소사무처장·중앙선거관리위원회사무총장 및 행정안전부장관은 필요하다고 인정하는 경우에는 관계공공기관에 대하여 정보공개에 관한 자료의 제출 등의 협조를 요청할 수 있다(같은 법 제25조).

제3장 행정조사

제1절 | 개설

행정에 있어서의 정보나 자료의 수집을 위한 활동이다. 법적 결정이 아니고 그 준비단계인 사실행위에 해당한다. 행정조사기본법은 행정조사에 관한 기본원칙·행정조사의 방법 및 절차 등에 관한 공통적인 사항을 규정하고 있다.

제2절 | 행정조사의 의의

Ⅰ. 개념

'행정조사'란 행정기관이 정책을 결정하거나 직무를 수행하는 데 필요한 정보나 자료를 수집하기 위하여 현장조사·문서열람·시료채취 등을 하거나 조사대상자에게 보고요구·자료제출요구 및 출석·진술요구를 행하는 활동을 말한다(「행정조사기본법」 제2조 제1호).

행정조사는 권력적 수단에 의한 경우뿐만 아니라 비권력적 수단에 의한 경우까지 포함한다. 행정작용을 위한 준비적·부수적 작용에 그치며 그 자체로서 직접 구체적인 행정목적을 실현시키는 작용은 아니다.

Ⅱ. 즉시강제와의 구별

즉시강제는 상대방의 신체 등에 실력을 행사하여 행정목적을 실현하는 작용이지만, 행정조사는 행정목적을 위하여 정보·자료를 수집하는 준비적·보조적 작용으로서 일반적으로 실력행사를 수반하지 않으며, 그 실효성 확보는 벌칙을 통해서 할 수 있다.

제3절 | 행정조사의 종류

 일반적으로 행정조사는 조사대상을 기준으로 하여 대인적 조사와 대물적 조사 및 대가택 조사로 구분된다. 그러나 그밖에도 행정조사의 성질 및 구속력 등의 내용에 따라 권력적 조사와 비권력적 조사로 분류되기도 한다.

I. 대인적 조사

 사람의 신체에 실력을 가함으로써 하는 조사이다. 그 예로 불심검문·임의동행(「경찰관직무집행법」 제3조)을 들 수 있다. 경찰관은 수상한 거동 기타 주위의 사정을 합리적으로 판단하여 어떠한 죄를 범하였거나 범하려 하고 있다고 의심할 만한 상당한 이유가 있는 자 또는 이미 행하여진 범죄나 행하여지려고 하는 범죄행위에 관하여 그 사실을 안다고 인정되는 자를 정지시켜 질문할 수 있다. 그러나 그 장소에서 질문하는 것이 본인에게 불리하거나 교통의 방해가 된다고 인정되는 때에는 임의동행을 요구할 수 있는데, 이 경우 당해인은 경찰관의 동행요구를 거절할 수 있다(같은 법 제3조 제1항, 제2항).
 경찰관은 자신의 신분을 표시하는 증표를 제시하면서 소속과 성명을 밝히고, 그 목적과 이유를 설명하여야 하며, 동행의 경우에는 동행 장소를 밝혀야 한다(같은 법 같은 조 제4항). 동행을 한 경우 경찰관은 당해인의 가족 또는 친지 등에게 동행한 경찰관의 신분, 동행장소, 동행목적과 이유를 고지하거나 본인으로 하여금 즉시 연락할 수 있는 기회를 부여하여야 하며, 변호인의 조력을 받을 권리가 있음을 고지하여야 하며, 당해인을 6시간을 초과하여 경찰관서에 머물게 할 수 없다. 제1항 내지 제3항의 경우에 당해인은 형사소송에 관한 법률에 의하지 아니하고는 신체를 구속당하지 아니하며, 그 의사에 반하여 답변을 강요당하지 아니한다(같은 법 같은 조 제5항, 제6항, 제7항).

Ⅱ. 대물적 조사

물건에 실력을 가하여 하는 조사로서, 식품등의 검사·수거(「식품위생법」제17조) 등이 있다.

Ⅲ. 대가택 조사

소유자 기타의 관리자의 의사 여하에 관계없이 타인의 가택이나 사무소·창고 등의 건물에 출입하여 일정한 사실·시설의 상태나 유무 등을 검색하거나 조사하는 것이다.

<대가택 조사의 예>

영업장소 등에 출입하여 식품 또는 영업시설 등의 검사(「식품위생법」제22조), 관계 지역에 출입하여 소방대상물의 검사(「소방법」제5조), 총포·도검·화약류의 제작소·저장소의 출입·검사(「총포·도검·화약류 등의 안전관리에 관한 법률」제44조) 등.

제4절 | 행정조사의 법적 문제

Ⅰ. 법률유보와의 관계

행정기관은 법령 등에서 행정조사를 규정하고 있는 경우에 한하여 행정조사를 실시할 수 있다. 다만, 조사대상자의 자발적인 협조를 얻어 실시하는 행정조사의 경우에는 그러하지 아니하다(「행정조사기본법」제5조).

개인의 신체·재산에 중대한 영향을 미치는 권력적 조사작용에는 법률의 근거가 있어야 한다. 또한 개인정보(프라이버시사항 등)의 수집에는 원칙적으로 당사자의 동의 또는 법률의 수권이 필요하다고 봄이 타당하다. 그런 법률로는 「경찰관직무집행법」,「총포·도검·화약류 등의 안전관리에 관한 법률」,「식품위생법」 등이 있다. 특히 「개인정보보호법」에서 개인정보처리자는 개인정보의 처리 목적을 명확하게 하여야 하고 그 목적에 필요한 범위에서 최소한의 개인정보만을 적법하고 정당하게 수집하도록 하고 있으며, 정보주체의 동의를 받거나 법률에 특별한 규정이 있거나 법령상 의무 준수를 위하여 불가피한 경우 등에 한하여 개인정보를 수집할 수 있다고 규정하고 있다(같은 법 제3조 제1항, 제15조 제1항).

Ⅱ. 절차적 요건

1. 조사방법

「행정조사기본법」은 조사방법과 관련하여 출석·진술 요구(같은 법 제9조), 보고요구와 자료제출의 요구(같은 법 제10조), 현장조사(같은 법 제11조), 시료채취(같은 법 제12조), 자료 등의 영치(같은 법 제13조), 공동조사(같은 법 제14조) 등을 규정하고 있다.

2. 행정조사와 「헌법」상 영장주의의 관계

「헌법」은 압수·수색을 할 때에는 법관이 발부한 영장을 제시하도록 규정하고 있다(「헌법」 제12조 제3항, 제16조). 따라서 행정조사를 위해 압수·수색이 필요한 때에는 법관이 발부한 영장의 제시가 있어야 할 것이다. 또한 행정조사가 형사상의 소추목적을 동시에 추구하는 경우에는 영장이 필요하다.

Ⅲ. 위법한 조사의 문제

행정조사가 위법한 경우에 그 행정조사에 의하여 수집된 정보에 기초하여 내려진 행정처분이 위법한 것이 되는지가 문제된다.

이에 대하여 ① 절차의 적법성보장의 원칙에 비추어 그 행정처분은 위법한 것이 된다는 견해와 ② 행정조사에 중대한 위법사유가 있는 때에는 이를 기초로 한 행정처분도 위법한 것이 된다는 견해 등이 있다.

행정조사는 통상적으로 행정처분의 전제조건이 아니라 별개의 제도로서 작용한다. 따라서 행정조사 과정에서의 위법적 사유는 그 뒤의 행정처분 자체를 위법하게 만들지는 않는다. 그러나 위법한 행정조사에 기초하여 행정처분이 내려졌을 경우에는 행정처분의 위법을 초래하는 사유가 될 수 있다.

[판례]

① "납세자에 대한 부가가치세부과처분이, 종전의 부가가치세 경정조사와 같은 세목 및 같은 과세기간에 대하여 중복하여 실시된 위법한 세무조사에 기초하여 이루어진 것이어서 위법하다고 한 원심의 판단을 수긍한 사례" (대법원 2006. 6. 2. 선고 2004두12070판결)

② "채취된 시료의 대상지역 토양에 대한 대표성을 전혀 인정할 수 없을 정도로 그 위반의 정도가 중대한 경우가 아니라면, 토양오염공정시험방법에 규정된 내용에 위반되는 방식으로 시료를 채취하였다는 사정만으로는 그에 기초하여 내려진 토양정밀조사명령이 위법하다고 할 수 없다. 설령 시료를 채취함에 있어 원고 측으로부터 시료채취 확인 및 시료봉인을 받지 않은 것이 절차상 하자에 해당한다 하더라도, 이러한 절차상 하자가 이 사건 처분을 취소할 정도에까지는 이르지 아니하였다." (대법원 2009. 1. 30. 선고 2006두9498판결)

Ⅳ. 행정조사의 수단의 문제

행정조사를 행하는 과정에서 상대방이 이에 불응하는 경우엔 관계공무원이 실력을 행사하여 그것을 강제할 수 있는가의 문제가 제기될 수 있다.

실정법이 이에 대해 직접적인 강제수단을 규정하지 않고 단지 벌칙 등의 규정(예:「식품위생법」제97조 제2호 등)을 마련하고 있는 취지로 보아, 간접적으로 강제할 수 있을 뿐 상대방의 신체나 재산에 대한 직접적인 실력행사는 허용되지 않는다고 보아야 할 것이다.

제5절 | 행정조사에 대한 권리구제

Ⅰ. 적법한 행정조사에 대한 권리구제

적법한 행정조사로 인하여 재산상의 손실을 받은 경우에 그것이 수인한도를 넘는 특별한 희생에 해당하는 때에는 적정한 보상이 주어져야 할 것이다.

Ⅱ. 위법한 행정조사에 대한 권리구제

위법·부당한 행정조사로 법률상 이익을 침해받은 자는 행정쟁송절차에 의하여 그의 취소·변경을 구할 수 있다. 다만, 행정조사는 단기간의 침해로 행위가 종료되는 일이 많으며 그 경우에는 원상회복이나 손해배상을 청구하는 외에 행정쟁송으로 행정조사의 취소를 구할 법률상 이익이 없게 된다. 따라서 수인의무를 수반하는 행정조사의 상태가 계속되는 경우(물건의 압수 등)의 경우에만 취소쟁송을 통한 구제를 생각할 수 있다.

위법한 행정조사로 손해를 받은 자는 「국가배상법」 제2조의 요건을 충족하는 한 국가에 대하여 배상을 청구할 수 있다.

제 6 편
행정강제와 행정벌

제1장 행정상의 강제집행

제2장 행정상의 즉시강제

제3장 행정벌

제4장 행정의 실효성 확보를 위한 그 밖의 수단

제6편 행정강제와 행정벌

제1장 행정상의 강제집행

제1절 | 행정상 강제집행의 의의 및 특색

I. 의의

행정법상의 의무의 불이행에 대하여 행정주체가 의무자의 신체 또는 재산에 실력을 가함으로써 장래에 향하여 그 의무를 이행시키거나 혹은 이행이 있었던 것과 동일한 상태를 실현하는 행정작용이다.

II. 특색

1. 「민법」상 강제집행과 구별

「민법」상의 강제집행은 국가적 강제력에 의해 채권자의 청구권을 실현하는 '타력집행'의 제도이지만, 행정상의 강제집행은 청구권의 주체가 동시에 '자력집행'의 제도이다.

2. 행정상 즉시강제와의 구별

행정상 강제집행은 의무의 존재 및 그의 불이행을 전제로 하지만, 행정상 즉시강제는 의무의 존재 및 그의 불이행을 전제로 하지 않고 목전에 급박한 위해를 예방 또는 제거하기 위하여 즉시로 행하여진다.

3. 행정벌과의 구별

행정상 강제집행은 장래에 향하여 의무이행을 강제하는 것을 직접 목적으로 하지만, 행정벌은 직접적으로는 과거의 의무 위반에 대하여 제재를 과함을 목적으로 하며 행정법상의 의무이행확보는 그의 간접적인 효과에 지나지 않는다.

제2절 | 행정상 강제집행의 근거

Ⅰ. 이론상 근거

과거에는 행정권의 명령권은 명령의 내용을 실현할 수 있는 강제집행권을 포함하는 것으로 보아 어떤 의무를 부과하는 법적 근거만 있으며 그 의무의 내용을 변경함이 없이 강제집행 하는 경우에는 별개의 법적 근거가 필요 없다고 보았다.

오늘날에는 의무를 명하는 행위와 내용을 강제적으로 실현하는 행위는 성질 및 내용에 있어서 별개의 행정작용이므로 각각 별개의 법률상 근거가 있어야 한다.

Ⅱ. 실체법적 근거

대집행에 관한 일반법으로서의 「행정대집행법」 및 금전징수에 관한 일반법으로서의 「국세징수법」 이외에도 많은 개별법이 존재한다.

제3절 | 행정상 강제집행의 수단

행정상 강제집행의 수단으로는 대집행, 이행강제금, 직접강제 및 행정상의 강제징수 등이 있다. 일반적인 수단으로서 대집행과 행정상의 강제징수만이 인정되고 있으며, 직접강제와 이행강제금은 개별법에 근거가 있는 경우에만 허용된다.

Ⅰ. 대집행

1. 대집행의 의의

대체적 작위의무에 대한 강제수단이다. 의무자가 대체적 작위의무를 이행하지 않은 경우에 행정청이 그 작위를 스스로 행하거나 또는 제3자로 하여금 이를 행하게 함으로써 의무의 이행이 있었던 것과 동일한 상태를 실현시킨 후 그 비용을 의무자로부터 징수함을 말한다(「행정대집행법」 제2조).

2. 대집행의 법률관계

'자기집행'의 경우에는 모든 과정이나 법률관계가 공법작용 내지 공법관계이다. 대집행법의 비용징수를 국세징수법의 예에 따라 행할 수 있게 하는 점(같은 법 제6조), 대집행에 관하여 불복이 있는 자는 행정심판을 제기할 수 있게 하고 있는 규정(같은 법 제7조) 등이 있다.

'타자집행'의 경우로는 ① 행정청과 제3자와의 관계, ② 제3자와 의무자와의 관계, ③ 행정청과 의무자와의 관계이다. ①의 행정청과 제3자와의 관계는 계약을 통해서 맺어진 사법관계이다(사법상의 도급계약관계로 제3자는 행정청에게 비용지급청구권을 갖는다). ②의 관계에서는 제3자는 의무자와 아무런 법률관계가 성립하지는 않으나 의무자는 제3자에 의한 대집행행위를 수인할 의무를 부담한다. ③의 행정청과 의무자간의 관계는 전적으로 공법적 법률관계로 행정청은 의무자에게 공법상 비용상환청구권을 가진다.

3. 대집행의 요건

(1) 대집행의 주체

"행정청"이다. 법문은 대집행의 주체에 관하여 "당해 행정청"으로 「행정대집행법」 제2조에서 규정하고 있는데, 그 "당해 행정청"은 처분청 또는 관할 행정청을 의미한다. 행정청의 위임을 받아 대집행을 실행하는 "제3자"는 대집행의 주체가 아니다.

(2) 대체적 작위의무의 불이행

1) 의무의 기초

법문에는 "법률(법률의 위임에 의한 명령, 지방자치단체의 조례를 포함한다)에 의하여 직접 명령되었거나, 또는 법률에 의거한 행정청의 명령에 의한 행위", 즉 의무가 있는 것을 전제로 하고 있다.

2) 의무의 대체성

"타인이 대신하여 행할 수 있는" 의무의 불이행이 있어야 한다.

① 토지·가옥의 명도 명도의무는 대체적 작위의무라고 볼 수 없으므로 대집행의 대상이 될 수 없다(대법원 2005. 8. 19. 선고 2004다2809 판결)
② 부작위의무의 작위의무로의 전환은 부작위의무를 위반한 자에 대해 "타인이 대신하여 행할 수 있는 행위"(건물 등의 철거)를 명하는 근거 규정이 별도로 마련되어 있는 것이 보통이다. 그와 같은 근거규정이 존재하지 않는 이상 행정청이 임의로 부작위의무를 작위의무로 전환시켜 대집행을 할 수는 없다 (대법원 1996. 6. 28. 선고 96누4374 판결).

(3) 다른 수단으로써 그 이행을 확보하기가 곤란할 것

최소침해의 원칙(비례성의 원칙 중 필요성의 원칙)을 명문화한 것이다.

(4) 불이행을 방치함이 심히 공익을 해할 것으로 인정될 것

어떤 사실이 이 요건에 해당하는가에 대한 판단과 관련하여 이 요건은 재량이 문제되는 것(판례의 입장)이 아니라 판단여지의 존부가 문제되는 것이라는 견해와 각각의 사안에 따라 개별·구체적으로 판단되어야 한다는 견해 및 요건의 충족 여부에 대한 사법심사가 가능하다는 견해가 있다.

(5) 효과재량의 문제

「행정대집행법」 제2조에서는 "… 심히 공익을 해할 것으로 인정될 때에는… 할 수 있다."고 규정하고 있다. 이상의 요건이 충족된 경우에 있어서 대집행을 할 것인지 여부는 재량적 판단인지 또는 기속행위인지의 문제이다.

4. 대집행의 절차

① 계고, ② 대집행영장에 의한 통지, ③ 대집행의 실행, ④ 비용징수의 4단계로 이루어진다. 이러한 대집행절차는 통상 다단계행정행위나 행정행위의 하자(흠)의 승계와 관련한 전형적인 예로 되고 있다.

(1) 계고

대집행을 하려면 상당한 이행기간을 정해 그 기한까지 이행하지 않을 때에는 대집행을 한다는 뜻을 문서로서 계고하여야 한다(「행정대집행법」 제3조 1항). 계고를 함에 있어서는 이행하여야 할 행위와 그 의무불이행시 대집행 할 행위의 내용과 범위가 구체적으로 특정되어야 한다.

[판례]

> "대집행의 계고를 함에 있어서는, 의무자가 이행하여야 할 행위와 그 의무불이행시 대집행할 행위의 내용 및 범위가 구체적으로 특정되어야 할 것이지만, 반드시 철거명령서나 대집행계고서에 의하여서만 특정되어야 하는 것은 아니고, 그 처분 전후에 송달된 문서나 기타 사정을 종합하여 이를 특정할 수 있으면 족하다." (대법원 1990. 1. 25. 선고 89누4543판결)

다만, 비상시 또는 위험이 절박한 경우에 있어서 대집행의 급속한 실시를 요하며 계고를 할 여유가 없을 때에는 계고절차를 거치지 아니하고 대집행을 할 수 있다(같은 법 제3조 제3항).

(2) 대집행영장에 의한 통지

의무자가 계고를 받고 지정기한까지 그 의무를 이행하지 아니할 때에는 당해 행정청은 대집행영장으로써 대집행을 할 시기, 대집행을 시키기 위하여 파견하는 집행책임자의 성명과 대집행에 요하는 비용의 개산에 의한 견적액을 의무자에게 통지하여야 한다(같은 법 제3조 제2항). 다만 비상시 또는 위험이 절박한 경우에 있어서 당해 행위의 급속한 실시를 요하여 전항에 규정한 수속을 취할 여유가 없을 때에는 그 수속을 거치지 아니하고 대집행을 할 수 있다(같은 법 제3조 제3항).

(3) 대집행의 실행

대집행을 하기 위하여 현장에 파견되는 집행책임자는 그가 집행책임자라는 것을 표시한 증표를 휴대하여 대집행시에 이해관계인에게 제시하여야 한다(같은 법 제4조). 대집행의 실행은 이른바 '권력적 사실행위'의 성질을 갖는다. 의무자는 대집행실행에 대하여 수인의무가 있는 바, 만일 대집행의 실행에 항거할 경우 실력으로 그 항거를 배제하는 것이 대집행의 실행수단으로서 인정되는지 여부가 문제로 된다. 폭력에 이르지 않는 최소한의 실력행사는 대집행의 실행에 포함된다. 그러나 일반적으로 실력에 의한 항거의 배제는 대집행실행권에 포함된 것으로 볼 수 없다. 다만 그러한 항거는 공무집행방해죄를 구성할 수 있으며, 이 경우 「경찰관직무집행법」 제5조에 의거하여 즉시강제를 통하여 이를 배제할 수 있다.

(4) 비용의 징수

대집행에 소요된 비용은 납기일을 정하여 의무자에게 문서로써 명하고, 국세징수의 예에 의하여 징수할 수 있다(같은 법 제5조, 제6조).

5. 대집행에 대한 불복 및 흠의 승계

대집행에 관하여 불복이 있는 자는 당해 행정청 또는 그 직접 상급행정청에 행정심판을 제기할 수 있으며, 또한 법원에 제소할 수 있다(같은 법 제7조, 제8조) 그러나 대집행의 실행이 완료된 후에는 일반적으로 소의 이익이 없으므로, 계고

등의 취소쟁송을 제기하기는 어렵고, 손해배상이나 결과제거의 청구 등이 적절한 청구 등이 적절한 구제방법이 될 것이다.

일반적으로 하명의 흠은 계고에 승계되지 않는데 대하여, 계고의 흠은 대집행영장에 의한 통지 및 대집행실행에 승계된다고 설명한다.

Ⅱ. 이행강제금

1. 의의

집행벌(집행벌)은 부작위의무, 비대체적 작위의무를 강제하기 위하여 일정 기한까지 이행하지 않으면 과태료를 과한다는 뜻을 미리 계고하여 의무자에게 심리적 압박을 가함으로써 의무이행을 간접적으로 강제하는 수단인 것으로 이해되고 있다. 본래 집행벌(Exekutivstrafe)이라는 명칭 및 제도는 독일에서 유래했다. 그러나 독일에서 그 명칭이 (이행)강제금(Zwansgeld)으로 바뀐지 오래 되었으며 작위의무의 간접적 강제수단으로도 활용되고 있다.

[판례]

"이행강제금은 일정한 기한까지 의무를 이행하지 않을 때에는 일정한 금전적 부담을 과할 뜻을 미리 계고함으로써 의무자에게 심리적 압박을 주어 장래에 그 의무를 이행하게 하려는 행정상 간접적인 강제집행 수단의 하나로서 과거의 일정한 법률위반 행위에 대한 제재로서의 형벌이 아니라 장래의 의무이행의 확보를 위한 강제수단일 뿐이어서 범죄에 대하여 국가가 형벌권을 실행한다고 하는 과벌에 해당하지 아니하므로 헌법 제13조 제1항이 금지하는 이중처벌금지의 원칙이 적용될 여지가 없다." (헌법재판소 2011. 10. 25. 2009헌바140결정)

2. 특 징

① 이행강제금은 납부의무를 발생시키는 하명에 해당한다. ② 이행강제금은 장래에 의무이행의 확보를 위한 강제수단이므로, 일종의 처벌이라 할 수 있는 행정

형벌이나 과태료와 성질을 달리하므로 이들과 병과가 가능하다. ③ 의무의 이행이 있을 때까지 반복 부과 및 징수가 가능하므로 이기적인 의무자에게 적합한 제도이다. ④ 이행강제금 납부의무는 상속인 기타의 사람에게 승계될 수 없는 일신전속적 의무이다.

Ⅲ. 직접강제

1. 의의

행정상의 의무의 불이행이 있는 경우에 직접 의무자의 신체나 재산 또는 이 양자에 실력을 가하여 의무의 이행이 있었던 것과 같은 상태를 실현하는 작용이다. 예를 들어「식품위생법」제79조 제1항에 의해 식품의약품안전청장, 시·도지사 또는 시장·군수·구청장은 무허가·무신고영업 등의 경우 또는 허가가 취소되거나 영업소 폐쇄명령을 받은 후에도 계속하여 영업을 하는 경우에는 해당 영업소를 폐쇄하기 위하여 관계 공무원에게 ① 해당 영업소의 간판 등 영업 표지물의 제거나 삭제, ② 해당 영업소가 적법한 영업소가 아님을 알리는 게시문 등의 부착, ③ 해당 영업소의 시설물과 영업에 사용하는 기구 등을 사용할 수 없게 하는 봉인(封印)의 조치를 하게 할 수 있다.

2. 성질

직접강제는 대체적 작위의무 뿐만 아니라 비대체적 작위의무·부작위의무·수인의무 등 일체의 불이행에 대해 행할 수 있다. 의무의 부과 및 의무의 불이행을 전제로 행해지는 점에서 즉시강제와 구별된다.

3. 근거

과거에는 직접강제는 개별법에 예외적으로만 인정되었다. 하지만 현재에는 ① 식품제조분야(「식품위생법」제72조,「축산물 위생관리법」제38조,「먹는물관리법」

제46조 등) ② 의약품제조분야(「약사법」 제71조, 「농약관리법」 제24조 제5항 등) ③ 안전관리분야(「방어해면법」 제7조, 「총포·도검·화약류 등의 안전관리에 관한 법률」 제20조 등)과 관련하여 직접강제제도가 대량적으로 채택되기에 이르렀다.

4. 한계

강제집행수단 중에서 가장 강력한 수단이어서 국민의 기본권을 침해할 가능성이 높다. 따라서 과잉금지원칙(광의의 비례원칙)의 준수 하에 최후수단으로서 활용되어야 할 것이다.

Ⅳ. 행정상 강제징수

1. 의의

행정법상의 금전급부의무의 불이행이 있는 경우에 의무자의 재산에 실력을 가하여 의무의 이행이 있었던 것과 같은 상태를 실현하는 작용이다.

2. 근거

「국세징수법」은 원래 국세의 징수에 관한 법이다. 그러나 「지방세기본법」(제98조), 「보조금 관리에 관한 법률」(제33조) 등 많은 법률이 국세체납처분의 예에 따라 강제징수 하도록 규정하고 있다. 따라서 이 법률은 행정상 강제징수에 관하여 사실상 일반적 지위에 있다.

3. 절차

「국세징수법」상의 강제징수절차는 독촉 및 체납처분으로 구성되어 있다. 그리고 체납처분은 ① 재산의 압류 ② 압류재산의 매각 ③ 청산의 3단계로 구성되어 있다.

(1) 재산의 압류

의무자가 독촉(독촉장 또는 납부최고서)을 받고도 기한까지 이행하지 아니한 때에는 재산의 압류를 행한다. 압류란 의무자의 재산에 대해 사실상 및 법률상의 처분을 금지시키고 그것을 확보하는 강제보전 행위이다.

「국세징수법」제24조 세무공무원의 납세자의 재산에 대한 압류는 납세자가 독촉장을 받고도 지정된 기한까지 국세와 가산세를 완납하지 아니한 경우에 할 수 있는 것이 원칙이나, 국세가 확정된 후에는 그 국세를 징수할 수 없다고 인정할 때에는 국세로 확정되리라고 추정되는 금액의 한도에서 납세자의 재산을 압류할 수 있다.

(2) 압류재산의 매각

매각은 납세자의 압류재산을 금전으로 환가하는 것이다. 법적 성질에 대해서는 행정처분설(판례)과 사법계약설(채무자와 매수인 사이의 매매)의 두 견해가 대립한다. 매각은 공매(입찰 또는 경매)를 원칙으로 한다. 다만, 수의계약의 경우는 예외로 한다(같은 법 제61조 제1항, 제62조, 제67조 등 참조).

(3) 청산

체납처분(매각)에 의하여 수령한 금전을 체납세금, 기타의 공과금, 담보채권 및 체납자에게 배분하는 행정작용이다.

배분한 금전의 잔액이 있는 때에는 이를 체납자에게 지급하여야 한다(같은 법 제81조 제3항). 매각대금이 국세·가산금과 체납처분비 기타 수배자격 있는 채권의 총액에 부족한 때에는 민법 기타 법령에 의하여 배분할 순위와 금액을 정하여 배분하여야 한다(같은 법 제81조 제4항). 이 경우 국세관계채권(국세·가산금과 체납처분비)은 다른 공과금 기타 채권에 우선한다(「국세기본법」제35조).

4. 한계

과잉금지 원칙(또는 광의의 비례의 원칙) 등의 법원칙이 행정상 강제징수의 한계가 된다.

첫째, 강제징수조치는 적합하나 체납처분의 목적물인 총재산의 추가가액이 체납처분비에 충당하고 잔여가 생길 여지가 없는 때에는 체납처분을 중지(납부의무의 소멸)하여야 한다(「국세징수법」 제85조 참조).

둘째, 압류금지재산을 열거하고 있는 점(같은 법 제31조), 일정한 재산에 대하여는 체납자가 다른 재산을 제공하는 때에는 압류할 수 없게 하고 있는 점(같은 법 제32조), 급여금에 대하여는 2분의 1을 초과하여 압류할 수 없게 하고 있는 점(같은 법 제33조) 등은 필요성의 원칙을 발현한 것이다. 「국세징수법」 기본통칙은 압류재산의 선택에 있어서 '압류재산이 납세자의 생계유지 및 사업계속에 지장이 적을 것'을 고려하여야 한다.

셋째, 추정되는 체납액의 한도 안에서 납세자의 재산이나 채권을 압류할 수 있다(같은 법 제24조 제2항, 제43조 등). 이에 더하여 법률은 압류해제요건에 관해 규정(같은 법 제53조) 등은 강제징수에 관하여 비례성의 원칙, 특히 상당성 원칙의 충족을 입법적으로 요청하고 있다.

5. 강제징수에 대한 구제수단

독촉·체납처분 등의 강제징수조치가 위법 또는 부당하면 행정쟁송절차에 의하여 그 취소 또는 변경을 청구할 수 있다. 다만, 「국세기본법」은 행정쟁송절차 중 행정심판에 관하여 일반법인 「행정심판법」의 적용을 배제하는 등의 특칙을 마련하고 있다(같은 법 제55조 이하).

제2장 행정상의 즉시강제

제1절 | 행정상 즉시강제의 의미와 근거

Ⅰ. 행정상 즉시강제의 의의

행정법상의 의무의 존재를 전제함이 없이 목전에 급박한 위험 또는 장애를 제거하기 위해 그의 성질상 의무를 명함에 의해서는 목적을 달성할 수 없는 경우에 직접 개인의 신체·재산 또는 가택에 실력을 가함으로써 행정상 필요한 상태를 실현하는 작용이다.

Ⅱ. 행정상 즉시강제의 근거

1. 이론적 근거

과거에는 국가가 공공의 안녕과 질서를 유지할 자연법적 권리와 의무를 갖는다는 점에서 특별한 법률적 근거가 없더라도 즉시강제가 가능하다고 보았다. 그러나 오늘날 그와 같은 이론은 성립될 수 없다.

2. 실정법적 근거

법적 안정성·예측가능성과 관련하여 실정법적 근거가 필요하다. 경찰관의 직무집행과 관련된 즉시강제는「경찰관직무집행법」이 일반법으로서의 지위를 갖는다. 그 밖에 많은 개별법(「식품위생법」,「마약법」등)에 근거규정이 있다.

제2절 | 행정상의 즉시강제의 종류

Ⅰ. 대인적 강제

사람의 신체에 실력을 가함으로써 행정상 필요한 상태를 실현하는 즉시강제이다.

1. 「경찰관직무집행법」상의 대인적 강제

① 보호조치 : 「경찰관직무집행법」 제4조 제1항, 제7항
② 위험발생방지조치 : 「경찰관직무집행법」 제5조 제1항, 제2항
③ 범죄의 예방·제지 : 「경찰관직무집행법」 제6조
④ 장구의 사용 : 「경찰관직무집행법」 제10조
⑤ 최루탄의 사용 : 「경찰관직무집행법」 제10조의2
⑥ 무기의 사용 : 「경찰관직무집행법」 제11조

2. 개별법상의 대인적 강제

「전염병예방법」 제29조, 제42조, 구 「마약법」 제50조에 따르면 법정전염병환자나 마약중독자를 일반 사회로부터 격리하여 강제격리 시키거나 강제수용 시킬 수 있다.

Ⅱ. 대물적 강제

타인의 물건에 대한 소유권 기타의 권리를 실력으로 침해함으로써 행정상의 필요한 상태를 실현시키는 즉시강제이다.

1. 「경찰관직무집행법」상의 대물적 강제

① 물건 등의 임시영치 : 「경찰관직무집행법」 제4조 제3항, 제7항
② 위험발생 방지 조치 : 인명 또는 신체에 위해를 미치거나 재산에 중대한 손

해를 끼칠 우려가 있는 천재, 사변, 공작물의 손괴, 교통사고, 위험물의 폭발, 광견·분마류등의 출현, 극단한 혼잡 기타 위험한 사태가 있을 때에 관계물체·토지 등에 대하여 취하여지는 긴급조치이다(「경찰관직무집행법」 제5조 제1항).

2. 개별법상의 대물적 강제의 예

① 「식품위생법」상의 것으로 폐기처분 (제72조)
② 「옥외광고물 등의 관리와 옥외광고물산업 진흥에 관한 법률」상의 것으로 위법광고물철거 (제10조 제2항)
③ 「약사법」상의 것으로 불량 의약품의 폐기(제71조)
④ 「전염병예방법」상의 것으로 물건 등에 대한 방역조치 (제47조 제3호)
⑤ 「검역법」상의 것으로 물건 등 폐기 (제15조)
⑥ 「총포·도검·화약류 등의 안전관리에 관한 법률」상의 것으로 임시영치(제47조 제2항)
⑦ 「소방법」상의 것으로 소화를 위한 강제처분(제25조) 등

Ⅲ. 대가택강제

소유자나 점유·관리자의 의사에 관계없이 타인의 건물·선박 등에 실력을 가함으로써 행정상 필요한 상태를 실현시키는 즉시강제이다. 종래에 대가택강제로 인식되었던 것은 식품 또는 영업시설 등의 검사(「식품위생법」 제17조), 총포·화약류의 제작소·저장소의 출입·검사(「총포·도검·화약류 등의 안전관리에 관한 법률」 제44조) 등은 행정조사의 범주에 속하는 것이다. 즉시강제에 해당하는 것은 「경찰관직무집행법」에 의한 위험방지를 위한 가택출입이다(같은 법 제7조 제1항).

제3절 | 행정상 즉시강제의 한계

I. 실체법적 한계

개인의 신체 또는 재산에 대해 중대한 침해, 엄격한 법적 근거가 있어야 한다. 그 목적을 달성하기 위해 필요한 최소한도에 그쳐야 하는 등 비례성의 원칙과 같은 법원칙에 의한 제약을 받는다.

1. 적합성의 원칙

즉시강제라는 수단이 행정기관이 의도하는 목적(목전의 급박한 위험의 제거 등)을 달성하는데 적합해야 한다.

2. 필요성의 원칙

즉시강제의 목적을 달성할 수 있는 수단이 여러 가지 있는 경우에, 행정기관은 관계자에게 가장 적은 부담을 주는 수단을 선택해야 한다.

3. 상당성의 원칙

즉시강제조치가 설정된 목적을 위하여 필요한 경우라도 즉시강제조치를 취함에 따른 불이익이 그것에 의해 초래되는 효과보다 더 큰 경우에는 그 조치가 취해져서는 안 된다.

II. 절차법적 한계

행정상 즉시강제에도 「헌법」 제12조 제3항 및 제16조에 의한 영장주의가 적용되는가에 대해 학설이 대립한다.

1. 영장불요설

「헌법」상 영장주의는 본래 범죄수사 절차에서 형사사법권의 남용을 방지하기 위하여 인정된 것이므로 행정상 즉시강제에는 적용이 없다.

2. 영장필요설

「헌법」상의 기본권보장의 취지에 비추어 또한 즉시강제의 경우도 형사사법의 경우와 마찬가지로 신체와 재산에 대한 실력작용이라는 점에서 영장을 필요로 한다.

3. 절충설

원칙적으로 당사자의 기본권보장의 관점에서 영장이 필요한 것이나 행정목적 달성을 위하여 불가피하다고 인정할만한 합리적 사유가 있는 경우에는 영장주의의 적용을 받지 않는다.

4. 소결

행정상의 즉시강제의 내용이 형사사법절차인 체포·구금·압수·수색 등과 동가치적인 경우에는 영장주의가 일반적으로 적용된다. 그러나 목전에 급박한 위해를 제거하기 위한 경우와 범죄수사와 관계가 없는 즉시강제에는 법관에 의한 영장을 요한다고 볼 수 없고 신분증 등 증표의 제시로써 충분하다. 개별법에서는 증표의 제시(「식품위생법」 제70조), 소속상관에 대한 사후보고(「경찰관직무집행법」 제5조 제3항), 본인의 사전동의(구 「검역법」 제11조 제2항), 선도·보호조치 대상 청소년의 통보(「청소년 보호법」 제50조) 등 영장주의를 대체하는 규정들이 마련되어 있다.

제4절 | 행정상 즉시강제에 대한 권리구제

Ⅰ. 적법한 행정상의 즉시강제에 대한 구제

장해 발생자 또는 제3자에게 수인의 한도를 넘는 특별한 희생을 가한 경우에 손실을 입은 자는 손실보상을 청구할 수 있다.

Ⅱ. 위법한 행정상의 즉시강제에 대한 구제

1. 행정쟁송

위법 또는 부당한 즉시강제로 인하여 법률상 이익을 침해당한 경우 행정쟁송을 통한 구제를 받을 수 있다. 그러나 즉시강제는 급박한 경우에 취해지는 조치로서 이미 행위가 완료되어 쟁송의 대상이 소멸되어 버리는 경우가 대부분이다. 따라서 즉시강제에 대한 행정쟁송은 즉시강제가 비교적 장기에 걸쳐 행해지는 경우(강제수용, 물건의 영치 등)에만 생각해 볼 수 있다.

2. 손해배상의 청구

즉시강제가「국가배상법」상의 공무원의 불법행위를 구성하는 경우 손해배상을 청구한다.

3. 정당방위

행정상 즉시강제의 급박성에 비추어 볼 때 위법한 즉시강제에 대한 저항은 공무집행방해죄가 성립하지 않고「형법」상의 정당방위로서 면책성을 생각할 수 있다.

[판례]

"적법성이 결여된 직무행위를 하는 공무원에게 대항하여 폭행이나 협박을 가하였다고 하더라도 이를 공무집행방해죄로 다스릴 수는 없다." (대법원 1992. 5. 22. 선고 92도506판결, 동지판례 : 대법원 2013. 3. 14. 선고 2011도7259판결)

"경찰관의 체포행위가 적법한 공무집행을 벗어나 불법하게 체포한 것으로 볼 수밖에 없다면, 피의자가 그 체포를 면하려고 반항하는 과정에서 경찰관에게 상해를 가한 것은 불법체포로 인한 신체에 대한 현재의 부당한 침해에서 벗어나기 위한 행위로서 정당방위에 해당하여 위법성이 조각된다." (대법원 2000. 7. 4. 선고 99도4341 판결, 동지판례 : 대법원 2011. 5. 26. 선고 2011도3682 판결)

제3장 행정벌

제1절 | 행정벌의 의의 및 성질

I. 의의

행정법상의 의무위반에 대한 제재로서 일반통치권에 의거하여 과하는 벌이다. 행정벌은 과거의 의무위반에 대한 제재이다. 행정상의 강제집행은 행정상 의무불이행의 경우에 있어 장래의 의무이행을 확보하기 위한 수단이다. 이러한 처벌규정이 존재함으로써 의무자에게 심리적 압박을 가하여 간접적으로 의무이행을 확보하는 기능을 한다.

II. 행정벌의 성질

이행강제금(집행벌)은 행정법상의 의무불이행이 있는 경우에 장래의 의무이행을 확보하기 위한 강제집행의 수단이고, 행정벌은 과거의 의무위반행위에 대한 제재이다. '형사범은 국가의 제정법 이전에 문화규범이나 도덕규범을 침해한 자연범의 성격을 가지나, 행정범은 행위의 성질자체는 반윤리성, 반사회성을 갖는 것은 아니나 특정한 행정목적의 실현을 위한 국가의 제정법을 침해한 법정범이라는 점에서 차이를 나타낸다.'고 하는 것이 행정법학계의 통설적 견해이다. 오늘날 행정벌 및 행정범과 형사벌·형사범의 구별은 상대화 되어가는 추세이다.

제2절 | 행정벌의 근거 및 종류

Ⅰ. 행정벌의 근거

행정벌은 죄형법정주의의 원칙상 반드시 법률에 근거가 있어야 한다. 다만, 법률이 구체적으로 범위를 정하여 위임한 경우에는 행정입법으로서도 그 근거를 규정할 수 있으며, 지방자치단체의 자치사무에 대하여는 조례로 일정한도의 벌칙을 정할 수 있다(「지방자치법」 제27조 참조).

Ⅱ. 종류

1. 행정형벌

행정형벌이란 행정법상의 의무위반에 대하여 그 제재로서 「형법」상의 형(「형법」 제41조 : 사형, 징역, 금고, 자격상실, 자격정지, 벌금, 구류, 과료 및 몰수)을 과하는 행정벌을 말한다. 이에 대해서는 원칙적으로 「형법」 총칙(세부적으로 범의·책임능력·법인의 책임·타인의 행위에 대한 책임·공범·경합범 등)이 적용되고, 처벌절차는 예외가 있으나 「형사소송법」에 의한다.

우리나라 현행법에는 행정형벌에 대한 통칙적 규정이 없고, 각 단행법에 처벌의 근거를 정하고 있어, 구체적인 절차는 명령에 위임하는 경우가 많다. 따라서 행정형벌에 대한 특별규정이 있는 경우를 제외하고는 「형법」 총칙의 규정이 일반적으로 적용될 것이다. 과벌절차는 원칙적으로 형사소송절차에 의하나 즉결심판절차 또는 통고처분절차에 의하는 경우도 있다.

행정형벌에 관해서는 행정형벌의 과잉현상으로 인해 전국적으로 매년 많은 수의 전과자를 양산하는 부작용을 낳고 있다. 행정형벌의 무분별한 적용은 국민의 기본권 보호의 차원에서 많은 문제가 야기될 수 있다. 따라서 행정형벌은 행정질서벌로 대체되고 있다. 그러나 행정형벌에 의할 것인지 또는 행정질서벌에 의할 것인지의 선택은 대상이 되는 행정법상의 의무내용의 중요성에 따라서 개별적으로 검토되어야 하며, 획일적으로 논할 수는 없을 것이다.

2. 행정질서벌

행정법상의 의무위반에 대한 제재로 과태료를 과하는 행정벌이다. 이러한 행정질서벌은「형법」총칙이 적용되지 않는다. 과벌절차는 특별한 규정이 없는 한「비송사건절차법」에 의한다. 행정형벌은 행정법상의 의무를 위반함으로써 직접적으로 행정목적을 침해하는 경우에 과하여지는 것이다. 행정질서벌은 신고·등록·서류비치 등의 의무를 태만히 하는 것과 같이 간접적으로 행정목적 달성에 장해를 미칠 위험성이 있는 행위에 대해 과해지는 것이 보통이다.

일반적으로 과태료는 행정법상 의무를 지는 자가 그 의무를 불이행하거나 의무를 위반한 경우에 그 의무위반에 대하여 제재를 가하여 간접적으로 의무이행을 확보하는 수단으로서 기능을 한다. 즉, 다른 일반적인 행정벌도 마찬가지겠지만 과태료는 직접적으로는 과거의 의무위반에 대한 제재로서 행정법규의 실효성을 확보하는 것을 목적으로 하지만, 간접적으로는 의무자에게 심리적 압박을 가하여 앞으로 의무이행을 확보함을 목적으로 한다.「질서위반행위규제법」은 질서위반행위를 형식적 관점에서 법률(지방자치단체의 조례를 포함한다)상의 의무를 위반하여 과태료를 부과하는 행위로 규정하고 있다(같은 법 제2조 제1호). 또한 과태료의 부과·징수, 재판 및 집행 등의 절차에 관한 다른 법률의 규정 중 이 법의 규정에 저촉되는 것은 이 법으로 정하는 바에 따르도록 규정하고 있다(같은 법 제5조). 따라서 행정질서벌로서의 과태료 부과시에도「질서위반행위규제법」이 적용된다.

질서법의 질서위반행위 성립에 있어 주목할 점은 질서위반행위 성립에 있어 고의·과실과 위법성인식을 요하고 있으며(같은 법 제7조, 제8조), 책임연령을 14세로 규정하고 있고, 심신장애 및 미약자는 과태료 부과를 면제 또는 감경한다고 규정하고 있다(같은 법 제9조, 제10조). 그리고 법인에 대해서도 과태료를 부과할 수 있도록 규정(같은 법 제11조 제1항)하고 있다는 것이다.

그리고 과태료 체납에 대한 제재규정으로 주목할 점은 관허사업을 경영하는 자가 과태료를 체납한 경우에 사업의 정지 또는 허가 등의 취소를 할 수 있도록 규정하고 있으며(같은 법 제52조 제1항), 행정청은 과태료 징수 또는 공익목적을 위하여 필요한 경우「국세징수법」을 준용하여 신용정보업자 또는 신용정보집중기관의 요청에 따라 체납 또는 결손처분자료를 제공할 수 있도록 하고 있다(같은 법 제53조 제1항). 또한 고액·상습체납자(① 과태료를 3회 이상 체납하고 있고, 체납발생일부터 각 1년이 경과하였으며, 체납금액의 합계가 1천만 원 이상인 체납자 중 대통령령으로 정하는 횟수와 금액 이상을 체납한 자, ② 과태료 납부능력이 있음에도 불구하고 정당한 사유 없이 체납한 자)에 대한 제재로 법원은 검사의 청구에 따라 결정으로 30일의 범위 이내에서 과태료의 납부가 있을 때까지 체납자(법인인 경우에는 대표자를 말한다)를 감치(監置)에 처할 수 있도록 규정(같은 법 제54조)하고 있다.

[판례]

"어떤 행정법규 위반행위에 대하여 이를 단지 간접적으로 행정상의 질서에 장해를 줄 위험성이 있음에 불과한 경우로 보아 행정질서벌인 과태료를 과할 것인가 아니면 직접적으로 행정목적과 공익을 침해한 행위로 보아 행정형벌을 과할 것인가, 그리고 행정형벌을 과할 경우 그 법정형의 형종과 형량을 어떻게 정할 것인가는 당해 위반행위가 위의 어느 경우에 해당하는가에 대한 법적 판단을 그르친 것이 아닌한 그 처벌내용은 기본적으로 입법권자가 제반사정을 고려하여 결정할 입법재량에 속하는 문제라고 할 수 있다." (헌법재판소 1994. 4. 28. 91헌바14결정)

제3절 | 과벌절차

I. 행정형벌의 과벌절차

「형사소송법」이 정하는 바에 따라 과벌함이 원칙이나 예외가 존재한다.

1. 통고처분

일정한 「출입국관리법」상 위반행위나 「도로교통법」의 범칙행위 등에 벌금이나 과료는 통고처분으로 과한다. 통고처분을 받은 자가 법정기간 내에 통고된 내용에 따라 이행한 때에는 일사부재리의 원칙의 적용을 받아 소추할 수 없는데 대하여 법정기간 내에 통고된 내용을 이행하지 않으면 통고처분은 당연히 효력을 상실하고 관계 기관장의 고발에 의하여 형사소송절차로 이행하게 된다.

[판례]

"「도로교통법」 제118조에서 규정하는 경찰서장의 통고처분은 행정소송의 대상이 되는 행정처분이 아니므로 그 처분의 취소를 구하는 소송은 부적법하고, 「도로교통법」상의 통고처분을 받은 자가 그 처분에 대하여 이의가 있는 경우에는 통고처분에 따른 범칙금의 납부를 이행하지 아니함으로써 경찰서장의 즉결심판청구에 의하여 법원의 심판을 받을 수 있게 될 뿐이다." (대법원 1995. 6. 29. 선고 95누4674판결, 동지판례 : 대법원 1976. 1. 27. 선고 75누40판결)

2. 즉결심판

20만 원 이하의 벌금·구류 또는 과료의 행정형벌은 「즉결심판에 관한 절차법」이 정하는 바에 따라 즉결심판에 의하여 과하여진다. 즉결심판에 불복이 있는 피고인은 고지를 받은 날로부터 7일 이내에 정식재판을 청구할 수 있다(「법원조직법」 제34조, 제35조).

Ⅱ. 행정질서벌의 과벌절차

과태료와 같은 행정질서벌은 원칙적으로 과태료에 처할 자의 주소지를 관할하는 지방법원이 「비송사건절차법」에 따라 결정으로써 과한다(「비송사건절차법」 제247조, 제248조 제1항). 그러나 최근의 행정관계법률은 과태료를 1차적으로 주무행정관청에서 직접 부과·징수하는 규정을 두는 예가 「공중위생관리법」 제23조, 「식품위생법」 제101조 제4항 등에 있다. 이때에 과태료 부과처분을 받은 자가 일정기간(30일) 내에 그 처분청에 이의신청을 할 수 있는데, 이 경우 처분청이 관할법원에 그 사실을 통보함으로써 「비송사건절차법」에 의한 과태료부과절차로 이행한다. 만일 소정의 기간 내에 이의신청이 없이 과태료를 납부하지 아니하면 국세체납처분의 예에 따라 강제징수 한다.

제4장 행정의 실효성 확보를 위한 그 밖의 수단

사회가 복잡·다양해짐에 따라 새로운 의무이행수단이 등장하게 되었다. 그 예로 과징금·공급거부·공표·영업허가 등 수익적 행정행위를 거부한다거나 또는 철회하는 경우를 들 수 있다.

행정법규의 위반자에게 금전급부의무라는 불이익을 과함으로써 간접적으로 행정상의 의무를 이행하게 하는 방법이다.

Ⅰ. 가산금·가산세

가산금은 행정법상의 급부의무의 불이행에 대해서 과해지는 금전상의 제재이다. 「지방세법」 제27조 제1항과 「소득세법」 제115조 제1항(양도소득세에 대한 가산세)에 관련된 조문이 있다.

Ⅱ. 과징금

행정청이 일정한 행정상의 의무에 위반한 데 대한 제재로서 부과하는 금전적 부담이다. 일정한 행정법상의 의무에 위반함으로 인하여 그 위반자에게 일정한 경제적 이득이 발생하게 되는 경우에 과징금으로써 그 이득을 흡수하여 오히려 경제적 불이익이 생기게 하려는 것이다. 최근 과징금의 실효적 구속성을 제고하기 위해 의무불이행으로 발생한 이익에 행정 제재적 금원을 추가하여 강화한 이른바 '제재적 과징금'이 새로운 금전적 제재수단으로 이용되고 있다.

[판례]

> "구 독점규제및공정거래에관한법률(1999. 2. 5. 법률 제5813호로 개정되기 전의 것) 상의 과징금 부과는 비록 제재적 성격을 가진 것이기는 하여도 기본적으로는 같은 법 위반행위에 의하여 얻은 불법적인 경제적 이익을 박탈하기 위하여 부과되는 것이다."
> (대법원 2001. 2. 9. 선고 2000두6206판결)

> "과징금 부과처분에 있어 행정청이 납부의무자에 대하여 부과처분을 한 후 그 부과처분의 하자를 이유로 과징금의 액수를 감액하는 경우에 그 감액처분은 감액된 과징금 부분에 관하여만 법적 효과가 미치는 것으로서 당초 부과처분과 별개 독립의 과징금 부과처분이 아니라 그 실질은 당초 부과처분의 변경이고, 그에 의하여 과징금의 일부취소라는 납부의무자에게 유리한 결과를 가져오는 처분이므로 당초 부과처분이 전부 실효되는 것은 아니다. 따라서 그 감액처분에 의하여 감액된 부분에 대한 부과처분 취소청구는 이미 소멸하고 없는 부분에 대한 것으로서 그 소의 이익이 없어 부적법하다" (대법원 2008. 2. 15. 선고 2006두4226 판결, 동지판결 : 대법원 2017. 1. 12. 선고 2015두2352 판결)
>
> "구 독점규제 및 공정거래에 관한 법률(2013. 7. 16. 법률 제11937호로 개정되기 전의 것, 이하 '공정거래법'이라고 한다) 제22조의2에서 정한 자진신고자나 조사협조자에 대하여 과징금 부과처분(이하 '선행처분'이라고 한다)을 한 뒤, 공정거래법 시행령 제35조 제3항에 따라 그 자진신고자 등에 대한 사건을 분리하여 자진신고 등을 이유로 다시 과징금 감면처분(이하 '후행처분'이라고 한다)을 하였다면, 그 후행처분은 자진신고 감면까지 포함하여 자진신고자가 실제로 납부하여야 할 최종적인 과징금액을 결정한 종국적 처분이고, 선행처분은 이러한 종국적 처분을 예정한 일종의 잠정적 처분으로서 후행처분에 흡수되어 소멸한다." (대법원 2015. 2. 12. 선고 2013두6169 판결)

Ⅲ. 공급거부

1. 의의

행정법상의 의무를 위반하거나 불이행한 자에 대하여 일정한 서비스나 재화의 공급을 거부하거나 그의 설치 또는 공급중지를 요청하는 행정조치이다.

2. 법적 근거

국민의 권익에 중대한 영향을 미치는 것이므로 법적 근거를 요한다. 구「건축법」제69조 제2항은 같은 법 또는 같은 법에 의하여 발하는 명령이나 처분에 위반하여 건축물의 건축 또는 대수선을 하였을 때에는 당해 건축물에 대하여 전기·

전화·수도·도시가스 공급 시설의 설치 또는 공급중지를 요청할 수 있다고 규정하고 있었으나 2005년 폐지되었다.

3. 공급거부의 한계

행정법상의 의무위반자에 대해 그 공급을 거부하는 것이 어느 범위까지 허용되는지가 문제된다. 의무위반 또는 불이행과 공급거부 사이에 실질적인 관련이 있는 경우에만 허용되며 이때에도 과잉금지의 원칙(광의의 비례원칙)이 적용된다고 할 것이다.

이러한 공급거부의 처분성에 대해 근래 학설과 판례는 공급거부의 처분성을 대체로 부인하고 있다. 특히 공기업의 민영화와 공적서비스의 아웃소싱이 증가하면서 사실상 공급거부 될 수 있는 대상 자체가 희소해진 만큼, 오늘날 공급거부는 그 비중이 급격히 약화되고 있다.

[판례]

"「건축법」 제69조 제2항, 제3항의 규정에 비추어 보면, 행정청이 위법 건축물에 대한 시정명령을 하고 나서 위반자가 이를 이행하지 아니하여 전기·전화의 공급자에게 그 위법 건축물에 대한 전기·전화공급을 하지 말아 줄 것을 요청한 행위는 권고적 성격의 행위에 불과한 것으로서 전기·전화공급자나 특정인의 법률상 지위에 직접적인 변동을 가져오는 것은 아니므로 이를 항고소송의 대상이 되는 행정처분이라고 볼 수 없다." (대법원 1996. 3. 22. 선고 96누433판결).

Ⅳ. 인·허가의 제한

넓은 의미에서 행정법상의 의무 위반에 대하여 그에 대한 제재로서 그 의무자에게 주어진 행정허가 등 수익적 행정행위를 취소·철회·정지함으로서 불이익을 주는 것과 의무이행을 간접적으로 강제하기 위하여 법령상의 의무 위반과 직접 관련이 없는 인·허가를 제한하는 것을 포함한다.

좁은 의미의 인·허가 제한은 후자만을 의미한다. 전자의 제재적 행정처분은 각종 행정법규상의 의무 위반에 대하여 가하는 것으로 과거의 의무 위반에 대한 제재라는 점에서 그 성격상 행정벌에 가까운 것으로 예를 들어「사격 및 사격장 안전관리에 관한 법률」제18조, 구「전당포영업법」제27조 제1항 등이 있다. 후자의 좁은 의미의 인허가의 제한은「건축법」제69조 제2항에서「건축법」상의 의무 위반에 대해 건축물을 사용하여 행할 다른 법률상의 영업 등의 허가를 하지 아니하도록 함으로써「건축법」상의 의무이행을 확보하는 수단이다.

「국세징수법」제7조에 의하면 세무서장은 납세자가 대통령령이 정하는 사유 없이 국세를 체납한 때에는 허가·인가·면허 및 등록과 그 갱신을 요하는 사업의 주무관서에 당해 납세자에 대하여 그 허가 등을 하지 아니할 것을 요구할 수 있으며(같은 법 같은 조 제1항), 제1항의 허가 등을 받아 사업을 경영하는 자가 국세를 3회 이상 체납한 때에는 대통령령이 정하는 경우를 제외하고 그 주무관서에 사업의 정지 또는 허가의 취소를 요구할 수 있는 바(같은 법 같은 조 제2항), 이러한 요구가 있을 때에는 당해 주무관서는 정당한 사유가 없는 한 이에 응하여야 한다고 규정(같은 법 같은 조 제4항)하고 있다.

V. 공표

1. 의의

행정법상의 의무위반 또는 의무불이행이 있는 경우에 그의 성명·위반 사실 등을 일반에게 공개하여 명예 또는 신용의 침해를 위협함으로써 행정법상의 의무이행을 간접적으로 강제하는 수단이다. 고액조세체납자나 환경오염 물질 배출 업소의 명단공개, 아동·청소년 성매수자의 신상공개 등을 예로 들 수 있다.

2. 법적 성질 및 기능

공표는 일정한 사실을 국민에게 알리는 사실행위이고, 그 자체로서는 아무런 법적 효과가 발생하지 않는다. 오늘날의 정보화사회, 신용사회에 있어서는 의무

위반자의 명단공개는 그들의 명예뿐만 아니라 신용을 추락시키고 그에 의해 유형, 무형의 불이익을 가져다줌으로써 상당히 실효성 있는 의무이행확보수단으로 기능할 수 있을 것이다.

3. 법적 근거

공표는 현실적으로 행정상 제재 내지 의무이행확보수단으로서의 중요한 기능을 수행하여 상대방의 인격권·프라이버시권 등의 기본권을 침해할 우려가 있다는 점에서 원칙적으로 법적 근거를 요한다고 할 것이다.

4. 공표와 프라이버시권

공표의 필요성과 상대방의 프라이버시권 간의 이익형량이 있어야 한다. 일반적으로 행정법상의 의무위반자의 성명이나 위반사실을 공표하는 것은 상대방의 프라이버시보다 국민의 알 권리가 앞서므로 허용된다. 의무위반과 관계없는 사항을 공표하는 것은 프라이버시권을 침해하게 될 가능성이 크다.

[판례]

"신상공개제도는 범죄자 본인을 처벌하려는 것이 아니라, 현존하는 성폭력위험으로부터 사회 공동체를 지키려는 인식을 제고함과 동시에 일반인들이 청소년 성매수 등 범죄의 충동으로부터 자신을 제어하도록 하기 위하여 도입된 것으로서, 이를 통하여 달성하고자 하는 '청소년의 성보호'라는 목적은 우리 사회에 있어서 가장 중요한 공익의 하나라고 할 것이다. 이에 비하여 청소년 성매수자의 일반적 인격권과 사생활의 비밀의 자유가 제한되는 정도를 살펴보면, 법 제20조 제2항은 "성명, 연령, 직업 등의 신상과 범죄사실의 요지"를 공개하도록 규정하고 있는바, 이는 이미 공개된 형사재판에서 유죄가 확정된 형사판결이라는 공적 기록의 내용 중 일부를 국가가 공익 목적으로 공개하는 것으로 공개된 형사재판에서 밝혀진 범죄인들의 신상과 전과를 일반인이 알게 된다고 하여 그들의 인격권 내지 사생활의 비밀을 침해하는 것이라고 단정하기는 어렵다. 또한, 신상과 범죄사실이 공개되는 범죄인들은 이미 국가의 형벌권 행사로 인하여 해당 기본권의 제한 여지를 일반인보다는 더 넓게 받고 있다. 청소년 성매수 범죄자들이 자신의

> 신상과 범죄사실이 공개됨으로써 수치심을 느끼고 명예가 훼손된다고 하더라도 그 보장 정도에 있어서 일반인과는 차이를 둘 수밖에 없어, 그들의 인격권과 사생활의 비밀의 자유도 그것이 본질적인 부분이 아닌 한 넓게 제한될 여지가 있다.
> 그렇다면 청소년 성매수자의 일반적 인격권과 사생활의 비밀의 자유가 제한되는 정도가 청소년 성보호라는 공익적 요청에 비해 크다고 할 수 없으므로 결국 법 제20조 제2항 제1호의 신상공개는 해당 범죄인들의 일반적 인격권, 사생활의 비밀의 자유를 과잉금지의 원칙에 위배하여 침해한 것이라 할 수 없다." (헌법재판소 2003. 6. 26. 2002헌가14결정)

5. 공표와 권리구제

위법한 공표로 인하여 명예를 훼손당하거나 경제적 손해를 받은 자에 대한 권리구제 수단이 필요하다. 위법한 공표로 인하여 손해를 받은 자는 국가배상을 청구할 수 있다. 위법한 공표에 대하여는 결과제거청구권의 법리에 의하여 그의 제거를 공법상 당사자소송으로 제기한다. 공표에 대한 취소소송은 공표행위가 공권력의 행사에 해당하느냐에 따라 판단한다. 이에 대해 처분성을 인정하자는 견해와 공표는 그 자체로서 아무런 법적 효과를 발생하지 않는 것이므로 그 처분성을 인정하기 어렵다는 견해가 대립한다.

제 7 편
행정상 손해보전

제1장 행정상 손해배상

제2장 행정상 손실보상

제7편 행정상 손해보전

제1장 행정상 손해배상

제1절 | 개 설

Ⅰ. 손해배상의 의의 및 손실보상과의 관계

1. 행정상 손해배상의 의의

행정상 손해배상은 국가 등 행정주체의 활동으로 인하여 사인이 손해를 입은 경우에 행정주체가 그 손해를 전보(배상)해 주는 제도이다. 우리「헌법」제29조와「국가배상법」에서는 공법상 손해배상제도로서 불법행위로 인한 국가배상책임을 규정하고 있다.

2. 행정상 손실보상과의 관계

위법한 행정작용에 의하여 사인의 이익이 침해된 경우에 있어서의 구제수단은 손해배상이지만, 적법한 행정작용에 의하여 사인의 이익이 침해된 경우에 있어서의 구제수단은 손실보상이라고 할 수 있다. 이에 국가배상은 개인주의적인 사상을 기저에 두고 있고, 개인적·도덕적인 책임을 기초 원리로 하며, 민사책임으로 발달한 사법상의 불법행위제도와 공통적인 기반을 가지고 있다. 하지만 손실보상의 경우 그 배상의 주체가 국가(공공단체를 포함)라는 점이 다르다. 손실보상은 자연법 사상에 기초를 둔 사유재산의 절대성을 전제로 하며, 재산권은 천부의 기득권인 까닭에 이것을 박탈하기 위해서는 평등의 견지에서 국가전체의 공동의 부담 하에 완전한 보상을 하여야 한다. 또한 단체주의사상을 기저에 두고 있으며, 사회적 공평부담주의의 실현을 기초이념으로 하고 있다.

오늘날 행정상 손해배상과 손실보상은 수용유사침해나 수용적 침해의 등장, 국가의 위험책임과 무과실책임화 등에 의하여 그 구별이 상대화되는 경향이 있다.

Ⅱ. 우리나라의 행정상 손해배상제도

1. 국가배상청구권의 헌법적 보장

(1) 근거규정

「헌법」제29조는 "① 공무원의 직무상 불법행위로 손해를 받은 국민은 법률이 정하는 바에 의하여 국가 또는 공공단체에 정당한 배상을 청구할 수 있다. 이 경우 공무원의 자신의 책임은 면제되지 아니한다. ② 군인·군무원·경찰공무원 기타 법률이 정하는 자가 전투·훈련 등 직무집행과 관련하여 받은 손해에 대하여는 법률이 정하는 보상 외에 국가 또는 공공단체에 공무원의 직무상 불법행위로 인한 배상은 청구할 수 없다."고 규정하고 있다. 「헌법」제29조의 규정을 국가배상제도의 직접효력규정으로 보는 데에는 이론이 없다.

(2) 관련문제

군인·경찰공무원 등의 국가에 대한 배상청구권을 제한한 「헌법」제29조 제2항의 규정은 같은 내용으로서의 「국가배상법」제2조 단서의 위헌론을 봉쇄하기 위한 「헌법」차원의 입법적 조치라는 비판이 제기되고 있다. 결국 이 조항으로 인해 「국가배상법」제2조 단서는 형식적으로는 합헌적인 것이 되었으나, 기본권 내재적 가치체계에 비추어 위헌이라는 주장이 제기되고 있다.

2. 「국가배상법」

(1) 연혁과 위헌논란

「국가배상법」은 1951년 9월 8일 제정되었다. 이후 「국가배상법」은 1967년 3월

3일 전문 개정되어, 군인, 경찰공무원 등에 대한 특례규정이 신설되었다. 이에 따라 군인, 경찰공무원 등이 다른 법령에 의하여 보상을 지급받을 수 있을 때에는 「국가배상법」 및 「민법」의 규정에 의한 손해배상을 청구할 수 없도록(같은 법 제2조 제1항 단서) 하였다. 이후 법률의 개정(1981.12.17)을 통해 군무원과 향토예비군대원도 국가배상에서 제외되는 범위에 포함되었다. 이러한 「국가배상법」상의 군인 등에 대한 배상제한규정에 대해서는 제정 이후 줄곧 위헌론이 제기되어 왔으며, 1971년 대법원은 이 조항을 위헌으로 판결하였다.

> **[대법원 1971. 6. 22 선고 70다1010 전원합의체 판결]**
>
> ▶ **다수의견(9인의 대법원판사)**: "군인·군무원이 공무수행 중에 신체 또는 생명에 피해를 입은 경우에 군사원호보상법, 군인사망급여규정 등에 의하여 피해보상금, 유족연금 등을 지급받게 되어 있으므로 불법행위로 인한 손해배상을 받게 되면 이중이 된다는 반론이 있으나, 재해보상금 등은 사회보장적 목적이 있고, 손해배상제도는 불법행위로 인한 손해를 전보하는 데 그 목적이 있으므로 양자는 그 목적이 다르다."
> ▶ **소수의견(7인의 대법원판사)**: 군인의 복무관계의 특수성 등을 들어 위 단서 조항의 합헌성을 주장하였다.

대법원의 위헌론을 극복하기 위해 1972년 헌법개정(유신헌법)을 통해 군인 등에 대한 특례규정(제26조 제2항)이 「헌법」에 신설되었으며, 「국가배상법」 제2조 단서의 위헌시비는 그것으로써 일단락되었다. 그러나 「헌법」상의 단서규정인 제29조 제2항에 대한 실질적 위헌론이 대두되었다.

(2) 「국가배상법」의 내용

「헌법」에는 공무원의 불법행위로 인한 배상책임만 규정하고 있고, 「국가배상법」에서는 공무원의 직무책임(같은 법 제2조 등) 외에 영조물의 설치·관리의 하자책임(같은 법 제5조 등)에 관해서도 아울러 규정하고 있다. 그 밖에 「국가배상법」은 배상기준 및 배상절차 등 세부적인 사항에 관해서도 규정을 두고 있다(같은 법 제3조 이하). 또한 「국가배상법」은 외국인에 대한 책임을 상호주의에 입각하여 규정하였기 때문에 외국인이 피해자인 경우에는 상호의 보증이 있는 때에 한하여 같은 법이 적용된다(같은 법 제7조).

[판례]

> "사실 조회의 기재에 의하면 중화민국 민법 제2편에, 외국인도 중화민국을 상대로 피고인의 직무집행 당시의 불법행위로 인한 재산상 및 정신상 손해를 배상하도록 규정되어 있음을 인정할 수 있으므로, 원심이 위 사실 조회회보와 소론 우리나라와 중화민국간의 우호조약의 내용을 종합하여 중화민국과 우리나라 사이에 「국가배상법」 제7조 이른바 외국인이 피해자인 경우에 상호의 보증이 있다고 인정하였음은 정당하다." (대법원 1968. 12. 3. 선고 68다1929판결)

(3) 「국가배상법」의 적용범위

「국가배상법」은 같은 법의 적용범위(타법과의 관계)에 관하여, "국가나 지방자치단체의 손해배상의 책임에 관하여는 이 법에 규정된 사항 외에는 「민법」에 따른다. 다만 「민법」 외의 법률에 다른 규정이 있을 때에는 그 규정에 따른다(같은 법 제8조)."고 규정하고 있다. 따라서 「국가배상법」은 ① 국가배상에 관하여 특별법이 있는 경우에는 특별법(내지 규정)이 우선적으로 적용되고, ② 국가배상에 관하여 「국가배상법」 및 특별법에 규정되어 있는 사항 이외에는 「민법」을 준용한다.

(4) 「국가배상법」의 성격

「국가배상법」의 성격에 대해서는 이를 사법으로 보는 사법설과 공법에 속하는 것으로 보는 공법설이 대립하고 있다. 모든 소송법을 공법으로 이해하는 공법과 사법의 형식적 구분론에 의하면 이러한 논의는 불필요한 것이 될 수도 있다. 그러나 여기에서의 견해의 대립은 국가배상의 민사배상으로부터 독립성 내지 독자성에 관한 논의로 이해되어야 할 것이다.

1) 사법설

사법설에서 국가배상책임은 「민법」상 불법행위책임과 같은 성격을 가지므로 「국가배상법」을 손해배상에 관한 「민법」의 특별법으로 보고 있는 바, 이 견해의 내용은 다음과 같이 요약될 수 있다.

① 우리 「헌법」은 국가에 공권력의 주체로서 종래 누리던 주권면책특권을 방기하고 국가를 사인과 동일한 지위에 두어 그 배상책임을 인정하고 있으므로, 국가배상책임은 불법행위책임의 한 유형에 불과한 것이다.
② 「행정소송법」 제10조 제1항은 "당해 처분등과 관련되는 손해배상…등 청구소송"을 행정소송에 병합할 수 있도록 규정하고 있다. 이것은 위법한 행정작용으로 인한 손해배상의 청구는 원칙적으로 민사소송절차에 의하는 것임을 전제로 하여, 그와 같은 민사상의 청구를 이질적인 행정소송에 병합할 수 있도록 한 것이다.
③ 「국가배상법」 제8조가 "…이 법에 규정된 사항 외에는 「민법」에 따른다."고 규정한 것은 같은 법의 민법에 대한 특별법적 성격을 나타낸 것이다.

[판례]

> ① "공무원의 직무상 불법행위로 손해를 받은 국민이 국가 또는 공공단체에 배상을 청구하는 경우 국가 또는 공공단체에 대하여 그의 불법행위를 이유로 손해배상을 구함은 「국가배상법」이 정한 바에 따른다 하여도 이 역시 민사상의 손해배상책임을 특별법인 「국가배상법」이 정한 데 불과하다." (대법원 1972. 10. 10. 선고 69다701판결)
> ② "원고 산하 서대문구청이 관내청소를 목적으로 운전직원을 두고 본건 차량을 운행한 것은 공권력의 행사로 보아야 할 것이고, 따라서 그 운전직원이 그 운전업무집행 중 타인에게 위법한 손해를 끼친 경우에는 별다른 사정이 없는 한, 「민법」의 특별법인 「국가배상법」을 적용하여야 할 것이므로, 원심이 본건에 있어 「민법」 제756조 제3항을 적용하지 않고, 「국가배상법」 제2조로 다스린 조처는 정당하다." (대법원 1971. 4. 6. 선고 70다2955판결)

2) 공법설

공법설에서는 국가배상이 민법상의 불법행위에 대한 배상과는 차별화된 공법 고유의 공적 국가책임제도이므로, 이를 규정한 「국가배상법」은 사법법의 특별법이 아닌 고유한 공법의 영역에 속하는 것으로 이해하고 있다. 공법설은 다음과 같은 점을 강조하고 있다.

① 우리나라 실정법상 공법과 사법의 이원적 체계를 인정하고 있기 때문에 공법적 원인에 의하여 발생한 손해에 대한 국가책임에는 「민법」이 그대로 적용될 수 없다. 그러므로 공법상 책임에 관한 법인 「국가배상법」은 공법으로 보아야 한다.
② 「국가배상법」 제9조가 배상청구소송의 제기에 앞서 배상심의회의 결정절차를 거치도록 규정하고 있는 만큼 사전심의제를 두고 있지 않은 사법상의 불법행위에 대한 배상책임과는 그 실질을 달리하는 것으로서 「국가배상법」은 공법에 속한다.

3) 소결

「국가배상법」의 법적 성질은 그 규율대상이 되는 국가배상소송의 특성 및 사법상의 손해배상과의 차별성 내지 유사성에 의해 판단되어야 한다.

① 국가배상제도는 전통적으로 유지되어온 국가의 주권면책특권을 제한하여 국가의 위법성과 유책성을 인정하는 것으로서 공법질서의 새로운 재편 내지 공행정주체의 독립법인설에 기초하여 그 배상책임을 인정한 것으로 공법 고유의 책임법에 속한다.
② 「국가배상법」이 공법인지 사법인지는 공법과 사법의 구별에 관한 일반적 기준에 비추어 판단되는 바, 국가배상은 공법관계 중 관리관계로 분류되는 범주의 주요부분을 차지하고 있으며 소위 국고관계(사경제작용)와 구분된다는 점에서 민사상의 배상법제와는 구분된다.
③ 「행정소송법」 제10조 제1항은 취소소송에 있어 국가배상소송을 관련청구소

송으로서 병합제기 할 수 있도록 규정하고 있는 바, 국가배상소송은 항고소송인 취소소송과 같은 행정소송으로서의 특성을 공유하는 것으로 이해되어야 한다.
④ 국가배상에 관한 소송은 민사소송이 아닌 행정소송으로서의 당사자소송에 해당하는 만큼「국가배상법」은 행정소송에 관한 법으로서 공법에 속한다.

제2절 | 공무원의 직무상 불법행위로 인한 배상책임

Ⅰ. 배상책임의 요건

「국가배상법」 제2조에서는 "국가나 지방자치단체는 공무원 또는 공무를 위탁받은 사인이 직무를 집행하면서 고의 또는 과실로 법령을 위반하여 타인에게 손해를 입히거나, …때에는 이 법에 따라 그 손해를 배상하여야 한다."고 규정하고 있다.

1. 공무원의 행위

국가 등의 배상책임이 성립하기 위해서는 '공무원'이 손해를 가했어야 한다. 여기에서의 공무원은「국가공무원법」및「지방공무원법」상의 공무원뿐만 아니라, 공무수탁사인 등 널리 공무를 위탁받아 실질적으로 그에 종사하는 모든 자를 포함한다.

종전에는 공무를 위탁받은 사인의 위법행위로 인한 손해에 대해 해석상 국가나 지방자치단체의 배상책임을 인정하였으나,「국가배상법」제2조 제1항의 '공무원'을 '공무원 또는 공무를 위탁받은 사인'으로 개정(2009.10.21)함으로써 공무를 위탁받은 사인의 위법행위로 인한 손해도 이 법에 따라 국가나 지방자치단체가 배상하여야 한다는 것을 명시적으로 규정하였다.

[판례]

"「국가배상법」제2조 소정의 '공무원'이라 함은 「국가공무원법」이나 「지방공무원법」에 의하여 공무원으로서의 신분을 가진 자에 국한하지 않고, 널리 공무를 위탁받아 실질적으로 공무에 종사하고 있는 일체의 자를 가리키는 바, 서울특별시 종로구 통·반 설치조례에 의하면 통장은 동장의 추천에 의하여 구청장이 위촉하고 동장의 감독을 받아 주민의 거주·이동상황파악 등의 임무를 수행하도록 규정되어 있고, 「주민등록법」제14조와 같은 법 시행령 제7조의2 등에 의하면 주민등록 전입신고를 하여야 할 신고의무자가 전입신고를 할 경우에는 신고서에 관할이장(시에 있어서는 통장)의 확인인을 받아 제출하도록 규정되어 있는 점 등에 비추어보면 통장이 전입신고서에 확인인을 찍는 행위는 공무를 위탁받아 실질적으로 공무를 수행하는 것이라고 보아야 하므로, 통장은 그 업무범위 내에서는 「국가배상법」제2조 소정의 공무원에 해당한다." (대법원 1991. 7. 9. 선고 91다5570판결, 동지판결 : 대법원 2001. 1. 5. 선고 98다39060판결).

한편 판례는 공무를 위탁받은 공법인은 행정주체이며 국가배상법 제2조의 공무원은 아니라고 보고 공법인에게 경과실이 있는 경우 그 공법인은 피해자에게 민법상의 손해배상책임을 진다고 판시하였다.

[판례]

"한국토지공사는 구 한국토지공사법 제2조, 제4조에 의하여 정부가 자본금의 전액을 출자하여 설립한 법인이고, 같은 법 제9조 제4호에 규정된 한국토지공사의 사업에 관하여는 공익사업을 위한 토지 등의 취득 및 보상에 관한 법률 제89조 제1항, 위 한국토지공사법 제22조 제6호 및 같은 법 시행령 제40조의3 제1항의 규정에 의하여 본래 시·도지사나 시장·군수 또는 구청장의 업무에 속하는 대집행권한을 한국토지공사에게 위탁하도록 되어 있는바, 한국토지공사는 이러한 법령의 위탁에 의하여 대집행을 수권받은 자로서 공무인 대집행을 실시함에 따르는 권리·의무 및 책임이 귀속되는 행정주체의 지위에 있다고 볼 것이지 지방자치단체 등의 기관으로서 국가배상법 제2조 소정의 공무원에 해당한다고 볼 것은 아니다....한국토지공사에 대해서도 국가배상법 제2조 소정의 공무원에 포함됨을 전제로 이 사건 대집행에 따른 손해배상책임이 고의 또는 중과실로 인한 경우로 제한된다고 한 원심의 판단에는 손해배상책임의 요건에 관한 법리를 오해한 잘못이 있다." (대법원 2010. 1. 28. 선고 2007다82950,82967 판결).

판례는 소집 중인 향토예비군, 미군부대의 카투사, 시 청소차 운전원, 집행관, 통장, 헌법재판소 재판관(대법원 2003.7.11. 선고 99다24218판결) 등을 공무원에 포함하고 있으나 의용소방대원은 공무원에서 제외시킨 바 있다.

[판례]

① "의용소방대는 국가기관이라 할 수 없음은 물론이고 군(郡)에 예속된 기관이라고 할 수도 없으니 의용소방대원이 소방호수를 교환받기 위하여 소방대장의 승인을 받고 위 의용소방대가 보관 사용하는 차량을 운전하고 가다가 운전사고가 발생하였다면 이를 군의 사무집행에 즈음한 행위라고 볼 수 없다." (대법원 1975. 11. 25. 선고 73다1896판결)

② "「한미상호방위조약과 한미행정협정」에 따른 미군의 구성원·고용원 또는 카투사의 구성원이 그 직무를 행함에 있어 대한민국 안에서 타인의 손해가 발생하거나 점유·소유, 관리하는 토지의 공작물과 기타 시설 또는 물건의 설치·관리의 하자로 인하여 손해가 발생한 때에는 국가배상책임법에 따라 대한민국이 손해배상책임을 진다." (대법원 1997. 12. 12. 선고 95다29895판결.)

2. 직무집행

(1) 직무행위의 범위

1) 협의설

「국가배상법」제2조 제1항의 '직무'는 권력작용만을 의미한다고 보는 견해이다. 이에 국가배상책임의 연혁적 전개과정에 초점을 맞추자면, 종래 권력적 작용에 대해서는 국가책임이 부인되었기 때문에 「국가배상법」제2조에서는 특별히 권력작용으로 인한 손해에 대한 국가배상책임을 명시한 것이다.

2) 광의설

권력적 작용 이외에 비권력적 공행정작용, 즉 관리작용도 포함된다는 학설이다. 다만, 영조물의 설치·관리작용은 「국가배상법」제5조에 별도로 규정되어 있으므로 제외된다. 이 견해에 따르면 「국가배상법」이 국가의 배상책임에 관하여 민법과는 별도로 규정되어 있고, 사인간의 행위와 다른 공행정작용이면 권력작용이든 관리작용이든 모두 같은 조의 직무에 포함되며, 국가가 사인과 동일한 입장에서 행하는 사경제작용은 동일한 관계에는 동일한 법이 적용되어야 한다는 원리에 따라 「민법」의 적용대상이 되어야 한다.

3) 최광의설

공법적 작용뿐만 아니라 사경제작용까지 포함된다고 보는 견해이다. 「헌법」 제29조에서는 행정작용의 성질을 불문하고 국가의 배상책임을 인정하고 있다. 그러므로 사경제작용을 직무행위에서 제외하여 「민법」의 적용대상으로 한다면 국가는 공무원의 선임·감독상의 주의의무의 이행을 입증하여 면책되게 되는데, 이는 국가의 제1차적 배상책임주의 및 대위책임인 국가배상책임의 성질에 어긋난다.

4) 소결

사경제적 행정작용으로 인한 손해에 대해서는 종래부터 민사상의 책임이 인정되었기 때문에, 「헌법」 제29조 및 「국가배상법」은 공행정작용으로 인한 손해에 대한 국가책임을 인정하기 위해 특별히 제정된 것이다. 이에 같은 법률관계는 같은 법에 의하여 규율되어야 하므로 사법에 의하여 규율되는 사경제적 행정작용의 경우 그로 인한 손해도 사법인 「민법」 규정에 의하여 규율되어야 한다.

5) 판례

판례는 최광의설에 입각한 것도 있으나, 근래에는 광의설 입장을 취하고 있는 것으로 보인다.

[판례]

① "국가배상법이 정한 손해배상청구의 요건인 '공무원의 직무'에는 국가나 지방자치단체의 권력적 작용뿐만 아니라 비권력적 작용도 포함되지만 단순한 사경제의 주체로서 하는 작용은 포함되지 않는다." (대법원 2004. 4. 9. 선고 2002다10691 판결).

> ② "도로가설 등 공사로 인한 무허가건물의 강제철거와 관련하여 이루어지는 시나 군 등 지방자치단체의 철거건물소유자에 대한 시영아파트분양권부여와 세입자에 대한 지원대책 등의 업무는 지방자치단체의 공권력행사 기타 공행정작용과 관련된 활동으로 볼 것이지 사경제주체로서 하는 활동이라고는 볼 수 없다." (대법원 1994. 9. 30. 선고 94다11767판결).

(2) 직무행위의 내용

직무행위에는 국가의 입법·행정·사법의 모든 작용이 포함된다. 행정작용에는 법률행위적 행정행위, 준법률행위적 행정행위와 같은 법적 행위는 물론 사실행위, 부작위(거부행위를 포함) 등도 포함된다.

1) 입법작용으로 인한 손해

입법작용으로 인한 손해는 법률제정의 위법성을 이유로 국가에 대하여 배상책임을 지우는 것, 즉 입법부(국회)의 구성원인 국회의원의 법령위반, 고의·과실, 법규의 일반·추상성 등의 요건 충족에 대한 장애와 위헌으로 판정된 법률에 의하여 개인의 권익이 침해된 경우로 나누어 살펴볼 수 있다.

법률에 의거한 구체적 처분에 의하여 개인의 권익이 침해된 경우에는 당해 처분을 중심으로 손해배상요건의 충족여부를 판단하고, 처분의 근거법이 위헌·무효의 판정을 받았다면 당해 처분은 법률상의 근거가 없는 것이기 때문에 그 위법성을 인정하는 데에는 어려움이 없다. 그러나 공무원에게는 법률의 위헌 여부를 심사할 권한이 없으므로 그러한 법률을 적용한 데에 공무원의 과실은 없다고 보아야 한다. 또한 법률에 의하여 직접적으로 개인의 권익이 침해된 경우에 당해 처분법규는 위헌이므로 위법성은 쉽게 인정될 수 있으나 처분법규의 입법과정상에 과실을 인정하는 데는 어려움이 있다.

[판례]

"우리 「헌법」이 채택하고 있는 의회민주주의 하에서 국회는 다원적 의견이나 각가지 이익을 반영시킨 토론과정을 거쳐 다수결의 원리에 따라 통일적인 국가의사를 형성하는 역할을 담당하는 국가기관으로서 그 과정에 참여한 국회의원은 입법에 관하여 원칙적으로 국민 전체에 대한 관계에서 정치적 책임을 질 뿐 국민 개개인의 권리에 대응하여 법적 의무를 지는 것은 아니므로, 국회의원의 입법행위는 그 입법 내용이 「헌법」의 문언에 명백히 위배됨에도 불구하고 국회가 굳이 당해 입법을 한 것과 같은 특수한 경우가 아닌 한 「국가배상법」 제2조 제1항 소정의 위법행위에 해당한다고 볼 수 없고, 같은 맥락에서 국가가 일정한 사항에 관하여 「헌법」에 의하여 부과되는 구체적인 입법의무를 부담하고 있음에도 불구하고 그 입법에 필요한 상당한 기간이 경과하도록 고의 또는 과실로 이러한 입법의무를 이행하지 아니하는 등 극히 예외적인 사정이 인정되는 사안에 한정하여 「국가배상법」 소정의 배상책임이 인정될 수 있으며, 위와 같은 구체적인 입법의무 자체가 인정되지 않는 경우에는 애당초 부작위로 인한 불법행위가 성립할 여지가 없다." (대법원 2008. 5. 29. 선고 2004다33469판결)

2) 사법작용으로 인한 손해

법관이 판결을 함에 있어서 고의 또는 과실로 법령에 위반하여 타인에게 손해를 가했다면 국가의 배상책임이 인정된다. 그러나 판결의 위법을 이유로 배상책임을 인정하는 데에는 어려움이 많다. 재판에 패소한 자가 그 재판(판결)의 위법을 이유로 손해배상청구소송을 제기하여 승소한다면 이는 선행판결의 무위를 가져오게 되며, 결과적으로 판결의 확정력은 의미를 상실하게 된다. 그러나 위법한 판결로 인해 타인이 손해를 받는 경우를 완전히 배제할 수는 없다.

[판례]

① "국가배상책임이 인정되려면 당해 법관이 위법 또는 부당한 목적을 가지고 재판을 하였다거나, 법이 법관의 직무수행상 준수할 것을 요구하고 있는 기준을 현저하게 위반하는 등 법관이 그에게 부여된 권한의 취지에 명백히 어긋나게 이를 행사하였다고 인정할 만한 특별한 사정이 있어야 한다고 해석함이 상당하다."

② "재판에 대해 따로 불복절차나 시정절차가 마련되어 있는 경우에는 특별한 사정이 없는 한 국가배상이 불가능하다고 볼 수 있지만, 불복절차나 시정절차 자체가 없는 경우에는 부당한 재판으로 인하여 불이익 내지 손해를 입은 사람은 국가배상이외의 방법으로는 자신의 권리 내지 이익을 회복할 방법이 없으므로, 이와 같은 경우에는 국가배상책임의 요건이 충족된다면 국가배상책임이 인정된다." (대법원 2003. 7. 11. 선고 99다24218판결).

3) 공무원의 부작위

종래에는 행정권의 발동여부는 행정기관의 재량에 맡겨져 있다는 행정편의주의적 이론에 따라, 공무원의 부작위로 인하여 국민이 불이익을 입은 경우에도 이를 단순한 반사적 이익의 침해로 보았다. 그러나 종래의 행정편의주의 및 반사적 이익론의 수정에 의해 공무원의 위법한 부작위에 대한 국가의 배상책임의 길이 넓어져 가고 있다. 특히 근래에는 '재량권의 영으로의 수축'이론으로 말미암아 공무원의 부작위의 위법성을 논하기가 용이하게 되었다.

[판례]

① "「선박안전법」이나 「유선 및 도선업법」의 각 규정은 공공의 안전 외에 일반인의 인명과 화재의 안정 보장도 그 목적으로 하는 것이라고 할 것이므로, 피고 대한민국의 선박검사관이나 피고 충무시 소속공무원들이 직무상 의무를 위반하여 시설이 불량한 이 사건 극동호에 대하여 선박검사증서를 발급하고 해당 법규에 규정된 조치를 취함이 없이 계속 운항하게 함으로써 이 사건화재사고가 발생한 것이라고 볼 수 있는 것이라면……피고들은 그로 인한 손해배상책임을 부담하여야 한다."

② "이 사건 사고당시 배치된 경찰관 등으로서는 사고 감방 내의 상황을 잘 살펴 수감자들 사이에서 폭력행위 등이 일어나지 않도록 예방하고 나아가 폭력행위 등이 일어난 경우에는 이를 제지하여야 할 의무가 있음에도 불구하고 이러한 주의의무를 게을리 한 사실을 인정하여 피고(대한민국)에게 배상책임을 인정하였는 바, …… 원심의 판단은 정당하다." (대법원 1993. 9. 28. 선고 93다17546판결)

③ "공무원이 폭우로 인하여 차도 또는 하수도가 침수되어 인근건물 내의 인명 또는 재산피해가 예상되는 경우 침수의 방지, 통제, 퇴거 등의 조치를 취하고, 재해비상발령이 내려진 상황에서 신속하게 서울시재해대책본부로부터 지시받은 조치를 시행하거나 방재책임자 등에게 이를 알리는 등 재해방지에 필요한 적절한 조치를 신속히 취하여야 할 의무를 위반함으로 인한 국가배상책임을 인정하였다." (대법원 2004. 6. 25. 선고 2003다69652판결)

④ "소방공무원의 행정권한 행사가 관계 법률의 규정 형식상 소방공무원의 재량에 맡겨져 있다고 하더라도 소방공무원에게 그러한 권한을 부여한 취지와 목적에 비추어 볼 때 구체적인 상황 아래에서 소방공무원이 그 권한을 행사하지 않은 것이 현저하게 합리성을 잃어 사회적 타당성이 없는 경우에는 소방공무원의 직무상 의무를 위반한 것으로서 위법하게 된다." (대법원 2008. 4. 10. 선고 2005다48994판결)

(3) 직무행위의 판단기준

「국가배상법」제2조 제1항의 '직무행위를 집행함에 당하여'에서 직무행위는 그 자체는 물론 객관적으로 직무의 범위에 속한다고 판단되는 행위 및 직무와 밀접히 관련된 행위까지를 포함한다. 직무행위인지의 여부는 당해 행위가 현실적으로 정당한 권한 내의 것인지 또는 행위자인 공무원이 주관적으로 직무집행의 의사를 갖고 있는지의 여부에 따라 판단해야 한다.

[판례]

① "국가 또는 지방자치단체가 소속공무원의 고의·과실에 의한 불법행위에 기하여 손해배상책임을 부담하기 위하여는 그 공무원의 불법행위가 직무를 집행함에 당하여 행하여진 것이어야 할 것이고 그 공무원의 행위가 본래의 직무와는 관련이 없는 행위로서 외형상으로도 직무범위 내에 속하는 행위라고 볼 수 없을 때에는 그 공무원의 행위에 의한 손해에 대하여「국가배상법」에 의한 지방자치단체 등의 책임을 인정할 수 없다." (대법원 1993. 1. 15 선고 92다8514판결).

② "「국가배상법」제2조 제1항의 '직무를 집행함에 당하여' 라 함은 직접 공무원의 집무집행 행위이거나 그와 밀접한 관계에 있는 행위를 포함하고, 이를 판단함에 있어서

> 는 행위 그 자체의 외관을 객관적으로 관찰하여 공무원의 직무행위로 보여질 때에는 비록 그것이 실질적으로 직무행위가 아니거나 또는 행위자로서는 주관적으로 공무집행의 의사가 없었다고 하더라도 그 행위는 공무원이 '직무를 집행함에 당하여' 한 것으로 보아야 한다." (대법원 2005. 1. 14. 선고 2004다26805 판결)
>
> ③ "공무원이 통상적으로 근무하는 근무지로 출근하기 위하여 자기 소유의 자동차를 운행하다가 자신의 과실로 교통사고를 일으킨 경우에는 특별한 사정이 없는 한 「국가배상법」 제2조 제1항 소정의 공무원이 '직무를 집행함에 당하여' 타인에게 불법행위를 한 것이라고 할 수 없으므로 그 공무원이 소속된 국가나 지방공공단체가 「국가배상법」상의 손해배상책임을 부담하지 않는다." (대법원 1996. 5. 31. 선고 94다15271판결)

(4) 사익보호성(반사적 이익론)

공무원의 행위 또는 직무상 의무를 규율하는 법령이 공익의 보호만을 목적으로 하는 경우에는 그 법령을 위반하여도 「국가배상법」상 위법하다고 보지 않고, 공무원의 행위 또는 직무상 의무를 규율하는 법령이 공익뿐만 아니라 국민 개개인의 이익을 보호하는 것을 목적으로 할 때에 한하여 「국가배상법」상의 위법성이 인정된다. 따라서 「국가배상법」상의 직무는 '사익보호를 위한 직무'이므로 '사회 일반의 공익을 위한 직무는 포함되지 않는다(대법원 2006. 4. 14. 선고 2003다41746판결).'

그러나 「국가배상법」상 공무원의 직무상 행위가 법령에 위반하면 모두 위법으로 보아야 한다. 다만 법령에 위반하는 행위로 순수하게 반사적 이익이 침해된 경우에도 위법성이 인정되지만, 손해가 발생한 것으로 볼 수 없어 국가배상책임이 인정되지 않는다.

3. 직무상 불법행위

국가 등의 배상책임이 성립하기 위해서는 공무원이 고의 또는 과실로 법령에 위반하여 손해를 가했어야 한다.

(1) 고의·과실

1) 고의·과실의 의의

「국가배상법」은 원칙적으로 과실책임주의에 입각하고 있다. 고의·과실은 일반적으로 공무원의 주관적 인식유무를 기준으로 판단한다. 그러나 주관설적 과실 개념에 의해 권리구제의 측면에서 객관화하려는 경향이 나타나고 있다.

[판례]

> "공무원의 직무집행상의 과실이라 함은 공무원이 그 직무를 수행함에 있어 당해직무를 담당하는 평균인이 보통(통상) 갖추어야 할 주의의무를 게을리 한 것을 말한다." (대법원 1987. 9. 22. 선고 87다1169판결).

2) 과실의 객관화

과실의 객관화는 ① 과실을 주관적인 심리상태로서보다는 객관적인 주의의무위반으로 파악하여 주의의무의 내용을 고도화하는 것으로, ② 가해공무원의 특정은 반드시 필요한 것이 아니다. 누구의 행위인지가 판명되지 않더라도 공무원의 행위에 의한 것인 이상 국가는 배상책임을 지게 된다. 가해공무원의 특정의 문제는 국가의 배상책임을 자기책임으로 보는지, 대위책임으로 보는지와 밀접한 관계가 있다.

[판례]

> "국·공립대학 교원에 대한 재임용거부처분이 재량권을 일탈·남용한 것으로 평가되어 그것이 불법행위가 됨을 이유로 국·공립대학 교원 임용권자에게 손해배상책임을 묻기 위해서는 당해 재임용거부가 국·공립대학 교원 임용권자의 고의 또는 과실로 인한 것이라는 점이 인정되어야 한다. 그리고 위와 같은 고의·과실이 인정되려면 국·공립대학 교원 임용권자가 객관적 주의의무를 결하여 그 재임용거부처분이 객관적 정당성을 상실하였다고 인정될 정도에 이르러야 한다." (대법원 2011. 1. 27. 선고 2009다30946판결)

3) 과실의 입증책임

고의·과실의 입증책임은 원고인 피해자에게 있다고 하는 것이 일반론이다. 그러나 과실의 객관화의 추세에 발맞추어 「민법」상의 일응추정의 법리를 원용함으로써 완화되는 경향에 있다.

(2) 법령의 위반

1) 의미·내용

여기에서의 '법령'이란 성문법과 불문법을 포함한 모든 법규를 의미하며, 법령위반이란 위법과 같은 의미이다. 따라서 공무원의 직무행위가 법령에 위반하였다면 위법이다. 법령의 명문에 규정이 없는 경우(경찰행정 분야)에서도 일정한 경우 공무원의 손해방지의무 위반으로 국가배상책임이 인정된다.

[판례]

"국가배상책임에 있어서 공무원의 가해행위는 '법령에 위반한' 것이어야 하고, 법령 위반이라 함은 엄격한 의미의 법령 위반뿐만 아니라 인권존중, 권력남용금지, 신의성실, 공서양속 등의 위반도 포함하여 널리 그 행위가 객관적인 정당성을 결여하고 있음을 의미한다고 할 것이다" (대법원 2009. 12. 24. 선고 2009다70180판결)

[판례]

"경찰서 및 교도소 소속 공무원들이 인신이 구금된 자의 생명·신체·건강의 위험을 방지할 주의의무를 위반하였다." (대법원 2005. 7. 22. 선고 2005다27010판결)

2) 재량위반

부당으로서의 재량위반은 포함되지 않으며, 위법으로서의 재량위반(재량의 유월·남용·흠결)만이 여기에 포함된다.

3) 행정규칙의 위반

행정규칙은 직접 대외적 효력을 가지는 법규범이 아니므로 행정규칙위반은 여기에서의 법령위반에 해당하지 않는다. 다만 행정규칙(특히 재량준칙)의 위반이 간접적으로 위법으로 되는 경우도 있는 점에 유의할 필요가 있다. 그러면 재량준칙을 제정한 공무원에게 과실이 인정되어 국가배상책임이 있게 된다.

4) 위법성의 입증책임

공무원의 직무행위의 위법성에 대한 입증책임도 원칙적으로 원고(피해자)측에 있다고 보아야 한다.

5) 선결문제로서의 행정행위의 위법성의 문제

법원이 국가배상사건을 심리함에 있어, 행정처분의 위법(법령 위반) 여부가 재판의 전제가 되는 경우에 그 배상사건의 수소법원이 행정행위의 위법 여부를 스스로 심판할 수 있는지가 문제될 수 있다. 국가배상사건에서의 위법성판단이 행정행위의 효력을 부인하는 것은 아니므로 행정행위의 위법여부를 심리할 수 있다는 견해와 당연무효인 행정행위를 제외하고 행정행위의 공정력에 의해 행정행위가 취소될 때까지 유효하므로 국가배상사건의 법원은 당해 행정행위의 위법성을 인정하여 배상책임을 인정할 수 없다는 견해가 있다.

4. 타인에 대한 손해의 발생

국가의 배상책임이 발생하기 위해서는 공무원의 직무상 불법행위로 인하여 '타인에게 손해가 발생' 하여야 한다.

(1) 타인

'타인'은 가해자인 공무원과 그의 위법한 직무행위에 가담한 자 이외의 모든 사람을 의미한다. 따라서 공무원이 다른 공무원의 가해행위로 인하여 손해가 발생한 경우에는 여기서의 타인에 해당한다.

(2) 손해

손해란 법익침해에 대한 불이익을 말한다. 그러므로 반사적 이익의 침해에 의한 불이익은 여기에 포함되지 않는다. 손해로는 재산적 손해, 적극적 손해, 소극적 손해(정당한 예기이익의 상실)를 들 수 있다.

(3) 직무상 불법행위와 인과관계

공무원의 가해행위와 손해의 발생 간에 상당인과관계가 있어야 한다. 상당인과관계란, 가해행위와 손해의 발생 간에 연속되는 인과관계 속에서 상당성 있는 인과관계만이 법적 인과관계에 해당하다는 것이다.

[판례]

① "공무원에게 부과된 직무상 의무의 내용이 단순히 공공 일반의 이익을 위한 것이거나 행정기관 내부의 질서를 규율하기 위한 것이 아니고 전적으로 또는 부수적으로 사회 구성원 개인의 안전과 이익을 보호하기 위하여 설정된 것이라면, 공무원이 그와 같은 직무상 의무를 위반함으로 인하여 피해자가 입은 손해에 대하여는 상당인과관계가 인정되는 범위 내에서 국가가 배상책임을 지는 것이고, 이때 상당인과관계의 유무를 판단함에 있어서는 일반적인 결과 발생의 개연성은 물론 직무상 의무를 부과하는 법령 기타 행동규범의 목적, 그 수행하는 직무의 목적 내지 기능으로부터 예견가능한 행위 후의 사정, 가해행위의 태양 및 피해의 정도 등을 종합적으로 고려하여야 한다." (대법원 2009. 7. 23. 선고 2006다87798판결)

② "공무원이 법령에서 부과된 직무상 의무를 위반한 것을 계기로 제3자가 손해를 입은 경우에 제3자에게 손해배상청구권이 발생하기 위하여는 공무원의 직무상 의무 위반행위와 제3자의 손해 사이에 상당인과관계가 있지 아니하면 아니되는 것이고, 상당인과관계의 유무를 판단함에 있어서는 일반적인 결과발생의 개연성은 물론 직무상 의무를 부과한 법령 기타 행동규범의 목적이나 가해행위의 태양 및 피해의 정도 등을 종합적으로 고려하여야 할 것인바, 공무원에게 직무상 의무를 부과한 법령의 보호목적이 사회 구성원 개인의 이익과 안전을 보호하기 위한 것이 아니고 단순히 공공일반의 이익이나 행정기관 내부의 질서를 규율하기 위한 것이라면, 가사 공무원이 그 직무상 의무를

> 위반한 것을 계기로 하여 제3자가 손해를 입었다 하더라도 공무원이 직무상 의무를 위반한 행위와 제3자가 입은 손해 사이에는 법리상 상당인과관계가 있다고 할 수 없다."
> (대법원 2001. 4. 13. 선고 2000다34891판결)

Ⅱ. 배상의 범위

1. 원칙

「헌법」 제29조 제1항에 의하면 국가 또는 공공단체는 '정당한 배상', 즉 가해행위와 상당인과관계에 있는 모든 손해를 배상해야 한다.

2. 생명·신체의 침해에 대한 특례

「국가배상법」 제3조와 제3조의2에 생명·신체에 대한 침해와 물건의 멸실·훼손으로 인한 손해에 대한 배상금액의 기준을 규정하고 있다. 특히 생명·신체에 대한 침해에 대해서는 배상액의 기준에 특례가 있다.

(1) 기준규정으로 보는 견해(기준액설)

「국가배상법」 제3조의 배상기준은 단순한 기준에 불과하고 구체적 사안에 따라서는 배상액을 증감하는 것도 가능하다고 보는 견해로 다수설 및 판례의 견해이다.

[판례]

> "「국가배상법」 제3조 제1항과 제3항의 손해배상기준은 배상심의회의 배상금지급기준을 정함에 있어서의 하나의 기준을 정한 것에 지나지 아니하는 것이고, 이로써 배상액의 상한을 제한한 것으로 볼 수는 없다 할 것이며, 따라서 법원이 「국가배상법」에 의한 손해배상액을 산정함에 있어서는 같은 법 제3조 소정의 기준에 구애되는 것은 아니다." (대법원 1970. 1. 29. 선고 69다1203판결).

(2) 제한규정으로 보는 견해(한정액설)

「국가배상법」제3조의 배상기준규정을 손해배상액의 상한을 규정한 제한규정으로 보는 견해이다.

3. 군인 등에 대한 국가배상청구권의 제한

군인·군무원·경찰공무원 또는 향토예비군대원이 전투·훈련 등 직무집행과 관련하거나, 국방 또는 치안유지의 목적상 사용하는 시설 및 자동차·선박·항공기 기타 운반구 안에서 전사·순직 또는 공상을 입은 경우에 본인 또는 그 유족이 다른 법령에 따라 재해보상금·유족연금·상이연금 등의 보상을 지급받을 수 있을 때에는 「국가배상법」 및 「민법」에 따른 손해배상을 청구할 수 없다(「헌법」제29조 제2항 및 「국가배상법」제2조 제1항 단서).

여기서 이중배상금지는 사회보장적 성격의 국가보상제도에 따른 보상만으로 족하고 별도로 그것과 경합되기 쉬운 국가배상청구권을 인정할 필요가 없다는 것이다. 그러나 사회보장적인 국가보상과 불법행위책임인 국가배상은 그 성질이 다르다. 따라서 군인 등과 같은 일정한 공무원에 대하여 국가배상청구권을 완전히 제한하는 것은 「헌법」상의 평등원칙에 위배될 우려가 있다.

[판례]

① "「국가배상법」제2조 제1항 단서에는 군인, 군무원, 경찰공무원 또는 향토예비군대원이 전투, 훈련 기타 직무집행과 관련하여 전사, 순직 또는 공상을 입은 경우와 그들이 국방 또는 치안유지의 목적상 사용하는 시설 및 자동차, 함선, 항공기 기타 운반기구 안에서 전사, 순직 또는 공상을 입은 경우에 관한 것을 규정하고 있어, 「헌법」제29조 제2항에서 규정하고 있는 군인, 군무원, 경찰공무원 기타 법률이 정하는 자가 전투, 훈련 등 직무집행과 관련하여 손해를 입은 경우보다 범위를 확대한 것 같이 보이지만, 「국가배상법」에서 국방 또는 치안유지의 목적상 사용하는 시설 및 자동차, 함선, 항공기 기타 운반기구 안에서 사망하거나 부상한 경우 중 전사, 순직 또는 공상을 입은 경우에 한하여 그 배상청구를 제한하고 있어 결국 「헌법」제29조 제2항에서 규정하고 있는 전투, 훈련 등 직무집행과 관련하여 사망하거나 부상을 입은 경우에 해당된다 할 것이므로,

> 「국가배상법」제2조 제1항 단서가「헌법」제29조 제2항의 위임범위를 벗어났다고 할 수 없다. 또한「헌법」제111조 제1항 제1호 및「헌법재판소법」제41조 제1항의 각 규정에 의하면 헌법재판소의 위헌심판권은 형식적 의미의 법률을 대상으로 할 뿐「헌법」의 규정 상호 간의 충돌로 인한 효력문제는 사법심사의 대상이 아니라고 할 것이다.
> 따라서「국가배상법」제2조 제1항 단서가「헌법」제29조 제2항의 위임범위 내에서 적법하게 제정된 이상,「헌법」의 다른 규정들 즉,「헌법」제29조 제1항, 제11조, 제37조 제2항, 제39조의 각 규정에 위반하여 무효라고 주장할 수는 없다 할 것이므로, 위 단서가「헌법」제29조 제2항 이외의「헌법」규정에 위반되어 무효라는 취지의 논지는 이유 없다."(대법원 1994. 12. 13. 선고 93다29969판결).
>
> ② "군인, 군무원 등「국가배상법」제2조 제1항 단서에 열거된 자가 전투·훈련 기타 직무집행과 관련하는 등으로 공상을 입은 경우라고 하더라도「군인연금법」또는「국가유공자 예우 등에 관한 법률」에 의하여, 재해보상금, 유족연금, 상이연금 등 별도의 보상을 받을 수 없는 경우에는「국가배상법」제2조 제1항 단서의 적용대상에서 제외된다."(대법원 1996. 12. 20. 선고 96다42178판결).
>
> ③ "경찰공무원이 낙석사고 현장 주변 교통정리를 위하여 사고현장 부근으로 이동하던 중 대형 낙석이 순찰차를 덮쳐 사망하자, 도로를 관리하는 지방자치단체가 국가배상법 제2조 제1항 단서에 따른 면책을 주장한 사안에서, 경찰공무원 등이 '전투·훈련 등 직무집행과 관련하여' 순직 등을 한 경우 같은 법 및 민법에 의한 손해배상책임을 청구할 수 없다고 정한 국가배상법 제2조 제1항 단서의 면책조항은 구 국가배상법(2005. 7. 13 법률 제7584호로 개정되기 전의 것) 제2조 제1항 단서의 면책조항과 마찬가지로 전투·훈련 또는 이에 준하는 직무집행뿐만 아니라 '일반 직무집행'에 관하여도 국가나 지방자치단체의 배상책임을 제한하는 것이라고 해석하여, 위 면책 주장을 받아들인 원심판단을 정당하다고 한 사례."(대법원 2011. 3. 10. 선고 2010다85942판결).

Ⅲ. 배상책임

1. 배상책임자

배상책임자는 원칙적으로 국가나 지방자치단체(같은 법 제2조 제1항)이다. 다만, 공무원의 선임·감독 또는 영조물의 설치·관리를 맡은 자와 공무원의 봉급·

급여, 그 밖의 비용 또는 영조물의 설치·관리 비용을 부담하는 자가 동일하지 아니하면 그 비용을 부담하는 자도 손해를 배상하여야 한다(같은 법 제6조 제1항). 따라서 피해자는 양자에 대해 선택적으로 배상을 청구할 수 있다. 이렇게 선택적 청구를 인정한 것은 소위 기관위임사무 등의 집행에 있어 그 사무에 대한 권한자와 집행자가 달라 배상책임자가 누구인지 혼동을 가질 수 있으므로, 이러한 경우에 실질적 권리구제의 절차를 확대하기 위한 입법정책적 목적을 구현한 것이라 할 수 있다. 이 경우에 손해를 배상한 자는 내부관계에서 그 손해를 배상할 책임이 있는 자에게 구상할 수 있다(같은 법 제6조 제2항). 여기서 '내부관계에서 손해를 배상할 책임이 있는 자'는 공무원의 선임 감독자를 의미한다.

그러나「헌법」에서는 배상책임자를 국가 또는 공공단체로 규정하고 있고,「국가배상법」에서는 국가나 지방자치단체만을 배상책임자로 규정하고 있으며,「민법」에서는 그 밖의 공공단체(공공조합이나 영조물법인 등)의 배상책임을 규정하고 있다. 이에 대해서는 ①「헌법」제29조의 취지에 어긋난다는 견해와 ② 국가나 지방자치단체뿐만 아니라 기타 공공조합 영조물법인 등의 공공단체가 포함되는 예시적 의미로 확대해석 하여야 하는 견해, ③「헌법」의 취지는 모든 공공단체에 대하여 동일 법률에 따라 배상하여야 한다는 것을 정한 것은 아니므로「헌법」상 문제가 없다는 견해가 대립된다.

2. 국가 등의 무과실책임

국가나 지방자치단체가 공무원의 직무상 불법행위에 대해 배상책임을 지는 경우에, 그 공무원의 선임·감독에 있어서 과실의 유무는 불문한다.

3. 배상책임의 성질

(1) 대위책임설

공무원의 위법한 직무행위로 인한 손해배상책임은 원칙적으로 공무원이 져야 하나, 국가 등이 가해자인 공무원을 대신하여 배상책임을 지는 데 불과하다고 보는 견해이다. 먼저 공무원의 위법한 직무행위는 국가의 행위로 볼 수 없는 공무원 자신의 행위이기 때문에 그러한 행위의 효과는 국가에 귀속시킬 수 없다는 점, 배상능력이 충분한 국가 등을 배상책임자로 하는 것이 피해자에게도 유리하다는 점, 행정의 원활한 수행에 대한 배려와 공무원에 대한 경고 및 응징기능을 논거로 든다.

(2) 자기책임설

국가 등이 지는 배상책임은 공무원의 책임을 대신하여 지는 것이 아니고, 그의 기관인 공무원의 행위라는 형식을 통하여 직접 자기의 책임으로 부담하는 것이라고 보는 견해이다. 국가가 그의 기관인 공무원을 통하여 행위 하기 때문에 공무원의 직무행위는 그 위법 여부와 관계없이 국가에 그 효과가 귀속되어야 하고, 구상권의 인정문제는 정책적 측면에서 인정되는 것이므로 이를 기준으로 배상책임의 성질은 논하는 것은 옳지 않다는 점을 근거로 든다. 따라서 위법하게 행사될 위험성이 있는 행정권을 공무원에게 수권한 국가는 위법하게 행사하여 발생한 손해에 대해 위험책임으로서 자기책임을 진다.

(3) 절충설

공무원의 고의·중과실에 대한 국가의 배상책임은 대위책임이나, 경과실에 대한 국가의 배상책임은 자기책임의 성질을 가진다고 보는 견해이다. 이 견해는 공무원의 경과실의 직무행위는 기관행위로서 국가 등에 귀속시킬 수 있으나, 고의나 중과실의 직무행위는 기관행위로서 볼 수 없다는 점,「국가배상법」제2조 제2항은 경과실의 경우에는 국가의 공무원에 대한 구상권을 인정하지 않는다는 점을 논거로 한다.

[판례]

> 「국가배상법」의 입법취지가 국가 등에게 선임·감독상의 과실여부에 불구하고 손해부담책임을 부담시켜 국민의 재산권을 보장하되, 공무원이 직무를 수행함에 있어 경과실로 타인에게 손해를 입힌 경우에는 그 직무수행상 통상 예기할 수 있는 흠이 있는 것에

> 불과하므로 이러한 공무원의 행위는 여전히 국가 등의 행위로 보아 그로 인하여 발생한 손해에 대한 배상책임도 전적으로 국가 등에만 귀속시키고 공무원 개인에게 그로 인한 책임을 부담시키지 아니하고, 반면에 공무원의 위법행위가 고의·중과실에 기인한 경우에는 비록 그 행위가 그 직무와 관련된 것이라고 하더라도 위와 같은 행위는 그 본질에 있어 기관행위로서의 품격을 상실하여 국가 등에게 그 책임을 귀속시킬 수 없으므로 공무원 개인에게 불법행위로 인한 손해배상책임을 부담시키되, 다만 이러한 경우에도 그 행위의 외관을 객관적으로 관찰하여 공무원의 직무행위로 보여질 때에는 피해자인 국민을 두텁게 보호하기 위하여 국가 등이 공무원 개인과 중첩적으로 배상책임을 부담하되, 국가 등이 배상책임을 지는 경우에는 공무원 개인에게 구상할 수 있도록 함으로써 궁극적으로 그 책임이 공무원에게 귀속되도록 하려는 것이라고 봄이 합당하다."
> (대법원 1996. 2. 15. 선고 95다38677판결)

(4) 소결

현실적으로 국가는 공무원을 통해서 활동하며 공무원은 국가에 대하여 근무의무를 질 뿐, 국민과는 직접적 법률관계를 맺고 있지 않으므로 공무원의 가해행위로 인하여 발생한 손해에 대한 책임도 국가가 직접 지는 것으로 봄이 타당하다.

IV. 공무원의 배상책임과 구상

1. 공무원에 대한 구상

공무원에게 고의 또는 중대한 과실이 있으면 국가나 지방자치단체는 그 공무원에게 구상할 수 있다(같은 법 제2조 제2항). 경과실의 경우에 있어서 구상을 인정하지 아니함은 공무원이 배상에 대한 두려움을 덜고 소신껏 직무에 종사할 수 있게 하려는 정책적 고려에 의한 것이다.

2. 공무원의 선임·감독자와 비용부담자가 다른 경우의 구상

국가나 지방자치단체가 손해를 배상할 책임이 있는 경우에 공무원의 선임·감독자와 비용을 부담하는 자가 동일하지 아니하면 그 비용을 부담하는 자도 손해를 배상한다. 양자 모두 피해자에게 배상책임을 지며, 이 경우 손해를 배상한 자는 내부관계에서 그 손해를 배상할 책임이 있는 자에게 구상할 수 있다(같은 법 제6조 제2항). 또한 배상청구자에 대해 배상책임을 가지는 양자는 부진정연대하여 배상을 행하여야 한다.

3. 공무원의 직접적 배상책임의 여부

피해자는 국가 또는 지방자치단체와 가해공무원 중 어느 쪽이든 선택적으로 배상을 청구할 수 있는지에 대한 문제로 견해가 대립되고 있다.

(1) 긍정설(선택적 청구를 전면적으로 긍정하는 견해)

국가 등의 배상책임과 공무원 개인의 배상책임은 관계가 없기 때문에, 피해자는 그의 선택에 따라 국가, 지방자치단체 또는 공무원 개인에 대하여 배상을 청구할 수 있다고 보는 견해이다. 이 견해는 「헌법」이 공무원 자신의 책임은 면제되지 아니한다(같은 법 제29조 제1항 단서)고 규정하고 있는 점과, 자기책임설에 의할 경우 국가 등의 책임과 공무원 개인의 책임은 관계가 없으므로 양자가 양립할 수 있다는 점, 「국가배상법」이 공무원에게 고의·중과실이 있는 경우에 구상할 수 있게 하고 있는 점, 공무원의 직접 책임을 부인하면 그 책임의식을 박약하게 만든다는 점 등을 주요 논거로 하고 있다.

(2) 부인설(선택적 청구를 부정하는 견해)

본래 공무원이 져야 하는 배상책임을 국가 등이 그에 대신하여 지는 것으로 보는 대위책임설을 취하는 입장에서는, 피해자는 국가 등에 대해서만 배상을 청구할 수 있고 가해자인 공무원에 대해서는 직접 배상을 청구할 수 없다고 본다. 이 견해에서는 「헌법」 제29조 제1항 단서의 의미는 국가 등의 구상에 응하는 책임이라고 하는 점, 선택적 청구를 인정하는 것은 「국가배상법」의 대위책임적 구조에 반한다는 점, 공무원 개인이 직접적으로 배상책임을 지게 되면 고의·중과실의 경우에만 구상권을 인정하는 것과는 균형이 맞지 않는다는 점과, 선택적 청구를 인정하면 공무원의 직무수행을 위축시킬 우려가 있다는 점 등을 주된 논거로 하고 있다.

(3) (신)절충설

공무원의 직무수행행위에 통상 예기할 수 있는 흠결이 있고, 그러한 행위로 인하여 개인이 손해를 입은 경우에는 기관의 행위로서 국가에 귀속되어 국가가 배상책임을 지게 된다. 이에 그 흠결의 정도가 중대하거나 사적 이익의 추구 등에 기인한 것인 때에는 공무원 개인의 책임만이 문제되며, 그에 따라 피해자는 국가 또는 공무원에 대하여 선택적으로 배상을 청구할 수 있다고 보는 입장이다.

[대법원 1996. 2. 15. 선고 95다38677판결] <공무원 개인의 손해배상책임>

▶ **다수의견** : "공무원이 직무수행 중 불법행위로 타인에게 손해를 입힌 경우에는 국가 등이 국가배상책임을 부담하는 외에 공무원 개인도 고의 또는 중과실이 있는 경우에는 불법행위로 인한 손해배상책임을 진다고 할 것이지만, 공무원에게 경과실일 뿐인 경우에는 공무원 개인은 손해배상책임을 부담하지 아니한다고 해석하는 것이 「헌법」 제29조 제1항 본문과 단서 및 「국가배상법」 제2조의 입법취지에 조화되는 올바른 해석이다."

▶ **별개의견** : "공무원의 직무상 경과실로 인한 불법행위의 경우에도 공무원 개인의 피해자에 대한 손해배상책임은 면제되지 아니한다고 해석하는 것이, 우리 「헌법」의 관계규정의 연혁에 비추어 그 명문에 충실한 것일 뿐만 아니라 「헌법」의 기본권보장 정신과 법치주의의 이념에도 부응하는 해석이다."

▶ **반대의견** : "공무원이 직무상 불법행위를 한 경우에 국가 또는 공공단체만이 피해자에 대하여 「국가배상법」에 의한 손해배상책임을 부담할 뿐, 공무원 개인은 고의 또는 중과실이 있는 경우에도 피해자에 대하여 손해배상책임을 부담하지 않는 것으로 보아야 한다."

▶ **반대보충의견** : "주권을 가진 국민 전체에 대한 봉사자로서 공공이익을 위하여 성실히 근무해야 할 공무원이 공무수행 중 국민에게 손해를 가한 경우, 국민의 봉사자인 공무원이 봉사의 대상이 되는 피해자인 국민과 직접 소송으로 그 시비와 손해액을 가리도록 하여 그 갈등관계를 방치하는 것보다는 국가가 나서서 공무원을 대위하여 그 손해

> 배상책임을 지고, 국가가 다시 내부적으로 공무원의 직무상 의무의 불이행 내용에 따라 고의·중과실이 있는 경우에만 구상의 형태로 그 책임을 물어 공무원의 국민과 국가에 대한 성실의무와 의무의 불이행을 제도적으로 확보하겠다는 것이 「헌법」 제29조 제1항 단서와 「국가배상법」 제2조 제2항의 취지라고 해석함이 이를 가장 조화롭게 이해하는 길이 될 것이다."

4. 국가에 대한 구상

공무원이 직무수행 중 경과실로 피해자에게 손해를 입힌 경우 공무원 개인은 손해배상책임을 부담하지 않음에도 불구하고 피해자에게 손해를 배상한 경우, 판례는 특별한 사정이 없는 한 당해 공무원은 국가에 대하여 국가의 피해자에 대한 손해배상책임의 범위 내에서 공무원이 변제한 금액에 관하여 구상권을 취득한다고 판시하였다.

[판례]

> "공무원이 직무수행 중 불법행위로 타인에게 손해를 입힌 경우에 국가 등이 국가배상책임을 부담하는 외에 공무원 개인도 고의 또는 중과실이 있는 경우에는 불법행위로 인한 손해배상책임을 지고, 공무원에게 경과실이 있을 뿐인 경우에는 공무원 개인은 손해배상책임을 부담하지 아니한다. 이처럼 경과실이 있는 공무원이 피해자에 대하여 손해배상책임을 부담하지 아니함에도 피해자에게 손해를 배상하였다면 그것은 채무자 아닌 사람이 타인의 채무를 변제한 경우에 해당하고, 이는 민법 제469조의 '제3자의 변제' 또는 민법 제744조의 '도의관념에 적합한 비채변제'에 해당하여 피해자는 공무원에 대하여 이를 반환할 의무가 없고, 그에 따라 피해자의 국가에 대한 손해배상청구권이 소멸하여 국가는 자신의 출연 없이 채무를 면하게 되므로, 피해자에게 손해를 직접 배상한 경과실이 있는 공무원은 특별한 사정이 없는 한 국가에 대하여 국가의 피해자에 대한 손해배상책임의 범위 내에서 공무원이 변제한 금액에 관하여 구상권을 취득한다고 봄이 타당하다." (대법원 2014. 8. 20. 선고 2012다54478판결)

Ⅴ. 양도 등의 금지

공무원의 직무상 불법행위로 인한 손해배상청구권 중 생명·신체상의 손해로 인한 국가배상을 받을 권리는 양도 또는 압류할 수 없다(같은 법 제4조).

Ⅵ. 배상청구권의 소멸시효

국가배상청구권은 피해자나 그 법정대리인이 손해 및 가해자를 안 날로부터 3년간 이를 행사하지 아니하면 시효로 인하여 소멸한다(「민법」 제766조 제1항).

제3절 | 공공시설 등의 하자로 인한 손해배상

Ⅰ. 개설

「국가배상법」 제5조는 "① 도로·하천 그 밖의 공공의 영조물의 설치나 관리에 하자가 있기 때문에 타인에게 손해를 발생하게 하였을 때에는 국가나 지방자치단체는 그 손해를 배상하여야 한다. ② 제1항을 적용할 때 손해의 원인에 대하여 책임을 질 자가 따로 있으면 국가나 지방자치단체는 그 자에게 구상할 수 있다."고 규정하고 있다.

Ⅱ. 배상책임의 요건

1. 영조물

「국가배상법」 제5조에서의 "영조물"이란 공적 목적을 달성하기 위한 인적·물적 시설의 종합체를 의미하는 본래적(학문적) 의미의 영조물이 아니라, 행정주체가 직접 공적 목적을 달성하기 위하여 제공한 유체물 및 관리할 수 있는 자연력을 의미하므로, 이는 즉 공물을 의미한다. 유체물은 개개의 물건뿐만 아니라 물건의 집합체인 공공시설도 포함하므로, 부동산, 동산(예 : 소방자동차, 총기), 인공공물(예 : 도로, 상하수도, 관공청사, 교량 등), 자연공물(예 : 하천, 호수), 동물(예 : 경찰견) 등이 해당된다. 또한 자연공물도 같은 조의 영조물에 포함되는데, 이는 자연공물인 하천이 명시되어 있는 점, 자연공물을 자연 상태로 방치할 경우 국가에게 배상책임이 없다는 불합리한 결과가 초래되는 점 등에 비추어 가능하다.

2. 설치 또는 관리의 하자

(1) 영조물 설치·관리의 의미

설치란 일정 시설물의 설계·건조를 의미하며, 관리는 당해 공물을 그 목적에 적합하게 유지, 운용하는 행위이다.

(2) 영조물 설치·관리상의 '하자'

1) 전통적인 개념

'영조물의 설치·관리상 하자'란 영조물이 통상적으로 갖추어야 할 안전성을 결여한 것이다. 설치·관리상의 하자가 무엇을 의미하는지에 대한 물음은 통상적으로 갖추어야 할 안전성을 결여하였는지를 판단함에 있어서 설치·관리자의 귀책사유가 고려되어야 하는지의 여부로 판단할 수 있다.

① 객관설

하자의 유무는 영조물이 객관적으로 안전성을 결여하였는지 여부에 의하여 판단해야 하므로, 그것이 설치·관리자의 작위 또는 부작위 의무의 위반으로 생긴 것인지는 전혀 문제되지 않는다는 견해이다.

② 주관설

「국가배상법」 제5조상의 '하자'를 프랑스 행정자치법상의 과실 개념을 원용하여 과실 책임으로 보는 견해이다. 여기서 설치·관리의 '하자'는 안전관리의무위반이나 주의의무위반을 의미한다.

③ 위법, 무과실설

「국가배상법」제5조에 의한 책임을 안전의무를 위반함으로써 발생한 손해에 대한 행정주체의 위법, 무과실책임으로 보는 입장이다.

[판례]

> "국가배상법 제5조 제1항에 정하여진 '영조물의 설치 또는 관리의 하자'라 함은 공공의 목적에 공여된 영조물이 그 용도에 따라 갖추어야 할 안전성을 갖추지 못한 상태에 있음을 말하고, 여기서 안전성을 갖추지 못한 상태, 즉 타인에게 위해를 끼칠 위험성이 있는 상태라 함은 당해 영조물을 구성하는 물적 시설 그 자체에 있는 물리적·외형적 흠결이나 불비로 인하여 그 이용자에게 위해를 끼칠 위험성이 있는 경우뿐만 아니라 그 영조물이 공공의 목적에 이용됨에 있어 그 이용상태 및 정도가 일정한 한도를 초과하여 제3자에게 사회통념상 참을 수 없는 피해를 입히는 경우까지 포함된다고 보아야 할 것이고, 사회통념상 참을 수 있는 피해인지의 여부는 그 영조물의 공공성, 피해의 내용과 정도, 이를 방지하기 위하여 노력한 정도 등을 종합적으로 고려하여 판단하여야 한다." (대법원 2004. 3. 12. 선고 2002다14242판결)

2) 기능적 의미의 하자

영조물이 그 용도에 따라 통상 갖추어야 할 안전성을 결여한 상태를 하자로 이해하는 전통적인 개념으로는 공해를 야기하는 도로나 소음을 일으키는 공항 등에 어떤 하자가 있다고 설명하기 어렵다. 도로나 공항 자체는 하자가 없기 때문이다. 따라서 공해나 소음으로 인한 손해를 구제하기 위한 이론으로 고안된 개념이 '기능적 의미의 하자'이다.

우리 판례 역시 "영조물이 안전성을 갖추지 못한 상태라 함은 당해 영조물을 구성하는 물적 시설 그 자체에 있는 물리적·외형적 흠결이나 불비로 인하여 그 이용자에게 위해를 끼칠 우려가 있는 경우뿐만 아니라, 그 영조물이 공공의 목적에 이용됨에 있어 그 이용상태 및 정도가 일정한 한도를 초과하여 제3자에게 사회통념상 수인할 것이 기대되는 한도를 넘는 피해를 입히는 경우까지 포함된다고 보아야 한다"라고 판시하여 기능적 하자의 개념을 수용하고 있다.

[판례]

[1] 국가배상법 제5조 제1항에 정하여진 '영조물의 설치 또는 관리의 하자'라 함은 공공의 목적에 공여된 영조물이 그 용도에 따라 갖추어야 할 안전성을 갖추지 못한 상태에 있음을 말하고, 안전성을 갖추지 못한 상태, 즉 타인에게 위해를 끼칠 위험성이 있는 상태라 함은 당해 영조물을 구성하는 물적 시설 그 자체에 있는 물리적·외형적 흠결이나 불비로 인하여 그 이용자에게 위해를 끼칠 위험성이 있는 경우뿐만 아니라, 그 영조물이 공공의 목적에 이용됨에 있어 그 이용상태 및 정도가 일정한 한도를 초과하여 제3자에게 사회통념상 수인할 것이 기대되는 한도를 넘는 피해를 입히는 경우까지 포함된다고 보아야 한다.
[2] 김포공항에서 발생하는 소음 등으로 인근 주민들이 입은 피해는 사회통념상 수인한도를 넘는 것으로서 김포공항의 설치·관리에 하자가 있다고 본 사례(대법원 2005. 1. 27. 선고 2003다49566판결).

(3) 하자의 입증책임

하자의 일응추정론은 피해자가 영조물로 인하여 손해가 발생하였음을 입증하면 하자가 있는 것으로 추정되고, 영조물 관리자로서의 국가 등이 하자가 없었음을 입증하지 않는 한 배상책임을 지게 된다는 것이다.

[판례]

"편도 2차선 도로의 1차선 상에 교통사고의 원인이 될 수 있는 크기의 돌멩이가 방치되어 있는 경우, 도로의 점유·관리자가 그에 대한 관리 가능성이 없다는 입증을 하지 못하는 한 이는 도로의 관리·보존상의 하자에 해당한다." (대법원 1998. 2. 10. 선고 97다32536판결)

(4) 영조물책임의 감면사유

불가항력에 의한 피해가 발생한 경우의 배상책임은 객관적 안전성을 결여한 경우에는 그 배상책임을 인정한다. 예산부족의 경우 국가의 책임이 없는 불가항력에 의한 피해가 아니다(대법원 1980. 12. 23. 선고 80다1705판결).

3. 「국가배상법」 제2조와 제5조의 경합관계

공무원의 직무상 위법행위로 인한 손해배상과 영조물의 설치·관리의 하자로 인한 손해배상은 선택적으로 배상청구를 할 수 있다.

Ⅲ. 배상책임자

도로·하천 그 밖의 공공의 영조물의 설치나 관리에 하자가 발생한 경우 그 관리주체로서 국가나 지방자치단체가 손해배상책임을 진다. 이 경우에 공무원의 선임·감독 또는 영조물의 설치·관리를 맡은 자와 비용을 부담하는 자가 동일하지 아니하면 그 비용을 부담하는 자도 손해를 배상한다. 여기서 비용부담자라고 하면, 법률상 당해 사무의 비용 또는 당해 영조물의 설치·관리비용을 부담하여야 하는 것으로 되어 있는 자이다. 공무원의 봉급·급여 기타의 비용 등은 공무원의 인건비를 말하고, 기타의 비용이란 당해 사무에 필요한 일체의 경비이다. 그러나 손해의 원인에 대하여 책임을 질 자가 따로 있으면 국가나 지방자치단체는 그 자에게 구상권을 행사할 수 있다. 만일 선임·감독자와 비용부담자가 다른 경우에는 손해를 배상한 자는 내부관계에서 그 손해를 배상할 책임이 있는 자에게 구상할 수 있다.

[판례]

"지방자치단체장이 교통신호기를 설치하여 그 관리권한이 도로교통법 제71조의2 제1항의 규정에 의하여 관할 지방경찰청장에게 위임되어 지방자치단체 소속 공무원과 지방경찰청 소속 공무원이 합동근무하는 교통종합관제센터에서 그 관리업무를 담당하던 중 위 신호기가 고장난 채 방치되어 교통사고가 발생한 경우, 국가배상법 제2조 또는 제5조에 의한 배상책임을 부담하는 것은 지방경찰청장이 소속된 국가가 아니라, 그 권한을 위임한 지방자치단체장이 소속된 지방자치단체라고 할 것이나, 한편 국가배상법 제6조 제1항은 같은 법 제2조, 제3조 및 제5조의 규정에 의하여 국가 또는 지방자치단체가 손해를 배상할 책임이 있는 경우에 공무원의 선임·감독 또는 영조물의 설치·관리를 맡은 자와 공무원의 봉급·급여 기타의 비용 또는 영조물의 설치·관리의 비용을 부담하는 자가 동일하지 아니한

> 경우에는 그 비용을 부담하는 자도 손해를 배상하여야 한다고 규정하고 있으므로 교통신호기를 관리하는 지방경찰청장 산하 경찰관들에 대한 봉급을 부담하는 국가도 국가배상법 제6조 제1항에 의한 배상책임을 부담한다." (대법원 1999. 6. 25. 선고 99다11120 판결)

제4절 │ 행정상 손해배상의 청구절차

Ⅰ. 행정절차에 의한 배상청구

1. 임의적 결정전치주의

「국가배상법」제9조에서는 "이 법에 의한 손해배상의 소송은 배상심의회에 배상신청을 하지 아니하고도 제기할 수 있다."고 규정하고 있다. 구「국가배상법」제9조에서는 필요적 결정전치주의를 채택한 바 있으나, 이에 대해 ① 배상결정의 공평성을 기대하기 어렵다는 점, ② 배상결정에 불복하는 경우 또는 아무런 결정 없이도 3개월을 허송할 수 있기 때문에 오히려 신속한 재판을 받을 권리를 침해할 수 있다는 점 등 다양한 반대의 입장이 제기됨에 따라 임의적 결정전치주의로 개정되었다.

2. 배상금 지급신청

배상금을 지급받으려는 자는 그 주소지·소재지 또는 배상원인 발생지를 관할하는 지구심의회에 배상신청을 하여야 한다(같은 법 제12조 제1항).

3. 배상심의회

배상심의회는 국가배상에 관하여 심의, 결정하고 이를 신청인에게 송달하는 권한을 가진 합의제 행정관청(행정위원회)이다. 국가나 지방자치단체에 대한 배상신청사건을 심의하기 위하여 법무부에 본부심의회를 둔다. 군인·군무원이 타인에게 입힌 손해에 대한 배상신청사건을 심의하기 위하여 국방부에 특별심의회를 둔다(같은 법 제10조 제1항). 이에 본부심의회와 특별심의회는 지구심의회를 둔다(같은 법 같은 조 제2항).

4. 배상심의회의 심의, 결정

지구심의회는 배상신청을 받으면 지체 없이 증인신문, 감정, 검증 등 증거조사를 한 후 그 심의를 거쳐 4주일 이내에 배당금 지급결정, 기각결정 또는 각하결정을 하여야 한다(같은 법 제13조 제1항). 이에 본부심의회나 특별심의회는 사건기록을 송부 받은 후 4주일 이내에 배상결정을 하여야 하고(같은 법 같은 조 제7항), 배상결정을 하면 결정을 한 날부터 1주일 이내에 그 결정정본을 신청인에게 송달하여야 한다(같은 법 제14조 제1항). 법 개정을 통해 배상심의회의 결정에 대하여 각하결정이 신설되었는데, ① 신청인이 이전에 동일한 신청원인으로 배상신청을 하여 배상금 지급 또는 기각의 결정을 받은 경우, ② 신청인이 이전에 동일한 청구원인으로 이 법에 따른 손해배상의 소송을 제기하여 배상금 지급 또는 기각의 확정판결을 받은 경우, ③ 그 밖에 배상신청이 부적법하고 그 잘못된 부분을 보정할 수 없거나 보정 요구에 응하지 않은 경우에 해당하면 배상신청을 각하한다(같은 법 같은 조 제8항). 이에 요건불비 등의 경우 반복적 신청이 가능(구법은 '기각'결정만을 둠)하지만, 다만 증거보완재신청에 대해서는 각하결정이 불가하다.

5. 재심

지구심의회에서 배상신청이 기각 또는 각하된 신청인은 결정정본이 송달된 날로부터 2주일 이내에 그 심의회를 거쳐 본부심의회나 특별심의회에 재심을 신청할 수 있다(같은 법 제15조의2 제1항). 재심신청을 받은 지구심의회는 1주일 이내에 배상금 지급신청기록 일체를 본부심의회나 특별심의회에 송부하여야 하며(같은 법 같은 조 제2항), 본부심의회 또는 특별심의회는 이에 대하여 심의를 거쳐 4주일 이내에 다시 배상결정을 하여야 한다(같은 법 같은 조 제3항). 구법에서는 배상액만의 증액을 청구하는 재심청구가 불가능하였으나, 개정을 통해 배상액결정에 대한 재심청구(증액청구)가 가능해졌다.

6. 배상결정의 효력

배상심의회의 배상결정은 신청인이 동의함으로써 비로소 효력을 발생한다. 과거 배상심의회의 배상결정에 대하여 신청인이 동의하거나 지방자치단체가 배상금을 지급한 때에는 「민사소송법」의 규정에 의한 재판상 화해가 성립된 것으로 간주되는 것으로 보았다(구 「국가배상법」 제16조). 그러나 배상심의회의 결정에 대해 재판상 화해와 동등한 효력을 인정한 위 규정은 헌법재판소에 의하여 위헌판결을 받아 삭제되었다.

[헌법재판소 결정]

"이 사건 심판대상조항부분(「국가배상법」 제16조 중 '심의회의 배상결정은 심청인 동의 … 한 때에는 재판상의 화해가 성립된 것으로 본다'는 부분)은 … 사법절차에 준한다고 볼 수 있는 각종 중재, 조정절차와는 달리 배상결정절차에 있어서는 심의회의 제3자성, 독립성이 희박한 점, 심의절차의 공정성, 신중성도 결여되어 있는 점, 심의회에서 결정되는 배상액이 법원의 그것보다 하회하는 점 및 불제소합의의 경우와는 달리 신청인의 배상결정에 대한 동의에 재판청구권을 포기할 의사까지 포함된 것으로 볼 수도 없는 점을 종합하여 볼 때, 이는 신청인의 재판청구권을 과도하게 제한하는 것이어서 「헌법」 제37조 제2항에서 규정하고 있는 기본권제한입법에 있어서의 과잉입법금지의 원칙에 반할 뿐만 아니라, 권력을 입법, 행정, 및 사법 등으로 분립한 뒤 실질적 의미의 사법작용인 분쟁해결에 관한 종국적인 권한은 원칙적으로 이를 「헌법」과 법률에 의한 법관으로 구성되는 사법부에 귀속시키고 나아가 국민에게 그러한 법관에 의한 재판을 청구할 수 있는 기본권을 보장하고자 하는 「헌법」의 정신에도 충실하지 못할 것이다." (헌법재판소 1995. 5. 25. 91헌가7결정)

II. 사법절차에 의한 배상청구

배상심의회에서의 결정전치주의 요건을 충족한 이후에 배상심의회의 결정에 불복하는 자는 법이 정한 기간 내에 법원에 소송을 제기할 수 있다.

1. 일반절차에 의하는 경우

민사소송에 의한다는 견해(판례)와 공법상의 당사자소송에 의한다는 견해가 대립된다. 그러나 「국가배상법」의 법적 성격을 공법으로 보는 입장에서 공법상의 당사자소송설이 타당하다.

2. 특별절차에 의하는 경우

「행정소송법」 제10조에 의하여 국가배상청구를 행정소송에 병합하여 청구하는 소송절차가 이에 해당한다.

제2장 행정상 손실보상

제1절 | 개설

Ⅰ. 행정상 손실보상의 의의

행정상 손실보상은 공공필요에 따른 적법한 공권력행사에 의하여 개인의 재산에 가하여진 특별한 희생에 대하여 사유재산권의 보장과 공평부담의 견지에서 행정주체가 행하는 조절적인 재산적 전보를 말한다. 손실보상은 재산권에 대한 공용침해로 발생된 특별희생의 전보를 목적으로 한다.

1. 적법행위

손실보상은 공익적 견지에서 법률이 개인의 재산권에 대한 침해(수용·사용·제한)를 허용하고 있는 경우에, 그로 인한 특별한 손실을 보전하여 주는 제도이다. 따라서 손실보상의 위법행위로 인한 손해배상과는 구별된다.

2. 공권력 행사

손실보상은 공권력의 행사에 의한 것인 점에서 비권력적 작용, 예컨대 구「공공용지의 취득 및 손실보상에 관한 특례법」상의 임의매수에 수반된 보상과 구별된다.

다만 광의로는 후자까지 포함시켜 손실보상이라고 하며, 그 배후에는 공권력 행사인 수용권이 있으므로 사회적 기능에 있어서는 양자 사이에 차이가 없다.

3. 재산권 침해

손실보상은 공공필요에 의한 국민의 재산권에 대한 공권적 침해에 대한 손실을 전보하는 것으로, 재산권에는 모든 재산적 가치 있는 권리가 포함되며 사람의 생명 또는 신체에 대한 침해의 보상은 포함되지 않는다.

4. 특별희생에 대한 조절적 보상

손실보상은 특별한 희생에 대한 조절적인 보상인 점에서 일반적인 부담 또는 재산권 자체에 내재하는 사회적 제약과 구별된다.

II. 행정상 손실보상의 근거와 변천

1.「헌법」상 근거규정

(1) 제헌헌법상의 규정

1948년 제헌헌법은 손실보상에 관하여 "공공필요에 의하여 국민의 재산권을 수용 또는 제한함은 법률이 정하는 바에 의하여 상당한 보상을 지급함으로써 행한다(제15조 제3항)."고 규정하고 있었다.

(2) 제3공화국 헌법상의 규정

1962년「헌법」(제5차 개정. 제3공화국헌법)에서는 "공공필요에 의한 재산권의 수용·사용 또는 제한은 법률로써 하되 정당한 보상을 지급하여야 한다(제20조 제3항)."는 내용으로 개정되었다.

(3) 유신헌법상의 규정

1972년의「헌법」은 공용침해에 관하여, "공공필요에 의한 재산권의 수용·사용 또는 제한 및 그 보상의 기준과 방법은 법률로 정한다(제20조 제3항)."라고 규정하고 있었다.

(4) 현행헌법상의 보상규정

1987년의 9차 개헌에 의해「헌법」제23조 제3항은 "공공필요에 의한 재산권의 수용·사용 또는 제한 및 그에 대한 보상은 법률로써 하되, 정당한 보상을 지급하여야 한다."고 규정되었다.

2. 법률상 근거규정

공익사업을 목적으로 하는 토지 등의 수용 및 사용과 그 손실보상에 관한 일반법으로서「공익사업을 위한 토지 등의 취득 및 보상에 관한 법률」(이하 '토지보상법'이라 한다)이 있다. 토지보상법은 공용침해 중 공용제한에 대해서는 그 보상규정을 특별히 규정하고 있지는 않다. 그리고 토지보상법에서 토지 등은 ① 토지 및 이에 관한 소유권 외의 권리, ② 토지와 함께 공익사업을 위하여 필요로 하는 입목, 건물 기타 토지에 정착한 물건 및 이에 관한 소유권 외의 권리 ③ 광업권·어업권 또는 물의 사용에 관한 권리, ④ 토지에 속한 흙·돌·모래 또는 자갈에 관한 권리에 해당하는 토지·물건 및 권리를 말한다(같은 법 제2조 제1호, 제3조).

그 밖의 개별법률로서 공용부담의 손실보상을 규정하고 있는 경우로는「수산업법」제81조,「도로법」제99조,「수목원·정원의 조성 및 진흥에 관한 법률」제8조의2,「하천법」제76조 등이 있다. 이러한 개별 법률에 재산권 침해의 근거규정을 두고 있으면서도 보상에 관한 규정을 두고 있지 않은 법률이 적지 않다. 이는 수용유사침해론과 관련이 있다.

Ⅲ. 공용침해조항의 법적 효력과 청구권의 성질

1. 법적 효력

행정상의 손실보상에 관하여는 일반법이 제정되어 있지 않고, 각 개별법(「공익사업을 위한 토지 등의 취득 및 보상에 관한 법률」,「도시계획법」,「국토의 계획 및 이용에 관한 법률」 등)에서 규정되어 있다. 공용침해에 관한 법률이 특별한 희생에 대한 손실보상에 관하여 규정하여야 함에도 불구하고, 그렇지 아니한 경우 재산권을 침해당한 자가 손실보상을 청구할 수 있는 실정법적 근거가 문제된다.

(1) 방침규정설

「헌법」 제23조 제3항은 입법자에 대한 방침규정에 불과하므로 손실보상에 관해 법률에 규정이 없으면 손실보상청구권은 성립하지 않으며, 이는 위헌이 아니라는 견해이다. 이 견해는 「헌법」의 규범적 성격을 단순한 목적론적 해석논리로 몰각시키며 그 실효성을 제거하는 이론으로서 그 타당성에 의문이 있다. 실제 이 견해를 따르는 주장은 찾을 수 없는 상황이다.

(2) 직접효력설(국민에 대한 직접효력설)

손실보상규정을 흠결한 재산권 제약을 입법의 불비(不備)로 보면서, 「헌법」 제23조 제3항을 직접적인 효력을 가지는 실효적 규범으로 이해하여 보상청구가 가능하다는 견해이다. 즉, 손실보상의 규정이 없더라도 직접 헌법규정을 근거로 손실보상을 청구할 수 있다는 입장이다. 그러나 이러한 경우 법원이 이를 어떻게 판단할 것인가에는 현실적인 어려움이 있다. 이는 법원이 권력분립의 원칙상 법형성기능을 갖고 있지 못하기 때문이다.

(3) 위헌무효설(입법자에 대한 직접효력설)

「헌법」 제23조 제3항의 규범성은 인정하면서도 그 규정방식(보상에 관한 법정주의)으로 인하여 보상규정을 두지 않은 법률은 「헌법」 규정에 위반한 위헌·무효 규정이며, 수소법원의 위헌 법률심판 청구로 위헌이 결정되면 이에 기한 재산권 침해행위는 위법한 행정작용이므로 위법에 기한 침해제거청구권이나 손해배상청구권 또는 희생보상청구권이 인정된다는 견해이다.

이 견해에 따라 국가배상의 문제를 해결하기 위해서는 과실요건이 충족되어야 하는데, 이때 공무원의 과실을 입증하기는 매우 어렵다. 이에 위헌무효설에서는 과실요건의 완화로서 과실의 객관화 내지 위법성과 과실의 융합 등을 통해 손해배상청구를 실현할 수 있다는 정책론을 제기하고 있다. 하지만 우리의 「국가배상법」이 명문으로 과실책임주의를 채택하고 있는 이상, 정책론을 통한 극복에는 한계가 있다. 또한 위헌무효설이 보상규정을 두지 않은 수용법률을 위헌이라고 보는 근거는 「헌법」 제23조 제3항에 반한다는데 있다. 그러나 우리나라 「헌법」 제23조 제3항이 독일 기본법 제14조 제3항과는 달리 협의의 수용만이 아니라 사용·제한을 보상의 원인행위로 열거하고 있는 만큼, 독일의 경우와 같이 「헌법」상의 수용을 '협의의 수용'과 '재산권에 내재하는 사회적 제약을 초과하는 재산권침해'의 양분법을 통해 양자의 적용법조를 구분(전자에는 제23조 제3항이, 후자에는 제23조 제1항이 적용)하는 입장(이른바 분리이론)은 그 근거규정에 있어 우리의 경우와 차이가 있어 타당하지 않다고 하겠다. 즉 우리의 경우 보상규정을 두지 않은 수용법률의 위헌성은 단지 「헌법」 제23조 제3항에 반하기 때문만은 아니며, 제23조 제3항이 손실보상에 관한 입법의무를 부과하는 이유가 「헌법」이 제23조 제1항을 통하여 재산권을 보장하고 있다는데 기인한다. 제3항은 「헌법」상 재산권보장의 구조적 측면에서 제1항을 논리적 전제로 한 규정이며, 제1항에 의한 재산권보장과 제3항에 의한 공용침해(수용·사용·제한)와 보상의 법률주의, 정당한 보상의 강제는 서로 재산권 보장에 관한 목적-수단(Zweck-Mittel)의 관계에 있는 것으로 파악하는 것이 우리의 타당한 해석일 것이다.

독일의 경우 종래에는 '수용'을 광의로 파악하여 재산권의 박탈 뿐만 아니라 제한까지 포함하는 것으로 이해되어 왔기 때문에 '기본법 제14조 제3항에 의한 보상을 요하는 수용'과 '기본법 제14조 제1항에 의한 보상없는 재산권의 내재적 제약'

을 구별하는 것이 주된 문제였다. 이러한 양분법은 연방헌법재판소의 자갈채취사건결정에 의하여 타파되었다. 그러나 우리나라의 경우에는 「헌법」 제23조 제3항이 명시적으로 수용·사용·제한을 포함하고 있기 때문에 사정이 다르며 그러한 양분법은 포기되기 보다는 오히려 유지되어야 한다고 본다.

(4) 간접적용설(유추적용설)

「헌법」 제23조 제1항(재산권보장)과 제11조(평등원칙)를 근거로 하는 동시에 「헌법」 제23조 제3항 및 다른 법률의 관계규정을 유추적용하여 손실보상이 가능하다고 주장하는 견해이다. 이 견해는 독일의 '수용유사침해(Enteignungsgleicher Eingriff)'의 법리를 받아들여 '위법·무책'한 공용침해에 대한 손실보상을 '위법·유책'을 요건으로 하는 손해배상과 구별하여 이해하고 있다.

다만, 이 견해는 보상의 직접청구를 인정한다는 점에서 직접효력설과 유사한 부류의 견해로 볼 수 있으나, '유추적용설'이란 명칭에 있어서는 '유추적용'의 가능성 및 범위에 관해 견해가 일치되어 있지 않다는 점에 있어 직접청구의 근거에 관한 '간접적용설'로 파악된다고 할 수 있다. 또한 관계규정의 간접·유추해석은 실정법의 해석의 허용범위 내에서 가능하다는 점에 특별히 주의할 필요가 있다. 따라서 이 견해는 「헌법」 제23조 제3항의 '법률에 의한 보상'과 관련하여 보상청구권의 내용을 구체화함에 있어 그 '법률'의 범주를 불가분조항에 부합하는 것으로 한정하지 않고 관련법규정의 간접·유추적용을 인정하는 만큼, 유추적용의 가능성과 그 범주를 정해야 하는 과제를 갖고 있다. 특히, 이와 관련하여 독일과 같은 관습법, 판례에 의한 이론의 축적이 없는 우리의 경우, 이론이 무리한 '관습의 수입'에까지 이르게 될 수 있다는 점 또한 고려되어야 할 것이다.

(5) 입법부작위설

입법부작위설은 손실보상규정의 흠결을 「헌법」 제23조 제3항의 명시적 규정에 반하는 입법의무 위반(진정입법부작위)으로서 당사자(국민)의 기본권을 침해하는 것으로 보기 때문에 헌법소원을 통해 권리의 구제가 가능하다고 보는 견해이다. 독일의 경우 이에 대한 활발한 논의가 진행되고 있으나 우리나라의 경우 제한적 의미에서 이에 관한 헌법재판소의 결정이 존재한다(헌법재판소 1994. 12. 29. 89헌마2결정 ; 헌법재판소 1996. 11. 28. 93헌마258결정 ; 헌법재판소 2001. 6. 28. 2000헌마735결정 등).

2. 관련판례 분석

: **헌법재판소 1998. 12. 24. 89헌마214, 90헌바16, 97헌바78결정**

(1) 사건의 개요

> ① **89헌마214 사건**
> 청구인 3인은 「도시계획법」(1971. 1. 19. 법률 제2291호로 제정되어 1972. 12. 30. 법률 제2435호로 개정된 것, 이하 "법"이라 한다) 제21조 제1항에 따라 1972. 8. 25. 건설부고시 제385호에 의하여 개발제한구역으로 지정된 토지 위에 관할 관청의 허가를 받지 아니하고 1978년경부터 1980년경까지 사이에 건축물을 건축하여 소유하고 있다는 이유로 인천 서구청장으로부터 위 건축물에 대한 철거대집행계고처분 등을 받고, 서울고등법원에 위 서구청장을 상대로 위 건축물철거대집행계고처분 등의 취소를 구하는 행정소송(89구1928)을 제기하였다. 위 청구인들은 위 소송계속 중 서울고등법원에 법 제21조가 재판의 전제가 된다고 주장하면서 위헌심판제청을 신청하였으나 위 신청이 기각되자, 1989. 9. 5. 기각결정정본을 송달받고 같은 달 19일 이 사건 헌법소원심판을 청구하였다.
>
> ② **90헌바16 사건**
> 청구인은 법 제21조에 따라 1972. 8. 25. 건설부고시 제385호에 의하여 개발제한구역으로 지정된 토지 위에 관할관청의 허가를 받지 아니하고 1982년경부터 건축물을 건축하여 소유하고 있다는 이유로 인천 북구청장으로부터 그 건축물에 대한 철거대집행계고처분을 받고, 서울고등법원에 위 북구청장을 상대로 건물 철거대집행계고처분의 취소를 구하는 행정소송(88구2894)을 제기하였으나 그 청구가 기각되었다. 위 청구인은 이에 불복하여 대법원에 상고한 후 그 소송계속 중(89누770) 법 제21조 제1항 및 제2항이 재판의 전제가 된다고 주장하면서 그 위헌심판제청을 신청하였으나 1990. 5. 8. 위 신청이 기각되자, 같은 달 21일 이 사건 헌법소원심판을 청구하였다.

③ **97헌바78 사건**
청구인들은 「도시계획법」 제21조에 의하여 건설교통부장관이 1971. 7. 30.부터 같은 해 12. 4. 까지 사이에 개발제한구역으로 지정한 지역내에 위치한 토지의 소유자들이다. 위 청구인들은 별지 제4명단 기재 청구인들을 선정 당사자로 선정하였고, 위 선정당사자들은 국가를 상대로 서울지방법원에 청구인(선정자들)이 위 개발제한구역의 지정에 의하여 입은 손실 중 일부로 청구인 1인당 각 금300,000원씩을 보상하라는 내용의 소송(96가합90820)을 제기하였다. 위 선정당사자들은 위 소송계속 중 「도시계획법」 제21조(1972. 12. 30. 법률 제2435호로 개정된 것)가 재판의 전제가 된다고 하여 위 법원에 위헌심판제청을 신청하였으나, 위 법원은 1997. 10. 1. 위 신청을 기각하였고(97카기3279), 청구인들은 같은 달 19일 그 결정문을 송달받고 같은 달 29일 이 사건 헌법소원심판을 청구하였다.

(2) 헌법재판소 결정요지

1) 토지재산권에 내재한 공공성 및 사회적 의무성

토지재산권의 강한 사회성 내지는 공공성으로 인해 다른 재산권에 비하여 보다 강한 제한과 의무가 부과될 수 있다.

2) 개발제한구역 지정으로 인한 토지재산권 제한의 성격과 한계

개발제한구역에 관한 「국토의 계획 및 이용에 관한 법률」 제38조는 「헌법」 제23조 제1항, 제2항에 따라 토지재산에 관한 권리와 의무를 일반·추상적으로 확정하는 재산권 형성규정인 동시에 공익적 요청에 따른 재산권의 사회적 제약을 구체화하는 규정이다. 토지재산권은 강한 사회성, 공공성을 지니고 있다고 해도 다른 기본권 제한의 경우처럼 비례성원칙이 준수되어야 하며, 재산권의 본질적 내용인 사용·수익권과 처분권을 부인하여서는 안 된다.

3) 토지재산권의 사회적 제약의 한계를 정하는 기준

개발제한구역 지정으로 인하여 토지를 종래의 목적으로도 사용할 수 없거나 또는 더 이상 법적으로 허용된 토지이용의 방법이 없어 실질적으로 토지의 사용·수익이 불가능한 경우는 토지소유자가 수인해야 하는 사회적 제약의 한계를 넘는 특별희생이다.

4) 토지재산권에 내재하는 사회적 제약의 범주

개발제한구역 지정으로 인한 개발가능성의 소멸에 따른 지가의 하락이나 지가 상승률의 상대적 감소는 토지재산권에 대한 사회적 제약의 범주에 속하는 것이다. 그러나 장래의 건축, 개발 등에 관한 기대가능성이나 신뢰 및 이에 따른 지가 상승의 기회 등은 원칙적으로 재산권의 보호범위에 속하지 않는다. 헌법재판소에서는 지정 당시의 상태대로 토지를 사용·수익·처분할 수 있는 이상 토지이용의 제한은 원칙적으로 재산권에 내재하는 사회적 제약의 범주를 넘지 않는 것으로 합헌이라고 하였다.

5) 구「도시계획법」 제21조의 위헌성

구「도시계획법」제21조상의 개발제한구역제도 그 자체는 원칙적으로 합헌적인 규정이다. 그러나 종래의 지목과 토지현황에 의한 토지사용이 불가능하거나 실질적으로 사용·수익을 전혀 할 수 없는 예외적인 경우, 아무런 보상 없이 이를 감수하도록 하는 것은 비례의 원칙에 위반하여 토지재산권을 과도하게 침해하는 것으로서 위헌이며, 개발제한구역의 지정으로 인해 토지소유자에게 사회적 제약의 범위를 넘는 가혹한 부담이 발생하는 예외적인 경우에 대하여 보상규정을 두지 않은 것은 위헌이다.

6) 헌법불합치결정의 이유와 그 의미

보상의 구체적 기준과 방법은 입법자가 입법 정책적으로 정할 사항으로서 입법자는 빠른 시일 내에 보상입법을 제정하여 위헌적 상태를 제거하여야 한다. 이에 입법자가 보상입법을 마련하여 위헌적인 상태를 제거할 때까지 위 조항을 형식적으로 존속케 하기 위해 헌법불합치결정을 하였다. 따라서 행정청은 보상입법이 마련되기 전에는 새로 개발제한구역을 지정할 수 없으며, 토지소유자는 보상입법 제정 전에 개발제한구역의 지정이나 그에 따른 토지재산권제한의 효력을 다투거나 현행법에 위반된 자신들 행위의 정당성을 주장할 수 없다.

7) 보상입법의 의미 및 법적 성격

수인의 한계를 넘는 가혹한 부담이 발생하는 예외적인 경우에는 이를 완화하는 보상규정을 두어야 한다. 또한 재산권의 침해와 공익간의 비례성을 회복하기 위한 방법은 헌법상 반드시 금전보상만을 해야 하는 것은 아니며, 지정의 해제 또는 토지매수청구권제도 등 금전보상에 갈음하거나 기타 손실을 완화하는 제도 등 여러 방법의 사용이 가능하다.

(3) 헌법재판소 결정의 법적 의의

1) 특별희생의 기준제시

헌법재판소의 결정에서는 개발제한구역 지정과 손실보상의 문제를 전체적으로 조망하여 「헌법」제23조 제3항과 연계하여 이해하였다. 이는 종전입장(제23조 제2항과 연계)에 비해 진일보한 태도이다. 또한 재산권에 대한 사회적 제약과 특별희생의 구별의 기준으로 비례성의 원칙(실질적기준설)을 제시하였다. 특별희생의 기준에 관해 '형식적기준설과 실질적기준설의 병합'이라는 종전 학계의 입장(통설)을 정리하여 '목적위배설("…종래의 이용방법에 따른 토지사용도 할 수 없거나…")'과 '상황구속성설("…종래의 지목과 토지현황에 따른 이용이 가능한 한…")' 및 '수인가능성설("…실질적으로 사용·수익을 전혀 할 수 없거나…")'의 결합으로 구체화하여 제시하였다. 그러나 이론의 조합에 있어 뚜렷한 근거의 제시나 엄밀한 논증이 없는 단순한 조합으로서의 한계도 표출(비례성의 원칙에 관한 독일연방헌법재판소의 최근입장을 반영 : BVerfGE 100, 226)하고 있다.

2) 손실보상규정의 흠결에 대한 대책 제시

손실보상이 필요한 재산권제한(특별희생)에 대해 손실보상규정을 두고 있지 않은 법률규정은 위헌이라는 기본입장을 천명하였다. 이에 종래의 '직접효력규정설'과 '위헌무효설' 및 '유추적용설(수용유사침해론)'간의 이론적 대립에 대해 문제해결의 실마리를 제공하였고 보상규정에 대한 입법부작위를 위헌으로 판시('위헌무효설'의 입장과 연계)하였다.

3) 구「도시계획법」제21조의 위헌성 확인과 정책적 대안 제시

공공의 필요에 의한 개발제한구역의 지정과 이로 인한 재산권제한은 원칙적으로 합헌임을 밝혔으며, 토지재산권에 대한 예외적인 가혹한 침해를 손실보상과 연계하여 소위 불가분조항(동시조항:Junk-timal klausel)의 적용영역을 구체화하였다. 또한 헌법불합치결정을 통해 문제의 확대를 정책적으로 조율하여 국회와의 마찰을 피하고 개발제한구역의 원칙적 합헌을 전제로 그 제도적 존속을 보장하였으나, 입법부작위에 대한 적극적 사법심사의 시도를 회피하는 한계를 표출하였다. 그 외에도 보상의 방식에 대한 정책적 대안을 제시하여 가치보상(금전보상 등)에 관한 「헌법」 제23조의 규정("…정당한 보상을 지급하여야 한다…")을 확대하여 다양한 조절적 보상책(존속보장의 보완)을 제시하였는데, 이는 보상에 관한 재정적 부담의 축소와 권리회복적 차원에서의 조절보상으로 독일연방헌법재판소의 최근입장을 반영한 것이다.

3. 손실보상청구권의 성질

(1) 공권설

손실보상은 그 원인행위인 권력작용(토지수용, 징발 등)의 법적 효과로 보아야 하기 때문에 손실보상청구권은 공법상의 권리라고 하는 견해로, 그에 관한 소송은 특별한 규정이 없는 한 당사자소송이다.

(2) 사권설

손실보상의 원인행위가 공법적인 것이라 하더라도, 그에 대한 손실보상까지 공법관계에 속한다고 볼 수 없다 하여 그것을 당사자의 의사 또는 직접 법률의 규정에 의거한 사법상의 채권·채무관계로 보아, 손실보상청구권을 사법상의 권리로 보는 견해이며, 그에 관한 소송은 민사소송이다.

(3) 판례

판례는 종래 손실보상청구권을 사권으로 보아 민사소송으로 다루어 왔으나, 최근 하천구역 편입토지에 대한 손실보상청구사건에서 "하천법 각 규정들에 의한 손실보상청구권은 공법상의 권리임이 분명하므로 그에 관한 쟁송도 행정소송절차에 의하여야 하며…위 규정들에 의한 손실보상청구권은 토지가 하천구역으로 된 경우에는 당연히 발생되는 것이지 관리청의 보상금지급결정에 의하여 비로소 발생하는 것은 아니므로, 위 규정들에 의한 손실보상금의 지급을 구하거나 손실보상청구권의 확인을 구하는 소송은 행정소송법 제3조 제2호 소정의 당사자소송에 의하여야 한다"라고 판시하여 공권설로 입장을 변경하였다.

[판례]

"[1] 법률 제3782호 하천법 중 개정법률은 그 부칙 제2조 제1항에서 개정 하천법의 시행일인 1984. 12. 31. 전에 유수지에 해당되어 하천구역으로 된 토지 및 구 하천법의 시행으로 국유로 된 제외지 안의 토지에 대하여는 관리청이 그 손실을 보상하도록 규정하였고, '법률 제3782호 하천법 중 개정법률 부칙 제2조의 규정에 의한 보상청구권의 소멸시효가 만료된 하천구역 편입토지 보상에 관한 특별조치법' 제2조는 구 하천법 부칙 제2조 제1항에 해당하는 토지로서 개정 하천법 부칙 제2조 제2항에서 규정하고 있는 소멸시효의 만료로 보상청구권이 소멸되어 보상을 받지 못한 토지에 대하여는 시·도지사가 그 손실을 보상하도록 규정하고 있는바, 위 각 규정들에 의한 손실보상청구권은 모두 종전의 하천법 규정 자체에 의하여 하천구역으로 편입되어 국유로 되었으나 그에 대한 보상규정이 없었거나 보상청구권이 시효로 소멸되어 보상을 받지 못한 토지들에 대하여, 국가가 반성적 고려와 국민의 권리구제 차원에서 그 손실을 보상하기 위하여 규정한 것으로서, 그 법적 성질은 하천법 본칙이 원래부터 규정하고 있던 하천구역에의 편입에 의한 손실보상청구권과 하등 다를 바가 없는 것이어서 공법상의 권리임이 분명하므로 그에 관한 쟁송도 행정소송절차에 의하여야 한다.
[2] 하천법 부칙(1989. 12. 30.) 제2조와 '법률 제3782호 하천법 중 개정법률 부칙 제2조의 규정에 의한 보상청구권의 소멸시효가 만료된 하천구역 편입토지 보상에 관한 특별조치법' 제2조, 제6조의 각 규정들을 종합하면, 위 규정들에 의한 손실보상청구권은 1984. 12. 31. 전에 토지가 하천구역으로 된 경우에는 당연히 발생되는 것이지, 관리청의 보상금지급결정에 의하여 비로소 발생하는 것은 아니므로, 위 규정들에 의한 손실보상금의 지급을 구하거나 손실보상청구권의 확인을 구하는 소송은 행정소송법 제3조 제2호 소정의 당사자소송에 의하여야 한다. "(대법원 2006. 5. 18. 선고 2004다6207전원합의체 판결).

제2절 | 손실보상의 요건

Ⅰ. 개설

공공필요를 위한 재산권의 공권적 침해로 인하여 개인에게 특별한 희생이 발생하고, 이러한 공용침해가 법률에 근거하여야 한다.

Ⅱ. 구체적 요건

1. 재산권에 대한 공권적 침해

(1) 재산권의 의의

재산권은 소유권, 기타 법에 의하여 보호되는 일체의 재산적 가치 있는 권리로, 현존하는 구체적인 재산적 가치를 말한다. 따라서 기대이익과 같은 것은 여기서의 보호대상이 되지 않는다. 그러나 「토지보상법」상의 보상의 대상은 토지소유권만이 아니라, ① 토지에 관한 소유권 이외의 권리, ② 토지와 함께 공익사업을 위하여 필요로 하는 입목, 건물 기타토지에 정착한 물건 및 이에 관한 소유권 이외의 권리, ③ 광업권, 어업권 또는 물의 사용에 관한 권리, 영업상의 손실 등이 포함된다.

(2) 공권적 침해

재산권에 대한 '공권적 침해'의 침해란 일체의 재산적 가치의 감소를 말하며, 공권적이라는 것은 공법상의 것을 의미한다. 그러나 토지 등을 공적 목적에 사용하기 위하여 사법상의 방법으로 취득하는 경우에 지불하는 대금과 같은 것은 여기에서 말하는 보상에는 포함되지 않는다.

전형적인 재산권에 대한 공권적 침해는 재산권에 대한 수용·사용·제한을 포함하고, 수용이란 재산권의 박탈을, 사용은 재산권의 박탈에 이르지 아니하는 일시적 사용을, 제한은 소유권자 기타 권리자에 의한 사용·수익의 제한을 의미한다. 여기에서는 환지나 환권 등의 방법에 의하여 재산가치가 감소되는 경우도 포함하며, 재산 가치를 박탈·감소시키는 일체의 공권력의 발동이 공권적 침해에 해당한다.

그리고 개인의 재산권에 대한 침해가 공권력의 주체에 의하여 의욕되고 지향되었거나, 아니면 최소한 상대방의 재산상의 손실에 대한 직접적인 원인이 되어야 한다.

2. 공공의 필요

재산권에 대한 공권적 침해는 '공공의 필요'를 위하여 또는 '공익'을 위하여 행해져야 한다. 따라서 순수 국고목적을 위해 행해지는 것은 여기에 해당하지 않는다. 그러나 우리 판례는 순수 국고목적을 위해 외국인을 대상으로 하는 워커힐관광 및 서비스 제공사업을 공익사업으로 인정한 바 있다. 이는 긍정적인 판례로 인정할 수는 없으며, 공공필요는 단순히 국유재산의 증대를 목적으로 하는 것이 아니라 특별한 공익목적을 실현하기 위한 것이어야 한다.

여기서 공공필요의 개념은 매우 광범위하고 불확정적인 것으로 개별 수용법률에서 입법자의 의도에 따라 공공필요를 규정하고 설정하여야 하지만, 공용침해를 통해서 얻어지는 이익으로서의 공익과 재산권자의 재산권보유에 따르는 이익으로서의 사익간의 이익형량을 통해서 '공공필요' 여부가 결정되어야 한다.

[판례]

> "워커힐관광, 서비스 제공사업을 한국전쟁에서 전사한 고 워커 장군을 추모하고 외국인을 대상으로 하여 교통부 소관 사업으로 행하기로 하는 정부방침 아래 교통부장관이 「토지수용법」제3조 제1항 제3호 소정의 문화시설에 해당하는 공익사업으로 인정하고 스스로 기업자가 되어 본건 토지수용의 재결신청을 하여 중앙토지수용 위원회의 재결을 얻어 보상금을 지급한 사실을 인정하였음은 정당하고, 사실관계가 이렇다면 본건 수용재결은 적법·유효한 것이다." (대법원 1971. 10. 22. 선고 71다1716판결).

3. 적법성(법률의 근거)

개인의 재산권에 대한 침해는 적법한 것이어야 한다. 적법한 것이라고 함은 법률에 근거한 것임을 의미한다. 따라서 「헌법」은 공용침해에 대한 보상과 관련하여 "보상은 법률로써 하되, 정당한 보상이 지급되어야 한다(제23조 제3항)."라고 규정하고 있어 보상규정이 법률상 존재하는 것이 손실보상의 중요한 요건이 된다.

[판례]

① "「도시계획법」제21조 제1항, 제2항의 규정에 의하여 개발제한구역 안에 있는 토지의 소유자는 재산상의 권리행사에 많은 제한을 받게 되고, 그 한도 내에서 일반토지소유자에 비하여 불이익을 받게 되었음은 명백하지만, '도시의 무질서한 확산을 방지하고 시주변의 자연환경을 보전하여 도시민의 건전한 생활환경을 확보하기 위하여, 또는 국방부장관의 요청이 있어 보안상 도시의 개발을 제한할 필요가 있다고 인정되는 때'(「도시계획법」제21조 제1항)에 의하여 가하여지는 위와 같은 제한은 공공복리에 적합한 합리적인 제한이라고 볼 것이고, 그 제한으로 인한 토지소유자의 불이익은 공공의 복리를 위하여 감수하지 아니하면 안 될 정도의 것이라고 인정되므로 손실보상의 규정을 하지 아니하였다 하여 「도시계획법」제21조 제1항, 제2항의 규정을 「헌법」제23조 제3항이나 제37조 제2항에 위배되는 것이라고 할 수 없는 것이다." (대법원 1990. 5. 8. 선고 89부2판결),고 71다1716판결).

② "구「하천법」부칙(1984.12.31) 제2조는 제1항의 규정상 「하천법」제2조 제1항 제2호 (나)목 소정의 하천부속물의 부지에 관하여는 명시적인 보상규정이 없다고 하더라도, 그것이 유수지 및 제외지와 더불어 하천구역이 되어 국유로 된 이상 그로 인하여 소유자가 입은 손실은 보상되어야 하고, 그 보상방법을 유수지 및 제외지 등에 관한 것과 달리할 아무런 합리적인 이유를 찾아 볼 수 없으므로, 1971. 1. 19. 법률 제2292호로 공포된 구「하천법」의 시행일인 같은 해 7. 20. 이전에 그 제방을 축조한 관리청은 위 개정된 구「하천법」부칙 제2조 제1항을 유추적용하여 그 제방 부지의 소유자에게 그 손실을 보상하여야 한다고 봄이 상당하다." (대법원 1995. 11. 24. 선고 94다34630판결, 동지판례 : 대법원 1996. 6. 28. 선고 94다54511판결).

4. 특별한 희생

타인의 재산권에 대한 공권적 침해로 인하여 '특별한 희생'이 발생하여야 한다. 특별한 희생은 '사회적 제약을 넘어서는 손실'이다. 그러므로 구체적으로 특별한 희생과 사회적 제약을 어떠한 기준에 의해 구별하는지에 대해 견해가 대립하고 있다.

(1) 경계이론과 분리이론

재산권의 "사회적 제약"과 "공용침해의 구분"은 엄격히 말하자면 「헌법」상의 "보상부 공용침해"와 "수인가능한 공용제약"을 구분하는 것이다. 따라서 양자의 구별은 결국 보상의 가부(可否)에 관한 문제이며 실체적으로는 「헌법」 제23조 제1항과 제2항(GG §14 Ⅰ·Ⅱ)의 적용영역인지, 「헌법」 제23조 제3항(GG §14 Ⅲ)의 적용영역인지에 관한 문제이다.

이러한 양자의 구분에 관해 독일의 연방통상법원(BGH)의 판례에 입각한 '경계이론'과 연방헌법재판소(BVerfG)의 입장인 '분리이론'이 대립하고 있다. 국내에서도 주로 수용유사침해론의 인정여부와 관련하여 유사한 이론적 대립이 존재하고 있다.

독일 기본법(GG) 제14조	「헌법」 제23조
제1항: 소유권과 상속권은 보장된다. 그 내용과 한계는 법률로 정한다. **제2항**: 소유권은 의무를 포함한다. 그 행사는 동시에 공공복리에 이바지하여야 한다. **제3항**: 공용수용은 공공복리를 위하여서만 허용된다. 그것은 보상의 방법과 정도를 정하는 법률 또는 법률을 근거로 해서만 행하여진다. …	**제1항**: 모든 국민의 재산권은 보장된다. 그 내용과 한계는 법률로 정한다. **제2항**: 재산권의 행사는 공공복리에 적합하도록 하여야 한다. **제3항**: 공공필요에 의한 재산권의 수용·사용 또는 제한 및 그에 대한 보상은 법률로써 하되, 정당한 보상을 지급하여야 한다.

1) 경계이론

재산권의 사회적 제약의 범주와 공용침해의 범주는 별도의 영역이 아니며, 양자 간에 정도의 차이가 있을 뿐이고 특별희생(Sonderopfer)의 발생이라는 경계(Schwelle)를 넘어선 재산권침해의 경우에는 보상을 요하는 공용침해라는 견해이다.

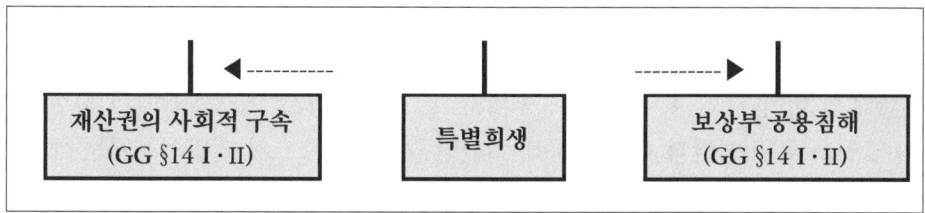

2) 분리이론

독일 기본법상의 보상부 공용침해로서의 협의의 공용수용(GG §14 III)과 다른 공용제약(재산권의 사회적 구속, GG §14 I,II)을 별개의 것으로 구분하면서, 보상은 협의의 수용(Enteignung)에 대해서만 인정되며 그 외 특별희생을 발생시키는 공용침해행위는 위헌·위법한 것으로서 보상이 아닌 위법성제거의 대상이라는 견해이다. 그러나 특별희생을 수반하는 수용 아닌 공용침해에 대한 보상에 관해서는 명확한 입장을 밝히고 있지는 않다.

	수용(GG § 14 III)	재산권의 사회적 구속(GG § 14 I·II)
대상 (요건)	- 적법한 고권적 법률행위로서의 수용 - 재산적 가치 있는 권리에 대한 침해 - 소유권의 완전한 또는 부분적 박탈 - 특정한 공적 책무달성을 지향하는 행위	- 수용에 해당하지 않는 개별·구체적 규율 - 의도되지 않은 재산권의 박탈과 제한 등 - 법적으로 예견된 재산권의 일반적 제약
특별 희생성	인정	부정 (특별희생발생은 위헌·위법→행정소송)
보상 여부	인정	부정 (특별희생에 대한 보상은 예외적)

(2) 특별희생의 판단기준에 관한 논의

1) 형식적 기준설 - "평등의 원칙"

① 개별행위설(Einzelakttheorie)

동일한 상황 하에 놓인 다수의 수범자 중 특정인 또는 특정집단에게 행정기관이 공익을 위한 개별적 행위를 통해 재산권을 제약함으로서 일반인에게는 예기되지 않는 희생이 과해졌는지에 따라 구분하려는 견해이다.

② 특별희생설

독일의 연방최고법원(BGH)이 개별행위설을 계승·발전시켜 정립한 견해이다. 이 견해는 공익을 위하여 특정인 또는 특정 다수인에 대해 타인이나 타 집단에 비해 그들을 불평등하게 다루고, 수인할 수 없는 희생을 강제하는 경우에는 이를 재산권의 침해·제한행위로 보아 보상을 요하는 공용침해행위로 본다. 이 견해는 재산권의 침해가 평등원칙에 위배되는 경우인가 아닌가에 의해 양자의 구분의 기준을 찾으려는 입장이다. 따라서 공익목적상 절대적 평등취급이 불가능한 경우에는 가치평등이 주어져야 한다는 것이다. 하지만 이 견해는 사회적 제약을 넘어서는 특별한 희생이 존재하는가에 대한 판단에 있어 그 구체적 기준이 충분하지 않다는 비판이 있다.

2) 실질적 기준설 - "비례성의 원칙"

제한의 성질·정도를 기준으로 하여 결정하여야 한다는 입장으로 보호가치성설, 수인한도성설, 목적위배설, 사적효용설, 중대성설, 상황구속설로 나뉜다.

① 보호가치성설

옐리네크(W. Jellinek)가 주장한 것으로, 개인의 재산권 중 보호가치 있는 부분에 대한 제한은 보상되어야 한다는 견해이다. 이 견해는 수인한도성설의 이론적 근거를 제시하고 있다. 그러나 이에 대해 보호가치 있는 부분은 상대적이고 가변적이라는 비판이 있다.

② 수인한도성설

슈퇴터(R. Stödter), 마운츠(Maunz) 등이 주장한 것으로, 재산권의 제한이 보상을 요하는가의 문제는 그 침해가 보상 없이도 수인될 것으로 기대할 수 있는 것인지 여부에 따라 결정되어야 한다고 보는 견해이다. 이는 상대방의 수인(受忍)의 한도(배타적 지배가능성)와 관련된 견해로 '중대성설'의 이름으로 독일 연방행정재판소가 채택한 이론(BVerwGE 5, 143, 145f.; BVerwGE 15, 1 ; DÖV 1974, 390f)이기도 하다. 즉, 특별희생과 사회적 제약을 구분하는데 있어 공익을 위한 재산권의 침해가 중대하고 그 범위에 비추어 사인이 수인할 수 없는 정도의 것이라면 보상해주어야 한다는 것이다.

③ **목적위배설**

쿠처(Kutscher)가 주장한 것으로, 재산권에 가해지는 공권적 침해가 재산권의 본래의 기능 또는 목적에 위배되는 것인가 아닌가에 의해 구별하려는 견해이다.

④ **사적효용설**

헌법이 보장하는 사유재산제도의 본질을 사적효용설에 구하고, 이것을 침해하는 것인지 아닌지에 의해 공용침해인지의 여부를 구별하고자 하는 입장으로서 '주관적 이용목적의 실현가능성'(경제적 형성의 자유) 존부를 기준으로 한다.

⑤ **상황구속설**

연방통상법원(BGH)의 수정견해로 재산권의 성질, 주변여건(특히 지리적 여건) 및 상태 등과 관련성을 고려하여 객관적 사용가능성에 대한 금지 또는 본질적 제한 여부에 따라 사회적 제약에의 해당여부를 결정하고자 하는 견해이다.

3) 사회적 구속설 - "기본권 제한"

기본권 침해에 관한 일반론에 의해 재산권 침해의 유무를 판단하여, 재산권에 대한 사회적 제약의 해당여부를 결정하고자 하는 견해이다.

(3) 소결

공용침해(보상부 침해)와 사회적 제약(무보상부 침해)과의 구분의 문제는 일차적으로 법률로 정할 사항이다. 그러나 당해 법률의 합법성이 문제되거나 보상에 관한 규정을 결하는 경우에 보상여부의 결정에 있어서는 위의 제법리를 상호보완적으로 적용하여 구체적으로 판단한다.

1998년의 헌법재판소결정은 손실보상의 대상에 관한 종래 학계의 입장을 명확히 정리(비례성의 원칙에 입각한 실질적 기준설 및 관련 세부학설의 병합)하였다는 점과 손실보상의 근거에 관한 오랜 논란에 대해 중요한 판단의 근거를 제시(입법부작위에 대한 위헌의 입장을 근거로 위헌 무효설에 기여)하였다는 점에서 매우 비중 있는 판례로 평가된다.

Ⅲ. 손실보상의 대상

1. 대인적 보상

토지 등 수용목적물의 객관적 가치를 기준으로 하지 아니하고, 피수용자의 수용목적물의 주관적 가치를 기준으로 행해지는 경우의 보상을 '대인적 보상'이라 한다. 이는 토지소유자가 당해 토지를 사용함으로써 현실적으로 향유하고 있는 편익가치, 즉 당해 토지에 대한 주관적인 이용가치가 보상의 기준 또는 대상이 되는 것이다.

2. 대물적 보상

수용목적물에 대한 피수용자의 주관적 가치가 아니라, 수용목적에 대한 객관적 시장가격(공용제한의 경우는 객관적인 가격저락)이 보상의 기준이 된다고 하는 것이다. 그러나 철저한 대물적 보상이 피수용자에 대한 정당한 보상이 되지 못하는 경우가 많이 있을 수 있다. 따라서 대물적 보상을 원칙으로 하는 경우에 있어서도 직접 수용의 대상이 되는 재산권에 대한 보상 이외에, 이전료보상, 잔여지보상, 영업보상 등 부대적 손실에 대한 보상을 하여야 한다.

3. 생활보상

대물적 보상이 가지는 문제점을 해결하기 위해서 등장한 개념으로, 공용침해로 인하여 생활근거를 상실하게 되는 재산권의 피수용자 등에 대하여 생활재건에 필요한 정도의 보상을 행함을 의미한다. 생활보상을 광의로 이해하는 입장에서는 ① 주거의 총체가치의 보상, ② 영업상 손실의 보상, ③ 이전료보상, ④ 소수잔존자 보상 등을 생활보상의 내용으로 보고 있다. 생활보상개념을 협의로 이해하는 입장에서는 넓은 의미의 생활보상으로부터 부대적 손실의 보상의 상당부분을 제외한다. 이주대책 등을 생활보상의 주된 내용으로 본다.

[판례]

"사업시행자 스스로 공익사업의 원활한 시행을 위하여 필요하다고 인정함으로써 생활대책을 수립·실시할 수 있도록 하는 내부규정을 두고 있고 내부규정에 따라 생활대책대상자 선정기준을 마련하여 생활대책을 수립·실시하는 경우에는, 이러한 생활대책 역시 "공공필요에 의한 재산권의 수용·사용 또는 제한 및 그에 대한 보상은 법률로써 하되, 정당한 보상을 지급하여야 한다."고 규정하고 있는 「헌법」제23조 제3항에 따른 정당한 보상에 포함되는 것으로 보아야 한다. " (대법원 2011. 10. 13. 선고 2008두17905판결)

IV. 손실보상의 기준과 내용

1. 학설

(1) 완전보상설

피침해재산이 가지는 완전한 가치를 보상해야 한다는 견해이다. 완전한 보상은 ① 피침해재산 자체의 손실, 즉 피침해재산이 가지는 객관적 시장가치만을 내용으로 하고, 부대적 손실은 포함되지 않는다고 보는 견해와 ② 침해에 의해 직접적·필연적으로 발생한 손실의 전부, 즉 부대적 손실(영업손실·이전비용 등)까지도 포함한다는 견해가 있다.

(2) 상당보상설

재산권의 사회적 구속성과 침해행위의 공공성에 비추어 사회국가원리에 바탕을 둔 기준에 따른 적정한 보상이면 족하다는 학설이다. ① 사회통념에 비추어 객관적으로 타당하면 완전보상을 하회할 수 있다고 보는 견해와 ② 완전보상을 원칙으로 하지만 합리적인 이유가 있을 경우에는 완전보상을 하회할 수 있다고 보는 견해를 포함한다.

(3) 결어

손실보상은 공익실현을 위하여 그 귀책사유 없이 특정인의 재산권에 가하여진 특별한 손실을 전보하여 주는 것이라는 점을 감안하면, 그 보상은 완전한 보상이어야 한다. 또한 완전보상의 내용도 피침해재산의 객관적 가치에 한정되지 않고, 부대적 손실까지 포함하는 것이어야 한다.

2. 현행법상의 주요원칙

(1) 정당한 보상의 원칙

「헌법」은 공용침해 및 보상은 법률로써 하되, 정당한 보상을 지급할 것을 규정하고 있다(제23조 제3항).

(2) 개발이익배제의 원칙

보상기준을 책정함에 있어 개발이익은 배제되어야 한다. 공공사업 등으로 인하여 지가 등이 상승한 경우에, 그러한 개발이익은 보상의 책정에 있어 배제될 필요가 있다.

[판례]

"「헌법」제23조 제3항의 정당한 보상은 완전보상을 뜻하는 것이나 개발이익을 보상액에서 배제하는 것은 정당보상의 원리에 어긋나는 것이 아니며…" (헌법재판소 1990. 6. 25. 89헌마107결정).

(3) 생활보상의 원칙

생활보상이란 공용침해로 인하여 생활근거를 상실하게 되는 재산권의 피수용자 등에 대하여 이주대책을 수립하는 등 생활재건을 위한 조치를 그 보상의 내용으로 함을 의미한다. 이 원칙은 댐의 설치로 인해 전 부락이 수몰하는 경우와 같이 전래의 거주지를 떠나 생활을 재건해야 하는 경우에만 적용되어야 할 것이다.

V. 손실보상에 대한 불복

보상액의 결정은 일차적으로 당사자 간의 협의에 의해 결정됨이 원칙이다. 그러나 그것이 이루어지지 않는 경우에 있어서의 행정청의 결정·재결에 대해서는 행정심판·행정소송 등의 방법으로 불복할 수 있다.

「토지보상법」은 이의신청의 재결에 대하여 불복이 있을 때에는 행정소송을 제기할 수 있음을 규정하고 있다(같은 법 제85조 제1항). 또한 그에 의하여 제기하고자 하는 행정소송이 보상금의 증감에 관한 소송인 경우 당해 소송을 제기하는 자가 토지소유자 또는 관계인인 때에는 사업시행자를, 사업시행자인 때에는 토지소유자 또는 관계인을 각각 피고로 한다고 규정하고 있다(같은 법 같은 조 제2항).

제3절 | 손해전보를 위한 그 밖의 제도

Ⅰ. 개설

1. 위법·무책의 공무원의 직무행위의 경우

「국가배상법」은 공무원의 위법·유책(법령위반, 고의·과실)의 직무행위로 인하여 손해를 입은 사람에 대한 배상에 관하여 규정하고 있다(제2조 제1항). 따라서 공무원의 위법·무책(무과실)의 직무행위로 인하여 발생한 손해에 대한 구제책으로서는 기능할 수 없게 되어 있다.

2. 비의욕적 공용침해의 경우

행정주체가 의도하지 않고 또한 예상하지 못한 손실이 행정작용에 수반하여 발생할 수 있다.

3. 비재산적 법익에 대한 적법한 침해의 경우

손실보상은 적법행위를 통한 재산권에 대한 침해(제약)의 존재를 전제로 하고 있다. 따라서 적법한 행정작용으로 인한 비재산적 법익에 대한 침해가 일어나는 경우, 기존의 손해배상, 손실보상의 제도로써는 구제 받기가 어렵다.

Ⅱ. 수용유사 및 수용적 침해에 대한 보상

1. 수용유사침해에 대한 보상

수용유사침해에 대한 보상은 실정법상의 흠결(Lücke)을 보완하기 위해 탄생한 법리로 위법·무책한 공용침해(공공필요에 의한 재산권의 수용·사용·제한)로 인해 특별한 희생을 입은 자를 보상하기 위한 의미이다. 이는 적법한 공권력행사로 인한 손실보상, 즉 공용침해에 관한 일반적 요건을 충족하고 있으나, 다만 한 가지 그 원인행위가 위법하다는 점이 다르다. 법률에 근거하여 개인의 재산권에 특별한 희생을 가하지만 대부분 보상규정을 결하고 있는 공용제한과 같은 것이 그에 해당한다.

이 법리는 '경계이론'에 의해 인정된 특별희생에 대한 보상으로서 관습법상의 희생보상청구권(Aufopferungsanspruch)을 그 이론적 기초로 하고 있다.

2. 수용유사침해의 구성요건

위법한 공용침해로 인한 타인의 재산권에 대한 특별한 희생의 발생이 수용유사침해의 구성요건이다. 본래의 의미의 공용침해로 인한 손실보상의 청구요건 가운데 '침해의 위법성'만이 다른 셈이다. 여기서의 '위법'은 공용침해의 근거법률이 「헌법」이 요구하는 공용침해의 요건을 충족하지 못하여 위헌이 되고, 그러한 법률에 근거한 공용침해가 결과적으로 위헌이 된다는 의미의 위법이다.

수용유사침해의 전형적인 모습은 '위법·무책의 침해'이며, 이는 '적법한 침해'의 본래의 의미인 공용침해 및 '위법·유책의 침해'인 직무상 불법행위와 구별된다. 「헌법」에 제도화 되어 있는 적법한 공용침해(같은 법 제23조 제3항), 공무원의 직무상 불법행위로 인한 손해배상(같은 법 제29조)만을 고수한다고 할 때, 위법(무책)한 공용침해로 인해 특별한 희생을 받은 자에 대해 구제의 길이 없어지는 결과가 된다. 실정법상의 흠결(Lücke)을 메우기 위해 탄생한 것이 수용유사침해의 법리라고 할 수 있다.

3. 국가배상과의 구별

(1) 청구권의 성립요건

수용유사침해는 공공필요를 위해 생긴 희생에 대한 보상이다. 국가배상은 공무원이 그 직무를 집행함에 당하여 고의 또는 과실로 법령에 위반하여 타인에게 가한 손해에 대한 배상으로, 전자는 '보상규정'을 결한 점만 제외하면 본래의 공용침해의 보상과 같다.

(2) 보상의 범위

배상은 완전배상을 원칙으로 한다. 하지만 보상은 완전보상을 원칙으로 하되 그에 상·하회할 수도 있다. 국가배상의 경우는 기대이익의 상실도 배상의 대상이 되지만, 보상에 있어서는 그것이 부인된다.

(3) 청구의 절차

국가배상은「국가배상법」에 정해진 전심절차를 거쳐야 한다. 그러나 수용유사침해의 경우는 보상규정이 없으므로「행정소송법」상의 당사자소송에 의하는 수밖에 없을 것이다.

(4) 청구권의 소멸시효

국가배상은「민법」제766조에 의하여 3년의 소멸시효를 가지며 수용유사침해에 대한 보상의 소멸시효는「국가재정법」제96조의 국가에 대한 금전채권으로서 5년이다.

4. 독일연방헌법재판소판결의 영향

(1) 독일 연방헌법재판소의 자갈채취사건결정

연방법원의 수용유사침해이론은 1981년 7월 15일 연방헌법재판소의 자갈채취사건결정(BverFGE 58, 300)에 의해 심각한 타격을 받았다. 자갈채취사건결정에 영향을 받아 연방법원은 취소소송과 보상간의 선택권을 제한했으나 그렇다고 해서 수용유사침해에 의한 손실보상의 청구를 일반적으로 부정한 것은 아니며, 수용유사침해에 의한 손실보상이 배제되는 것은 오로지 재산권침해행위에 대한 행정쟁송의 제기가 가능하고 수인가능(zumutbar)하다고 인정되는 경우에 한한다는 입장을 계속 유지해 왔다.

(2) 수용유사침해에 대한 보상법리의 수용여부

1) 학설

부정설은 수용유사침해의 법적 근거가 독일 기본법 제14조 제3항이 아니라 관습법상의 희생보상청구권에 있다고 보아, 독일에서와 같이 판례법이나 관습법으로 희생보상청구권 법리의 발전도 없는 우리나라에서 수용유사침해의 법리에 의하여 손실보상을 청구할 수 없다고 보는 입장이다.

2) 판례

서울고등법원은 수용유사침해법리를 원용하여 손실보상을 인정하였다.

[판례]

> "피고 대한민국의 이 사건 주식수용은 개인의 명백히 자유로운 동의는 없이 이루어진 것이고, 나아가 법률의 근거 없이 이루어진 것으로서 개인의 재산권에 대한 위법한 침해이고 이는 결국 법률의 근거 없이 개인의 재산을 수용함으로써 발생한 이른바 수용유사적 침해이므로, 이로 인하여 특별한 희생 즉 손실을 당한 원고는 자연법의 원리나 구 「헌법」제22조 제3항의 효력으로서 국가에게 그 손실의 보상을 청구할 권리가 있다."
> (서울고등법원 1992. 12. 24. 선고 92나20073판결)

그러나 대법원은 이를 파기하였는데, 수용유사침해이론에 대한 인정여부에 대하여는 명시적 판단을 내리지 않았다. 대법원은 이 사건에서 공권력 행사의 존재를 부정함으로써 수용유사침해이론에 대한 법적 판단에 들어가지도 않고 결론을 내렸다.

[판례]

"수용이라 함은 공권력의 행사에 의한 행정처분의 일종인데, 비록 증여계약의 체결과정에서 국가공무원의 강박행위가 있었다 하더라도 그것만으로는 증여계약의 체결이나 그에 따른 주식의 취득이 국가의 공권력의 행사에 의한 행정처분에 해당한다고 볼 수는 없고 어떤 법률관계가 불평등한 것이어서 「민법」의 규정이 배제되는 공법적 법률관계라고 하기 위하여는 그 불평등이 법률에 근거한 것이라야 할 것이고, 당사자 간의 불평등이 공무원의 위법한 강박행위에 기인한 것일 때에는 이러한 불평등은 사실상 문제에 불과하여 이러한 점만을 이유로 당사자 사이의 관계가 「민법」의 규정에 배제되는 공법적 법률관계라고 할 수는 없다."

"수용유사적 침해의 이론은 국가 기타 공권력의 주체가 위법하게 공권력을 행사하여 국민의 재산권을 침해하였고 그 효과가 실제에 있어서 수용과 다름없을 때에는 적법한 수용이 있는 것과 마찬가지로 국민이 그로 인한 손실의 보상을 청구할 수 있다는 것인데, 1980. 6. 말경의 비상계엄 당시 국군보안사령부 정보처장이 언론통폐합조치의 일환으로 사인 소유의 방송사 주식을 강압적으로 국가에 증여하게 한 것이 위 수용유사행위에 해당되지 않는다." (대법원 1993. 10. 26. 선고 93다6409판결)

5. 수용적 침해에 대한 보상

수용적 침해(enteignender Eingriff)는 적법한 행정작용의 이형적·비의욕적인 부수적 결과로써 타인의 재산권에 가해진 침해이다. 보통의 경우 재산권에 대한 사회적 제약으로 봄으로써 보상의 대상이 되지 않음이 원칙이나, 그 피해의 정도가 심한 경우에는 수용유사침해의 법리에 준하여 보상함이 마땅하다고 본다.

Ⅲ. 비재산적 법익침해에 대한 보상

1. 문제의 상황

행정작용으로 인하여 불이익이 발생한 경우이나 재산권에 대한 침해가 아닌 점에서 「헌법」 제23조 제3항에 의거한 손실보상의 대상이 되지 아니한다. 또한 그와 같은 행정작용을 통해 개인이 입게 된 불이익은 공무원의 위법·유책의 직무행위로 인한 손해의 배상(국가배상)의 요건을 충족하기도 어렵다. 비재산적 법익침해의 경우는 보건복지부장관이 특정한 자(국가기관)의 검정을 받아 판매되고 있는 약품을 사먹었는데 뜻밖의 병에 걸린 경우, 경찰관이 저항하는 범인을 향해 총을 쏘았는데 총탄이 범인을 관통하여 옆의 사람에게 상해를 입힌 경우, 국립병원의 의사가 예방주사를 놓았는데 특이체질의 사람이 그로 인해 병을 얻은 경우 등이 해당된다.

2. 문제해결의 방안

(1) 관련 근거 법규가 있는 경우

「감염병의 예방 및 관리에 관한 법률」의 경우 "예방접종으로 인한 피해에 대한 국가보상"에 관하여 "국가는 제24조 및 제25조에 따라 예방접종을 받은 사람 또는 제40조 제2항에 따라 생산된 예방·치료 의약품을 투여 받은 사람이 그 예방접종 또는 예방·치료 의약품으로 인하여 질병에 걸리거나 장애인이 되거나 사망하였을 때에는 대통령령으로 정하는 기준과 절차에 따라 다음 각 호의 구분에 따른 보상을 하여야 한다."고 규정하고 있다(같은 법 제71조).

(2) 관련 법규정이 없는 경우

독일, 프랑스 등에서는 희생보상청구권, 위험책임 등 관습법, 판례법 등을 통해 문제를 해결한다.

IV. 행정상의 결과제거청구

1. 개설

행정상의 결과제거청구는 위법한 공행정작용의 결과로서 남아 있는 상태로 인하여 자기의 법률상의 이익을 침해받고 있는 자가 행정주체를 상대로 그 위법한 상태를 제거해 줄 것을 청구하는 것이다. 이는 토지의 수용이라는 처분이 취소되었음에도 불구하고 기업자(행정주체)가 그 토지를 반환하지 않아서 그 수용되었던 토지를 반환 받고자 하는 경우와, 공직자의 공석상의 발언으로 자기의 명예를 훼손당한 자가 명예훼손발언의 철회를 요구하고자 하는 경우 등이 해당된다. 여기서 원상회복청구권이란 위법한 권리침해에 따른 사실상의 결과제거, 즉 위법한 침해행위에 의하여 변경된 상태의 원상회복을 목적으로 하는 것이라고 볼 수 있다.

2. 결과제거청구권의 법적근거

「헌법」상의 법치행정원리(제107조 등), 기본권규정(제10조 내지 제37조 제1항), 민법상의 소유권방해제거청구권 등의 관계규정의 유추적용 등에서 그 법적 근거를 찾을 수 있다.

3. 결과제거청구권의 요건

(1) 행정주체의 공행정작용으로 인한 침해

행정주체의 공행정작용으로 인한 침해가 존재해야 하고, 국가 등의 사법적 활동으로 인한 침해는 제외된다.

(2) 법률상의 이익의 침해

공행정작용으로 인하여 야기된 결과적 상태가 타인의 권리 또는 법률상 이익을 침해하고 있어야 한다. 여기에서의 권리 또는 법률상 이익에는 재산적 가치 있는 것뿐만 아니라, 명예 등 정신적인 것까지도 포함된다.

(3) 위법한 상태의 존재

공행정작용의 결과로서 야기된 상태가 위법하여야 한다. 위법성은 처음부터 발생할 수 있으며, 또한 기간의 경과 또는 해제조건의 성취 등에 의해 사후에 발생할 수도 있다. 그러나 침해상태가 위법하나 무효가 아닌 행정행위, 이른바 공정력 있는 행정행위에 의거하고 있는 경우에 있어서의 결과제거의 청구는 위법한 행정행위의 폐지 이후에 또는 양자의 청구를 병합하여 제기하지 않으면 안 된다.

(4) 위법한 상태의 계속

공행정작용의 결과로서 관계자에 대한 불이익한 상태가 계속되고 있어야 한다.

(5) 결과제거의 가능성·허용성·기대가능성

원 상태 또는 동 가치의 상태로서의 회복이 사실상 가능하며, 법적으로 허용되고, 또한 의무자에게 있어서 그것이 기대 가능한 것이어야 한다.

4. 결과제거청구권의 내용과 범위

위법한 행정작용에 의하여 야기된 또는 사후에 위법으로 된 결과적 상태의 제거만을 그 내용으로 한다. 따라서 손해전보의 청구 등은 그 내용이 될 수 없다.

결과제거청구권은 위법한 행정작용의 직접적인 결과의 제거를 그 내용으로 하며, 간접적인 결과, 특히 제3자의 개입을 통해서 초래된 결과의 제거는 그 내용으로 하지 않는다. 예컨대 건축허가와 같은 제3자효행정행위에 의하여 법률상 이익을 침해받은 자가 취소소송에서 승소한 경우 결과제거청구권을 통해서는 상기 제3자효행정행위에 의거하여 건축된 건물의 제거를 청구할 수 없다.

5. 쟁송절차

결과제거청구권을 공권으로 보는 한 행정소송의 일종으로서의 당사자소송을 통해 해결한다. 처분의 취소소송에 당사자소송으로서의 결과제거소송을 병합하여 제기할 수 있다.

V. 행정법상의 채권관계

1. 개설

행정상의 채권관계는 민법상의 채권·채무관계에 유사한 행정과 국민과의 공법상의 법률관계이다.

2. 공법상의 임치

(1) 의의

공법상의 임치는 행정주체 또는 그 소속기관이 어떤 물건을 공법에 의거하여 보관하는 것이다. 여기에는 경찰관에 의한 무기·흉기 등 위험을 야기할 수 있는 것으로 인정되는 물건의 임시영치(「경찰관직무집행법」제4조 제3항)와 행정청에 의한 총포·도검·화약류의 가영치(「총포·도검·화약류 등의 안전관리에 관한 법률」제46조 제2항) 등이 해당되며 사인이 국가 등 행정주체의 물건을 공법에 의거하여 보관하는 경우도 포함한다.

(2) 성립

공법상의 임치관계는 보통 행정행위와 그에 따른 물건의 인도라는 사실행위를 통해서, 또는 압류·압수·영치와 같은 사실행위를 통해서 성립된다. 그러나 예외적으로 공법계약을 통한 임치관계의 설정도 가능하다.

(3) 특색

공법상의 임치가 행정행위를 매개로 하여 성립하는 때에는 임치인의 해지권에 관한 규정(「민법」제698조) 같은 것은 배제된다. 임치인은 계약의 해제가 아니라 행정행위의 취소소송 내지는 공법상의 결과제거청구권의 행사를 통해서 임치관계의 종료를 시도해야 할 것이다.

(4) 쟁송수단

임치인이 공법상의 임치관계를 종료시키기 위해 제기하는 행정처분의 취소소송이나 공법상의 결과제거청구권을 바탕으로 한 당사자소송은 행정소송으로서의 성격을 가진다. 그 한도 내에서 「행정소송법」이 적용되며, 그 밖의 분쟁의 처리에는 임치에 관한 「민법」의 규정 및 「민사소송법」이 적용된다.

3. 공법상의 사무관리

(1) 의의

법률상의 의무 없이 타인을 위하여 사무를 관리함을 의미한다. 공법상의 사무관리에는 ① 행정주체가 타행정주체를 위하여, ② 행정주체가 사인을 위하여, ③ 사인이 행정주체를 위하여 하는 경우 등이 포함된다. 공법상의 사무관리와 사법상의 사무관리는 관리되는 '사무(Geschäft)'가 공법상의 것인가 사법상의 것인가에 따라 구별된다.

(2) 공법상 사무관리의 가능성과 유형

1) 공법상 사무관리의 가능성 여부

공법상의 사무관리, 그 중에서도 국가 등 행정주체가 사인을 위하여 행하는 공법상 사무관리가 존재할 수 있는지가 문제될 수 있다.

2) 공법상 사무관리의 유형

공법상 사무관리의 유형으로는 ① 행정주체의 사인을 위한 사무관리의 예로서의 강제관리(국가의 감독 하에 있는 사업의 강제관리)와 보호관리(행려병자 등의 관리), ② 사인의 행정주체를 위한 사무관리로서는 비상재해시의 사인에 의한 행정사무의 관리 등이 포함된다.

(3) 공법상 사무관리 관계의 특색

공법상의 특별규정이 있는 경우를 제외하고 「민법」상의 사무관리에 관한 규정(같은 법 제734조 이하)을 준용하여 비용상환 등의 문제를 해결한다.

[판례]

"[1] 사무관리가 성립하기 위하여는 우선 사무가 타인의 사무이고 타인을 위하여 사무를 처리하는 의사, 즉 관리의 사실상 이익을 타인에게 귀속시키려는 의사가 있어야 하며

> 나아가 사무의 처리가 본인에게 불리하거나 본인의 의사에 반한다는 것이 명백하지 아니할 것을 요한다. 다만 타인의 사무가 국가의 사무인 경우, 원칙적으로 사인이 법령상 근거 없이 국가의 사무를 수행할 수 없다는 점을 고려하면, 사인이 처리한 국가의 사무가 사인이 국가를 대신하여 처리할 수 있는 성질의 것으로서, 사무 처리의 긴급성 등 국가의 사무에 대한 사인의 개입이 정당화되는 경우에 한하여 사무관리가 성립하고, 사인은 그 범위 내에서 국가에 대하여 국가의 사무를 처리하면서 지출된 필요비 내지 유익비의 상환을 청구할 수 있다.
> [2] 갑 주식회사 소유의 유조선에서 원유가 유출되는 사고가 발생하자 을 주식회사가 피해 방지를 위해 해양경찰의 직접적인 지휘를 받아 방제작업을 보조한 사안에서, 을 회사는 사무관리에 근거하여 국가에 방제비용을 청구할 수 있다고 한 사례." (대법원 2014. 12. 11. 선고 2012다15602판결)

4. 공법상의 부당이득

(1) 의의

공법상의 부당이득이란 법률상 원인 없이 타인의 재산 또는 노무로 인하여 이익을 얻고 이로 인하여 타인에게 손해를 가한 자가 그 이익을 반환해야 하는 경우이다.

(2) 공법상 부당이득반환청구권의 성질

공법상의 부당이득반환청구권이 공권인지 사권인지가 문제될 수 있다. 판례는 부당이득반환청구소송의 일종인 조세과오납금반환청구소송을 민사소송으로 다루고 있다.

[판례]

> "원고들은 무효인 조세부과처분에 의하여 그 세금을 피고에게 납입하였으니 이것을 도로 내놓으라는 것이 이 사건의 청구원인이다. 이러한 청구는 민사소송으로 가능한 것이니 굳이 행정소송으로 청구할 성질의 것은 아니다." (대법원 1970. 9. 22. 선고 70다1605판결).

(3) 공법상 부당이득의 특색

사인의 공법상 부당이득에 있어서는 그것이 행정행위에 기인한 것인지 아닌지 하는 구별이 중요한 의의를 가진다. 비록 흠이 있는 행정행위일지라도 그것이 효력을 지속하고 있는 이상 '법률상 원인 없는 이익'은 구성하지 않기 때문이다. 따라서 공법상 부당이득사건에 있어서의 선결문제는 행정행위의 존재여부, 무효여부에 관한 것이 된다. 이에 공법상의 부당이득이 행정행위를 매개로 하여 발생한 경우에는 행정행위가 효력을 소멸한 이후 또는 행정행위의 취소소송과 더불어 부당이득의 반환을 청구해야 한다.

제 8 편
행정쟁송과 행정심판

| 제1장 행정쟁송 총설

| 제2장 행정심판

제8편 행정쟁송과 행정심판

제1장 행정쟁송 총설

Ⅰ. 행정쟁송의 개요

1. 행정쟁송의 의의

(1) 넓은 의미의 행정쟁송

행정상의 법률관계에 관한 분쟁이나 의문이 있는 경우 이해관계자의 쟁송의 제기에 의해 일정한 재정기관이 그것을 재정하는 절차를 총칭한다. 이에 그 재정기관이 행정청인지 법원인지, 재정절차가 정식절차인지 약식절차인지도 불문한다.

(2) 좁은 의미의 행정쟁송

넓은 의미의 행정쟁송 중에서 특히 일반법원과의 계통을 달리하는 행정조직 내의 특별기관이 행정상의 법률관계에 관한 분쟁을 해결하는 절차를 총칭한다.

2. 행정쟁송의 기능

위법 부당한 행정작용으로부터 국민의 권리 이익을 구제하는 기능을 수행하며, 행정작용의 적법성 및 합목적성의 보장을 통하여 행정통제의 기능을 수행한다.

Ⅱ. 행정쟁송의 종류

1. 행정쟁송의 성질에 의한 분류

(1) 주관적 쟁송과 객관적 쟁송

주관적 쟁송은 쟁송제기자의 권리의 구제를 직접 목적으로 하는 쟁송으로 당사자쟁송과 항고쟁송이 속한다. 객관적 쟁송은 법적용의 적법성 또는 공익의 실현을 직접 목적으로 하는 쟁송으로 민중쟁송과 기관쟁송이 포함된다.

(2) 당사자쟁송과 항고쟁송

당사자쟁송은 상호 대립하는 당사자 간에 법률상의 다툼이 있는 경우에 일방당사자가 타방당사자를 상대로 하여 제3자인 심판기관에 대해 그 다툼에 관한 심판을 구하는 쟁송이다. 항고쟁송은 행정의 공권력 행사를 전제로 하여 그 행위의 위법 또는 부당을 주장하는 자가 그의 심판을 구하는 쟁송이다.

(3) 기관쟁송과 민중쟁송

기관쟁송은 행정법규의 적정한 적용을 확보하기 위하여 국가 또는 자치단체의 기관 상호간의 쟁송이 인정되는 경우의 쟁송으로, 지방의회의 의결의 월권 위법 등을 이유로 지방자치단체의 장이 지방의회를 상대로 제기하는 소송(「지방자치법」 제107조 제3항)을 예로 들 수 있다. 그러나 「헌법」과 「헌법재판소법」에 의하여 국가기관 상호간의 권한쟁의 심판, 국가기관과 지방자치단체간의 권한쟁의 심판, 그리고 지방자치단체 상호간의 권한쟁의 심판은 헌법재판소의 관장사항에 해당하므로 국가기관 상호간의 기관쟁송은 여기서 제외된다.

민중쟁송이란 행정법규의 위법한 적용을 시정하기 위하여 널리 일반민중 또는 선거인에 대하여 쟁송의 제기를 인정하는 경우의 쟁송으로 선거 또는 당선의 효력에 대하여 선거인이 제기하는 선거 쟁송(「공직선거법」 제222조 이하)이 포함된다.

2. 행정쟁송의 절차에 관한 구분

정식쟁송은 ① 절차에 있어서 상호 대립하는 양 당사자 사이에 구술변론의 기회가 부여되어 충분히 그들의 주장을 펼 수 있을 것과 ② 심판을 맡은 기관이 완전히 독립한 지위를 가질 것의 두 가지 요건 모두를 갖출 경우에 해당되며, 이들 요건 중 어느 하나를 결하는 것을 약식쟁송이라 한다. 이에 법원에 의한 행정소송은 전자에 해당하고 행정기관에 의한 행정심판과 이의 신청은 후자에 해당한다.

3. 행정쟁송의 심판기관에 의한 구분

행정심판은 행정기관에 의하여 심리 재결되는 행정쟁송이며, 행정소송은 법원에 의하여 심리 판결되는 행정쟁송이다.

제2장 행정심판

제1절 | 행정심판의 개관

Ⅰ. 행정심판의 의의

1. 행정심판의 개념

(1) 실질적 의미의 행정심판

행정심판은 실정법제도와 관계없이 이론적으로 파악하여 행정기관이 위원회가 되어 심리·재결하는 행정쟁송절차를 말한다. 현행법상 행정심판, 이의 신청, 재결신청, 심사청구, 심판청구 등이 포함된다.

(2) 형식적 의미의 행정심판

형식적 또는 제도적 의미의 행정심판이란 「행정심판법」의 적용을 받는 행정심판을 의미한다. 즉, 위법 또는 부당한 처분 그 밖에 공권력의 행사·불행사 등으로 인한 국민의 권리 또는 이익의 침해를 구제하기 위한 행정기관에 의한 심판절차를 가리킨다.

2. 행정심판과 유사한 제도와의 구별

(1) 이의신청과의 구별

행정심판은 원칙적으로 처분청의 직근상급행정기관의 위원회가 담당하는데 반하여 이의신청은 위법 또는 부당한 처분 등으로 권익을 침해당한 자가 처분청 자신에 대하여 그 재심사를 구하는 쟁송절차를 말한다. 「국세기본법」 제55조 제1항에서는 「국세기본법」 또는 세법에 의한 처분에 대하여 심사청구를 할 수 있는데, 이에 앞서 일정한 경우에는 이의신청도 할 수 있다고 규정하고 있으므로 「국세기본법」또는 세법상의 처분은 처분청의 이의신청이라는 임의적 절차와 국세청장의 심사청구, 조세심판원에서의 심판청구라는 필요적 절차로 나뉜다. 여기서 이의신청과 행정심판(「국세기본법」에서는 심사청구)는 전심과 후심의 관계가 된다.

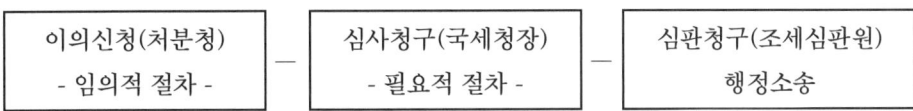

「행정대집행법」제7조 제1항은 대집행에 관하여 불복이 있는 자가 당해 행정청(이의신청에 해당) 또는 그 직접상급행정청에 행정심판을 제기할 수 있다고 규정하고 있으므로, 양자 중 택일할 것이 당사자에게 허용된다.

(2) 청원과의 구별

행정심판은 권리 이익이 침해된 경우에만 제기되지만, 청원은 그에 한하지 않고 법령의 제정 또는 개정이나 공공제도의 개선 등에 대한 희망을 개진하기 위하여도 할 수 있다(「청원법」제4조). 또한 청원은 어느 기관(입법·사법·행정기관, 처분·감독기관 등)에 대해서 어느 때에나 제기할 수 있지만, 행정심판은 그 제기기관 및 기간상의 제한이 있다. 마지막으로 행정심판에 있어서는 심사절차, 재결형식, 통지형식 또는 판정내용에 관하여 법적 제한이 있고 그 판정내용에 대하여는 기속력이 인정된다.

(3) 진정과의 구별

진정이란 널리 법정의 형식과 절차에 의하지 않고 행정청에 대하여 어떠한 희망을 진술하는 것을 말한다. 그것은 법적 구속력이나 효과를 발생시키지 않는 사실행위에 지나지 않는다.

(4) 고충민원처리절차와의 구별

고충민원처리절차는「부패방지 및 국민권익위원회의 설치와 운영에 관한 법률

」에 의해 실시되는 제도로서 국민권익위원회가 고충민원에 대한 상담, 조사, 처리를 하는 제도이다. 국민권익위원회는 고충민원의 처리와 이에 관련된 불합리한 행정제도를 개선하고, 부패의 발생을 예방하며 부패행위를 효율적으로 규제하기 위해 설치된 위원회로, 위원회에서는 고충민원을 접수받아 그 내용을 조사하고 처분 등이 위법·부당하다고 인정할만한 상당한 이유가 있는 경우에는 적절한 시정을 권고할 수 있다(「부패방지 및 국민권익위원회의 설치와 운영에 관한 법률」 제46조 제1항).

[판례]

"국민고충처리제도는 국무총리 소속하에 설치된 국민고충처리위원회로 하여금 행정과 관련된 국민의 고충민원을 상담 조사하여 행정기관의 처분 등이 위법 부당하다고 인정할만한 상당한 이유가 있는 경우에 관계행정기관의 장에게 적절한 시정조치를 권고함으로써 국민의 불편과 부담을 시정하기 위한 제도로서 행정소송의 전치절차로서 요구되는 행정심판청구에 해당하는 것으로 볼 수 없다. 다만, 국민고충처리위원회에 접수된 신청서가 행정기관의 처분에 대하여 시정을 구하는 취지임이 내용상 분명한 것으로서 국민고충처리위원회가 이를 당해 처분청 또는 그 재결청에 송부한 경우에 한하여 「행정심판법」 제17조 제2항 제7호 의 규정에 의하여 그 신청자가 국민고충처리위원회에 접수된 때에 행정심판청구가 제기된 것으로 볼 수 있다." (대법원 1995. 9. 29. 선고 95누53320판결)

3. 행정심판의 존재이유

(1) 권력분립과 자율적 행정통제

행정심판은 행정권 스스로의 손으로 행정에 대한 국민의 권리 이익을 구제하는 제도로서의 의의를 가진다. 또한 행정의 적법성·타당성을 행정권 스스로 자율적으로 보장하려고 하는 행정의 자기통제 내지 행정감독의 제도로서도 의의를 가진다.

(2) 사법기능의 보충, 부담 등의 경감

행정기관은 전문적 기술적 문제의 처리에 적합하게 조직되어 있으므로, 적어도 행정쟁송의 1차적인 단계에서 전문기관인 행정기관으로 하여금 그에 관한 분쟁을 심판하도록 하는 것이 요청된다. 이는 곧 법원의 능력을 보충하는 동시에 아울러 법원 및 당사자의 시간 노력을 절약하여 그 부담을 덜어주는 의미를 가진다.

(3) 행정능률의 보장

사법절차에 앞서 신속 간편한 행정심판을 거치게 함으로써 행정사건에 관한 분쟁을 신속히 해결할 수 있게 함은 일면 행정 능률에 기여한다. 현행 「행정소송법」에 의하면 법령의 규정에 의하여 행정심판을 제기할 수 있는 경우에는 취소소송을 제기하기에 앞서 먼저 행정심판을 받도록 하고(행정심판전치주의) 그 행정심판에 불복이 있는 경우 비로소 행정소송을 고등법원에 제기할 수 있도록 되어 있다. 이는 사실상 고등법원과 대법원의 2심제가 채택되어 있는 바, 이러한 행정심판전치주의 및 행정소송의 심급제도의 문제점을 개선하여 당사자의 자유로운 선택에 따라 행정심판을 먼저 제기하거나 이를 거치지 아니하고 직접 행정소송을 제기 할 수 있도록 하고(임의적 전치주의), 행정소송의 제1심 관할법원을 지방법원급의 행정법원으로 변경하여 행정소송 제3심제를 채택함으로써 국민의 권리구제를 강화하고 국민의 편익을 도모하고자 하였다. 따라서 「행정소송법」 제18조 제1항은 "취소소송은 법령의 규정에 의하여 당해 처분에 대한 행정심판을 제기할 수 있는 경우에도 이를 거치지 아니하고 제기할 수 있다. 다만 다른 법률에 당해 처분에 대한 행정심판의 재결을 거치지 아니하면 취소소송을 제기 할 수 없다는 규정이 있을 때에는 그러하지 아니하다."는 내용으로 개정되었다.

Ⅱ. 행정심판의 대상

1. 개괄주의의 채택

개괄주의는 행정심판대상을 개별화하여 제한하지 아니하고 위법 부당한 처분 또는 부작위를 일반적으로 행정심판사항으로 하는 제도로, 국민의 권리구제의 면에서는 바람직하지만 청구의 남용이나 운영상의 혼란을 야기할 우려가 있다. 열기주의의 경우 법률이 특정한 사항에 대해서만 행정심판의 제기를 허용하는 제도로 국민의 권리구제의 측면에서 취약성을 가진다.

「행정심판법」에서는 "행정청의 처분 또는 부작위에 대하여 다른 법률에 특별한 규정이 있는 경우 외에는 이 법에 따라 행정심판을 제기 할 수 있다."(「행정심판법」 제3조 제1항)고 규정함으로써 행정심판을 제기할 수 있는 사항을 한정해서 명시하지 아니하고 모든 행정청의 위법 또는 부당한 처분에 대하여 행정심판을 제기할 수 있게 하고 있다.

2. 처분과 부작위

처분이란 행정청이 행하는 구체적 사실에 관한 법집행으로서의 공권력의 행사 또는 그 거부, 그 밖에 이에 준하는 행정작용을 말하며(같은 법 제2조 제1호), 부작위는 행정청이 당사자의 신청에 대하여 상당한 기간 내에 일정한 처분을 하여야 할 법률상 의무가 있는데도 처분을 하지 아니하는 것을 말한다(같은 법 같은 조 제2호).

제2절 | 행정심판의 종류

Ⅰ. 취소심판

1. 의의

취소심판은 행정청의 위법 또는 부당한 처분을 취소하거나 변경하는 행정심판(「행정심판법」 제5조 제1호)으로 행정심판의 가장 대표적인 유형이다. 일정한 청구기간 내에 심판청구를 제기한다.

2. 성질

형성적 쟁송설은 취소심판이란 일정한 법률관계를 성립시킨 행정행위의 효력을 다투어 당해 행정행위의 취소·변경을 통하여 그 법률관계를 변경 또는 소멸시키는 점에서 형성적 성질의 것으로 본다. 확인적 쟁송설에서 취소심판이란 그 행정행위 당시에 있어서의 행정행위의 위법성·부당성을 확인하는 성질의 것으로 본다.

3. 재결

행정심판위원회는 취소심판의 청구가 이유 있다고 인정할 때에는 처분을 취소 또는 변경하거나 처분을 다른 처분으로 변경할 것을 피청구인에게 취소 또는 변경을 명할 수 있다(같은 법 제43조 제3항). 즉 위원회는 심판청구의 대상인 위법 또는 부당한 처분을 직접 취소 또는 변경하거나(형성재결) 처분청에게 이를 변경하도록 명할 수 있는 것이다(이행재결). 취소심판의 청구가 부적법한 것이거나 이유 없다고 인정할 때에는 당해 심판청구를 각하 또는 기각하는 재결을 한다(같은 법 제43조 제1항, 제2항 참조). 다만 심판청구가 이유 있다고 인정하는 경우에도 이를 인용하는 것이 공공복리에 크게 위배된다고 인정하면 그 심판청구를 기각하는 사정재결을 할 수 있다(같은 법 제43조 제1항).

Ⅱ. 무효등확인심판

1. 의의

무효등확인심판은 행정청의 처분의 효력 유무 또는 존재여부에 대한 확인을 구하는 행정심판(같은 법 제5조 제2호)이다. 행정처분의 상대방이나 이해관계인은 행정행위의 존재여부 또는 그 효력의 유무에 대해 다툼이 있는 때에는 무효등확인심판을 통하여 그에 대해 공적 확정을 받을 필요가 있으며 청구기간의 제한을 받지 않는다(같은 법 제27조 제7항). 그러나 「행정심판법」에서는 무효등확인심판의 경우 사정재결에 관한 규정이 적용되지 않는다(같은 법 제44조 제3항)고 명시하고 있다.

2. 성질

확인적 쟁송설에서는 무효등확인심판은 적극적으로 처분등의 효력을 소멸시키거나 발생시키는 것이 아니라 처분 등의 효력의 유무나 존재여부를 공권적으로 확인 선언하는 확인적 쟁송의 성질을 지니는 것으로 본다. 형성적 쟁송설은 무효와 취소의 상대화이론을 전제로 하여 무효등확인심판은 처분 등의 무효를 확정하고 그 효력의 제거를 목적으로 하기 때문에 결국 행정주체가 우월한 지위에서 행한 처분 등의 효력을 다투는 것이 되므로 본질적으로 형성적 쟁송으로서의 성질을 갖는다고 본다. 또한 준형성적 쟁송설에서 무효등확인심판은 무효 등을 확인 선언하는 점에서 실질적으로 확인적 쟁송의 성질을 갖지만 형식적으로는 행정주체가 우월한 지위에서 행한 처분 등의 효력의 유무를 직접 심판의 대상으로 하는 점에서 형성적 쟁송의 성질 또한 가지는 것으로 본다.

3. 재결

심판청구가 이유 있다고 인정할 때에는 위원회는 처분의 효력 유무 또는 존재여부를 확인하는 재결을 한다(같은 법 제43조 제4항).

Ⅲ. 의무이행심판

1. 의의

의무이행심판은 당사자의 신청에 대한 행정청의 위법 또는 부당한 거부처분이나 부작위에 대하여 일정한 처분을 하도록 하는 행정심판(같은 법 제5조 제3호)이다.

2. 성질

의무이행심판은 행정청에 대하여 일정한 처분을 할 것을 명하는 재결을 구하는 행정심판이므로 이행쟁송의 성질을 가진다.

3. 재결

위원회는 심판의 청구가 이유있다고 인정할 때에는 지체 없이 신청에 따른 처분을 하거나 처분을 할 것을 피청구인에게 명하는 재결을 한다(같은 법 제43조 제5항).

Ⅳ. 특별행정심판 신설 등을 위한 협의 의무화

행정심판제도는 통일적으로 운영하기 위하여 사안의 전문성과 특수성을 살리기 위하여 특히 필요한 경우 외에는 행정심판을 갈음하는 특별한 행정불복절차나 행정심판절차에 대한 특례를 다른 법률에 규정할 수 없도록 한다. 이에 관계 행정기관의 장이 특별행정심판 또는 행정심판 절차에 대한 특례를 신설하거나 변경하는 법령을 제정·개정할 때에는 미리 중앙행정심판위원회와 협의해야 한다(같은 법 제4조).

제3절 | 행정심판의 당사자·관계인

Ⅰ. 행정심판의 당사자

1. 청구인

(1) 의의

심판청구의 대상인 처분 또는 부작위에 불복하여 그의 취소 또는 변경을 구하는 심판청구를 제기 하는 자로서 처분의 상대방, 제3자로 자연인·법인이 해당된다.

(2) 청구인 적격

1) 취소심판의 청구인 적격

취소심판청구는 처분의 취소 또는 변경을 구할 법률상 이익이 있는 자가 청구할 수 있다(「행정심판법」 제13조 제1항). 취소심판청구에 있어서는 처분의 효과가 기간의 경과, 처분의 집행, 그 밖의 사유로 인하여 소멸된 뒤에도 그 처분의 취소로 인하여 회복되는 법률상 이익이 있는 자가 청구인 적격을 가진다.

2) 무효등확인심판의 청구인 적격

무효등확인심판청구는 처분의 효력 유무는 존재 여부에 대한 확인을 구할 법률상 이익이 있는 자가 청구할 수 있다(같은 법 제13조 제2항).

3) 의무이행심판의 청구인 적격

의무이행심판청구는 처분을 신청한 자로서 행정청의 거부처분 또는 부작위에 대하여 일정한 처분을 구할 법률상 이익이 있는 자가 청구할 수 있다(같은 법 제13조 제3항).

4) 행정심판 청구인적격상의 문제점

「행정심판법」은 행정심판의 청구인적격을 행정소송(항고소송)의 원고적격과 동일하게 법률상 이익이 있는 자에게 인정하도록 규정하고 있다. 일본의 행정사건소송법에서는 취소소송 등에 있어서는 우리와 같이 법률상 이익이 있는 자에 대해서만 원고적격을 인정하고 있으나 행정심판(행정불복심사청구)의 청구인 적격에 관하여는 특별한 규정을 두고 있지 않음으로써 항고소송의 원고적격과 행정심판(불복심사청구)의 청구인적격 사이에 차이를 두고 있다. 독일의 행정법원법에서는 취소소송 및 의무이행소송에 있어서는 행정행위 또는 그의 거부나 부작위에 의하여 그의 권리를 침해당한 자에 대해서만 원고적격을 인정하면서도, 전심절차로서의 행정심판에 있어서는 청구인 적격에 관하여 아무런 규정을 두고 있지 않다. 이렇게 볼 때, 행정심판의 청구인적격에 관한 규정의 개정이 필요하다고 할 것이며, 현행 「행정심판법」의 규정 하에서도 청구인적격의 인정범위는 행정소송의 경우보다 확대하여 폭넓게 인정되어야 한다.

(3) 선정대표자의 선정

여러 명의 청구인이 공동으로 심판청구를 할 때에는 청구인 중에서 3명 이하의 선정대표자를 선정할 수 있다(같은 법 제15조 제1항). 그러나 청구인들이 선정대표자를 선정하지 아니한 경우에 위원회가 필요하다고 인정하면 청구인들에게 선정대표자를 선정할 것을 권고할 수 있다(같은 법 제15조 제2항). 선정대표자는 다른 청구인들을 위하여 그 사건에 관한 모든 행위를 할 수 있으나, 심판청구를 취하하려면 다른 청구인들의 동의를 받아야 하며 이를 동의받은 사실을 서면으로 소명하여야 한다(같은 법 제15조 제3항).

(4) 청구인의 지위승계

1) 당연승계

행정심판을 제기한 후에 청구인이 사망한 경우에는 상속인이나 그 밖에 법령에 따라 심판청구의 대상에 관계되는 권리나 이익을 승계한 자가 청구인의 지위를 승계하며, 법인인 청구인이 합병에 따라 소멸하였을 때에는 합병 후 존속하는 법인이나 합병에 따라 설립된 법인이 청구인의 지위를 승계한다(같은 법 제16조 제1항, 제2항).

2) 허가승계

심판청구의 대상과 관계되는 권리나 이익을 양수한 자(각종 인허가를 양도 받은 자)는 위원회의 허가를 받아 청구인의 지위를 승계 할 수 있다(같은 법 제16조 제5항).

2. 피청구인

피청구인은 심판청구를 제기 받은 상대방인 당사자이다.

(1) 피청구인 적격

행정심판은 처분을 한 행정청(의무이행심판의 경우에는 청구인의 신청을 받은 행정청)을 피청구인으로 하여 청구하여야 한다. 다만 심판청구의 대상과 관계되는 권한이 다른 행정청에 승계된 경우에는 권한을 승계한 행정청을 피청구인으로 하여야 한다(같은 법 제17조 제1항).

(2) 피고인의 경정

청구인이 피청구인을 잘못 지정한 경우 또는 심판청구의 대상과 관계되는 권한이 다른 행정청에 승계된 경우에 위원회는 직권으로 또는 당사자의 신청에 의하여 결정으로써 피청구인을 경정할 수 있다(같은 법 제17조 제2항, 제5항).

Ⅱ. 행정심판의 관계인

1. 참가인

심판결과에 대하여 이해관계가 있는 제3자 또는 행정청은 위원회의 허가를 받아 그 사건에 참가할 수 있다(같은 법 제16조 제1항). 위원회는 필요하다고 인정할 때에는 그 심판결과에 대하여 이해관계가 있는 제3자 또는 행정청에게 그 사건에 참가를 요구할 수 있다(같은 법 같은 조 제2항). 여기서 이해관계인이란 당해 심판청구에 대한 재결의 주문에 의하여 직접 자기의 법률상 이익을 침해 받은 자를 의미한다. 심판참가인은 당사자에 준하는 절차적 지위를 갖도록 하고 관련 서류를 참가인에게도 송달하도록 하여 참가인의 절차적 권리를 강화하고 있다.

2. 대리인

심판청구의 당사자인 청구인이나 대리인을 선임하여 당해 심판청구에 관한 행위를 하게 할 수 있다. 대리인은 심판청구의 취하를 제외하고 본인을 위하여 당해 심판청구에 관한 모든 행위를 할 수 있다(같은 법 제18조).

한편 2017년 개정 행정심판법은 경제적 사유로 대리인 선임이 곤란한 청구인 등 사회적 약자에게 행정심판위원회가 대리인을 선임하여 지원할 수 있도록 국선대리인 제도를 신설하였다(같은 법 제18조의2).

제4절 | 행정심판기관

Ⅰ. 개설

행정심판기관이란 행정심판의 청구를 수리하여 이를 심리 재결 할 수 있는 권한을 가진 행정기관으로, 행정심판위원회는 행정심판사건에 대하여 심리 및 직접 재결을 함으로써 신속하게 권리를 구제할 수 있는 기능을 확보한다. 이에 행정심판의 절차에는 사법절차가 준용된다.

Ⅱ. 행정심판위원회

1. 종류

행정심판을 수리하여 재결할 권한을 가지는 기관은 원칙적으로 처분청의 직근 상급행정기관의 행정심판위원회이다. 행정심판위원회는 해당 행정청 소속 행정심판위원회, 국민권익위원회의 중앙행정심판위원회, 시·도지사 소속의 행정심판위원회, 직근 상급행정기관의 행정심판위원회가 있다(같은 법 제6조 참조).

(1) 해당 행정청 소속 행정심판위원회

감사원·국가 정보원장 등 대통령 소속기관의 장이나 국회사무총장·법원행정처장·헌법재판소사무처장 및 중앙선거관리위원회 사무총장, 국가인권위원회, 진실·화해를 위한 과거사정리위원회, 그 밖에 지위·성격의 독립성과 특수성 등이 인정되는 행정청이나 그 소속 행정청의 처분 또는 부작위에 대한 행정심판의 청구에 대해서 심리·재결한다(같은 법 제6조 제1항 참조).

(2) 중앙행정심판위원회

중앙행정심판위원회에서는 국민권익위원회에 속하여 국무총리나 행정각부장관, 특별시장·광역시장·도지사·특별자치도지사와 그 교육감 및 의회, 「지방자치법」에 따른 지방자치단체조합 등 관계 법률에 따라 국가·지방자치단체·공공법인 등이 공동으로 설립한 행정청 등에 해당하는 행정청의 처분이나 부작위에 대한 심판청구에 대해 심리·재결한다(같은 법 같은 조 제2항 참조).

(3) 시·도 행정심판위원회

시·도 행정심판위원회는 시·도 소속이 행정청과 시·도의 관할구역에 있는 시·군·자치구의 장, 소속행정청 또는 시·군·자치구의 의회, 시·도의 관할구역에 있는 둘 이상의 지방자치단체·공공법인 등이 공동으로 설립한 행정청의 처분 또는 부작위에 대한 심판청구에 대해 심리·의결한다(같은 법 같은 조 제3호 참조).

(4) 직근 상급행정기관의 행정심판위원회

국가행정기관 소속 특별지방행정기관의 처분 또는 부작위에 대한 심판청구에 대하여는 해당 행정청의 직근 상급행정기관에 두는 행정심판위원회에서 심리·의결한다(같은 법 같은 조 제4호 참조).

2. 행정심판위원회의 권한과 의무

(1) 행정심판위원회의 권한

1) 심리권

행정심판위원회는 심판청구사건을 심리하는 권한이 있다. 심리권이란 재결의 기초가 되는 사실관계 및 법률관계를 명백히 하기 위하여 문서 또는 구술에 의한 당사자 및 관계인의 주장과 반박을 듣고 그것을 뒷받침하는 증거 기타의 자료 등을 수집 조사 할 수 있는 권한이다.

2) 재결권

심판위원회에 청구된 행정심판의 심리 후 심판청구사건에 대하여 법적판단을 할 수 있는 권한이다.

3) 심리권에 부수된 권한

심리권에는 ① 선정대표자 선정권고권(같은 법 제15조 제2항), ② 청구인의 지위승계허가권(같은 법 제16조 제5항), ③ 대리인 선임 허가권(같은 법 제18조 제1항 제5호), ④ 피청구인 경정권(같은 법 제16조 제2항), ⑤ 심판참가허가 및 요구권(같은 법 제20조 제1항, 제5항), ⑥ 청구의 변경허가권(같은 법 제29조 제1항, 제6항), ⑦ 보정명령권(같은 법 제32조) 등이 부수된다.

4) 집행정지결정권

위원회는 처분, 처분의 집행 또는 절차의 속행 때문에 중대한 손해가 생기는 것을 예방할 필요성이 긴급하다고 인정할 때에는 직권으로 또는 당사자의 신청에 의하여 처분의 효력, 처분의 집행 또는 절차의 속행의 전부 또는 일부의 정지를 결정할 수 있다(같은 법 제30조 제2항). 또한 위원회는 집행정지를 결정한 후에 집행정지가 공공복리에 중대한 영향을 미치거나 그 정지사유가 없어진 때에는 직권으로 또는 당사자의 신청에 의하여 집행정지 결정을 취소할 수 있다(같은 법 같은 조 제4항).

5) 임시처분권

행정심판의 청구인이 처분이나 부작위에 의하여 회복하기 어려운 손해를 입게 되는 경우 종전의 집행정지제도만으로는 청구인의 권익을 구제하기가 어렵다. 따라서 행정심판위원회는 처분 또는 부작위가 위법·부당하다고 상당히 의심되는 경우로서 처분 또는 부작위 때문에 당사자가 받을 우려가 있는 중대한 불이익이나 당사자가 생길 급박한 위험을 막기 위하여 임시지위를 부여할 수 있다(같은 법 제31조).

(2) 행정심판위원회의 의무

1) 심판청구서 등의 접수·처리

피청구인이 심판청구서를 접수하거나 송부 받으면 10일 이내에 심판청구서와 답변서를 위원회에 보내야 한다(같은 법 제24조 제1항). 이에 위원회가 심판청구서를 받으면 지체 없이 피청구인에게 심판청구서 부본을 보내야 한다(같은 법 제26조 제1항).

2) 심판청구 통지의무

피청구인은 처분의 상대방이 아닌 제3자가 심판청구를 한 경우에는 지체 없이 처분의 상대방에게 그 사실을 알려야 한다(같은 법 제24조 제2항). 이에 위원회는 피청구인으로부터 답변서가 제출되면 답변서 부본을 청구인에게 송달하여야 한다(같은 법 제26조 제2항).

3) 증거서류 등의 송달

위원회는 당사자가 제출한 증거서류의 부본을 지체없이 다른 당사자에게 송달하여야 한다(같은 법 제34조 제3항).

4) 증거조사

위원회는 사건을 심리하기 위하여 필요하면 직권으로 또는 당사자의 신청에 의하여 증거조사를 할 수 있다(같은 법 제36조 제1항).

5) 증거서류 등 반환의무

위원회는 재결을 한 후 증거서류 등의 반환 신청을 받으면 신청인이 제출한 문서·장부·물건이나 그 밖의 증거자료의 원본을 지체 없이 제출자에게 반환하여야 한다(같은 법 제55조).

Ⅲ. 행정심판위원회의 구성

1. 법적지위와 성격

중앙행정심판위원회와 그 외의 행정심판위원회는 행정심판청구를 심리 의결하고 재결하는 비상설 합의제의결기관이다.

2. 설치

「행정심판법」 제6조 제1항에 규정된 행정청에 두는 행정심판위원회, 국민권익위원회에 두는 중앙행정심판위원회, 시·도지사 소속으로 두는 행정심판위원회, 대통령령으로 정하는 국가행정기관 소속 특별지방행정기관의 장의 처분 또는 부작위에 대한 심판청구에 대하여는 해당 행정청의 직근 상급행정기관에 행정심판위원회가 설치된다.

3. 구성

(1) 보통행정심판위원회

동 위원회는 위원장 1명을 포함한 50명 이내의 위원으로 구성하되, 위원장은 원칙적으로 행정심판위원회가 소속된 행정청이 되며, 변호사의 자격을 취득한 후 5년 이상 근무한 경험이 있는 사람, 조교수 이상의 직에 있거나 있었던 사람, 행정기관의 4급 이상의 공무원이었거나 고위 공무원단에 속하는 공무원이었던 사람, 그 밖에 행정심판과 관련된 분야의 지식과 경험이 풍부한 사람 중에서 위촉하거나 소속 공무원 중에서 위촉 또는 지명한다(같은 법 제7조 제4항).

(2) 중앙행정심판위원회

중앙행정심판위원회는 위원장 1인을 포함한 70인 이하의 위원으로 구성하되 위원 중 4인 이내로 한다(같은 법 제8조 제1항). 중앙심판위원회의 상임의원은 별정직 국가공무원으로 임명하되, 3급 이상 공무원 또는 고위공무원단에 속하는 일반직 공무원으로 3년 이상 근무한 사람이나 그 밖에 행정심판에 관한 지식과 경험이 풍부한 사람 중에서 중앙행정심판위원회 위원장의 제청으로 국무총리를 거쳐 대통령이 임명한다(같은 법 같은 조 제3항). 비상임위원의 경우에는 행정심판위원의 요건을 충족하는 사람 중에서 위촉한다(같은 법 같은 조 제4항).

4. 위원 등의 제척·기피·회피

(1) 제척

제척은 법정사유가 있으면 법률상 당연히 그 사건에 대한 직무집행(여기서는 심리·의결)에서 배제되는 것이다. 「행정심판법」에 규정된 사유로는 위원 또는 그 배우자나 배우자이었던 사람이 사건의 당사자거나 당해 사건에 관하여 공동권리자 또는 의무자인 경우, 위원이 사건의 당사자와 친족관계에 있거나 있었던 경우, 위원이 사건에 관하여 증언이나 감정을 한 경우, 위원이 사건에 대하여 당사자의 대리인으로서 관여하거나 관여하였던 경우, 위원이 사건의 대상이 된 처분 또는 부작위에 관여한 경우 등이다(같은 법 제10조 제1항). 제척사유가 있는 위원이 관여한 심리 의결은 본질적인 절차상의 하자가 있으므로 무효이며, 제척의 효과는 법률상 당연히 발생하는 것이지 당해 결정에 의하여 발생하는 것이 아니므로 당사자가 제척사유를 아는지의 여부와 관계없이 주장하던 하지 않던 발생한다.

(2) 기피

기피는 제척사유 이외에 심리 의결의 공정을 의심할 만한 사유가 있는 때에는 당사자의 신청에 기한 위원회의 결정에 의하여 직무집행으로부터 배제되는 것을 말한다. 「행정심판법」에서는 당사자가 위원에게 심리 의결의 공정을 기대하기 어려운 사정이 있는 경우에 기피 신청을 할 수 있으며(같은 법 같은 조 제2항), 이 경우 위원장은 기피신청의 대상이 된 위원에게서 그에 대한 의견을 받을 수 있으며(같은 법 같은 조 제4항), 기피 여부에 대한 결정을 하고 지체없이 신청인에게 결정서 정본을 송달하여야 한다(같은 법 같은 조 제5항).

(3) 회피

회피는 위원이 스스로 제척 또는 기피의 사유가 있다고 인정하여 자발적으로 심리 의결을 피하는 것이다. 위원이 회피하고자 할 때에는 위원장에게 그 사유를 소명하여야 한다(같은 법 같은 조 제6항).

제5절 | 행정심판의 청구

행정심판의 청구는 청구인적격이 있는 자가 심판청구사항인 위법 부당한 처분이나 부작위를 대상으로 청구기간 내에 소정의 형식과 절차를 갖추어 위원회 또는 피청구인의 행정청에 제기하는 것이다.

Ⅰ. 행정심판청구의 방식

1. 서면주의

심판청구는 서면으로 하여야 하며(같은 법 제28조 제1항), 처분에 대한 심판청구의 경우에는 ① 청구인의 이름과 주소 또는 사무소, ② 피청구인과 위원회, ③ 심판청구의 대상이 되는 처분의 내용, ④ 처분이 있음을 알게 된 날, ⑤ 심판청구의 취지와 이유, ⑥ 피청구인의 행정심판 고지 유무와 그 내용을 기재하여야 한다(같은 법 같은 조 제2항). 또한 부작위에 대한 심판청구의 경우에는 전술한 ①, ②, ⑤의 사항과 그 부작위의 전제가 되는 신청의 날짜와 내용을 적어야 한다(같은 법 같은 조 제3항). 만약에 청구인이 법인이거나 청구인 능력이 있는 법인이 아닌 사단 또는 재단이거나 행정심판이 선정대표자나 대리인에 의하여 청구되는 것인 때에는 그밖에도 그 대표자·관리인·선정대표자 또는 대리인의 이름과 주소를 기재하여야 한다(같은 법 같은 조 제4항).

2. 행정심판청구의 제출절차 등

(1) 경유절차

행정심판을 청구하려는 자는 심판청구서를 작성하여 피청구인이나 위원회에 제출하여야 한다(같은 법 제23조 제1항). 구「행정심판법」(1995.12.6 법률 제5000호로 개정되기 전의 것) 제17조 제1항은 처분청을 경유하여「행정심판법」을 제기하도록 경유절차를 규정하고 있었다. 이에 대하여는 행정편의주의라는 비판이 있어 왔으므로, 법 개정에 의하여 심판청구서를 피청구인인 행정청에 제출하든 직접 제출하든 청구인의 선택에 맡기고 있다. 그러나 구「행정심판법」에 있어서도 대법원은 "처분청을 경유하여 행정심판을 제기하도록 경유절차를 두고 있는 것은 청구인의 이익을 위하여 처분청으로 하여금 재도의 고려를 할 기회를 주려는 것으로서 청구인이 스스로 그 이익을 포기하고 바로 위원회에 행정심판청구를 하더라도 그 심판청구는 적법하다."고 판시하였다.

(2) 피청구인(행정청)의 처리

1) 청구내용의 인용

심판청구서를 받은 피청구인은 그 심판청구가 이유 있다고 인정할 때에는 심판청구의 취지에 따라 직권으로 처분을 취소·변경하거나 확인을 하거나 신청에 따른 처분을 할 수 있다(같은 법 제25조 제1항).

2) 위원회에의 송부

피청구인은 심판청구서를 접수하거나 송부받으면 10일 이내에 심판청구서와 답변서를 위원회에 보내야 한다(같은 법 제24조 제1항). 그 답변서에는 ① 처분이나 부작위의 근거와 이유, ② 심판청구의 취지와 이유에 대응하는 답변, ③ 처분의 상대방의 이름·주소·연락처와 의무이행여부를 명확하게 적어 청구인의 수만큼 답변서 부본을 함께 보내야 한다(같은 법 제24조 제4항).

(3) 위원회의 통지

위원회가 심판청구서를 받으면 지체 없이 피청구인에게 심판청구서 부본을 보내야 한다(같은 법 제26조 제1항). 이에 피청구인이 심판청구서를 접수하거나 송부 받으면 10일 이내에 심판청구서와 답변서를 위원회에 보내야 한다(같은 법 제24조 제1항).

3. 온라인 행정심판청구제도

(1) 전자정보처리조직을 통한 심판청구

심판청구서와 그 밖의 서류를 전자문서화하고 이를 정보통신망을 이용하여 위원회에서 지정·운영하는 전자정보처리조직을 통하여 제출할 수 있다(같은 법 제52조 제1항). 이 때 전자문서는 심판청구서로 제출된 것으로 본다.

(2) 송달

피청구인 또는 위원회는 심판을 청구한 자나 심판참가를 한 자에게 재결서나 각종 서류를 전자정보처리조직을 통해서 송달할 수 있다(같은 법 제54조 제1항). 이를 이용한 서류 송달은 서면으로 한 것과 같은 효력을 가진다.

II. 심판청구기간

심판청구는 소정의 청구기간 내에 제기하여야 한다. 행정심판 가운데 무효등확인심판과 부작위에 대한 의무이행심판은 청구기간 제한규정의 적용이 배제되므로 청구기간과 관련된 논의는 취소심판청구와 거부처분에 대한 의무이행심판만 해당하게 된다.

1. 원칙적인 심판청구기간

행정심판은 처분이 있음을 알게 된 날부터 90일 이내에 청구하여야 하며, 처분이 있었던 날부터 180일이 지나면 청구하지 못한다(같은 법 제27조 제1항, 제3항). 이에 두 기간 중의 어느 하나라도 도과하면 심판청구를 제기하지 못한다.

처분이 있음을 안 날이란 통지 고지 기타의 방법에 의하여 당해 처분이 있었다는 사실을 현실적으로 안 날을 의미 서면으로 처분을 행하는 경우에는 그 서면이 상대방에게 도달한 날, 공시송달의 경우에는 서면이 도달한 것으로 간주되는 날이며, 처분이 있은 날은 당해 처분이 대외적으로 표시되어 효력을 발생한 날이다.

2. 예외적인 심판청구기간

(1) 제척기간 90일에 대한 예외

청구인이 천재지변, 전쟁, 사변 그 밖의 불가항력으로 인하여 처분이 있음을 안 날로부터 90일 이내에 심판청구를 할 수 없을 때에는 그 사유가 소멸한 날로부터 14일 이내에 심판청구를 제기 할 수 있다(같은 법 같은 조 제2항).

(2) 제척기간 180일에 대한 예외

처분이 있은 날로부터 180일이 경과하더라도 그 기간 내에 심판청구를 제기하지 못한 정당한 사유가 있는 경우에는 심판청구를 할 수 있다(같은 법 같은 조 제3항). 정당한 사유란 처분이 있은 날로부터 180일 이내에 심판청구를 하지 못함을 정당화할 만한 객관적인 사유를 의미한다.

3. 제3자효 행정행위의 심판청구기간

제3자는 청구에 의한 불복고지 등과 같은 특별한 사정이 없는 한 처분이 있음을 안다는 것은 극히 어렵다. 따라서 정당한 사유가 있으면 그 기간이 경과하여도 제소할 수 있다(「행정소송법」 제20조 제2항 단서).

[판례]

"행정처분의 직접 상대방이 아닌 제3자는 특별한 사정이 없는 한 그와 같은 행정처분이 있음을 곧 알 수 없는 처지이므로 위 심판청구의 제척기간 내에 처분이 있음을 알았다는 특별한 사정이 없는 한 제척기간의 적용을 배제 할 정당한 사유가 있는 때에 해당한다고 볼 수 있다." (대법원 1989. 5. 9. 선고 88누5151판결).

4. 심판청구기간의 불고지 등의 경우

행정청이 처분을 할 때에는 ① 해당 처분에 대하여 행정심판을 청구할 수 있는지, ② 행정심판을 청구하려는 경우의 심판청구 절차 및 심판청구 기간을 알려야 한다(「행정심판법」 제58조 제1항). 그러나 행정청이 고지 자체를 하지 않거나 고지는 하되 심판청구기간을 제외하거나 착오로 법정의 심판청구기간보다 긴 기간 고지는 잘못 고지한 경우가 생길 수 있다. 이에 행정청이 심판청구 기간을 규정된 기간보다 긴 기간으로 잘못 알린 경우 그 잘못 알린 기간에 심판청구가 있으면 그 행정심판은 규정된 기간에 청구된 것으로 본다(같은 법 제27조 제5항).

Ⅲ. 심판청구의 변경 취하

1. 심판청구의 변경

(1) 의의

심판청구의 변경은 심판청구의 계속 중에 청구인이 당초의 청구의 취지 등을 변경하는 것으로, 청구인의 편의와 심판절차의 촉진을 위한 제도이다.

(2) 사유

1) 청구의 변경

청구인은 청구의 기초에 변경이 없는 범위(예컨대 취소심판의 무효등 확인심판으로의 변경)에서 청구의 취지나 이유(예컨대 처분의 위법을 부당으로)를 변경할 수 있다(같은 법 제29조 제1항).

2) 처분변경으로 인한 청구변경

행정심판이 청구된 후에 피청구인이 새로운 처분을 하거나 심판청구의 대상인 처분을 변경한 경우에는 청구인은 새로운 처분이나 변경된 처분에 맞추어 청구의 취지나 이유를 변경할 수 있다(같은 법 제29조 제2항).

(3) 청구변경의 요건

청구의 변경이 있게 되면 그 범위 내에서 신청구가 생기게 되므로 신청구는 심판청구의 일반적인 요건을 갖추어야 한다. 또한 그밖에 심리의 복잡 지연을 방지하기 위하여 다음과 같은 요건을 갖추어야 한다.

① 청구의 기초 (신구 청구사이의 관련성)에 변경이 없거나 심판청구 대상인 처분이 변경된 경우에는 변경된 처분에 맞추어야 한다.
② 청구의 변경이 심판청구를 현저하게 지연시키지 않아야 한다(「민사소송법」 제235조 제1항 단서 참조).
③ 심판청구가 계속 중이고 행정심판위원회의 의결 전이어야 한다.

(4) 청구변경의 절차

1) 청구변경의 신청

청구의 변경은 서면으로 신청하여야 한다. 청구의 변경은 그 범의 내에서 신청구가 생기게 되므로 피청구인과 참가인의 수만큼 청구변경신청서 부본을 함께 제출하여야 한다(같은 법 제29조 제3항).

2) 청구변경신청의 의견제출과 결정

위원회는 기간을 정하여 피청구인과 참가인에게 청구변경 신청에 대한 의견을 제출하도록 할 수 있으며, 피청구인과 참가인이 그 기간에 의견을 제출하지 아니하면 의견이 없는 것으로 본다(같은 법 제29조 제5항). 이에 위원회는 청구변경

신청에 대하여 허가할 것인지 여부를 결정하고 지체 없이 신청인에게는 결정서 정본을, 당사자에게는 결정서 등본을 송달하여야 한다(같은 법 같은 조 제6항).

2. 심판청구의 취하

청구인은 심판청구에 대하여 의결이 있을 때까지 서면으로 심판청구를 취하할 수 있다(같은 법 제42조 제1항). 취하서에는 청구인이나 참가인이 서명하거나 날인하고, 피청구인 또는 위원회에 제출하여야 한다(같은 법 같은 조 제3항, 제4항).

IV. 행정심판청구의 효과

1. 위원회 및 행정심판위원회에 대한 효과

위원회는 지체 없이 당사자에게 재결서의 정본을 송달하여야 하며, 중앙심판위원회는 재결 결과를 소관 중앙행정기관의 장에게도 알려야 한다(같은 법 제48조 제1항). 이에 재결은 피청구인과 그 밖의 관계 행정청을 기속한다.

2. 처분에 대한 효과

(1) 집행부정지의 원칙

심판청구는 처분의 효력이나 그 집행 또는 절차의 속행에 영향을 주지 않는다(같은 법 제30조 제1항). 집행부정지의 원칙을 취하는지 집행정지원칙을 취하는지는 행정의 신속성·실효성을 중시하는지, 아니면 국민의 권리구제를 중시하는지 하는 입법정책상의 문제이다.

(2) 집행정지결정의 요건

위원회는 처분, 처분의 집행 또는 절차의 속행 때문에 중대한 손해가 생기는 것을 예방할 필요성이 긴급하다고 인정할 때에는 직권으로 또는 당사자의 신청에 의하여 처분의 효력, 처분의 집행 또는 절차의 속행의 전부 또는 일부의 정지를 결정할 수 있다. 그러나 집행정지는 공공복리에 중대한 영향을 미칠 우려가 있을 때에는 허용되지 아니한다(같은 법 제30조 제2항, 제3항).

1) 적극적 요건

① 심판청구의 계속

심판청구는 적법한 것이어야 하므로 기간을 도과하였거나 피청구인을 잘못 정한 신청은 집행정지의 신청을 위법한 것으로 만든다.

② 처분의 존재

부작위인 경우나 처분의 효력을 발생하기 전에는 그의 정지를 할 수 없음은 물론 그의 목적을 달성하여 소멸한 후에도 원칙적으로 집행정지의 실익이 없다.

처분이 무효인 경우는 외형상으로 처분과 같은 것이 존재하고 또한 「행정소송법」이 집행정지에 관한 규정을 무효등확인소송의 경우에도 준용하도록 규정하고 있음에 비추어 집행정지결정과 관련하여서는 처분이 존재하는 것으로 보아야 한다.

③ 중대한 손해 예방의 필요

집행정지란 처분이나 그 집행 또는 절차의 속행으로 인하여 생길 중대한 손해를 예방하기 위한 것이므로 처분의 존재나 그 집행 또는 후속절차의 속행이 상대방에 대하여 손해를 발생시킬 우려가 없으면 처음부터 집행정지의 문제는 생기지 않는다. 특히 행정심판법은 종래 "회복하기 어려운 손해의 예방"이라는 요건을 "중대한 손해가 생기는 것을 예방"으로 변경하여 그 요건을 완화시키고 있다. 이에 따라 향후 비재산적 손해뿐만 아니라 재산적 손해·정신적 손해의 경우에도 그 중대성이 인정되면 당해 요건이 충족된다고 보아야 할 것이다.

④ 긴급한 필요

긴급한 필요란 집행정지의 필요성이 절박하다는 것으로 회복하기 어려운 손해의 발생이 절박하여 재결을 기다릴 여유가 없음을 의미한다.

2) 소극적 요건

집행정지는 공공복리에 중대한 영향을 미칠 우려가 있는 경우에는 허용되지 아니한다(같은 법 제30조 제3항). 공공복리에 중대한 영향을 미칠 것인지 여부는 개별 구체적으로 판단하며, 집행정지가 공공에 미치는 영향과 처분의 집행 등이 신청인에게 가하는 손해를 비교형량하여 결정한다.

(3) 집행정지결정의 절차

위원회는 당사자의 신청 또는 직권에 의하여 집행정지를 결정하게 된다. 집행정지 신청은 심판청구와 동시에 또는 심판청구에 대한 위원회나 소위원회의 의결이 있기 전까지, 집행정지 결정의 취소신청은 심판청구에 대한 위원회나 소위원회의 의결이 있기 전까지 신청의 취지와 원인을 적은 서면을 위원회에 제출하여야 한다(같은 법 제20조 제5항). 그러나 위원회의 심리·결정을 기다릴 경우 중대한 손해가 생길 우려가 있다고 인정되면 위원장은 직권으로 위원회의 심리·결정을 갈음하는 결정을 할 수 있다(같은 법 같은 조 제6항). 이에 위원회는 집행정지 또는 집행정지의 취소에 관하여 심리·의결하면 지체없이 당사자에 결정서 정본을 송달하여야 한다(같은 법 같은 조 제7항).

(4) 집행정지결정의 내용과 효력

집행정지결정은 처분의 효력이나 그 집행 절차의 속행의 전부 또는 일부를 정지함을 그 내용으로 한다. 처분의 효력정지란 처분의 제구속력 즉 내용적 구속력, 공정력, 구성요건적 효력, 존속력, 집행력 등을 잠정적으로 정지시킴으로써 이후부터 처분 자체가 존재하지 아니한 상태에 두는 것이다. 다만 처분의 효력정지는 처분의 집행 또는 절차의 속행을 정지함으로써 목적을 달성할 수 있는 경우에는 허용되지 않는다. 또한 처분의 집행정지는 행정청이 처분의 내용을 위하여 그 처분을 명의로 행하는 자력집행을 정지시킴으로써 처분의 내용이 실현되지 아니한 상태로 두는 것이며, 절차의 속행정지는 당해 처분이 유효한 것을 전제로 하여 법률관계를 진전시켜 나가기 위하여 행하는 속행처분을 정지시키는 것이다.

(5) 집행정지결정의 취소

집행정지결정이 확정된 후 집행정지가 공공복리에 중대한 영향을 미치거나 정지사유가 없어진 때에는 위원회는 당사자의 신청 또는 직권에 의하여 집행정지결정을 취소할 수 있다.

제6절 ㅣ 행정심판의 심리

Ⅰ. 개설

심리는 재결의 기초가 될 사실관계 및 법률관계를 명백히 하기 위하여 행정심판위원회가 당사자 및 관계인의 주장과 반박을 듣고 증거 기타의 자료를 수집 조사하는 일련의 절차이다. 심판청구사건의 심리는 재결의 공정성을 확보하기 위하여 의결기관으로서의 행정심판위원회의 권한에 속한다.

Ⅱ. 심리의 내용과 범위

1. 심리의 내용

(1) 요건심리

요건심리는 행정심판을 청구하는데 필요한 형식적인 요건을 충족하고 있는가 여부에 대한 심리이다. 이는 ① 행정심판의 대상(처분 또는 부작위)의 존재 여부, ② 권한 있는 위원회의 이의제기 여부, ③ 필요한 절차의 경유 여부, ④ 행정심판 청구기간의 준수 여부, ⑤ 심판청구서의 기재사항의 구비 등이 포함된다. 따라서 위원회는 심판청구가 적법하지 아니하나 보정할 수 있다고 인정하면 기간을 정하여 청구인에게 보정할 것을 요구할 수 있다. 다만, 경미한 사항은 직권으로 보정할 수 있다(같은 법 제32조 제1항).

(2) 본안심리

본안심리는 심판청구인의 청구의 당부(인용 또는 기각의 판정)에 대하여 심리하는 것(심판청구의 내용에 대하여 실질적으로 심사하는 것)이다.

2. 심리의 범위

(1) 불고불리 및 불이익변경금지의 원칙

심판청구의 심리 재결에 있어서 불고불리 및 불이익변경금지의 원칙이 적용되는지의 여부이다. 이에 소극설에서는 행정의 적법 타당성을 확보하려는 행정의 자기 통제기능의 중점을 두어 심판청구의 심리 재결에는 불고불리 및 불이익변경금지의 원칙이 적용되지 않는다고 본다. 적극설에서는 국민의 권리구제기능에 중점을 두어 이들 원칙이 심판청구의 심리 재결에도 적용되어야 한다고 본다.

「행정심판법」은 재결의 범위에 관하여 불고불리 및 불이익변경금지의 원칙을 명문화하였다(같은 법 제47조). 위원회는 심판청구의 대상이 되는 처분 또는 부작위 외의 사항에 대해서는 재결을 하지 못하며(같은 법 제47조 제1항), 심판청구의 대상인 처분보다 청구인에게 불이익한 재결을 하지 못한다(같은 법 제47조 제2항).

(2) 법률문제와 재량문제

행정심판은 행정소송의 경우와는 달리 위법한 처분이나 부작위뿐만 아니라 부당한 처분이나 부작위에 대하여도 제기할 수 있으므로 행정심판의 심리기관은 행정처분의 위법성(법률문제) 및 정당성(재량문제)에 관하여 심리 할 수 있다(같은 법 제1조, 제5조 참조).

III. 심리의 절차

1. 심리절차의 구조와 원칙

(1) 대심주의

대심주의는 대립되는 분쟁당사자들의 공격·방어를 통하여 심리를 진행하는 제도이며, 심리에 있어서 당사자 쌍방에게 공격·방어 방법을 제출할 수 있는 대등한 기회를 보장하는 제도이다. 「행정심판법」은 심판청구의 당사자를 청구인과 피청구인으로 하여 이들 당사자가 각각 공격 방어방법을 제출하게 하고 원칙적으로 이와 같이 제출된 공격 방어방법을 기초로 하여 심리 재결하는 대심주의를 취하고 있다.

(2) 직권심리주의의 가미

위원회는 사건을 심리하기 위하여 필요하면 직권으로 또는 당사자의 신청에 의하여 증거조사를 할 수 있으며(같은 법 제36조 제1항), 필요하면 당사자가 주장하지 아니한 사실에 대해서도 심리할 수 있다(같은 법 제39조).

(3) 구술심리주의와 서면심리

구술심리주의는 당사자의 진의를 파악하기가 쉬우며 진술에 모순 또는 부족이 있는 경우에 설명을 통해 보완할 수 있고, 쟁점의 정리가 용이하다는 장점이 있다. 그러나 심리를 오래 끌 가능성이 있고, 진술자의 진술누락과 청취자의 청취누락의 가능성이 있다. 반면 서면심리주의는 심리를 간이하고 신속하게 진행시킨다는 장점이 있지만, 구술심리주의의 장점을 활용할 수 없다는 단점이 있다.

구법에서는 행정심판의 심리는 서면심리를 원칙으로 하되 당사자의 신청이 있거나 행정심판위원회가 필요하다고 인정할 경우에는 구술심리를 할 수 있도록 하고 있었다(구 「행정심판법」 제26조 제2항). 이는 심리의 간이성과 신속한 진행가능성 등 서면심리주의의 장점을 살리는 한편 비상설 기관인 위원회의 심리 능력의 한계를 고려한 것이다. 그러나 당사자의 구술심리 신청에 대한 결정을 위원회의 재량에 맡긴 것은 행정심판의 준사법화에 대한 헌법적 요구에 배치되는 것이라는 비판이 제기되었다. 따라서 1995년 12월 6일의 법 개정을 통하여 행정심판의 심리는 구술 또는 서면심리로 하되 당사자가 구술심리를 신청할 때에는 서면 심리만으로 결정 할 수 있다고 인정되는 경우에도 구술심리를 하도록 하여(같은 법 제26조 제2항) 구술심리주의를 우선시켰다.

(4) 공개의 문제

「행정심판법」제40조에는 심판의 공개 여부에 대하여 명문의 규정을 두고 있지 않다. 그러나 같은 법 제40조의 취지를 감안할 때 행정심판에서 구술심리가 행해지는 경우에 당사자가 심판의 공개를 요구하면 위원회가 심판을 공개하여야 할 필요가 있다고 인정하는 경우에는 심판을 공개하도록 하는 것으로 해석해야 한다. 다만, 개정 「행정심판법」제41조에서는 위원회에서 위원이 발언한 내용이나 그 밖에 공개되면 위원회의 심리·재결의 공정성을 해칠 우려가 있는 사항은 공개하지 않는다고 규정하고 있다.

2. 당사자의 절차적 권리

(1) 위원·직원에 대한 기피신청권

당사자는 행정심판위원회의 위원이나 직원에게 심리 의결의 공정을 기대하기 어려운 사정이 있을 때에는 위원회에 대하여 그 위원 등에 대한 기피신청을 할 수 있다(같은 법 제10조 제2항). 이는 사건의 심리와 의결에 관한 사무에 관여하는 위원 아닌 직원에게도 준용된다.

(2) 구술심리 신청권

행정심판의 심리는 구술심리 또는 서면심리를 할 수 있는데 당사자는 행정심판위원회에 구술심리를 신청할 수 있는 권리를 가진다(같은 법 제40조 제1항 단서). 이에 당사자가 구술심리를 신청한 때에는 서면심리만으로 결정할 수 있다고 인정되는 경우 외에는 위원회는 구술심리를 하여야 한다.

(3) 보충서면제출권

당사자는 심판청구서·보정서·답변서·참가신청서 등에서 주장한 사실을 보충하고 다른 당사자의 주장을 다시 반박하기 위하여 필요하다고 인정할 때에는 보충서면을 제출할 수 있다. 이 경우에 다른 당사자의 수만큼 보충서면 부본을 함께 제출하여야 한다(같은 법 제33조 제1항).

(4) 물적증거 제출권

당사자는 심판청구서·보정서·답변서·참가 신청서·보충서면 등에 덧붙여 그 주장을 뒷받침하는 증거 서류 또는 증거물을 제출할 수 있다(같은 법 제34조 제1항).

(5) 증거조사 신청권

당사자는 위원회에 참가인의 신문, 증거자료의 제출, 감정과 검증의 요구 등 증거조사를 신청할 수 있는 권한을 가진다(같은 법 제36조 제1항).

3. 심리의 병합과 분리

(1) 심리의 병합

행정심판위원회는 필요하다고 인정할 때에는 관련되는 심판청구를 병합하여 심리할 수 있다(같은 법 제37조 전단). 이는 통일적이고 신속한 해결을 위한 심리의 촉진을 위한 것이며, 병합심리의 필요성 및 관련성 여부는 행정심판위원회가 개별적·구체적으로 결정한다. 그러나 병합심리는 심판청구의 병합에 그치는 것으로 재결은 병합된 심판청구별로 각각 행해지지 않으면 안 된다.

(2) 심리의 분리

행정심판위원회는 필요하다고 인정할 때에는 병합된 관련청구를 분리하여 심리할 수 있다(같은 법 제29조 후단). 여기에서 병합된 관련청구란 행정심판위원회가 직권으로 병합한 관련청구 외에 당사자에 의하여 병합 심사된 관련청구도 포함한다.

제7절 | 행정심판의 재결

Ⅰ. 재결의 의의

재결이란 심판청구사건에 대한 심리의 결과에 따라 최종적인 법적 판단을 하는 행위로 심판청구사건에 대한 위원회의 종국적 판단인 의사표시를 말한다. 이는 확인행위로서의 성질을 가지며 처분재결은 형성행위의 성질을 가진다. 물론 재결 자체에 위법이 있는 경우에 항고소송의 대상이 된다(「행정소송법」 제19조 단서).

Ⅱ. 재결의 절차와 형식

1. 행정심판위원회의 의결

행정심판위원회는 심리를 마치면 그 심판청구에 대하여 재결할 내용을 의결한다. 위원회는 수정재결을 할 수 없다. 또한 위원회에는 행정심판위원회의 의결에 대한 재의요구권도 인정되지 않고 있는데, 위원회는 행정심판위원회가 의결로써 결정한 내용을 재결이라는 형식으로 대외적으로 표시하는데 불과하기 때문이다.

2. 재결기간

「행정심판법」은 행정법관계의 조속한 확정과 신속한 심리 재결을 도모하기 위하여 구 「소원법」과는 달리 재결기간을 명시적으로 규정하고 있다. 이에 재결은 피청구인 또는 위원회가 심판청구서를 받은 날부터 60일 이내에 하여야 한다. 다만, 부득이한 사정이 있는 경우에는 위원장이 직권으로 30일을 연장할 수 있다(「행정심판법」 제45조 제1항). 이에 위원장은 재결기간을 연장할 경우에는 재결기간이 끝나기 7일 전까지 당사자에게 알려야 한다(같은 법 같은 조 제2항).

3. 재결의 방식

재결은 소정의 사항을 기재한 서면(재결서)으로 하여야 하는 요식행위이다(같은 법 제46조 제1항 참조). 재결서에는 ① 사건번호와 사건명, ② 당사자·대표자 또는 대리인의 이름과 주소, ③ 주문, ④ 청구의 취지, ⑤ 이유, ⑥ 재결한 날짜를 기재하고, 위원회가 행정심판위원회의 재결 내용에 따라 재결한 사실이 포함되어야 한다(같은 법 같은 조 제2항). 또한 재결서에 기재하는 이유에는 주문내용이 정당하다는 것을 인정할 수 있는 정도의 판단을 표시하는 것이 요구되고 있다(같은 법 같은 조 제3항).

4. 재결의 범위

위원회는 심판청구의 대상이 되는 처분 또는 부작위 외의 사항에 대하여 재결하지 못하며(같은 법 제47조 제1항), 또한 위원회는 심판청구의 대상이 되는 처분보다 청구인에게 불이익한 재결을 하지 못한다(같은 법 같은 조 제2항). 행정심판은 행정소송의 경우와는 달리 위법한 처분이나 부작위뿐만 아니라 부당한 처분이나 부작위에 대하여도 제기할 수 있으므로(같은 법 제1조, 제5조 참조), 재량행위와 관련하여 위원회는 재량의 유월·남용 등과 같은 재량권행사의 위법 여부뿐만 아니라 재량한계 내에서의 재량권행사의 당부에 대하여도 판단할 수 있다.

5. 재결의 송달

위원회가 재결을 한 때에는 지체없이 당사자에게 재결서의 정본을 송달하여야 한다(같은 법 제48조 제1항). 재결은 송달되었을 때에 그 효력이 생긴다(같은 법 같은 조 제2항).

Ⅲ. 재결의 종류

1. 각하재결

각하재결은 심판청구의 제기요건을 충족하지 않은 부적법한 심판청구에 대하여 본인에 대한 심리를 거절하는 내용의 재결(같은 법 제43조 제1항)로, 심판청구기간의 도과 등이 포함된다.

2. 기각재결

기각재결은 판단청구가 이유 없다고 인정하여 청구를 배척하고 원처분을 지지하는 재결이다(같은 법 제43조 제2항). 기각재결은 청구인의 심판청구를 배척하여 원처분을 시인하는데 그칠 뿐 처분청 등에 대하여 원처분을 유지하여야 할 의무를 지우는 것은 아니다. 또한 기각재결이 있은 후에도 처분청은 당해 처분을 직권으로 취소 변경할 수 있다.

3. 사정재결

(1) 의의

위원회는 심판청구가 이유가 있다고 인정하는 경우에도 이를 인용(認容)하는 것이 공공복리에 크게 위배된다고 인정하면 그 심판청구를 기각하는 재결을 할 수 있는데(같은 법 제44조 제1항), 이를 사정재결이라고 한다.

(2) 실질적 요건

사정재결을 실질적 요건으로서 심판청구가 이유 있음에도 불구하고 이를 인용하는 것이 현저히 공공복리에 적합하지 아니하다고 인정되어야한다.

(3) 형식적 요건

사정재결은 다른 재결의 경우와 마찬가지로 위원회가 행한다. 단 사정재결을 함에 있어서 위원회는 재결의 주문에서 그 처분 또는 부작위가 위법하거나 부당하다는 것을 구체적으로 밝혀야 한다(같은 법 같은 조 제1항 후단).

(4) 구제방법

위원회는 사정재결을 함에 있어서 청구인에 대하여 상당한 구제방법을 취하거나 상당한 구제방법을 취할 것을 피청구인에게 명할 수 있다(같은 법 같은 조 제2

항). 구체적인 방법으로는 손해의 전보, 원상회복(결과의 제거), 재해방지조치 등이 있다.

(5) 적용범위

사정재결은 취소심판 및 의무이행심판에만 인정되고 무효등확인심판에는 인정되지 않는다(같은 법 같은 조 제3항). 그러나 행정처분이 취소될 수 있는 것에 해당하는지 무효에 해당하는지에 대해서는 심리의 종료 단계에 가서 확정되는 경우가 많으므로 무효인 처분에 대해서도 사정재결의 필요는 생길 수 있다는 견해가 있다. 예컨대 처분의 무효등이 확정된 단계에서 형성된 기성사실의 원상회복이 현저히 공공복리에 적합하지 아니하다고 인정된다든가 또는 그것이 불가능하거나 기대 가능하지 않은 경우에는 사정재결에 의해 문제를 해결할 필요가 있다고 한다.

4. 인용재결

인용재결은 본안심리의 결과 심판청구가 이유 있다고 인정하여 심판청구인의 청구의 취지를 받아들이는 재결이다.

(1) 취소재결

취소재결이란 취소심판의 청구가 이유 있다고 인정할 때에 위원회가 스스로 처분을 취소 또는 다른 처분으로 변경하거나 처분을 다른 처분으로 변경할 것을 피청구인에게 명하는 재결을 말한다(같은 법 제43조 제3항 참조). 「행정심판법」이 의무이행재결을 인정한 점에 비추어 취소소송의 경우와 달리 변경재결은 일부취소가 아니라 적극적 변경 즉 원처분에 갈음하는 다른 처분으로서의 변경(예컨대 면허취소처분의 면허정지처분에로의 변경 등)을 의미한다.

(2) 무효등확인재결

무효등확인재결은 무효등확인심판의 청구가 이유 있다고 인정할 때에는 처분의 효력 유무 또는 존재여부를 확인하는 재결을 말한다(같은 법 같은 조 제4항 참조).

(3) 의무이행재결

의무이행심판이 이유 있다고 인정되면 위원회는 지체 없이 신청에 따른 처분을 하거나 그 신청에 따른 처분을 하도록 피청구인에게 명하는 재결을 말한다(같은 법 같은 조 제5항 참조). 전자의 재결을 처분재결이라 하고 후자의 재결을 처분명령재결이라고 한다. 신청에 따른 처분을 할 것을 명하는 이행재결은 그 처분의무의 내용이 기속행위에 대한 것이 경우에는 특정행위의 이행명령이 되지만, 처분의무의 내용이 선택재량만이 부여된 행위에 대한 것일 경우에는 특정행위의 이행명령이 아니라 어떠한 내용의 처분이든 신청을 방치하지 말고 지체없이 재량에 따른 처분을 하도록 명하는 재결 즉 재량행사명령이 된다. 이 경우 당해 행정청은 지체 없이 그 재결의 취지에 따라 이전의 신청에 대하여 처분을 하여야 한다.

IV. 재결의 효력

행정심판에 있어서의 위원회의 재결은 행정행위로서의 성질을 가진다. 따라서 재결서의 정본이 당사자에게 송달되어 재결이 그 효력을 발생하게 되면(같은 법 제48조 제1항, 제2항 참조) 행정행위로서의 여러 가지 구속력을 가지게 된다.

1. 불가쟁력

심판청구에 대한 재결이 있으면 그 재결 및 같은 처분 또는 부작위에 대하여 다시 행정심판을 청구할 수 없고(같은 법 제51조), 재결자체에 고유한 위법이 있는 경우에 한하여 행정소송을 제기 할 수 있다(「행정소송법」제19조 단서). 그러나 이 경우에도 제소기간이 경과하면 누구든지 그 효력을 다툴 수 없게 된다.

2. 불가변력

일단 재결이 행해지면 비록 그것이 위법 또는 부당하다고 생각되는 경우에도 위원회 스스로는 그 재결을 취소 또는 변경할 수 없다.

3. 형성력

재결의 형성력이란 재결 내용대로 새로운 법률관계의 발생이나 종래의 법률관계의 변경 소멸을 가져오는 효과(구속력)를 의미한다. 재결에 의하여 청구가 인용되어 원처분의 전부 또는 일부가 취소 된 때, 변경재결에 의하여 원처분이 취소되고 그에 갈음하는 별개의 처분이 행해진 경우 및 의무이행심판에 있어서의 처분재결이 행해진 경우가 해당된다. 그러나 위원회가 재결로서 직접 처분의 취소 변경 등을 하지 않고 처분취소명령재결, 처분명령재결을 한 경우에는 당해 재결은 형성력을 발생시키는 것이 아니라 기속력을 발생시키게 된다.

[판례]

① "행정심판에 있어서 재결청의 재결내용이 처분청에 취소를 명하는 것이 아니라 처분청의 처분을 스스로 취소하는 것일 때에는 그 재결에 형성력이 발생하여 당해 행정처분은 별도의 행정처분을 기다릴 것 없이 당연히 취소되어 소멸되는 것으로서 그 후 동일한 사안에 대해 처분청이 또 다른 처분을 하였다면 이는 위 소멸된 처분과는 완전히 독립된 별개의 처분이라 할 것이고 따라서 새로운 처분에 대한 제소기간 준수 여부도 그 새로운 처분을 기준으로 판단하여야 한다." (대법원 1994. 4. 12. 선고 93누1879판결)

② "「행정심판법」 제32조 제3항(현 제43조 제3항)에 의하면 재결청(현 행정심판위원회)은 취소심판의 청구가 이유 있다고 인정할 때에는 처분을 취소 변경할 것을 명한다고 규정하고 있으므로 행정심판 재결의 내용이 처분청에게 처분의 취소를 명하는 것이 아니라 재결청이 스스로 처분을 취소하는 것일 때에는 그 재결의 형성력에 의하여 당해 처분은 별도의 행정처분을 기다릴 것도 없이 당연히 취소되어 소멸되는 것이다." (대법원 1998. 4. 24. 선고 97누17131판결)

4. 기속력

재결은 피청구인인 행정청과 그 밖의 관계행정청을 기속한다(「행정심판법」 제49조 제1항).

(1) 기속력의 의의

기속력은 피청구인인 행정청과 그 밖의 관계행정청이 그 재결의 취지에 따라 행동하여야 하는 의무를 발생시키는 효과(구속력)이다. 재결의 기속력은 인용재결의 경우에만 인정된다. 각하·기각재결은 청구인의 심판청구를 배척하는 데 그칠 뿐 피청구인인 행정청과 그 밖의 관계행정청에 대하여 원처분을 유지하여야 할 의무를 지우지 않으므로 처분청은 재결 후에라도 정당한 사유가 있으면 직권으로 원처분을 취소·변경·철회할 수 있다.

(2) 기속력의 내용

재결의 기속력의 결과 관계행정청은 재결의 내용을 실현할 의무를 진다.

1) 부작위 의무(=반복금지의무)

처분의 취소·변경재결, 처분의 무효등확인재결이 있는 경우에는 관계행정청은 그들 재결에 저촉되는 행위를 할 수 없다. 즉, 동일사실관계 아래에서 동일한 내용의 처분을 반복하여서는 안 된다.

2) 적극적 처분의무

① 거부처분취소재결(또는 거부처분무효확인재결)에 따른 재처분의무

재결에 의하여 취소되거나 무효 또는 부존재로 확인되는 처분이 당사자의 신청을 거부하는 것을 내용으로 하는 경우에는 그 처분을 한 행정청은 재결의 취지에 따라 다시 이전의 신청에 대한 처분을 하여야 한다(같은 법 제49조 제2항).

② 처분명령재결에 따른 처분의무

당사자의 신청을 거부하거나 부작위로 방치한 처분의 이행을 명하는 재결이 있는 경우에는 처분청은 지체없이 그 재결의 취지에 따라 이전의 신청에 대한 처분을 하여야 한다(같은 법 제49조 제3항).

③ 제3자효행정행위가 절차하자로 취소된 경우 처분의무

신청에 따른 처분이 절차의 위법 또는 부당을 이유로 재결로서 취소가 된 경우에는 행정청은 재결에 취지에 따른 적법한 절차에 의하여 신청에 대한 처분을 하여야 한다(같은 법 제49조 제4항).

3) 결과제거의무

행정청은 처분의 취소 또는 무효확인 등의 재결이 있게 되면 결과적으로 위법 또는 부당으로 판정된 처분에 의하여 초래된 상태를 제거하여야 할 의무를 진다.

V. 위원회의 직접처분과 간접강제

1. 위원회의 직접 처분

(1) 의 의

행정심판위원회의 처분명령재결에도 불구하고 피청구인이 처분을 하지 아니하는 때에는 청구인은 위원회에 직접처분을 신청할 수 있다. 청구인의 신청을 받은 위원회는 피청구인에게 일정한 기간을 정하여 서면으로 시정명령을 내리고 피청구인이 그 기간 내에 이행하지 않는 경우 직접 당해 처분을 할 수 있다. 단, 처분의 성질이나 그 밖의 불가피한 사유로 위원회가 직접 처분을 할 수 없는 경우에 해당하지 않아야 한다(같은 법 제50조 제1항).

(2) 직접처분에 따른 행정청의 후속 조치

위원회는 직접처분을 하였을 때에는 그 사실을 해당 행정청에 통보하여야 하며, 통보를 받은 행정청은 위원회가 한 처분을 자기가 한 처분으로 보아 관리·감독 등 필요한 조치를 하여야 한다(같은 법 제50조 제2항).

2. 위원회의 간접강제

행정심판위원회의 거부처분취소재결(또는 거부처분무효확인재결)이나 처분명령재결에도 불구하고 피청구인이 처분을 하지 아니하는 때에는 청구인은 위원회에 간접강제를 신청할 수 있다. 청구인의 신청을 받은 위원회는 결정으로 상당한 기간을 정하고 피청구인이 그 기간 내에 이행하지 아니하는 경우에는 그 지연기간에 따라 일정한 배상을 하도록 명하거나 즉시 배상을 할 것을 명할 수 있다(같은 법 제50조의2).

이러한 위원회의 간접강제 제도는 거부처분취소재결(또는 거부처분무효확인재결)의 실효성을 담보하는 역할뿐 만 아니라 위원회의 직접 처분이 처분의 성질이나 그 밖의 불가피한 사유로 적합하지 않은 경우에(같은 법 제50조 제1항 단서) 그에 대한 보완책으로서 활용될 수 있도록 2017년 행정심판법 일부개정시 도입된 제도이다.

VI. 재결에 대한 불복

1. 재결심판청구의 금지

「행정심판법」은 심판청구에 대한 재결이 있으면 그 재결 및 같은 처분 또는 부작위에 대하여 다시 행정심판을 청구할 수 없도록 하였다(같은 법 제51조).

2. 재결에 대한 행정소송

행정심판의 재결을 대상으로 한 취소소송 또는 무효등확인소송은 재결 자체의 고유한 위법이 있음을 이유로 하는 경우에만 제기 할 수 있다(재결주의). 이 경우 피고는 재결기관인 행정심판위원회가 된다. 다만, 행정심판의 재결을 거쳐 이에 불복하는 행정소송을 제기하는 경우 행정소송의 대상은 원칙적으로 재결이 아니라 원처분이다(원처분주의).

한편, 인용재결에 불복하는 피청구인(처분청)이 행정소송을 제기할 수 있는 지가 문제되는데, 행정심판의 재결은 피청구인인 행정청을 기속한다고 규정하고 있는 행정심판법 제49조 제1항에 따라, 처분청은 행정심판의 인용재결에 대해 불복하여 행정소송을 제기할 수 없다. 판례도 같은 입장이다.

[판례]

"행정심판법 제37조 제1항(현 제49조 제1항)에 "재결은 피청구인인 행정청과 그 밖의 관계행정청을 기속한다"고 규정하고 있으므로, 이에 따라 처분행정청은 인용재결에 기속되어 재결에 취지에 따른 처분의무를 부담하게 되므로 이에 불복하여 항고소송을 제기할 수 없다 할 것이며, 이 규정이 지방자치의 내재적 제약의 범위를 일탈하여 헌법상의 지방자치의 제도적 보장을 침해하는 것으로 볼 수 없다." (대법원 11998. 5. 8. 선고 97누15432판결)

제8절 Ⅰ 행정심판의 조정

1. 의 의

위원회는 당사자의 권리 및 권한의 범위에서 당사자의 동의를 받아 심판청구의 신속하고 공정한 해결을 위하여 조정을 할 수 있다. 다만, 그 조정이 공공복리에 적합하지 아니하거나 해당 처분의 성질에 반하는 경우에는 그러하지 아니하다(같은 법 제43조의2).

이러한 조정제도는 양 당사자 간의 합의가 가능한 사건의 경우 행정심판위원회가 개입·조정하는 절차를 통하여 갈등을 조기에 해결하도록 하여 행정심판을 통한 국민권익 구제 역량을 확대하려는 차원에서 2017년 행정심판법 일부개정시 도입된 제도이다.

2. 효 과

행정심판법은 조정에 대해서는 제48조(재결의 송달과 효력발생), 제49조(재결의 기속력 등), 제50조(위원회의 직접 처분), 제50조의2(위원회의 간접강제), 제51조(행정심판 재청구의 금지)를 준용하도록 하고 있다.

제9절 | 행정심판의 불복고지

Ⅰ. 개설

「행정심판법」은 처분을 서면으로 하는 경우에 그 상대방에게 처분에 관하여 행정심판을 제기할 수 있는지의 여부와 심판을 제기하는 경우의 심판청구절차 및 심판청구기간 등을 알려주도록 규정하고 있다(같은 법 제58조 참조). 「행정심판법」상의 불복고지의 성질은 하나의 사실행위로서 그 자체는 직접적으로는 아무런 법적 효력이 없는 행정작용이다.

Ⅱ. 불복고지의 종류

1. 직권에 의한 고지

행정청이 처분을 서면으로 하는 경우에는 그 상대방에게 고지를 하여야 한다.

(1) 고지의 대상

서면에 의한 처분만이 고지의 대상이 된다. 구두에 의한 처분, 처분 이외의 행정작용은 불복고지의 대상이 되지 아니한다.

(2) 고지의 내용

불복고지를 해야 할 내용은 행정심판을 제기 할 수 있는지의 여부와 심판을 제기하는 경우의 심판청구절차 청구기간 등이다.

(3) 고지의 주체와 상대방

고지의 의무를 지는 주체는 행정청이며 고지의 상대방은 당해 처분의 상대방이다. 행정청에는 법령의 의하여 행정권한의 위임 또는 위탁을 받은 행정기관 공공단체 및 그 기관 또는 사인이 포함되며, 불복고지의 상대방은 해석상 처분의 직접상대방을 의미한다. 그러나 근래 이른바 제3자효행정행위로 인한 인인소송, 경업자소송이 자주 제기되는 추세에 비추어 볼 때 그 제3자에게도 가능하면 불복고지를 하는 것이 바람직하다.

(4) 고지의 방법

고지의 방법과 시기에 관해서는 「행정심판법」은 아무런 규정도 두고 있지 않다. 그러나 서면에 의한 처분이 불복고지의 대상이 되는 점에서 고지는 서면으로 함이 원칙이며, 처분시에 함이 원칙이다. 다만, 처분시에 하지 않고 사후에 고지한 경우 불고지의 흠은 치유된다.

2. 청구에 의한 고지

행정청은 이해관계인으로부터 고지를 요구받은 경우에는 지체 없이 알려주어야 한다(같은 법 제58조 제2항).

(1) 고지의 청구권자

고지의 청구권자는 이해관계인이며, 이는 당해 처분에 의하여 직접 자기의 법률상 이익을 침해받은 자를 의미한다.

(2) 고지의 대상

고지의 대상은 반드시 서면에 의한 처분에 한하지 않고 그 고지의 청구권자의 법률상 이익을 침해한 모든 처분이 그에 해당한다.

(3) 고지의 내용

고지의 내용은 ① 해당 처분이 행정심판의 대상이 되는지의 여부와 ② 행정심판의 대상이 되는 경우 소관 위원회 및 심판청구 기간 등이다.

(4) 고지의 방법·시기

고지의 방법에 관하여서는 서면으로 알려줄 것을 요구받은 때에는 서면으로 알려야 한다고 규정하고 있다. 또한 고지의 시기에 대해서는 법이 지체 없이 이를 알려야 한다고 규정하고 있다.

Ⅲ. 고지의무 위반의 효과

① 고지를 하지 않았거나 잘못 고지한 경우

행정청이 「행정심판법」 제58조의 규정에 의한 고지를 하지 아니하거나 잘못 알려서 청구인이 심판청구서를 다른 행정기관에 제출한 경우에는 그 행정기관은 그 심판청구서를 지체 없이 정당한 권한이 있는 피청구인에게 보내고, 그 사실을 청구인에게 통지하여야 한다(같은 법 제23조 제2항, 제3항). 이 경우에 심판청구 기간을 계산할 때에는 제1항에 따른 피청구인이나 위원회 또는 제2항에 따른 행정기관에 심판청구서가 제출되었을 때에 행정심판이 청구된 것으로 본다(같은 법 같은 조 제4항).

② 심판청구기간을 알리지 않거나 법정기간보다 긴 기간으로 잘못 알린 경우

심판청구기간을 알리지 아니한 경우에는 그 심판청구기간은 당해 처분이 있은 날로부터 180일이 된다(같은 법 제27조 제6항). 또한 행정청이 심판청구 기간을 규정된 기간보다 긴 기간으로 잘못 알린 경우 그 잘못 알린 기간에 심판청구가 있으면 그 행정심판은 처분이 있음을 알게 된 날부터 90일 이내에 청구된 것으로 본다(같은 법 제27조 제5항).

③ 행정심판을 거칠 필요가 없다고 잘못 알린 경우

「행정소송법」은 처분을 행한 행정청이 상대방에게 행정심판을 거칠 필요가 없다고 잘못 알린 경우에는 행정심판을 제기함이 없이 행정소송을 제기할 수 있도록 하고 있다(같은 법 제18조 제3항 제4호).

제 9 편

행정소송

- **제1장** 개설
- **제2장** 항고소송
- **제3장** 무효등확인소송
- **제4장** 부작위위법확인소송
- **제5장** 당사자소송
- **제6장** 새로운 유형의 행정소송
- **제7장** 객관소송
- **제8장** 행정구제수단으로서의 헌법소원
- **제9장** 대체적 분쟁해결수단

제9편 행정소송

제1장 개설

Ⅰ. 행정소송의 의의

행정소송은 법원이 행정사건에 대하여 정식의 소송절차에 의해 행하는 재판이다. 이에 따라 행정법규의 적용과 관련하여 위법하게 권리가 침해된 자가 소송을 제기하면, 법원이 이에 대한 해석과 적용을 통해 사건을 해결한다.

① 행정소송은 법원이 사법의 일환으로 행하는 '재판'이다.

재판은 당사자 간에 법률상의 분쟁이 있는 것을 전제로 하여 일반당사자의 쟁송의 제기에 의해, 공정·중립의 입장에 있는 법원이 일정한 소송절차에 따라 유권적으로 심판함으로써 분쟁을 해결하는 작용이다.

② 행정소송은 '행정사건'에 관한 재판이다.

행정사건이란 공법 법규의 적용에 관한 소송사건을 의미한다. 그러므로 사법 법규의 적용에 관한 소송인 민사소송과는 구별되며, 법규의 해석과 적용에 관한 소송이라는 점에서 헌법소송과도 구별된다.

③ 행정소송은 '정식절차'에 의한 재판이다.

심판의 공정을 기하기 위해서는, 첫째, 그 절차에 있어서 상호 대립하는 양 당사자에게 구술변론의 기회가 부여되어 충분히 그들의 주장을 펼 수 있을 것, 둘째, 심판을 맡은 기관이 완전히 독립한 지위를 가질 것 등을 필요로 한다. 행정소송은 위 두 요건을 모두 갖춘 정식절차이다.

II. 행정소송의 기능

1. 개설

「행정소송법」제1조에서는 "행정소송절차를 통하여 행정청의 위법한 처분, 그 밖에 공권력의 행사·불행사 등으로 인한 국민의 권리 또는 이익의 침해를 구제하고, 공법상의 권리관계 또는 법적용에 관한 다툼을 적정하게 해결함을 목적으로 한다."고 규정하고 있다. 결국 행정소송은 국민의 권리구제기능(행정구제기능)과 행정의 적법성보장기능(행정통제기능)을 수행한다.

2. 권리구제기능

행정소송은 개인의 권리주제를 주된 목적으로 삼고 있다. 행정소송은 원칙적으로 '주관적 소송'으로서의 성격을 가진다. 「행정소송법」이 행정소송의 종류로서 ① 항고소송, ② 당사자소송, ③ 민중소송, ④ 기관소송의 네 종류를 인정하고 있으면서, 후 2자에 대하여는 법률이 정한 경우에 법률에 정한 자에 한하여 제기할 수 있다(같은 법 제45조)라고 규정하고 있는데 대하여, 전 2자에 대하여는 "법률상 이익"이 있는 자는 누구나 그것을 제기할 수 있도록 하고 있는 점(같은 법 제12조, 제35조, 제36조 등)을 논거로 들 수 있다.

3. 행정통제기능

행정소송은 법원이 행정청이 처분 등의 위법, 국가 또는 공공단체의 기관의 법률에 위반하는 행위 등을 심사하는 것을 통해 행정통제기능(적법성보장기능)을 수행한다(같은 법 제3조, 제4조 등 참조).

4. 양 기능간의 관계

행정소송은 개인의 권리구제가 주된 기능·목적이며, 행정통제가 종된 기능·목적이다. 「행정소송법」제1조에서와 같이 행정소송은 본래 주관적 소송으로서의 성격을 가진다. 이에 법원은 행정소송을 통하여 행정권에 대하여 전면적 통제를 행할 수 있는 것이 아니라, 행정권의 행사(특히 처분)가 개인의 법률상 이익을 침해하는가 여부를 심사하는 한도에서만 행정통제를 할 수 있다.

Ⅲ. 우리나라 행정소송제도의 연혁

1. 「행정소송법」의 제정과 전면개정

「행정소송법」은 1951년 8월 24일 제정되었다. 최초의 「행정소송법」은 6.25동란 중에 제정된 것으로, 일본이 제2차 대전의 종료 후 점령군인 미군의 지배하에 만든 행정사건소송특례법을 거의 그대로 옮긴 것이다. 하지만 일본은 1962년에 행정사건소송특례법을 폐지하고 새로운 행정사건소송법을 제정·시행하였다. 이후 우리나라는 1985년에야 비로소 기존의 「행정소송법」을 전면 개정하게 되었다.

2. 「행정소송법」의 개정

1994년 7월 27일 「법원조직법」 및 「행정소송법」이 사법제도개혁의 일환으로 개정되어 현재에 이르고 있다. 이후 수차례에 걸쳐 개정을 위한 시도가 이루어져 왔으나 현실화되지는 못했다. 현행법으로의 개정의 특징을 정리하면 다음과 같다.

(1) 행정심판의 임의절차화

종전의 「행정소송법」에서는 "취소소송은 법령의 규정에 의하여 당해 처분에 대한 행정심판을 제기할 수 있는 경우에는 이에 대한 재결을 거치지 아니하면 이를 제기할 수 없다."(구 「행정소송법」 제18조 제1항)고 규정하고 있었다. 그러나 "취소소송은 법령의 규정에 의하여 당해 처분에 대한 행정심판을 제기할 수 있는 경우에도 이를 거치지 아니하고 제기할 수 있다."(구 「행정소송법」 제18조 제1항 본문)는 내용으로 개정되었다. 이에 행정심판은 원칙적으로 임의적인 전치절차가 되었다. 다만 다른 법률에 필요적으로 행정심판을 거치도록 규정한 경우에만 예외적으로 필요한 전치절차를 인정(구 「행정소송법」 제18조 제1항 단서)하고 있다.

하지만 행정심판전치주의는 국민에게 신속하고 효과적인 권리구제를 제공하기보다는 권리구제의 장애요인으로 작용하는 경우가 적지 않았으며, 재결기관의 제3자성이 미흡하였고, 심판청구절차가 복잡하며 심판청구의 인용률이 저조하다는 문제점이 있었다. 또한 2심제는 행정심판을 사법절차와 같은 실질적인 권리구제장치로서의 제1심으로 보기 어렵다는 점, 행정권의 확대, 강화에 맞추어 행정작용에 대한 법적 통제의 필요성이 급증하였다는 점, 고등법원이 5개소뿐이므로 국민의 행정소송에 관한 법원으로의 접근이 곤란하며 행정소송사건에 대한 실무경험을 통한 전문지식이나 법이론의 축적이 3심제보다 부족하다는 점이 문제로 제기되었다.

(2) 행정법원의 설치 및 행정소송의 3심제화

종전의 「행정소송법」은 항고소송 및 당사자소송의 제1심 관할법원을 각각 고등법원으로 정하고 있었다(구 「행정소송법」 제9조, 제40조). 이에 대하여 개정 법률은 항고소송 및 당사자소송의 제1심 관할법원을 각각 행정법원으로 정하였다(구 「행정소송법」 제9조, 제40조). 다만, 1998년 2월 말일까지는 서울지역에만 행정법원을 설치하고, 그 밖의 지역에서는 행정법원의 권한에 속하는 사건을 지방법원합의부에서 관할하도록 되어 있다(개정 「법원조직법」 부칙 제2조, 「각급 법원의 설치와 관할구역에 관한 법률」 제4조 및 부칙 제6조).

(3) 제소기간의 변경

개정법은 행정심판전치주의의 원칙적 폐지에 따라 취소소송의 제소기간을 처분 등이 있음을 안 날로부터 90일, 처분 등이 있은 날로부터 1년 이내로 조정하였다(같은 법 제20조 제1항, 제3항).

IV. 행정소송의 특수성

행정소송은 공익실현을 목적으로 하여 발동되는 공권력행사를 대상으로 하고 있다는 점, 행정소송은 권리구제기능뿐만 아니라 행정통제기능을 수행한다는 점,

공익과 사익의 조정을 목표로 한다는 점에서 민사소송과는 구별되는 특수성을 지니고 있다. 이에「행정소송법」의 특수한 규율로는 ① 행정법원의 설치(같은 법 제9조 제1항, 제40조), ② 행정심판의 전치(같은 법 제18조), ③ 피고를 행정소송의 대상인 처분 등을 행한 행정청으로 한 것(같은 법 제13조), ④ 제소기간의 제한(같은 법 제20조), ⑤ 청구와 관련된 원상회복·손해배상 등 관련청구소송의 병합(같은 법 제10조), ⑥ 직권탐지주의의 가미(같은 법 제26조), ⑦ 집행부정지원칙(같은 법 제23조), ⑧ 사정판결(같은 법 제28조), ⑨ 취소판결의 대세적 효력(같은 법 제29조) 등이 있다.

V. 행정소송의 한계

행정소송에는 '사법작용'으로서의 일반적인 한계와 '행정사건'에 대한 소송인 점에서 일정한 한계를 가지고 있다. 이에 행정소송의 한계는 사법의 본질에서 연유하는 한계와 권력분립상의 한계로 나눌 수 있다.

1. 사법의 본질에 의한 한계

사법작용은 구체적인 법률상의 분쟁이 있는 경우에 당사자의 소의 제기에 의하여 법원이 무엇이 법인가를 판단·선언함으로써 법질서를 유지하는 작용이다.

(1) 구체적 사건성

소송은 구체적인 법률상의 분쟁이 존재하는 것을 전제로 한다. 그러므로 국민의 구체적인 권리의무관계에 관한 분쟁만이 행정소송의 대상이 된다. 그 결과 추상적인 법령의 효력이나 해석은 행정소송의 대상이 되지 않는 것이 원칙이다.

[판례]

"행정소송의 대상이 될 수 있는 것은 구체적인 권리의무에 관한 분쟁이어야 하고 일반적·추상적인 법령 그 자체로서 국민의 구체적인 권리의무에 직접적인 변동을 초래하는 것이 아닌 것은 그 대상이 될 수 없으므로 구체적인 권리의무에 관한 분쟁을 떠나서 재무부령 자체의 무효확인을 구하는 청구는 행정소송의 대상이 아닌 사항에 대한 것으로 부적법하다." (대법원 1987. 3. 24. 선고 86누656판결, 동지판례 : 대법원 1992. 3. 10. 선고 91누12639판결).

그러나 구체적인 사항의 규율을 내용으로 하는 처분법령은 그를 구체화하는 처분을 매개함이 없이 그 자체 직접적으로 국민의 구체적인 권리의무에 영향을 미치기 때문에, 예외적으로 행정소송의 대상이 된다.

[판례]

"조례가 집행행위의 개입 없이도 그 자체로서 직접 국민의 구체적인 권리의무나 법적 이익에 영향을 미치는 등의 법률상 효과를 발생하는 경우 그 조례는 항고소송의 대상이 되는 행정처분에 해당한다." (대법원 1996. 9. 20. 선고 95누8003판결).

(2) 처분권주의의 지배

행정소송에 있어서도 법원은 당사자의 소의 제기가 있어야만 심리를 개시할 수 있으며, 심리의 범위도 원칙적으로 당사자에 의한 청구의 범위에 한정된다.

(3) 반사적 이익

행정소송을 제기하기 위해서는 그에 대한 법률상의 이익이 있어야 한다. 그러므로 국가의 활동을 통해서 개인이 향유하기는 하나 법의 보호를 받지 못하는 반사적 이익 또는 사실상 이익은 행정소송의 심판대상이 되지 않는다.

[판례]

"가. 행정처분의 직접 상대방이 아닌 제3자라도 당해 행정처분의 취소를 구할 법률상의 이익이 있는 경우에는 원고적격이 인정되는데, 여기서 말하는 법률상의 이익은 당해 처분의 근거 법률에 의하여 보호되는 직접적이고 구체적인 이익이 있는 경우를 말하고, 다만 공익보호의 결과로 국민 일반이 공통적으로 가지는 추상적, 평균적, 일반적인 이익과 같이 간접적이나 사실적, 경제적 이해관계를 가지는데 불과한 경우는 여기에 포함되지 않는다.

나. 상수원보호구역 설정의 근거가 되는 「수도법」 제1항 및 동 시행령 제7조 제1항이 보호하고자 하는 것은 상수원의 확보와 수질보전일 뿐이고, 그 상수원에서 급수를 받고 있는 지역주민들이 가지는 상수원의 오염을 막아 양질의 급수를 받을 이익은 직접적이고 구체적으로는 보호하고 있지 않음이 명백하여 위 지역주민들이 가지는 이익은 상수원의 확보와 수질보호라는 공공의 이익이 달성됨에 따라 반사적으로 얻게 되는 이익에 불과하므로 지역주민들에 불과한 원고들에게는 위 상수원보호구역변경처분의 취소를 구할 법률상의 이익이 없다.

다. 「도시계획법」 제12조 제3항의 위임에 따라 제정된 「도시계획시설기준에 관한 규칙」 제125조 제1항이 화장장의 구조 및 설치에 관하여는 「매장및묘지등에관한법률」이 정하는 바에 의한다고 규정하고 있어, 도시계획의 내용이 화장장의 설치에 관한 것일 때에는 「도시계획법」 제12조 뿐만 아니라 「매장및묘지등에관한법률」 및 같은 법 시행령 역시 그 근거 법률이 된다고 보아야 할 것이므로, 같은 법 시행령 제4조 제2호가 공설화장장은 20호 이상의 인가가 밀집한 지역, 학교 또는 공중이 수시 집합하는 시설 또는 장소로부터 1,000m 이상 떨어진 곳에 설치하도록 제한을 가하고, 같은 법 시행령 제9조가 국민보건상 위해를 끼칠 우려가 있는 지역, 「도시계획법」 제17조의 규정에 의한 주거지역, 상업지역, 공업지역 및 녹지지역 안의 풍치지구 등에의 공설화장장 설치를 금지함에 의하여 보호되는 부근 주민들의 이익은 위 도시계획결정처분의 근거 법률에 의하여 보호되는 법률상 이익이다." (대법원 1995. 9. 26. 선고 94누14544판결)

2. 권력분립 및 사법의 기능상의 한계

사법권은 본래 구체적인 분쟁사건을 전제로 하여 이를 해결하기 위한 법적용을 그 목적과 사명으로 하고 있는데 반해, 행정은 전체로서 일정한 결과의 실현을 향해 계속적으로 활동하는 작용인 점에서 특색이 있다.

이러한 양자의 성격 및 기능상의 차이로 인해 사법권의 행정권에 대한 개입과 심사는 일정한 한계가 있다.

(1) 재량행위

「행정소송법」은 "행정청의 재량에 속하는 처분이라도 재량권의 한계를 넘거나 그 남용이 있을 때에는 법원은 이를 취소할 수 있다."(같은 법 제27조)라고 규정하고 있다. 따라서 행정청의 재량에 속하는 사항에 대하여는 비록 재량을 그르치더라도 재량의 한계를 넘지 않는 한 부당에 머물며, 법원은 그의 당부에 관해 심사할 수 없다. 즉, 재량권의 한계를 넘거나 재량권의 남용이 있는 경우에도 법원은 행정청의 재량결정에 대하여 재량하자가 있는지에 대해서만 심사할 수 있고, 스스로의 결정에 의하여 행정청의 결정에 대치할 수는 없는 것이다.

(2) 불확정개념과 판단여지

행정청에 의한 불확정개념의 해석·적용에 대하여 사법심사를 제한 또는 배제하는 것은 사법의 기능과 관련하여 문제가 있다. 법원은 원고에 의한 소의 제기가 있는 경우 사안을 조사하고, 관련 법규를 해석하거나 필요한 경우 그를 보충하며, 확정된 사안과 법률규정이 합치하는가를 판단한다. 이것은 법규가 추상적이고 불확정한 법률개념을 사용한 경우에도 마찬가지이다. 법원은 개별적 사안에 대하여 판단할 뿐만 아니라 판결에 의하여 법을 구체화하고 발전시키는 기능을 가지고 있다. 이러한 사법의 기능은 특히 불확정개념과 관련하여 의미가 있다.

따라서 행정청에 의한 불확정개념의 해석·적용은 원칙적으로 법원에 의하여 전면적인 사후심사를 받을 수 있고 받아야 한다. 예외적으로 특별한 결정상황 또는 특별한 사안에 관련되어 사후심사가 사실상 불가능한 경우에만 법원에 의한 심사가 제한될 수 있다.

(3) 통치행위

법원이 어떠한 범위 내에서 통치행위에 대한 심사를 할 수 있는지의 문제가 있다. 헌법에서 명문으로 법원에 제소할 수 없음을 규정(국회의원의 징계·제명처분 :

「헌법」 제64조 제4항)하고 있는 경우를 제외하고, 법률문제가 포함되어 있는 경우에는 그 법률문제에 관한 한 원칙적으로 법원의 심사·판단이 행하여져야 한다. 또한 실정법에 엄격한 요건이 규정되고 있는 경우 그 요건의 구비여부는 법원의 심사대상이 되어야 한다.

[반대 판례]

> "국가를 보위하며 국민의 자유와 복리의 증진에 노력하여야 할 국가원수인 동시에 행정의 수반이며 국군의 통수자인 대통령(권한대행)이 제반의 객관적 상황에 비추어서 그 재량으로 비상계엄을 선포함이 상당하다는 판단 밑에 이를 선포하였을 경우, 그 행위는 고도의 정치적·군사적 성격을 띠는 행위라고 할 것이어서, 그 선포의 당·부당을 판단할 권한과 같은 것은 「헌법」상 계엄의 해제 요구권이 있는 국회만이 가지고 있다고 할 것이고, 그 선포가 당연 무효의 경우라면 모르되, 사법기관인 법원이 계엄선포의 요건의 구비 여부나 선포의 당·부당을 심사하는 것은, 사법권의 내재적인 본질적 한계를 넘어서는 것이 되어, 적절한 바가 못 된다." (대법원 1979. 12. 7. 선고 79초70판결).

또한 고도의 정치성을 띤 행위라고 하더라도 「헌법」상의 제원칙, 즉 국민주권의 원리, 비례의 원칙(또는 과잉금지의 원칙) 등에 위배되어서는 안 됨은 자명하다. 다만 고도의 정치성을 띤 행위의 경우 결정기관에 정치적 형성의 자유가 인정되며, 그 범위 내에서 그에 대한 사법심사가 제한될 뿐인 것이다. 이러한 경우에도 그 행위가 기본적 인권의 침해에 관련된 경우에는 결정기관의 재량의 여지는 축소되고 그에 상응하여 법원의 사법적 심사의 범위는 확대되어야 한다.

(4) 행정상 이행소송의 인정 문제

행정상 이행소송의 인정 문제는 행정소송상 이행판결 또는 적극적 형성판결이 허용되는가의 문제이다. 판례는 현행 행정소송법상 행정청으로 하여금 일정한 행정처분을 하도록 명하는 이행판결을 구하는 소송이나 법원으로 하여금 행정청이 일정한 행정처분을 행한 것과 같은 효과가 있는 행정처분을 직접 행하도록 하는 형성판결을 구하는 소송은 허용되지 않는다고 판시한 바 있다(대법원 1997. 9. 30. 선고 97누3200판결).

VI. 행정소송의 종류

1. 성질에 의한 분류

(1) 형성의 소

형성의 소는 일정한 법률요건의 존재를 주장하여 법률관계의 변동(발생·변경·소멸)을 가져오는 형성판결을 구하는 소송이다. 항고소송 중 취소소송은 행정청의 위법한 처분 등의 취소·변경을 구하는 소송이므로 가장 전형적인 형성의 소에 해당한다.

(2) 이행의 소

이행의 소는 원고가 피고에 대한 실체법상의 이행청구권의 존재를 전제로, 법원에 대하여 피고에게 일정한 행위(작위·부작위·수인·급부)를 하라고 명하는 이행명령을 발해줄 것을 구하는 소송이다. 이행의 소는 단순히 이행청구권의 확정에 그치지 아니하고 이를 전제로 이행명령의 선고를 목적으로 한다. 의무이행소송이나 예방적 금지소송 그리고 이행명령을 구하는 당사자소송이 이행의 소에 해당한다.

(3) 확인의 소

확인의 소는 특정한 권리 또는 법률관계의 존재 또는 부존재를 주장하여 이를 확인하는 판결을 구하는 소송이다. 항고소송 중 무효등확인소송·부작위위법확인소송, 그리고 공법상의 권리관계의 존부를 확인받기 위한 당사자소송은 확인의 소에 해당한다.

2. 내용에 의한 분류

현행법은 행정소송을 내용에 따라 항고소송·당사자소송·민중소송·기관소송으로 구분하고 있다(같은 법 제3조). 항고소송과 당사자소송은 개인의 주관적 권익의 보호를 직접 목적으로 하는 주관적 소송이고, 민중소송과 기관소송은 공익실현 또는 행정의 적법성보장을 직접목적으로 하는 객관적 소송이다.

(1) 항고소송

항고소송은 행정청의 처분 등이나 부작위에 대하여 제기하는 소송이다.

1) 취소소송

취소소송은 행정청의 위법한 처분 등을 취소 또는 변경하는 소송이다.

2) 무효등확인소송

무효등확인소송은 행정청의 처분 등의 효력 유무 또는 존재 여부를 확인하는 소송이다.

3) 부작위위법확인소송

부작위위법확인소송은 행정청의 부작위가 위법하다는 것을 확인하는 소송이다.

(2) 당사자소송

당사자소송은 행정청의 처분 등을 원인으로 하는 법률관계에 관한 소송과, 그 밖에 공법상의 법률관계에 관한 소송으로서 그 법률관계의 한쪽 당사자를 피고로 하는 소송이다.

(3) 민중소송

민중소송은 국가 또는 공공단체의 기관이 법률에 위반되는 행위를 한 때에는 직접 자기의 법률상 이익과 관계없이 그 시정을 구하기 위하여 제기하는 소송이다. 예로 선거인에 의해 제기되는 선거소송(「공직선거법」 제222조)을 들 수 있다.

(4) 기관소송

기관소송은 국가 또는 공공단체의 기관 상호간에 있어서의 권한의 존부 또는 그 행사에 관한 다툼이 있을 때에 이에 대하여 제기하는 소송으로, 지방자치단체장이 지방의회의 의결의 위법을 이유로 제기하는 소송(「지방자치법」 제172조 제4항)을 예로 들 수 있다. 다만 「헌법재판소법」 제2조의 규정에 의하여 헌법재판소의 관장사항으로 되어 있는 소송은 제외된다.

3. 법정외 행정소송

「행정소송법」상의 행정소송의 종류 이외에 무명행정소송 또는 법정외 행정소송이 허용되느냐의 문제가 논의된다.

(1) 의무이행소송

의무이행소송(Verpflichtungsklage)은 일정한 행정행위를 청구하였는데 거부된 경우 또는 아무런 응답이 없는 경우에, 행정청에 대하여 그 거부된 또는 방치된 (부작위) 행정행위를 행하여 줄 것을 구하는 내용의 행정소송이다.

판례는 "행정청에 대하여 행정상 처분의 이행을 구하는 청구는 특별한 규정이 없는 한 행정소송의 대상이 될 수 없다"고 판시하여 의무이행소송의 인정을 부정하고 있다(대법원 1997. 9. 30. 선고 97누3200판결).

(2) 부작위청구소송

부작위청구소송은 행정행위나 그 밖의 행위를 하지 않을 것(부작위)을 구하는 행정소송이다.

판례는 "건축물의 준공처분을 하여서는 아니된다는 내용의 부작위를 구하는 청구는 행정소송에서 허용되지 않는다"라고 하여 부작위청구소송을 부정하고 있다(대법원 1987. 3. 24. 선고 86누182판결).

(3) 일반이행소송

일반이행소송(Allgemeine Leistungsklage)은 공법상의 권리를 바탕으로 행정주체 등의 작위·부작위·급부·수인을 청구하는 취지의 소송 가운데 전술한 의무이행 소송을 제외한 것이다. 의무이행소송이 처분의무의 이행을 구하는 데 대하여, 일반이행소송은 행정처분이외의 행정작용 또는 급부의 이행을 구하는 소송이다. 예로 원상회복의 청구, 금전급부의 청구, 정보제공 등의 청구, 의사표시(명예훼손 등)의 철회 등을 내용으로 하는 행정소송을 들 수 있다.

제2장 항고소송

Ⅰ. 취소소송

1. 개설

(1) 취소소송의 의의

항고소송은 "행정청의 위법한 처분 등을 취소 또는 변경하는 소송"(「행정소송법」 제4조 제1호)이다. 재결의 취소·변경은 재결 자체에 고유한 위법이 있음을 이유로 하는 경우에만 인정된다(같은 법 제19조). 또한 행정행위의 무효선언을 구하는 의미에서의 취소소송도 판례상 인정된다.

(2) 취소소송의 성질

형성소송설은 취소소송이란 일정한 법률관계를 성립시킨 행정행위의 위법을 다투어 당해 행정행위의 취소·변경을 통하여 그 법률관계를 변경 또는 소멸시키는 점에서 형성적 성질의 것으로 보는 견해이며, 통설과 판례의 입장이다. 또한 확인소송설에서 취소소송은 그 행정행위 당시에 있어서의 행정행위의 위법성을 확인하는 성질의 것으로 본다. 「행정소송법」은 제29조 제1항에서 "처분 등을 취소하는 확정판결은 제3자에게도 효력이 있다."고 규정하여 취소소송의 인용판결에 대하여 대세적 효력을 인정하고 있다.

(3) 취소소송의 소송물

소송물이 특정됨으로써 법원에 의한 심리의 범위 및 판결의 기판력의 객관적 범위가 정해지며, 피고적격의 여부와 제3자의 소송참가의 필요성 여부, 소의 변경의 허용 여부 등을 판단하는 기준이 된다. 취소소송의 소송물에 대해서는 ① 계쟁 행위 또는 법률관계 자체가 소송물이라는 견해, ② 행정처분의 위법성이라는 견해(우리나라의 다수설), ③ 처분의 위법사유를 소송물로 보는 견해, ④ 대상이 되는 처분에 의하여 자기의 법률상 이익이 침해되었다는 원고의 '법적 주장(Rechtsbehauptung)'에서 찾는 견해, ⑤ 행정처분이 위법하고 원고의 권리를 침해한다는 원고의 법률상 주장이라는 견해(독일의 다수설), ⑥ 원고의 '취소청구(Aufhebungsanspruch)'라는 견해 등이 대립된다. 이에 대법원의 주류적인 판례에서는 행정처분의 위법성이라는 견해를 채택하고 있다.

[판례]

> ① "취소판결의 기판력은 소송물로 된 행정처분의 위법성 존부에 관한 판단 그 자체에만 미치는 것이다." (대법원 1996. 4. 26. 선고 95누5820판결)
> ② "과세처분 취소소송의 소송물은 그 취소원인이 되는 위법성 일반이다." (대법원 1989. 4. 11. 선고 87누647판결)

우리나라에서는 원고적격의 존부, 즉 처분 등의 취소를 구할 법률상 이익이 있는지 여부를 원고가 입증해야 한다. 따라서 법률상 이익의 침해를 다시 소송물의 한 요소로 볼 필요는 없다. 취소소송의 적법성 심사에 있어서는 법률상 이익이 제약(Eingriff)되었는지의 여부가 판단의 대상이 되고, 본안심리에 있어서는 행정처분의 위법성이 판단대상이 되는 것이다. 「행정소송법」 제12조가 법률상 이익을 원고적격의 한 요소로 규정하고 있으므로, 취소소송의 소송물을 위법성으로 보는 우리나라의 다수설 및 판례는 타당하다.

2. 취소소송의 재판관할

(1) 사물관할과 토지관할

취소소송의 제1심 관할법원은 피고인 행정청의 소재지를 관할하는 행정법원이다(같은 법 제9조 제1항). 다만 중앙행정기관, 중앙행정기관의 부속기관과 합의제행정기관 또는 그 장이 피고인 경우에는 대법원 소재지를 관할하는 행정법원에 제기할 수 있다(같은 법 제9조 제2항). 또한 토지의 수용 기타 부동산 또는 특정의 장소에 관계되는 처분등에 대한 취소소송은 그 부동산 또는 장소의 소재지를 관할하는 행정법원에 이를 제기할 수 있다(같은 법 같은 조 제3항).

(2) 관할법원에의 이송

법원은 소송의 전부 또는 일부가 그 관할에 속하지 아니함을 인정할 때에는 결정으로 관할법원에 이송한다(같은 법 제8조 제2항, 「민사소송법」 제31조 제1항). 이에 관한 「민사소송법」 제31조 제1항의 규정은 원고의 고의 또는 중대한 과실 없이 행정소송이 심급을 달리하는 법원에 잘못 제기된 경우에도 적용된다(「행정소송법」 제7조).

3. 관련청구소송의 이송과 병합

(1) 제도의 취지

서로 관련이 있는 수개의 청구를 하나의 소송절차에 병합하여 심판한다는 것은 신속한 재판, 당사자나 법원의 부담을 덜며, 심리의 중복, 재판의 저촉을 피할 수 있다는 이점이 있다. 이에 취소소송과 관련되는 실체적인 청구(예 : 손해배상청구소송)를 병합하는 경우를 들 수 있다.

(2) 관련청구소송의 범위

1) 관련된 손해배상·부당이득반환·원상회복 등 청구소송

관련청구소송은 당해 처분 등과 관련되는 손해배상·부당이득반환·원상회복 등 청구소송과 당해 처분 등과 관련되는 취소소송이다(같은 법 제10조 제1항). 여기서 당해 처분 등과 관련된다는 것은 ① 처분이나 재결이 원인이 되어 발생한 청구와 ② 처분이나 재결의 취소나 변경을 선결문제로 하는 청구 등을 의미한다.

2) 당해 처분 등과 관련되는 취소소송

당해 처분 등과 관련되는 취소소송으로는 ① 당해 처분과 함께 하나의 절차를 구성하는 다른 처분의 취소를 구하는 소송, ② 당해 처분에 관한 재결의 취소를 구하는 소송, ③ 재결의 대상인 처분의 취소소송, ④ 당해 처분이나 재결의 취소·변경을 구하는 다른 사람(제3자)의 취소소송 등을 들 수 있다.

(3) 관련청구소송의 이송

1) 관련청구소송의 이송의 의의

취소소송과 관련청구소송이 각각 다른 법원에 계속되고 있는 경우에 관련청구소송이 계속된 법원은 당사자의 신청 또는 직권에 의하여 이를 취소소송이 계속된 법원으로 이송할 수 있다(같은 법 제10조 제1항).

2) 이송의 요건

이송의 요건으로는 ① 취소소송과 관련 청구소송이 각각 다른 법원에 계속 중이어야 하고, ② 관련청구소송이 계속된 법원이 당해 소송을 취소소송이 계속된 법원에 이송시킴이 "상당하다고 인정하는 때"에만 가능한 이송의 상당성이 인정되어야 하며, ③ 관련청구소송의 이송은 당사자(관련청구소송의 원·피고, 참가인 등)의 신청에 의하거나 또는 그것이 없더라도 법원의 직권으로 행해질 수 있다.

3) 이송판결

이송에 대한 재판에도 「민사소송법」이 준용된다. 법원은 소송의 전부 또는 일부에 대하여 관할권이 없다고 인정하는 경우에는 결정으로 이를 관할법원에 이송한다(「민사소송법」 제34조 제1항). 동 규정은 원고의 고의 또는 중대한 과실 없이 행정소송이 심급을 달리하는 법원에 잘못 제기된 경우에도 적용한다(「행정소송법」 제7조).

① 이송재판의 효력

이송결정은 이송을 받은 법원을 기속하며, 이에 따라 당해 법원은 그 사건을 다른 법원에 이송하지 못한다(「민사소송법」 제38조).

② 즉시항고

이송결정과 이송신청의 각하결정에 대하여는 즉시항고를 할 수 있다(「민사소송법」 제39조).

③ 이송의 효과

이송결정이 확정된 때에는 당해 관련청구소송은 처음부터 이송을 받은 법원에 계속된 것으로 본다(「민사소송법」 제40조 제1항).

(4) 관련청구소송의 병합

1) 관련청구병합의 의의

처분의 취소소송은 항고소송에 의하여 처분행정청을 피고로 제기되며, 처분으로 인한 손해배상청구소송은 당사자소송이나 민사소송에 의하여 국가나 공공단체를 피고로 제기된다. 이는 형식적으로는 독립적인 별개의 소송이지만, 실질적으로는 하나의 궁극적 목적을 달성하기 위한 것이다. 이들 관련되는 청구를 하나의 소송절차에 병합하여 통일적으로 재판함으로써 당사자나 법원의 부담을 덜 수 있으며, 심리의 중복·재판의 저촉을 피할 수 있고, 나아가 국민의 권리구제를 위하여 분쟁을 신속히 처리할 수 있다.

2) 병합의 종류와 형태

병합의 종류와 형태로는 ① 원·피고 사이에서 관련청구소송의 병합인 객관적 병합과, ② 피고 이외의 자를 상대로 하는 주관적 병합을 들 수 있다. 주관적 병합으로는 제소시에 행하는 원시적 병합과 소송의 계속 중에 행하는 후발적(추가적) 병합이 있다. 「행정소송법」은 관련청구에 해당하는 것이라면 소송절차의 동종·이종을 불문하며, 나아가 피고를 달리하는 소송까지 병합할 수 있게 하고 있다.

[판례]

"행정소송법 제10조는 처분의 취소를 구하는 취소소송에 당해 처분과 관련되는 부당이득반환소송을 관련 청구로 병합할 수 있다고 규정하고 있는바, 이 조항을 둔 취지에 비추어 보면, 취소소송에 병합할 수 있는 당해 처분과 관련되는 부당이득반환소송에는 당해 처분의 취소를 선결문제로 하는 부당이득반환청구가 포함되고, 이러한 부당이득반환청구가 인용되기 위해서는 그 소송절차에서 판결에 의해 당해 처분이 취소되면 충분하고 그 처분의 취소가 확정되어야 하는 것은 아니라고 보아야 한다." (대법원 2009. 4. 9. 선고 2008두23153판결)

3) 병합의 요건

취소소송이 계속된 법원은 관련청구소송을 병합하여 심리할 수 있다.

① 본체인 취소소송의 적법성

관련청구소송이 병합된 본체인 취소소송은 그 자체로서 소송요건(당사자적격·전심절차·제소기간·소익 등)을 구비하여 적법하지 않으면 안 된다. 다만 본체인 취소소송이 병합 전에 계속되어 있어야 하는 것은 아니므로, 처음부터 관련청구를 병합하여 제기하는 것이 가능하다.

② 관련청구의 범위(병합한계)

취소소송에 병합할 수 있는 청구는 취소소송의 대상인 처분 등과 관련되는 손해배상·부당이득반환·원상회복 등 청구소송과, 본체인 취소소송의 대상인 처분 등과 관련되는 취소소송이다(같은 법 제10조 제1항).

③ 병합의 시기

관련청구의 병합은 사실심의 변론종결 이전에 하여야 한다(같은 법 제10조 제2항).

④ 관할법원

병합되는 소송의 관할법원은 취소소송이 계속된 법원이다.

4) 병합심리

취소소송에 병합되는 관련청구소송이 민사소송에 해당하는 경우, 그 관련청구의 심리에 「행정소송법」의 규정(같은 법 제26조에서의 직권심리)이 적용되는지가 문제될 수 있다. 병합심리는 재판상의 편의를 위한 것으로, 병합된다고 하여 소송의 본질이 달라지는 것은 아니다. 즉 민사사건이 취소소송에 병합한다고 하여 행정사건으로 변질되는 것은 아니다. 따라서 「민사소송법」이 적용된다.

4. 취소소송의 당사자 등

(1) 개설

1) 당사자의 지위

당사자소송은 민사소송처럼 원고와 피고가 서로 자기의 권리를 주장하여 대립된다. 취소소송에서 원고는 자신의 권익보호를 위하여 처분 등의 위법을 이유로 그의 취소·변경을 구하고, 피고인 행정청은 자신의 권익을 주장하는 것이 아니라 법적용에 위법이 없다는 것을 주장하는데 불과하다. 피고의 지위에 있는 행정청은 그 자체가 국가·지방자치단체 등의 '기관'으로서 원칙적으로 피고의 자격을 가지지 않는 것이지만 편의상 피고의 지위가 인정되는 점, 그리고 자기의 이익을 주장하고 옹호하는 것이 아니라, 공익을 위하여 소송에 임하는 점 등을 특징으로 들 수 있다.

2) 당사자능력과 당사자적격

① 당사자능력

소송의 당사자(원고·피고·참가인)가 될 수 있는 일반적 능력이다. 「민법」등에 의하여 권리능력을 가지는 자, 즉 자연인과 법인은 행정소송에 있어서 당사자능력을 갖는다(같은 법 제8조 제2항, 「민사소송법」 제47조).

② 당사자적격

당사자적격은 특정의 소송사건에 있어서 당사자로서 소송을 수행하고 본안판결을 받기에 적합한 자격이다.

(2) 원고

1) 원고적격

① 의의

취소소송에 있어서의 원고적격은 처분 등의 취소를 소구할 수 있는 자격을 의미하며, 소의 이익은 원고적격, 권리보호의 자격(청구대상의 적격) 및 권리보호의 필요(또는 소를 제기할 현실적인 필요성 또는 이익, 좁은 의미의 소의 이익)를 포괄하는 개념이다.

② 관계규정과 판정기준

「행정소송법」 제12조는 "① 취소소송은 처분 등의 취소를 구할 법률상 이익이 있는 자가 제기할 수 있다. ② 처분 등의 효과가 기간의 경과, 처분 등의 집행 그 밖의 사유로 인하여 소멸된 뒤에도 그 처분 등의 취소로 인하여 회복되는 법률상 이익이 있는 자의 경우에는 또한 같다."고 규정하고 있다. 여기에서 ①이 원고적격에 관한 규정이고, ②가 좁은 의미의 소의 이익에 관한 규정이다.

③ '법률상 이익'의 의미

a) 권리구제설

취소소송의 기능을 위법한 처분에 의하여 침해된 실체법상의 권리보호에 있다고 보아, 위법한 처분 등으로 인하여 권리를 침해당한 자만이 제소할 수 있는 원고적격을 갖는다고 본다.

b) 법이 보호하는 이익구제설

취소소송을 고유한(또는 고전적인) 의미의 권리의 보호수단으로서가 아니라, 법률이 개인을 위하여 보호하고 있는 이익을 구제하기 위한 수단으로 본다(다수설·판례).

c) 보호할 가치 있는 이익구제설

법률상 이익의 유무를 반드시 실정법의 규정에 의하는 것이 아니라, 위법한 처분 등에 의하여 침해된 이익이 재판상 보호할 가치가 있는지 여부에 의하여 판단하게 된다. 그리하여 침해된 이익이 법률상 보호되는 이익이든 사실상의 이익이든 실질적으로 보호할 가치 있는 이익이면 널리 원고적격을 인정하게 된다.

d) 처분의 적법성보장설

처분의 적법성보장설은 행정소송의 적법성보장 내지 행정통제기능을 중시한다. 원고적격을 판정함에 있어서 원고의 주장이익의 성질만을 그 기준으로 하지 않고, 당해 처분의 성질상 당해 처분을 다툴 가장 적합한 이익 상태에 있는 자에게 원고적격을 인정해야 하는 것이 된다.

e) 판례의 태도

판례는 "행정처분의 직접 상대방이 아닌 제3자라 하더라도 당해 행정처분으로 인하여 법률상 보호되는 이익을 침해당한 경우에는 그 처분의 무효확인을 구하는 행정소송을 제기하여 그 당부의 판단을 받을 자격이 있다 할 것이며, 여기에서 말하는 법률상 보호되는 이익이라 함은 당해 처분의 근거 법규 및 관련 법규에 의하여 보호되는 개별적·직접적·구체적 이익이 있는 경우를 말하고, 공익보호의 결과로 국민 일반이 공통적으로 가지는 일반적·간접적·추상적 이익이 생기는 경우에는 법률상 보호되는 이익이 있다고 할 수 없다(대법원 2006. 3. 16. 선고 2006두330 전원합의체 판결)."라고 판시하였다.

f) 소결

적법성보장설에서는 취소소송의 기능을 객관적으로 보기 때문에, 취소소송에 대해 주관적 소송의 입장을 견지하고 있는 우리나라에서는 타당하지 않다. 또한 보호할 가치있는 이익구제설은 실체법과 쟁송법을 구별하는 법체계를 가지고 있는 이상 실체법이 보호하지 않는 이익을 쟁송법으로 보호할 수 없다. 권리구제설의 경우에는 실체법상 권리가 침해된 경우에만 원고적격을 인정함으로써 원고적격의 인정범위가 좁다는 비판이 가해진다. 그러나 권리의 개념을 넓게 이해하여 좁은 의미의 권리 이외에 공권개념의 확대와 실체법상 보호법익의 확장으로 인해 실체법에 의하여 보호되고 있는 이익도 권리에 포함시키는 경우에는, 권리구제설과 법이 보호하는 이익구제설은 같은 내용이라고 할 수 있다.

[판례]

① "가. 행정처분의 직접 상대방이 아닌 제3자라도 당해 행정처분의 취소를 구할 법률상의 이익이 있는 경우에는 원고적격이 인정되는데, 여기서 말하는 법률상의 이익은 당해 처분의 근거 법률에 의하여 보호되는 직접적이고 구체적인 이익이 있는 경우를 말하고, 다만 공익보호의 결과로 국민 일반이 공통적으로 가지는 추상적, 평균적, 일반적인 이익과 같이 간접적이나 사실적, 경제적 이해관계를 가지는데 불과한 경우는 여기에 포함되지 않는다.

나. 상수원보호구역 설정의 근거가 되는「수도법」제5조 제1항 및 동 시행령 제7조 제1항이 보호하고자 하는 것은 상수원의 확보와 수질보전일 뿐이고, 그 상수원에서 급수를 받고 있는 지역주민들이 가지는 상수원의 오염을 막아 양질의 급수를 받을 이익은 직접적이고 구체적으로는 보호하고 있지 않음이 명백하여 위 지역주민들이 가지는 이익은 상수원의 확보와 수질보호라는 공공의 이익이 달성됨에 따라 반사적으로 얻게 되는 이익에 불과하므로 지역주민들에 불과한 원고들에게는 위 상수원보호구역변경처분의 취소를 구할 법률상의 이익이 없다.

다.「도시계획법」제12조 제3항의 위임에 따라 제정된「도시계획시설 기준에 관한 규칙」제125조 제1항이 화장장의 구조 및 설치에 관하여는「매장및묘지등에관한법률」이 정하는 바에 의한다고 규정하고 있어, 도시계획의 내용이 화장장의 설치에 관한 것일 때에는「도시계획법」제12조 뿐만 아니라「매장및묘지등에관한법률」및 같은 법 시행령 역시 그 근거 법률이 된다고 보아야 할 것이므로, 같은 법 시행령 제4조 제2호가 공설화장장은 20호 이상의 인가가 밀집한 지역, 학교 또는 공중이 수시 집합하는 시설 또는 장소로부터 1,000m 이상 떨어진 곳에 설치하도록 제한을 가하고, 같은 법 시행령 제9조가 국민보건상 위해를 끼칠 우려가 있는 지역,「도시계획법」제17조의 규정에 의한 주거지역, 상업지역, 공업지역 및 녹지지역 안의 풍치지구 등에의 공설화장장 설치를 금지함에 의하여 보호되는 부근 주민들의 이익은 위 도시계획결정처분의 근거 법률에 의하여 보호되는 법률상 이익이다." (대법원 1995. 9. 26. 선고 94누14544판결).

② "「원자력법」제12조 제2호(발전용 원자로 및 관계 시설의 위치·구조 및 설비가 대통령령이 정하는 기술수준에 적합하여 방사성물질 등에 의한 인체·물체·공공의 재해 방지에 지장이 없을 것)의 취지는 원자로 등 건설사업이 방사성물질 및 그에 의하여 오염된 물질에 의한 인체·물체·공공의 재해를 발생시키지 아니하는 방법으로 시행되도록 함으로써 방사성물질 등에 의한 생명·건강상의 위해를 받지 아니할 이익을 일반적 공익으로서 보호하려는 데 그치는 것이 아니라 방사성물질에 의하여 보다 직접적이고

중대한 피해를 입으리라고 예상되는 지역 내의 주민들의 위와 같은 이익을 직접적·구체적 이익으로서도 보호하려는 데에 있다할 것이므로, 위와 같은 지역 내의 주민들에게는 방사성물질 등에 의한 생명·신체의 안전침해를 이유로 부지사전승인의 취소를 구할 원고적격이 있다." (대법원 1998. 9. 4. 선고 97누19588판결).

③ "「원자력법」 제12조 제3호(발전용 원자로 및 관계시설의 건설이 국민의 건강·환경상의 위해방지에 지장이 없을 것)의 취지와 「원자력법」 제11조의 규정에 의한 원자로 및 관계 시설의 건설사업을 환경영향평가대상사업으로 규정하고 있는 구「환경영향평가법」(1997.3.7. 법률 제5302호로 개정되기 전의 것) 제4조, 구「환경영향평가법 시행령」(1993.12.11. 대통령령 제14018호로 제정되어 1997.9.8. 대통령령 제15475호로 개정되기 전의 것) 제2조 제2항 [별표 1]의 다의 (4) 규정 및 환경영향평가서의 작성, 주민의 의견 수렴, 평가서 작성에 관한 관계 기관과의 협의, 협의내용을 사업계획에 반영한 여부에 대한 확인·통보 등을 규정하고 있는 위법 제8조, 제9조 제1항, 제16조 제1항, 제19조 제1항 규정의 내용을 종합하여 보면, 위 환경영향평가법 제7조에 정한 환경영향평가대상지역 안의 주민들이 방사성물질 이외의 원인에 의한 환경침해를 받지 아니하고 생활할 수 있는 이익도 직접적·구체적 이익으로서 그 보호대상으로 삼고 있다고 보이므로, 위 환경영향평가대상지역 안의 주민에게는 방사성물질 이외에 원전냉각수 순환시 발생되는 온배수로 인한 환경침해를 이유로 부지사전승인처분의 취소를 구할 원고적격도 있다." (대법원 1998. 9. 4. 선고 97누19588판결).

④ "재단법인 갑 수녀원이, 매립목적을 택지조성에서 조선시설용지로 변경하는 내용의 공유수면매립목적 변경 승인처분으로 인하여 법률상 보호되는 환경상 이익을 침해받았다면서 행정청을 상대로 처분의 무효 확인을 구하는 소송을 제기한 사안에서, 공유수면매립목적 변경 승인처분으로 갑 수녀원에 소속된 수녀 등이 쾌적한 환경에서 생활할 수 있는 환경상 이익을 침해받는다고 하더라도 이를 가리켜 곧바로 갑 수녀원의 법률상 이익이 침해된다고 볼 수 없고, 자연인이 아닌 갑 수녀원은 쾌적한 환경에서 생활할 수 있는 이익을 향수할 수 있는 주체가 아니므로 위 처분으로 위와 같은 생활상의 이익이 직접적으로 침해되는 관계에 있다고 볼 수도 없으며, 위 처분으로 환경에 영향을 주어 갑 수녀원이 운영하는 쨈 공장에 직접적이고 구체적인 재산적 피해가 발생한다거나 갑 수녀원이 폐쇄되고 이전해야 하는 등의 피해를 받거나 받을 우려가 있다는 점 등에 관한 증명도 부족하다는 이유로, 갑 수녀원에 처분의 무효 확인을 구할 원고적격이 없다" (대법원 2012. 6. 28. 선고 2010두2005판결)

⑤ "국방부 민·군 복합형 관광미항(제주해군기지) 사업시행을 위한 해군본부의 요청에 따라 제주특별자치도지사가 절대보존지역이던 서귀포시 강정동 해안변지역에 관하여 절대보존지역을 변경(축소)하고 고시한 사안에서, 절대보존지역의 유지로 지역주민회와 주민들이 가지는 주거 및 생활환경상 이익은 지역의 경관 등이 보호됨으로써 반사적으로 누리는 것일 뿐 근거 법규 또는 관련 법규에 의하여 보호되는 개별적·직접적·구체적 이익이라고 할 수 없다" (대법원 2012. 7. 5. 선고 2011두13187판결)

⑥ "환경부장관이 생태·자연도 1등급으로 지정되었던 지역을 2등급 또는 3등급으로 변경하는 내용의 생태·자연도 수정·보완을 고시하자, 인근 주민 갑이 생태·자연도 등급변경처분의 무효 확인을 청구한 사안에서, 생태·자연도의 작성 및 등급변경의 근거가 되는 구 자연환경보전법(2011. 7. 28. 법률 제10977호로 개정되기 전의 것) 제34조 제1항 및 그 시행령 제27조 제1항, 제2항에 의하면, 생태·자연도는 토지이용 및 개발계획의 수립이나 시행에 활용하여 자연환경을 체계적으로 보전·관리하기 위한 것일 뿐, 1등급 권역의 인근 주민들이 가지는 생활상 이익을 직접적이고 구체적으로 보호하기 위한 것이 아님이 명백하고, 1등급 권역의 인근 주민들이 가지는 이익은 환경보호라는 공공의 이익이 달성됨에 따라 반사적으로 얻게 되는 이익에 불과하므로, 인근 주민에 불과한 갑은 생태·자연도 등급권역을 1등급에서 일부는 2등급으로, 일부는 3등급으로 변경한 결정의 무효 확인을 구할 원고적격이 없다." (대법원 2014. 2. 21. 선고 2011두29052판결)

④ 법률상 이익의 확대화 경향과 제3자의 원고적격

a) 일반론

취소소송은 처분의 취소를 구할 법률상 이익이 있는 자이면 누구나 제기할 수 있으며, 처분의 직접 상대방에 한하지 않는다. 따라서 제3자라도 법률상 이익이 있으면 취소소송을 제기할 수 있다.

[판례]

"행정처분의 직접 상대방이 아닌 제3자라도 당해 처분의 취소를 구할 법률상 이익이 있는 경우에는 취소소송의 원고적격이 인정된다 할 것이나, 여기서 법률상 이익이라 함은 당해 처분의 근거가 되는 법규에 의하여 보호되는 직접적이고 구체적인 이익을 말하고 단지 간접적이거나 사실적·경제적 이해관계를 가지는 데 불과한 경우에는 여기에 포함되지 아니한다." (대법원 1993. 7. 27. 선고 93누8239판결, 동지판례 : 대법원 1995. 10. 17. 선고 94누14148판결).

b) 경업자의 원고적격

경업자(競業者)란 경쟁관계에 있는 영업자를 말하는 것으로서, 이는 보통 새로운 경쟁자에 대한 신규영업허가에 대하여 기존업자가 그 허가의 취소를 구하는 형태로 소송이 제기된다. 이런 경업자의 원고적격과 관련하여 판례는 "일반적으로 면허나 인·허가 등의 수익적 행정처분의 근거가 되는 법률이 해당 업자들 사이의 과당경쟁으로 인한 경영의 불합리를 방지하는 것도 그 목적으로 하고 있는 경우, 다른 업자에 대한 면허나 인·허가 등의 수익적 행정처분에 대하여 미리 같은 종류의 면허나 인·허가 등의 수익적 행정처분을 받아 영업을 하고 있는 기존의 업자는 경업자에 대하여 이루어진 면허나 인·허가 등 행정처분의 상대방이 아니라 하더라도 당해 행정처분의 취소를 구할 원고적격이 있다"고 판시하고 있다.

보통 허가영업에 있어서는 영업자의 영업허가에 의한 이익은 반사적 이익으로서 경업자의 경업에 의한 침익으로부터 보호받지 못하는 데 반하여, 특허기업자의 특허에 의한 이익은 법에 의한 보호를 받는 것으로 보는 것이 일반적이다.

[판례]

① "일반적으로 면허나 인·허가 등의 수익적 행정처분의 근거가 되는 법률이 해당 업자들 사이의 과당경쟁으로 인한 경영의 불합리를 방지하는 것도 그 목적으로 하고 있는 경우, 다른 업자에 대한 면허나 인·허가 등의 수익적 행정처분에 대하여 미리 같은 종류의 면허나 인·허가 등의 수익적 행정처분을 받아 영업을 하고 있는 기존의 업자는

경업자에 대하여 이루어진 면허나 인·허가 등 행정처분의 상대방이 아니라 하더라도 당해 행정처분의 취소를 구할 당사자적격이 있다. 구 여객자동차운수사업법 제6조 제1항 제1호에서 사업계획이 당해 노선 또는 사업구역의 수송수요와 수송력공급에 적합할 것을 여객자동차운송사업의 면허기준으로 정한 것은 여객자동차운송사업에 관한 질서를 확립하고 여객자동차운송사업의 종합적인 발달을 도모하여 공공의 복리를 증진함과 동시에 업자 간의 경쟁으로 인한 경영의 불합리를 미리 방지하자는 데 그 목적이 있다 할 것인바, 시외버스운송사업 계획변경인가처분으로 인하여 기존의 시내버스운송사업자의 노선 및 운행계통과 시외버스운송사업자들의 그것들이 일부 중복되게 되고 기존업자의 수익감소가 예상된다면, 기존의 시내버스운송사업자와 시외버스운송사업자들은 경업관계에 있는 것으로 봄이 상당하다 할 것이어서 기존의 시내버스운송사업자에게 시외버스운송사업계획변경인가처분의 취소를 구할 법률상의 이익이 있다."
(대법원 2002. 10. 25. 선고 2001두4450판결)

② "담배사업법과 그 시행령 및 시행규칙의 관계 규정에 의하면, 담배소매인을 일반소매인과 구내소매인으로 구분하여, 일반소매인 사이에서는 그 영업소 간에 군청, 읍·면사무소가 소재하는 리 또는 동지역에서는 50m, 그 외의 지역에서는 100m 이상의 거리를 유지하도록 규정하는 등 일반소매인의 영업소 간에 일정한 거리제한을 두고 있는데, 이는 담배유통구조의 확립을 통하여 국민의 건강과 관련되고 국가 등의 주요 세원이 되는 담배산업 전반의 건전한 발전 도모 및 국민경제에의 이바지라는 공익목적을 달성하고자 함과 동시에 일반소매인 간의 과당경쟁으로 인한 불합리한 경영을 방지함으로써 일반소매인의 경영상 이익을 보호하는 데에도 그 목적이 있다고 보이므로, 일반소매인으로 지정되어 영업을 하고 있는 기존업자의 신규 일반소매인에 대한 이익은 단순한 사실상의 반사적 이익이 아니라 법률상 보호되는 이익으로서 기존 일반소매인이 신규 일반소매인 지정처분의 취소를 구할 원고적격이 있다고 보아야 할 것이나(대법원 2008. 3. 27. 선고 2007두23811 판결 참조), 한편 구내소매인과 일반소매인 사이에서는 구내소매인의 영업소와 일반소매인의 영업소 간에 거리제한을 두지 아니할 뿐 아니라 건축물 또는 시설물의 구조·상주인원 및 이용인원 등을 고려하여 동일 시설물 내 2개소 이상의 장소에 구내소매인을 지정할 수 있으며, 이 경우 일반소매인이 지정된 장소가 구내소매인 지정대상이 된 때에는 동일 건축물 또는 시설물 안에 지정된 일반소매인은 구내소매인으로 보고, 구내소매인이 지정된 건축물 등에는 일반소매인을 지정할 수 없으며, 구내소매인은 담배진열장 및 담배소매점 표시판을 건물 또는 시설물의 외부에 설치하여서는 아니 된다고 규정하는 등 일반소매인의 입장에서 구내소매인과의 과당경쟁으로 인한 경영의 불합리를 방지하는 것을 그 목적으로 할 수 있다고 보기 어려우므로,

> 일반소매인으로 지정되어 영업을 하고 있는 기존업자의 신규 구내소매인에 대한 이익은 법률상 보호되는 이익이 아니라 단순한 사실상의 반사적 이익이라고 해석함이 상당하므로, 기존 일반소매인은 신규 구내소매인 지정처분의 취소를 구할 원고적격이 없다." (대법원 2008. 4. 10. 선고 2008두402판결)

c) 경원자의 원고적격

경원자(競願者)란 수익적 처분에 대한 신청이 경쟁하는 관계를 말하는 것으로서, 보통 수인의 신청을 받아 일부에 대하여만 인·허가 등의 수익적 행정처분을 할 수 있는 경우에 인·허가 등을 받지 못한 자가 인·허가처분에 대하여 취소를 구하는 소송을 제기하거나 자신의 신청에 대한 거부처분에 대하여 취소를 구하는 소송으로 제기된다.

이러한 경원자 관계에 있는 경우에는 각 경원자에 대한 인·허가 등이 배타적 관계에 있으므로 인·허가처분을 다시 받으려는 경원자는 타인에 대한 인·허가처분의 취소를 구하거나 자신에 대한 거부처분의 취소를 구할 원고적격이 인정된다.

[판례]

> ① "인·허가 등의 수익적 행정처분을 신청한 여러 사람이 서로 경쟁관계에 있어 일방에 대한 허가 등의 처분이 타방에 대한 불허가 등으로 될 수밖에 없는 때에는 허가 등의 처분을 받지 못한 사람은 처분의 상대방이 아니라 하더라도 당해 처분의 취소를 구할 당사자적격이 있고, 다만 구체적인 경우에 있어서 그 처분이 취소된다 하더라도 허가 등의 처분을 받지 못한 불이익이 회복된다고 볼 수 없을 때에는 당해 처분의 취소를 구할 정당한 이익이 없다." (대법원 1998. 9. 8. 선고 98두6272판결, 동지판례 : 대법원 1992. 5. 8. 선고 91누13274판결).
>
> ② "인가·허가 등 수익적 행정처분을 신청한 여러 사람이 서로 경원관계에 있어서 한 사람에 대한 허가 등 처분이 다른 사람에 대한 불허가 등으로 귀결될 수밖에 없을 때 허가 등 처분을 받지 못한 사람은 신청에 대한 거부처분의 직접 상대방으로서 원칙적으로 자신에 대한 거부처분의 취소를 구할 원고적격이 있고, 취소판결이 확정되는 경우 판결의 직접적인 효과로 경원자에 대한 허가 등 처분이 취소되거나 효력이 소멸되는 것은

아니더라도 행정청은 취소판결의 기속력에 따라 판결에서 확인된 위법사유를 배제한 상태에서 취소판결의 원고와 경원자의 각 신청에 관하여 처분요건의 구비 여부와 우열을 다시 심사하여야 할 의무가 있으며, 재심사 결과 경원자에 대한 수익적 처분이 직권취소되고 취소판결의 원고에게 수익적 처분이 이루어질 가능성을 완전히 배제할 수는 없으므로, 특별한 사정이 없는 한 경원관계에서 허가 등 처분을 받지 못한 사람은 자신에 대한 거부처분의 취소를 구할 소의 이익이 있다." (대법원 2015. 10. 29. 선고 2013두27517판결)

d) 인근주민의 원고적격

과거 「도시계획법」, 「건축법」 등의 규제를 통해 주민이 이익을 보더라도 그것은 반사적 이익, 사실상의 이익에 지나지 않는다고 하는 경향이었으나, 근래에는 이를 법률상 이익으로 보는 경향이다.

[판례]

① "「도시계획법」과 「건축법」의 규정취지에 비추어 볼 때 이 법률들이 주거지역 내에서의 일정한 건축을 금지하고 또는 제한하고 있는 것은 「도시계획법」과 「건축법」이 추구하는 공공복리의 증진을 도모하고자 하는데 그 목적이 있는 동시에 한편으로는 주거지역 내에 거주하는 사람의 주거의 안녕과 생활환경을 보호하고자 하는 데도 그 목적이 있는 것으로 해석된다. 그러므로 주거지역 내에 거주하는 사람이 받은 위와 같은 보호이익은 단순한 반사적 이익이나 사실상의 이익이 아니라 법률에 의하여 보호되는 이익이라고 할 것이다." (대법원 1975. 5. 13. 선고 73누96·97판결, 동지판례 : 대법원 1983. 7. 12. 선고 83누59판결).

② " [1] 공유수면매립면허처분과 농지개량사업 시행인가처분의 근거 법규 또는 관련 법규가 되는 구 공유수면매립법, 구 농촌근대화촉진법, 구 환경보전법, 구 환경보전법 시행령, 구 환경정책기본법, 구 환경정책기본법 시행령의 각 관련 규정의 취지는, 공유수면매립과 농지개량사업시행으로 인하여 직접적이고 중대한 환경피해를 입으리라고 예상되는 환경영향평가 대상지역 '안'의 주민들이 전과 비교하여 수인한도를 넘는 환경침해를 받지 아니하고 쾌적한 환경에서 생활할 수 있는 개별적 이익까지도 이를 보호하려는 데에 있다고 할 것이므로, 위 주민들이 공유수면매립면허처분 등과 관련하여 갖고 있는 위와 같은 환경상의 이익은 주민 개개인에 대하여 개별적으로 보호되는 직접적

・구체적 이익으로서 그들에 대하여는 특단의 사정이 없는 한 환경상의 이익에 대한 침해 또는 침해우려가 있는 것으로 사실상 추정되어 공유수면매립면허처분 등의 무효확인을 구할 원고적격이 인정된다.
한편, 환경영향평가 대상지역 밖의 주민이라 할지라도 공유수면매립면허처분 등으로 인하여 그 처분 전과 비교하여 수인한도를 넘는 환경피해를 받거나 받을 우려가 있는 경우에는, 공유수면매립면허처분 등으로 인하여 환경상 이익에 대한 침해 또는 침해우려가 있다는 것을 입증함으로써 그 처분 등의 무효확인을 구할 원고적격을 인정받을 수 있다.
[2] 헌법 제35조 제1항 에서 정하고 있는 환경권에 관한 규정만으로는 그 권리의 주체·대상·내용·행사방법 등이 구체적으로 정립되어 있다고 볼 수 없고, 환경정책기본법 제6조 도 그 규정 내용 등에 비추어 국민에게 구체적인 권리를 부여한 것으로 볼 수 없다는 이유로, 환경영향평가 대상지역 밖에 거주하는 주민에게 헌법상의 환경권 또는 환경정책기본법에 근거하여 공유수면매립면허처분과 농지개량사업 시행인가처분의 무효확인을 구할 원고적격이 없다." (대법원 2006. 3. 16. 선고 2006두330 전원합의체 판결)

③ "환경상 이익에 대한 침해 또는 침해 우려가 있는 것으로 사실상 추정되어 원고적격이 인정되는 사람에는 환경상 침해를 받으리라고 예상되는 영향권 내의 주민들을 비롯하여 그 영향권 내에서 농작물을 경작하는 등 현실적으로 환경상 이익을 향유하는 사람도 포함된다. 그러나 단지 그 영향권 내의 건물·토지를 소유하거나 환경상 이익을 일시적으로 향유하는 데 그치는 사람은 포함되지 않는다." (대법원 2009. 9. 24. 선고 2009두2825판결)

④ "김해시장이 소감천을 통해 낙동강에 합류하는 하천수 주변의 토지에 구 산업집적활성화 및 공장설립에 관한 법률 제13조에 따라 공장설립을 승인하는 처분을 한 사안에서, 상수원인 물금취수장이 소감천이 흘러 내려 낙동강 본류와 합류하는 지점 근처에 위치하고 있는 점, 수돗물은 수도관 등 급수시설에 의해 공급되는 것이어서 거주지역이 물금취수장으로부터 다소 떨어진 곳이라고 하더라도 수돗물의 수질악화 등으로 주민들이 갖게 되는 환경상 이익의 침해나 그 우려는 그 수돗물을 공급하는 취수시설이 입게 되는 수질오염 등의 피해나 그 우려와 동일하게 평가될 수 있는 점 등에 비추어, 공장설립으로 수질오염 등이 발생할 우려가 있는 물금취수장에서 취수된 물을 공급받는 부산광역시 또는 양산시에 거주하는 주민들도 위 처분의 근거 법규 및 관련 법규에 의하여 개별적·구체적·직접적으로 보호되는 환경상 이익, 즉 법률상 보호되는 이익이 침해되거나 침해될 우려가 있는 주민으로서 원고적격이 인정된다." (대법원 2010. 4. 15. 선고 2007두16127판결)

2) 좁은 의미의 소의 이익

① 의의

좁은 의미의 소의 이익은 분쟁을 재판에 의하여 해결할 만한 현실적 필요성을 의미하는데, 일명 권리보호의 필요라고 한다. 권리 또는 법적 지위에 대한 직접적인 침해 및 위협이 현재 존재하여야 하고, 소의 제기가 권리보호에 가장 유효적절한 수단이어야 한다.

② 관계조문과 해석문제

"처분 등의 효과가 기간의 경과, 처분 등의 집행 그 밖의 사유로 인하여 소멸된 뒤에도 그 처분 등의 취소로 인하여 회복되는 법률상 이익이 있는 자의 경우에는 또한 같다."(같은 법 제12조). 동 규정은 엄격한 의미의 원고적격에 관한 것이 아니고 권리보호의 필요에 관한 것이다. 양자가 구분되는 것임에도 불구하고 「행정소송법」이 그 양자를 원고적격이라는 제목 아래 하나의 조문에서 규정하고 있는 동시에, 양자에 대하여 다같이 '법률상의 이익'이라는 용어를 사용하고 있는 점에 문제가 있다. 독일의 행정법원법 제42조 제2항 및 제113조 제1항에서는 원고적격과 관련하여 취소소송의 제기에 권리의 침해가 있어야 함을 명기하고 처분의 소멸 후에는 동 처분이 위법이었음을 확인하는 것에 정당한 이익이 있을 것을 규정하고 있다.

「행정소송법」 제12조의 '법률상 이익'의 해석에 대한 견해에서 제1설은 명예·신용 등은 법률상 이익의 내포가 되지 않는다고 하며, 제2설에서는 명예·신용 등의 인격적 이익, 보수청구와 같은 재산적 이익 및 불이익제거와 같은 사회적 이익도 인정될 수 있다고 한다. 처분 등의 효과가 소멸된 이후에는, 그 처분이 위법이었음을 확인할 정당한 이익이 있는 경우에 권리보호의 필요를 인정한다. 여기서 정당한 이익이란 법률상 이익보다 넓은 것으로서, 원고의 경제적 이익을 비롯하여 정치적·문화적·종교적 이익까지 포함한다.

③ 인정여부

판례상 소의 이익이 부인된 사례를 들면 다음과 같다.

㉠ 영업 허가 신청 반려처분의 취소를 구하는 소의 계속 중 사정변경을 이유로 반려처분을 직권취소함과 동시에 위 신청을 재반려 하는 내용의 재처분을

한 경우(대법원 2006. 9. 28. 선고 2004두5317판결)
② 타인의 토석채취허가에 대한 취소소송의 계속 중에 토석채취허가기간이 만료하여 동 허가가 실효된 경우(대법원 1993. 7. 27. 선고 93누3899판결)
③ 새로운 직위해제사유에 긴한 직위해제처분을 한 경우 그 이전에 한 직위해제처분에 대한 취소청구(대법원 2003. 10. 10. 선고 2003두5945판결)
④ 사법시험 1차 시험 불합격처분 이후 새로이 실시한 사법시험 1차 시험에 합격한 경우 처음 불합격처분에 대한 취소청구(대법원 1996. 2. 23. 선고 95누2685판결)
⑤ 부지사전승인처분에 대한 취소소송 중 원자로건설허가처분이 나온 경우(대법원 1998. 9. 4. 선고 97누19588판결)
⑥ 보충역편입처분 및 공익근무요원소집처분의 취소를 구하는 소의 계속 중 병역처분변경신청에 따라 제2국민역편입처분으로 병역처분이 변경된 경우(대법원 2005. 12. 9. 2004두6563 판결)
⑦ 지방병무청장이 병역감면요건 구비여부를 심사하지 않은 채 병역감면신청서 회송처분을 하고 이를 전제로 공익근무요원 소집통지를 하였고 이에 대하여 취소소송을 하던 중, 지방병무청장이 병역감면신청을 재검토하기로 하여 신청서를 제출받아 병역감면요건 구비 여부를 심사한 후 다시 병역감면거부처분을 하고 이를 전제로 다시 공익근무요원 소집통지를 한 경우(대법원 2010. 4. 29. 2009두16879판결)
⑧ 최초 과징금 부과처분을 한 뒤, 그에 대한 취소소송 중 자진신고 등을 이유로 감면처분을 한 경우(대법원 2015. 2. 12. 선고 2013두987판결)
⑨ 대집행계고처분에 대한 취소소송의 계속 중에 그 대상건물의 철거가 완료된 경우(대법원 1995. 11. 21. 선고 94누11293판결)
⑩ 건축허가취소소송 중 건축이 완료된 경우(대법원 1992. 4. 24. 선고 91누11131판결)

판례상 소의 이익이 인정된 사례를 들면 다음과 같다.
① 제재적 처분의 효력기간이 경과한 경우에도 그 가중요건 또는 전제요건이 법령에 규정되거나(대법원 2005. 3. 25. 선고 2004두14106판결), 시행규칙에 규정

된 경우(대법원 2006. 6. 22. 선고 2003두1684 전원합의체판결)에는 그 처분의 취소를 구할 이익이 인정된다.
② 사립학교법인의 이사에 대한 취임승인이 취소되고 임시이사가 선임된 경우, 취임승인에 대한 취소소송 중에 이사의 임기가 만료되어도 취임승인처분의 취소를 구할 소의 이익이 인정되며, 임시이사가 새로 선임되어도 종전 임시이사 선임처분의 취소를 구할 이익이 인정된다(대법원 2007. 7. 19. 2006두19297 전원합의체 판결).
③ 공무원이 파면처분을 다투고 있던 중에 정년에 도달한 경우에도 파면처분의 취소를 구할 이익이 인정되며(대법원 1985. 6. 25. 선고 85누39판결), 공무원이 직위해제처분의 무효확인 또는 취소소송 계속 중 정년을 초과한 경우에도 직위해제처분의 취소를 구할 이익이 인정된다(대법원 2014. 5. 16. 선고 2012두26180판결).
④ 지방의회의원이 지방의회를 상대로 의원제명처분 취소소송을 제기하여 다투던 중 임기가 만료된 경우에도 그 처분의 취소를 구할 이익이 인정된다(대법원 2009. 1. 30. 선고 2007두1348판결).
⑤ 고등학교 퇴학처분 후 검정고시에 합격한 경우에도 퇴학처분의 취소를 구할 소의 이익이 인정된다(대법원 1992. 7. 14. 선고 91누4737판결).
⑥ 건축허가취소처분을 받은 건축물 소유자는 그 건축물이 완공된 후에도 건축허가취소처분의 취소를 구할 소의 이익이 인정된다(대법원 2015. 11. 12. 선고 2015두47195판결).

(3) 피고

1) 처분청 등

취소소송의 피고는 처분 등을 행한 행정청이 됨이 원칙이다. 행정청은 국가·지방자치단체 등의 기관으로서의 지위를 갖는데 불과하므로, 취소소송의 피고는 원래 그 귀속주체인 국가·지방자치단체가 되어야 하지만 소송수행의 편의상 행정청을 피고로 한다.

① 처분 등을 행한 행정청의 의의

행정청은 국가 또는 공공단체 등 행정주체의 의사를 외부에 대하여 결정·표시할 수 있는 권한(이른바 처분권한)을 가진 기관이고, 처분 등을 행한 행정청은 원처분을 행한 행정청을 의미한다. 행정심판의 재결에 대한 취소소송은 행정심판위원회의 재결 자체에 고유한 위법이 있음을 이유로 하는 경우 행정심판위원회를 상대로 한 소송이 가능하다(같은 법 제19조). 2010년 「행정심판법」의 전면개정을 통해 "재결청"이 폐지됨에 따라 과거 재결청을 상대로 한 소송은 행정심판위원회를 상대로 한 소송의 형태를 취하게 된다.

② 대통령이 처분청인 경우

국가공무원, 교육공무원, 외무공무원, 경찰공무원과 국가소방공무원에 대한 징계 기타 불이익처분의 처분청이 대통령인 때에는 각각 소속장관이 피고가 된다.

③ 권한의 위임·위탁의 경우

행정청의 권한이 위임·위탁된 경우에는 그 수임·수탁청이 피고가 됨이 원칙이다. 「행정소송법」은 같은 법을 적용함에 있어서는 법령에 의하여 행정권한의 위임 또는 위탁을 받은 행정기관·공공단체 및 그 기관 또는 사인 등이 행정청에 포함됨을 명시하고 있다(같은 법 제2조 제2항).

한편 행정처분을 행할 적법한 권한 있는 상급행정청으로부터 내부위임을 받은 데 불과한 하급행정청이 자신의 이름으로 처분을 한 경우에 판례는 처분명의자인 하급행정청이 피고가 된다고 보고 있다.

[판례]

> "행정처분의 취소 또는 무효확인을 구하는 행정소송은 다른 법률에 특별한 규정이 없는 한 그 처분을 행한 행정청을 피고로 하여야 하며, 행정처분을 행할 적법한 권한 있는 상급행정청으로부터 내부위임을 받은 데 불과한 하급행정청이 권한 없이 행정처분을 한 경우에도 실제로 그 처분을 행한 하급행정청을 피고로 하여야 할 것이지 그 처분을 행할 적법한 권한 있는 상급행정청을 피고로 할 것은 아니다." (대법원1994. 8. 12. 선고 94누2763판결)

2) 권한승계와 기관폐지의 경우

권한승계와 기관폐지의 경우에는 처분 등이 있은 뒤에 그 처분 등에 관계되는 권한이 다른 행정청에 승계된 때에는 이를 승계한 행정청이 피고가 되며(같은 법 제13조 제1항 단서), 또한 처분이나 재결을 한 행정청이 없게 된 때에는 그 처분 등에 관한 사무가 귀속되는 국가 또는 공공단체가 피고가 된다(같은 법 같은 조 제2항). 또한 취소소송이 제기된 후에, ①, ②의 사유가 발생한 때에는 법원은 당사자의 신청 또는 직권에 의하여 피고를 경정하여야 한다(같은 법 제14조 제6항 참조).

[판례]

> "근로복지공단이 갑 지방자치단체에 고용보험료 부과처분을 하자, 갑 지방자치단체가 구 고용보험 및 산업재해보상보험의 보험료징수 등에 관한 법률 제4조 등에 따라 국민건강보험공단을 상대로 위 처분의 무효확인 및 취소를 구한 사안에서, 근로복지공단이 갑 지방자치단체에 대하여 고용보험료를 부과·고지하는 처분을 한 후, 국민건강보험공단이 위 법 제4조에 따라 종전 근로복지공단이 수행하던 보험료의 고지 및 수납 등의 업무를 수행하게 되었고, 위 법 부칙 제5조가 '위 법 시행 전에 종전의 규정에 따른 근로복지공단의 행위는 국민건강보험공단의 행위로 본다'고 규정하고 있어, 갑 지방자치단체에 대한 근로복지공단의 고용보험료 부과처분에 관계되는 권한 중 적어도 보험료의 고지에 관한 업무는 국민건강보험공단이 그 명의로 고용노동부장관의 위탁을 받아서 한 것으로 보아야 하므로, 위 처분의 무효확인 및 취소소송의 피고는 국민건강보험공단이 되어야 함에도, 이와 달리 위 처분의 주체는 여전히 근로복지공단이라고 본 원심판결에 고용보험료 부과고지권자와 항고소송의 피고적격에 관한 법리를 오해한 위법이 있다고 한 사례." (대법원 2013. 2. 28. 선고 2012두22904판결)

3) 지방의회의 경우

지방의회는 의결기관에 불과하므로 원칙적으로 행정청이 될 수 없다. 그러므로 지방의회가 의결한 조례가 집행행위의 개입 없이도 그 자체로서 직접 국민의 권리의무에 영향을 미쳐 항고소송의 대상이 되는 경우에도 그 피고는 조례안의 의결 지방의회가 아니라 조례를 공포한 지방자치단체장(교육·학예에 관한 조례는 시·도교육감)이 피고가 된다(대법원 1996. 9. 20. 선고 95누8003판결).

그러나 소속의원에 대한 징계의결(대법원 1993. 11. 26. 선고 93누7341판결)이나 의장에 대한 불신임의결(대법원 1994. 10. 11. 선고 94두23판결) 및 의장선거(대법원 1995. 1. 12. 94누2602판결)는 지방의회의 이름으로 행하여지는 처분이므로 이때에는 합의제 행정청으로서 지방의회가 항고소송의 피고가 된다.

(4) 피고의 경정

1) 제도의 취지

피고의 경정이란 소송의 계속 중에 피고로 지정된 자를 다른 자로 변경하는 것이다. 피고를 잘못 지정하는 경우에는 그 소를 부적법한 것으로 각하하게 되면, 다시 정당한 피고를 정하여 제소하려고 해도 제소기간의 도과 등의 사유로 그것이 불가능해질 수도 있다. 그와 같은 결과를 피하여 구제의 길을 확보하려는 의도에서 피고경정의 제도를 규정(같은 법 제14조)하고 있다.

2) 피고경정이 허용되는 경우

① 피고를 잘못 지정한 때

피고를 잘못 지정한 때란 당해 취소소송의 피고로 지정된 자가 정당한 피고적격을 객관적으로 가지지 않는 경우이다. 원고가 피고를 잘못 지정한 때에는 법원은 원고의 신청에 의하여 결정으로써 피고의 경정을 허가할 수 있다(같은 법 제14조 제1항). 이는 피고를 잘못 지정한 것에 고의·과실이 있는지의 여부는 불문하며, 잘못 지정했는지의 여부는 제소시를 기준으로 판단한다.

[판례]

① "세무서장의 위임에 의하여 성업공사가 한 공매처분에 대하여 피고 지정을 잘못하여 피고적격이 없는 세무서장을 상대로 그 공매처분의 취소를 구하는 소송이 제기된 경우, 법원으로서는 석명권을 행사하여 피고를 성업공사로 경정하게 하여 소송을 진행하여야 한다." (대법원 1997. 2. 28. 선고 96누1757판결)

> ② " '저작권심의조정위원회 위원장'을 피고로 저작권 등록처분의 무효확인을 구하는 소는 피고적격이 없는 자를 상대로 한 부적법한 것이고, 피고적격에 관하여 석명에 응할 기회를 충분히 제공하였음에도 피고경정을 하지 않은 사정에 비추어, 부적법하여 각하되어야 한다"(대법원 2009. 7. 9. 선고 2007두16608판결)

② 권한이 승계되거나 행정청이 없어진 때

취소소송의 제기 후에 처분 등에 관한 권한이 타 기관에 승계된 경우 및 행정조직상의 개편으로 인하여 행정청이 없어지게 된 때에는 그 권한을 승계한 행정청 및 처분 등에 관한 사무가 귀속되는 국가 또는 공공단체로 피고를 경정한다(같은 법 제14조 제6항 참조).

③ 소의 변경이 있는 때

「행정소송법」은 소의 변경에 따르는 피고의 경정을 인정한다(같은 법 제21조 제2항, 제4항 참조).

3) 피고경정의 절차

① 원고의 신청

원고가 피고를 잘못 지정한 때에는 법원은 원고의 신청에 의하여 피고의 경정을 허가할 수 있다(같은 법 제14조 제1항).

② 직권절차

소의 제기 후의 권한승계, 기관폐지로 인한 피고경정의 경우에 법원은 당사자의 신청 또는 직권에 의하여 피고를 경정할 수 있다(같은 법 제14조 제6항 참조).

③ 경정허가결정

법원은 심리의 결과 피고경정의 요건을 충족하였다고 판단되면 결정의 형식으로써 피고의 경정을 허가할 수 있다(「행정소송법」제14조 제1항). 이 결정은 서면으로 하여야 하며, 법원은 결정의 정본을 새로운 피고에게 송달하여야 한다(같은 법 같은 조 제2항).

④ 불복

원고의 신청을 각하하는 결정에 대하여는 즉시 항고할 수 있다(같은 법 같은 조 제3항).

4) 피고경정허가의 효과

① 새로운 피고에 대한 신소의 제기

피고를 경정하는 것에 대한 허가결정이 있을 때에는 새로운 피고에 대한 소송은 처음에 소를 제기한 때에 제기된 것으로 본다(같은 법 같은 조 제4항).

② 구(舊) 소의 취하효과

피고경정의 허가결정이 있을 때에는 종전의 피고에 대한 소송은 각하된 것으로 본다(같은 법 같은 조 제5항).

(5) 소송참가

1) 소송참가의 의의

소송참가는 소송의 계속 중에 제3자가 자기의 법률상의 지위를 보호하기 위하여 그 계속 중인 소송에 참가하는 것을 의미한다. 소송참가의 유형은 다음과 같다.

① 보조참가 - 제3자가 단순히 당사자의 일방의 승소를 보조하고자 참가하는 소송참가(「민사소송법」 제65조)
② 독립당사자참가 - 소송의 계속 중의 소송상대방 쌍방에 대하여 독립한 당사자로서 참가하는 소송참가(같은 법 제72조)
③ 공동소송참가 - 제3자가 당사자의 일방의 공동소송인으로서 참가하는 소송참가(같은 법 제76조)
④ 공동소송적 보조참가 - 필요적 공동소송인에 준한 지위가 해석상 인정되는 소송참가로서 형식적으로는 보조참가의 유형에 해당하나 소송참가인이 실질적으로 공동소송참가인으로서의 이해관계를 가지는 소송참가

2) 제3자의 소송참가

① 제도의 취지

취소소송에 있어서 원고승소의 판결은 제3자에 대하여도 효력이 있다(「행정소송법」 제29조 제1항). 실질적인 당사자로서의 지위를 가지게 되는 제3자로 하여금 소송에 있어 공격·방어방법을 제출할 기회를 제공하며, 적정한 심리·재판을 실현함과 동시에 제3자에 의한 재심청구를 미연에 방지하기 위한 제도이다.

② 참가의 요건

a) 타인의 취소소송의 계속

소송이 어느 심급에 있는가는 불문하며, 소가 적법하게 제기되어 계속되어야 한다.

b) 소송의 결과에 따라 권리 또는 이익의 침해를 받은 제3자

판결에 의하여 권리 또는 이익의 침해를 받을 것을 요건으로 한다. 판결주문에 있어서의 소송물 자체에 관한 판단의 결과 기득의 권리·이익을 박탈당하는 것과, 그밖에 판결에 구속되는 행정청의 새로운 처분에 의하여 권리·이익을 박탈당하는 경우까지 포함한다.

③ 참가의 절차

a) 참가신청

직권소송참가가 원칙일 것이나, 당사자 및 제3자에게도 참가신청권을 인정하고 있다(같은 법 제16조 제1항 참조).

b) 참가여부의 결정

당사자 또는 제3자로부터 참가신청이 있는 경우에는 법원은 결정으로써 허·부의 재판을 하고, 직권소송참가의 경우에는 법원은 결정으로써 제3자에게 참가를 명한다(같은 법 제16조 제1항). 법원이 참가결정을 하고자 할 때에는 미리 당사자 및 제3자의 의견을 들어야 한다.

3) 행정청의 소송참가

① 제도의 취지

처분의 취소소송은 처분청을, 재결의 취소소송은 재결청을 피고로 제기하는 것이 원칙(같은 법 제13조 제1항 참조)이다. 처분청 또는 재결청 이외의 행정청이 중요한 공격·방어방법을 가지고 있는 경우 관계행정청으로 하여금 직접 소송에 참여하여 공격·방어방법을 제출케 함으로써, 적정한 심리·재판을 기할 수 있도록 하기 위한 제도이다.

② 참가의 요건

a) 타인의 취소소송의 계속

타인의 취소소송이 계속되어야 하며, 어느 심급에 있는가는 불문한다.

b) 다른 행정청일 것

다른 행정청이란 계쟁의 처분·재결과 관계있는 행정청에 한정한다. 즉 계쟁의 처분 또는 재결에 관하여 피고인 행정청을 지휘·감독하는 상급청을 말한다. 여기에는 재결이 행해진 경우의 원처분청 등이 해당된다.

c) 법원이 소송에 참가시킬 필요가 있다고 인정할 때

참가의 필요는 적정한 심리·재판을 실현하기 위하여 참가시킬 필요가 있음을 의미한다.

③ 참가의 절차

법원의 직권, 당사자 또는 당해 행정청(다른 행정청)의 신청에 의한다(같은 법 제17조 제1항). 참가여부의 재판은 결정의 형식으로 하며 당사자 및 당해 행정청의 의견을 미리 듣지 않으면 안 된다(같은 법 같은 조 제2항). 특히 다른 행정청은 피고인 행정청측에만 참가할 수 있고, 원고 측에는 참가할 수 없다.

Ⅱ. 취소소송의 제기

1. 소송요건

취소소송의 형식적 요건으로는 ① 소장, ② 관할법원, ③ 피고적격, ④ 전심절차, ⑤ 제소기간 등이 있다. 특히 광의의 소의 이익은 ① 당사자가 본안의 판결을 받을 만한 정당한 이익(원고적격)을 가지고 있는지, ② 청구의 내용이 본안판결을 받기에 적합한 자격(권리보호의 자격 또는 청구대상의 적격)을 가지고 있는지, ③ 원고의 청구에 의하여 판결을 구할 현실적 필요성(권리보호의 필요)이 있는지를 고려해야 한다. 이에 취소소송의 경우에는 원고적격과 취소소송의 대상, 권리보호의 필요가 소송요건이 된다.

2. 행정심판전치주의

원칙적으로 행정심판을 반드시 처쳐야 하는 것은 아니다(임의적 전치주의,「행정소송법」제18조 제1항 본문). 그러나 예외적으로 개별법률에서 행정심판을 반드시 거치도록 규정한 경우에는 이에 따라야 한다(필요적 전치주의,「행정소송법」제18조 제1항 단서). 이러한 예로서「국가공무원법」제16조 및「지방공무원법」제20조의2(공무원징계처분 시의 소청심사위원회의 결정),「국세기본법」제56조 및「관세법」제119조(심사청구 및 심판청구) 등이 있다. 다만, 지방세부과처분에 대한 행정소송을 위해 국세의 경우와 마찬가지로 요구되던 필요적 전치주의와 구 노동조합법 상의 중앙노동위원회 결정전치주의는 위헌을 이유로 폐지되었다(관련 법령 개정).

행정심판전치주의에 대한 절차법적 예외는 처분청이 행정심판을 거칠 필요가 없다고 잘못 알린 때(같은 법 제18조 제3항 제4호)이며, 이는 행정에 대한 국민의 신뢰를 보호하려는 것이다. 이 경우 행정소송의 원고가 될 자가 그것이 잘못된 고지인 것을 알았는지의 여부는 문제되지 않는다.

3. 제소기간

제소기간이란 처분의 상대방 등이 소송을 제기할 수 있는 시간적 간격으로서「행정소송법」은 제20조에서 이를 규정하고 있다.

먼저 행정심판을 거쳐 취소소송을 제기하는 경우에는 행정심판 재결서 정본을 송달받은 날로부터 90일 이내에 제기하여야 한다(같은 법 제20조 제1항 단서). 이 때 행정심판은 필요적이든 임의적이든 가리지 않는다.

행정심판을 거치지 않고 바로 취소소송을 제기하는 경우에는 처분이 있음을 안 날로부터 90일 이내에 제기하여야 하고(같은 법 제20조 제1항 본문), 처분이 있음을 알지 못한 경우에도 처분이 있은 날로부터 1년을 경과하면 소를 제기하지 못한다(같은 법 제20조 제2항 본문). 즉 '처분이 있음을 안 날로부터 90일'과 '처분이 있은 날로부터 1년' 중 어느 하나의 기간만이라도 경과하면 제소기간은 종료하게 된다. 다만 90일은 불변기간이지만(같은 법 제20조 제3항), 1년은 불변기간이 아니므로 정당한 사유가 있는 때에는 1년이 경과하여도 제기가 가능하다(같은 법 제20조 제2항 단서). 여기서 '처분이 있음을 안 날'이란 송달·공고 기타의 방법으로 당해 처분이 있었다는 사실을 현실적으로 안 날을 의미하며, '처분이 있은 날'이란 처분이 대외적으로 표시되어 효력이 발생한 날을 의미한다.

4. 취소소송의 대상

(1) 처분 등의 존재

취소소송은 처분 등을 대상으로 하는 것이므로, 취소소송이 적법하게 제기되어 계속되기 위해서는 처분 등이 존재하고 있어야 한다.

1) 처분 등의 개념

「행정소송법」은 처분 등에 대하여 "처분 등이라 함은 행정청이 행하는 구체적 사실에 관한 법집행으로서의 공권력의 행사 또는 그 거부와 그밖에 이에 준하는 행정작용(이하 '처분'이라 한다) 및 행정심판에 대한 재결을 말한다(같은 법 제2조 제1항 제1호)."라고 정의하고 있다.

[판례]

> "행정청의 어떤 행위를 행정처분으로 볼 것이냐의 문제는 추상적, 일반적으로 결정할 수 없고, 구체적인 경우 행정처분은 행정청이 공권력의 주체로서 행하는 구체적 사실에 관한 법집행으로서 국민의 권리의무에 직접적으로 영향을 미치는 행위라는 점을 염두에 두고, 관련 법령의 내용 및 취지와 그 행위가 주체·내용·형식·절차 등에 있어서 어느 정도로 행정처분으로서의 성립 내지 효력요건을 충족하고 있는지 여부, 그 행위와 상대방 등 이해관계인이 입는 불이익과의 실질적 견련성, 그리고 법치행정의 원리와 당해 행위에 관련한 행정청 및 이해관계인의 태도 등을 참작하여 개별적으로 결정하여야 할 것이다." (대법원 2007. 10. 11. 선고 2007두1316판결)

2) 처분 등의 내용

「행정소송법」상의 처분 등의 개념 요소로는 ① 행정청이 행하는 행위, ② 구체적 사실에 관한 법집행, ③ 공권력의 행사와 그 거부, ④ 그밖에 이에 준하는 행정작용, ⑤ 행정심판에 대한 재결이 있다.

① 행정청이 행하는 행위

행정청이란 행정주체의 의사를 결정하여 외부적으로 표시할 수 있는 권한을 가진 기관이다. 여기에는 국가·지방자치단체의 기관 이외에 공무수탁사인도 포함되고, 입법기관이나 사법기관 역시 그 소속공무원을 임명하는 등의 행정적 기능을 수행하는 한도 내에서는 여기에 해당한다.

② 구체적 사실에 관한 법집행

행정처분은 행정청이 행하는 구체적 사실에 관한 법집행작용이다. 그러므로 행정청이 일반적·추상적 규율을 행하는 법제정작용 내지는 그의 산물로서의 명령(법규명령·행정규칙 등)은 행정처분이 아니다.

③ 공권력의 행사와 그 거부

공권력의 행사란 행정주체가 상대방에 대하여 우월한 지위에서 행하는 고권적 또는 일방적 행위를 말한다. 그러나 행정청의 행위일지라도 물품구입, 국공유재산의 불하, 임대, 양도 등의 사법행위나 사법적 형식에 의하여 국민의 일상생활을 배려하는 행정사법행위 등은 행정처분이 아니다. 또한 상대방과의 의사합치를 통해서만 성립하는 공법상의 계약은 행정주체의 일방적 행위가 아니므로 처분이 아니다. 권력적 사실행위는 행정청의 일방적 의사결정에 기한, 특정의 행정목적을 위해 국민의 신체, 재산 등에 실력을 가하여 행정상 필요한 상태를 실현하고자 하는 권력적 행위이며, 전염병환자의 강제격리, 송환대상자의 강제출국조치(강제격리), 토지출입조사, 대집행의 실행 등이 포함된다.

그 거부란 공권력의 행사에 대한 거부를 말하는 것으로서, 판례는 거부행위가 항고소송의 대상인 행정처분이 되기 위해서는, "① 그 신청한 행위가 공권력의 행사 또는 이에 준하는 행정작용이어야 하고, ② 그 거부행위가 신청인의 법률관계에 어떤 변동을 일으키는 것이어야 하며, ③ 그 국민에게 그 행위발동을 요구할 법규상 또는 조리상의 신청권이 있어야만 한다"고 판시하여 신청권을 요구하는 입장이다.

[판례]

> "국민의 적극적 행위 신청에 대하여 행정청이 그 신청에 따른 행위를 하지 않겠다고 거부한 행위가 항고소송의 대상이 되는 행정처분에 해당하는 것이라고 하려면, 그 신청한 행위가 공권력의 행사 또는 이에 준하는 행정작용이어야 하고, 그 거부행위가 신청인의 법률관계에 어떤 변동을 일으키는 것이어야 하며, 그 국민에게 그 행위발동을 요구할 법규상 또는 조리상의 신청권이 있어야 한다." (대법원 2007. 10. 11. 선고 2007두1316판결)

판례상 거부행위의 처분성이 인정된 사례를 들면 다음과 같다.
· 검사임용신청거부(대법원 1991. 2. 12. 선고 90누5825판결)
· 국립대학 조교수의 재임용신청에 대한 재임용기간만료통지(대법원 2004. 4. 22. 선고 2000두7735판결)
· 국토이용계획변경신청거부(대법원 2003. 9. 23. 선고 2001두10936판결)
· 건축계획심의신청거부(대법원 2007. 10. 11. 선고 2007두1316판결)
· 토지매수신청거부(대법원 2009. 9. 10. 선고 2007두20638판결)
· 문화재보호구역의 지정해제신청거부(대법원 2004. 4. 27. 선고 2003두8821판결)
· 토지소유자의 도시계획입안신청에 대한 도시계획입안권자의 거부(대법원 2004. 4. 28. 선고 2003두1806판결)

판례상 거부행위의 처분성이 부정된 사례를 들면 다음과 같다.
· 토지형질변경신청반려(대법원 1997. 9. 12. 선고 96누6219판결)
· 복구준공통보취소신청거부(대법원 2006. 6. 30. 선고 2004두701판결)
· 건축허가취소신청거부(대법원 1999. 12. 7. 선고 97누17568판결)

④ 그 밖에 이에 준하는 행정작용

이에 준하는 행정작용은 행정작용이 공권력행사로서의 성질은 갖지만, 구체적인 사실에 관한 법집행행위로서의 정형적인 공권력행사의 경우와는 차이가 있는 경우로 해석한다. 이에 따르면 정형적인 공권력행사의 경우인 개별적·구체적 경우에 관한 법적 규율이 아니면서도, 공권력행사로서의 외부적인 법적 구속력을 갖는 일반처분의 경우가 이에 해당한다고 한다. 또한 공권력행사로서의 실체를 갖는 것은 아니지만 이를 통하여 당사자의 권리·의무에 지속적인 영향을 미치는 경우로 이해하는 견해도 있다. 이 견해에서는 형식적 행정행위가 이에 포함되는 것으로 보게 된다.

판례가 처분성을 긍정한 사례는 다음과 같다.
- 국가인권위원회의 성희롱결정과 이에 따른 시정조치의 권고(대법원 2005. 7. 8. 선고 2005두487판결)
- 행정재산의 목적외 사용(대법원 2006. 3. 9. 선고 2004다31074판결)
- 변상금 부과행위(대법원 1992. 4. 14. 선고 91다42197판결)
- 세무조사결정(대법원 2011. 3. 10. 선고 2009두23617,23624판결)
- 개별공시지가결정(대법원 1993. 1. 15. 선고 92누12407판결)
- 토지거래허가구역의 지정(대법원 2006. 12. 26. 선고 2006두12883판결)
- 불문경고조치(대법원 2002. 7. 26. 선고 2001두3532판결)
- 지방자치단체장의 건축협의취소(대법원 2014. 2. 27. 선고 2012두22980판결)
- 경기도선거관리위원회를 상대로 한 국민권익위원회의 조치요구(대법원 2013. 7. 25. 선고 2011두1214판결)

판례가 처분성을 부정한 사례는 다음과 같다.
- 국가공무원법상 당연퇴직통보(대법원 1995. 11. 14. 선고 95누2036판결)
- 통고처분(대법원 1995. 6. 29. 선고 95누4674판결)
- 벌 점(대법원 1994. 8. 12. 선고 94누2190판결)
- 병역법상 신체등위판정(대법원 1993. 8. 27. 선고 93누3356판결)

· 원천징수행위(대법원 1990. 3. 23. 선고 89누4789판결)
· 국세환급금결정 및 환급거부결정(대법원 2002. 11. 8. 선고 2001두8780판결)
· 국유림 대부행위(대법원 2000. 2. 11. 선고 99다61675판결)
· 4대강 살리기 마스터플랜(대법원 2011. 4. 21. 선고 2010무111판결)
· 알선·권유(대법원 1993. 10. 26. 선고 93누6331판결)
· 우선순위결정(대법원 1995. 1. 20. 선고 94누6529판결)

⑤ 행정심판에 대한 재결

재결이 취소소송의 대상이 되는 것은 「행정소송법」 제19조 단서에 의하여 재결 자체에 고유한 위법이 있음을 이유로 하는 경우에 한한다. 즉, 「행정소송법」은 원처분주의를 택하기 때문에, 행정심판의 재결을 거쳐 취소소송을 제기하는 경우에 취소소송의 대상은 원칙적으로 재결이 아니라 원처분이다. 여기서 '재결 자체에 고유한 위법이 있는 경우'란 재결의 주체·절차·내용·형식 등에 관하여 흠, 즉 위법사유가 있는 것을 말한다.

[판례]

① "「행정소송법」 제19조에서 말하는 '재결 자체에 고유한 위법'이란 원처분에는 없고 재결에만 있는 재결청의 권한 또는 구성의 위법, 재결의 절차나 형식의 위법, 내용의 위법 등을 뜻하고, 그 중 내용의 위법에는 위법·부당하게 인용재결을 한 경우가 해당한다." (대법원 1997. 9. 12. 선고 96누14661판결).

② "원처분의 상대방이 아닌 제3자가 행정심판을 청구하여 재결청이 원처분을 취소하는 형성재결을 한 경우에 그 원처분의 상대방은 그 재결에 대하여 항고소송을 제기할 수밖에 없고, 이 경우 재결은 원처분과 내용을 달리 하는 것이어서 재결의 취소를 구하는 것은 원처분에 없는 재결 고유의 위법을 주장하는 것이 된다." (대법원 1998. 4. 24. 선고 97누17131판결).

③ "이른바 복효적 행정행위 특히 제3자효를 수반하는 행정행위에 대한 행정심판청구에 있어서 그 청구를 인용하는 내용의 재결로 인하여 비로소 권리이익을 침해받게 되는 자는 그 인용재결에 대하여 다툴 필요가 있고 그 인용재결은 원처분과 내용을 달리하는

> 것이므로 그 인용재결의 취소를 구하는 것은 원처분에 없는 재결에 고유한 하자를 주장하는 셈이어서 당연히 항고소송의 대상이 된다. 더구나 인용재결청인 피고 스스로가 직접 이 사건 사업계획승인처분을 취소하는 형성적 재결을 한 경우에는 그 재결 외에 그에 따른 행정청의 별도의 처분이 있지 않기 때문에 재결자체를 쟁송의 대상으로 할 수밖에 없다." (대법원 1997. 12. 23. 선고 96누10911판결).

3) 재결주의

행정소송법은 원처분주의를 취하고 있으나(「행정소송법」 제19조), 개별법에서 예외적으로 재결주의를 채택하고 있는 경우가 있다. 이렇게 재결주의가 채택되어 있는 경우에는 원처분에 대해서는 취소소송을 제기할 수 없고 행정심판의 재결만이 취소소송의 대상이 된다.

판례에서 재결주의를 채택하고 있는 것으로 보는 것은 다음과 같다.

① 노동위원회의 재심판정

「노동조합 및 노동관계조정법」 제82조는 근로자 또는 노동조합은 사용자의 부당노동행위에 대하여 지방노동위원회에 구제신청을 할 수 있게 하고, 같은 법 제85조 제1항은 이에 의하여 구제를 받지 못하면 중앙노동위원회에 재심을 신청하도록 하며, 제2항에서는 중앙노동위원회의 재심판정에 대하여 행정소송을 제기할 수 있도록 하고 있다. 대법원 판례(대법원 1991. 2. 12. 선고 90누288판결)는 "노동위원회 결정에 대한 행정소송은 원처분인 지방노동위원회의 결정이 아니라 중앙노동위원회의 재심판정을 대상으로 행정소송을 제기하여야 한다."고 해석하여 이를 재결주의를 취하고 있는 것으로 본다. 이는 「노동조합 및 노동관계조정법」 제85조 제2항에 근거한 것으로 같은 조에서는 "중앙노동위원회의 재심판정에 대하여 관계당사자는 그 재심판정서의 송달을 받은 날부터 15일 이내에 「행정소송법」이 정하는 바에 의하여 소를 제기할 수 있다."고 규정하고 있다.

② 감사원의 재심의판정

「감사원법」은 회계관계직원에 대한 감사원의 변상판정에 대해 감사원에 재심의를 청구할 수 있도록 하고(「감사원법」 제36조 제1항), 그 재심의판정에 대하여 감사원을 당사자로 하여 행정소송을 제기하도록 하고 있다(같은 법 제40조 제2항). 따라서 행정소송의 대상은 원처분인 변상판정에 대하여가 아니라 재심의판정이다. 대법원 판례도 재결주의를 취하고 있는 것으로 보고 있다(대법원 1984. 4. 10. 선고 84누91판결).

(2) 처분 등의 위법주장

취소소송의 대상으로서 처분 등의 존재와는 별도로 처분 등이 위법하다는 원고의 주장이 필요하다. 다만 제소의 단계에서는 위법의 가능성이 있음이 주장되는 것으로 족하며, 사실상 객관적으로 위법함이 요구되는 것은 아니다.

Ⅲ. 소의 변경

1. 제도의 의의

소송의 계속 후에 원고가 심판을 청구한 사항(소송물)을 변경하는 것으로, 청구의 변경이라고도 한다. 「민사소송법」에서는 인정되지 않는 피고의 변경이 행정소송에서 인정되고 있는 점이 하나의 특색이다. 일반적으로 소의 변경에는 종래의 청구는 그대로 두고 거기에 별개의 새로운 청구를 추가하는 추가적 변경과 종래의 청구 대신에 새로운 청구를 제기하는 교환적 변경의 두 가지 유형이 있다.

2. 「행정소송법」상의 소의 변경

(1) 소의 종류의 변경

1) 의의

국민이 행정소송의 종류를 잘못 선택한 경우 소의 종류의 변경을 허용함으로서 국민의 피해를 방지하는 한편, 기존의 소송과정에서 얻은 자료를 새로운 소송에서 그대로 사용할 수 있도록 하여 소송경제를 도모할 필요가 있다. 이에 따라 행정소송법은 소의 종류의 변경을 인정하고 있다(같은 법 제21조, 제37조, 제42조).

2) 유형

취소소송을 무효등확인소송 또는 부작위위법확인소송으로(같은 법 제21조 제1항), 무효등확인소송을 취소소송으로(같은 법 제37조), 부작위위법확인소송을 취소소송으로(같은 법 제37조) 변경하는 것이 가능하다. 또한 항고소송을 당해 처분등에 관계되는 사무가 귀속되는 국가 또는 공공단체에 대한 당사자소송으로 변경하거나(같은 법 제21조 제1항, 제37조), 당사자소송을 항고소송으로 변경하는 것(같은 법 제42조)이 가능하다.

3) 요건·절차

① 변경의 대상이 되는 소송이 사실심이 계속 중일 것

소송요건의 흠결로 인하여 소송이 부적법한 경우에도 소의 각하되기까지는 소의 변경신청을 할 수 있다. 그러나 상고심에서는 소의 변경이 허용되지 않는다.

② 원고의 신청이 있을 것

소 변경은 구소를 취하하고 신소를 제기하는 것과 마찬가지이므로 처분권주의에 따라 직권에 의한 소 변경은 있을 수 없고 원고의 신청이 반드시 필요하다.

③ 청구의 기초에 변경이 없을 것

청구의 기초라는 개념은 신·구청구간의 관련성을 의미하는 것이다. 그러므로 청구의 기초에 동일성이 없게 되면 부적법한 것으로 각하되어야 한다.

④ 법원이 상당하다고 인정하여 허가결정을 할 것

상당성은 각 사건에 따라 구체적으로 판단할 것이나, 소송자료의 이용가능성, 다른 구제수단의 존재 여부, 소송의 지연여부, 새로운 피고에 입히는 불이익의 정도 등을 종합적으로 고려하여야 할 것이다.

⑤ 피고로 될 자의 의견을 청취할 것

법원은 소의 변경을 허가함에 있어 피고를 달리하게 될 때에는 새로이 피고로 될 자의 의견을 들어야 한다(「행정소송법」 제21조 제2항). 다만 법원은 의견을 진술할 기회를 부여하면 족한 것이고, 반드시 그 의견에 구속되는 것은 아니다.

4) 효과

소의 변경을 허가하는 결정이 있게 되면 신소는 변경된 소를 제기한 때에 제기된 것으로 보며, 변경된 구소는 취하된 것으로 본다(같은 법 제21조 제4항).

5) 불복방법

법원의 소변경허가결정에 대하여는 신소의 피고 및 구소의 피고는 즉시 항고할 수 있다(같은 법 제21조 제3항).

(2) 처분변경으로 인한 소의 변경

1) 의의

행정청이 소송의 대상인 처분을 소가 제기된 후 변경한 때에 원고가 법원의 허가를 얻어 청구의 취지 또는 원인을 변경하는 경우(같은 법 제22조 제1항)이다. 예컨대 영업허가철회처분의 취소소송의 계속 중에 행정청이 허가철회처분을 허가정지처분으로 변경한 경우에 있어서, 원고가 전자에 대한 소를 후자에 대한 소로 변경하는 것이다.

2) 요건

소의 변경에 있어서 원고의 소변경허가의 신청은 처분의 변경을 있음을 안 날로부터 60일 이내에 하여야 한다(같은 법 제22조 제2항). 또한 법원의 변경허가결정이 있어야 한다.

3) 효과

소의 변경을 허가하는 결정이 있으면, 신소는 구소가 제기된 때에 제기된 것으로 보며, 구소는 취하된 것으로 본다. 또한 처분변경으로 인한 새로운 청구는 행정심판 전치주의가 적용되는 경우에도 전치요건을 갖춘 것으로 간주된다(같은 법 같은 조 제3항). 따라서 원고는 이에 대해 새로이 행정심판을 제기하지 않아도 된다.

Ⅳ. 소제기의 효과

소제기의 효과에서 먼저 절차법적 효과는 청구에 대한 소송의 계속 상태가 발생하여 중복제소가 금지되고, 소송참가의 기회가 생기게 되며(같은 법 제16조, 제17조), 관련청구의 이송이 인정되고(같은 법 제10조 제1항), 집행정지결정(같은 법 제23조)을 할 수 있게 된다는 것이다. 실체법적 효과는 법률상의 기간준수의 효과(같은 법 제20조)가 발생한다는 것이다.

Ⅴ. 취소소송과 가구제

1. 개설

법적 분쟁은 판결을 통해서 최종적으로 결말이 나게 되는데, 그러기까지는 오랜 시일이 걸린다. 그 결과 분쟁이 대상이 되고 있는 법률관계의 내용이 실현되고 나면 승소의 판결을 얻더라도 당사자의 구제목적을 달성하기 어려운 때가 있다. 따라서 판결에 이르기 전까지의 잠정적인 조치로서의 가구제제도가 필요하다.

2. 집행정지

취소소송이 제기된 경우에 처분 등이나 그 집행 또는 절차의 속행으로 인하여 생길 회복하기 어려운 손해를 예방하기 위하여 긴급한 필요가 있다고 인정할 때 법원은 당사자의 신청이나 직권에 의하여 집행정지결정을 할 수 있다(같은 법 제23조 제2항).

(1) 집행정지(결정)의 성질

집행정지결정이란 원고의 권리보전을 도모하기 위하여 법원이 계쟁처분의 집행을 잠정적으로 정지하는 것이다. 이는 형식적으로나 내용적으로나 보전소송절차적인 것이므로, 사법작용설이 타당하다.

(2) 집행정지의 요건

집행정지의 적극적 요건은 다음과 같다.

① 적법한 본안소송의 계속

기간을 도과하였거나 피고를 잘못 정한 소송 등은 집행정지의 신청을 위법한 것으로 만든다. 그러나 본안소송의 제기와 동시에 신청하는 것은 허용된다.

② 처분등의 존재

처분등이 효력을 발생하기 전에는 그의 정지를 할 수 없다. 부작위인 경우나 처분등이 그의 목적을 달성하여 소멸한 후에는 원칙적으로 집행정지의 실익이 없다.

③ 회복하기 어려운 손해예방의 필요

회복하기 어려운 손해란 사회통념상 금전보상이나 원상회복이 불가능하다고 인정되는 손해를 의미한다. 이는 금전보상이 불능인 경우뿐만 아니라 금전보상으로는 사회관념상 행정처분을 받은 당사자가 참고 견딜 수 없거나 또는 참고 견디기가 현저히 곤란한 경우의 유형·무형의 손해를 말한다.

④ 긴급한 필요

집행정지의 필요성이 절박하다는 것이며, 회복하기 어려운 손해의 발생이 절박하여 본인판결을 기다릴 여유가 없음을 의미한다.

집행정지의 소극적 요건은 다음과 같다.

① 공공복리에 중대한 영향을 미칠 우려가 없을 것

집행정지는 적극적 요건이 충족된다고 하더라도 공공복리에 중대한 영향을 미칠 우려가 있는 경우에는 허용되지 않는다(같은 법 제23조 제3항). 공공복리에 미칠 영향이 중대한지의 여부는 절대적 기준에 의하여 판단할 것이 아니라, 신청인의 '회복하기 어려운 손해'와 '공공복리' 양자를 비교·교량하여, 전자를 희생하더라도 후자를 옹호하여야 할 필요가 있는지 여부에 따라 상대적·개별적으로 판단하여야 한다(대법원 2010. 5. 14. 자 2010무48결정).

② 본안청구가 이유 없음이 명백하지 않을 것

본안소송에서 승소가능성이 전혀 없음에도 불구하고 집행정지신청을 인용하는 것은 집행정지의 남용에 해당하므로, 본안청구가 이유 없음이 명백한 경우에는 집행정지를 명할 수 없다고 보는 것이 판례의 입장이다(대법원 1997. 4. 28. 선고 96두75판결).

(3) 집행정지의 절차

집행정지의 절차는 당사자의 신청 또는 직권에 의해 이루어지며, 집행정지의 관할법원은 본안이 계속된 법원으로 제1심뿐만 아니라 상소심도 이에 포함된다. 또한 집행정지의 적극적 요건의 존재는 신청인이 소명하여야 하고, 집행정지로 인한 '공공복리에 중대한 영향을 미칠 우려의 존재'와 같은 소극적 요건은 피신청인인 행정청이 소명하여야 한다.

(4) 집행정지의 결정

1) 정지의 대상

정지의 대상은 처분등의 효력, 처분등의 집행 또는 '절차의 속행'이다.

첫째, 거부처분이 그의 대상이 되는지의 문제에 있어서는 부인하는 것이 일반적인 태도이다. 법원도 "국립대학의 불합격처분에 관하여 당해 처분을 집행정지를 하더라도 이로 인하여 소관 행정청에 입학을 명하는 것이 되는 것은 아니고 또 당연히 입학이 되는 것도 아니므로, 집행정지의 대상이 되지 않는다."고 판시하였다. 이에 행정처분의 집행정지는 행정처분이 없었던 것과 같은 상태를 만드는 것을 의미하며, 그 이상으로 행정청에게 처분을 명하는 등 적극적인 상태를 만드는 것은 그 내용이 될 수 없다는 것이 일반적인 논지이다. 그러나 사안에 따라서는 거부처분의 집행정지가 인정되어야만 하는 경우가 있을 수 있다. 예컨대 외국인의 체류기간갱신허가의 거부처분 같은 것은 집행정지의 대상이 될 수도 있다고 보아야 한다.

둘째, 행정행위의 부관 내지 가분적 처분이 집행정지의 대상이 되는지의 문제에서, 부담과 같은 부관은 그 자체가 독립한 행정행위로서의 성질을 가짐을 이유로 일반적으로 긍정한다.

2) 집행정지결정의 내용

집행정지결정은 본안소송이 종결될 때까지 처분 등의 효력이나 집행 또는 절차의 속행의 전부 또는 일부를 정지함을 그 내용으로 한다. 다만 "처분의 효력정지"는 처분 등의 집행 또는 절차의 속행을 정지함으로써 목적을 달성할 수 있는 경우에는 허용되지 아니한다(같은 법 제23조 제2항 참조).

3) 집행정지결정의 효력

① 형성력

처분 등의 '효력정지'는 행정처분이 없었던 것과 같은 상태를 실현하는 것이므로 그 범위 안에서 형성력을 가진다고 볼 수 있다.

② 당사자 및 관계행정청에 대한 기속력

집행정지결정의 효력이 당사자, 즉 신청인과 피신청인에게 미침은 당연하다. 또한 관계행정청에 대해서도 효력이 미친다.

③ 제3자에 대한 효력

법은 집행정지결정 및 집행정지의 취소결정의 효력이 제3자에 대하여도 있음을 명시하고 있다(같은 법 제29조 제2항).

④ 시간적 효력

집행정지결정의 효력은 결정의 주문에 정하여진 시기까지 존속하는 것이나, 특별한 정함이 없는 때에는 본안판결이 확정될 때까지 존속하는 것으로 볼 수 있다.

(5) 집행정지결정의 취소

집행정지결정이 확정된 후 집행정지가 공공복리에 중대한 영향을 미치거나 그 정지사유가 없어진 때에는 당해 집행정지결정을 한 법원은 당사자의 신청 또는 직권에 의하여 결정으로써 집행정지의 결정을 취소할 수 있다(같은 법 제24조 제1항).

(6) 집행정지 등 결정에의 불복

법원의 집행정지결정이나 집행정지신청기각의 결정 또는 집행정지결정의 취소결정에 대하여는 즉시 항고를 할 수 있다.

3. 가처분

(1) 가처분의 의의

가처분은 금전 이외의 특정한 급부를 목적으로 하는 "청구권의 집행보전"을 도모하거나 쟁의 있는 "권리관계에 관하여 임시의 지위를 정함"을 목적으로 하는 가구제(보전처분)제도이다. 「민사소송법」은 가처분으로서 ① 계쟁물에 관한 가처분과 ② 쟁의 있는 권리관계에 대하여 임시의 지위를 정하기 위한 가처분을 인정하고 있다.

(2) 「민사소송법」상의 가처분규정의 준용여부

집행정지는 적극적으로 임시의 지위를 정하는 것이 아니라 소극적으로 계쟁처분 등의 효력 내지는 집행을 정지시키는 데 불과하므로, 적극적으로 수익처분을 발할 것을 행정청에 명하거나 명한 것과 동일한 상태를 형성할 수 없다. 그리하여 「민사소송법」상의 가처분이 행정소송에도 준용되는지 여부가 다투어지고 있다.

1) 소극설

법원은 구체적인 사건에 대하여 법적용의 보장적 기능을 가지므로 행정처분의 적법여부는 판단할 수 있으나, 그 판단에 앞서 행정처분에 대한 가처분을 하는 것은 사법권의 범위를 벗어나는 것으로 본다. 따라서 처분의 집행정지에 관하여 규정한 「행정소송법」 제23조 제2항은 「민사소송법」상의 가처분에 대한 특별규정으로 보는 입장이다.

2) 적극설

현행 「행정소송법」은 가처분에 관하여 아무런 규정을 두지 않고 있으므로 같은 법 제8조 제2항에 의하여 「민사소송법」상의 가처분규정을 준용할 수 있으며, 이러한 해석은 위법한 행정작용으로부터 국민의 권익구제를 목적으로 함과 동시에 법치행정주의의 확보를 도모하려는 사법의 본질에 반하지 않는다고 한다.

3) 판 례

판례는 항고소송에 대한 가처분에 대해서는 부정적인 입장이다. 다만 당사자소송에 대하여는 행정소송법 제23조 제2항의 집행정지에 관한 규정이 준용되지 아니하므로 당사자소송을 본안으로 하는 가처분에 대하여는 행정소송법 제8조 제2항에 따라 민사집행법상 가처분에 관한 규정이 준용된다고 한다.

[판례]

① "항고소송의 대상이 되는 행정처분의 효력이나 집행 혹은 절차속행 등의 정지를 구하는 신청은 행정소송법상 집행정지신청의 방법으로서만 가능할 뿐 민사소송법상 가처분의 방법으로는 허용될 수 없다." (대법원 2009. 11. 2. 선고 2009마596결정)

② "도시 및 주거환경정비법(이하 '도시정비법'이라 한다)상 행정주체인 주택 재건축정비 사업조합을 상대로 관리처분계획안에 대한 조합 총회결의의 효력을 다투는 소송은 행정처분에 이르는 절차적 요건의 존부나 효력 유무에 관한 소송으로서 소송결과에 따라 행정처분의 위법 여부에 직접 영향을 미치는 공법상 법률관계에 관한 것이므로, 이는 행정소송법상 당사자소송에 해당한다. 그리고 이러한 당사자소송에 대하여는 행정소송법 제23조 제2항의 집행정지에 관한 규정이 준용되지 아니하므로(행정소송법 제44조 제1항 참조), 이를 본안으로 하는 가처분에 대하여는 행정소송법 제8조 제2항에 따라 민사집행법상 가처분에 관한 규정이 준용되어야 한다." (대법원 2015. 8. 21. 선고 2015무26판결)

4) 독일의 가명령제도

독일의 행정법원법 제123조에 의하면 허가나 급부결정 등의 신청에 대한 거부나 부작위가 있는 경우에 법원이 행정청에 대하여 일정한 수익처분을 하도록 명하는 가명령을 할 수 있게 되어 있다. 즉, 같은 조 제1항은 "현상의 변경에 의하여 신청인의 권리의 실행이 행해질 수 없고, 혹은 그것이 현저히 곤란해질 위험이 있는 때에는 신청에 기하여 법원은 소제기 전에도 계쟁물에 관한 가명령을 행할 수 있다. 가명령은 그에 의한 규율이 특히 계속적 법률관계에 있어서 현저한 손해를 피하며 혹은 급박한 폭력을 방지하기 위하여 또는 기타의 이유에 의하여 필요하다고 인정할 때에는 다툼 있는 법률관계에 관하여 임시의 지위를 정하기 위해서도 허용된다."라고 규정하고 있다.

5) 소결

취소소송 가운데는 행정처분의 집행정지로는 목적을 달성할 수 없는 경우가 있는데, 이 경우 가처분제도를 활용하여 행정처분에 따르는 불이익을 잠정적으로나마 배제할 필요가 있다. 이는 「헌법」상 재판청구권의 보장, 권리구제의 취지에 부합한다.

(3) 준용에 따른 문제점

첫째, 가처분에 의한 본안판결의 선취의 문제가 있다. 이는 가처분으로 본안소송에서 추구하는 목적을 실현해 버림으로써 본안의 판결이 행해진 것과 같은 상태를 창출하는 것은 보전목적을 일탈하는 것이 아닌지의 여부이다. 독일에서는 "가명령의 발급은 신청인이 이미 가지는 법적 지위를 보전하고자 하는 경우에는 허용되나 신청인이 처음으로 얻고자 하는 법적 지위를 본안판결에 앞서서 부여하려는 경우에는 허용되지 않는다."고 판시하였다.

둘째, 행정청의 재량권과 가처분의 문제이다. 이 경우 가처분에 의하여 가행정처분을 할 것을 명령할 수 있기 위해서는 그 행정처분을 행하는 것이 행정청의 재량에 맡겨져 있는 것이 아니고 행정청의 의무로 되어 있을 것이 필요하다. 또한 재량권이 영으로 수축하는 경우에는 가처분을 할 의무를 과할 수 있다.

셋째, 가처분에 있어서의 이익형량의 문제이다. 가처분은 신청인의 사익과 공익을 비교형량하여, 가처분에 의하여 신청인의 법적 이익을 보호할 필요성이 가처분에 의하여 잃게 될 공익보다 클 경우에 비로소 발해질 수 있다.

Ⅵ. 취소소송의 심리

법원이 소에 대한 판결을 하기 위하여 그 기초가 되는 소송자료를 수집하는 것이다. 행정소송의 심리는 민사소송의 심리절차에 준하여 변론주의가 그 기본이 되지만, 「행정소송법」은 행정소송의 특수성에 비추어 보충적으로 직권탐지주의(또는 직권심리주의)를 가미하고 있다.

1. 심리의 내용

(1) 요건심리

소송요건, 즉 관할권·제소기간·전심절차·당사자능력 등에 대한 심리는 법원의 직권조사사항이며, 이러한 소송요건을 결하고 그 보정이 불가능한 경우에는 그 소는 부적법한 것으로 각하된다.

(2) 본안심리

소에 의한 청구를 인용할 것인지 또는 기각할 것인지를 판단하기 위하여 사건의 본안을 실체적으로 심리하는 과정이다.

2. 심리의 범위

(1) 불고불리의 원칙과 그 예외

법원은 소제기가 없는 사건에 대하여 심리·재판할 수 없으며, 소제기가 있는 사건에 대하여도 당사자의 청구범위를 넘어서 심리·재판할 수 없음이 원칙이다. 그러나 「행정소송법」은 보충적으로 직권탐지주의를 가미하여 "법원은 필요하다고 인정할 때에는…당사자가 주장하지 아니한 사실에 대해서도 판단할 수 있다."(같은 법 제26조)고 규정하고 있다. 다만, 이 규정은 법원이 아무런 제한 없이 당사자가 주장하지 않은 사실을 판단할 수 있다는 것이 아니라, 원고의 청구범위를 유지하면서 그 범위 내에서 공익상 필요에 따라 청구이외의 사실에 대하여도 판단할 수 있음을 규정한 것이다.

(2) 법률문제와 사실문제

1) 법률문제

 법률문제의 중심을 이루는 것은 행정작용의 법률우위의 원칙 및 법률유보원칙 등의 위반 여부의 문제이다.

2) 사실문제

 행정소송의 심리대상으로서의 사실문제 가운데 가장 문제가 많은 것은 어떤 사실 내지 사실관계가 법률요건에 해당하는 것인가 아닌가의 판단이다. 즉 어떤 사실의 법률요건에 관한 포섭의 문제라고 하겠다. 특히 그 요건규정이 이른바 불확정 법개념으로 규정되어 있는 경우에 그것이 더욱 문제가 된다.

3) 재량문제

 재량이 인정된 범위에서 재량을 그르친 경우에는 기속행위와는 달리 부당에 머무르기 때문에 이러한 재량이 인정된 범위 내에서의 타당성(합목적성)의 문제는 법원의 심리대상이 되지 않는다. 다만 「행정소송법」이 행정청의 "재량에 속하는 처분이라도 재량권의 한계를 넘거나 그 남용이 있는 때에는 법원은 이를 취소할 수 있다."(같은 법 제27조)라고 규정하고 있으므로 재량권행사의 위법 여부는 법원의 심리의 대상이 된다.

3. 심리에 관한 제원칙

(1) 처분권주의

 절차의 개시, 심판의 대상 및 절차의 종결을 당사자(특히 원고)의 의사에 일임하는 것이다. 처분권주의는 소송물에 대한 처분의 자유를 뜻하는데 대하여, 변론주의는 소송자료의 수집책임을 당사자에게 부과시키는 것을 의미한다.

(2) 변론주의와 직권탐지주의의 가미

 변론주의는 재판의 기초가 되는 소송자료의 수집·제출책임을 당사자에게 지우는 것을 의미하고, 직권탐지주의는 그 책임을 법원이 지는 것을 의미한다. 우리의

「행정소송법」은 변론주의를 기본으로 삼기 때문에, ① 원칙적으로 당사자가 주장하지 않은 사실을 판결을 기초로 삼아서는 안 되고, ② 당사자 간에 다툼이 없는 사실(명백한 사실)은 그대로 판결의 기초로 하지 않으면 안 되며, ③ 당사자 간에 다툼이 있는 사실을 인정함에 있어서는 반드시 당사자가 제출한 증거에 의하지 않으면 안 된다. 현행「행정소송법」제26조에서는 법원은 필요하다고 인정할 때에는 직권으로 증거조사를 할 수 있고 당사자가 주장하지 아니한 사실에 대하여도 판단할 수 있다고 규정하여 변론주의를 그 기본으로 하면서 아울러 보충적으로 직권탐지주의를 가미하고 있다. 그러나 법원의 직권탐지에 대하여 소극적으로 평가하려는 입장에서는, 직권탐지주의는 당사자가 제출하는 증거방법만으로는 불충분하여 심증을 얻기 어려운 경우에 당사자의 증거신청에 의하지 아니하고 직권으로 증거조사를 할 수 있다는 것, 즉 보충적인 직권증거조사를 인정한 것에 불과하다고 본다.

[판례]

① "원고는 이 사건 토지를 취득일로부터 10년 이상 보유하다가 양도하였음이 명백하므로 비록 그 공제주장을 한 바가 없더라도 이는 법률상 당연히 공제되어야 할 것이므로 원심으로서는 그와 같이 확정한 보유기간에 따라 위 법 소정의 특별공제를 하여 정당한 세액을 산출하여야 할 것이다. 그럼에도 불구하고 원심이 이를 간과한 채 이 사건 부과처분이 적법하다고 하여 원고의 청구를 기각하였으니 이는 위 소득세법 및 행정소송의 직권심리사항에 관한 법리를 오해하여 판결에 영향을 미친 위법을 범한 것이라고 할 것이다" (대법원 1992. 2. 28. 선고 91누6597판결)

② "행정소송에서 기록상 자료가 나타나 있다면 당사자가 주장하지 않았더라도 판단할 수 있고, 당사자가 제출한 소송자료에 의하여 법원이 처분의 적법 여부에 관한 합리적인 의심을 품을 수 있음에도 단지 구체적 사실에 관한 주장을 하지 아니하였다는 이유만으로 당사자에게 석명을 하거나 직권으로 심리·판단하지 아니함으로써 구체적 타당성이 없는 판결을 하는 것은「행정소송법」제26조의 규정과 행정소송의 특수성에 반하므로 허용될 수 없다." (대법원 2010. 2. 11. 선고 2009두18035판결)

소극적 입장에 대해서는 다음과 같이 평가할 수 있다. 먼저 일본의 행정사건소송법(行政事件訴訟法)이 직권에 의한 증거조사에 관해서만 규정하고 있는 것에 반하여, 우리의 「행정소송법」은 "당사자가 주장하지 아니한 사실에 대하여도 판단할 수 있다."는 규정을 두고 있다는 것을 들고 있다. 또한 「행정소송법」에 보충적으로나마 직권탐지주의가 채택되고 있는 이유는, 행정소송이 국민의 권리구제라는 목적 이외에 행정의 적법성보장이라고 하는 공적 목적에 봉사하기 때문이라고 한다. 특히 현행 「행정소송법」이 변론주의를 기본으로 하기 때문에 직권탐지주의를 인정한다 하더라도 변론주의가 배제되고 소송자료의 수집책임을 전적으로 법원이 지게 된다고 보아서는 안 된다고 한다.

(3) 행정심판기록제출명령

법원은 당사자의 신청이 있는 때에는 결정으로써 재결을 행한 행정청에 대하여 행정심판에 관한 기록의 제출을 명할 수 있다. 이러한 제출명령을 받은 행정청은 지체없이 당해 행정심판에 관한 기록을 법원에 제출하여야 한다(같은 법 제25조).

(4) 주장책임과 입증책임

1) 주장책임

주요사실은 당사자가 변론에서 주장하지 않으면 판결의 기초로 삼을 수 없다. 변론주의 하에서 당사자가 자기에게 유리한 주요사실을 주장하지 않음으로써 그 사실이 없는 것으로 취급되어 불이익을 받게 되는 것을 주장책임이라고 한다.

2) 입증책임

입증책임은 소송상의 일정한 사실의 존부가 확정되지 않을 때, 불리한 법적 판단을 받게 되는 당사자 일방의 위험 또는 불이익을 말한다. 입증책임분배의 기준으로는 원고책임설, 법률요건분류설(일반원칙설), 제3설(행정법독자분배설·특수성인정설) 등의 견해가 대립하고 있다.

① 원고책임설

행정처분의 취소소송에 있어서는 입증책임이 원고에게 있다고 하는 학설이다. 이 견해는 행정행위의 적법성추정 또는 공정력에 관한 이론을 근거로 하고 있다. 그러나 행정행위의 공정력은 행정소송 이전 단계에서만 인정되는 효력에 불과하고, 시민에 대한 행정의 우월성을 전제로 하는 그와 같은 이론은 현행의 국가 및 행정소송구조에 일치되지 않으며, 행정행위는 적법성이 아니라 유효성이 추정을 받는데 지나지 않는다는 등의 비판이 있다.

② 법률요건분류설(일반원칙설)

행정소송에 있어서도 각 당사자는 자기에게 유리한 법규범의 모든 요건사실의 존재에 관하여 입증책임을 진다고 보는 입장이다. 권리를 주장하는 자는 그에게 유리한 권리근거규정에 해당하는 요건사실을 입증하여야 하고, 그 권리를 부인하는 상대방은 권리장애·권리소각·권리저지규정에 해당하는 요건사실을 입증하여야 한다는 것이다.

사법법규는 재판규범이므로 이해조정의 견지에서 입증책임의 합리적 분배의 원리를 그 안에 포함시켜 입법되었다고 볼 수 있다. 그런데, 행정실체법으로서의 행정법규는 공익의 조정을 그 내용으로 하고 있으며, 재판규범이라기보다는 행정기관에 대한 행정규범으로서의 성격을 가지고 있으므로 「민사소송법」상의 원칙을 행정소송에 그대로 적용할 수는 없다는 비판이 있다.

[판례]

"「민사소송법」의 규정을 준용하는 행정소송에 있어서 입증책임은 원칙적으로 민사소송의 일반원칙에 따라 당사자 간에 분배되고 항고소송의 특성에 따라 당해 처분의 적법을 주장하는 피고에게 그 적법사유에 대한 입증책임이 있다고 하는 것이 당원의 일관된 견해이므로 피고가 주장하는 당해 처분의 적법성이 합리적으로 수긍될 수 있는 일응의 입증이 있는 경우에는 그 처분은 정당하다고 할 것이며, 위와 같은 합리적으로 수긍할 수 있는 증거와 상반되는 주장과 입증은 그 상대방인 원고에게 그 책임이 돌아간다고 풀이하여야 할 것이다." (대법원 1984. 7. 24. 선고 84누124판결).

③ 제3설

행정소송에서의 입증책임분배는 행정소송과 민사소송의 목적과 성질의 차이가 있으므로 행정법규와 재판규범과의 차이 등을 이유로 독자적으로 정하여야 한다는 견해이다. 이 학설은 행정소송의 특수성을 감안하여, 당사자 간의 공평·사안의 성질·입증의 난이 등에 의하여 구체적 사안에 따라 입증책임을 결정하여야 한다고 한다. 이에 의하면, 국민의 권리와 자유를 제한하거나 의무를 과하는 행정행위의 취소소송에서는 피고인 행정청이 그 위법성에 대한 입증책임을 지며, 개인이 자기의 권리·이익영역의 확장을 구하는 소송에서는 원고가 그 청구권을 뒷받침하는 사실에 대한 입증책임을 지고, 행정청의 재량행위에 대한 일탈·남용을 이유로 한 취소소송에서는 원고가 일탈·남용사실에 대한 입증책임을 지며, 무효등 확인소송에 있어서 무효사유에 대한 입증책임은 원고가 진다고 한다.

(5) 법관의 석명의무

석명이란 당사자의 진술에 불명·모순·결함이 있거나 또는 입증을 다하지 못한 경우에 법관(재판장 및 합의부원)이 질문하거나 시사하는 형식으로 보충함으로써 변론을 보다 완전하게 하는 법원의 권능을 말한다(「민사소송법」 제136조 참조). 석명권의 행사는 재판의 원활한 진행과 당사자의 변론권 행사에 기여한다. 그러나 과도한 석명권 행사는 변론주의에 대한 침해를 초래할 수도 있다.

(6) 구술심리주의

구술심리주의는 심리에 임하여 당사자 및 법원의 소송행위, 특히 변론 및 증거조사를 구술로 행하는 것이다. 「민사소송법」은 "당사자는 소송에 관하여 법원에서 변론하여야 한다."(「민사소송법」 제134조 제1항)라고 규정하여 구술심리주의를 채택하고 있으며, 이 조항은 행정소송에도 적용된다.

(7) 직접심리주의

직접심리주의는 판결을 하는 법관이 변론의 청취 및 증거조사를 직접 행하는 것이다. 증거조사를 법정 내에서 실시하기 어려운 경우 수명법관·수탁판사에게 증거조사를 시키고 그 결과를 기재한 조서를 판결자료로 하는 등(같은 법 제313조) 예외를 인정한다.

4. 처분사유의 추가 및 변경

(1) 의 의

처분청이 취소소송의 심리과정에서 당해 처분의 적법성을 유지하기 위하여 처분 당시에 제시된 처분사유 이외에 다른 사유를 추가하거나 변경할 수 있는지가 문제된다. 이에 대해서는 행정소송법에 규정이 없으므로 여러 견해가 주장되고 있다.

(2) 판 례

판례는 처분시에 존재하였던 처분사유로서 당초의 처분사유와 기본적 사실관계의 동일성이 유지되는 범위 내에서 처분사유의 추가·변경을 허용하는 입장이다. 이에 따르면 기본적 사실관계의 동일성 유무는 처분사유를 법률적으로 평가하기 이전의 구체적인 사실에 착안하여 그 기초가 되는 사회적 사실관계가 기본적인 점에서 동일한 지의 여부에 따라 결정된다고 한다.

또한 최근 판례는 행정심판 단계에서도 행정소송과 마찬가지로 '기본적 사실관계의 동일성 유무'에 따라 처분사유의 추가·변경의 허용여부를 판단할 수 있다고 판시한바 있다.

[판례]

① "행정처분의 취소를 구하는 항고소송에 있어서, 처분청은 당초 처분의 근거로 삼은 사유와 기본적 사실관계가 동일성이 있다고 인정되는 한도 내에서만 다른 사유를 추가하거나 변경할 수 있고, 여기서 기본적 사실관계의 동일성 유무는 처분사유를 법률적으로 평가하기 이전의 구체적인 사실에 착안하여 그 기초인 사회적 사실관계가 기본적인 점에서 동일한지 여부에 따라 결정되며 이와 같이 기본적 사실관계와 동일성이 인정되지 않는 별개의 사실을 들어 처분사유로 주장하는 것이 허용되지 않는다고 해석하는 이유는

행정처분의 상대방의 방어권을 보장함으로써 실질적 법치주의를 구현하고 행정처분의 상대방에 대한 신뢰를 보호하고자 함에 그 취지가 있다." (대법원 2003. 12. 11. 선고 2001두8827판결)

② "행정처분의 취소를 구하는 항고소송에서 처분청은 당초 처분의 근거로 삼은 사유와 기본적 사실관계가 동일성이 있다고 인정되는 한도 내에서만 다른 사유를 추가 또는 변경할 수 있고, 이러한 기본적 사실관계의 동일성 유무는 처분사유를 법률적으로 평가하기 이전의 구체적 사실에 착안하여 그 기초인 사회적 사실관계가 기본적인 점에서 동일한지에 따라 결정되므로, 추가 또는 변경된 사유가 처분 당시에 이미 존재하고 있었다거나 당사자가 그 사실을 알고 있었다고 하여 당초의 처분사유와 동일성이 있다고 할 수 없다. 그리고 이러한 법리는 행정심판 단계에서도 그대로 적용된다." (대법원 2014. 5. 15. 선고 2013두26118판결)

1) 판례가 처분사유의 추가 · 변경을 허용한 사례

① 피고가 자동차면허가 취소되었음을 이유로 개인택시 운송사업면허 취소처분을 하면서 처음에는 그것이 자동차운수사업법 제31조 제1항 제3호 소정의 면허취소사유에 해당한다고 보아 같은 법조를 적용하였다가 이 사건 소제기에 즈음하여 그 구체적 사실을 변경하지 아니하는 범위 내에서 적용법조만을 같은 법 제31조와 같은 법 시행규칙 제15조로 바꾸어 원고에게 통고한 경우(대법원 1987. 12. 8. 선고 87누632판결)

② 산림형질변경불허가처분에서 준농림지역의 행위제한 사실과 중대한 공익상의 필요라는 사실(대법원 2004. 11. 26. 선고 2004두4482판결))

③ 토지형질변경 불허가처분에서 미개발지의 이용대책 수립시까지 허가를 유보한다는 사실과 주변의 환경 등을 손상시킬 우려가 있다는 사실(대법원 2001. 9. 28. 선고 2000두8684판결)

④ 정보공개거부처분에서 당초의 처분사유와 추가된 처분사유가 개인에 관한 정보를 본인 이외의 자에게 공개하지 아니하겠다는 취지인 경우(대법원 2003. 12. 11. 선고 2003두8395판결)

2) 판례가 처분사유의 추가·변경을 허용하지 않은 사례

① 입찰자격제한처분에서 정당한 이유없이 계약을 이행하지 않은 사실과 관계공무원에게 뇌물을 준 사실(대법원 1999. 3. 9. 선고 98두18565판결)

② 주류면허취소처분에서 무자료 주류판매 및 위장거래사실과 무면허 판매업자에게 주류를 판매한 사실(대법원 1996. 9. 6. 선고 96누7427판결)

③ 정보공개거부처분에서 공공기관의 정보공개에 관한 법률 제7조(현 제9조) 제1항 제5호의 사유와 제7조 제1항 제4호 및 제6호의 사유(대법원 2003. 12. 11. 선고 2001두8827판결)

④ 국가유공자비해당결정사유로서 공무수행과 상이 사이에 인과관계가 없다는 것과 본인 과실이 경합되어 지원대상자에 해당한다는 사실(대법원 2013. 8. 22. 선고 2011두26589판결)

⑤ 자동차매매업 불허가처분에 있어서 거리제한 규정의 위반사실과 최소 주차용지 미달 사실(대법원 1995. 11. 21. 선고 95누10952판결)

Ⅶ. 취소소송의 판결

1. 판결의 의의와 종류

(1) 판결의 의의

취소소송사건에 대하여 법원이 원칙적으로 변론을 거쳐서 그에 대한 법적 판단을 선언하는 행위이다.

(2) 판결의 종류

종국판결은 취소소송의 전부나 일부를 종료시키는 판결이며, 중간판결은 종국판결을 하기 전에 소송의 진행 중에 생긴 쟁점을 해결하기 위한 확인적 성질의 판결을 말한다. 따라서 중간판결에 의하여 심급을 종료시킬 수는 없다. 취소소송의 종국판결은 다시 소송판결(각하판결)과 본안판결로 구분되며, 본안판결은 다시 기각판결과 인용판결로 나눌 수 있다.

2. 종국판결의 내용

(1) 소송판결

소가 소송요건(당사자적격·관할권 등)을 결하고 있는 경우에 이를 부적법한 것으로 각하하는 것이다.

(2) 본안판결

청구의 당부를 판단하는 결과, 청구인용·청구기각의 판결이 있고, 그 외에 예외적인 것으로 사정판결이 있다.

1) 청구인용의 판결

처분의 취소·변경을 구하는 청구가 이유 있음을 인정하여 그 청구의 전부 또는 일부를 인용하는 형성판결이다.

2) 청구기각의 판결

처분의 취소청구가 이유 없다고 하여 원고의 청구를 배척하는 판결이다. 처분에 원고가 주장하는 바와 같은 위법성이 없는 경우에 청구기각판결을 한다.

3) 사정판결

① 사정판결의 의의

취소소송에 있어서 심리의 결과 계쟁처분이 위법하면 이를 취소함이 원칙이다. 그러나 "원고의 청구가 이유 있다고 인정하는 경우에도 처분 등을 취소하는 것이 현저히 공공복리에 적합하지 아니하다고 인정하는 때에는 법원은 원고의 청구를 기각할 수 있는 바"(「행정소송법」 제28조 제1항), 이를 사정판결이라 한다.

② 사정판결의 존재이유

사정판결제도는 원고에게 일방적인 희생을 강요하는 제도가 아니라, "처분 등의 취소"라고 하는 원고의 본래의 청구에 갈음하여 손해배상 등 기타의 방법으로 원고의 청구를 수용하며, 또한 그것을 통해 공공복리에도 이바지하려는 제도이다.

③ 사정판결의 요건

먼저 원고의 청구가 이유 있다고 인정되어야 하고, 처분 등을 취소하는 것(청구인용판결)이 현저히 공공복리에 적합하지 아니하다고 인정되어야 한다.

[판례]

"사정판결은 당사자의 명백한 주장이 없는 경우에도 기록에 나타난 여러 사정을 기초로 직권으로 할 수 있는 것이나, 그 요건인 현저히 공공복리에 적합하지 아니한지 여부는 위법한 행정처분을 취소·변경하여야 할 필요와 그 취소·변경으로 인하여 발생할 수 있는 공공복리에 반하는 사태 등을 비교·교량하여 판단하여야 한다." (대법원 2006. 9. 22. 선고 2005두2506판결)

④ 주장·입증의 책임

사정판결의 필요성은 판결시를 기준으로 판단한다. 이에 대한 주장·입증의 책임은 피고인 행정청이 부담한다.

⑤ 사정판결의 효과

사정판결은 청구기각판결이다. 그러나 당해 처분 등은 그 위법성이 치유되어 적법하게 되는 것이 아니라, 공공복리를 위하여 위법성을 가진 채로 그 효력을 지속하는데 불과하다. 사정판결을 하는 경우 법원은 판결의 주문에서 그 처분 등이 위법함을 명시하여야 하며(같은 법 제28조 제1항 후단), 판결이 확정된 경우 그 처분 등의 위법성에 대하여 기판력이 발생하게 된다. 사정판결에 있어서의 소송비용은 피고가 부담한다(같은 법 제32조).

⑥ 원고에 대한 대상(代償)

원고는 피고인 행정청이 속하는 국가 또는 공공단체를 상대로 손해배상, 재해시설의 설치 그밖에 적당한 구제방법의 청구를 당해 취소소송 등이 계속된 법원에 병합하여 제기할 수 있다(같은 법 제28조 제3항).

3. 판결의 효력

(1) 자박력

행정소송에 있어서도 판결이 일단 선고되면 선고법원 자신은 이를 취소, 변경할 수 없는 기속(자박력 : 선고법원에 대한 구속력 : 불가변력)을 받게 된다.

(2) 불가쟁력

판결에 대하여 불복이 있는 자는 상소를 통하여 그의 효력을 다툴 수 있는 것인데, 상소기간의 도과 기타 사유로 상소할 수 없는 때에 판결은 불가쟁력(형식적 확정력 : 당사자에 대한 구속력)을 가진다.

(3) 기판력

1) 의의

기판력(실질적 확정력 : 법원과 양당사자에 대한 구속력)이라 함은 소송물(청구)에 관하여 법원이 행한 판단내용이 확정되면, 이후 동일사항이 문제된 경우에 있어 당사자(승계인 포함)는 그에 반하는 주장을 하여 다투는 것이 허용되지 아니하며, 법원도 그와 모순·저촉되는 판단을 해서는 안 되는 구속력을 말한다.

2) 범위

① **주관적 범위**

기판력은 원칙으로 당해 소송의 당사자 및 당사자와 동일시할 수 있는 승계인에게만 미치고, 제3자에게는 미치지 않는다. 취소소송에 있어서 그 판결의 기판력은 피고인 처분행정청이 속하는 국가나 공공단체에도 미친다고 새겨진다. 따라서 세무서장을 피고로 한 과세처분 취소소송에서 패소한 자가 국가를 상대로 과세처분의 무효를 주장하며 과오납금반환청구소송을 제기하면 위 취소판결의 기판력이 미치게 된다(대법원 1998. 7. 24. 선고 98다10854판결).

② 객관적 범위

기판력은 판결주문 중에 표시된 소송물에 관한 판단에 대해서만 발생하는 것이 원칙이다. 그러므로 원칙적으로 판결이유 중에서 실시된 사실인정, 선결적 법률관계, 항변 그리고 법률적 성질결정에 대하여는 기판력이 미치지 않는다.

따라서 취소소송의 기각판결이 확정된 경우에는 그 처분의 적법·유효함이 확정되어 그 기판력이 무효확인소송은 물론 무효를 전제로 한 부당이득반환청구소송에까지 미친다. 판례도 과세처분취소소송에서 패소한 자가 판결확정 후 과세처분무효확인소송과 과세처분의 무효를 전제로 한 과오납금반환청구소송을 제기한 사건에서, 전소의 기판력이 후소에 각각 미친다는 이유로 후소에 대해 모두 기각판결을 선고한 바 있다(대법원 1998. 7. 24. 선고 98다10854판결).

[판례]

> "기판력의 객관적 범위는 그 판결의 주문에 포함된 것, 즉 소송물로 주장된 법률관계의 존부에 관한 판단의 결론 그 자체에만 미치는 것이고, 판결이유에 설시된 그 전제가 되는 법률관계의 존부에까지 미치는 것은 아니다." (대법원 1987. 6. 9. 선고 86다카2756판결).

③ 시간적 범위

기판력은 당사자의 변론종결시를 표준시로 하여 발생한다.

(4) 형성력

1) 형성력의 의의

판결의 취지에 따라 법률관계의 발생·변경·소멸을 가져오는 효력이다. 행정처분의 취소판결이 있게 되면, 처분청의 별도의 행위를 기다릴 것 없이 처분의 효력은 소급하여 소멸하여 처분이 없었던 것과 같은 상태로 된다.

2) 취소판결의 제3자효

① 인정의 이유와 근거

「행정소송법」은 "처분 등을 취소하는 확정판결은 제3자에 대하여도 효력이 있다."(같은 법 제29조 제1항)라고 하여 처분취소판결의 '제3자에 대한 구속력'(對世效)을 명문화하였다.

② 제3자 보호

소송에 참가하여 자기의 이익을 방어하거나 주장할 기회를 가지지 아니한 제3자에 대하여 판결이 효력을 미치게 하는 것의 문제점을 해소하기 위해 마련된 제도가 바로 「행정소송법」에 있어서의 제3자의 소송참가(같은 법 제16조) 및 제3자의 재심청구(같은 법 제31조)의 규정이다.

③ 제3자효의 준용

「행정소송법」은 취소판결의 제3자효규정을 무효등확인소송과 부작위위법확인소송은 물론 가구제에도 준용하고 있다(같은 법 제29조 제2항, 제38조 참조).

(5) 기속력

1) 의의 및 근거

기속력은 당사자인 행정청과 판결의 취지에 따라 행동해야 하는 의무를 발생시키는 효과(구속력)을 말한다. 처분 등을 취소하는 확정판결은 그 사건에 관하여 당사자인 행정청과 그 밖의 관계행정청을 기속한다(같은 법 제30조 제1항).

2) 기속력의 성질

기속력은 취소판결의 실효성을 담보하기 위하여 실정법이 부여한 특수한 효력이다(특수효력설).

[판례]

"[1] 행정소송법 제30조 제1항은 "처분 등을 취소하는 확정판결은 그 사건에 관하여 당사자인 행정청과 그 밖의 관계행정청을 기속한다."라고 규정하고 있다. 이러한 취소 확정판결의 '기속력'은 취소 청구가 인용된 판결에서 인정되는 것으로서 당사자인 행정청과 그 밖의 관계행정청에게 확정판결의 취지에 따라 행동하여야 할 의무를 지우는 작용을 한다. 이에 비하여 행정소송법 제8조 제2항에 의하여 행정소송에 준용되는 민사소송법 제216조, 제218조가 규정하고 있는 '기판력'이란 기판력 있는 전소 판결의 소송물과 동일한 후소를 허용하지 않음과 동시에, 후소의 소송물이 전소의 소송물과 동일하지는 않더라도 전소의 소송물에 관한 판단이 후소의 선결문제가 되거나 모순관계에 있을 때에는 후소에서 전소 판결의 판단과 다른 주장을 하는 것을 허용하지 않는 작용을 한다. [2] 취소 확정판결의 기속력은 판결의 주문 및 전제가 되는 처분 등의 구체적 위법사유에 관한 판단에도 미치나, 종전 처분이 판결에 의하여 취소되었더라도 종전 처분과 다른 사유를 들어서 새로이 처분을 하는 것은 기속력에 저촉되지 않는다. 여기에서 동일 사유인지 다른 사유인지는 확정판결에서 위법한 것으로 판단된 종전 처분사유와 기본적 사실관계에서 동일성이 인정되는지 여부에 따라 판단되어야 하고, 기본적 사실관계의 동일성 유무는 처분사유를 법률적으로 평가하기 이전의 구체적인 사실에 착안하여 그 기초인 사회적 사실관계가 기본적인 점에서 동일한지에 따라 결정된다. 또한 행정처분의 위법 여부는 행정처분이 행하여진 때의 법령과 사실을 기준으로 판단하므로 확정판결의 당사자인 처분 행정청은 종전 처분 후에 발생한 새로운 사유를 내세워 다시 처분을 할 수 있고, 새로운 처분의 처분사유가 종전 처분의 처분사유와 기본적 사실관계에서 동일하지 않은 다른 사유에 해당하는 이상, 처분사유가 종전 처분 당시 이미 존재하고 있었고 당사자가 이를 알고 있었더라도 이를 내세워 새로이 처분을 하는 것은 확정판결의 기속력에 저촉되지 않는다(대법원 2016. 3. 24. 선고 2015두48235판결).

3) 기속력의 내용

행정청이 취소판결의 취지에 따라 작위·부작위 등의 의무를 지는 것이 그 내용이다.

① 부작위 의무(동일내용의 처분금지의무)

취소판결이 확정되면 행정청(처분청 및 관계행정청)은 확정판결에 저촉되는 행위를 하여서는 안 될 의무를 진다. 행정청은 동일한 사실관계 아래에서 동일한 당사자에 대하여 동일한 내용의 처분 등을 반복해서는 안 된다. 그러나 취소판결의 사유가 행정행위의 절차나 형식상의 흠인 경우에는 행정청은 적법한 절차나 형식을 갖춘 다음, 다시 새로운 동일한 내용의 처분을 할 수 있다고 보아야 할 것이다.

부작위의무가 청구기각판결에도 인정되는지 여부가 문제된다. 이에 대해 「행정소송법」은 "처분 등을 취소하는 확정판결…"이라 하여 기속력이 발생하는 판결의 범위를 인용판결로 명시(같은 법 제30조 제1항)하고 있는데, 이는 청구기각판결이 있더라도 행정청은 직권으로 당해 처분을 취소할 수 있다고 새겨진다.

[판례]

> "어떤 행정처분을 취소하는 판결이 확정된 경우 당사자인 행정청과 그밖의 관계행정청은 동일한 사실관계 아래 동일사업자에 대하여 사실심변론종결 이전의 사유를 내세워 다시 확정판결에 저촉되는 새로운 행정처분을 할 수 없다." (대법원 1989. 2. 28. 선고 88누6177판결, 동지판례 : 대법원 1982. 5. 11. 선고 80누194판결).

② 적극적 처분의무

판결에 의하여 취소되는 처분이 당사자의 신청을 거부하는 것을 내용으로 하는 경우에는, 그 처분을 행한 행정청은 판결의 취지에 따라 다시 이전의 신청에 대한 처분을 하여야 한다(같은 법 제30조 제2항). 이 경우 행정청은 판결의 취지를 존중하여 그것을 자신의 판단 및 조치의 기초로 삼아야 하겠지만, 반드시 원고가 신청한 내용으로 재처분하여야 하는 것은 아니다. 따라서 신청을 인용하거나 당초의 거부처분과는 다른 이유로 다시 거부할 수 있다.

③ 결과제거의무

행정청은 처분의 취소판결이 있게 되면 결과적으로 위법이 되는 처분에 의하여 초래된 상태를 제거해야 하는 의무를 진다.

4) 기속력의 범위

① 주관적 범위

기속력은 당사자인 행정청뿐만 아니라, 그 밖의 모든 관계행정청에도 미친다(같은 법 제30조 제1항 참조). 여기서 관계행정청은 취소된 처분 등과 관련하여 어떠한 처분권한을 가진 행정청으로, 즉 취소된 처분 등을 기초로 하여 그와 관련되는 처분 또는 부수되는 행위를 행하는 행정청을 말한다.

② 객관적 범위

기속력은 판결주문 및 그 전제가 된 요건사실의 인정과 효력의 판단에만 미치고, 판결의 결론과 직접 관계가 없는 간접사실의 판단에는 미치지 아니한다.

5) 기속력위반의 효과

취소판결에 저촉되는 행정청의 처분의 효력에 관하여는 '취소할 수 있는 행위'로 보는 견해도 있으나, 무효로 보는 것이 법의 취지에 합당하다.

[판례]

> "어떠한 행정처분에 위법한 하자가 있다는 이유로 그 취소를 청구한 행정소송에서 그 행정처분을 취소하는 판결이 선고되어 확정된 경우에 처분행정청이 그 행정소송의 사실심변론종결 이전의 사유를 내세워 다시 확정판결에 저촉되는 행정처분을 하는 것은 확정판결의 기판력에 저촉되어 허용될 수 없고 이와 같은 행정처분은 그 하자가 명백하고 중대한 경우에 해당되어 당연무효이다." (대법원 1989. 9. 12. 선고 89누985판결, 동지판례 : 대법원 1982. 6. 11. 선고 80누104판결 ; 대법원 1990. 12. 11. 선고 90누3560판결).

(6) 집행력 및 간접강제(행정기관에 대한 구속력)

집행력은 본래 판결 등으로 명한 의무이행을 강제집행절차에 의하여 실현할 수 있는 효력이다. 이러한 집행력은 이행판결에 한하여 인정된다. 광의의 집행력은 강제집행 이외의 방법에 의하여 판결의 내용에 적합한 상태를 실현할 수 있는 수단(간접강제)까지도 포함하는데, 이러한 의미의 집행력은 확인판결과 형성판결에도 인정될 수 있다.

거부처분에 대한 취소판결 및 부작위위법확인판결이 확정되면 판결의 기속력에 의하여 행정청은 당해 판결의 취지에 따르는 처분을 행할 의무를 지게 된다. 행정청이 그 적극적 처분의무를 이행하지 않는 경우에 있어서 「행정소송법」은 판결의 실효성을 확보하기 위하여 "행정청이 제30조 제2항의 규정에 의한 처분을 하지 아니하는 때에는, 제1심 수소법원은 당사자의 신청에 의하여 결정으로써 상당한 기간을 정하고, 행정청이 그 기간 내에 이행하지 아니하는 때에는 그 지연기간에 따라 일정한 배상을 할 것을 명하거나, 즉시 손해배상을 할 것을 명할 수 있다."라고 간접강제에 관하여 규정하고 있다(「행정소송법」 제34조 제1항).

Ⅷ. 판결에 의하지 않는 취소소송의 종료

1. 소의 취하

소의 취하는 원고가 제기한 소의 전부 또는 일부를 철회하는 법원에 대한 일방적 의사표시이다. 취소소송에도 처분권주의가 지배하므로, 소의 취하를 부정할 이유는 없다. 소의 취하에 관하여는 「민사소송법」이 준용(「행정소송법」 제8조 제2항)되며, 피고가 본안에 대하여 준비서면을 제출하거나 준비절차에서 진술하거나 변론을 한 후에는 소의 취하에 피고의 동의를 얻어야 한다.

2. 청구의 포기·인락

청구의 포기(抛棄)는 원고가 자기의 소송상의 청구가 이유 없음을 자인하는 법원에 대한 일방적 의사표시이며, 청구의 인락(認諾)은 피고가 원고의 소송상의 청구가 이유 있음을 자인하는 법원에 대한 일방적 의사표시이다.

행정소송에 있어서는 청구의 포기·인락을 인정할 것인지의 여부에 있어서 행정소송의 심리에 있어서도 변론주의와 처분권주의를 기본으로 하고「행정소송법」에 이를 배제하는 명시적 규정이 없으므로, 「민사소송법」의 청구의 포기·인락에 관한 규정이 준용될 수 있다는 견해가 있다. 그러나 행정청이나 개인은 소송물인 처분을 임의로 취소·변경할 수 있는 것은 아니고, 취소소송에 있어서 청구의 포기나 인락에 확정판결과 동일한 효력을 인정하기 어려우므로, 행정소송에 있어서는 원칙적으로 청구의 포기·인락이 인정되지 않는다고 보아야 할 것이다.

3. 소송상의 화해

소송상의 화해는 소송계속 중 당사자 쌍방이 소송물인 권리관계의 주장을 서로 양보하여 소송을 종료시키기로 하는 기일에 있어서의 합의이다. 행정소송(취소소송)에서도 화해가 허용된다고 볼 것인지의 여부에 있어서 청구의 포기·인락에 있어서와 같은 이유로 취소소송의 화해에 의한 종료는 부정적으로 보아야 할 것이다.

4. 당사자의 소멸

원고가 사망하고 또한 소송물인 권리관계의 성질상 이를 승계할 자가 없는 경우에는 소송은 종료된다. 이에 대하여 피고인 행정청이 없게 된 때에는 그 처분 등에 관한 사무가 귀속되는 국가 또는 공공단체가 피고가 되므로(같은 법 제13조 제2항), 소송은 종료되지 않는다.

IX. 상고 및 제3자의 재심청구

1. 상고

취소판결(항소심의 판결)에 불복하는 자는 대법원에 상고할 수 있으며, 그 상고에 관하여는 「상고심절차에 관한 특례법」이 적용된다.

2. 제3자의 재심청구

(1) 의의

재심은 확정된 종국판결에 재심사유에 해당하는 하자가 있는 경우에 판결을 한 법원에 대하여 그 판결의 취소와 사건의 재심사를 구하는 비상의 불복신청방법이다. 취소소송의 판결에 대하여는 「민사소송법」을 준용하여 일반적인 재심청구가 가능하다. 「행정소송법」은 제3자의 재심청구를 규정하면서 "처분 등을 취소하는 판결에 의하여 권리 또는 이익을 침해받은 제3자는 자기에게 책임 없는 사유로 소송에 참가하지 못함으로써 판결의 결과에 영향을 미칠 공격 또는 방어방법을 제출하지 못한 때에는 이를 이유로 확정된 종국판결에 대하여 재심의 청구를 할 수 있다."(같은 법 제31조 제1항)고 규정하고 있다.

(2) 재심청구의 당사자

재심청구의 원고는 취소소송의 인용판결에 의하여 '권리 또는 이익의 침해를 받은 제3자'이며, 재심청구의 피고는 확정판결의 원고와 피고가 함께 공동피고이다. 취소소송의 인용판결에 의하여 침해된 권리 또는 이익이란 '법률상 이익'을 의미한다. 즉 '판결에 의하여' 권리와 이익을 침해당한다고 하는 것은 판결의 결론, 즉 판결주문에 있어서의 소송물 자체에 관한 판단의 결과 기득의 권리·이익을 박탈당하는 것을 의미한다.

(3) 재심사유

재심사유는 자기에게 책임 없는 사유로 소송에 참가하지 못하였어야 한다. 또한 소송에 참가하지 못함으로써 판결의 결과에 영향을 미칠 공격 또는 방어방법을 제출하지 못한 때이어야 한다.

(4) 재심청구의 기간

제3자에 의한 재심의 청구는 확정판결이 있음을 안 날로부터 30일 이내, 판결이 확정된 날로부터 1년 이내에 제기하여야 한다(같은 법 제31조 제2항).

X. 소송비용

1. 원칙

소송비용은 패소자가 부담함이 원칙이다(「민사소송법」 제89조 참조). 원고의 청구의 일부가 인용되었을 때에는 소송비용은 각 소송당사자가 분담한다(「민사소송법」 제92조).

2. 예외

취소청구가 사정판결에 의하여 기각되거나 행정청이 처분 등을 취소 또는 변경함으로 인하여 청구가 각하 또는 기각된 경우에는 소송비용은 피고가 부담한다(「행정소송법」 제32조).

3. 소송비용재판의 효력

소송비용에 관한 재판이 확정된 때에는 피고 또는 참가인이었던 행정청이 소속하는 국가 또는 공공단체에 그 효력을 미친다(같은 법 제33조).

제3장 무효등확인소송

Ⅰ. 의의 및 성질

무효등확인소송은 "행정청의 처분등의 효력유무 또는 존재여부를 확인하는 소송"(같은 법 제2조 제4호)이다. 행정처분이 무효인가, 아니면 취소할 수 있는 것인가 하는 것을 식별한다는 것은 쉬운 일이 아니므로, 무효 또는 부존재인 처분 등도 행정청에 의하여 집행될 우려가 있다. 따라서 비교적 쉬운 방법을 통해서 행정처분에 붙어 있는 유효인 듯한 법적 외관을 제거할 필요가 있다. 반대로 존재하는 처분 등에 대하여 행정청이 그것을 부인하는 내용의 처분을 함으로써 상대방의 법률상 이익을 침해할 수 있는 바, 이 경우에는 유효확인소송이나 존재확인소송과 같은 적극적 확인의 소의 방법으로 공적 확정을 받을 필요가 있다고 할 수 있다.

Ⅱ. 소송요건

1. 재판관할

　무효등확인소송의 재판관할, 관할의 이송은 취소소송의 경우와 같으므로, 무효등확인소송의 제1심관할은 피고의 소재지를 관할하는 행정법원이 되며, 중앙행정기관 또는 그 장이 피고인 경우의 관할법원은 대법원 소재지의 행정법원으로 한다(같은 법 제9조). 또한 관할의 이송에 있어서도 「민사소송법」 제34조 제1항의 규정을 준용하여 원고의 고의 또는 중대한 과실 없이 행정소송이 심급을 달리하는 법원에 잘못 제기된 경우에도, 소송의 전부 또는 일부에 대하여 관할권이 없다고 인정하는 경우에는 법원의 결정으로 관할법원에 이송한다.

2. 관련청구소송의 이송과 병합

　무효등확인소송과 관련청구소송이 각각 다른 법원에 계속되고 있는 경우에 관련청구소송의 계속법원은 관련청구소송을 무효등확인소송이 계속된 법원으로 이송할 수 있으며, 무효등확인소송에는 사실심변론종결시까지 관련청구소송을 당해법원에 병합하여 제기할 수 있다(같은 법 제10조, 제38조 참조).

3. 소송의 대상

　무효등확인소송도 '처분 등' 즉 '행정청이 행하는 구체적 사실에 관한 법집행으로서의 공권력의 행사 또는 그 거부와 그밖에 이에 준하는 행정작용 및 행정심판에 대한 재결'을 소송대상으로 한다(같은 법 제19조, 제38조 제1항 참조).

4. 원고적격

　무효등확인소송은 처분 등의 효력유무 또는 존재여부의 확인을 구할 법률상 이익이 있는 자만이 제기할 수 있다(같은 법 제35조). 무효등확인소송에 있어서는 원고적격의 문제는 실제적 의미가 적으며, '권리보호의 필요'로서의 '확인의 이익'

이 보다 큰 의미를 가진다고 새겨진다. 과거 판례를 무효등확인소송에 대해 보충성의 원칙을 적용하고 이의 인정 근거로서 '확인의 이익'을 요구하였으나, 최근에 판례를 변경하여 행정처분의 근거 법률에 의해 보호되는 직접적이고 구체적인 이익이 있는 경우 이와 별도로 무효확인소송의 보충성을 요구하지 않고 있다.

[판례]

> "행정소송은 행정청의 위법한 처분 등을 취소·변경하거나 그 효력 유무 또는 존재 여부를 확인함으로써 국민의 권리 또는 이익의 침해를 구제하고 공법상의 권리관계 또는 법 적용에 관한 다툼을 적정하게 해결함을 목적으로 하므로, 대등한 주체 사이의 사법상 생활관계에 관한 분쟁을 심판대상으로 하는 민사소송과는 목적, 취지 및 기능 등을 달리한다. 또한「행정소송법」제4조에서는 무효확인소송을 항고소송의 일종으로 규정하고 있고,「행정소송법」제38조 제1항에서는 처분 등을 취소하는 확정판결의 기속력 및 행정청의 재처분 의무에 관한 행정소송법 제30조를 무효확인소송에도 준용하고 있으므로 무효확인판결 자체만으로도 실효성을 확보할 수 있다. 그리고 무효확인소송의 보충성을 규정하고 있는 외국의 일부 입법례와는 달리 우리나라 행정소송법에는 명문의 규정이 없어 이로 인한 명시적 제한이 존재하지 않는다. 이와 같은 사정을 비롯하여 행정에 대한 사법통제, 권익구제의 확대와 같은 행정소송의 기능 등을 종합하여 보면, 행정처분의 근거 법률에 의하여 보호되는 직접적이고 구체적인 이익이 있는 경우에는「행정소송법」제35조에 규정된 '무효확인을 구할 법률상 이익'이 있다고 보아야 하고, 이와 별도로 무효확인소송의 보충성이 요구되는 것은 아니므로 행정처분의 무효를 전제로 한 이행소송 등과 같은 직접적인 구제수단이 있는지 여부를 따질 필요가 없다고 해석함이 상당하다." (대법원 2008. 3. 20. 선고 2007두6342 전원합의체 판결)

5. 피고적격

무효등확인소송은 원칙적으로 처분청을 피고로 한다.

6. 준용배제

취소소송에 있어서의 행정심판전치주의에 관한 규정(같은 법 제18조), 제소기간에 관한 규정(같은 법 제20조)은 무효등확인소송에는 적용되지 않는다(같은 법 제38조 제1항 참조).

Ⅲ. 소제기의 효과

무효등확인소송이 제기되면 소송계속상태가 발생하여 소송참가의 기회가 생기고(같은 법 제16조, 제17조), 관련청구의 이송 및 병합(같은 법 제10조)을 할 수 있게 되며, 집행정지결정을 할 수 있게 되는 점에서 취소소송과 마찬가지이다(같은 법 제38조 제1항). 그러나 무효등확인소송의 경우에는 제소기간(같은 법 제20조)과 같은 법률상의 기간준수의 효과는 문제되지 않는다.

Ⅳ. 소송의 심리

1. 직권탐지주의의 가미

심리의 방법에 있어서는 변론주의를 원칙으로 하나, 보충적으로 직권탐지주의(또는 직권심리주의)의 적용이 있다. 이에 법원은 필요하다고 인정할 때에는 직권으로 증거조사를 할 수 있고, 당사자가 주장하지 아니한 사실에 대해서도 판단할 수 있다(같은 법 제26조).

2. 행정심판기록의 제출명령

행정심판절차를 거친 경우에 있어서 법원은 당사자의 신청이 있는 때에는 결정으로써 재결을 행한 행정청에 대하여 행정심판에 관한 기록의 제출을 명할 수 있으며, 행정청은 지체 없이 이에 응해야 한다(같은 법 제25조, 제38조 제1항 참조).

3. 입증책임

무효등확인소송에 있어서 입증책임을 누가 질 것인지는 문제가 된다. 소극적 확인소송에서는 처분 등(예컨대 조세의 부과처분)이 존재하지 않고, 실효 또는 무효라는 것은 권리장애요건사실에 해당하므로 이에 대하여는 원고가 입증책임을 부담하고, 그 존재, 유효성에 대하여는 피고 행정청이 입증책임을 부담한다. 적극적 확인소송에서는 처분 등(조세의 감면처분)이 유효하므로, 존재한다는 것은 "권리발생요건사실"에 해당하므로 그 유효, 존재에 대하여는 원고가 입증책임을 부담하고, 그 무효, 부존재에 대하여는 피고가 입증책임을 부담한다.

[판례]

> "행정처분(과세처분)의 당연무효를 구하는 소송에 있어서 그 무효를 구하는 사람(원고)에게 그 행정처분에 존재하는 하자가 중대하고 명백하다는 것을 주장·입증할 책임이 있다." (대법원 1984. 2. 28. 선고 82누154판결).

4. 위법판단의 기준시

처분시를 기준으로 처분의 무효 등을 판단한다. 위법성을 판단하는 것은 처분이 정당한 권한행정청에 의한 것인지, 적법한 절차를 거친 것인지, 내용이 가능하고 명확한지 등의 평가를 통해 이루어진다.

5. 소의 변경

법원은 무효등확인소송을 당해 처분 등에 관계되는 사무가 귀속하는 국가 또는 공공단체에 대한 당사자소송 또는 무효등확인소송 외의 항고소송으로 변경하는 것이 상당하다고 인정할 때에는, 청구의 기초에 변경이 없는 한, 사실심의 변론종결시까지 원고의 신청에 의하여 결정으로써 소의 변경을 허가할 수 있다. 이에 의하여 피고를 달리하게 될 때에는 법원은 새로이 피고로 된 자의 의견을 들어야 한다(같은 법 제21조, 제37조 참조). 또한 처분의 변경으로 인한 소의 변경 역시 가능하다(같은 법 제22조, 제38조 제1항 참조).

V. 소송의 종료

1. 판결의 효력

처분의 무효 등을 확인하는 소송판결은 제3자에 대하여도 효력이 있다. 집행정지의 결정, 그 집행정지결정의 취소결정 역시 제3자효를 가진다(같은 법 제29조, 제38조 제1항).

2. 판결의 기속력

처분의 무효 등을 확인하는 판결은 그 사건에 관하여 당사자인 행정청과 그 밖의 관계행정청을 기속한다(같은 법 제30조, 제38조 제1항).

3. 제3자에 의한 재심청구

제3자에 의한 재심청구에는 「행정소송법」 제31조가 준용된다.

4. 소송비용에 관한 재판의 효력

소송비용에 관한 재판이 확정된 때에는 피고 또는 참가인이었던 행정청이 속하는 국가 또는 공공단체에 그 효력이 미친다.

5. 사정판결의 가능 여부

(1) 문제의 제기

무효등확인소송에 대하여는 취소소송에 있어서의 사정판결을 준용한다는 규정이 없으므로(같은 법 제38조 제1항 참조), 무효등확인소송에 있어서 사정판결이 인정될 수 있는지가 다투어진다.

(2) 인정 여부

부정설에서는 처분이 무효인 경우에는 존치시킬 유효한 처분이 없으며, 「행정소송법」은 무효등확인소송에 대하여 취소소송의 사정판결규정을 준용하고 있지 않다는 점을 논거로 든다. 판례(대법원 1987. 3. 10. 선고 84누158판결)도 이러한 입장이다. 그러나 긍정설에서는 무효와 취소의 구별의 상대성, 사정판결제도가 분쟁해결의 화해적 기능 때문에 반드시 원고에게 불이익하지만은 않은 점, 무효처분에 대해서도 기성사실을 존중하여야 할 경우가 있을 수 있다는 점을 논거로 든다.

6. 간접강제 허용여부

거부처분취소판결의 간접강제에 관한 규정은 무효등 확인소송의 경우에는 준용되고 있지 않다. 이에 따라 거부처분에 대한 무효확인판결의 경우에는 간접강제가 허용되지 않는다는 것이 판례의 입장이다.

[판례]

"행정소송법 제38조 제1항이 무효확인 판결에 관하여 취소판결에 관한 규정을 준용함에 있어서 같은 법 제30조 제2항을 준용한다고 규정하면서도 같은 법 제34조는 이를 준용한다는 규정을 두지 않고 있으므로, 행정처분에 대하여 무효확인 판결이 내려진 경우에는 그 행정처분이 거부처분인 경우에도 행정청에 판결의 취지에 따른 재처분의무가 인정될 뿐 그에 대하여 간접강제까지 허용되는 것은 아니라고 할 것이다." (대법원 1998. 12. 24. 선고 98무37판결).

제4장 부작위위법확인소송

Ⅰ. 개요

1. 의의

부작위위법확인소송은 "행정청의 부작위가 위법하다는 것을 확인하는 소송"(「행정소송법」 제4조 제3호)이다. 여기서 부작위라고 함은 행정청이 당사자의 신청에 대하여 상당한 기간 내에 일정한 처분을 하여야 할 법률상 의무가 있음에도 불구하고 이를 하지 아니하는 것이다. 현행 「행정소송법」이 이행소송을 받아들이지 않고 소극적이고도 우회적인 부작위위법확인소송을 제도화한 이유는 권력분립적 고려, 사법부의 부담경감 및 사법자제적 고려 등을 감안한 것이다.

2. 성질

부작위위법확인소송은 공권력 행사로서의 행정청의 처분의 부작위를 그 대상으로 하는 것으로, 항고소송에 해당한다. 부작위위법확인소송은 법률관계를 변동하는 것이 아니라, 부작위에 의하여 외형화·현실화된 법상태가 위법임을 확인하는 것이므로 확인소송으로서의 성질을 갖는다.

Ⅱ. 적용법규

① 취소소송에 관한 규정이 준용되는 경우

취소소송에 있어서의 판결의 효력·구속력·간접강제에 관한 규정(같은 법 제30조), 행정심판전치주의(같은 법 제18조), 제소기간(같은 법 제20조), 재판관할(같은 법 제9조), 피고적격(같은 법 제13조, 제14조), 관련청구의 이송·병합(같은 법 제10조), 공동소송, 제3자 및 행정청의 소송참가, 소송대상(원처분주의), 소의 변경, 행정심판기록제출명령, 직권심리주의, 재량취소, 제3자의 재심청구, 소송비용,

재판의 효력에 관한 규정 등을 들 수 있다.

② 취소소송에 관한 규정이 준용되지 않는 경우

선결문제, 원고적격, 집행정지, 사정판결, 소송비용의 분담 등에 관한 규정들은 준용되지 않는다.

Ⅲ. 부작위위법확인소송의 제기요건

1. 재판관할

제1심 관할법원은 피고인 행정청의 소재지를 관할하는 행정법원이다(같은 법 제9조, 제38조 제2항).

2. 소송의 대상

(1) 부작위의 의의

부작위위법확인소송의 대상은 행정청의 부작위이다. 여기서 부작위란 행정청이 당사자의 신청에 대하여 상당한 기간 내에 일정한 처분을 하여야 할 법률상 의무가 있음에도 불구하고 이를 하지 아니하는 것(같은 법 제2조 제1항 제2호)이다.

(2) 부작위의 성립요건

1) 당사자의 신청

부작위가 성립하기 위해서는 당사자의 신청이 있어야 한다. 여기서 말하는 신청이란 법규상 또는 조리상의 신청권의 행사로서 신청을 말한다는 것이 판례의 태도이며 다수설의 입장이다.

[판례]

"행정청이 국민으로부터 어떤 신청을 받고서 그 신청에 따르는 내용의 행위를 하지 아니한 것이 항고소송의 대상이 되는 위법한 부작위가 된다고 하기 위하여서는 국민이 행정청에 대하여 그 신청에 따른 행정행위를 해줄 것을 요구할 수 있는 법규상 또는 조리상의 권리가 있어야 하며, 이러한 권리에 의하지 아니한 신청을 행정청이 받아들이지 아니하였다고 해서 이 때문에 신청인의 권리나 법적 이익에 어떤 영향을 준다고 할 수 없는 것이므로 이를 들어 위법한 부작위라고 할 수 없을 것이다." (대법원 1992. 10. 27. 선고 92누5867판결).

[대법원 1991. 2. 12. 선고 90누5825판결] <검사임용거부처분의 취소>

"① 원심판결요지 : "원심판결이유에 의하면 원심은 원고가 제27회 사법시험에 합격하여 사법연수원 제18기로 그 수습과정을 수료하고 피고에게 다른 지원자들과 함께 검사임용신청을 하였다가 성적순위미달로 임용거부처분을 받았으나 이는 헌법과「병역법」에 위배될 뿐 아니라 재량권을 남용한 위법한 처분이므로 그 취소를 구한다고 주장한 데에 대하여, 임용권자가 단순히 검사임용신청을 한 원고를 검사로 임용하지 않고 있는 것을 가리켜 거부처분이라고 볼 수 없고 가사 이를 거부처분이라고 보더라도 국민의 신청에 대한 거부처분이 항고소송의 대상이 되려면 국민이 행정청에 대하여 그 신청에 따른 행정행위를 해줄 것을 요구할 수 있는 법규상 또는 조리상의 권리가 있어야 할 것인데(당원 1984. 10. 23 선고 84누227판결 참조) 원고에게 임용권자에 대하여 검사임용이라는 행정행위를 해줄 것을 요구할 수 있는 법규상 또는 조리상의 권리가 있다고 할 수 없으므로, 원고의 이 소는 부적법한 것으로 각하를 면치 못한다고 판단하였다."

② 판단 : 검사 지원자 중 한정된 수의 임용대상자에 대한 임용 결정은 한편으로는 그 임용대상에서 제외한 자에 대한 임용거부결정이라는 양면성을 지니는 것이므로 임용대상자에 대한 임용의 의사표시는 동시에 임용대상에서 제외한 자에 대한 임용거부의 의사표시를 포함한 것으로 볼 수 있고, 이러한 임용 거부의 의사 표시는 본인에게 직접 고지되지 않았다고 하여도 본인이 이를 알았거나 알 수 있었을 때에 그 효력이 발생한 것으로 보아야 한다.

검사의 임용에 있어서 임용권자가 임용여부에 관하여 어떠한 내용의 응답을 할 것인지는 임용권자의 자유재량에 속하므로 일단 임용거부라는 응답을 한 이상 설사 그 응답내용이

> 부당하다고 하여도 사법심사의 대상으로 삼을 수 없는 것이 원칙이나, 적어도 재량권의 한계 일탈이나 남용이 없는 위법하지 않은 응답을 할 의무가 임용권자에게 있고 이에 대응하여 임용신청자로서도 재량권의 한계 일탈이나 남용이 없는 적법한 응답을 요구할 권리가 있다고 할 것이며, 이러한 응답신청권에 기하여 재량권 남용의 위법한 거부처분에 대하여는 항고소송으로서 그 취소를 구할 수 있다고 보아야 하므로 임용신청자가 임용거부처분이 재량권을 남용한 위법한 처분이라고 주장하면서 그 취소를 구하는 경우에는 법원은 재량권남용 여부를 심리하여 본안에 관한 판단으로서 청구의 인용 여부를 가려야 한다.

2) 상당한 기간

상당한 기간이란 사회통념상 그 신청에 따르는 처분을 하는데 소요될 것으로 인정되는 기간을 말한다. 그러나 「행정절차법」상 처리기간은 주의적 규정으로 보기 때문에 이에 근거하여 공포된 처리기간을 준수하지 않았다고 하여 바로 상당한 기간이 경과하였다고 보기는 힘들다.

3) 처분을 할 법률상 의무의 존재 여부

일반적으로 부작위가 성립하기 위해서는 행정청에게 처분을 할 법률상의 의무가 있어야 한다고 설명한다. 이 때 처분의무는 법령이 명시적으로 신청에 따라 처분을 하여야 한다고 규정하고 있는 경우나 법령의 취지, 처분의 성질 등에 관한 법해석상 행정청의 처분의무가 인정되는 경우에 존재한다.

4) 처분의 부존재

행정청의 처분으로 볼만한 외관이 존재하지 아니하여야 한다. 외관적 존재는 인정되는 무효인 행정처분과는 구별. 법령이 일정한 상태에서 부작위를 거부처분으로 간주하는 규정을 둔 경우의 부작위는 부작위위법확인소송의 대상이 되지는 않는다.

3. 당사자

(1) 원고적격

처분의 신청을 한 자로서 부작위가 위법하다는 확인을 구할 법률상의 이익이 있는 자만이 제기(같은 법 제36조)할 수 있다. 처분을 신청한 자에 대해서는 견해가 대립하고 있는데, 제1설은 현실적으로 일정한 처분의 신청을 한 것으로 족하고, 그 자가 법령에 의한 신청권을 가졌는지의 여부는 가릴 것이 없다는 견해이고, 제2설은 현실적으로 처분을 신청한 자이면 원고적격을 가지며, 법령에 의하여 신청권이 인정된 자에 한하지 않는다고 하면서도, 신청권이 없는 자는 결국 청구가 기각될 것이라는 견해이다. 제3설은 다수설과 판례의 견해로 처분의 신청을 한 자라고 보기 위해서는 현실적으로 신청을 한 것만으로는 부족하고 신청권이 있는 자가 신청을 하였을 것이 필요하다고 본다.

[판례]

> "부작위위법확인의 소에 있어 당사자가 행정청에 대하여 어떠한 행정행위를 하여 줄 것을 요구할 수 있는 법규상 또는 조리상의 신청권이 없다면 원고적격이 없거나 항고소송의 대상인 위법한 부작위가 있다고 볼 수 없어, 그 부작위위법확인의 소는 부적법하다." (대법원 1999. 12. 7. 97누17568판결).

(2) 피고적격

피고는 부작위 행정청이 된다.

IV. 소송의 심리

1. 심리의 범위

법원은 단순히 행정청의 방치의 적부에 관한 절차적 심리에만 그치지 아니하고 신청의 실체적 내용의 이유 있는 것인가도 심리하여, 그에 대한 적정한 처리방향에 관한 법률적 판단을 하여야 한다. 다수설 및 판례에서는 이행소송과는 달리 부작위위법확인소송은, 신청에 대하여 법률상 응답의무가 있음에도 불구하고 그것을 방치할 경우에 있어서 그 부작위의 위법성을 확인하여, 내용이 어떠하든 응답의무를 지움으로써, 그 부작위로 말미암아 형성된 위법한 법상태를 제거하고자 하는 것이라고 본다. 그러므로 법원의 심리는 그 부작위의 위법성 여부를 확인하는 데 그친다.

[판례]

"행정청이 상대방의 신청에 대하여 아무런 적극적 또는 소극적 처분을 하지 않고 있는 이상 행정청의 부작위는 그 자체로 위법하다고 할 것이고, 구체적으로 그 신청이 인용될 수 있는지 여부는 소극적 처분에 대한 항고소송의 본안에서 판단하여야 할 사항이라고 할 것이다." (대법원 2005. 4. 14. 선고 2003두7590판결)

2. 직권탐지주의의 가미

변론주의를 원칙으로 하나, 보충적으로 직권탐지주의의 적용이 있다(같은 법 제26조, 제38조 제2항).

3. 행정심판기록의 제출명령

법원은 당사자의 신청이 있을 때에는 결정으로써 재결을 행한 행정청에 대하여 행정심판에 관한 기록의 제출을 명할 수 있다(같은 법 제25조, 제38조 제2항 참조).

4. 입증책임

원고가 일정한 처분을 신청한 사실 및 원고에게 처분의 신청권이 있다는 것은 원고에게 주장·입증책임이 있다. 원고의 처분신청 후 '상당한 기간'을 경과하게 된 것을 정당화할 만한 특별한 사유의 존재에 대하여는 행정청이 입증책임을 진다.

5. 위법판단의 기준시

취소소송에 있어서 위법판단의 기준시에 대하여는 처분시점이 통설이다. 부작위위법확인소송에 있어서는 법원은 판결시(구두변론종결시)의 사실 및 법 상태를 기준으로 하여 판단한다. 부작위위법확인소송에 있어서 법원은 원고가 소를 제기하기 이전에 행해진 행정처분의 법적합성 또는 위법성에 관해 판단하는 것이 아니라, 원고로부터 신청된 피고의 법률상 의무에 관해 판단하는 것이다.

6. 소의 변경

부작위위법확인소송의 계속 중에 행정청이 법원에 계속 중인 처분을 하고 원고가 이에 불복하는 경우에는 취소소송으로의 변경이 가능하다. 또한 부작위위법확인소송을 당사자소송으로 변경할 수도 있으며, 이러한 소의 변경에는 법원의 허가가 필요하다(같은 법 제21조, 제37조 참조).

V. 소송의 종료

1. 판결의 제3자효

확정판결은 제3자에 대하여도 효력이 있다(같은 법 제29조, 제38조 제2항 참조).

2. 판결의 기속력

확정판결은 그 사건에 관하여 당사자인 행정청과 그 밖의 관계행정청을 기속한다(같은 법 제30조, 제38조 제2항). 인용판결에서 행정청은 판결의 취지에 따라 다시 이전의 신청에 대한 처분을 하여야 한다. 여기서 판결의 취지에 따른 이전의 신청에 대한 처분의 의미는 부작위위법확인소송은 행정청의 부작위가 위법한 것임을 확인하는데 그치는 것이므로, 행정청은 판결의 취지에 따라 다만 어떠한 처분을 하기만 하면 되는 것이라고 보는 것이 다수설 및 판례의 견해이다.

[판례]

"부작위위법확인의 소는 행정청이 국민의 법규상 또는 조리상의 권리에 기한 신청에 대하여 상당한 기간 내에 그 신청을 인용하는 적극적 처분 또는 각하하거나 기각하는 등의 소극적 처분을 하여야 할 법률상의 응답의무가 있음에도 불구하고 이를 하지 아니하는 경우, 판결(사실심의 구두변론종결)시를 기준으로 그 부작위의 위법을 확인함으로써 행정청의 응답을 신속하게 하여 부작위 내지 무응답이라고 하는 소극적인 위법상태를 제거하는 것을 목적으로 하는 것이고, 나아가 당해 판결의 구속력에 의하여 행정청에게 처분 등을 하게하고 다시 당해 처분 등에 대하여 불복이 있을 때에는 그 처분 등을 다투게 함으로써 최종적으로는 국민의 권리이익을 보호하려는 제도이다." (대법원 1990. 9. 25. 선고 89누4758판결).

3. 간접강제

(1) 의 의

부작위위법확인판결이 확정된 경우, 행정청이 판결의 취지에 따라 이전의 신청에 대한 처분을 하지 않는 경우 상대방은 간접강제를 신청할 수 있다(같은 법 제34조, 제38조 제2항). 이 경우 제1심 수소법원은 당사자의 신청에 의하여 결정으로써 처분을 하여야 할 상당한 기간을 정하고 행정청이 그 기간 내에 이행하지 아니한 때에는 그 지연기간에 따라 일정한 배상을 할 것을 명하거나 즉시 손해배상을 할 것을 명할 수 있다.

(2) 요 건

행정청이 판결의 취지에 따라 이전의 신청에 대한 처분을 하지 않아야 하는바, 판례가 취하는 절차적 심리설에 따르면 응답을 하지 않은 상태를 의미한다. 따라서 판례는 행정청이 인용처분을 한 경우는 물론이고 거부처분을 한 경우에도 확정판결의 취지에 따른 처분을 하였다고 보아, 간접강제 신청을 허용하지 않고 있다.

[판례]

> "신청인이 피신청인을 상대로 제기한 부작위위법확인소송에서 신청인의 제2 예비적 청구를 받아들이는 내용의 확정판결을 받았다. 그 판결의 취지는 피신청인이 신청인의 광주광역시 지방부이사관 승진임용신청에 대하여 아무런 조치를 취하지 아니하는 것 자체가 위법함을 확인하는 것일 뿐이다. 따라서 피신청인이 신청인을 승진임용하는 처분을 하는 경우는 물론이고, 승진임용을 거부하는 처분을 하는 경우에도 위 확정판결의 취지에 따른 처분을 하였다고 볼 것이다." (대법원 2010. 2. 5. 자 2009무153결정).

제5장 당사자소송

Ⅰ. 개설

1. 당사자소송의 의의

공법상의 법률관계에 관하여 의문이나 다툼이 있는 경우에 그 법률관계의 당사자가 원고 또는 피고의 입장에서 그 법률관계에 관하여 다투는 소송이다. 행정소송법에서는 "행정청의 "처분 등을 원인으로 하는 법률관계에 관한 소송, 그밖에 공법상의 법률관계에 관한 소송으로서 그 법률관계의 한쪽 당사자를 피고로 하는 소송"(「행정소송법」 제3조 제2호)이라고 규정하고 있다.

2. 다른 소송과의 관계

당사자소송은 행정소송의 원리가 적용되는 항고소송과 대등한 사인 간의 소송인 민사소송의 중간영역에 있다. 당사자소송과 항고소송 간에는 소의 변경을 할 수 있고, 당사자소송에는 관련 민사소송을 병합할 수 있다.

[판례] 민사소송과 당사자소송과 항고소송의 구별

"[1] 법률 제3782호 하천법 중 개정법률은 그 부칙 제2조 제1항에서 개정 하천법의 시행일인 1984. 12. 31. 전에 유수지에 해당되어 하천구역으로 된 토지 및 구 하천법의 시행으로 국유로 된 제외지 안의 토지에 대하여는 관리청이 그 손실을 보상하도록 규정하였고, '법률 제3782호 하천법 중 개정법률 부칙 제2조의 규정에 의한 보상청구권의 소멸시효가 만료된 하천구역 편입토지 보상에 관한 특별조치법' 제2조는 구 하천법 부칙 제2조 제1항에 해당하는 토지로서 개정 하천법 부칙 제2조 제2항에서 규정하고 있는 소멸시효의 만료로 보상청구권이 소멸되어 보상을 받지 못한 토지에 대하여는 시·도지사가 그 손실을 보상하도록 규정하고 있는바, 위 각 규정들에 의한 손실보상청구권은 모두 종전의 하천법 규정 자체에 의하여 하천구역으로 편입되어 국유로 되었으나 그에 대한 보상규정이 없었거나 보상청구권이 시효로 소멸되어 보상을 받지 못한 토지들에 대하여, 국가가 반성적 고려와 국민의 권리구제 차원에서 그 손실을 보상하기 위하여 규정한 것으로서, 그 법적 성질은 하천법 본칙이 원래부터 규정하고 있던 하천구역에의 편입에 의한 손실보상청구권과 하등 다를 바가 없는 것이어서 공법상의 권리임이 분명하므로 그에 관한 쟁송도 행정소송절차에 의하여야 한다.

[2] 하천법 부칙(1989. 12. 30.) 제2조와 '법률 제3782호 하천법 중 개정법률 부칙 제2조의 규정에 의한 보상청구권의 소멸시효가 만료된 하천구역 편입토지 보상에 관한 특별조치법' 제2조, 제6조의 각 규정들을 종합하면, 위 규정들에 의한 손실보상청구권은 1984. 12. 31. 전에 토지가 하천구역으로 된 경우에는 당연히 발생되는 것이지, 관리청의 보상금지급결정에 의하여 비로소 발생하는 것은 아니므로, 위 규정들에 의한 손실보상금의 지급을 구하거나 손실보상청구권의 확인을 구하는 소송은 행정소송법 제3조 제2호 소정의 당사자소송에 의하여야 한다" (대법원 2006. 5. 18. 선고 2004다6207 판결).

[판례] 민사소송과 당사자소송의 관계

"민사소송이 아닌 행정소송법상의 당사자소송으로 처리하면 다음과 같은 실익을 얻을 수 있다.

① 개념적으로 공법과 사법을 구분하고 있는 우리 법체계와 논리적 정합성을 유지할 수 있다.
② 행정사건의 처리에 전문성을 갖추고 있는 행정법원 또는 각급 법원 행정부 소속 법관들의 심판을 받을 수 있다.

③ 당사자소송에는 관련 민사소송청구를 병합할 수 있지만 민사소송에는 관련 당사자소송청구를 병합할 수 없다(행정소송법 제10조, 제44조 제2항).
④ 당사자소송에는 행정청이 참가를 할 수 있지만 민사소송에서는 참가를 할 수 없다(행정소송법 제17조, 제44조 제1항).
⑤ 당사자소송에서는 직권심리주의가 적용될 수 있는 반면, 민사소송에서는 변론주의가 적용된다(행정소송법 제26조, 제44조 제1항).
⑥ 당사자소송의 판결의 기속력은 당해 행정주체 산하의 행정청에도 미치지만 민사소송에서는 소송당사자에게만 판결의 효력이 미칠 뿐이다(행정소송법 제30조 제1항, 제44조 제1항).
⑦ 당사자소송의 경우 소의 변경, 피고경정의 경우에 제소기간준수의 소급효를 인정하고 있다(행정소송법 제14조, 제21조, 제42조, 제44조).
⑧ 행정심판기록의 제출명령제가 규정되어 있다(행정소송법 제25조, 제44조).

여기에다가 1998. 3. 1.부터 행정소송도 3심제가 되면서 심급상의 불이익이 해소된 점, 지방법원과 동격인 행정법원의 설치와 더불어 행정사건의 특수성·전문성에 대한 고려가 필요한 점, 우리 사회가 고도의 산업사회로 발전·변모함에 따라 행정수요도 양적·질적으로 팽창하고 그 영역이 확대되면서 행정작용의 형식이 필연적으로 다양화하게 되었고 이에 따라 공법상의 법률관계에 관한 쟁송도 전문성을 가지지 않을 수 없게 된 점 등을 감안하면, 이 사건이 행정소송법상의 당사자소송절차에 의해 처리되는 것이 많은 실익이 있을 뿐만 아니라 그로 인하여 원·피고 어느 일방에게 특별히 불이익한 결과를 초래하는 것도 아니다. 이제는 민사소송과 당사자소송을 준별하여 적정하게 처리할 시기가 도래하였다고 판단된다."(대법원 2010. 7. 29. 선고 2008다6328 판결).

Ⅱ. 당사자소송의 종류

1. 실질적 당사자소송

(1) 의의

실질적 당사자소송은 공법상의 법률관계에 관한 소송으로서 그 법률관계의 한쪽 당사자를 피고로 하는 소송이다. 여기서 공법상의 법률관계에 관한 소송이란 소송상의 청구의 대상이 되는 권리 내지 법률관계가 공법에 속하는 소송을 말한다.

(2) 당사자소송의 종류

현행법상의 실질적 당사자 소송의 종류를 예시하면 다음과 같다.
① 손실보상청구소송(형식적 당사자소송에 의하는 경우는 제외)
② 공법상의 채권관계(공법상의 임치·부당이득·사무관리 등)에 관한 소송
③ 기타 봉급 등 공법상의 금전급부청구소송
④ 공법상의 계약에 관한 소송
④ 공법상의 지위나 신분(공무원·학생 등)의 확인을 구하는 소송
⑤ 공법상의 결과제거청구권(현재 소송 실무상 민사소송)
⑦ 국가배상청구소송(현재 소송 실무상 민사소송)
⑧ 부당이득반환청구소송(현재 소송 실무상 민사소송)

2. 형식적 당사자소송

(1) 의의

행정청의 처분·재결 등이 원인이 되어 형성된 법률관계에 다툼이 있는 경우 그 원인이 되는 처분·재결 등의 효력을 직접 다투는 것이 아니고, 처분 등의 결과로서 형성된 법률관계에 대하여, 그 법률관계의 한쪽 당사자를 피고로 하여 제기하는 소송이다. 형식적 당사자소송은 궁극적으로는 처분·재결 등의 효력을 다투는 것이 되어, 실질적으로 항고소송의 성질을 가지는 것이나, 소송경제 등의 필요에 의하여 당사자소송의 형식을 취하는 점이 특징이다. 형식적 당사자소송은 분쟁의 대상이 법률관계의 당사자와 해당 법률관계의 원인된 처분의 행정청이 다른 경우 원고가 양자 모두를 대상으로 소송하여야 경우에 인정되는 이형적 소송유형이라 할 수 있다.

(2) 필요성

당사자소송은 처분의 주체인 행정청을 배제하고 실질적 이해관계자만을 소송당사자로 함으로써 신속한 권리구제와 소송절차를 최소화하기 위해 인정된다.

예컨대 토지수용에 대한 토지수용위원회의 재결과 관련하여, 보상금액에 대해서만 불복이 있는 경우에, 이러한 형태의 소송(형식적 당사자소송)을 인정하지 않는다면, 행정청인 토지수용위원회를 상대로 재결취소소송을 제기한 후 또는 그와 동시에 보상금증감에 관한 당사자소송을 제기하여 양자를 병합하는 등의 부담이 있다. 형식적 당사자소송은 바로 이러한 불편과 불합리를 제거하기 위한 소송기술적 고려에 의해 인정되는 것이다.

(3) 형식적 당사자소송의 법적 근거에 관한 논의

「행정소송법」의 규정(같은 법 제3조 제2호, 제39조 이하)에만 근거하여 바로 형식적 당사자 소송을 제기할 수 있는지가 문제가 된다. 이에 대해서는 긍정설과 부정설이 대립된다.

1) 긍정설

「행정소송법」이 민중소송(제3조 제2호 등), 기관소송 등(제45조)에 있어서와 같이, '법률이 정한 경우에, 법률에 정한 자에 한하여 제기할 수 있다'는 식의 제한 규정을 두고 있지 않는 점을 논거로 든다.

2) 부정설

개별법의 규정이 없으면 형식적 당사자소송의 원고·피고의 적격성, 소송제기기간 등 소송요건이 불분명하여 현실적으로 소송을 진행하기 어렵다는 점을 주장한다.

(4) 개별법상의 근거규정

구 「토지수용법」 제75조의2는 이의신청에 대한 재결에 대하여 불복이 있을 때 행정소송을 제기할 수 있음을 규정(같은 법 같은 조 제1항)하고서는, 그 행정소송이 보상금의 증감에 관한 소송인 때에는, "당해 소송을 제기하는 자가 토지소유자 또는 관계인인 경우에는 재결청 외에 기업자를, 기업자인 경우는 재결청 외에 토지소유자 또는 관계인을 각각 피고로 한다."(같은 법 같은 조 제2항)라고 규정하고 있었다. 이에 위 「토지수용법」상의 소송을 형식적 당사자소송으로 볼 수 있는지가 문제가 되었다.

이후 「토지보상법」에서는 "사업시행자·토지소유자 또는 관계인은 재결에 대하여 불복이 있는 때에는 재결서를 받은 날부터 60일 이내에, 이의신청을 거친 때에는 이의신청에 대한 재결서를 받은 날부터 30일 이내에 각각 행정소송을 제기할 수 있다(제85조 제1항)."고 규정하면서, "제기하고자 하는 행정소송이 보상금의 증감에 관한 소송인 경우 당해 소송을 제기하는 자가 토지소유자 또는 관계인인 때에는 사업시행자를, 사업시행자인 때에는 토지소유자 또는 관계인을 각각 피고로 한다."(같은 법 같은 조 제2항)고 규정하고 있는데, 이와 같이 피고에서 처분청(토지수용위원회)을 제외하여 본 소송이 형식적 당사자소송에 해당함을 명확하게 하였다. 즉 본 소송은 실질적으로는 수용재결(또는 이의재결)이라는 행정처분의 내용을 다투지만, 처분청인 토지수용위원회를 피고로 하여 수용재결(또는 이의재결)취소소송을 제기하는 것이 아니라 대등한 당사자인 토지소유자 및 사업시행자를 피고로 하여 보상금의 감액 또는 증액을 청구하는 소송을 제기하는 것이므로 전형적인 형식적 당사자소송에 해당한다.

Ⅲ. 소송요건 및 절차

1. 소송요건

(1) 원고적격

「민사소송법」상의 원고적격에 관한 규정이 준용(「행정소송법」 제8조 제2항 참조)된다. 그러므로 당사자소송의 성질이 이행소송인 경우에는 이행청구권이 자신에게 있음을 주장하는 자에게 원고적격이 있고, 확인소송인 경우에는 확인의 이익을 가지는 자에게 원고적격이 있다.

[판례]

"확인의 소에서 확인의 이익은 원고의 권리 또는 법률상 지위에 현존하는 불안·위험이 있고 그 불안·위험을 제거하기 위하여 확인판결을 받는 것이 가장 유효적절한 수단일 때에만 인정된다." (대법원 2011. 9. 8. 선고 2009다67115판결)

(2) 피고적격

당사자소송에 있어서는 국가·공공단체 그 밖의 권리주체가 피고가 된다(같은 법 제39조).

[판례]

"광주보상법에 의한 보상금 등의 지급에 관한 법률관계의 주체는 대한민국이라고 해석되고 지방자치단체인 광주직할시나 또는 국가기관으로서 보상금 등의 심의, 결정 및 지급 등의 기능을 담당하는 데 불과한 피고위원회 및 그 위원장 등을 그 주체로 볼 수 없다고 한 원심의 판단은 정당하고 위 법률에 있어서의 보상금 지급주체에 관한 법리나 당사자소송에 있어서의 피고적격에 관한 오해한 위법이 있다고 할 수 없다." (대법원 1992. 12. 24. 선고 92누3335판결).

(3) 재판관할

행정법원이 제1심 관할법원이 된다. 다만 국가 또는 공공단체가 피고인 경우에는 관계행정청의 소재지를 피고의 소재지로 한다(같은 법 제40조).

(4) 제소기간

당사자소송에 관한 제소기간이 법령에 정하여져 있는 경우에는 그에 의한다(같은 법 제41조). 같은 법 제20조(취소소송의 제소기간)는 당사자소송에는 적용되지 않는다.

(5) 전치절차

취소소송의 전치절차는 적용되지 않는다.

(6) 관련청구의 이송

당사자소송과 이에 관련된 소송이 각각 다른 법원에 계속되어 있는 경우에는, 법원은 당사자의 신청 또는 직권에 의하여 이를 당사자소송이 계속된 법원으로 이송할 수 있다(같은 법 제10조, 제44조 제2항 참조).

(7) 기타

취소소송에 관한 「행정소송법」 제14조(피고경정), 제15조(공동소송), 제10조(관련 청구소송의 이송 및 병합)에 관한 규정이 당사자소송에도 준용된다(같은 법 제44조 참조).

2. 심리절차

(1) 소의 병합

당사자소송에는 사실심의 변론종결시까지 관련청구소송을 병합할 수 있다(같은 법 제10조, 제44조 제2항 참조).

(2) 소의 변경

법원은 당사자소송을 항고소송으로 변경하는 것이 상당하다고 인정할 때에는 청구의 기초에 변경이 없는 한 사실심의 변론종결시까지 원고의 신청에 의하여 결정으로써 소의 변경을 허용할 수 있다. 이 경우에 법원은 새로이 피고로 될 자의 의견을 들어야 한다(같은 법 제21조, 제42조 참조).

(3) 행정심판기록의 제출명령

법원은 당사자의 신청이 있는 때에는 결정으로써 재결을 행한 행정청에 대하여 행정심판에 관한 기록의 제출을 명할 수 있다. 그 제출명령을 받은 행정청은 지체 없이 당해 행정심판에 관한 기록을 법원에 제출하여야 한다(같은 법 제25조, 제44조 제1항 참조).

(4) 직권탐지주의의 가미

법원은 필요하다고 인정할 때에는 직권으로 증거조사를 할 수 있고 당사자가 주장하지 아니한 사실에 대하여도 판단할 수 있다(같은 법 제26조, 제44조 제1항 참조). 기타 원칙으로 처분권주의, 변론주의, 구술심리 주의, 직접주의, 쌍방주의 등 심리의 제(諸)원칙이 준용된다.

Ⅳ. 소송의 종료

1. 판결의 기판력과 구속력

당사자소송도 판결을 통해 확정되면, 이후 당사자는 그에 모순된 주장을 할 수 없으며, 법원 역시 확정된 판결에 모순·저촉되는 판단을 할 수 없는 구속을 받는 다는 의미의 기판력을 발생시킨다. 이에 취소소송에 있어서와 같은 판결의 제3자 효(같은 법 제29조 제1항)는 당사자소송에는 인정되지 않는다. 그러나 취소판결에 있어서의 판결의 기속력조항(같은 법 제30조 제1항)은 당사자소송에 준용된다(같은 법 제44조 참조).

2. 가집행선고

가집행선고란 미확정의 종국판결에 의해 그것이 확정된 것과 같이 집행력을 부여하는 형성적 재판을 말한다.

국가를 상대로 하는 당사자소송에 대하여 현행법은 가집행선고를 할 수 없다

(같은 법 제43조)고 규정하고 있다. 이와 유사한 조항인「소송촉진 등에 관한 특례법」제6조가 위헌판결을 받은 상태에서 이것은「헌법」제11조의 평등원칙을 위반한 무효의 규정이라 할 것이다.

3. 소송비용

「행정소송법」제32조 및 제33조의 규정은 당사자소송에 준용된다(같은 법 제44조). 따라서 청구가 각하 또는 기각된 경우에는 소송비용은 피고의 부담으로 한다.

참고 : 취소소송 규정의 타 행정소송에의 준용

내용 (행정소송법 규정)	무효등 확인소송	부작위위법 확인소송	당사자소송
재판관할(제9조)	○	○	○
관련청구소송의 이송 및 병합(제10조)	○	○	○
선결문제(제11조)	×	×	×
원고적격(제12조)	×	×	×
피고적격(제13조)	○	○	○
공동소송(제15조)	○	○	○
제3자의 소송참가(제16조)	○	○	○
행정청의 소송참가(제17조)	○	○	○
행정심판과의 관계(제18조)	×	○	×
취소소송의 대상(제19조)		○	×
제소기간(제20조)	×	○ (행정심판을 거치는 경우)	×
소의 변경(제21조)	○	○	○
처분변경으로 인한 소의 변경(제22조)	○	×	○
집행정지(제23조)	○	×	×
집행정지의 취소(제24조)	○	×	×
행정심판기록의 제출명령(제25조)	○	○	○
직권증거조사(제26조)	○	○	○
재량처분의 취소(제27조)	×	○	×
사정판결(제28조)	×	×	×
확정판결의 대세적 효력(제29조)	○	○	×
판결의 기속력(제30조)	○	○	1항만 준용됨(2항의 재처분의무는 준용 ×)
제3자에 의한 재심청구(제31조)	○	○	×
소송비용에 관한 재판의 효력(제33조)	○	○	○
거부처분취소판결의 간접강제(제34조)	×	○	×

제6장 새로운 유형의 행정소송

Ⅰ. 의무이행소송

1. 개설

(1) 개념

의무이행소송은 일정한 행정행위를 청구하였음에도 거부된 경우나 행정처분이 없는 경우에 행정청으로 하여금 거부되거나 부작위의 행정행위를 행하여 줄 것을 청구하는 소송이다.

(2) 의무이행소송의 도입논의

현행「행정소송법」은 행정청의 위법한 거부처분 또는 부작위가 있는 경우에 그것을 시정하기 위한 소송유형으로서 의무이행소송을 도입하지 않고 거부처분에 대한 취소소송과 부작위위법확인소송만을 인정하였다. 하지만 현행「행정소송법」하에서 판례의 소극적인 해석으로 말미암아 국민의 권리구제가 불완전하게 되는 문제점이 있었다. 따라서 의무이행소송을 도입하는 내용의「행정소송법」개정안이 여러 차례 국회에 상정되었으나 회기만료로 폐기되었다.

(3) 외국의 경우

1) 독일

독일에서는 행정소송의 유형에 대한 열기주의를 포기하고 효과적인 권리보호에 기여하는 것이 헌법상의 요구로 받아들여지고 있다(독일기본법 제19조 제4항). 따라서 원고의 소송상 청구의 내용에 따라 형성의 소와 이행의 소, 확인의 소로 나누어 판단하고 있다. 이에 독일의 행정법원법 제42조 제1항에서는 "원고는 신청에 대해 행정청이 행정행위의 거부 또는 부작위 상태에 있는 경우에는 행정행위의 발령을 구하는 소송을 제기할 수 있다."라고 규정하고 있다. 따라서 의무이행소송은 국민이 행정청에 대하여 특정한 행정처분을 하여 줄 것을 신청하였으나 행정청이 그와 같은 처분을 할 것을 거부하거나 부작위 상태에 있는 경우에, 적극적으로 법원에 대하여 행정청으로 하여금 그와 같은 행정처분을 하도록 의무를 지워줄 것을 구하는 소송유형으로 이행의 소에 해당한다.

독일의 경우 이행소송이 의무이행소송과 일반이행소송으로 구분되어 있다. 의무이행소송은 행정작용 중 행정행위만을 대상으로 하지만, 일반이행소송의 경우 의무이행소송의 대상이 아닌 급부에 관하여 제기하는 소송으로 공무원, 법관 및 군인의 금전상 청구권, 반환청구권과 자금지원청구권 및 사회적 급부와 그 밖의 생존 배려를 위한 급부청구권 등이 실현될 수 있다. 의무이행소송의 대상으로는 원고가 행정청에 대하여 구하는 행정작용이 행정행위이어야만 그 신청에 대한 거부행위 또는 부작위에 대하여 의무이행소송을 제기할 수 있다. 또한 같은 법 제42조 제2항에서 "법률상 별도의 규정이 없는 한, 원고가 행정행위의 거부나 부작위로 인하여 자기의 권리가 침해되었음을 주장하는 경우에 한하여 소를 제기할 수 있다."라고 규정하고 있어, 원고가 행정행위에 대해 청구하는 권리를 갖고 있는 경우에만 원고는 거부된 또는 방치된 행정행위에 의하여 자기의 권리를 침해받은 것을 주장할 수 있다. 특히 행정행위의 신청이 거부된 때의 의무이행소송에 있어서는 행정심판절차를 거쳐야 한다(같은 법 제68조 제2항).

2) 일본

일본의 개정 행정사건소송법은 2004년 6월 9일 공포되어 2005년 4월 1일부터 시행되었다. 종래 일본 행정사건소송법에서는 의무이행소송 및 예방적 금지소송을 규정하고 있지 않았으나, 새로 개정된 행정사건소송법에서는 새로운 항고소송의 유형으로서 도입되었다. 의무이행 소송과 마찬가지로 법정 외 항고소송으로 논의 되어온 금지소송이 항고소송의 한 유형으로 법정화된 것이다. 즉, 취소소송을 제기하고 집행정지를 받았다고 해도 그것만으로는 충분한 규제를 얻을 수 없는 경우가 있기 때문에 행정청이 일정한 처분 또는 재결을 하지 않아야 함에도 불구하고 그것을 행하려하는 경우에 일정한 요건 하에서 행정청이 그 처분 또는 재결을 해서는 아니 되는 취지를 명하는 것을 구하는 금지소송을 항고소송의 새로운 소송 유형으로 규정하는 것에 의해 사안에 따라서 활용되도록 하였다. 따라서 항고소송의 유형으로 취소소송, 무효등확인소송, 부작위 위법확인 소송, 의무이행소송, 예방적 금지소송들을 갖추게 되었다. 일본의 의무이행소송은 비신청형의 처분에 관한 의무이행소송과 신청형의 처분 또는 재결에 관한 의무이행소송으로 구분되며, 이 경우에 행정청이 그 처분 또는 재결을 해야 할 취지를 명하는 것을 구하는 소송이다. 비신청형의 처분에 관한 의무이행소송은 행정청이 일정의 처분을 해야 함에도 불구하고, 그것이 행해지지 않을 경우에 일정의 처분이 행해지지 않는 것에 의해 중대한 손해를 야기할 우려가 있고 또한 그 손해를 방지하기 위한 적당한 방법이 없는 경우에 한해서 제기할 수 있다(같은 법 제37조의2 제1항). 또한 신청형 의무이행소송은 행정청에 대해서 일정의 처분 또는 재결을 구하는 취지의 법령에 근거한 신청 또는 심사청구가 행해진 경우에 당해 법령에 근거한 신청 또는 심사청구에 대해서 상당한 기간이내에 어떠한 처분 또는 재결이 행해지지 않은 경우 또는 당해 법령에 근거한 신청 또는 심사 청구를 각하 내지 기각하는 취지의 처분 또는 재결이 행해진 경우에 있어서 당해 처분 또는 재결이 취소나 무효 또는 부존재인 경우에 한해서 제기할 수 있다(같은 법 제37조의3 제1항).

2. 인정여부

(1) 소극설

소극설은 의무이행소송이 국민의 권리보호를 위해 필요하고 권력분립의 원칙에 모순되는 것은 아니지만, 「행정소송법」 제4조가 부작위위법확인소송만을 인정하고 있으므로 의무이행소송이 부인될 수밖에 없다고 본다.

(2) **적극설**

적극설은 「행정소송법」 제1조가 "공권력의 행사 또는 불행사 등으로 인한 국민의 권리 또는 이익의 침해를 구제하고"라고 규정되어 있으므로 「행정소송법」 제4조의 규정을 예시적인 것으로 보아 의무이행소송도 인정해야 한다고 본다. 또한 권력분립주의는 권력상호간의 견제와 균형을 도모함으로써 권력의 남용을 방지하고 개인의 권리를 보호하려는 것이므로, 법원은 위법행위를 취소할 수 있을 뿐만 아니라 적극적인 이행판결을 통하여 행위의무의 이행을 명할 수 있다고 보는 것이 권력분립주의의 참뜻에 맞는 것이라고 한다.

(3) 제한적 허용설

제한적 허용설은 의무이행소송을 원칙적으로 부인하지만, 법정항고소송으로 구제받을 수 없는 예외적인 경우에는 인정될 수 있다고 한다.

(4) 판례의 입장

판례는 「행정소송법」 제4조를 제한적으로 이해하여 의무이행소송에 대해 부정적이다. 이에 "현행 「행정소송법」상 행정청으로 하여금 일정한 행정처분을 하도록 명하는 이행판결을 구하는 소송이나 법원으로 하여금 행정청이 일정한 행정처분을 행한 것과 같은 효과가 있는 행정처분을 직접 행하도록 하는 형성판결을 구하는 소송은 허용되지 않는다."고 판시하였다(대법원 1997. 9. 30. 선고 97누3200판결).

3. 의무이행소송의 주요내용

(1) 원고적격

의무이행소송은 처분을 신청한 자로서 그 신청에 대한 행정청의 거부처분 또는 부작위에 대하여 처분을 할 것을 구할 법률상 이익이 있는 자가 제기할 수 있다. 그러나 행정청의 거부처분에 대하여 의무이행소송을 제기하는 경우에는 거부처분의 취소 또는 무효등확인을 구하는 소송을 병합하여 제기하여야 한다.

(2) 의무이행판결

법원은 ① 당사자의 신청에 따른 처분을 할 의무가 있다는 것이 명백하고 그 의무를 이행하도록 하는 것이 상당하다고 인정하는 경우에는 행정청이 그 처분을 하도록 선고하며, ② 그 밖의 경우에는 행정청이 당사자의 신청에 대하여 판결의 취지에 따라 처분을 하도록 선고한다.

4. 검토

법원이 적극적 형성판결을 행하는 것은 권력분립의 원칙에 비추어 볼 때 허용되지 않는다고 보아야 할 것이다. 그러나 일정한 행위의 이행을 명하는 이행판결, 즉 행정이 법적으로 요구된 일정한 행위의무를 다하지 않았기 때문에 법원이 재판을 통하여 이를 명하는 것은 결코 권력분립의 원칙에 반하지 않는다. 행정의 일차적 판단권은 이미 부작위나 의무불이행의 태양으로 행사된 것과 동등하므로, 이 경우 법원의 이행명령으로 손상되는 것은 아니기 때문이다. 다만 우리의 행정소송법은 독일의 행정법원법과 달리 의무이행소송을 명문으로 인정하지 않고 있기 때문에 현행법의 해석론상 법정외 행정소송의 한 형태로 의무이행소송이 인정될 수 있느냐의 문제가 생기는 것이다.

현행 「행정소송법」이 「행정심판법」에서 의무이행심판을 인정한 것과 달리 부작위위법확인소송만을 인정하여 우회적으로 문제해결을 꾀하였다는 사실에서 볼 때 현행법의 해석론으로 의무이행소송을 허용하는 것은 무리라고 생각된다.

II. 예방적 부작위청구소송

1. 개설

(1) 개념

행정소송제도는 행정사건에 대한 사후적인 권리구제가 중심을 이루게 되는데 사전적·예방적 권리구제의 수단으로 논의되는 것 중에는 예방적 부작위청구소송이 있다. 예방적 부작위청구소송은 행정청이 일정한 행정행위 또는 그 밖의 행위를 하지 않을 것을 구하는 행정소송을 말하며, 예방적 금지소송이라고도 한다.

(2) 소송의 성질

예방적 부작위청구소송은 행정권의 발동이 없는 상태에서 행정권의 부작위를 예방적으로 소구하는 것이기 때문에 예방소송의 성격을 가진다. 또한 위법한 행정작용이 행해질 것이 명백하고 현재의 위험이 있는 때에 행정청에 대하여 실체법상 그 행정작용을 행하지 않을 것을 요구하는 부작위청구권이 있는 경우에 그 부작위를 요구하는 소송이므로 이행소송으로서의 성격도 가진다.

(3) 외국의 경우

1) 독일

독일에서는 1920년대에 브레멘(Bremen)과 함부르크(Hamburg)의 행정소송법이 확인소송을 도입하면서부터 예방적 권리구제에 대한 논의가 전개되었다. 1960년 행정법원법이 제정되면서 예방적 권리구제제도가 적용되기 시작하였고, 1969년 연방행정법원에서 처음으로 부작위청구소송을 인용하는 판결을 하였다. 하지만 동 판결의 경우에는 소의 대상이 서명이었으므로 순수하게 행정행위에 대한 것이라고는 볼 수 없다. 이후 1971년 4월 16일 연방행정법원에서 처음으로 행정행위에 대한 부작위청구소송을 인정하였다.

2) 일본

일본의 경우 개정 행정사건소송법에서 예방적 금지소송에 대해 규정하고 있다. 행정청이 일정한 처분 또는 재결을 하지 않아야 함에도 불구하고 그것을 행하려 하는 경우에 일정한 요건 하에서 행정청이 그 처분 또는 재결을 해서는 아니 되는 취지를 명하는 것을 구하는 금지소송을 항고소송의 새로운 소송유형으로 규정하는 것에 의해 사안에 따라서 활용되도록 하였다. 금지소송은 일정한 처분 또는 재결이 행해지는 것에 의해 중대한 손해를 야기할 우려가 있는 경우에 한해서 제기할 수 있다(행정사건소송법 제37조의4 제1항 본문). 다만, 그 손해를 방지하기 위해 다른 적당한 방법이 있는 경우에는 제기할 수 없다(같은 법 제37조의4 제1항 단서). 중대한 손해를 야기하는지의 여부를 판단함에 있어서 재판소는 손해회복 곤란의 정도를 고려하고, 손해의 성질 및 정도와 처분 또는 재판의 내용 및 성질도 감안한다(같은 법 제37조의4 제2항). 또한 금지소송은 행정청이 일정의 처분 또는 재판을 해서는 안 되는 취지를 명하는 것을 구함에 있어 법률상의 이익을 가지는 자에 한해 제기할 수 있다(같은 법 제37조의4 제4항). 법률상의 이익의 유무의 판단에 관해서는 취소소송에 관한 제9조 제2항의 규정을 준용한다(같은 법 제37조의4 제4항). 재판소는 금지소송이 제37조의4 제1항 및 제3항에서 규정하는 요건에 해당하는 경우에 그 금지소송에 관련된 처분 또는 재결에 있어 행정청이 그 처분 또는 재결을 해서는 안 되는 것이 그 처분 또는 재결의 근거가 되는 법령으로부터 명확하다고 인정되거나 행정청이 그 처분 또는 재결을 하는 것이 그 재량권의 범위를 넘거나 그 남용이라고 인정되는 경우에는 행정청이 그 처분 또는 재결을 해서는 안 되는 취지를 명하는 판결을 한다(같은 법 제37조의4 제5항).

2. 인정여부

(1) 소극설

소극설은 현행「행정소송법」제4조를 열거적인 규정으로 이해하므로 법정항고소송 이외의 소송을 원칙적으로 인정하지 않으며, 현행법상 법정된 소송에 의해서도 침해된 권익을 구제받을 수 있다고 한다. 또한 예방적 부작위청구소송은 침익적인 공권력 행사가 행해지기 전에 공권력 행사를 막는 소송으로서 사전적인 통제제도이기 때문에 권력분립주의 내지 사법권의 본질에 반한다고 한다.

(2) 적극설

적극설은「행정소송법」제4조의 규정을 예시적인 규정으로 이해하며, 권력분립원리와 밀접하게 관련된 법치국가원리는 사인의 행동의 경우와 같은 정도로 행정청의 행위를 법원에 의해 통제할 것을 요청한다고 한다. 이에 특정의 권익침해가 예상되고 있는 경우에 있어서도 권익침해를 기다려서 침해된 권익을 구제받는 취소소송보다 권익의 구제를 미리 막는 예방적 부작위청구소송이 보다 국민의 권리구제에 적절한 소송제도라고 주장한다.

(3) 제한적 허용설

제한적 허용설은 예방적 부작위청구소송이나 예방적 확인소송을 무명항고소송이 아닌 당사자소송으로 실현하는데 무리가 없다고 한다.

(4) 판례의 입장

법원은 "「행정소송법」상 행정청이 일정한 처분을 하지 못하도록 그 부작위를 구하는 청구는 허용되지 않는 부적법한 소송이라 할 것이므로, 피고 국민건강보험공단은 이 사건 고시를 적용하여 요양급여비용을 결정하여서는 아니 된다는 내용의 원고들의 위 피고에 대한 이 사건 청구는 부적법하다 할 것이다."고 판시하여 예방적 부작위청구소송을 인정하지 않고 있다(대법원 2006. 5. 25. 선고 2003두11988판결).

3. 예방적 부작위청구소송의 주요 내용

(1) 원고적격

예방적 부작위청구소송은 행정청이 장래에 일정한 처분을 할 것이 임박한 경우에 그 처분의 금지를 구할 법률상 이익이 있는 자가 사후에 그 처분의 효력을 다투는 방법으로는 회복하기 어려운 손해가 발생할 것이 명백한 경우에 한하여 제기할 수 있다.

(2) 금지판결

법원은 행정청이 장래에 행할 일정한 처분이 위법하고 그 처분을 하지 않도록 하는 것이 상당하다고 인정하는 경우에는 행정청에 그 처분을 하지 않도록 선고한다.

제7장 객관소송

Ⅰ. 객관소송의 의의

객관적 소송은 행정의 적법성 보장을 목적으로 하는 소송으로 민중소송과 기관소송이 이에 속한다. 행정소송은 행정통제와 함께 개인의 권리구제를 주된 목적으로 하기 때문에 반사적 이익이나 사실상 이익의 유무는 법원의 심판대상에서 제외된다. 따라서 개인의 권리구제를 직접적인 목적으로 하지 않는 소송인 객관소송은 특별히 법이 정하는 경우에만 소의 제기가 가능하다.

Ⅱ. 민중소송

1. 개설

(1) 개념

민중소송은 국가 또는 공공단체의 기관이 법률에 위반되는 행위를 한 때에 직접 자기의 법률상 이익과 관계없이 그 시정을 구하기 위하여 제기하는 소송(「행정소송법」 제3조 제3호)이다. 민중소송은 국가 또는 공공 단체의 기관의 위법행위를 시정하는 목적으로 하는 소송이기 때문에, 원고적격이 법률상 이익의 침해와 관계없이 국민, 주민 또는 선거인 등 일정 범위의 일반 국민에게 인정된다. 실정법상 인정되고 있는 민중소송으로는 국민투표에 관한 소송(「국민투표법」 제92조), 선거에 관한 소송(「공직선거법」 제222조)과 주민소송(「지방자치법」 제17조) 등이 있다.

(2) 소송의 성질

민중소송은 원고의 권리구제를 직접 목적으로 하는 것이 아니라 행정의 적법성 등 객관적 법익을 목적으로 하는 소송이므로 객관적 소송에 해당한다. 따라서 법이 특별히 인정하는 경우에만 소의 제기가 가능하다.

2. 민중소송의 종류

(1) 「공직선거법」상의 민중소송

대통령선거 및 국회의원선거에 있어서 선거의 효력에 관하여 이의가 있는 선거인·정당(후보자를 추천한 정당에 한한다) 또는 후보자는 선거일로부터 30일 이내에 당해 선거구 선거관리위원회위원장을 피고로 하여 대법원에 소를 제기할 수 있다(「공적선거법」 제222조 제1항). 또한 지방의회의원 및 지방자치단체의 장의 선거에 관한 소송도 여기에 해당한다(「공직선거법」 제222조 제2항).

(2) 「국민투표법」상의 민중소송

국민투표의 효력에 관하여 이의가 있는 투표인은 투표인 10만인 이상의 찬성을 얻어 중앙선거관리위원장을 피고로 하여 투표일로부터 20일 이내에 대법원에 제소할 수 있다(「국민투표법」 제92조).

(3) 주민소송

주민소송은 「지방자치법」 제17조에서 규정되어 있으며, 지방자치단체의 재정에 있어 회복 불가능한 손해가 발생될 것이 우려되거나, 해당 행위를 게을리 한 사실이 인정되는 등의 경우에 해당 지방자치단체의 장을 상대방으로 하여 제기할 수 있는 소송이다.

3. 적용법규

민중소송에 적용될 법규는 민중소송을 허용하는 개별 근거법령에서 정해지는 것이 일반적이다. 그러나 각 개별법규에서 특별히 정함이 없는 경우에는, ① 처분 등의 취소를 구하는 소송에는 그 성질에 반하지 아니하는 한 취소소송에 관한 규정을 준용하고, ② 처분 등의 효력 유무 또는 존재 여부나 부작위의 위법의 확인을 구하는 소송에는 그 성질에 반하지 아니하는 한 각각 무효등확인소송 또는 부작위위법확인소송에 관한 규정을 준용하며, ③ 그 밖의 소송에는 그 성질에 반하지 아니하는 한 당사자소송에 관한 규정을 준용한다(「행정소송법」 제46조).

4. 주민소송

(1) 주민소송의 개념

주민소송은 주민의 직접참여에 의해 지방행정의 투명성과 공정성을 확보하려는 주민참여제도로, 「지방자치법」 제17조에 규정되어 있다. 현대 민주국가는 간접민주주의에 의해 운영되지만, 주민투표제도나 주민소송제도를 통해 직접민주주의의 요소를 더하려는 시도가 이루어지고 있다. 행정행위 중에도 특히 지방자치단체의 재정행위는 개인의 주관적 이익과는 거리가 있지만 주민 전체의 공익과는 밀접한 관련을 가지고 있다. 그러나 주관소송을 중심으로 하는 현행 항고소송으로는 지방자치단체의 행위통제에 어려움이 있으므로 민중소송으로 해결해야 한다.

(2) 주민감사청구전치주의

주민감사청구제도는 지방자치단체와 그 장의 권한에 속하는 사무의 처리가 법령에 위반되거나 공익을 현저히 해한다고 인정되면 감사를 청구할 수 있는 제도이다(「지방자치법」 제16조 제1항). 즉 이 제도는 시정에 대한 주민의 감시를 강화함은 물론 위법 부당한 행정처분으로부터 지역 주민의 권익을 보호하기 위한 것이다. 주민감사청구와 주민소송이 결부되어야 할 필요는 없으나, 현행 「지방자치법」에서는 감사청구를 한 주민만이 주민소송을 제기할 수 있도록 하여 주민감사청구전치주의를 도입하고 있다.

(3) 주민소송의 당사자

1) 원고

주민소송은 공금의 지출에 관한 사항 등을 감사청구한 주민에 한하여 제기할 수 있다(같은 법 제17조 제1항). 그러므로 주민소송의 대상이 되는 사항에 대해 감사를 청구한 주민이라면 누구나 주민소송을 제기할 수 있다.

하지만 소송이 진행 중에 있다면 다른 주민은 같은 사항에 대하여 별도의 소송을 제기할 수 없다(같은 법 같은 조 제5항).

2) 피고

주민소송의 피고는 해당 지방자치단체의 장이다. 그러나 해당 사항의 사무처리에 관한 권한을 소속 기관의 장에게 위임한 경우에는 그 소속 기관의 장이 피고가 된다(같은 법 같은 조 제1항).

(4) 주민소송의 대상

주민소송은 공금의 지출에 관한 사항, 재산의 취득·관리·처분에 관한 사항, 해당 지방자치단체를 당사자로 하는 매매·임차·도급 계약이나 그 밖의 계약의 체결·이행에 관한 사항 또는 지방세·사용료·수수료·과태료 등 공금의 부과·징수를 게을리 한 사항에 대해 제기할 수 있다(같은 법 제17조).

(5) 주민소송의 유형

1) 제1호 소송(중지소송)

주민은 해당행위를 계속하면 회복하기 곤란한 손해를 발생시킬 우려가 있는 경우에 그 행위의 전부나 일부를 중지할 것을 요구할 수 있다(같은 법 제17조 제2항 제1호). 그러나 해당 행위를 중지할 경우 생명이나 신체에 중대한 위해가 생길 우려가 있거나 그 밖에 공공복리를 현저하게 저해할 우려가 있으면 제기할 수 없다(같은 법 제17조 제3항).

2) 제2호 소송(행정처분인 당해 행위의 취소 및 무효등확인소송)

주민은 행정처분인 해당 행위의 취소 또는 변경을 요구하거나 그 행위의 효력 유무 또는 존재 여부의 확인을 구하는 소송을 제기할 수 있다(같은 법 같은 조 제2항 제2호).

3) 제3호 소송(해태사실의 위법확인소송)

주민은 행정청이 게을리 한 사실의 위법 확인을 요구하는 소송을 제기할 수 있다(같은 법 같은 조 제2항 제3호).

4) 제4호 소송(이행청구 또는 변상명령요구소송)

주민은 해당 지방자치단체의 장 및 직원, 지방의회의원, 해당 행위와 관련이 있는 상대방에게 손해배상청구 또는 부당이득반환청구를 할 것을 요구하는 소송을 제기할 수 있다(같은 법 같은 조 제2항 제4호).

Ⅲ. 기관소송

1. 개설

(1) 개념

기관소송은 국가 또는 공공단체의 기관 상호간에 있어서의 권한의 존부 또는 그 행사에 관한 다툼이 있을 때에 이에 대하여 제기하는 소송(「행정소송법」 제3조 제4호)이다. 따라서 기관소송의 유형에는 국가기관 상호간의 기관소송과 지방자치단체 등 공공단체의 기관 상호간의 기관소송이 있을 수 있다. 그러나 「헌법재판소법」 제2조에 의하여 헌법재판소의 관할사항이 되는 소송(국가기관 상호간, 국가기관과 지방자치단체간 및 지방자치단체 상호간의 권한쟁의)은 행정소송으로서의 기관소송으로부터 원칙적으로 제외된다(「행정소송법」 제3조 제4호 단서). 그러나 국가기관 상호간의 권한의 다툼에 관한 소송에 관해 이를 여전히 법원의 기관소송의 대상으로 할 수 있다는 견해도 있다.

(2) 소송의 성질

기관소송은 개인의 권리구제를 직접 목적으로 하는 것이 아니라 행정조직 내부의 권한배분에 관한 문제를 다투는 소송이기 때문에 객관적 소송에 해당한다. 「행정소송법」에서는 개별 법률에 의하여 특별히 인정된 경우에만 허용되는 소송(「행정소송법」 제45조)이라고 규정하고 있다.

2. 기관소송의 종류

(1) 「지방자치법」상의 기관소송

1) 「지방자치법」 제107조 제3항

지방자치단체의 장은 지방의회의 의결이 월권 또는 법령에 위반되거나 공익을 현저히 해한다고 인정되는 때에는 그 의결사항을 이송받은 날부터 20일 이내에 이유를 붙여 재의를 요구할 수 있으며(「지방자치법」 제107조 제1항), 이러한 요구에 대하여 재의의 결과 재적의원 과반수의 출석과 출석의원 3분의2 이상의 찬성으로 전과 같은 의결을 하면 그 의결사항은 확정된다(같은 법 제2항). 그런데 지방자치단체의 장은 재의결된 사항이 법령에 위반된다고 인정되는 때에는 재의결된 날로부터 20일 이내에 대법원에 소를 제기할 수 있다. 이 경우 필요하다고 인정되는 때에는 그 의결의 집행을 정지하게 하는 집행정지결정을 신청할 수 있다(같은 법 제3항).

2) 「지방자치법」 제172조 제3항

지방의회의 의결이 법령에 위반되거나 공익을 현저히 해한다고 판단될 때에는 시·도에 대하여는 주무부장관이, 시·군 및 자치구에 대하여는 시·도지사가 재의를 요구하게 할 수 있고, 재의의 요구를 받은 지방자치단체의 장은 지방의회에 이유를 붙여 재의를 요구하여야 하며(같은 법 제172조 제1항), 이러한 요구에 대하여 재의의 결과 재적의원 과반수의 출석과 출석의원 3분의2이상의 찬성으로 전과 같은 의결을 하면 그 의결사항은 확정된다(같은 법 제2항). 그런데 지방자치단체의 장은 재의결된 사항이 법령에 위반된다고 판단되는 때에는 재의결된 날부터 20일 이내에 대법원에 소를 제기할 수 있다. 이 경우 필요하다고 인정되는 때에는 그 의결의 집행을 정지하게 하는 집행정지결정을 신청할 수 있다(같은 법 제3항).

(2) 「지방교육자치에 관한 법률」상의 기관소송

교육감은 교육위원회의 의결 또는 교육·학예에 관한 시·도의회의 의결이 법령에 위반되거나 공익을 현저히 저해한다고 판단될 때에는 재의를 요구할 수 있으며

(「지방교육자치에 관한 법률」 제28조 제1항), 재의요구가 있을 때에는 재의요구를 받은 교육위원회 또는 시·도의회는 재의에 붙이고, 교육위원회 재적위원 또는 시·도의회 재적의원 과반수의 출석과 교육위원회 출석위원 또는 시·도의회 출석의원 3분의 2 이상의 찬성으로 전과 같은 의결을 하면 그 의결사항은 확정된다(같은 법 같은 조 제2항). 그러나 교육감은 재의결된 사항이 법령에 위반된다고 판단될 때에는 재의결된 날부터 20일 이내에 대법원에 제소할 수 있다(같은 법 같은 조 제3항). 교육부장관은 재의결된 사항이 법령에 위반된다고 판단됨에도 해당교육감이 소를 제기하지 않은 때에는 대법원에 제소할 수 있는 기간부터 7일 이내에 해당교육감에게 제소를 지시하거나 직접 제소할 수 있다(같은 법 같은 조 제4항). 특히 재의결된 사항을 대법원에 제소한 경우 제소를 한 교육부장관 또는 교육감은 그 의결의 집행을 정지하게 하는 집행정지결정을 신청할 수 있다(같은 법 같은 조 제7항).

3. 적용법규

기관소송에 적용될 법규는 기관소송을 허용하는 개별 근거법령에서 정해지는 것이 일반적이다. 그러나 각 개별법규에서 특별히 정함이 없는 경우에는, ① 처분 등의 취소를 구하는 소송에는 그 성질에 반하지 아니하는 한 취소소송에 관한 규정을 준용하고, ② 처분 등의 효력 유무 또는 존재 여부나 부작위의 위법확인을 구하는 소송에는 그 성질에 반하지 아니하는 한 각각 무효등확인소송 또는 부작위위법확인소송에 관한 규정을 준용하며, ③ 그 밖의 소송에는 그 성질에 반하지 아니하는 한 당사자소송에 관한 규정을 준용한다(「행정소송법」 제46조).

4. 기관소송과 권한쟁의심판과의 관계

「행정소송법」 제3조 제4호에서는 기관소송을 "국가 또는 공공단체의 기관 상호간에 있어서의 권한의 존부 또는 그 행상에 관한 다툼이 있을 때에 이에 대하여 제기하는 소송"이라고 규정하고 있으면서, 「헌법재판소법」 제2조의 규정에 의하여 헌법재판소의 관장사항으로 되는 소송은 제외한다고 규정하고 있다. 그러나 「

「헌법재판소법」제62조 제1항에서는 권한쟁의심판의 종류를 ① 국가기관 상호간의 권한쟁의심판, ② 국가기관과 지방자치단체간의 권한쟁의심판, ③ 지방자치단체 상호간의 권한쟁의심판으로 분류하고, 이러한 권한쟁의심판의 청구는 피청구인의 처분 또는 부작위가 헌법 또는 법률에 의하여 부여받은 청구인의 권한을 침해하였거나 침해할 현저한 위험이 있는 때에 한하여 할 수 있다고 하면서 권한쟁의심판의 청구사유를 규정하고 있다. 따라서 「헌법재판소법」의 권한쟁의심판으로 인해 「행정소송법」상의 기관 소송 중 국가기관 상호간의 권한의 다툼에 관한 기관소송은 사실상 폐지되었고 오직 지방자치단체의 기관 상호간의 권한의 다툼에 관해서만 인정된다는 견해가 주류를 이루고 있다. 그러나 이와 달리 헌법재판소의 권한쟁의심판은 헌법상의 권한(이를 구체화 하는 법률상의 권한을 포함한다)에 관한 다툼을 대상으로 하고 기관소송은 법률상의 권한을 대상으로 하는 것으로서 양자는 별개의 것으로 공존한다고 하는 견해도 있다.

IV. 감독처분에 대한 소송

1. 개설

(1) 위법·부당한 명령·처분의 시정

자치사무에 관한 지방자치단체장의 명령이나 처분이 법령에 위반된다고 인정될 때에 시·도에 대하여는 주무부장관이, 시·군 및 자치구에 대하여는 시·도지사가 기간을 정하여 서면으로 시정을 명하고 그 기간 내에 이행하지 아니할 때에는 이를 취소하거나 정지할 수 있는데(「지방자치법」제169조 제1항), 이 경우 지방자치단체의 장은 자치사무에 관한 명령이나 처분의 취소 또는 정지에 대하여 이의가 있는 때에는 그 취소 또는 정지처분을 통보받은 날로부터 15일 이내에 대법원에 소를 제기할 수 있다(같은 법 같은 조 제2항).

(2) 지방자치단체의 장에 대한 직무이행명령

지방자치단체의 장이 법령의 규정에 의하여 그 의무에 속하는 국가위임사무 또는 시·도위임사무의 관리 및 집행을 명백히 해태하고 있다고 인정되는 때에는 시·도에 대하여는 주무부장관이, 시·군 및 자치구에 대하여는 시·도지사가 기간을 정하여 서면으로 그 이행할 사항을 명령할 수 있는데(같은 법 제170조 제1항), 이 경우 지방자치단체의 장은 그 이행명령에 이의가 있는 때에는 이행명령서를 접수한 날부터 15일 이내에 대법원에 소를 제기할 수 있다(같은 법 같은 조 제3항).

2. 법적 성질

기관소송은 기본적으로 동일한 법 주체 내부의 문제이나 위의 소송은 법인격을 달리하는 기관간의 문제이므로 우선 「행정소송법」상의 기관소송이 아니다. 또한 장으로 대표되는 지방자치단체는 독립된 법인격주체로서 자치사무와 관련하여 주관적 지위(자치권)를 갖는다(같은 법 제169조 제2항의 경우). 감독청의 시정명령이나 취소·정지는 독립된 법인격주체에 대하여 일방적으로 발해진다는 점에서 일종의 특수한 행정행위라 볼 수 있다. 따라서 이러한 소송은 객관소송이라기 보다는 주관적 소송으로서 항고소송의 일종으로 보아야 할 것이다.

3. 적용법규

감독청의 감독처분에 대하여 지방자치단체의 장이나 교육감이 제기하는 소송을 항고소송의 일종으로 본다면, 관련규정의 취지에 반하지 않는 한 「행정소송법」상의 항고소송에 관한 조항이 적용될 수 있을 것이다.

제8장 행정구제수단으로서의 헌법소원

Ⅰ. 개설

헌법재판소는 법원의 제청에 의한 법률의 위헌여부 심판, 탄핵의 심판, 정당의 해산심판, 권한쟁의에 관한 심판을 관장하는데, 특히 행정구제수단으로서 헌법소원이 문제될 수 있다. 행정소송과 헌법소원과의 관계는 주로 행정입법의 처분성 인정여부를 매개로 한 행정입법의 직접적 기본권 침해가능성과 이에 대한 헌법소원의 인정여부에 관한 것이다.

Ⅱ. 헌법소원

헌법소원은 국가의 공권력 행사로 인하여 국민의 기본권이 침해당한 경우 국민이 직접 구제를 청구하고 헌법재판소가 이를 심판하는 것을 의미한다. 헌법소원은 공권력의 행사 또는 불행사로 인하여 헌법상 보장된 기본권을 침해받은 자가 제기하는 헌법소원(「헌법재판소법」 제68조 제1항)과 법원에 대해 법률의 위헌여부심판을 제청하였음에도 기각된 자가 제기하는 헌법소원(같은 법 같은 조 제2항)이다.

헌법소원은 행정구제수단으로 활용될 수 있는데, 이는 행정소송으로 구제가 불가능하거나 구제되기에 현저하게 어려움이 있을 경우에 인정될 수 있다. 그러나 헌법소원은 다른 법률에 구제절차가 있는 경우에는 그 절차를 모두 거친 후가 아니면 청구할 수 없기 때문에(보충성의 원칙, 같은 법 같은 조 제1항 단서), 공권력의 행사 또는 불행사로 인한 침해를 구제하는 항고소송을 제기할 수 있다면 인정되지 않는다.

[판례]

"이 사건 예비인가 거부결정은 법학전문대학원 설치인가 이전에 청구인들의 법적 지위에 영향을 주는 것으로 항고소송의 대상이 되는 행정처분에 해당한다고 할 것인데, 학교법인 명지학원은 위 결정에 대한 행정소송을 제기하지 아니하였고 청구인 국민학원은 이 사건 예비인가 거부결정의 취소를 구하는 행정소송을 제기하였다가 2008. 8. 29. 교육과학기술부장관의 법학전문대학원 설치에 관한 본 인가결정이 내려지자 그 청구취지를 '법학전문대학원 설치인가 거부처분의 취소'를 구하는 것으로 교환적으로 변경하여 현재 소송 계속 중이다. 결국 학교법인 국민학원과 학교법인 명지학원의 이 사건 예비인가 거부결정에 관한 헌법소원 심판청구는 행정소송에 의한 권리구제절차를 모두 거치지 아니한 것으로 보충성 원칙에 반하여 부적법하다." (헌법재판소 2009. 2. 26. 2008헌마370)

Ⅲ. 행정소송과 헌법소원의 관계

행정소송과 헌법소원의 관계에서는 행정소송의 대상과 헌법소원의 대상의 중복성의 해소가 현안과제로 되고 있다. 이는 다른 한편으로 대법원과 헌법재판소 간의 관할의 중복가능성의 문제이기도 하다. 이와 같은 혼란은 헌법소원의 대상을 "기본권을 침해하는 공권력의 행사 또는 불행사"로 포괄적으로 규정한 헌법재판소법의 규정으로부터 기인하는데, 현실적으로 처분적 법규에 해당하는 명령·규칙·조례에 대한 규범통제권(사법관할권)의 혼동을 초래하고 있다.

대법원은 「헌법」 제107조를 근거로 법률에 대해서는 헌법재판소가, 명령·규칙·처분의 최종심사권에 대해서는 대법원에 있다고 한다. 대법원 이들 법규가 국민의 권리를 직접 침해하는 경우에는 항고소송을 제기할 수 있기 때문에 결국 보충성요건을 결하므로 헌법소원은 제기할 수 없다고 한다. 대법원은 이른바 '두밀분교폐지조례'사건에서 처분적 조례가 항고소송의 대상이 됨을 확인하였다. 대법원은 '조례가 집행행위의 개입 없이도 그 자체로서 직접 국민의 구체적인 권리의무나 법적 이익에 영향을 미치는 등의 법률상 효과를 발생하는 경우 그 조례는 항고소송의 대상이 되는 행정처분에 해당'한다고 판시하였다(대법원 1996. 9. 20. 선고 95누8003판결).

이에 반해 헌법재판소는 「헌법재판소법」 제68조 제1항에서 말하는 '공권력'에는 입법작용이 포함되며, 입법작용에는 형식적 의미의 법률을 제정하는 행위뿐만 아니라 법규명령·규칙을 제정하는 행위도 포함된다고 한다(헌법재판소 1990. 10. 15. 89헌마178결정). 이에 따라 "명령·규칙·조례가 불특정다수인에 대해 구속력을 가지는 법규이므로 그 제정행위도 입법작용의 일종으로서 헌법소원의 대상이 된다고 할 것이다."라고 결정(헌법재판소 1994. 12. 29. 92헌마216결정)하고 있으며, 특히 조례에 대해서는 "조례는 지방자치단체가 그 자치입법권에 근거하여 자주적으로 지방의회의 의결을 거쳐 제정한 법규이기 때문에 조례 자체로 인하여 직접 그리고 현재 자기의 기본권을 침해받은 자는 그 권리구제의 수단으로서 조례에 대한 헌법소원을 제기할 수 있다."라고 결정하고 있다(헌법재판소 1995. 4. 20. 92헌마264, 279결정).

이러한 대법원과 헌법재판소 간의 입장의 차이는 대법원이 처분적 행정입법에 대한 항고소송에서 그동안 소극적인 태도를 취한 점과도 무관하지 않은 것으로 이해되고 있다. 그러나 법원이 처분적 (행정)입법에 대해 항고소송의 허용을 금한 것이 아니라 실제로 처분적 입법이 항고소송의 대상이 된 경우가 그동안 흔치 않았다는 점을 감안하면 이는 재판관행의 문제이기보다는 입법의 불명확성으로부터 기인된 것으로 보인다. 다만, '보충성의 원칙'에 관해 대법원은 처분적 입법이 항고소송의 대상이 되기 때문에 보충성 요건을 결하여 헌법소원의 대상이 되기 어렵다고 하지만 현재까지 그러한 판례가 축적되어 있지 않기에 이와 같은 주장이 헌법재판소로 하여금 보충성요건을 배제하게 할 명확한 근거는 되지 못하는 것으로 보인다. 특히 행정소송이 3심제인 관계 등으로 확정판결시까지 상당한 시간이 소요된다는 점과 소송비용의 부담 및 엄격한 소송요건을 요구하고 있는 점 등을 살필 때, 국민들로부터 단심제인 헌법소원보다 우선하여 선택될 수 있을지는 의문이다. 그리고 이러한 행정소송의 취약한 특성은 향후 행정소송법의 개정에 반영되어야 할 우선적 과제라 할 수 있다.

제9장 대체적 분쟁해결수단

I. 개설

현대사회에서는 각종 이익을 둘러싼 분쟁이 증가하고 있는 추세에 있으나, 모든 분쟁을 소송을 통해 해결하기에는 어려움이 있다. 소송이라는 제도는 많은 비용과 시간을 소모함은 물론, 소송과정을 통해 기존의 인간관계가 상실되는 등 완전한 '해결'이라고 보기 어렵다.

1. 대체적 분쟁해결수단의 의의

대체적 분쟁해결제도(Alternative Dispute Resolution. 이하 'ADR'이라 약칭한다)는 소송절차에 의한 판결에 의하지 아니하고 법적 분쟁을 해결하는 것을 의미하는데, 그 용어 자체에서 알 수 있듯이 국내외에서 논의되고 있는 대부분의 ADR 이론은 미국에서 비롯된 것으로서, Alternative는 '법적 분쟁에 관한 전통적 해결방식인 법관에 의한 재판절차'에 대한 '대안'을 모색한다는 의미이다.

2. 유형

전통적으로 ADR의 기본적인 형태로는 화해, 협상, 조정, 중재를 예시하고 있는데, 협상·조정·화해는 각각 독립된 '재판 외 분쟁해결수단'으로서의 의미를 갖지만, 동시에 협상은 조정과 화해의 수단으로, 그리고 화해는 협상과 조정 등의 궁극적인 목적으로서의 의의를 갖는다. 화해는 다른 ADR의 궁극적 목적이기 때문에 나머지 ADR과 차원을 달리한다는 점을 감안한다면, ADR은 중립적 제3자의 개입이 없는 유형과 중립적 제3자의 개입이 있는 유형으로 대별할 수 있을 것이다. 전자에 해당하는 협상은 가장 기본적인 ADR 유형으로서 다른 ADR의 경우도 그 절차에서 당사자들의 자율적 협상을 당연한 전제로 하고 있다. 제도화된 ADR에 관한 논의는 대체로 중립적 제3자의 개입이 있는 후자의 유형을 중심으로 진행되고 있다.

Ⅱ. 대체적 분쟁해결제도의 종류

1. 화해

화해(Settlement)는 당사자 간의 합의에 의한 분쟁해결을 의미한다. 협상·조정·중재 등과 같은 다른 ADR은 결국 화해에 효율적으로 이르기 위한 수단이라고 할 수 있는데, 제도화된 ADR을 통하지 않고서 비공식적인 협상에 의하여 화해를 하는 것도 당연히 가능하다.

2. 협상

협상(Negotiation)은 설득을 목적으로 하는 의사소통행위로서 다른 ADR의 기본 도구가 된다. 이는 제3자의 개입 없이 쌍방 당사자의 주도하에 각자의 입장 차이를 절충하는 등의 방법으로 문제를 자율적으로 해결하는 것을 의미한다. 이를 세분하면 과거에 발생한 분쟁을 해결하는 분쟁해결협상(dispute negotiation)과, 장래 행동을 규율할 계약조건 등의 결정을 목적으로 하는 규범제정협상(rule making negotiation) 등으로 구분할 수 있는데, 제3자의 개입으로 인한 경제적·사회적 비용이 소요되지 않는다는 측면에서 이론적으로 가장 경제적이고 효율적인 분쟁해결수단이라고 할 수 있다.

3. 조정

조정(Mediation)은 특정한 해결방안을 결정할 권한이 없는 중립적인 조정자(mediator)가 당사자들의 동의를 얻어 분쟁당사자들로 하여금 효율적으로 협상을 할 수 있도록 도와주는 절차, 즉 제3자의 조력을 얻어 수행되는 협상을 의미한다.

4. 중재

중재(Arbitration)는 당사자의 합의에 의하여 선출된 중재인의 중재판정에 의하여 분쟁을 해결하는 절차를 말한다. 중재의 본질은 사적 재판이라는 데 있고, 이러한 점에서 당사자의 양보에 의한 자율적 해결인 화해 및 조정과 다르다. 일반적으로 중재제도는 단심제이고 당사자들이 그 절차 및 준거법을 합의로 결정할 수 있으므로 법원의 재판에 비하여 분쟁이 신속하게 해결될 수 있고, 관계분야의 전문가를 중재인으로 선정함으로써 실정에 맞는 분쟁해결을 할 수 있으며, 비공개 심리이기 때문에 비밀유지에 도움이 된다는 장점을 가진다.

Ⅲ. 행정법 영역에서의 대체적 분쟁해결수단

행정법 영역에서의 대체적 분쟁해결수단(ADR)은 행정쟁송 안에서 또는 행정쟁송 밖에서 중립적인 제3자에 의하여 행하여지는 법적 분쟁의 해결제도라고 할 수 있다.

좁은 의미에서 행정법 영역에 관한 ADR은 공법적 성격을 지니는 행정법상 분쟁을 ADR을 통하여 해결하는 경우를 말하지만, 넓은 의미에서는 중립적인 제3자가 행정절차단계에서 개입하는 경우나 사법상 분쟁에 대하여 행정부에 설치된 각종 분쟁조정위원회가 개입하는 경우까지 포함한다. 이러한 관점에서 행정법 영역에 관한 ADR을 분류하면, ① 행정절차 단계에서의 분쟁에 관한 ADR, ② 행정부가 제공하는 각종 분쟁조정위원회(「지방자치법」상의 지방자치분쟁조정위원회, 환경정책기본법상의 환경분쟁조정위원회 등)를 통하여 사법상 분쟁을 해결하는 ADR, ③ 행정심판 및 행정소송과 결부된 공법상 분쟁에 관한 ADR 등으로 대별할 수 있는 것이다. 다만, 행정절차단계에서의 ADR은 행정작용에 대한 국민참여적·사전절차적 성격이 강조되는 것이라는 측면에서 일반적인 사후적 분쟁해결절차로서의 ADR과는 적용법리에 상당한 차이를 가진다. 또한 행정법영역에서 분쟁조정위원회나 행정쟁송 상의 ADR, 즉 (준)사법적 ADR은 민사법영역에서의 ADR과는 달리 법치국가의 원리(법치주의)에 입각할 때 그 효용성 및 가능성이 극히 제한적이라 할 것이다.

찾아보기

(A)

ADR 601

(ㄱ)

가구제 528
가산금 347
가처분 532
각하재결 464
간소화규칙 243
간접강제 551
강제력 73
결과제거청구권 204, 420
결정전치주의 388
경계이론 406
경과조치청구권 194
계고 327
계획변경청구권 195
계획보장청구권 193
계획실행청구권 194
계획재량 189
계획존속청구권 194
공개대상정보 302
공권 43
공급거부 348
공무수탁사인 42
공법과 사법의 구별 34
공법상의 경고·권고 208
공법상의 임치 422
공정력 72, 135
공증 116
공청회 283
공표 350
공표의무 275
과징금 347
관련청구병합 495
관리관계 39
교시 95
구성요건적 효력 138
구술심리주의 540
권력관계 39
권력적 사실행위 202
규범구체화 규칙 243
규범구체화행정규칙 248
규범집행적 협상 210
급부행정 6
기각재결 465

기관소송	489	무효등확인심판	438
기속력	548	문서열람권	297
기판력	546	문서주의	274
기한	121	민주국가의 원리	18
		민중소송	489

(ㄴ)

내용적 구속력	135

(ㅂ)

배상심의회	388
배상책임자	376

(ㄷ)

대가택강제	336	법규명령 형식의 행정규칙	251
대가택조사	317	법규명령의 근거와 한계	231
대리	115	법규명령의 통제	236
대리인	443	법률대위규칙	243
대물적 강제	335	법률문제	536
대물적 보상	410	법률상 이익	498
대물적 조사	317	법률우위의 원칙	14
대물적 행정행위	91	법률행위적 행정행위	74
대위책임설	377	법률효과의 일부배제	124
대인적 강제	335	법적합성	72
대인적 보상	410	법치국가의 원리	13
대인적 조사	316	변론주의	536
대인적 행정행위	91	복효적 행정행위	88
대집행	325	부관의 독립쟁송가능성	131
		부관의 독립취소가능성	131
		부관의 흠	127

(ㅁ)

		부담	121
면제	110	부담적 행정행위	88
명령적 행위	101	부당결부금지의 원칙	28
무하자재량행사청구권	47	부분공개	308

부분허가	97	사후부관의 가능성	126
부작위청구소송	490	사후추완	293
부진정일부취소소송	131	생활보상	410
분담적 행정	7	서면심리주의	274
분리이론	406	서면주의	449
불가변력	143, 546	석명의무	540
불가쟁력	546	선결문제	138
불가쟁력(Unanfectbakeit)	142	선정대표자	441
불문법원	31	설명의무	275
불복고지	473	성문법원	30
불이익변경금지의 원칙	459	소송참가	515
불이익처분	278	소의 변경	525
불확정법개념	82	손실보상의 요건	403
비공개대상정보	303	송달	272
비공식적 행정작용	205	수리	118
비권력적 사실행위	201	수익적 행정	7
비례의 원칙	19	수익적 행정행위	88
		신고	115, 286
		신뢰보호의 원칙	21
		실질적 존속력	143

(ㅅ)

사물관할	492		
사법관계	40		
사실문제	536	**(ㅇ)**	
사익보호성	44, 369	압류재산의 매각	332
사전결정	96	예방적 부작위청구소송	585
사전통지	263	예외적 승인	108
사정재결	465	온라인 행정심판청구제도	451
사정판결,	20	요건재량설	77
사회국가의 원리	18	원고적격	497
사후보완	293	위임명령	226

의견제출	285	조건	120
의무이행소송	490, 581	조달행정	7
의무이행심판	439	조리	33
이유제시	267	조정	602
이행의 소	488	존속력	73, 141
인·허가의 제한	349	주민소송	591
인가	112	주장책임	538, 542
인용재결	466	준법률행위적 행정행위	74
일반추상적 고시	256	중대명백설	150
일반이행소송	490	중앙행정심판위원회	447
일반처분	71	중재	602
입법예고	287	즉결심판	345
입증책임	538	즉시공개	309
		직권심리주의	460
(ㅈ)		직권조사주의	282
		직권취소	169
자기책임설	378	직권탐지주의	274, 536
잠정적 행정행위	98	직접심리주의	540
재량하자	79	진정일부취소소송	131
재량행위	189	집행력	145, 551
재산의 압류	332	집행명령	227
재위임	234	집행부정지의 원칙	455
전자정부	220	집행정지	90, 455, 528
정보공개결정의 통지	307		
정보공개심의회	307	**(ㅊ)**	
정보공개위원회	312		
정보공개청구권자	305	참가인	442
정보제공	208	처분	64
제3자의 소송참가	515	처분 등	519
제3자효 행정행위	88	처분권주의	536, 541

처분의 사전통지 279
처분적 고시 257
철회권의 유보 121
청구인 440
청문 263, 280
청문의 사전통지 280
청산 332
취소소송 491
취소심판 437
취소할 수 있는 행정행위 148

(ㅌ)

토지관할 492
통고처분 344
통지 118, 328
통치행위 56
특별권력관계 51
특별한 희생 406
특별행정법관계 54
특허 110

(ㅍ)

판단여지 82
판례법 32
평등의 원칙 27
포괄적 위임 231
피고의 경정 513
피청구인 442

(ㅎ)

하명 102
하자 없는 재량행사 청구권 47
항고소송 489
행정 3
행정개입청구권 48
행정계획의 법적 성질 185
행정계획의 의의 183
행정계획의 종류 184
행정규칙형식의 법규명령 250
행정법관계의 당사자 40
행정법의 기본원리 13
행정법의 법원 29
행정법의 성립 9
행정법의 일반원칙 19
행정상 강제징수 331
행정상 법률관계의 종류 38
행정상 손해배상 355
행정심판위원회 443
행정심판전치주의 518
행정예고 289
행정의 법률적합성의 원칙 14
행정의 종류와 분류 6
행정절차의 흠 291
행정주체 40
행정지도 211, 290
행정질서벌 343
행정청 42, 68
행정청간의 협조·행정응원 272

행정청의 관할	271	협상	210, 602
행정행위의 개념	64	형량명령	189, 191
행정행위의 개념적 요소	68	형성력	547
행정행위의 구속력	135	형성의 소	488
행정행위의 무효	148	형성적 행위	110
행정행위의 무효와 취소의 구별	148	혼합적 행정행위	92
행정행위의 사후변경유보·부담유보	124	화해	602
행정행위의 흠	152	확약	92
행정형벌	342	확인의 소	488
허가	103	확인적 행위	116
허가의 성질	104	효과재량설	77
허가의 요건	105	흠 있는 행정행위의 전환	149, 161
허가의 종류	105	흠 있는 행정행위의 치유	159
허가의 효과	106	흠의 승계	149

최 봉 석
(현, 동국대학교 법과대학 교수)

학력 및 경력
- 독일 Hannover 대학교 법학박사(Dr.jur.)
- 육군사관학교 법학과 교수
- 고려대학교 행정학과 교수
- 한국공법학회 · 한국지방자치법학회 총무이사
- 변호사시험 · 행정고시 · 사법시험 고시위원
- 변리사 · 노무사 · 감정평가사 시험위원
- 사법연수원 · 중앙공무원교육원 외래교수

수상
- 한국공법학회 「신진학술상」
- 교수신문 「촉망받는 신진학자」

- 고려대학교 「석탑강의상」
- 동국대학교 「명강의상」
- 행정자치부 「행정자치부장관표창」
- 서울특별시 「서울특별시표창」
- 동국대학교 「Best Teaching Award」

주요저서
- 「행정법총론」, 삼원사, 2018.
- 「지방자치법」, 삼원사, 2018.
- 「환경법」, 도서출판 청목, 2014.
- 「La Decéntralisation en CORÉE DU SUD et L'expérience Européenne」(공저), L'Harmattan, Paris, 2013
- 「행정판례평선」(공저), 박영사, 2011.
- 「행정법총론의 이해」, 한국법제연구원, 2007.
- 「Verfassungsgebung und Verwaltungsreformu」(공저), NOMOS, Frankfurt, 2005.

제3판
행정법 총론

초판발행	2010년 03월 05일
개정판 발행	2014년 02월 28일
3판 발행	2018년 01월 31일
저 자	최봉석
디 자 인	원순영 이나영
발 행 처	도서기획 필통북스
등 록	제406-251002014000068호
주 소	경기도 파주시 돌단풍길 35
전 화	1544-1967
팩 스	02-6499-0839
homepage	http://www.feeltongbooks.com/

ISBN 979-11-6180-030-1 93360

三原社(삼원사)는 교육미디어그룹 필통북스의 임프린트입니다.

정가 **33,000**

| 이 책은 저자와의 협의 하에 인지를 생략합니다.
| 이 책은 저작권법에 의해 보호를 받는 저작물이므로 도서기획 필통북스의 허락 없는 무단전제 및 복제를 금합니다.
| 책값은 뒤표지에 있습니다.
| 잘못된 책은 바꾸어 드립니다.